深圳教育年鉴

SHENZHEN EDUCATION YEARBOOK

2021

深圳市教育局 编

商務印書館
创于1897 The Commercial Press

SHENZHEN EDUCATION YEARBOOK

《深圳教育年鉴》编纂委员会名单

《深圳教育年鉴》编辑部

SHENZHEN EDUCATION YEARBOOK

编辑说明

一、《深圳教育年鉴》是由深圳市教育局编纂的资料性工具书。《深圳教育年鉴 2019》是首卷，由商务印书馆出版于 2020 年，本卷是 2021 卷，为第三卷。

二、《深圳教育年鉴 2021》以马克思列宁主义、毛泽东思想、邓小平理论、“三个代表”重要思想、科学发展观、习近平新时代中国特色社会主义思想为指导，坚持辩证唯物主义和历史唯物主义立场、观点和方法，客观记载 2020 年深圳市教育事业发展情况。

三、《深圳教育年鉴 2021》设数说教育、图见教育、特载、年度报告、大事记、总述、各级各类教育、区域教育、学校选介、人物选介和荣誉名录、媒体聚“教”、文件选编、教育统计等共 13 个类目。

四、《深圳教育年鉴 2021》采用分类编辑法。主体内容设类目—分目—条目三级结构层次，部分分目下设子分目，以条目为主要载体。不同层次的标题通过字体、字号和版式加以区分；条目标题统一用黑体加方头括号【 】标示。为便于检索，卷首设中英文目录，卷末设主题索引。

五、《深圳教育年鉴 2021》记述时限为 2020 年 1 月 1 日至 2020 年 12 月 31 日。

六、《深圳教育年鉴 2021》所收录内容均由各级教育行政部门和各级各类学校专人提供，并经部门和单位主要负责人审核。

目 录

媒体聚“教”Media Focus……396

文件选编 Document Selections……419

教育统计 Educational Statistics……430

Contents

数说教育（2020）

Education in Numbers

- 各级各类学校：2713所
  - 公办学校：1375所
  - 民办学校：1338所
- 各级各类学校毕业生：54.41万人
  - 公办学校毕业生：33.06万人
  - 民办学校毕业生：21.35万人
- 各级各类学校招生：66.23万人
  - 公办学校招生：44.37万人
  - 民办学校招生：21.86万人
- 各级各类学校在校生：242.16万人
  - 公办学校在校生：155.67万人
  - 民办学校在校生：86.49万人
- 各级各类学校教职工：23.28万人
  - 公办学校教职工：14.48万人
  - 民办学校教职工：8.8万人

◆ 各级各类学校专任教师：15.61万人

　公办学校专任教师：10.23万人

　民办学校专任教师：5.38万人

◆ 中小学、幼儿园非户籍生：124.1万人

◆ 义务教育阶段进城务工人员随迁子女就读人数：66.71万人

（深圳市教育局　供）

图见教育（2020）

Education in Pictures

2020年1月3日，深圳市人民政府新闻办公室在市民中心召开高中学校建设方案新闻发布会

2020年1月9日，广东新安职业技术学院与深圳市猛犸公益基金会、华大智造在深圳国家基因库签署“基因组学教学实验室”共建合作协议

2020年1月10日，北京大学深圳研究生院作为完成单位参与的“大气复合污染条件下新粒子生成与二次气溶胶增长机制”获国家自然科学二等奖

2020年1月16日，龙华区教师发展中心正式挂牌成立

2020年1月18日，全国青少年校园足球"满天星"训练营罗湖营区启动仪式暨罗湖校园足球发展论坛在罗湖区锦田小学举办

2020年2月2日，市教育局局长陈秋明率队先后到松岗中学、深圳市第二职业技术学校慰问寒假期间留校的新疆班师生，并检查指导疫情防控工作

2020年2月7日，深圳市委教育工委书记、深圳市教育局局长陈秋明主持召开普通高中延期开学期间在线教学工作视频会议，各区教育行政部门负责同志以及全市各普通高中校长连线参加了会议

2020年2月10日，深圳市88所普通高中同步开启“空中课堂”教学，13.8万学生“在线开学”

2020年2月12日，中共深圳市委宣传部部长李小甘到大学城调研防疫工作

2020年2月25日，中共深圳市委教育工委书记，深圳市教育局党组书记、局长陈秋明做客《民心桥》节目，围绕社会高度关注的教育相关问题，与听众进行沟通交流

2020年3月10日至4月2日，清华大学深圳国际研究生院2位教师参加“探索一号”TS16航次，并分别完成下潜，于4月3日返回深圳，圆满完成南海科考航次任务

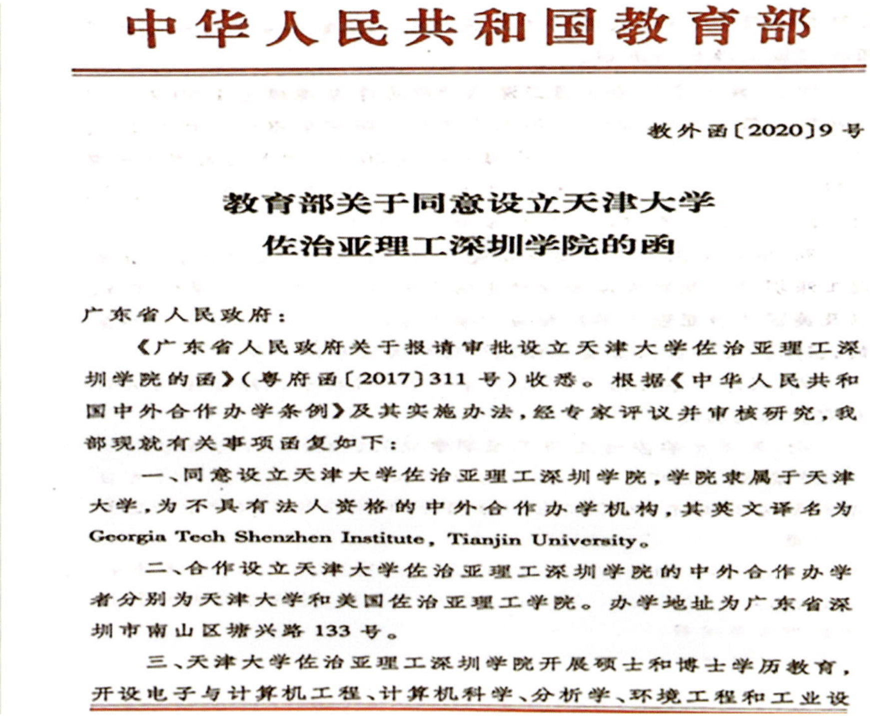

中华人民共和国教育部

教外函〔2020〕9号

教育部关于同意设立天津大学
佐治亚理工深圳学院的函

广东省人民政府：

《广东省人民政府关于报请审批设立天津大学佐治亚理工深圳学院的函》（粤府函〔2017〕311号）收悉。根据《中华人民共和国中外合作办学条例》及其实施办法，经专家评议并审核研究，我部现就有关事项函复如下：

一、同意设立天津大学佐治亚理工深圳学院，学院隶属于天津大学，为不具有法人资格的中外合作办学机构，其英文译名为Georgia Tech Shenzhen Institute，Tianjin University。

二、合作设立天津大学佐治亚理工深圳学院的中外合作办学者分别为天津大学和美国佐治亚理工学院。办学地址为广东省深圳市南山区塘兴路133号。

三、天津大学佐治亚理工深圳学院开展硕士和博士学历教育，开设电子与计算机工程、计算机科学、分析学、环境工程和工业设

2020年3月25日，教育部批准设立天津大学佐治亚理工深圳学院

2020年3月26日，北京大学汇丰商学院、剑桥大学嘉治商学院和深圳市前海深港现代服务业合作区管理局三方通过视频连线形式签署《合作意向备忘录》

2020年4月10日，深圳市深汕特别合作区管理委员会与深圳职业技术学院签订战略合作框架协议

2020年4月23日，深圳市教育局、市卫健委、市应急管理局联合举办“深圳市学生返校疫情防控模拟演练”

2020年4月28日，由深圳职业技术学院和华为技术有限公司合作共建的深圳职业技术学院“华为云学院鲲鹏中心”正式揭牌

2020年5月26日，深圳信息职业技术学院与武汉交通学院共同云签署《深圳信息职业技术学院与武汉交通职业学院毕业生就业创业工作“一帮一”行动协议》

2020年5月30-31日，广东省2020年普通高考英语听说考试顺利举行，深圳各考点无违纪舞弊现象。图为市教育局陈秋明局长、王水发副局长在考试期间带队到部分考点巡视

2020年6月2日，哈尔滨工业大学（深圳）重点实验室集群项目举行奠基仪式

2020年6月17日，哈尔滨工业大学（深圳）欢送首届354名本科毕业生

2020年6月30日，深圳市2020年援疆支教教师出发，前往支援全国13个省（区）的19个市（州、县）

2020年6月30日，第六届中国国际“互联网+”大学生创新创业大赛“青年红色筑梦之旅”启动仪式在北京、深圳两地举行，采取线上线下方式同步启动

2020年7月1日，深圳市教育局局长陈秋明调研龙岗区教育系统防疫工作

2020年7月6日，深圳市公安局常务副局长周兆翔、副局长马鸿雁率队深入到市招考办、深圳中学检查指导高考安全保卫工作

2020年7月14日，清华大学深圳国际研究生院通过线上直播的方式举行深圳高校创新创业教育联盟启动仪式，发起成立深圳高校创新创业教育联盟

2020年7月28日，哈尔滨工业大学与瑞士苏黎世艺术大学合作设立中外合作办学机构——哈尔滨工业大学深圳国际设计学院项目奠基

2020年8月11日，深圳中学坪山创新学校筹备组挂牌

2020年8月24日，中山大学深圳校区正式启用

2020年8月29日，深圳市盐田区教育局举行该区与教育部教育发展中心“共建教育现代化区域创新试验区”揭幕仪式

2020年9月1日，深圳市龙华区10所新校集中揭牌

2020年9月8日，深圳职业技术学院与浙江华为通信技术有限公司合作共建的全国首个“华为5G+数字化人才产教融合基地”揭牌成立

2020年9月15日，深圳职业技术学院与西门子工业软件（上海）有限公司校企合作签约暨“中德智能制造数字化工程创新中心”揭牌仪式举行

2020年9月26日，深圳市福田区人民政府、清华大学经济管理学院共建清华大学经济管理深圳研究院合作协议签约仪式在深举行

2020年9月27日，毕节职业技术学院与深圳职业技术学院签署合作协议

2020年10月1日，深圳技术大学与法国雷恩第一大学通过线上平台举行签约仪式，启动联合培养博士研究生项目

2020年10月13日，中央电视台《新闻联播》栏目报道称：宝安新校建设是深圳提升民生福祉打造民生幸福标杆的精彩缩影

2020年10月21日，深圳职业技术学院与招商局港口集团股份有限公司合作共建的招商局港口国际学院–深职海丝分院正式揭牌成立

2020年10月23日，深圳大学校史馆正式开馆

2020年10月25日，清华大学深圳国际研究生院环境与生态研究院举行揭牌仪式

2020年10月28日，暨南大学分别与中国人口与发展研究中心、华侨城集团有限公司、中璟控股有限公司签订战略合作协议

2020年11月7日，深圳技术大学举行药学院成立仪式

2020年11月12日，清华大学深圳国际研究生院材料研究院举行成立大会并正式揭牌

2020年11月12日，深圳信息职业技术学院微电子学院在第二十二届高交会会场正式揭牌成立

2020年11月26–27日，以“数字职教建设 共商共建共享”为主题的2020年“一带一路”职业教育国际研讨会在深圳召开

2020年11月28日，暨南大学与深圳市前海管理局签署战略合作框架协议，其中包括建设深圳校区的相关项目

2020年12月3日，深圳市人民政府新闻办公室联合深圳市教育局举行新闻发布会

2020年12月7日，深圳大学博物馆（筹）揭牌

2020年12月8日，中共广东省委书记李希、广东省省长马兴瑞考察比亚迪应用技术学院、大族激光学院等校企共建特色学院

2020年12月20日，深圳国家应用数学中心启动建设工作会议暨数学中心揭牌仪式在南方科技大学举行

2020年12月24日，深圳市委教育工委书记、市教育局局长陈秋明莅临科学高中讲授《我们都是追梦人》思政课

2020年12月25日上午，深圳市2020年第三批新开工项目集中启动活动在龙岗区坪地高中园建设现场举行。市委书记王伟中宣布项目启动

［“图见教育（2020）”图片均由深圳市教育局提供］

深圳市2020年教育工作思路

深圳市教育局

当前，深圳正抢抓建设粤港澳大湾区和支持深圳建设中国特色社会主义先行示范区“双区驱动”的重大历史机遇，比以往任何时候都更加需要强有力的智力和人才支撑，更加需要加快实现教育现代化。中共中央、国务院发布的《关于支持深圳建设中国特色社会主义先行示范区的意见》要求，深圳要打造民生幸福标杆，实现“幼有善育、学有优教”，全市教育工作者使命极其光荣、责任极其重大。

在新的历史起点上，推动深圳教育先行示范，必须对标一流标准，以新理念、新思路进行新谋划。要妥善处理好遵循指导思想和大胆创新实践、解决现实问题与谋划长远发展、促进发展和完善制度、加快行动与谋定而后动、对标一流与创新发展的关系，推动教育发展行稳致远；要争取更多契合国家战略、契合深圳需要、契合教育规律的教育先行先试政策在深圳落地，努力为全国教育改革发展提供“深圳方案”；要切实增强建设先行示范区的责任感、紧迫感，增强当好先行示范、当好标杆的使命担当，不忘初心、牢记使命，干出风格、干出水平，努力打造教育的民生幸福标杆。

2020年深圳教育工作总体思路：以习近平新时代中国特色社会主义思想为指导，紧紧围绕“幼有善育、学有优教”中心目标，对标一流水平，聚焦问题短板，积极推进教育体制改革先行先试，大力推动教育高质量发展，为深圳教育先行示范开好局、起好步。

一、坚持以习近平新时代中国特色社会主义思想统领教育系统党的建设，牢牢把握社会主义办学方向

（一）始终把党的政治建设摆在首位

以党的政治建设为统领，推动教育系统各级党组织提高政治站位、扛起主体责任，增强“四个意识”，坚定“四个自信”，做到“两个维护”。坚持“学校姓党”，牢牢掌握党对学校工作的领导权。坚持党管办学方向、管改革发展、管干部人才，使教育成为坚持社会主义办学方向的坚强阵地。

（二）切实加强和改进思政课建设

深入贯彻中共中央《关于深化新时代学校思想政治理论课改革创

新的若干意见》，加强党对思政课建设的领导，履行教育部门思政课建设重要责任。加强思政课教师队伍建设，结合深圳城市特质，在思政课教材编撰、课程设置、学生实践等方面积极改革创新，评选一批思政课优秀课例，努力用特区建设的生动实践开展大中小学学校思想政治课的“深圳探索”。进一步构建内容完善、标准健全、运行科学、保障有力的立德树人一体化体系。

（三）夯实教育系统党建基础

全面贯彻落实全市教育系统基层党建三年行动计划，选优配齐政治过硬、素质高强的学校党组织领导班子，全面落实基层党建工作主体责任。针对我市社会力量办学比例高、中外合作办学活跃的实际，加大中外合作办学高校党建、两新组织“两个覆盖”工作力度。抓好基层党支部建设，充分发挥党支部战斗堡垒作用。

（四）落实意识形态工作责任制

配合协调相关部门扎实做好意识形态管理及政治维稳工作，保持高度警觉，认真细致查摆各种风险隐患，加强对各类教育网络、校园网络安全管理，筑牢“护城河”“防火墙”，坚决守好政治安全“南大门”。

（五）加强党风廉政建设

继续压实党风廉政建设主体责任，进一步加强“四风”问题、招投标采购、师德师风建设、招生办学行为、经费使用管理和干部人事任免等关键环节的监督检查，强化对“阳光招生”、招标采购、教师招聘和职称评聘等工作的纪检监督，防范学校廉政和安全风险。

二、坚持对标世界一流，大力推动教育高质量发展

（一）高标准办好学前教育

第一，建立“公办幼儿园建设攻坚战”推进机制，开展公办园建设专项督导，压实各区政府主体责任，确保完成新增3万个学前教育学位、公办园在园儿童占比达到50%的任务。第二，扩充学前教育名师队伍。建设30个市级学前教育名师（名园长）工作室，实施公办园聘用制教职工薪酬体系，吸引并稳定优秀人才。第三，提升学前教育保教质量。研制学前教育相关办学标准，规范完善学前教育机构办学条件，进一步提高幼儿园教师学历水平，力争实现大专及以上学历教师占比100%、公办园教师本科比例达到50%以上目标。第四，培育20个幼儿园优质示范项目和10个园本特色课程，探索建设以公办园为核心、覆盖全市的“学前教育学区联盟”，充分发挥优质资源的示范作用。

（二）优质特色发展中小学教育

第一，加大义务教育学位建设。新改扩建公办义务教育学校30所，新增公办义务教育学位4万个以上；落实义务教育管理的区级政府主体责任，完善学位建设督政机制。第二，高质量普及高中教育。编制高中未来5年布局和建设规划，探索普通高中建设和管理新模式，新改扩建普通公办高中学校2所，新增普通公办高中学位6150个。积极引入广东省实验中学、华南师大附中等国内名校来深办学，达到新建高中“建一所、优一所”目标。第三，强化城市科技教育特色。加快科技教育平台和实践基地建设，加强中小学STEM（科学、技术、工程、数学）教育，促进创客教育品牌化发展，鼓励中小学与高校、科研院所、企业等联合建设创新实验室和开展创新人才培养试验。第四，加快推进特殊教育学校和普通学校资源教室建设。加大督导与问责力度，推动各区原则上至少建成一所独立设置的义务教育综合性特殊教育学校，残疾儿童义务教育入学率达95%以上。

（三）加快打造一流高等教育高地

第一，优化高等教育整体布局，加快推进高校集群发展，形成“一城多园”的办学格局。第二，加快高水平大学创建，争取部省市共建深大、南科大，加快“双一流”学科建设，给予创建高校和学科重点支持和专项经费保障。第三，高起点高标准筹建中科院深圳理工大学、创新创意设计学院、海洋大学、师范大学、港中大（深圳）医学院、音乐学院等，加快筹建进度。第四，加快推动清华—伯克利深圳学院、天大佐治亚理工深圳学院、哈工大（深圳）国际设计学院申报，争取于2020年内获批。第五，加快高校管理体制改革，建立健全高校人员总量管理改革配套政策，推进创新平台和人才队伍建设。

（四）加快推进职业教育高质量发展

第一，认真贯彻落实国家“职教20条”和推进全国职业教育现场会精神，总结办学经验，全面提升职业教育质量，推进职业教育先行示范。第二，推进深圳职业技术学院、深圳信息职业技术学院创建中国特色高水平高职学校，支持深圳职业技术学院建设世界一流职业院校，积极筹备培养职业院校师资的本科教育。第三，进一步推进校企合作。加快建设全国产教融合城市，支持有条件的企业申报全国产教融合型企业，探索建设特色职业教育园区，建立健全适应“双元”育人职业教育体制机制。建设20个以上职业教育校外公共实训基地，新增2000个以上实习实训岗位。第四，继续集聚优质国际职业教育资源。认真落实深德职业教育合作协议，推进共建湾区中德教育与经济协同发展示范基地，探索职业教育培养体系，打造多元协同发展产教融合的范例。

三、坚持深化改革创新，推动教育体制改革先行先试

（一）积极争取上级支持深圳教育改革先行先试

加快出台《深圳教育先行示范行动方案》，积极争取教育部、省教育厅支持深圳在一流大学创建、考试评价制度改革、探索建设多元融合学校、创新拔尖人才培养、建设职业教育改革试验区、探索中外合作办学路径、优化中小学楼层设置等方面先行先试，破解制约教育发展的机制障碍，为全国教育改革探索新路。

（二）深化教育资源配置改革

动态调整师资、经费、设施设备等办学条件标准。探索大学区建设，探索优质校+新校、优质校+民校等形式的集团化办学，大力推广集团化办学先进经验。

（三）深化民办教育分类管理改革

积极稳妥推进民办学校分类改革，着重解决民办学校资产清查分类、民办学校转非营利性对举办者补偿奖励、办学经费监管等问题，适时分步出台分类改革相关政策。加大对民办学校监管力度，建立健全对民办学校年检办法和指标体系，从严检查、从严整改。

（四）深化中小学课程改革

加强校外实践基地建设，大力推进研究型、项目化、合作式学习，促进课程与人工智能深度融合。加强劳动、审美、心理健康教育，配齐配足心理教师。大力开展义务教育阶段“四点半活动”，进一步丰富学生课外实践资源选择。

四、打造高素质专业化创新型教师队伍

（一）大力引进基础教育高层次人才

推动制定专门针对基础教育高层次人才的引进招聘和激励支持政策，构建名校长、名教师、特殊人才培养体系，制定包括基础教育人才引进、人才认定、福利待遇和管理考核等内容完备的管理办法，满足我市基础教育事业单位对高端人才的迫切需求，发挥创新引领示范作用。

（二）积极优化教育人事制度

修订完善中小学校长职级管理办法和工资制度，制定常态化校长职级评定指标体系，拓宽校长专业发展通道。继续深化中小学教师职称制度改革，完善配套措施。出台民办学校教师职称评审方案，畅通民办学校教师等群体的专业发展通道，促进公、民办学校教师队伍均衡发展。推动中等职业学校教师职称评审下放到学校，理顺中专、中学职评制度。进一步推进“区管校聘”改革，统筹优化编制、岗位管理资源，推动教师轮岗、交流，促进教育均衡优质发展。

（三）深入推进校长教师梯队培养

构建“优秀中层干部—后备校长—副校长—校长—名校长”的校长梯队培养体系，明确“新入职教师—教坛新秀—骨干教师—名教师—教育名家（教育家型教师）”的成长路径，明确每一层级的培养目标、课程大纲、培养方式和评价与管理办法，实现校长教师培养体系化专业化。

（四）加强师德师风建设

完善年度教师、优秀教师等评选和表扬制度，加强师德先进典型宣传。建立师德失范黑名单，把师德师风作为教师考核、聘用、评价的首要内容和第一标准。

五、大力推进教育治理能力和治理体系现代化

（一）加强教育督导

围绕我市教育重点任务和民生实事，积极开展公办幼儿园建设和中小学学位建设等专项督导工作。大力推动教育质量监测结果运用，切实做好报告解读、问题改进、成效跟踪等环节工作，推动我市教育质量不断提升。加强骨干督学队伍建设。积极推进全国义务教育优质均衡发展区的创建申报工作。

（二）加强校园安全

强化校园安全顶层设计，完善中小学幼儿园风险防控体系，建立职责明确的学校安全风险预防、管控与处置体系，开展学校安全管理专项治理和综合治理，提升校园安全应急处置能力。

（三）加强教育信息化智能化建设

统筹建设一体化智能化教学、管理与服务平台，升级各级各类学校智慧校园建设。推进“互联网+教育”服务创新。开展数字教材和配套资源建设，完善优课服务。

（四）加强教育国际交流合作

积极引入优质国际教育资源，积极开发教育教学国际标准，引进国际通用职业资格证书。健全外籍教师管理办法，按需增设外籍人员子女学校。探索实施基础教育国际交换生计划和“留学深圳”计划。

（五）加强教育发展保障

加强与编制、发改、财政、人力资源、规划国土、住房建设等部门的协调，落实教育优先发展战略，争取教育发展政策层面的支持。积极听取社会各界对制定教育政策的意见建议，引导全社会共同为教育事业出谋划策。充分发挥新闻和宣传的舆论导向作用，切实加强教育政策解读、舆情分析引导，扩大深圳教育的影响力。

深圳市2020年教育工作总结

深圳市教育局

一、教育系统党的建设开创新局面

一是教育系统广大党员干部疫情期间放弃休假，坚守学校抗疫一线、学生返校一线，充分发挥了基层党组织战斗堡垒和党员干部先锋模范作用。

二是组织录制《在战“疫”中讲思政》优质课例，用好抗疫活教材、弘扬抗疫正能量。

三是加强思政课建设，市领导进高校、市区教育局领导班子成员进中小学讲授思政课，举行全市高校思想政治工作座谈会，首批建设102个深圳市学生思政教育基地，编写《先行示范区教育读本（初中分册）》。

四是开展高校和直属学校25个基层党组织书记党建工作述职评议考核，公办高校教师党支部书记“双带头人”比例达100%。

二、疫情防控和在线教学“两手抓”“两手硬”

一是成立市区校三级学生返校工作专班，科学制定校园疫情防控方案，严密落实防控措施，全市2600多所学校（幼儿园）232万学生安全平稳返校，未发生一例校内疫情。

二是率先启动实施在线教学，“选最好的教师”“备最好的课”，全覆盖、高质量实现“停课不停学”，中国教育报等多家央媒广泛报道。

三是加强疫情期间的学生心理健康教育和心理危机干预，开展11期学生心理健康与家庭教育专家大讲堂，每期观看人数超过300万人次，成为深受市民欢迎的民生实事品牌。

三、教育先行示范顶层设计与改革有效推进

一是起草完成深圳教育先行示范“1+1+4”文件，包括1个至2035年的规划纲要，1个“十四五”规划，基础教育、高等教育、职业教育、民办教育4个行动方案，其中职教方案拟以部省共建名义印发，基教方案经教育部基教司同意修改为创建国家基础教育改革示范区方案。

二是积极争取教育综合改革授权，探索扩大在深高校办学自主权、开展高水平中外合作办学等纳入中办、国办《深圳建设中国特色社会主义先行示范区综合改革试点实施方案（2020—2025年）》。

三是作为全省唯一城市，被确定为普通高中新课程新教材实施国家级示范区，城市整体被确定为

“基于教学改革、融合信息技术的新型教与学模式”的国家级信息化教学实验区。

四、基础教育学位建设再送市民大礼包

一是市委市政府印发《关于加快学位建设推进基础教育优质发展的实施意见》，召开全市基础教育改革发展大会，预计财政将投入4千亿—5千亿元，到2025年新增基础教育学位近百万个，将从根本上解决城市学位供需矛盾。

二是超额完成“5080”攻坚任务，全市公办园在园儿童数占比50.85%，公办园、普惠园在园幼儿占比86.41%，得到广东省教育厅通报表扬、《中国教育报》头版头条报道。

三是2020年新增基础教育学位11.1万座，“十三五”时期全市基础教育学位累计新增40万座，增量及增幅创历史新高。

五、基础教育高质量发展再上新台阶

一是成立一批公办学前教育集团，探索“名园+”或“名园长+”发展模式，实施第二轮学前教育“苗圃工程”，29个保教项目获评省级示范项目。

二是出台《深圳市普通高中特色化办学指导意见》等系列文件，引导高中分层分类发展。引入广东实验中学、东北师大附中等国内名校来深合作办学，深圳中学“华为—深中数理实验班（高中）”获批开办，探索拔尖创新人才培养新路径。

三是颁布实施新修订的《深圳市民办中小学设置标准》，全面实施义务教育阶段公、民办学校同等招生条件、统一招生平台、同步招生。

四是在第六届中国国际“互联网+”大学生创新创业大赛萌芽赛道项目中，深圳5个参赛项目全部获奖，其中4个项目获最高奖“创新潜力奖”，占总数的五分之一。

五是创新思路筹建深圳云端学校，积极探索智慧教育、未来教育形态。在全市推广深圳教育云及其教学应用项目。

六、高等教育创新发展扎实推进

一是天津大学佐治亚理工深圳学院、哈尔滨工业大学（深圳）国际设计学院获批成立，中山大学·深圳投入使用，中国科学院深圳理工大学校园建设获批立项。

二是深圳大学、南方科技大学累计11个学科进入ESI学科排名世界前1%，在2021年泰晤士高等教育世界大学排名中分别居内地高校第18和第8位。深圳北理莫斯科大学发展成就得到中央领导充分肯定。港中大（深圳）、哈工大（深圳）办学影响力不断扩大，高考录取分数线省内高校领先。

七、职业教育高端发展迈出新步伐

一是教育部、广东省政府同意部省支持推进深圳职业教育高端发展、争创世界一流，深圳职业技术学院和深圳信息学院“双高”计划建设按期推进，深圳技术师范大学完成立项论证。

二是出台《深圳市推进国家产教融合试点城市建设工作方案》，初步遴选98家企业进行培育试点。

三是在深汕特别合作区规划建设职业教育园区，粤港澳大湾区特色职业教育园区列入深港教育合作计划，世界职业院校与技术大学联盟教师专业发展委员会落户深圳职业技术学院。

2020年12月7日，深圳召开全市基础教育改革发展大会

（深圳市教育局 供）

2020年深圳市教育改革与发展报告

深圳市教育局

2020年，全市教育系统以习近平新时代中国特色社会主义思想为指导，按照省、市相关部署精心统筹校园疫情防控和教育改革发展，教育事业发展的主要目标全面实现，教育“十三五”圆满收官。2021年，我市将在教育改革先行示范上加快顶层设计，加快启动三大攻坚战和实施九大工程，全面推进教育高质量发展，为深圳教育发展“十四五”规划开好局、为建设中国特色社会主义先行示范区打造教育典范。

一、深圳市教育发展基本概况

（一）全市教育经费投入情况

1. 全市教育经费投入总体情况

2020年，市委市政府坚持“教育优先发展”战略，切实落实立德树人根本任务，全市教育经费投入继续稳步增长，有力支撑和推动了全市教育高质量发展。2020年，全市教育经费总投入达到1188.67亿元，比2019年的1010.95亿元增加177.72亿元，增长17.58%。其中，公共财政预算安排的教育经费980.28亿元，比2019年的828.73亿元增加151.55亿元，增长18.29%。（见表1）

表1　全市教育经费投入情况一览表

教育经费投入来源	2019年总投入/亿元	2020年总投入/亿元	2020年比2019年	
			增长金额/亿元	增长比率/%
全市教育经费总投入	1010.95	1188.67	177.72	17.58
一、国家财政性教育经费	838.52	1022.47	183.95	21.94
1.公共财政预算安排的教育经费	828.73	980.28	151.55	18.29
（1）公共财政教育经费	702.69	856.99	154.3	21.96
①教育事业费	493.29	599.98	106.69	21.63
②基本建设经费	149.21	206.02	56.81	38.07

续表

教育经费投入来源	2019年总投入/亿元	2020年总投入/亿元	2020年比2019年	
			增长金额/亿元	增长比率/%
③教育费附加	60.19	50.99	−9.2	−15.28
（2）其他公共财政预算安排的教育经费	126.04	123.28	−2.76	−2.19
①科研经费	17.96	16.11	−1.85	−10.30
②其他	108.08	107.17	−0.91	−0.84
2.政府性基金预算安排的教育经费	0.63	32.28	31.65	5023.81
其中：彩票公益金	0.24	0.82	0.58	241.67
3.企业办学中的企业拨款	0.00	0.00	0.00	0.00
4.校办产业和社会服务收入用于教育的经费	0.00	0.01	0.01	—
5.其他属于国家财政性教育经费	9.16	9.91	0.75	8.19
二、民办学校中举办者投入	2.28	3.87	1.59	69.74
三、捐赠收入	1.38	1.58	0.2	14.49
其中：港澳台及海外捐赠	0.00	0.00	0.00	0.00
四、事业收入	162.54	150.68	−11.86	−7.30
其中：学费	142.51	129.93	−12.58	−8.83
五、其他教育经费	6.23	10.07	3.84	61.64
附：公共财政预算安排的基本建设总经费	154.95	206.81	51.86	33.47

注：2020 年教育经费投入数据截至 2021 年 4 月（非最终核定的统计数据，以下同）。

2.“两个比例”和“三个增长”情况

2020 年，我市根据《教育法》相关规定，切实落实“两个比例”“三个增长”的相关要求，具体情况如下：

（1）“两个比例”情况

2020 年，我市国家财政性教育经费占地方生产总值比例为 3.67%，比上年增长 0.58 个百分点；我市一般公共预算教育经费占一般公共预算支出的比例为 20.51%，比上年增 5.08 个百分点。（见表 2）

（2）“三个增长”情况

第一，2020 年，全市财政经常性收入 3353.38 亿元，比上年增长 2.48%；一般公共预算教育经费

表2　深圳市教育经费“两个比例”落实情况

省（区、市、县）	国家财政性教育经费占地方生产总值的比例/%			一般公共预算教育经费占一般公共预算支出的比例/%		
	2019年	2020年	增长/%	2019年	2020年	增长/%
深圳市	3.09	3.67	0.58	15.43	20.51	5.08
深圳市本级				10.55	14.12	3.57
罗湖区	2.20	2.41	0.21	38.63	42.36	3.73
福田区	1.78	2.12	0.34	29.83	34.86	5.03
南山区	1.31	1.34	0.03	25.97	26.13	0.16
宝安区	2.80	3.25	0.45	20.45	24.51	4.06
龙岗区	2.11	3.13	1.02	22.19	35.74	13.55
盐田区	2.28	2.77	0.49	17.40	24.84	7.44
龙华区	1.84	3.01	1.17	15.59	23.67	8.08
坪山区	4.58	5.16	0.58	21.78	18.87	−2.91
光明区	3.25	3.25	0.00	17.88	21.03	3.15
大鹏新区	2.78	2.87	0.09	12.16	12.46	0.30

表3　一般公共预算教育经费与财政经常性收入增长情况

区域	一般公共预算教育经费（千元）			财政经常性收入（千元）			一般公共预算教育经费增长高于财政经常性收入增长（%）
	2018年	2019年	增长/%	2018年	2019年	增长/%	
深圳市	70268073.95	85698429.25	21.96	327238390.00	335338350.00	2.48	19.48
深圳市本级	22358880.99	27626685.10	23.56	205174770.00	204253800.00	−0.45	24.01
罗湖区	4360706.86	4778061.33	9.57	7083400.00	7959162.00	12.36	−2.79
福田区	7010753.47	7971588.51	13.71	16053450.00	14714120.00	−8.34	22.05
南山区	7427675.95	7454969.50	0.37	18778503.00	18788812.00	0.05	0.32
宝安区	9495284.62	10310509.39	8.59	23761820.00	25445540.00	7.09	1.50
龙岗区	7918677.90	12756274.05	61.09	22098220.00	24686060.00	11.71	49.38
盐田区	1184102.93	1483900.68	25.32	3070080.00	3241440.00	5.58	19.74
龙华区	4066128.33	6812501.48	67.54	17197290.00	18601766.35	8.17	59.37
坪山区	3271812.84	2570061.47	−21.45	4265290.00	4627620.00	8.49	−29.94
光明区	2385091.57	3119597.27	30.80	5239480.00	5511400.00	5.19	25.61
大鹏新区	788958.49	814280.48	3.21	2219190.00	1984286.56	−10.59	13.80

856.98 亿元，比上年增长 21.96%；一般公共预算教育经费增长高于财政经常性收入增长 19.48 个百分点。（见表 3）

第二，2020 年，我市普通高校、职业高中的生均一般公共预算教育事业费支出比上年有所增长，而中等职业学校、普通高中、普通初中、普通小学和幼儿园的生均一般公共预算教育事业费支出则均比上年有所降低。（见表 4）

第三，2020 年，我市普通高校、普通高中、普通初中和普通小学的生均一般公共预算公用经费均比上年有所增长，其中增幅最大的是普通高校，达到 20.37%；中等职业学校、职业高中和幼儿园的生均一般公共预算公用经费均比上年有所减少，其中减幅最大的是幼儿园，为 4.16%。（见表 5）

表4　生均一般公共预算教育事业费支出增长情况

学校类型	2019年/元	2020年/元	比上年增长/%
普通高等学校	73997.14	80670.66	9.02
中等职业学校	38156.21	38091.43	−0.17
职业高中	45506.84	46471.72	2.12
普通高中	48190.88	46419.29	−3.68
普通初中	37507.86	34539.77	−7.91
普通小学	27469.28	26832.25	−2.32
幼儿园	28385.13	27704.34	−2.40

表5　生均一般公共预算公用经费支出增长情况

学校类型	2019年/元	2020年/元	比上年增长/%
普通高等学校	32992.21	39713.49	20.37
中等职业学校	13693.31	13518.55	−1.28
职业高中	16832.45	16254.73	−3.43
普通高中	10678.30	12352.82	15.68
普通初中	8765.94	9411.17	7.36
普通小学	6853.49	7553.99	10.22
幼儿园	10438.29	10004.03	−4.16

表6　2020年深圳市各级各类学校总数与在校生总数

年度	学校数/所	在校生数/人	教职工数/人
2019	2642	2322438	219390
2020	2713	2421574	232841
2020年比2019年增加	71	99136	13451

表7　2020年深圳市全日制普通高等教育学校数与在校生数

年度	学校数/所	在校生数/人			
		合计	研究生	本科	专科
2019	13	113214	21005	46702	45507
2020	14	136184	26198	51624	58362
2020年比2019年增加	1	22970	5193	4922	12855

表8　2020年深圳市中等职业教育学校数与在校生数

年度	学校数/所	在校生数/人
2019	26	79992
2020	26	81860
2020年比2019年增加	0	1868

表9　2020年深圳市普通高中学校数与在校生数

年度	学校数/所	在校生数/人
2019	83	137539
2020	88	150289
2020年比2019年增加	5	12750

表10　2020年深圳市义务教育阶段学校数与在校生数

年度	小学		初中	
	学校数/所	在校生数/人	学校数/所	在校生数/人
2019	340	1068992	334	339851
2020	347	1091179	347	367341
2020年比2019年增加	7	22187	13	27490

表11　2020年深圳市学前教育幼儿园数与在园儿童数

年度	幼儿园数/所	在园儿童数/人
2019	1836	545032
2020	1881	559674
2020年比2019年增加	45	14642

（二）全市各级各类教育事业发展情况

1. 全市教育规模

2020年，全市教育规模稳步扩大，各级各类学校共有2713所（含幼儿园1881所），比2019年全市新增71所，增长2.69%。其中，公办学校1375所，民办学校1338所，公办学校比2019年增长115.86%。2020年，各级各类学校在校生242.16万人，比2019年增加9.91万人，增长4.27%；各级各类学校教职工23.28万人，比2019年增加1.35万人，增长6.13%。（见表6）

2. 高等教育规模

2020年，全市共有普通高等学校14所、成人高等学校1所；在校生共计169334人，比2019年增加19804人（普通高等学校在校生增加22970人，成人高等学校在校生减少3166人），增长13.24%。（见表7）

3. 中等职业教育规模

2020年，全市中等职业教育学校26所，在校生数为81860人，比2019年增加1868人，增长2.34%。（见表8）其中，中等职业学校在校生数39134人，比2019年减少308人，降低0.78%；技工院校在校生数42726人，比2019年增加2176人，增长5.37%。

4. 普通高中规模

2020年，全市普通高中88所，比2019年增加5所；在校生数150289人，比2019年增加12750人，增长9.27%。（见表9）

5. 义务教育规模

2020年，全市共有义务教育阶段学校694所，其中小学347所，

表12 2020年深圳市学前教育幼儿园数与在园儿童数

年度	学校数/所	在校生数/人
2019	2005	1098021
2020	1338	864920
2020年比2019年增加数	−667	−233101

表13 2020年深圳市学前教育幼儿园数与在园儿童数

各级各类学校		年份			
		2019年	2020年	2020年比2019年	
				增加数/人	增长率/%
普通高等学校		6999	8047	1048	14.97
成人高等学校		188	201	13	6.91
中等职业教育		4204	4488	284	6.76
普通高中		11930	12971	861	7.22
义务教育阶段	普通初中	26431	28763	2332	8.82
	普通小学	58511	60900	2389	4.08
学前教育		39912	40348	436	1.09
特殊教育学校		418	522	104	24.88
工读学校		29	26	−3	−10.34
各类学校总计		148622	156086	7464	5.02

初中347所（普通初中53所、九年一贯制学校294所）；义务教育阶段学校在校生数1458520人，小学在校生数1091179人，初中在校生数367341人。（见表10）

6. 学前教育规模

2020年，全市共有幼儿园1881所，比2019年增加幼儿园45所；共有在园儿童数559674人，比2019年增加14642人，增长2.69%。（见表11）

7. 民办教育规模

2020年，全市民办学校共有1338所，占全部学校的49.31%；共有在校生864920人，占全部在校生的35.72%。与2019年相比，各级各类民办学校减少667所，降低33.27%；在校生数减少233101人，降低21.23%。（见表12）

8. 教师队伍规模

2020年，全市各级各类学校教职工数有较大增长，共有232841人（专任教师数为156086人），比上年增加13451人，增长6.13%。其中，特殊教育学校专任教师增长率最高，达到24.88%。（见表13）

二、2020年深圳市教育改革与发展成就

2020年，全市教育系统以习近平新时代中国特色社会主义思想为指导，认真贯彻落实全国及省、市教育大会精神，紧紧围绕市委市政府中心工作，以“双区驱动”为契机，精心统筹校园疫情防控和教育改革发展，圆满完成全年各项工作任务，教育发展再上新台阶。

（一）校园疫情防控和在线教学实现“两手抓、两手硬”

2020年，我市成立了由市分管领导担任组长的工作专班，加强市区校三级联动，构筑校园疫情防控“十大防线”，全市2600多所学校（幼儿园）校园未发生疫情，232万学生平安返校学习。全市积极将打赢防疫阻击战与推动教育高质量发展相结合，在全国率先实施在线教学，多举措做好“停课不停学”资源保障工作，全力推动在线教育“减负增效”，赢得学生高度赞誉。在对超6万名高中学生开展的在线问卷调查中，64.92%的学生对在线教学表示满意，90.19%的学生认可教师在线讲课态度；“选最好的老师”“备最好的课”，全覆盖、高质量实现“停课不停学”，中国教育报等中央媒体给予广泛报道和赞誉。同时，针对疫情期间学生心理变化特点，举办11期家庭教育专家大讲堂，累计观看人数超过300万人次，成为广受市民欢迎的民生实事品牌项目。出台两轮帮扶措施，投入5.87亿元，帮助民办园渡过疫情难关。

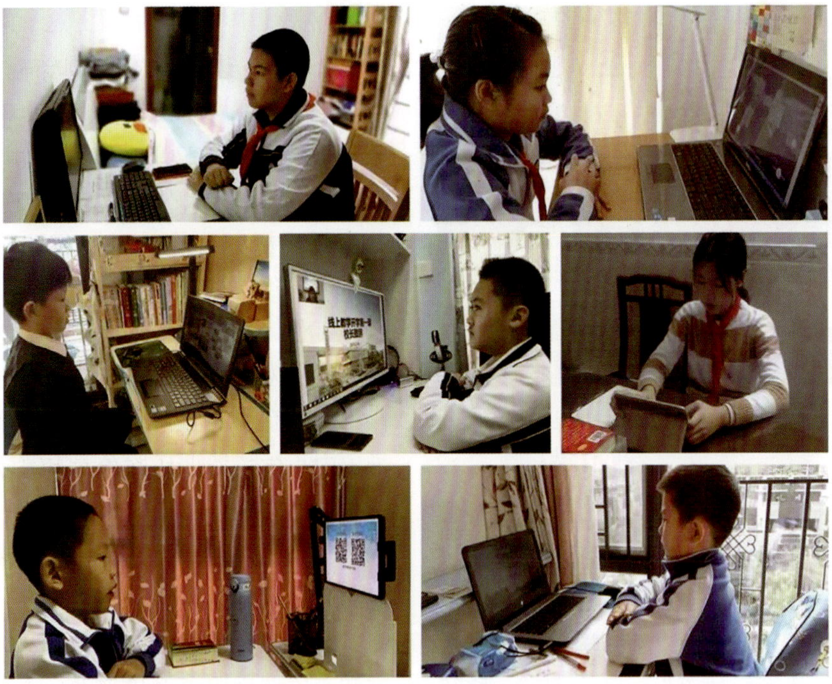

2020 年 2 月 17 日，深圳市 674 所义务教育学校同步开启“空中课堂”在线教学（深圳市教育局 供）

86.41%，超额完成省“5080”任务；到 2025 年新增百万个基础教育学位，将从根本上解决学位紧张问题。另一方面，探索拔尖创新人才培养新路径。出台《深圳市普通高中特色化办学指导意见》等系列文件，引导高中分层分类发展。引入广东实验中学、东北师大附中等国内名校来深合作办学，深圳中学“华为—深中数理实验班（高中）”获批开办。在第六届中国国际“互联网 +”大学生创新创业大赛萌芽赛道项目中，中学组 4 个参赛项目获最高奖“创新潜力奖”，占最高奖总数的五分之一；作为全省唯一城市，被确定为普通高中新课程新教材实施国家级示范区，并被确定为“基于教学改革、融合信息技术的新型教与学模式”的国家级信息化教学实验区和教育部“智慧教育示范区”。

（二）教育系统党的建设开创新局面

组织广大党员干部坚守学校抗疫一线、学生返校一线，组织录制《在战“疫”中讲思政》优质课例。建立市委常委到高校上思政课、市区两级教育行政部门领导到中小学讲授思政课和中小学党组织书记校长带头讲授思政“第一课”三级制度体系。举行全市高校思想政治工作座谈会，建设 102 个深圳市学生思政教育基地，编写完成思政教育读本《深圳的光荣与使命（初中分册）》。公办高校教师党支部书记“双带头人”比例达 100%，全市 71.7% 中小学校实行书记、校长“一肩挑”。

（三）教育先行示范顶层设计与综合授权改革取得新进展

组织起草了深圳教育先行示范“1+1+4”系列文件，包括《深圳市教育先行示范规划纲要（2021-2035）》《深圳教育发展“十四五”规划》和高等教育、职业教育、基础教育、民办教育先行示范行动方案。其中，职业教育先行示范行动方案已由教育部、广东省共同印发实施，基础教育先行示范行动方案将上升为国家基础教育综合改革示范区方案。同时，探索扩大在深高校办学自主权、开展高水平中外合作办学等列入先行示范区综合改革首批试点清单。

（四）基础教育高质量发展迈上新台阶

一方面，掀起全市基础教育学位建设新高潮。市委市政府印发《关于加快学位建设推进基础教育优质发展的实施意见》，召开建市以来首次全市基础教育改革发展大会。2020 年新增基础教育学位 11.1 万个，再创历史新高；全市公办园在园儿童数占比达 50.85%，公办园、普惠园在园幼儿占比达

（五）高等教育和职业教育发展实现新突破

一方面，高等教育创新发展取得新成绩。深圳大学、南方科技大学累计 11 个学科进入 ESI 学科排名世界前 1%，在 2021 年泰晤士高等教育世界大学排名中分别位居内地高校第 18 位和第 8 位；天津大学佐治亚理工深圳学院、哈尔滨工业大学（深圳）国际设计学院获批成立，中山大学·深圳投入使用，中国科学院深圳理工大学建设获批立项；创新创意设计学院、音乐学院、海洋大学筹建工作稳步推进。另一方面，职业教育高端发展迈出新步伐。教育部、广东省政府同意支持深圳职业教育高端发展、争创世界一流；世界职业院校与技术大学联盟教师专业发展委员会落户深

2020 年 10 月 17–18 日，广东省中职学校班主任业务能力大赛决赛暨第三届中职班主任工作研讨会在郑敬诒职业技术学校举行　（深圳市教育局　供）

职院，深职院向联合国教科文组织总部贡献疫情之下职业教育解决方案；信息学院与联合国教科文组织高等教育创新中心等联合成立“国际网络教育学院”。2020 年全国职业院校技能大赛改革试点赛中，我市职业院校共获得 18 个奖项，占广东省四成；其中一等奖 10 个，占广东省七成。

（六）教师队伍建设展现新风貌

全市制定并实施中小学教师“负面清单”，师德师风建设不断加强。修订《深圳市深化中小学教师职称制度改革实施方案》，将民办学校教师、公办学校临聘人员、校外教育机构教师等群体纳入职称评审范围。优秀人才持续流入，2020 年校招教师中研究生以上学历占 81%，“双一流”A 类高校毕业生占 31.2%。教师获国家级和省级教育教学成果奖等级和数量全省第一。

（七）依法治教和依法治校呈现新效果

一方面，教育治理水平进一步提升。组织修订《深圳经济特区教育督导条例》，推进《深圳经济特区职业教育条例》《深圳经济特区学前教育条例》立法；推动年度重大行政决策事项制定工作，通过校园法治文化节等形式开展青少年普法教育。组织开展了深圳市公办园建设专项督导，开展了民办教育专题调研，研制了“民办学校办学水平评估指标体系”。另一方面，校园安全防护全面升级。建立了教育系统防范“灰犀牛”“黑天鹅”事件台账，组织高校开展涉外风险隐患排查。组织开展了学校食堂管理专项整治、校园消防安全督查、校舍建筑安全隐患排查整治、危险化学品安全专项整治等专项活动，校车标准化率、治安乱点排查整治率、安全风险隐患排查整治率均为 100%。市、区成立了学生心理健康工作领导小组，部门协同组建心理健康教育与危机干预工作队伍，发布心理疏导“十二条”措施。

三、深圳教育高质量发展的专题比较

“学有优教”是深圳教育高质量发展的重要标志，既是奋斗方向，也是民生祈盼。中小学课后服务是近年来深圳落实“学有优教”的重要民生实事，而切实做好中小学绩效评估则是考量和保障办学质量的关键手段。

（一）中小学课后服务比较

早在 20 世纪 80 年代，很多国家就在关注中小学课后服务这一问题，并确立一系列课后托管的福利政策，逐渐把课后托管教育纳入国家公共服务领域。2017 年 2 月 24 日，教育部办公厅发布《关于做好中小学生课后服务工作的指导意见》，随后全国各地都开始探索推进课后服务工作。2021 年，深圳在前期试点基础上发布《深圳市义务教育阶段学校课后服务实施意见》，正式推出中小学免费课后服务。本部分将主要通过梳理和比较国外课后服务相关做法，为深圳更高质量的推进课后服务提供针对性建议。

1. 课后服务对象。从韩国、日本和美国课后服务对象来看，主要集中在义务教育阶段。其中，韩国课后服务的覆盖面更为广泛、日本的课后服务则更富有阶段针对性，而美国课后服务的对象则有所不同。

一是深圳课后服务对象确定为义务教育阶段公、民办学校所有在籍学生符合我市实际，不过同时应注意在课后服务中强化特殊儿童的平等权利，尤其是随班就读孩子的课后服务。二是日本、美国通过法律法规形式确定了课后服务是教育公共服务的重要组成部分，是政府的应尽之责，更加具有稳定性和发展性。

2. 课后服务内容。从课后服务内容来看，各国都各有侧重点，具有较强的开放性和选择性。

对于深圳而言，要注意避免一味开展以看护或学习指导为主的课后服务，避免造成功能窄化。一是将课后服务内容纳入整个学校课程体系中，更多鼓励学校遴选和利用外部优质资源开展校外课后服务；二是应注重学生的心理健康问题，强化生命教育、劳动教育等专题课程服务；三是应注重组织开展主题式跨学科、多学科课程教学，促动学生高阶认知能力、合作能力等关键能力的提升。

3. 课后服务师资。从韩国、日本和美国课后服务师资来看，都对师资资格和水平提出了明确的要求，以确保课后服务的质量。

对于深圳而言，可以从韩国、日本和美国课后服务师资配置上有所借鉴：一是建立课后服务专兼职师资队伍，包括明确专兼职师资队伍的资格要求、遴选范围和服务要求等，如可以与深圳大学师范学院建立合作吸引师范生参与。二是将课后服务与提供职业技能培训、给予教育类课程学分或学位以及培养未来教师等挂钩，激发教师和社会人员参加课后服务的积极性和解决师资不足问题。三是建立健全课后服务师资培训机制，为相关教师提供专业培训，提升其专业服务水平。

4. 课后服务评价。课后服务评价是保障课后服务质量，确保民生服务实事获得学生及家长满意的关键环节。

对于深圳而言，要加大对课后服务教师队伍的监管力度，采用问卷调查、定期考核等形式对教师课后服务质量进行评价；将本校教师开展课后服务纳入教师绩效，作为教师晋升晋级等方面的重要考量；可以通过家长委员会、家长协会等参与课后服务活动，发现问题及时反馈以帮助教师改进服务质量。

（二）中小学绩效评估比较

OECD（经济合作与发展组织）组织的“学校效能评价指标体系”是国际上所采用的重要学校绩效评估指标体系之一，对于深圳进一步优化义务教育阶段学校绩效评估，促动新时代教育评价改革有着重要的借鉴价值。

1.“学校管理”维度的比较。一是OECD组织的学校效能评价指标体系主要从组织学角度对学校管理的目标、环境和成员等进行了界定并提出相关要求；深圳义务教育阶段办学水平评估指标主要体现在“领导与管理”和“学校发展”两个维度上，虽提出了组织管理层面的要求，但对学校发展目标预设要求更为明显，突出学校绩效评估的目标导向。二是OECD组织的学校效能评价指标体系将“以校为本的教师专业发展”纳入其中，强调了“学校管理”必须关注对教师专业发展的管理，而深圳的指标体系则更关注的是“特色建设”和“办学效果”。基于此，建议深圳义务教育阶段办学水平评估指标在“学校管理（发展）”指标设计上应基于教育高质量发展理念，强化指标设计的逻辑性和层次性，重视提高对组织环境下教师队伍的治理指标，通过

表14　韩国、日本和美国课后服务对象比较

国家	课后服务对象	备　注
韩国	面向全体中小学生，基本已实现全国覆盖。	其他外校学生、地区青少年及本地成人等都可以参与“放学后学校”活动。
日本	依据儿童发展特点分为6–8岁、9–10岁、11–12岁三个阶段。	残疾儿童也享有平等的参与课后儿童俱乐部的权利。 日本在1998年正式实施了《儿童福利法》修正案，课后服务获得了法律保障，也确立了其作为社会福利事业的地位。
美国	面向小学、初中和高中生，以小学生为主。	放学后项目开始时主要是为了降低美国青少年犯罪率，保障在放学后无人监管学生的安全问题。 2002年《不让一个孩子掉队》法案和2015年《每个学生成功》法案的颁布，课后服务成为美国公共服务体系的重要组成部分。

表15　韩国、日本和美国课后服务内容比较

国家	课后服务内容	备　注
韩国	教学内容分为基础学科教育项目和艺体能教育项目。其中，小学体育类项目居多，初高中生基础学科项目比重较大，尤以英语教育为主。	禁止开设习题课，禁止教师把其作为正规课堂的延伸。
日本	放学后儿童教室与放学后儿童俱乐部提供丰富的课后服务，包括学习帮助类、活动体验类、传统游戏类、体育运动类以及生活指导类等。	出台保障性政策要求充分利用教室、体育馆、图书馆等学校设施，并为这种临时性的使用免去申请和审批手续。
美国	主要有体育活动、阅读和写作活动、STEM学习活动等。	要求在“放学后项目”实施过程中，把高质量STEM活动作为重点之一。

表16　韩国、日本和美国课后服务师资比较

国家	课后服务对象	备　注
韩国	教师队伍由专职教师和外部教师组成。专职教师任务繁重，很多不愿参与课后服务。为了缓解师资不足的问题，学校广泛吸纳社会优秀人才。	社会人员只要通过相应的资格审查及学校统一招聘，就可以上岗。在全国建立了多个“放学后学校支援中心”，从事相关教师的职前培训、在职进修、培训考核和结业证书发放等工作。
日本	课后服务人员被称为“放学后儿童支援人员（专职）”，主要由社区志愿者担任，日本厚生劳动省对任职资格提出九条标准，从业人员只要满足一条即可。	明确了全国统一的课后服务专业任职人员的资格，各地会定期对相关人员开展研修活动。
美国	课后服务人员包括学校教师、学校或非学校的教辅人员、大学生、课外中心运行人员、高中生、社区人员、家长等。	把未来教师培养和课后托管事业相结合，鼓励有资质的高中生、教育类大学和学院学生参与课后服务；为从事“放学后项目”人员提供良好的职业发展和晋升机会。

表17　韩国、日本和美国课后服务评价比较

国家	课后服务评价	备　注
韩国	采用“课堂开放日”活动、同行监督、学生和家长问卷反馈等对教师进行评价；多数学校采取“随行评价”，了解学生学习活动情况。	实行“主管教师负责制”，各托管教师需要对其开展的课程分级负责。
日本	建立了全国性标准，让课后儿童俱乐部的运营更加规范化，保证全国课后儿童俱乐部的总体质量。	全国性标准包括《课后儿童健全育成事业的设施及运营标准》《课后儿童俱乐部运营方针》等。
美国	《安全和益智：发挥课外时间的作用》研究报告，对于高质量课后服务项目作出明确规定，共9个方面27项具体的要求，形成了一个完整的质量标准体系。	标准包括：确定目标与有效管理，合格的工作人员，低工作人员/学生比，关注安全、健康和营养问题，与社区组织、青少年司法机构、执法部门和青少年组织建立有效的合作，家庭的有力参与，与学校学习相协调，建立学校教师与课后服务人员之间的联系，评价项目进展与效用。

表18　OECD组织和深圳学校办学绩效评价比较（学校管理维度）

国　家	备　注
1.领导团队团结、奋进，业务能力强且分工明确；2.校长用在管理活动和教学的时间。	1.校长具有较强的领导力和专业能力，具有社会责任感，执行力强，团结协作。
3.学校办学目的一致性，实践的连贯性，学校权利的分享与合作。	2.办学理念鲜明凝练，统领度和认可度高，重视发展规划的规范性、适切度和有效性。
4.有吸引力的工作学习环境，井然有序的校园氛围。	3.制度机制健全，重视加强家长、社区、相关部门互动合作；4.学校实施文化立校战略，形成优良的“三风”，环境舒适优美。
5.以校为本的教师专业发展。	——
——	5.特色建设鲜明且认同感高，特色建设的成效显著。
——	6.学校办学成果，荣誉和奖项，社会评价及其影响力。

营造有利于教师专业发展的组织环境，促进学校发展绩效增值。

2.“教师教学”维度的比较。OECD组织将教师发展和课程教学整合为“教师教学”一个指标，从教学过程、师资队伍等方面对教师教学绩效进行考评；深圳义务教育阶段办学水平评估指标明确分为教师发展和课程与教学两个方面，虽然在评估指标上更加细化，但在操作上“课程教学”和“教师发展”实际难以分开评估（教师“专业水平”必须通过“教学实施”予以真实呈现）。由此，建议深圳义务教育阶段办学水平评估指标体系思考

表19　　OECD组织和深圳学校办学绩效评价比较（教师教学维度）

国　家	备　注
1.增加学习时间，以学术为重点，学业成绩中心。	1.课程设置与课时安排符合国家、省、市课程计划要求；课程开设体现校本特色，德育课程、活动课程及其与学科课程的融合。
2.有效教学组织，纪律公正，明确教学目的，上课条理清楚、适应学生差异。	2.能按照课程标准、结合学生心智能力落实教学计划；严格执行教学常规管理制度，保障教学有序实施；建立健全“全员、全程、全方位”的德育工作机制。
3.重视测评和反馈学生及学校的表现，检测学生进步的评价方法和频次。	3.树立全课程评价观，构建课程教学评价体系，有序监控教学过程，有效检测教学质量。
4.在职教师和校长在学校达到5年以上的比例，增加班级教学人员。	4.从团队建设、专业水平和评价三个方面组成“教师发展”指标，全面评价教师专业发展情况。
5.非正式会议、教学人员会议频次，教师教学合作情况，学生小组合作学习情况。	5.教学环境和谐，师生关系融洽；实施“以学定教”的教学机制，精心设计和批改作业，强化作业诊断对教学的反馈，监测学生课业负担。
6.有无明确成绩标准和对学生优异表现的奖励。	6.建立评价激励机制，重视个性化教学，学困生帮扶。

表20　　OECD组织和深圳学校办学绩效评价比较（学生发展维度）

国　家	备　注
1.增强学生的自尊心； 2.让学生担当责任重大的职位； 3.学生能够支配自己的学习。	1.强调学生具有较强的学习兴趣和钻研精神，德智体美劳全面发展； 2.强调学生具有自主发展意识与能力，具有创新精神与初步的研究能力，具有良好的基础性、发展性和创造性学力； 3.强调建立健全学生发展性评价制度，深得家长、社区居民、社会各界的广泛赞誉，深受高一级学校好评。

表21　　OECD组织和深圳学校办学绩效评价比较（公共关系维度）

国　家	备　注
1.家长参与了孩子的学习过程； 2.鼓励家长积极参与学校相关事务，有机制、覆盖率高。	加强家长、社区、相关部门互动合作。

对“教师发展”和“课程与教学”两大指标进行适当优化和整合，并与“学校发展（领导与管理）”指标进行联动。

3.“学生发展”维度的比较。OECD组织重视从学生个性、能力及责任感等几个关键维度评价学生发展，并没有呈现“大而全”的指标设计；深圳则更重视学生发展“大而全”的指标建构，涉及学生发展的方方面面，但是“全面发展”和“可持续发展”究竟是什么关系并不清晰；同时，将外部评价作为学生发展的“本体维度”是否合适还需要进一步考量。因此，建议深圳在学生发展指标上应避免面面俱到和指标间的相互交叉，着力梳理清晰各个指标间的逻辑关系；二是对于学生的外部评价不应是学生发展的本体指标，而应该成为对学校进行办学绩效评估的途径之一，即对学生发展进行评价过程中可以参考其他主体的评价情况。

4.“公共关系”维度的比较。OECD组织的指标体系重视学校与外部的互动，重点将家长参与学校事务纳入评价学校绩效的框架之中，当然这些内容还不足以反映学校公共关系的具体方面及内容，显得比较单薄；深圳义务教育阶段办学水平评估指标并未明确指出这一重要的指标维度，开放程度还不够高。建议：一是可以考虑将“公共关系”进行单列，将现有教师、学生和学校发展指标中涉及外部评价的内容进行优化和调整形成“公共关系”指标；二是考虑将学校安全和财务状况也纳入学校绩效指标中公共关系的重要观察点，接受外部对于经费使用绩效和安全保障的监督评估。

四、2021 年深圳教育高质量发展思路

2021 年，深圳教育将坚持以习近平新时代中国特色社会主义思想为指导，以推动教育先行示范为主线，抓住综合改革契机，出台一批顶层设计文件，争取一批先行先试政策，启动实施一批教育改革工程，为实施“十四五”规划开好局、起好步，以优异成绩献礼建党 100 周年。

（一）强化先试示范的党建引领和系统设计

1. 持续加强教育系统党的建设。一是扎实推进习近平新时代中国特色社会主义思想和习近平总书记出席深圳经济特区建立 40 周年庆祝大会和视察广东、深圳重要讲话、重要指示精神的宣传学习。二是充分利用新中国建设伟大成就特别是深圳改革开放伟大成就的“活教材”，编写《深圳的光荣与使命》系列教材。三是以纪念建党 100 周年为契机，组织开展“百幅党史照片庆百年”等系列主题宣传教育活动。四是开展党建工作“示范高校、标杆院系、样板支部”建设，在中小学开展“党建示范学校”培育创建活动。五是深入推进中小学校党组织领导下的校长负责制，加强师德师风建设和监管、督查力度。

2. 系统部署教育先行示范系列化规划。一是加快出台教育先行示范系列文件，系统落实任务分工，制定时间表和路线图。出台《深圳教育先行示范规划纲要（2021–2035 年）》《深圳教育发展“十四五”规划》以及《深圳创建国家基础教育综合改革示范区建设方案（2021–2025 年）》《深圳高等教育先行示范行动方案（2021–2025 年）》《深圳民办教育先行示范行动方案（2021–2025 年）》。二是积极推动综合授权改革项目实施。向教育部、省厅提请制定扩大高校办学自主权具体支持清单，在扩大高校办学自主权、激发中小学办学活力等方面争取更多教育改革先行先试项目落地；在“破五唯”教育评价改革、招生考试制度改革等重点领域、关键环节深化改革，积极争取创建国家基础教育综合改革示范区。

3. 大力推进教育治理能力现代化。一是加快推动《深圳经济特区职业教育条例》《深圳经济特区学前教育条例》《深圳经济特区教育督导条例（修订草案）》等立法工作，启动高等教育、特殊教育、专门教育、外籍人员子女学校管理等领域的立法工作；制定出台《深圳市关于深化教育督导体制机制改革的实施意见》。落实全省教育系统“法治建设年”各项工作，完善教育权责清单；加大联合执法力度，切实加强对教育培训机构的监管。研究制定《深圳市学生资助资金管理办法》，做好建档立卡贫困生招生培养工作。扎实做好援疆、援藏支教人才选派工作，完成深圳市新一轮“乡村振兴”教育合作交流任务。

4. 进一步筑牢教育系统安全防线。毫不松懈做好校园疫情防控工作，加强平安校园建设，提高防范与应急处突能力；建立学校安全标准化体系和信息化管理平台，强化分级管控和隐患排查整治。推进新一轮学校及学生“双险”工作，开展校园安全宣传教育和应急避险训练，构建具有深圳特色的中小学公共安全教育模式。建立教育领域重大风险防范化解工作机制，制定《防范化解教育领域重大风险专项工作方案》，确保教育系统安全稳定。

（二）举全力推进教育改革发展“三大攻坚战”

1. 打响思政教育改革创新攻坚战。一是出台《深圳市思政课改革创新实施意见》，完善党政领导干部讲思政课常态化机制；推进“思政课程 + 课程思政”建设，打造新时代思政系列精品课程，首批建设 10 所“思政示范学校”；配齐建强专职思政教师，实施培优计划，建设一批思政名师工作室；统筹建设一批党建教育、爱国主义教育和青少年思政教育与实践基地。二是出台深圳市中小学教材管理文件，成立深圳市中小学教材审定委员会，加强对地方和校本课程教材（含读物）的审查；出台《深圳市学生心理健康教育与服务体系建设实施意见》，组织开展心理健康教育月系列活动。

2. 打响基础教育学位保障攻坚战。一是开展学位建设专项督导，推动建立学位建设联合审查制度落实机制，2021 年新改扩建公办中小学学位 10.37 万个，新增幼儿园学位 2.5 万个。二是巩固“5080”攻坚工程成果，建立普惠性民办园奖励性补助标准与办学品质挂钩联动机制；制定幼儿园课程建设指导意见，培育一批科学保教优质特色项目和优质特色园；实施学前教育集团化办学和学区化治理。三是做好义务教育消除大班额和控辍保学工作，召开全市义务教育工作会议，引导各区完善积分入学政策，研究并制定新一期我市义务教育课程计划；出台《深圳市中小学学区化集团化办学实施意见》。四是制定深圳市普通高中特色办学评价指标体系，开展特色高中评审；研究制定新建公办高中、综合高中办学指引；出台《深圳市普通高中自主招生管理办法》，以普通高中新课程新教材实施国家级示范区建设为依托，打造新课程新教材实施的"深圳样板"。五是出台《深圳市促进特殊教育公平融合发展行方案》，制定特殊教育第三期提升计划，推动市、区特殊教育资源中心建设，召开全市融合教育工作经验交流会议。

3. 打响民办教育规范提质攻坚战。一是积极推进民办中小学管理体制改革，建设民办中小学综合管理平台；制定并实施民办中小学财务管理办法，开展义务教育阶段民办学校办学水平评估和质量监测。二是实施优质民办学校培育行动、特色课程培育计划，探索民办学校多元融合课程建设；积极推进深汕特别合作区等区民办教育园区建设；健全民办中小学校长和教师入职管理，优化民办学校内部治理运行机制。

（三）全面启动教育高质量发展综合改革工程

1. 启动实施中小学生综合素质提升工程。一是开展未成年人思想道德年度测评和文明校园创建工作，培育一批中小学德育示范校、校园文化精品学校和书香校园。二是探索构建完善大中小幼相衔接的学校体育课程体系，严格执行学生体质健康合格标准，推进义务教育阶段学校每天开设1节体育课、学生每天校内锻炼1小时。二是研究制定《新时代深圳学校美育工作实施意见》，打造美育之城；研究制定《深圳市大中小学劳动教育实施意见》，推动建设25—30个（覆盖每区2—3所）校内外劳动教育实践基地；出台《深圳市中小学生研学实践教育工作实施方案》，建设综合实践基地。三是完善学生综合素质评价，实施《深圳市初中学生综合素质评价方案（试行）》《深圳市中小学生减负工作实施方案》《深圳市义务教育阶段学校课后服务实施意见》。

2. 启动实施国家职业教育创新发展高地建设工程。一是召开部省共同推进深圳职业教育高端发展、争创世界一流启动大会；积极创建广东省高水平中职学校（专业群），加快建设中、高职职业教育集团；加快推进高职"双高计划"建设，支持深圳信息职业技术学院建立职业教育微电子人才培养示范基地。二是加快推进产教融合型企业培育、示范性特色产业学院建设。推动建设粤港澳大湾区特色职业教育园区，加快建设深汕职业教育园区；推动联合国教科文组织发展中国家职业教育创新中心、世界职业院校与应用技术大学联盟秘书处、粤港澳大湾区中德教育与经济协同发展示范基地等职教高端平台建设。

3. 启动实施高等教育卓越工程。一是推进高水平大学建设，争取深圳大学、南方科技大学列入国家"双一流"建设高校，香港中文大学（深圳）等5所高校纳入第三轮广东省高水平大学建设计划。二是争取中科院深圳理工大学获批设立，加快筹建海洋大学、师范大学。加快深圳创新创意设计学院和音乐学院建设，推动深圳音乐学院首批招生，加快推进清华大学深圳国际研究生院规划建设。三是加快创建一流本科专业和一流课程，深化"新工科""新医科""新文科"等建设。实施高校学科专业"强链补链计划"，加快打造优势和特色学科专业；瞄准人工智能、生命健康、空天科技等前沿领域，加快布局一批新兴专业；加快建设国家示范性微电子学院，探索建立健全高校学科专业动态调整机制。四是探索实施"深圳本土支柱产业+深圳本土高校一流学科+世界一流学科"的中外合作办学计划。推进深圳大学帕森斯设计学院筹建，高质量高标准办好天津大学佐治亚理工深圳学院、哈工大（深圳）国际设计学院。五是支持高校与企业合作设立产业学院、教学点、实验室和创新基地，鼓励高校、企业、科研机构和行业组织等联合成立产教融合联盟。

4. 启动实施终身教育服务能力提升工程。一是协助推进家庭教育立法，制定家庭教育指导大纲，打造家庭教育大讲坛等一批家庭教育品牌活动；编制《深圳市老年教育发展规划》，推动深圳开放大学转型发展。二是探索构建市、区、社区综合学习中心，开展学习型街道创建和评估活动，做好2021年深圳市全民终身学习活动周工作。三是推进学历教育、继续教育与职业培训融通，支持建设20个社区学院和20个行业培训学院；建设终身教育平台，推进终身教育教学资源库共建共享，探索建立个人学习账户和学分累计认证转换制度。

（四）着力推进教育高质量发展专项改革工程

1. 启动实施未来教育探路工程。

一是加快建设深圳云端学校，实施云端课程、课堂、教材和资源建设行动；深度建设智慧校园，推进建设未来教育体验中心、高新技术体验中心、跨学科创新实验室和数字化学科教室，首批建设10所混合式学习试点学校。二是探索“人工智能+”新型课程教学，探索联合上课机制，打造“教学共同体”，建设10个示范性智慧学习空间、10个人工智能转型改革创新标杆项目。三是成立未来教育研究中心，举办未来教育高峰论坛，加强未来教育研究。

2. *启动实施创新教育工程*。一是探索建设一批“课程改革先锋学校”，出台《中小学科技创新教育五年行动计划》；开展科普学分制试点，建设中小学科创竞赛信息化管理平台。二是推动建设全新机制的创新创业学院，以学院为依托，组建“一流企业+一流中学+一流高校”合作联盟；研究出台中小学科技创新教育实践基地建设标准与管理办法，建设50个校外科技实践基地。三是建立全市高校创新人才教育辐射平台，建立大学通识教育中心；建立健全学生学业导师制度，探索“本硕博”贯通培养机制；开展未来技术学院建设及专项招生试点，鼓励国家重点技术攻关单位吸纳优秀学生参与实际项目研究。

3. *启动实施教育评价深化改革工程*。一是成立市教育评价改革领导小组，积极申报国家教育评价改革试验区；出台《深圳市推进教育评价改革工作方案》，逐步健全各级各类学校办学质量评价体系，探索完善教师绩效评价指标体系。三是做好2020年度政府履行教育职责评价迎评工作，出台《关于加强深圳市义务教育质量监测结果应用的指导意见》；落实《深圳市普通高中体育与健康等科目学业水平考试实施办法》，加快完善初、高中学业水平考试等措施。

4. *启动实施教育开放示范工程*。一是探索构建高校、职业院校“四互”合作机制，积极推动共建粤港澳大湾区职教培训中心；支持深圳高水平高职院校扩大港澳招生规模。二是继续办好深港校长论坛、深港姊妹学校经典美文诵读比赛等品牌活动。推动成立包含九大子联盟的粤港澳大湾区学生艺体联盟，深入推进粤港澳姊妹学校（园）缔结计划，推动深港校（园）长教师和学生开展常态化交流，保障符合条件的港澳子弟在深入学。三是研究制定关于日语、俄语等小语种教学管理政策，深化小语种教学试点工作。完善国际理解教育，探索实施“一带一路”教育行动、深圳教育品牌“走出去”行动，探索组建深圳国际职业教育集团。

5. *启动实施高水平师资队伍建设工程*。一是开展师德师风涵养行动，修订深圳市师德考核管理规定，完善学生、家长参与的师德评价机制，打造一批师德师风建设示范单位。二是开展教师专业素质提升行动，优化高端教育人才引进机制，出台基础教育高精尖缺人才专项政策；持续推进名师、名班主任、教育科研专家、督学等培育和工作室建设。三是开展教师管理体制机制创新行动，完善校长职级制管理办法及相关配套政策，深化中小学校长职级制改革；深化教师职称制度改革，试行民办中小学教师及公办中小学临时性教学岗位教师职称评审。四是制定深圳高校人员总量管理改革方案，探索建立灵活多样、与国际接轨的薪酬分配制度；加强职业教育“双师型”队伍建设，支持高职院校建设高水平教师培训基地，深入推进1+X证书制度试点工作。五是健全民办学校教师培训培养、评优评先保障机制，加大民办学校教师培训力度。六是推动制定教师优待政策，优化教师招聘制度，推进符合条件的港澳籍人士参加教师资格认定和参与教师招聘。

6. *启动实施智慧教育建设工程*。一是积极推进“基于教学改革、融合信息技术的新型教与学模式”国家级信息化教学实验区建设，确定区、校级实验项目并开展实验工作。二是优化“深圳教育空中课堂”，升级数字化资源平台，开展数字教材平台的设计，推广共享优质备课资源，建设一批促进学生跨学科思维和创新能力提升的新型云端精品课程。三是建立健全信息化人才队伍培养和认证体系，实施云端教师培养和智慧教育评价队伍建设计划。出台云端教学研究工作室建设意见，培养高水平云端教学人才梯队；打造一批信息化专家、专业能手工作室。

（贯建国　曹晓芳　执笔）

2020年深圳职业教育改革与发展研究报告

深圳市教育局

2020年是深圳经济特区建立40周年，是粤港澳大湾区和深圳先行示范区建设全面铺开、纵深推进的关键之年，是高质量全面建成小康社会和“十三五”规划的收官之年。深圳职业教育以习近平新时代中国特色社会主义思想为指导，贯彻落实全国教育大会精神和《国家职业教育改革实施方案》《职业教育提质培优行动计划（2020—2023年）》《深圳市职业教育改革发展“十三五”规划》等文件要求，统筹推进疫情防控和在线教学工作，对标深圳建设好中国特色社会主义先行示范区，创建社会主义现代化强国的城市范例，率先实现社会主义现代化的目标，以试点建设国家产教融合型城市为抓手，促进产教融合，推动校企合作，弘扬工匠精神，建立健全适应“双元育人”职业教育的体制机制，打通中职、高职升本科的衔接通道，推动职业教育高端发展，努力打造世界一流职业教育高地。

一、深圳职业教育改革与发展的现状和成绩

（一）职业教育权重

2020年，深圳职业院校在校生人数、教职工人数分别占深圳各级各类学校的6.12%、4.50%。其中，高等教育阶段，高等职业学校在校生占39.17%，教职工占

表1　2018–2020年高中阶段职普比

年度	招生职普比	在校生职普比
2018	35.69:64.31	36.71:63.29
2019	36.40:63.60	36.77:63.23
2020	32.78:67.22	35.26:64.74

备注：根据《2015–2020深圳市教育事业统计手册》分析填列。下同。

23.22%，与去年相比，占比均略有下降。高中教育阶段，中等职业学校（包括中职学校、技工院校，下同）在校生占35.26%，招生占32.78%，与前两年相比，占比略有下降。（见表1）

（二）职业教育规模

2020年，全市有国家级示范校6所，国家骨干高职学校1所，国家级重点中等职业学校7所，省级以上重点校14所。31所职业院校招生数量为56923人，比2019年增加6040人，增幅11.87%。在校生148192人（含非全日制学生），比2019年增加12804人，增幅9.46%。职业院校在校生结构、招生人数结构。（见图1和图2）

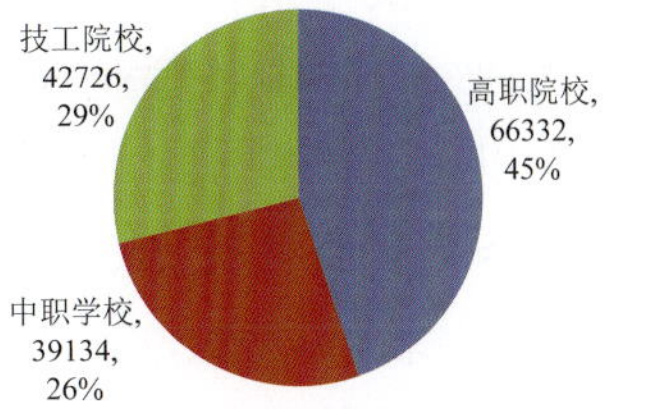

图1　2020年职业院校在校生人数结构

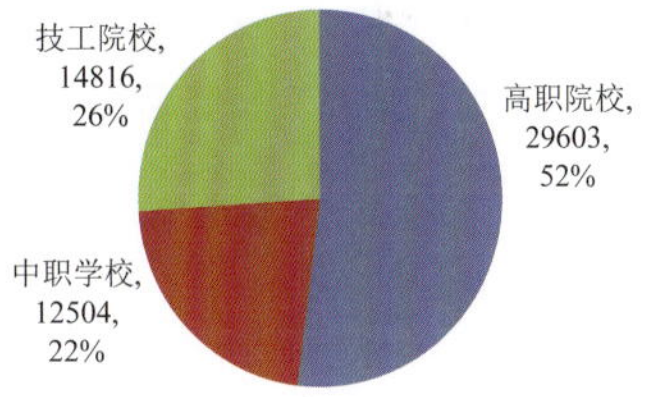

图2　2020年职业院校招生人数结构

3所高职学校在校生66332人。其中，全日制在校生58362人，比2019年增加12855人，增幅28.25%；非全日制在校生7970人，比2019年减少1919人，减幅19.41%。

28所中等职业学校在校生81860人，比2019年增加1868人，增幅2.34%。其中，中职学校17所，全日制在校生38940人，非全日制学生194人，校均2302人。各中职学校在校生人数。（见图3）技工院校11所，全日制在校生42726人，校均3884人，深圳技师学院在校生10138人，有一所学校在校生不足500人。各技工院校在校生人数。（见图4）

民办中等职业教育是我市

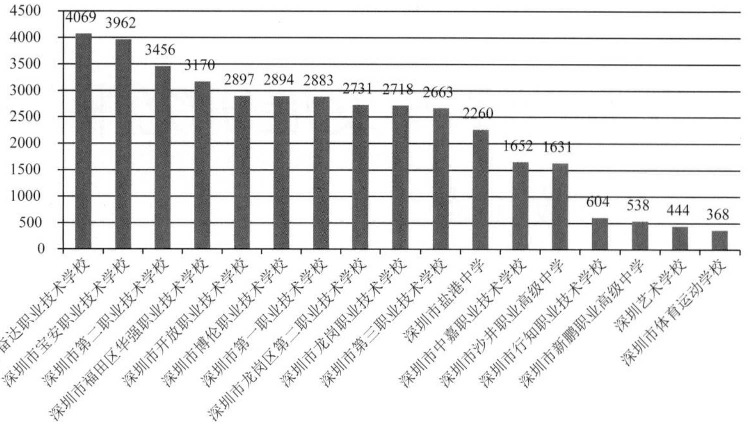

图 3　2020 年中职学校在校生人数

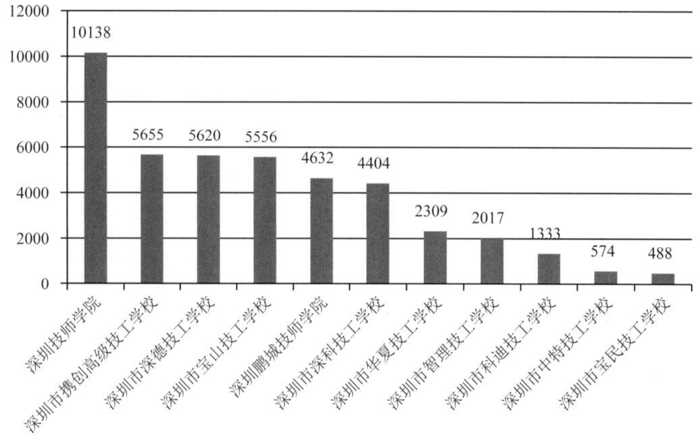

图 4　2020 年技工院校在校生人数

中等职业教育的重要组成部分。2020 年，全市 11 所民办中等职业学校全日制在校生 33677 人（中职学校 5721 人，技工院校 27956 人），占全市中等职业学校在校生的 41.14%。毕业生 5861 人，占全市中等职业学校毕业生的 29.40%。深圳市深德技工学校、深圳市宝山技工学校、深圳市携创高级技工学校在校生都超过 5500 人，而且都是省级重点技工学校。

（三）专业建设

各校主动适应深圳及粤港澳大湾区经济社会发展和产业升级，面向国家重大战略需求，积极优化专业布局，提升专业群内涵建设，推动专业群可持续发展。

2020 年，全市 3 所高职学校开设专业不重复计算有 119 个。深圳职业技术学院（简称深职院，下同）85 个专业，深圳信息职业技术学院（简称深信院，下同）52 个专业，广东新安职业技术学院（简称新安学院，下同）开设 26 个专业。有 10 个专业在校生 1000 人以上，分别是：工商企业管理、会计、商务英语、计算机应用技术、软件技术、金融管理、物业管理、计算机网络技术、机电一体化技术、电子商务。新增专业 10 个。

2020 年，全市中职学校开设 62 个专业，2020 年招生专业 58 个。平均每个专业在校生 635 人，有 11 个专业在校生人数在 1000 人以上，电子商务专业在校生 4073 人，计算机应用、会计、物流服务与管理、计算机网络技术等专业在校生也在 2000 人以上。新增专业 7 个。

2020 年，全市技工院校开设专业 79 个，平均每个专业 540 人，比 2019 年少 31 人。今年招生专业 69 个，开设学校较多的专业有电子商务（10 所）、汽车维修（10 所）、幼儿教育（9 所）、会计（6 所）、烹饪（6 所）、计算机网络应用（6 所）、护理（5 所）等。新增专业 8 个。

（四）教学资源

2020 年，全市职业院校占地面积 5237268 平方米，比上年减少 0.69%。建筑面积 3238636 平方米，比上年增加 0.88%。教学、实习仪器设备资产总值 342261 万元，比上年增加 17.67%。纸质图书 6605976 册，比上年增加 3.40%。计算机 83570 台，比上年增加 2.23%。

高职扩招导致生均教学资源比上一年略有减少。3 所高职学校占地面积 3024613 平方米，生均 45.60 平方米，低于生均 54 平方米的国家标准；建筑面积 1287628 平方米，生均 19.41 平方米，远高于生均 16 平方米的综合类普通高等学校标准；教学、实习仪器设备资产值合计 152657 万元，生均 2.3 万元，远高于生均 4000 元的国家标准；纸质图书合计 4577000 册，生均 69 册，低于综合类学校80册的国家标准；计算机合计35734台，每百名学生54台，远高于百名学生配教学用计算机8台的国家标准。

中职学校生均教学资源比上一年增加，17所中职学校占地面积1296348平方米（含非产权用地），建筑面积1131249平方米，教学、实习仪器设备资产值合计96539万元，纸质图书1307147册，计算机29624台，校内实践教学工位25448个，生师比13.55:1，各项指标均向好发展。生均教学资源。（见表2）9所学校占地面积在70000万平方米以上，8所学校建筑面积在70000平方米以上。11所学校计算机总数在1000台以上（其中2000台以上的学校有7所，比上一年增加2所）。

全市技工院校占地面积合计916307平方米，生均21.45平方米。建筑面积合计819965平方米，生均19.19平方米。固定资产总值590933万元（其中教学、实习仪器设备资产值合计93065万元，生均2.18万元）。纸质图书合计721829册，生均16.89册。计算机合计18212台，每百名学生43台。深圳技师学院、深圳鹏城技师学院、深圳市携创高级技工学校办学条件较好，均符合学校设置标准。其余8所民办技工学校办学条件相对稍差。

（五）师资队伍

2020年，全市职业院校教职工10469人，专任教师6925人，生师比21.40：1。专业、实习指导教师4710人，占专任教师的68.01%。“双师型”教师3184人，占专业教师的67.60%。副高及以上职称2113人，占专任教师的30.51%。硕士研究生及以上2929人，占专任教师的42.30%。

全市高职学校有教职工4090人，其中专任教师2437人。专业、实习指导课教师1923人，占专任教师的78.91%（各校占比见图5），“双师型”教师1440人，占专业、实习指导课教师的74.88%（各校占比见图6）。专任教师中，硕士研究生及以上1937人，占79.48%，副高及以上职称1214人，占49.82%。生师比27.22：1（如果按全日制在校生计算，生师比23.95：1），高于18 ：1的标准。拥有教育部首批黄大年式教师团队1个、国家级教学团队1个、全国职业院校教师教学创新团队1个、国家“万人计划”教学名师2人、国家级教学名师3人、省级教学名师12人、广东特支计划教学名师7人、广东省“珠江学者”13人、“鹏城学者”11人、省千百十省级培养对象20人、深圳市国家级领军人才3人、深圳市地方级领军人才97人、深圳市后备级人才87人、深圳市孔雀计划人才45人。

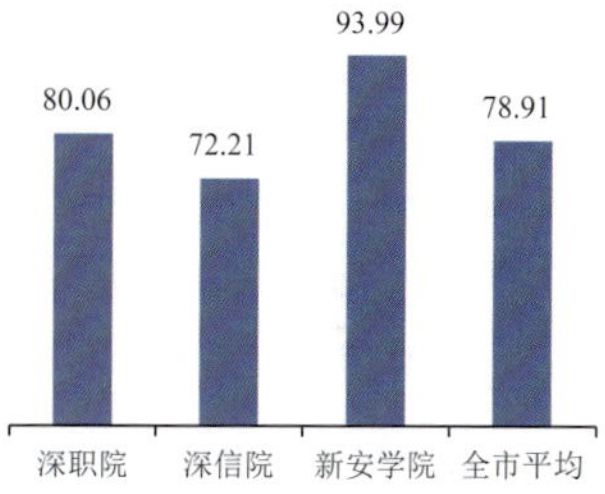

图5　高职学校专业实习指导课教师比例（%）

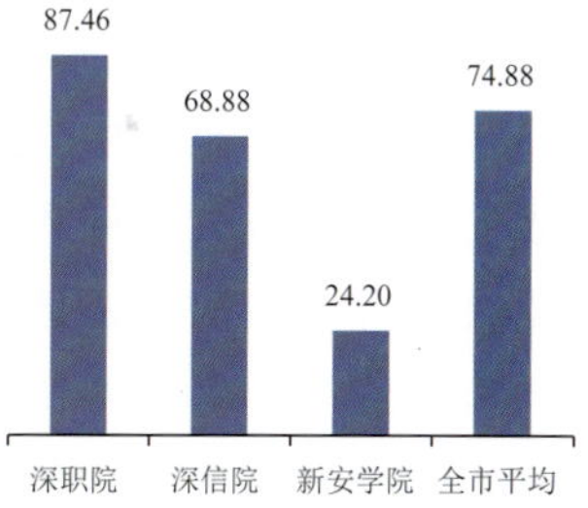

图6　高职学校“双师型”教师比例(%)

表2　2019-2020年深圳市中职学校生均教学资源

年度	生均占地面积（m^2）	生均校舍建筑面积（m^2）	生均教学仪器设备值（元）	生均实训实习工位数（个）	生均纸质图书（册）	生均计算机（台）	生师比
2020年	33.13	28.9	24700	0.63	33.4	0.76	13.55:1
2019年	32.39	28.24	18,652.71	0.59	29.09	0.67	14.36:1
增加数	0.74	0.66	6047.29	0.04	4.31	0.09	
增长率（%）	2.28	2.34	32.42	6.78	14.82	13.43	
国家标准	33	20	3000	–	30	0.15	≤20:1
超过国家标准数值	0.13	8.9	21700		3.4	0.61	
超过国家标准比例（%）	0.39	44.50	723.33		11.33	406.67	

2020年，全市中职学校有教职工3767人，其中女教师2129人，占56.52%。专任教师2888人，其中，专业、实习指导课教师1616人。"双师型"教师1144人，占专业、实习指导课教师的70.79%。专业、实习指导课教师占专任教师总数的55.96%。有4所学校专业、实习指导课教师占专任教师比例未达到50%的要求。专任教师中，本科及以上学历2773人（占96.02%），中级及以上职称1639人（占56.76%）。（见表3）有国家"万人计划"教学名师1名、市级名师工作室11个，省级名师工作室3个。8位教师入选2019-2020年度深圳市"技能菁英"。2020年全国职业院校技能大赛教学能力比赛我市荣获一等奖1项、二等奖4项、三等奖4项，深圳市龙岗区第二职业技术学校郑爱如、张凯欣、刘景杏和深圳市新鹏职业高级中学黄伟娴组成的"中华茶艺"课程参赛团队荣获一等奖。深圳市博伦职业技术学校张日威老师在2020年全国职业院校技能大赛中等职业学校班主任能力比赛业务能力组现场决赛中荣获一等奖。龙岗职业技术学校常文芳老师参加第二届全国电子信息服务职业技能竞赛——电子商务师技能竞赛，在全国总决赛中获得特等奖，被授予"全国技术能手"称号。

2020年，全市技工院校教职工3973人，专任教师2484人。技术理论课教师和实习指导教师1875人，占专任教师的75.49%，有2所学校未达到技术理论课教师和实习指导教师占专任教师的比例高于70%的要求。技术理论课教师和实习指导教师中"双师型"教师899人，占36.20%。专任教师本科及以上学历2180人（占87.77%）。（见图7）专任教师中级及以上职称1165人（占46.90%）。（见图8）

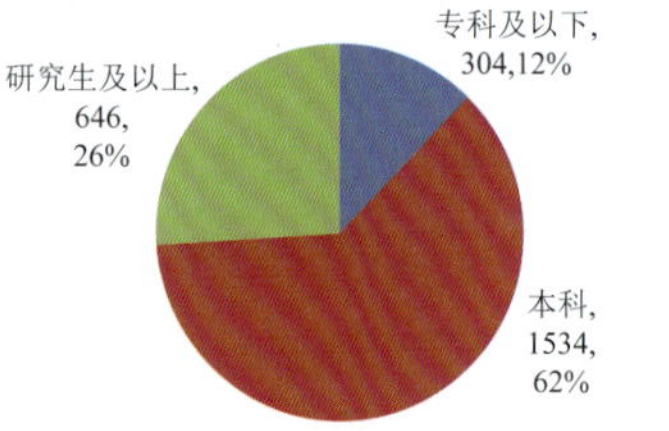

图7　技工院校专任教师学历结构

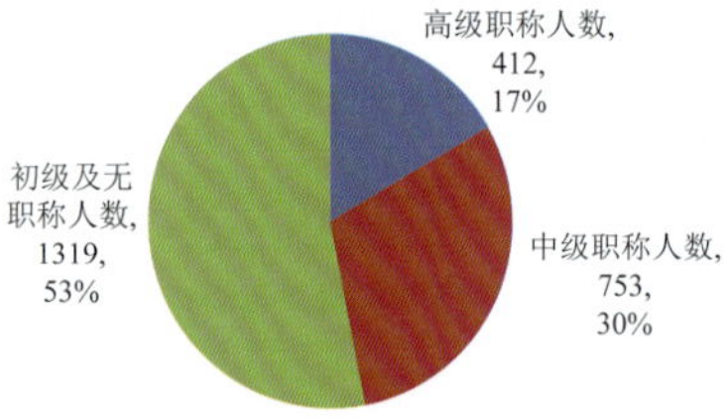

图8　技工院校专任教师职称结构

表3　2019-2020年深圳市中职学校专任教师学历和职称结构

年份	专任教师	研究生及以上人数	本科人数	专科及以下人数	高级职称人数	中级职称人数	初级及无职称人数
2020年	2888	651	2122	115	662	977	1249
2019年	2747	636	2036	75	645	874	1228
2020年增加数	141	15	86	40	17	103	21
增长率（%）	5.13	2.36	4.22	53.33	2.64	11.78	1.71

（六）培养质量

全市高职学校一年级学生24186人、二年级学生15679人，共计39865人。根据各校"学生问卷调查反馈表"数据汇总分析得知，课堂育人满意度96.68%，课外育人满意度96.58%，思想政治课满意度94.66%，公共基础课（不含思想政治课）满意度95.57%，专业课教学满意度93.78%，学生工作满意度96.97%，教学管理满意度96.46%，后勤服务满意度92.84%。学生参与志愿者活动共计203924人日。全市高职学校有学生社团377个，比上一年增加10个。科技类社团有136个，占36.08%，比去年增加7个。有33305人参加社团组织，占一、二年级学生数的83.55%，其中30.74%的学生是参加科技社团。

全市中职学校文化课测试合格率94.03%（去年89.96%），专业技能测试合格率87.01%（去年89.41%），体质测评合格率97.19%（去年86.29%）。学生在校体验普遍较好，理论学习满意度97.13%，专业学习满意度97.38%，校园文化与社会活动满意度97.64%，生活满意度96.87%，校园安全满意度98.07%，毕业生学校满意度98.10%。从这可见，学生对在校体验的评价总体是较为满意的。但是，有两项指标低于90%，一是专业技能合格率只有87.01%，实训实习满意度最低，仅有66.17%。

2020年举行的首届全国职业技能大赛，深圳市获5金2银1铜1优胜奖，其中深圳技师学院的选手荣获平面设计技术、3 D数字游戏艺术、工业设计技术、云计算4个项目金牌以及印刷媒体技术项目银牌，充分彰显深圳职业教育高质量发展的成效，展现未来“大国工匠”的雄厚实力和技术技能水平。我市选手参加2020年全国职业院校技能大赛改革试点赛荣获10个一等奖（中职5个、高职5个）、5个二等奖、3个三等奖，中职组一等奖获奖数量与浙江省队并列第四名，排在山东省、江苏省、青岛市之后；高职组广东省代表队获得5个一等奖，选手均来自深圳，深职院获四个一等奖，深信院获一个一等奖。在华为ICT大赛2019-2020全球总决赛中，深职院学生获网络赛道特等奖1项，云赛道一等奖1项。

（七）就业质量

2020年，全市3所高职学校毕业生12911人（不含结业生328人），就业12364人，比上一年增加330人，增幅2.75%。初次就业率95.76%，比2019年下降2.38%。初次就业平均月薪4789.08元，比2019年下降3.24%，工作一年后薪酬远高于全国同类院校平均水平。理工农医类专业相关度76.84%，母校满意度96.33%，雇主满意度97%。自主创业比例占3.86%，比上一年明显提高。9035人留在深圳本地工作，占就业毕业生总数的73.08%；7994人到中小微企业等基层服务，占毕业生总数的64.66%；1343名毕业生在世界500强企业工作，占毕业生总数的10.87%。受疫情影响，就业率、就业薪酬与2019年相比，均有回落。

2020年，全市中职学校毕业生11961人，就业11837人，就业率98.96%，其中，升入高一级学校9721人，直接就业2116人（对口就业1851人）。8683人取得职业资格证书。直接就业毕业生中，有1015人到国家机关和企事业单位就业（占47.97%），672人合法从事个体经营（占31.76%）；从事第三产业1827人（占86.34%）；1579人在本地就业（占74.62%）；1655人在城区就业（占78.21%）；1156人是通过学校推荐就业（占54.63%）。签订1年及以内劳动合同的有1078人（占50.95%）。本届毕业生平均月薪2690元。月薪3000元以上有1603人（占75.76%）。享有五险一金的有1393人（占65.83%）。毕业生就业满意度93.86%。与去年相比，升学率、就业率、对口就业率略有提高，但毕业生“双证”率降低了4.34%。

2020年，全市技工院校毕业生7878人，其中技师、高级技工学校毕业4188人，普通技工学校毕业3690人，毕业生人数比上一年减少14.95%。各校毕业生就业率都在95%以上。深圳技师学院毕业生就业率达99.9%，超过50%的毕业生进入华大基因、腾讯、大族激光、周大福等知名企业、行业龙头企业工作。深圳鹏城技师学院毕业生就业率达98%以上，专业对口率92%，毕业生满意率95%，企业满意率97%，家长满意率99%。

（八）服务能力

2020年，我市高职学校尤其是公办学校认真履行职业培训法定责任，服务国家战略，服务粤港澳大湾区发展，服务深圳社会经济发展，服务中小微企业，服务社区发展。与2019年相比，“技术服务到款额”“技术交易到款额”“新型职业农民培训服务”都有两位数以上的增幅，“技术服务产生的经济效益”也有2.8%的增幅，但是受疫情影响，“技术技能培训服务”“退役军人培训服务”“基层社会服务人员培训服务”“纵向科研经费到款额”都有较大幅度的减少。（见表4）

表4　2019-2020年深圳市高职学校社会服务能力

序号	指标		单位	2020年	2019年	2020年增长率（%）
1	技术服务到款额		万元	9096.15	6985.42	30.22
2	技术服务产生的经济效益		万元	13984.43	13604.02	2.80
3	纵向科研经费到款额		万元	9859.11	10921.09	-9.72
4	技术交易到款额		万元	1709.39	1514.86	12.84
5	非学历培训服务		人日	396579	700052	-43.35
	其中：	技术技能培训服务	人日	319621	369506	-13.50
		新型职业农民培训服务	人日	2849	853	234.00
		退役军人培训服务	人日	1691	15347	-88.98
		基层社会服务人员培训服务	人日	59935	247881	-75.82
6	非学历培训到款额		万元	4524.936	4494.83	0.67

2020年，我市中职学校积极开展社会服务，举办校内职业培训班169次，培训9790人次，培训收入930600元。开展送教上门和企业培训班588个，培训37643人次，培训收入350000元。提供技术咨询5次，技术服务收入3000元。开展社区服务243次，耗材等支出480173元，4148名社区群众受惠。深圳市第二职业技术学校招收新疆学生143名，招收云南昭通对口建档立卡贫困家庭子女中职生9人，结对帮扶陆丰市大屯村6户贫困家庭。深圳市第三职业技术学校2020年开展东西（粤滇）协作项目，接纳云南西双版纳学生27人，历经4个月近150个学时的培训，17人获得深圳市人力资源和社会保障局颁发茶艺师初级职业资格证，考证合格率85%。

（九）国际合作

深职院与17个“一带一路”沿线国家的57所院校机构建立交流合作关系，在马来西亚建立2个汉语语言文化中心，在保加利亚、马来西亚和德国各建成1所职业教育与培训中心。12月15日，世界职业院校和技术大学联盟教师专业发展委员会在深职院揭牌。与港澳合作取得新进展，成立了“粤港澳大湾区人工智能应用技术研究院”，制定了《深圳职业技术学院与香港职业训练局联合学院申办方案（初稿）》《粤港澳青年学生交流与创新发展联盟建设方案》。在联合国高等教育创新中心IIOE平台开设5门英文在线课程，在线学习达5000人次。

2020年10月1日，深圳技术大学与法国雷恩第一大学通过线上平台举行签约仪式，启动联合培养博士研究生项目　　（深圳技术大学　供）

深信院依托中德教育合作平台深化德国双元制职教模式的本土实践，与德方共建2个专业标准和38门课程标准，与德国学校互派交换生开展实训实践。学校精心打造“深圳信息—西双版纳国际留学生基地”和“中老2+1学历教育暨深圳产业技术学院海外模式”，与联合国教科文组织共同发起成立“国际网络教育学院”，启动建设国际课程资源30项。学校当选为东南亚职业教育产教融合联盟副理事长单位。新安学院陆续与英国、荷兰、芬兰、韩国等4个国家8所院校建立长期稳定的合作关系。深圳市第三职业技术学校继续同德国莱茵TÜV集团就工业4.0配套课程建设、学生培养、教学研究等方面进行合作，在机电设备安装与维修、计算机网络技术两个专业实施产教融合“双元”育人教学改革。深圳市龙岗区第二职业技术学校2020年有“德国护理留学项目”和“韩国留学项目”4个班86名学生，25名学生赴韩国永进大学学习。

（十）影响力

高职学校“国际影响表”有8项指标。与2019年相比，“在校生服务‘走出去’企业国（境）外实习时间”“开发并被国（境）外采用的专业教学标准数”“开发并被国（境）外采用的课程标准数”“国（境）外技能大赛获奖数量”都有增加。受疫情影响，国际人员交往减少明显，“国（境）外人员培训量”“专任教师赴国（境）外指导和开展培训时间”“在国（境）外专业性组织担任职务的专任教师人数”“国（境）外办学点数量”都明显减少。（见表5）

两所公办高职学校在高职学校各大排行榜位置居前，深职院更是多个榜单的第一名。2020年高职学校北大核心期刊发文量50强深职院高居榜首，深信院第34

表5　　2019–2020年深圳市高职学校国际影响

序号	指标	单位	2020年	2019年	增加数	增长率（%）
1	国（境）外人员培训量	人日	39400	52971	–13571	–34.44
2	在校生服务“走出去”企业国（境）外实习时间	人日	21038	20069	969	4.61
3	专任教师赴国（境）外指导和开展培训时间	人日	1276	1836	–560	–43.89
4	在国（境）外专业性组织担任职务的专任教师人数	人	43	45	–2	–4.65
5	开发并被国（境）外采用的专业教学标准数	个	15	13	2	13.33
6	开发并被国（境）外采用的课程标准数	个	146	121	25	17.12
7	国（境）外技能大赛获奖数量	项	26	19	7	26.92
8	国（境）外办学点数量	个	6	10	–4	–66.67

名。“2020中国职业院校智慧校园50强”院校，深职院排名第一。广州日报数据和数字化研究院（GDI智库）“GDI高职高专排行TOP1000榜（2020）”，深职院排名第一，深信院排名第六。“金苹果”2020年中国高职学校综合竞争力排行榜（800强），深职院排名第1，深信院排名第21。2020年高职学校中国发明专利授权数量排名，第13名深职院，第17名深信院。深职院与华为公司的校企合作和人才培养模式获得世界职业院校与技术大学联盟卓越奖（“产教融合”类铜奖）。深信院作为理事长单位，2020年11月15日–17日发起召开以“构建产教融合新生态 释放现代职教新动能”为主题的粤港澳大湾区职业教育产教融合论坛，提升了学校影响力。

二、深圳市职业教育改革与发展的重要举措

2020年12月，广东省人民政府发布《教育部 广东省人民政府关于推进深圳职业教育高端发展争创世界一流的实施意见》，提出多项举措推动深圳职业教育高水平发展。深圳努力建设职业教育创新发展高地，坚持聚焦城市需求，切实将职业教育摆在优先发展位置；聚焦时代前沿，以新理念引领职业教育转型发展；聚焦产教融合，打造校企命运共同体；聚焦质量标准，全面落实“职教20条”；聚焦开放发展，向世界贡献职教“深圳方案”；聚焦国家战略，助推区域经济协调发展。

（一）党建引领把方向

坚持党的领导，是职业教育的政治保证。坚持服务发展、促进就业的办学方向，是职业教育的初心和使命。我市职业院校牢记初心，不辱使命，充分发挥党委的领导核心和政治核心作用，突出政治引领和价值引领，健全党建工作管理体制，加强基层组织建设，紧盯重点领域和关键环节，严肃监督执纪问责，营造风清气正育人环境，充分发挥党员先锋模范作用和党支部战斗堡垒作用，进一步调动师生员工的积极性、主动性、创造性，为协同推进“双高”计划和世界一流行动计划提供坚强保证。党员队伍进一步壮大，以中职学校为例，全市共有党支部49个，比2019年增加6个，正式党员1074人，比2019年增加181名，预备党员增加9人。疫情防控期间，广大党员勇当先锋，涌现出一大批先进人物。

（二）顶层设计促改革

深圳高度重视职业教育对城市产业转型升级的支撑作用，切实将职业教育摆在优先发展位置，从政策推动和立法保障两方面共同推动深圳职业教育高质量发展，在职业教育法治建设方面先行先试，正在研制《深圳经济特区职业教育条例》，《深圳市职业教育校外公共实训基地认定和管理办法》也在修订中。印发了《深圳市发展和改革委员会 深圳市教育局关于开展产教融合型企业建设培育试点的通知》（深发改函〔2020〕317号）、《深圳市发展和改革委员会 深圳市教育局关于深圳市第一批产教融合型企业入库培育的通知》（深发

2020年8月10日中国职教协会召开微电子技术专业委员会成立大会，深圳信息职业技术学院党委书记刘锦、校长孙涌出席大会

（深圳信息职业技术学院　供）

改〔2020〕18号），进一步促进产教深度融合、校企协同育人。发布《深圳市教育局关于做好疫情防控期间中等职业学校教学管理工作的通知》，确保上半年疫情防控背景下中职学校“停课不停学”。

（三）财政投入助发展

2020年，深圳市职业教育财政投入68.4亿元。3所高职学校生均财政拨款35064元，公办中职学校生均拨款标准为1.7万元，国家级示范校生均拨款标准为1.87万元，技工院校生均拨款标准调整为2万元。继续实施“政府出补贴、企业出场地、校企共建共享”职业教育校外公共实训基地建设模式，累计投入资金3.5亿元，先后建成产教融合实训基地219个。支持职业院校产权制度改革试点，积极探索混合所有制办学。支持领军企业独立举办、联合举办职业院校或二级学院。全面实施“按需申请、应助尽助”的中等职业教育资助政策，2020年全市中等职业教育免学费、助学金、奖学金和实习补贴3亿元，比2019年增加0.3亿元。2020年评选出10名技艺精湛、贡献突出的“鹏城工匠”，每人奖励50万元。还安排970多万元财政资金用于组织开展职业院校技能大赛和中等职业学校“文明风采”活动。

（四）德艺兼修育工匠

我市认真贯彻《关于深化新时代学校思想政治理论课改革创新的若干意见》《关于加强和改进新时代中等职业学校德育工作的意见》，全面落实《中等职业学校思想政治课程标准（2020年版）》，把职业院校专业学科资源转化成“课程思政”的育人资源，在专业课中强化“劳模精神”“工匠精神”的培育，建立起特色鲜明的课程思政建设工作新格局，培养未来的大国工匠。比如，深职院倡导和建设“1+10”文化育人体系，开设文化素质教育课62门、文化育人示范课程51门，校级公共选修通识课35门以及“三育人”示范专业26个，建设书院9所，举办“劳动文化月”“大国工匠进校园”“劳动讲坛”，吸引广大师生参与，学校荣获全国“文明校园”“全国职业院校文化建设50强”荣誉称号。

（五）教学改革大胆试

我市大力支持职业院校深化教育教学改革，支持2所公办高职学校实施中国特色高水平高职学校和专业建设计划，支持8所中职学校申报广东省高水平中职学校建设项目，要求学校对接深圳战略性新兴产业、未来产业需求设置专业，建立专业动态调整机制，以集群发展为抓手推动专业建设，支持职业院校申报1+X证书制度试点、选派试点专业骨干教师参加有关培训，在资金安排方面予以倾斜。上半年在线教学顺利开展，比如，全市中职学校在线教学直播课107482节、录播课23492节，各校在线教学学生满意度超过90%。又比如，深职院立项精品在线开放课程15门，开展“国外产业发展与职业选择”等10期系列线上讲座。高职学校创业教育与专业教育深度融合，深职院“课证共生共长”模式、深信院“专业核心能力＋职业核心能力”双核融合培养模式受到国内外同行关注。

（六）产教融合四方抓

深圳政校行企联动建设产教融合型城市，支持深职院在西丽科教城共建湾区产品试制中心，支持电子科技大学与深信院共建“深圳市电子信息产业技术研究院”，支持职业院校与华为、比亚迪、平安科技、阿里巴巴等世界500强或行业龙头企业建设一批特色产业学院。深圳技师学院构建以“高端引领、深度合作”为主要特点的校企合作3.0模式。深圳鹏城技师学院坚持“粤菜师傅”“广东技工”“南粤家政”三项重大民生工程一起抓，一起推进，首创省市区政校合作共建“广东省南粤家政综合服务示范基地”新模式。深圳市宝安职业技术学校以中高职三二分段办学为纽带，打造“中职＋高职＋企业”产教联合体，强化中职学校、高职学校、产教融合型企业三方的合作，联合培养技术技能人才。2020年，我市评出第一批培育的产教融合型企业，腾讯科技（深圳）有限公司等51家企业被纳入深圳市产教融合型企业建设储备库。

三、深圳市职业教育改革与发展遇到的主要问题

（一）体系构建遇到制约瓶颈

我们要构建适应发展需求，产教深度融合，中职高职衔接，职普相互融通，体现终身教育理念，具有深圳特色、世界一流的区域现代职业教育体系，但是遇到瓶颈制约，我市没有本科及以上职业教育，职业教育还是断头路。虽然全省应用型本科院校数量在增加，但发展相对缓慢，招录职业院校毕业生很少，而且有关应用型本科院校的办学质量、含金量都与社会期待有不小距离。深圳高职学校举办本科层次职业教育尚未获得教育部批准，两所全国一流的公办高职学校办学层次单一，深圳技术大学招录职业院校毕业生的大门也还没有真正打开。在这个特别看重学历的社会，职业院校缺乏吸引力是不争的现实。

（二）技能人才供给数量不足

我市环境友好，宜居宜商，经济发展迅猛，《深圳统计年鉴（2020年）》的数据，截至2019年，全市有企业1952723家，其中内资企业4420家，外资企业58245家，私企1890058家，人才需求量数以百万计，但是供给严重不足。2019年，深圳市人力资源和社会保障局委托第三方统计调查机构对先进制造、信息通信、商贸旅游、建筑、社会服务等20个重点行业未来三年（2019—2021年）技能人才紧缺状况进行抽样调查得出结果是，我市重点产业技能人才动态缺口约29万人，其中高技能人才需求占比约60%。供给数量不足的主要原因，一方面是本市职业院校体量小，2020年31所职业院校在校生不到15万人，一年毕业生不到4万人，其中还有上万名中职学校毕业生是选择升学而不是就业。另一方面，职业培训供给少，全市职业培训机构只有300多家，一年职业技能补贴性培训量只有50万人次左右。大部分职业院校从事社会职业培训的积极性不高，超过一半的学校没有开展社会职业培训。

（三）人才供给质量有待提高

深圳产业转型升级速度快，高端发展趋势明显，但是相当一部分职业院校对高技能人才培养的步伐未能跟上。主要原因有三个，一是有的学校受认识和条件所限，专业更新、调整比较慢，影响战略性新兴产业、未来产业的人才培养。二是高职扩招两年来，绝大部分中职学校以升学为导向，多数学校90%以上的毕业生希望参加高考升学，学校淡化了专业建设，学生淡化了技能学习，影响了高技能人才的培养。三是深圳本地学生家庭条件比较好，所以不太愿意从事技术难度大、工作场所在户外、体力活比较多的工作，影响了蓝领人才的培养。从近些年深圳市紧缺工种目录就可以发现，紧缺工种都是要求高级工、技师或职业技能等级三级及以上水平。

（四）校企合作新旧问题叠加

当前，校企合作成效显著的合作模式和机制不多见，全市范围校企沟通交流的平台尚未建立，融而不透、合而不深是我市职业教育校企合作的痛点。职业教育校外公共实训基地虽然迄今已经建成219个，大大方便了学生实习和教师实践，但是多年运作下来，还是出现一些问题，比如，有的基地企业反映，核拨的经费不好用，使用范围窄，审计成本太高，影响积极性。中职学生实习也遇到了困难，随着中职生普遍参加高考升学，多数企业不愿意接纳本地院校学生实习，因为企业知道这些学生三个月后是要离开实习岗位，留不住的。校企不能深度合作，势必影响教学质量，从而影响高质量技能人才的供给。

（五）技能人才政策环境仍需优化

“十三五”以来，国家、省市更加重视职业教育，相继出台不少支持技能人才培养、使用、激励的政策文件，但是调查发现，有相当多的行业协会和企业并不了解相关政策利好，或者认为相关政策不能有效落地实施。不少中职学校也反映，随着普通高中扩招，中职学校生源受到影响，深圳紧缺工种相关专业也很难招到学生。实践上依然存在着技术工人社会地位不高、技能发展通道受阻、技术工人岗位“固化”、职业发展面临“天花板”等诸多困境，这些问题不解决，必然会影响技能人才的培养和使用。

四、政策建议

（一）强化市级的统筹协调

一是树立大职业教育观，对现行职业教育、技工教育、社区教育、开放教育的管理体制进行综合调整。二是对全市范围内的职业教育人、财、物资源进行优化配置和整合共享，重点是优化专业设置。三是强化深圳市职业技能培训指导中心统筹指导职能，赋予其统筹管理全市高技能人才培训基地、技师工作站、技大师工作室、校外公共实训基地，组织开展职业院校专业教师继续教育，参与组织举办全市各类职业技能大赛，指导社会职业培训机构的职责。四是建立权威的全市统一的人才供需信息发布平台，方便职业院校、行业企业联系、沟通，深化合作。

（二）增加技能人才供给的数量

一是稳步扩大职业院校办学规模，通过置换土地等方式做大做强现有优质学校，加快职业教育园区的规划和建设，所有的职业院校都要如期达到设置标准。二是允许职业院校紧缺工种相关专业招录兄弟省市深圳帮扶地区的学生，只要毕业后能在深圳工作一定年限，学费就可以全免，在校期间每月给予生活费补贴。三是大力培育壮大社会职业培训机构，按机构培养各种各等级技能人才的数量给予奖补。

（三）提升技能人才供给的质量

一是坚持立德树人，继续夯实党建工作，加强党组织对共青团、学生会和学生社团的领导，重视课程思政工作，建立“学生成长导师制”，给每个学生配备三位导师（生涯发展导师、专业学习导师、企业实习导师），给予学生在校三年全程的指导。二是定期核定职业院校教职工编制标准，20%—30%的编制额不纳入实名制管理，可由学校根据实际需要自主聘用专业兼职教师，并由同级财政部门参照该校副高职称平均薪酬水平核拨经费。三是深化教育教学改革，大力推广深职院“课证共生共长”模式、深信院“专业核心能力+职业核心能力”双核融合培养模式。四是每年选派一批职业院校优秀毕业生公派到新加坡、德国等地留学，培养国际化技术技能人才。

（四）发挥校企合作的效能

一是加强制度建设，推进产教融合型城市建设，在校企合作层面对国有资产管理、企业社会责任、学生合法权益、分类规范引导以及市场机制引入后的容错纠错机制做法律层面的进一步清晰界定。二是建立跨企业培训中心，开展主要面向小微企业的人力资源、生产管理、职业技能、技术应用、市场营销等方面的培训。三是政、校、行、企共建集约、高效、共建、共享的“产教融合园”，将专业建在产业链和需求链上，并打造成为普通中小学生的劳动教育基地、职业体验平台。四是完善职业教育校外公共实训基地支持政策，重点支持产业园区、产教融合园里的企业建设校外公共实训基地，扩大经费使用范围，减少企业申报环节和补贴流程，优化校企合作双方设备申请、购买、使用、监管等方面的程序。

（五）营造有利于技能人才成长的环境

一是大力宣传职业教育，宣传优秀技能人才，宣传职业教育政策，在“五一”劳动节、“职业教育活动周”“深圳工匠节”“世界青年技能日”开展丰富多彩的表彰先进、技能展示活动，宣传劳动光荣、技能宝贵、创造伟大。二是重视职普融通，在每所普通中小学校里，既开设学术性课程，也开设职业技能课程、家政课程，教学资源和实习实训场所共建共享，培养普通中小学生对职业教育、劳动教育的兴趣，真正地做到学会生存、学会认知、学会做事、学会共同生活。三是在职业院校试点推行完全学分制，允许学生根据个人职业发展需要转专业或选修课程。四是建立深圳职业教育学校、普通教育学校间课程互通、学分互认、学生互转制度。五是尽快推进粤港澳资历框架对接，依托“学分银行”，开展深港或粤港澳大湾区学历教育与非学历教育学习成果认定、积累和转换，推动学分、学历、学位和技能等级互认互通，畅通技能人才发展通道。

（罗理广　孙婷婷　执笔）

大事记（2020）

Chronicles

深圳教育大事记

1月2日，召开全市高中学校建设领导小组第一次会议，杨洪常委、时任副市长王立新和秘书长曾湃等参加会议。

同日，深圳市委市政府召开全市科学技术奖励大会，颁发2018年度和2019年度市科学技术奖。市委书记王伟中、市人大常委会主任骆文智、市政协主席戴北方出席会议。

1月3日，深圳市人民政府新闻办公室在市民中心召开高中学校建设方案新闻发布会。深圳市副市长王立新对《深圳市高中学校建设方案（2020–2025年）》提出的发展目标、重要举措和保障机制作了简要介绍。市政府秘书长、办公厅主任，市政府新闻发言人曾湃主持，深圳市委教育工委书记、市教育局局长陈秋明，深圳市规划和自然资源局副局长丁强出席发布会并回答了记者提问。

1月4日，深圳市美术学校与清华大学美术学院签约，成为广东省唯一的清华美院生源基地实验学校。

1月9日，新安职业技术学院与深圳市猛犸公益基金会、华大智造在深圳国家基因库签署基因组学教学实验室共建合作协议，全国首家高职院校基因组学教学实验室正式落户该校。

1月28日，深圳第一职业技术学校成立以党委书记、校长为组长的疫情防控领导小组，统筹组织科学开展疫情防控工作，全方位保障师生员工生命安全和身体健康。

2月10日，即日起，深圳市教育科学研究院组织骨干教师录制5761节义务教育托底课，确保全市108万名学生“停课不停学”。

2月10日，深圳第一职业技术学校开始实行线上教学，历时3个月零8天，开设71门线上课程，覆盖3283名学生。138名教师成了“主播”，高质量地完成在线教育教学任务。疫情期间，学校开展线上德育系列活动，提升立德树人成效，促进家、校、生三方共同成长。

是月，由深圳大学、深圳市第三人民医院等共同研制的单人份化学发光新冠病毒抗体检测试剂盒，在深圳市第三人民医院成功测试。该试剂盒采用血清或血浆作为检测样本类型，可降低医护人员被感染风险，22分钟即可得到检验结果。该试剂盒采用血清或血浆作为检测样本类型，血液样本采集便捷。一般血液样本含毒量低或者不含病毒，可以降低医护人员被感染风险。同时，该试剂盒省去样本在实验室检验时的复杂处理程序，操作简单，能缓解当前巨大的临床诊疗压力。

3月2日，深圳信息职业技术学院举办线上开学仪式。学校近2万师生“云集合”，在打赢疫情防控阻击战的关键时期，通过官微、今日校园、方直MOD资源管理云平台等多渠道，参加了这场特殊的线上开学启动仪式。

3月10日—4月2日，清华大学深圳国际研究生院马辉教授、廖然副研究员参加“探索一号”TS16航次，并分别完成下潜，于4月3日返回深圳。

3月25日，2020年全省科技创新大会颁发了2019年度广东省科学技术奖，深圳职业技术学院喜获科技进步奖一等奖和二等奖各一项，成为本次获奖中唯一上榜的省内高职院校。

同日，经教育部批准，天津大学佐治亚理工深圳学院正式设立，成为深圳市第15所高等院校。

3月26日，印发《关于做好疫情防控期间民办幼儿园帮扶工作的通知》，共投入4.78亿元帮扶民办幼儿园渡过难关。

3月31日，光明区与中国科学院深圳理工大学签署合作办学协议，合作共建中科院深理工大学附属实验学校（涵盖幼儿园、小学、初中、高中）。

4月1日，为支持深河两地精准扶贫、精准脱贫工作，在深圳市扶贫协作和合作交流办的指导下，深圳信息职业技术学院为和平县图书馆捐赠3万册图书。

4月2日，深圳信息职业技术学院与联合国教科文组织高等教育创新中心（中国深圳）、亚太和非洲11所顶尖高等院校、中国3所高等院校及8家高科技企业共同发起的“国际网络教育学院”（International Institute of Online Education，IIOE）正式在云端发布。

4月7日，世界知识产权组织（WIPO）官方网站公布2019年国际专利申请情况。中国首次超越美国，成为通过WIPO提交国际专利申请（PCT）的最大来源国。在全球PCT申请教育机构中，深圳大学以PCT申请量247件的数量蝉联全球第3名。

同日，龙岗区正式印发《龙岗区加快民办中小学优质发展三年行动计划（2020—2022）》，全国首创租金补贴、开办奖补等政策，加快民办中小学优质发展。

4月10日，深汕特别合作区管委会与深圳职业技术学院签订战略合作框架协议。双方将按照深圳标准高质量打造一所服务本地、辐射粤东的应用型高等院校。

4月21日，福田区率先成立学前教育发展中心，促进学前教育优质发展。

同日，经中共天津大学委员会批准，天津大学佐治亚理工深圳学院直属支部委员会正式设立，天津大学校长助理肖松山同志任书记。

4月23日，“深圳市学生返校疫情防控模拟演练”桌面推演在市政府管理服务指挥大厅举行，全市各学校教职员工、学生和家长共200多万人同步收看演练网络直播。

4月28日，深圳市获批成为首批教育部“普通高中新课程新教材实施国家级示范区”，推动普通高中育人方式变革。

同日，由深圳职业技术学院和华为技术有限公司合作共建的深圳职业技术学院“华为云学院鲲鹏中心”正式揭牌。

是月，深圳信息职业技术学院应用外语学院获评“深圳市五一巾帼标兵岗”荣誉称号。

广州日报数据和数字化研究院（GDI智库）发布2020年度“GDI高职高专排行TOP1000榜（2020）”以及五个子榜单，对国内1414所高职高专进行科学评价。新安职业技术学院上榜五个子榜单之一的“GDI高职高专（民办）TOP100（2020）”，是该校连续第三年上榜全国民办高职高专TOP100。

5月1日，“金苹果”发布2020中国高职院校竞争力800强，对全国1429所高职院校进行评价。深圳职业技术学院位居榜单之首，这也是深圳职业技术学院连续第五年获评全国高职高专院校竞争力第一名。

5月7—17日，清华大学深圳国际研究生院首次在深圳小区独立招生，并首次全面采用“网络复试”形式完成招生复试工作。

5月19日，深圳职业技术学院与腾讯云、腾讯教育签署战略合作协议。

5月21日，深圳市教育局联合市卫生健康委、市场监督管理局印发《深圳市幼儿园膳食管理暂行办法》，首次将幼儿园伙食费管理、膳食营养配餐等纳入幼儿园日常管理积分制考核范畴。

5月26日，市政府批准同意深圳海洋大学落户大鹏新区。

同日，《深圳市高中园建设和办学指导意见》《深圳市普通高中特色化办学指导意见》和《深圳市新建公办普通高中特色化办学实施办法》正式出台，推动我市普通高中特色化发展。

深圳信息职业技术学院与武汉交通职业学院签署了《深圳信息职业技术学院与武汉交通职业学院毕业生就业创业工作“一帮一”行动协议》。

5月29日，“龙华云校”获人民日报“十大教育服务类数字化转型成功案例”。

是月，深圳信息职业技术学院与深圳市社会体育指导员协会共同建立的“深圳市社会体育指导员培训基地”，获批准成为“广东省一级社会体育指导员培训基地”，这是深圳市唯一一个省一级社会体育指导员培训基地。

6月1日，正式颁布实施新修定的《深圳市民办中小学设置标准》。

6月3日，出台《关于进一步整改提升中小学校党建工作质量的方案》，全市公民办中小学党组织覆盖率和归口管理率均实现100%。

6月6日，深圳市教育学会特殊教育专业委员会成立大会在深圳元平特殊教育学校我校隆重召开。

6月9日，深圳市发展和改革委员会发布《关于做好第二批市级大众创业万众创新示范基地建设工作的通知》，深圳信息职业技术学院创新创业学院成功入选。创新创业学院在2188创客空间举行了双创示范基地挂牌仪式。深圳信息职业技术学院大学生创业孵化基地被深圳市人力资源和社会保障局认定为2019年度深圳市示范性创业孵化基地。

6月29日，软科正式发布2020“软科世界一流学科排名”，中国内地共有253所高校上榜，深圳大学共有22个学科上榜，总上榜学科数位列中国内地高校第26名。

6月30日，深圳职业技术学院举行校企党建合作备忘录签字仪式。平安银行、腾讯科技、比亚迪、大族激光、裕同科技等20家知名企业的党组织代表和深圳职业技术学院二级学院党组织代表逐一签订了党建合作备忘录。

同日，“广东省基础教育未来课程研究中心”在龙华区揭牌成立。

是月，深圳教育史上首卷教育年鉴——《深圳教育年鉴2019》由商务印书馆出版发行，并获得广东省专业年鉴质量评价二等奖。

深圳信息职业技术学院团委荣获“广东省五四红旗团委”称号，数字媒体学院17环艺3–2班团支部荣获“深圳市五四红旗团支部”。

中国教育国际交流协会公布了第三批“中国—东盟高职院校特色合作项目”，深圳信息职业技术学院“中老2+1学历教育暨深圳产业技术学院海外模式”入围了“中国—东盟高职院校特色合作项目”，获教育部、外交部亚洲区域合作专项支持。

7月10日，由深圳职业技术学院与深圳水贝珠宝集团共建特色产业学院——水贝珠宝首饰设计学院揭牌成立。

7月14日，清华大学深圳国际研究生院通过线上直播的方式举行深圳高校创新创业教育联盟启动仪式。130余位来自粤港澳大湾区17所高校的创新创业教育主管领导、教师、学生及联盟支持单位代表共同见证了深圳高校创新创业教育迈入深入合作的新阶段。清华大学深圳国际研究生院担任联盟的理事长单位，目前共有12家单位加入联盟。

7月21日，2020年深圳市中考首次将外语小语种科目纳入中考改革试点，迈出先行示范重要一步。

是月，深圳实验学校初中部拆除重建并搬至中学部西楼过渡。

“华为—深中数理实验班”正式开班招生，探索基础教育名校与高科技龙头企业联合培养拔尖创新人才。

8月5日，清华–伯克利深圳学院（TBSI）二期合作协议完成电子签署。

8月6日，《坪山区“品质课程系列”建设方案》印发。

8月10日，由中国职业技术教育学会发起成立的微电子技术专业委员会在深圳信息职业技术学院成立。

8月11日，在深圳中学高中部举行深圳中学坪山创新学校筹备组挂牌仪式。深圳中学坪山创新学校于2021年9月开学招生。

8月12日，在第六届中国国际“互联网+”大学生创新创业大赛广东省分赛萌芽赛道项目，深圳勇夺5项大奖，领跑全省。

8月14日，我市普通高中自主招生录取工作实现公民办高中同步同权自主招生。

8月16日，在全省范围内首次实行中职类试点专业在第一批次与普通高中学校同步录取。

8月20日，2020年深圳市教育系统校（园）长暑期学习暨全面从严治党工作会议举行，全市3019人以“主会场+视频分会场”的方式参加学习。

8月24日，中山大学深圳校区迎来首批师生入驻，光明区高等教育实现零的突破。

是月，福田区大数据驱动的教育学习示范应用获评“深圳市5G政务应用重点项目”，打造5G

环境下人工智能与教育融合创新示范。

深圳第一职业技术学校首次参赛的广东省中职文明风采活动，共有17项作品获奖。

9月1日，由市委老干部局与深圳职业技术学院合作共建的“长青老龄教育学院”在市老干部活动中心正式揭牌。

同日，深圳中学泥岗校区、南科大附中、深圳艺术高中3所高中投入使用。

宝安区启用首家区属十五年一贯制特殊学校——星光学校。

深圳外国语学校（龙岗）国际部更名为“深圳外国语湾区学校”，坂田永久校区正式启用。

9月8日，深圳职业技术学院与浙江华为通信技术有限公司合作共建的全国首个“华为5G+数字化人才产教融合基地”揭牌成立。

9月15日，深圳职业技术学院与西门子工业软件（上海）有限公司校企合作签约暨“中德智能制造数字化工程创新中心”揭牌成立。

9月18日，深圳信息职业技术学院立项国家自然科学基金项目3项。

9月19日，深圳信息职业技术学院应用外语学院商务英语教工党支部书记获2020年首届广东省高职高专院校教师党支部书记素质能力大赛一等奖。

9月20日，深圳信息职业技术学院与电子科技大学合作共建“深圳市电子信息产业技术研究院”签约仪式举行。

9月21日，深圳职业技术学院与辽宁科技大学签署了“全面合作框架协议”和“联合培养研究生协议”。

9月23日，深圳信息职业技术学院科学技术协会正式成立，并召开第一次会员代表大会。

9月27日，深圳信息职业技术学院以高职类院校总分第一名成绩入选广东省“双师型”教师培训基地名单。

同日，贵州省委书记、省人大常委会主任孙志刚，省委副书记、省长谌贻琴率党政代表团一行来到深圳职业技术学院调研，毕节职业技术学院与深圳职业技术学院签署合作协议。

9月28日，大鹏新区葵涌街道启动“深圳市学习型街道督导评估”试点，拉开我市学习型街道评估序幕，成为全国首创。

9月29日，深圳市心理健康教育工作经验交流暨工作部署大会在红岭中学高中部召开，“关爱生命，关心生活，关注生涯”心理健康教育模式在全市推广。

是月，深圳市教育局公布2020年深圳市“十佳校长”获奖名单。

10月3日，《中共深圳市委、深圳市人民政府关于加快学位建设推进基础教育优质发展的实施意见》印发实施。

10月11日，新华社公布《深圳建设中国特色社会主义先行示范区综合改革试点实施方案（2020—2025年）》，深圳教育“探索扩大办学自主权”被纳入实施方案。

10月14日，深圳元平特殊教育学校曹艳校长受邀参加了深圳经济特区建立40周年庆祝大会，现场聆听了习近平总书记重要讲话。

10月21日，深圳市人民政府聂新平副市长陪同中央改革办督查组到深大附中初中部调研。

同日，深圳职业技术学院与招商局港口集团股份有限公司合作共建的招商局港口国际学院-深职海丝分院正式揭牌成立。

10月25日，清华大学深圳国际研究生院环境与生态研究院（iEE）举行揭牌仪式。

10月26日，深圳市龙华区人民政府与教育部基础教育课程教材发展中心、课程教材研究所共建“基础教育课程改革实验区”签约仪式在龙华区举行。

10月28日，2021年度泰晤士高等教育学科排名公布。深圳大学共8个学科上榜，上榜学科总数并列全国第九，其中7个学科进入全球前500。

同日，暨南大学分别与中国人口与发展研究中心、华侨城集团有限公司、中璟控股有限公司签订战略合作协议，落户深圳创建“高等健康产业发展中心”和“高等健康旅游研究院”。

10月30日，第六届市督学换届暨培训大会召开，聂新平副市长、陈秋明局长出席并为督学颁发证书。市人民政府首次聘任3名市督学顾问和192名市督学。

同日，深圳信息职业技术学院举行与国家集成电路设计深圳产业化基地和深圳市微纳集成电路与系统应用研究院三方共建“芯火”产业学院签约仪式。

11月1日，南方科技大学

获得由深圳市委、市政府颁发的2020年度深圳市“人才伯乐奖”。

11月8日，深圳市职业院校参加全国职业院校技能大赛改革试点赛，荣获一等奖10个（高职5个、中职5个），占省内70%以上。

11月9日，深圳职业技术学院、培黎职业学院、甘肃省美育教育促进会三方在深圳签订《深圳职业技术学院与培黎职业学院战略合作框架协议》。

11月10日，我市义务教育民办学校办学水平评估试点工作在龙岗区华升学校拉开帷幕，标志着“深圳市义务教育阶段学校办学水平评估”这一品牌项目从公办学校拓展至民办学校。

11月12日，清华大学深圳国际研究生院材料研究院（iMR）举行成立大会并正式揭牌。

11月13日，深圳信息职业技术学院与牙买加人力就业和资源培训信托基金/国家服务和培训局（简称“HEART/NSTA Trust”）、广东唯康教育科技股份有限公司（简称“唯康教育”）三方举行了线上签约仪式。

11月18日，科睿唯安发布了2020年“高被引科学家”名单，深圳大学教授黄鹏、梁中明、时玉萌、王熙照、杨楚罗、张晗等7人次上榜。

11月19日，第六届中国国际“互联网+”大学生创新创业大赛职教赛道金奖争夺赛中，深圳职业技术学院建环学院代表队的“绿水卫士”项目斩获创业组金奖，化生学院代表队的“靶向降压肽”项目斩获创意组金奖。

11月20日，全国精神文明建设表彰大会在京召开，深圳职业技术学院获评“全国文明校园”荣誉称号，是今年广东省37所获评学校中唯一一所高校。

11月22日，深圳大学参赛队伍SZU-China在2020年国际基因工程机器大赛（International Genetically Engineered Machine Competition，简称iGEM）全球总决赛中斩获金牌。

11月24日，中共深圳市委机构编制委员会办公室批复同意成立深圳市教师发展中心，挂牌在深圳市教育科学研究院。

同日，发布《深圳市普通高中体育与健康等科目学业水平考试实施办法》。

教育部公布首批国家级一流本科课程（国家级“金课”）认定结果（教高函〔2020〕8号），深圳大学共有12门课程入选，包括2门线上一流课程、3门线上线下混合式一流课程、6门线下一流课程和1门社会实践一流课程。

深圳信息职业技术学院王新中教授荣获“全国先进工作者”称号并受表彰。

11月26日，深圳市中小学生艺术展首次将戏剧节列入，并将其作为我市学校美育常设性活动项目。

11月26—27日，以“数字职教建设　共商共建共享”为主题的2020年“一带一路”职业教育国际研讨会在深圳召开。发布了《深圳倡议》。

11月27日，《深圳市初中学生综合素质评价方案（试行）》正式印发，并在2020年秋季入学的初一年级顺利实施。

12月1日，教育部、广东省人民政府支持深圳建设职业教育创新发展高地，共同签署《教育部、广东省人民政府关于推进深圳职业教育高端发展　争创世界一流的实施意见》。

同日，福田AI赋能教学实验学校联盟成立。

12月3日，深圳全市基础教育改革发展大会召开。

12月7日，深汕特别合作区管委会与深圳信息职业技术学院（简称“深信院”）正式签订战略合作框架协议，深信院深汕校区筹建办公室日揭牌。

12月7—17日，我市首次组织深圳市民办中小学专（兼）职心理健康教师全员培训。

12月8日，省委书记李希、省长马兴瑞走进比亚迪应用技术学院、大族激光学院等校企共建特色学院交流考察。

同日，广东省委书记李希、省长马兴瑞率队视察深圳职业技术学院，深圳市委书记王伟中等领导陪同。

中央电教馆发布了《关于公布职业院校数字校园建设实验校项目总结工作情况的通知》，深圳信息职业技术学院获评“职业院校数字校园建设样板校”。

12月13日，在2020丘成桐中学科学奖总决赛上，深圳中学黄飞扬同学获得丘成桐中学科学奖（化学）金奖，摘得年度总冠军。

12月15日，世界职业院校与技术大学联盟教师专业发展委员会揭牌仪式暨首次研讨会在深圳职业技术学院举行，委员会正式落户深圳职业技术学院，由中国教育国际交流协会和深圳职业技术学院共同组织管理。

12月16日，东北师范大学、深圳市教育局、坪山区人民政府和东北师范大学附属中学四方代表在深圳市五洲宾馆举行教育合作项目签约暨揭牌仪式，就东北师范大学附属中学深圳学校（高中）合作项目进行签约，并为东北师范大学深圳研究院、教育部幼儿园园长培训中心深圳基地和东北师范大学博士工作站（深圳）揭牌。

12月16日和24日，深圳市教育局分别与东北师范大学附属中学、广东省实验中学合作签约。

12月18日，“基于汉字的桥式学习”第三届全国汉字文化教育联盟大会在深圳高级中学（集团）北校区成功举行。

同日，以“智能时代与教育转型发展”为主题的2020深港校长论坛成功举办，共有来自深圳和香港的200余名校长线上或线下参会。

12月24日，市委教育工委书记、市教育局局长、局党组书记陈秋明到深圳科学高中讲授思政课。年初以来，我市建立了市委常委到高校上思政课、市区两级教育行政部门领导到中小学讲授思政课以及中小学党组织书记校长带头讲授思政“第一课”的三级制度体系。

12月26—27日，面向全市中小学教师推荐40人参加东北师范大学单独招考研究生入学考试，创新联合培养教育人才模式。

12月27日，在“第六届深圳教育改革创新论坛暨颁奖典礼”活动中，深圳第一职业技术学校荣膺“年度产教融合典范学校”荣誉称号。

12月29日，龙岗区人民政府与香港中文大学（深圳）签署战略合作框架协议。

在2020中国乒乓球俱乐部超级联赛女团决赛中，陈梦、孙颖莎领衔的深圳大学队与王曼昱、陈幸同率领的山东鲁能队对阵，最终深圳大学队以3-1战胜山东鲁能，创造历史首次夺得乒超女团冠军。

12月30日，《中国教师报》认定广东省深圳市罗湖区数字化“思乐课堂”为“2020年课堂改革十大样本”。

同日，深圳第一职业技术学校贺子懿同学荣获“十佳文学少年”称号。

福田教育大事记

4月21日，福田区成立学前教育发展中心。

9月26日，深圳市福田区人民政府、清华大学经济管理学院共建清华大学经济管理深圳研究院合作协议签约仪式在深举行。

11月18—20日，举办“课堂革命·福田表达”大型教学展示活动之“音乐与戏剧”教学专场。

12月1日，福田AI赋能教学实验学校联盟成立。

12月16日，深圳市福田区人民政府、深圳高等金融研究院战略合作签约仪式在福田区委二楼会议厅举行。

12月24日，福田区召开基础教育改革发展大会。

罗湖教育大事记

1月4日，罗湖辖区的深圳市美术学校与清华大学美术学院正式签约，成为广东省唯一的清华美院生源基地实验学校。

2月10日，罗湖区启动“停课不停学”在线教学工作，出台《延期开学期间开展在线教学工作方案》等三个指导意见，实行“一校一方案、一班一方案”。

4月20日，罗湖区召开现场会全面部署万余名学生返校工作，先期准备返校的34所中学和九年一贯制学校的校长及主要负责人参加会议。

4月21日，罗湖区委书记罗育德率队到桂园中学、罗湖高级中学检查2020年春季学生返校复学及疫情防控准备工作。

4月27日，罗湖区第一批共35所学校的高三、初三师生核酸检测结果全部为阴性，顺利复学。

6月5日，罗湖区百草园小学获评“深圳市绿色学校”称号，是我市唯一入选的学校。

6月12日，区教育局联合辖区4所公办高中学校，开展以“助力学生成长——罗湖推动教育高质量发展打造优质高中学校样本”为主题的专场发布。

9月1日，罗湖区首批建设的两所高科技预制学校（红桂中学西校区、莲南小学北校区）如期开学，为辖区新增学位2160个。

9月10日，罗湖区召开庆祝第36个教师节大会，表彰2020年年度20个教育先进单位、1647名教育先进个人以及208名满“三十年教龄”教师，并现场颁奖。区委书记罗育德、区长刘智勇向全区广大教师致以节日祝贺。

9月24日，罗湖区区长刘智勇到罗湖中学以《传承特区基因 不负青春韶华》为题，为该校学生代表上了一堂精彩而生动的思政课。

9月28日，深圳中学新校区竣工交付暨揭牌仪式举行。该校位于罗湖区泥岗西路，将提供超3700个学位。

9月29日，深圳市首个中学校园心理健康志愿服务U站——深圳市罗湖中学阳光驿站启动成立。

10月16日，深圳市2020年主任督学会议首次在罗湖区召开。

10月20日，罗湖区区长刘智勇率区教育局、区卫生健康局、区城管和综合执法局、区城市更新和土地整备局负责人做客深圳电台先锋898“民心桥”节目，与市民朋友互动交流。

12月3日，市教育局“集团化办学 学区化治理”研讨会在罗湖区举行，罗湖区在会上介绍“集团化办学、联盟式发展”“管、督、研、训四位一体联动机制”“学前责任督学专职化”等学区化治理的系列创新举措，得到市教育局领导与各兄弟区点赞。

12月11日，罗湖区召开学位建设专题会，审议通过《深圳市罗湖区公办义务教育和幼儿园学位建设实施方案（2020–2025年）》，区长刘智勇主持会议。

12月27日，在第六届深圳教育改革创新论坛暨颁奖典礼上，罗湖区斩获包括“年度最受欢迎教育实事”等在内的11项大奖。

南山教育大事记

1月9日，深圳市教育局主任督学蔡茂洲、基础教育处（学前教育处）调研员马芹娣等督学来南山区开展深圳市公办幼儿园建设南山区专项督导政府工作。

1月27日，成立南山教育系统疫情防控工作领导小组及8个专项工作组。

1月30日，南山区教育局局党组召开专题工作会议，研究“停课不停学”工作措施，压实学校主体责任，向全区各校（园）下发任务书，加强“三类人员”管理。

2月1日，南山区练聪副区长来到区教育局检查指导新冠肺炎疫情防控工作，并专题研究了南山教育“空中课堂”在线教学工作安排。

2月4日，南山区委书记王强率队视察深中创新南山学校，检查校园疫情防控工作。

2月7日，南山教育系统疫情防控督查组分成39小组深入全区中小学幼儿园及培训机构，督查各单位防控工作开展情况。

2月10日，南头中学、育才中学、南外高中、华侨城中学高中部、北师大附中、北大附中等7所南山区属普通高中学校“空中课堂”正式开课，各校举行线上升旗仪式，校长开讲第一课。

2月17日，南山区中小学“空中课堂”全面上线。通过联合开课、帮扶开课支持技术薄弱学校和13所民办学校。“南山名师天天在线”选修课程面向全国首播。

3月4日，南山区公民办幼儿园园长及骨干教师业务能力提升培训，正式举行“云”开班仪式，15000多名来自南山、杭州、武汉三地学前教育骨干教师观看了仪式直播，参与了首日培训线上学习。

3月6日，南山区练聪副区长调研南山教育系统统筹推进疫情防控工作与年度教育重点工作，专题研究了义务教育招生、公办幼儿园建设等事项。

3月19日，南山区教育系统召开全区校（园）长视频会议，传达上级部门关于疫情防控及开学复课等文件及会议精神，具体部署教职工返校和隔离防护方面的工作，落实落细开学复课各项准备措施。

4月3日，南山区教育科学研究院同乐实验学校正式揭牌成立。

4月13日，南山教育系统疫情防控领导小组召开全区校园长视频会议，传达学习上级关于2020年春季学期学生返校工作要求文件精神，具体部署教职工返深等十项工作要求。

4月15日，召开深圳市公办幼儿园建设专项督导整改情况“回头看”工作会议。

4月16日，教育局与南山区卫生健康局研究疫情防控工作。决定为首批复课学校的湖北返深师生进行核酸检测。

4月17日，南山区区长黄湘岳主持召开南山区2020年春季学期学生返校防疫工作会议。

4月22日，深圳举行疫情防控工作新闻发布会之教育系统专场发布会。南山区政协副主席、区教育局局长刘根平应邀参会介绍南山区情况。

4月27日，深圳市领导李小甘、聂新平率队到中加学校、荔香学校检查返校复学工作，市政府李卓文副秘书长，市教育局局长陈秋明，南山区领导廖子彬、刘根平等陪同调研。饶红蕾、路玉萍、刘根平等区领导率部分市、区人大代表以及相关部门负责人到南山实验教育集团前海港湾学校、北大附中深圳南山分校检查返校复课工作。练聪副区长率队到深圳市博伦职业技术学校、南山区星河学校检查督导首日返校复学工作。

5月28日，“城乡少年手拉手　幸福小康共成长”少先队“六一”主题队日省级主场活动通过视频连线的方式在深圳市蛇口育才教育集团育才学校和河源市深河埔前中心小学共同开展。省委副书记、深圳市委书记王伟中，团省委书记池志雄，深圳市委副书记郑轲，深圳市委常委、秘书长高自民，团省委副书记、省少工委主任武一婷出席深圳会场活动。

同日，南山区教育局举行了第二批名师工作室挂牌启动仪式，新增30个名师工作室。**5月30日—6月5日**，深圳南山、北京海淀、杭州滨江三地教育专家及学校师生代表共同参与，举办“我们的复学之路”云论坛。

6月2日，南山6校荣获2020年全国校园篮球、排球、冰雪运动特色学校及全省推广学校。

6月3日，南山区委书记王强率队到阳光粤海幼儿园和教育幼儿园调研返园复课工作并慰问幼儿园师生。

6月4日，南山区人大常委会副主任、总工会主席路玉萍带领区人大机关、区教育局负责同志和部分人大代表到栖游记幼儿园、蓓蕾幼儿园检查返园复课情况，听取我区公办园建设情况报告。

6月12日，在南山区半岛第二幼儿园会议室举行交接仪式，半岛第一幼儿园、半岛第二幼儿园正式转型为政府公办幼儿园，更名为滨海半岛第一幼儿园、滨海半岛第二幼儿园。

6月15日，市教育局陈秋明局长率队来南山区教育局调研，听取我区义务教育招生工作汇报。

6月17日，南山区委宣传部、区教育局在博伦职业技术学校举办2020年南山教育精准扶贫工作媒体报道会。

6月19日，南山区教育局与杭州高新区（滨江）教育局友好合作交流备忘签约仪式暨滨江区教育智库专家聘任仪式举行。

6月30日，南山区因教育优质均衡发展成绩显著获市里表扬。李小甘部长批示南山区推进教育优质均衡发展的经验值得借鉴。深圳市教育局发出表扬通报，要求各区学习南山经验做法。

7月6日，南山区委副书记、区长黄湘岳，区政协副主席、区教育局局长刘根平率队前往育才中学，检查2020年高考准备工作。

7月7日，王强、练聪、姜文林、刘根平等南山区领导，以及市教育局副局长赵立率队前往南头中学高考考点，巡视检查高考考点考务办、保密室、视频监控室等工作情况。

7月13日，南山区中小学教师MOOC开发能力提升培训暨第二届教师培训MOOC开发大赛正式线上起航。

7月16日，2020年南山区教育系统“年度教师”评选决赛在育才中学举行，南山实验教育集团南头小学邓玉琳力拔头筹，成为第六位南山区“年度教师”，并将代表南山参加深圳市“年度教师”评选。

7月20日，深圳2020年中考开考，深圳市教育局副局长赵立，南山区副区长练聪，区政协副主席、区教育局局长刘根平率队前往南山第二外国语学校（集团）海德学校、蛇口育才教育集团太子湾学校两个新增考点巡考。

7月27日，南山区委副书记、区长、政法委书记黄湘岳主持召开教育工作专题会议，研究公办园建设、学校建设、学位涉稳、人工智能等相关企业涉及教育领域相关产品标准等问题。

7月28日，2020年南山高考参考人数2628人，重点率在50%以上，重点率上线人数1333人，比去年增加167人。

8月3日，南山区教育局在线举办了纽扣计划暨2020年新岗教师培训的开班典礼。

8月6日，南山区委宣传部联合南山区教育局、南方科技大学联合开展“特区40年·南山少年行——科技梦想之旅”活动。

9月1日，南山区人民政府区委副书记、区长黄湘岳率队检查督导深大附属教育集团外国语中学、实验小学，南科大附属幼儿园，道尔顿新华公学开学情况。

同日，南山外国语学校（集团）深汕西中心学校举行2020年开学典礼，深圳市深汕特别合作区党工委书记产耀东，区党工委委员、管委会副主任蔡转弯，南山区政协副主席、教育局局长刘根平出席开学典礼，并为南外深汕西中心学校揭牌。

9月9日，南山区庆祝第36个教师节大会在南山会堂隆重举行。今年是第一次表彰“功勋班主任”，他们都是在班主任岗位工作满30年且在南山当班主任满25年的老师。

9月10日，深圳市召开庆祝第36个教师节大会。南山区政协副主席、区教育局党组书记、局长刘根平荣获2020年度“深圳教育改革先锋人物”（全市基础教育系统唯一），南山实验教育集团南头小学教师邓玉琳作为深圳年度教师代表发言。

9月17日，同日，深圳市公安局南山分局联合南山区教育局，举办“阳光少年进警营警校共建谱新篇”系列主题活动。

9月26日，南山区2020年传统文化节启幕仪式暨“金声玉振共诵经典”社区分会场活动在南头街道南头古城广场成功举行。

9月27日，南山区教育局获评“全市全民禁毒工程先进集体”，太子湾学校校长吴熙龙获评“全市全民禁毒工程先进个人”。

9月28日，南山区圆满完成2020年国家义务教育阶段学生科学学习质量、德育状况监测及问卷调查。全区20所中小学600名学生参测。

10月12日，“争做新时代好队员”——2020年南山区庆祝少先队建队日活动在南山区青少年活动中心举行。

10月17日，2020年南山区第八届班主任专业能力大赛决赛在南山区前海小学举行。

11月1日，广东连平县、广西德保县、田阳县三地，共60名跨区域校（园）长、骨干教师，赴南山区参加为期一个月的培训。

11月3—7日，厦门市湖里区中小学公民办学校校长治校能力提升高端研修班在南山区开班，47位中小学校长学习南山区集团化办学经验。

11月6日，2020年南山少年创新院第六届小院士评选在南山区第二外国语学校（集团）学府中学举行，北师大南山附属学校赵政杰、南山区卓雅小学林灵七等10位同学获评新一届南山少年创新院小院士，截至目前，南山少年创新院小院士已达61名。

11月10日，2020年南山区第五届运动会篮球比赛决赛，区教育局代表队获得女子组冠军、男子组亚军。

11月12—13日，2020年深圳市中小学青年教师教学基本功比赛特殊教育组决赛在深圳元平特殊教育学校举行，南山区龙苑学校老师任媛夺得决赛冠军。

11月13—14日，深圳市教育局组织的“第八届深圳市中小学班主任专业能力大赛”在深圳市育新学校隆重举行。南山区7位班主任在大赛中勇夺初中、高中及中职组三个桂冠以及两个二等奖和两个三等奖。

11月18日，平安广东建设创新交流会在南山区召开，南山区等8个地区被广东省委政法委正式授予示范点牌匾，并向全省分享平安南山建设经验。

11月19—20日，浙江省丽水市教育现代化学习代表团到南山区开展为期两天的教育考察活动。

11月25日，南山区司法局联合南山区教育局、前海港湾小学开展了“学好民法典，护航人生路”的“民法典进校园”系列法治宣传教育活动。

11月26日，南山区第七届中小学心理健康教育活动月暨第二届南山区家庭教育活动月启动仪式在南山外国语学校（集团）科华学校举行。

11月27日，深圳市南山区和广州市天河区采用线上线下相结合的形式，隆重举办2020大湾区中小学德育工作“双城”论坛，简称“山河对话”，分享两地中小学德育工作经验。

11月28日，南山区政协副主席、区教育局局长刘根平率队赴连平调研脱贫攻坚工作，考察兴中村现代化养鸡场等项目，架起南山、连平教育交流的桥梁。

12月2日，南山区教育局举办“讲政治、学党史、树清风”主题党日活动。

12月2—3日，深圳市举行2020年中小学生游泳比赛，南山区育才中学游泳队以总分393分夺得高中组团体冠军，荣获9金9银4铜。

12月4日，第三届深圳名师论坛在北师大南山附属学校开幕。

同日，市生态环境局2020年

“宪法进校园”主题宣传活动在南山区麒麟小学举行。

12月8日，“行走·探索”南山区学校开设博物馆课程展示暨首届研讨会在南山外国语学校（集团）科华学校举行。参会领导向16所南山区博物馆课程基地学校颁发了证书。

12月15日，南山区政协教育界别委员工作站在南山实验教育集团园丁学校揭牌。

12月17日，教育部关工委主任、教育部原副部长李卫红、深圳市教育局副局长于洋、市教育局关工委主任金依俚、南山区教育局副局长杨珺及南山区教育局关工委主任叶小勇等视察香山里小学。

12月19日，南山区第22届教育科技节在前海港湾学校落幕。本届科技节共设20个比赛项目，5000多名师生参加了不同类型的比赛，最终195个小制作和创意制作获得表彰。

同日，深圳市南山区教育精准帮扶总结大会暨跨区域教育联盟联席会议在广西百色市田阳区南山实验小学召开，深圳市南山区，广西百色市田阳区、德保县，广东省连平县等四地教育者齐聚一堂。

12月22日，南山区2019年国家义务教育质量监测结果解读暨监测结果运用现场会在西丽小学召开。

12月27日，第六届深圳教育改革创新论坛暨颁奖典礼举行，南山区教育系统共获26项教育改革创新奖项，数量居各区之首。

是年，政府履职评价在珠三角地区48个区县中排名第一，创建全国义务教育优质均衡发展区取得实质性成效。通过新建改扩建学校和校内挖潜等方式，新增义务教育学位9000多座。公办幼儿园增至79所，民办普惠性幼儿园增至104所，幼儿园建设“5080”工程全面达标。扎实推进教育教学改革，线上线下混合教学模式形成“南山经验”。南山教师连续五年获评深圳“年度教师”称号。中高考成绩继续保持全市之首。扩大集团化办学成果，南外集团深汕学校正式开学。教育精准帮扶“南山模式”形成示范效应。

盐田教育大事记

1月4—5日，广东省2020年1月高等教育自学考试在盐田区外国语学校和田东中学进行，共开设65个考场，考生人数4856人次。

1月6日，2020年高中学业水平考试盐田考点在深圳外国语学校进行，40个考场，考生人数1190人。

1月28日，盐田区教科院制定《盐田区关于疫情防控时期开展“空中智慧课堂”的实施方案》。

是月，完成了2020年盐田区政府投资项目53个（合计资金22095万元）、教育费附加项目119个（合计资金15275万元）的预算编制、项目论证、申报等工作。

2月1日，盐田区教科院发布“家庭项目式学习六步曲”，指导家庭进行防疫期间的学习和探究。

2月7日，盐田区李小宁常务副区长主持召开区2020年学校建设重点项目推进协调会。会议同意盐田高级中学建设工勤人员临时用房，于8月15日前投入使用；会议同意中英街幼儿园拆除重建，确保10月10日前开园办学。

2月10日，盐田区中小学心理健康辅导中心组织全体心理教师召开了首次视频会议。

2月17日，盐田区教科院开启全区义务教育阶段学校在线教学每日巡课、线上教学情况统计分析。

3月11日，盐田区委书记陈清带队到庚子首义中山纪念学校、乐群实验小学、盐田区实验学校调研疫情防控和复工复学工作。

同日，盐田区李小宁常务副区长主持召开区工程建设协调会，听取中英街幼儿园拆除并原址重建临建项目及盐田高级中学工勤人员临时用房项目方案设计情况汇报，原则同意盐田高级中学工勤人员临时用房项目方案设计内容。

3月18日，盐田区关工委、区文明办、区教育局联合开展了2020年“中英街3·18警示日”线上主题教育活动。

3月26日，根据《关于余永弘等职务任免的通知》（深盐人常〔2020〕11号），免去李志利同志的深圳市盐田区教育局局长职务；任命余永弘同志为深圳市盐田区教育局局长。

4月3日，盐田区教科院印发《盐田区基于课程重构的项目式学习2.0建设方案》。

4月7—8日，盐田区教育局联合应急、卫健、疾控、市场监管等部门，制作了校园公共卫生突发事件分级响应培训视频。

4月10—17日，盐田区教科

院举办了全区教师心理健康教育主题系列网络培训，全区中小学校（园）长、教师共1500余人参加了培训。

4月16日，组织召开盐田区2020年春季学期学生返校工作部署会议，落实春季复学准备工作及校园疫情防控工作。

4月20—22日，盐田区为首批返校复学高三、初三学生和教职员工开展免费新冠核酸检测服务，参加检测学生2718人，教师975人。

4月22日，盐田区四套班子主要领导到辖区初高中学校视导开学工作，覆盖全区7所公民办中学。

4月27日，盐田区为第二批复学到岗的全体高一、高二、初一、初二、小学四至六年级教职员工开展免费新冠病毒核酸检测服务，共设4个采样点，参加检测人员1587人。

4月29日，盐田区教育团工委举行纪念五四运动暨团队干部疫情防控工作座谈会。

是月，编印《盐田区中小学幼儿园开学前新冠肺炎疫情防控培训》，录制了配套培训视频，组织全区师生、家长学习。

5月12日，盐田区小一招生开始网上预报名，正式启动了2020年小一招生工作。

同日，盐田区初一招生开始网上预报名，正式启动了2020年初一招生工作。

5月13—14日，盐田区安排第三批返校复学重点师生员工前往区人民医院开展新冠病毒核酸检测工作，检测人数74人。

5月13日，盐田区杨军区长主持召开区第二季度学位建设推进联席工作会议，全力推进9个学校在建工程进度。会议请陈文盛同志到盐港幼儿园现场办公。研究盐田高级中学工勤人员用房临时建筑以及沙头角中学扩建问题。

同日，“深圳市盐田区中英街幼儿园”更名为“深圳市盐田区机关幼儿园中英街分园”，“深圳市盐田区星星海幼儿园”更名为“深圳市盐田区梅沙幼儿园星星海分园”，性质不变。

5月19日，盐田区杨军区长主持召开区中小学学位扩容专题研究会议。研究沙头角中学扩建、盐田高级中学工勤人员用房临时建筑项目、盐港中学和乐群实验小学教师宿舍楼置换问题。

5月21—23日，盐田区教育局再次组织开展全区中小学心理健康教育交叉检查。

5月25日，盐田区教育局党委办公室更名为工委办公室，其他机构编制事项维持不变。

5月28日，盐田区2020年义务教育质量监测报告解读及结果应用会议在教科院一楼会议室召开。

5月29日，盐田区教育局联合区疾控中心开展全区第一批返园复学幼儿园、培训机构疫情防控专项培训活动。

5月30—31日，举行盐田区高考英语听说考试，盐田考区设盐田高级中学和深圳市外国语学校两个考点。

6月3日，盐田区陈文盛副区长现场主持召开区教科院幼儿园建设工程协调会议，会议议定了教科院幼儿园室外活动场地问题、消防系统问题以及厨房、排烟管等问题的解决方案。

6月4日，盐田区莫熙玲副区长主持召开区教育建设项目工期安排专题会议，会议议定教育建设项目工期原则上不予调整，各单位务必按照春季、秋季两学期时间节点合理安排项目进度，需由区教育局进行二装或设备安装的项目，应分别于项目启用的当年1月1日、7月1日前移交给区教育局。

同日，盐田区教师格律诗词网络培训第一讲顺利举办。

6月9日，盐田区李小宁常务副区长、陈文盛副区长主持召开区工程建设协调工作会议，研究盐港幼儿园二装工程造价事宜，原则同意按照区教育局二装设计标准变更原设计，增加造价435万元；研究田东中学教学楼拆除重建工程问题，原则同意田东中学教学楼拆除重建工程（施工）招标文件主要条款。

6月13日，盐田区幼儿园启动2020年秋季学期招生工作。

6月17—19日，中考体育考试在盐田高级中学举行，考生人数1609人。

6月23日，举办第16期盐田教育大讲堂暨“国家教育现代化区域创新试验示范区”专家报告会。会议采取线上线下相结合的方式。

6月26日，国际禁毒日，组织盐田区师生集中开展禁毒教育专题宣传活动；联合区禁毒办组织开展2020年盐田区青少年禁毒绘画征集比赛。

6月26—27日，中考英语听说考试在田东中学考点举行。盐田考区组织考试20场，考生人数

1721 人。

6 月 30 日，举行深圳市盐田区转型幼儿园签约仪式，正式宣布盐田区攻坚克难高质量完成公办园在园儿童占比 50% 的任务。

7 月 4 日，组织盐田区中小学食堂人员在田东小学开展新冠病毒核酸检测工作，检测人数 200 人。

7 月 7—8 日，2020 年全国普通高考在深圳外语学校高中部及盐田高级中学举行，考生人数 1982 人。

7 月 9—10 日，高中学业水平考试在深圳外国语学校高中部和盐田高级中学举行，考生人数 2556 人。

7 月 15—16 日，盐田区教育局举办 2020 年新高考研讨会（中学专场）。

7 月 22 日，盐田区"年度教师"评选在区教育科学研究院举行，李少冰老师获 2020 年盐田区"年度教师"的荣誉称号，杨闻博老师和陈静老师获 2020 年盐田区"年度教师"提名奖。

7 月 20—21 日，举行中考文化课考试，盐田考区设有 3 个考点，共 59 个考场，考生 1721 人。

7 月 23 日，举行初中生物和地理学业水平考试。考区设有 3 个考点，60 个考场，考生 1768 人。其中田东中学设 21 个考场，考生 625 人。

是月，盐田区完成 2020 年工程小项目招标抽签；海心小学正式开工建设。

在深圳市教育局组织的 2019-2020 学年度深圳市中等学校优秀学生和特区模范少年评选活动中，盐田区李嘉逸等 12 名学生被授予深圳市"优秀学生"荣誉称号，吴文杰等 10 名学生被授予深圳市"特区模范少年"荣誉称号。

盐田区发放 2020 年春季学期深圳市在园儿童健康成长补贴，共计 6496 人次，合计发放 308.93 万元。发放保教人员长期从教津贴、学历提升补贴，共计发放 68 人次，合计 47.27 万元。发放 2020 年春季学期民办学校义务教育学位补贴，共 96 人次，合计发放 43.2 万元。发放 2020 年春季学期深圳市民办中小学教师长期从教津贴，共 15 人次，合计发放 5.13 万元。

8 月 1—2 日，2020 年广东省 4 月份自学考试（延期）在盐田外国语学校和田东中学两个考点进行。2 个考点共开设 60 个考场，考生人数 6452 人次。

8 月 13 日，盐田区莫熙玲副区长主持召开田心小学扩建工程协调会，研究扩建工程设计主要问题矛盾及应对策略建议。

8 月 27—30 日，盐田区教科院启动了为期半年的新教师岗前培训活动。

8 月 27 日—9 月 2 日，盐区区教科院举办了 2020 年盐田区幼教全员综合能力提升分层培训。

8 月 28 日，盐田区组织召开秋季学期学生返校准备工作专题会，莫熙玲副区长主持会议。

8 月 29 日，组织盐田区中小学、幼儿园食堂人员在田东小学开展新冠病毒核酸检测工作，检测人数 404 人。

同日，教育部教育发展研究中心与盐田区教育局"共建教育现代化区域创新试验区"揭幕仪式暨工作推进座谈会在区教科院一楼会议室举行。教育部教育发展研究中心副主任陈如平、区域发展研究部主任安雪慧，盐田区人民政府副区长莫熙玲出席揭幕仪式并讲话，区教育局领导班子全体成员出席活动。

是月，盐田高级中学工人宿舍板房建成，学校得以调整教学场室，扩招 3 个班，新增 150 学位。

盐田区机关幼儿园完成拆除，正式移交区工务署进行重建工作。

9 月 1 日，盐田区四套班子主要领导到辖区中小学、幼儿园视导开学工作。

同日，盐田区教科院幼儿园如期开办。

9 月 7 日，盐田区教育局在区教科院一楼会议室召开 2020 年秋季新学期校园安全工作会议。

9 月 9 日，盐田区举行"庆祝第 36 个教师节大会"。区委书记陈清，区委副书记、区长邓飞波出席大会。对 6 个教育工作先进单位，528 名区教育工作先进个人进行了表彰。

9 月 11—14 日，盐田区教育局对全区提供供餐的办学单位开展联合专项督查，随机开展陪餐活动（含幼儿园及校外午托机构），并做好陪餐记录。

9 月 16 日，盐田区委副书记、区长邓飞波带队到区教育局调研并主持召开工作座谈会。

9 月 18 日，盐田区教育局联合区消防大队在盐港中学开展了消防应急疏散演练，各中小学安全主任出席观摩本次演练活动。

9 月 27 日，盐田区教育局联合盐田公安分局开展了全区学校安保工作人员轮训验收暨校园突发事件处置演练活动。

是月，盐田区完成了2020年秋季小一和初一新生的资料审核、招生录取和新生报到工作，初一共计招生2021人，小一共计招生2446人。

10月3日，联合盐田区卫生健康局完成辖区11所中小学生近视筛查工作，历时25天，参加筛查学生人数11919人。

10月17—18日，广东省自学考试在田东中学和盐田区外国语学校举行，共设63个考场，考生人数6452人。

10月24—25日，全国成人高考田东中学和盐田区外国语学校举行，共设75个考场，考生人数2125人。

10月24日，在盐田区实验学校举办“第八届盐田区中小学班主任专业能力大赛”，王新刚、曾慕梓、陈传发、杨孟分别获得高中、中职、初中、小学组冠军。

同日，盐田区教育局组织全区中小学参加深圳市第36届青少年创新大赛，我区共有116件优秀作品参赛。在科技发明、科学论文、科幻画、科技实践4个类别中获一等奖13项，二等奖37项，三等奖66项。

是月，盐田区中英街幼儿园完成拆除重建，正式开园投入办学。

盐田区星星海幼儿园二次装修工程及设备购置项目进场实施。

盐田区第二十二届中小学生科技节在线上进行作品提交，开展了科技小制作、科技小发明、科学小论文、科幻画及科技实践活动的评审工作，共收到全区18所学校1529件作品。盐港中学获得此次活动中学组团体冠军，云海学校获得小学组团体冠军。

11月1日，2020年盐田区青少年儿童戏剧节由盐田团区委与盐田区教科院联合举办。400余人参与比赛。

11月3—4日，盐田区教育局局长余永弘带队赴广州市荔湾、天河、番禺三区多家园所开展实地走访调研、业务学习交流活动。

11月10日，盐田区教育局举行定向捐赠协议签约仪式，盐田民营企业深圳市鹏广达集团有限公司向深圳市盐田区教育局定向捐赠奖教、奖学善款300万元。

11月13日，盐田区教育局联合盐田市场监管局召开了盐田区2020年秋季学期校园食品安全培训会。计120余人参会。

11月16日，第17期盐田教育大讲堂在田东中学一楼多功能厅举行。

11月30日，盐田区委统战部、盐田区委教育工委于在梅沙未来学校举行“盐田区港澳学生家长服务中心”挂牌仪式。

是月，盐田区幼儿园安全监控系统（二期）正式开工。完成盐田区属各校、幼儿园反恐自动防冲撞柱安装。

盐田区教育局分赴武汉、重庆2个考点公开招聘应届优秀毕业生89名（其中博士1名，硕士82名）。

完成创建11所节水型学校，助推盐田区获得省级节水型社会称号。

12月1—3日，盐田区举行2018年度市、区教育科学规划课题结题鉴定会。来自区教科院、区属各学校的24个市级课题和43个区级课题顺利完成结题工作。

12月3日，盐田区第三届“四有杯”教师综合素养大赛（决赛）在盐田高级中学求实会堂成功举办,13位教师在决赛经过“VCR展示”“学校推荐词”“主题演讲”“现场答辩”“才艺展示”环节的激烈角逐，6位老师获奖。

12月4日，深圳盐田助力贵州织金“学科骨干教师专业素养提升星火计划2020年第一期跟岗学习活动”结业典礼在盐田区教育科学研究院四楼会议室举行。

12月5—9日，盐田区委教育工委在四川成都举办2020年基层党支部书记党性培训班，以“重走长征路，感悟长征精神”为主题，通过专题讲座、现场实践教学、讨论交流等形式，开展理想信念和革命传统教育。

12月16—30日，盐田区教育局在辖区教育系统范围内采取“四不两直”方式开展2020年学校陪餐及食堂管理检查工作。

12月20日，盐田区首期高中“青马工程”培训班举行开班仪式。

12月22日，盐田区委教育工委、纪工委组织了区教育局机关及下属事业单位2019—2020学年度新任的科级及以下管理岗位领导干部进行集体廉政谈话。区委教育工委书记、区教育局局长余永弘主持谈话。

12月26日，联合区卫健局完成辖区18所中小学生健康体检工作，历时2个月，参与体检学生人数25510。

12月28日，组织召开盐田区校园疫情防控工作会议，莫熙玲副区长主持会议。

是月，盐港幼儿园厨房二次装修工程完工，设备购置项目基本完成安装、调试工作；乐群小学体育馆综合楼二次装修工程完工，设备购置项目基本完成安装、调试工作；中山学校体育馆综合楼设备购置项目基本完工，并进行初验；基本完成区属各中小学、幼儿园安全监控网络平台建设，提高人脸识别度，提高校园综合安防管理质量；盐田区智慧教育信息化项目已完成项目概算批复工作，正在进行合同协商签订相关事宜。

盐田区教育局被评为深圳市全民禁毒工程先进集体。

盐田实验学校成功认定为广东省“绿色学校”。

盐田区发放2020年秋季学期民办学校义务教育学位补贴，共248人次，合计发放111.6万元。发放2020年秋季学期深圳市民办中小学教师长期从教津贴，共25人次，合计发放9.99万元。发放2020年秋季学期深圳市在园儿童健康成长补贴，共计6898人次，合计发放448.37万元。发放保教人员长期从教津贴、幼教园丁年金补助、学历提升补贴、15年教龄津贴、高学历奖励等补贴，共计发放525人次，合计334.31万元。

宝安教育大事记

1月29日，宝安区教育局召开疫情防控指挥部工作会议，印发《宝安区教育系统新型冠状病毒感染的肺炎疫情防控指挥部工作方案》，成立疫情防控指挥部，下设8个工作组。

是月，宝安区的广东省艺术教育特色学校、中华优秀传统文化传承学校、特色示范高中等10个参演单位的446名学生受邀参演中央电视台“2020年新年音乐会——扬帆远航大湾区音乐会”跨年晚会，获得高度肯定和一致好评。

2月4日，制定出台《关于宝安区教育局机关干部挂点督查民办学校疫情防控工作的通知》，局机关204名干部“3对1”（“3”指1名机关科室长、1名局机关干部、1名学区教办工作人员；“1”指1所民办学校）挂点宝安区68所民办学校，落实每日一查制度，以最全覆盖、最严措施督促各单位特别是民办学校做到守土有责、守土尽责。

2月17日，宝安区145所义务教育阶段学校“空中课堂”在线教学如期开课。

3月16日，策划并组织实施“同上一堂思政课”暨第二届“思政课，宝安这样上”主题教研活动，宝安区33万师生齐聚“云”端，同上一堂思政大课，创宝安区学科单课程学习最高记录。

4月16日，印发《宝安区教育系统党员名师“双培养”工程实施方案（2020—2022年）》，全面推进“双培养”工程。

4月28日，全区77所学校30393名初、高三学生正式返校复课。

5月11日，全区高中、初中一、二年级和小学四至六年级学生返校复课。

5月14日，印发《宝安区教育系统两新组织党建“三同步”工作方案》。

6月2日，宝安区392所幼儿园、特殊学校儿童返校。

6月11日，赴广西都安高岭小学支教的宝安区滨海小学高春艳老师因支教工作出色，受到广东省委李希书记的接见。

是月，宝安区3所学校获评2020年国家级、省级体育特色推广校。

8月22—24日，宝安区开展2020届“雏鹰计划”新教师素养提升项目岗前培训，656位新教师正式开始为期三年培训。

8月28日，宝安区滨海小学高春艳老师获评2020年深圳市基础教育系统“年度教师”。

8月30日，2020年宝安区新校启用暨学校建设项目集中开工仪式在新桥街道上星学校举行。区委书记姚任现场宣布6所新校启用、13所学校建设项目新开工，给出了“学有优教”的宝安回应。

是月，高考成绩全市11名高分屏蔽生，我区占3名，数量位居全市首位；公办校高考高优率突破50%，本科上线率突破90%。中考4名学生进入全市前10名；初中学生学科素养显著提升，各学科A+率、A以上率、B+以上率大幅增加且均超市均率。

9月1日，宝安区于秋季学期开学第一日开展以“战疫一线党旗红”为主题的“开学第一课”主题教育活动。宝安区146所中小学、33万余名中小学生同上2018-2019学年第一学期“三生教育”生命教育主题开学第一课。

9月9日，宝安区召开庆祝第36个教师节座谈会，会议表彰2020年全区教育战线涌现出的先进单位和先进个人。

是月，5所公办义务教育新校顺利开学，13个学校建设项目集中开工。全市首家区属公办特殊教育学校，第一所实现中小幼全覆盖的15年一贯制特殊教育星光学校迁入新校区累计新增中小学学位6.41万个，其中公办义务教育学位4.96万个，为“十二五”新增学位总量的213%。

9—12月，宝安区中小幼学段各学科参加深圳市青年教师基本功大赛，获一等奖25个、二等奖34个、三等奖25个。区教育科学研究院获得“深圳市2020年中小学青年教师教学基本功比赛区级单位优秀组织单位”称号。高中教师参加市高考模拟试题命题比赛，获一等奖11个，二等奖11个，三等奖23个。

10月13日，央视新闻联播报道宝安新校建设是深圳提升民生福祉，打造民生幸福标杆的精彩缩影。

10月14—19日，宝安区坪洲小学男子舞蹈团作为教育系统仅有的两个学生代表团体之一，参与“逐梦先行——庆祝深圳经济特区建立40周年文艺晚会”第四篇章《大美双区》中《图画里的家》的演出。中央广播电视总台综合频道、综艺频道同步播出。

10月16日，宝安区教育局荣获“2020年‘广东扶贫济困日’活动优秀组织单位”称号。

10月26日，宝安教育系统近600名师生参演以“忆峥嵘岁月 看宝安今朝”为主题的庆祝深圳经济特区建立40周年宝安原创文化艺术精品巡礼活动。

是月，印发《宝安区加强新时代教师队伍师德师风建设实施方案》（深宝教〔2020〕237号）。

11月12日，2020年宝安区第七届学校艺术节班级合唱现场展演活动在海韵学校举行。

是月，宝安区疫情防控指挥部开学保障组被深圳市委市政府评为“深圳市抗击新冠肺炎疫情先进集体”。

高标准完成督学换届，首次由宝安区人民政府教育督导委员会进行聘任。

11—12月，举办宝安区2020年公民办中小学校长任职资格培训班，共51名校长参训。

12月16日，北京师范大学第五届“青春国学”传统文化进校园高端论坛暨“薪火计划”小学语文骨干教师素养提升项目结业典礼在海韵学校举行。

12月17日，宝安区顺利通过市教育督导实地核查验收。

12月25日，宝安区召开区政府教育督导委员会第五次会议，并召开宝安区第九届督学聘任大会。

12月28—30日，“2020年广东省高中音乐‘新课标·新教材·新理念’课例展示与交流研讨活动”在宝安区西乡中学举行。

12月29日，由南方日报社主办的2020“先行·示范”深圳教育改革创新大会在深圳市少年宫举行，宝安区学前教育公益普惠优质发展的“宝安探索”荣获“深圳教育改革卓越奖”。

12月30日，中国教育报以《学前教育高质量发展的深圳宝安样本》为题，专题报道宝安学前教育建设工作。

是月，宝安区平安校园智慧综合管控系统项目落成，宝安区平安校园智慧综合管控系统，采用“1+2+5”的建构模式，接入学校重点区域监控、幼儿园视频监控、中高考巡考、低幼手环、人脸识别、校车北斗安全监控、应急指挥调度等系统，共接入视频14800多路，在线率达98.8%，构建了深圳市最大的、光网全覆盖的校园安全监控体系，提升了校园安全管理水平，推进了学校安全“天眼”系统建设。

宝安区各戏曲基地学校在2020年国家、省、市各级比赛中捷报频传。在第24届全国少儿戏曲小梅花比赛中荣获20枚金奖；在第11届全国“国戏杯”比赛中，宝安区26个队伍进入决赛，获得12枚金奖、11枚银奖和3枚铜奖；在第11届广东省少儿戏曲小梅花荣获7枚金奖、6银奖和3枚铜奖。

宝安区圆满完成市级和区级学习型社区100%双覆盖的目标任务，为全市首创、唯一区级学习型社区督导评估项目。

宝安区教育局先后组织6批次共60人次的教师接力，克服疫情影响，逆行出征，赴对口帮扶地区支教。

宝安区“满天星”训练营荣获2019年全国青少年校园足球工作年度优秀“满天星”训练营称号。

宝安区在2020年度广东省网络学习空间应用普及活动中被评为空间应用优秀区域，并推荐教育部评比。

龙岗教育大事记

1月3日，龙岗区教育局召开

2019年工作总结大会暨2020年工作务虚会。

是日，龙岗区举办“2019年度龙岗区政府民生实事群众评议会”。龙岗教育局共牵头11个民生事实项目，均超额完成年初计划，获得高度评价。

龙岗区教育局成立支援防疫一线临时党支部，抽调党员干部15人到高速路口开展疫情防控工作。

2月2日，区委书记张勇率队前往区教育局调研新型冠状病毒感染的肺炎疫情教育协调联防联控组相关工作。

是日，龙岗区172所义务教育阶段公民办学校和中职学校网上准时开学，至此，全区185所公民办学校全部准时开课，真正做到“停课不停学”。

是日，龙岗区教育局发布《龙岗区加快民办中小学优质发展三年行动计划（2020–2022）》。

7日，龙岗区68000余名学生参加“四考”（2020年高考、高中学业水平考试、中考和初二学业水平考试）。

是日，广东省教育督导室印发深圳市履行教育职责评价意见，龙岗区履行教育职责评价考核成绩在深圳市排名第二，在珠三角地区9个地级市48个区县中排名第三。

8月24日，龙岗区教育局召开新学年开学工作大会，重点部署了疫情防控、意识形态、公办园建设、校园安全等工作。

是日，龙岗区教育局召开2020年龙岗教育新学年媒体通气会，向省、市、区15家媒体通报了2020年龙岗教育上半年取得的成绩及新学年推出的“六大教育礼包”。

9月10日，龙岗区召开庆祝第36个教师节大会。代金涛区长指出，龙岗始终秉持教育优先发展战略，坚持把办好人民满意的教育作为最大的民生，推动教育事业发展。

是日，新、改扩建义务教育阶段学校12所，新增公办学位1.77万个，近五年来每年义务教育阶段公办学位增量上万个，增幅增量连续多年居全市前列。

11月10日，龙岗教育超额完成公办园建设“5080”目标。至此，龙岗区共有各级各类幼儿园493所，其中已设立公办园250所，民办园243所，公办园占比达50.7%，公办园数量全市最多；龙岗区普惠性幼儿园419所，普惠性幼儿园在园儿童123767人，占86.47%。

12月20日，龙岗区教育局的“扩容提质‘龙岗速度’，全力推动学前教育普惠优质发展”改革项目获评2020年深圳教育改革创新大奖及年度最受欢迎教育实事。

12月29日，龙岗区人民政府与香港中文大学（深圳）签署战略合作框架协议，首次提出“共建粤港澳国际教育综合改革示范区”概念。（殷文韬）

坪山教育大事记

8月6日，《坪山区“品质课程系列”建设方案》印发。

8月11日，在深圳中学高中部举行深圳中学坪山创新学校筹备组挂牌仪式。深圳中学坪山创新学校于2021年9月开学招生。

12月10日，坪山区教育局荣获“深圳市抗击新冠肺炎疫情先进集体”称号，成为全市唯一一个获此称号的区教育局。

12月16日，东北师范大学、深圳市教育局、坪山区人民政府和东北师范大学附属中学四方代表在深圳市五洲宾馆举行教育合作项目签约暨揭牌仪式，就东北师范大学附属中学深圳学校（高中）合作项目进行签约，并为东北师范大学深圳研究院、教育部幼儿园园长培训中心深圳基地和东北师范大学博士工作站（深圳）揭牌。

光明教育大事记

1月29日，光明区教育局公开《关于疫情防控致全区广大师生及家长朋友们的一封信》。

是月，光明区教育局获评“2019年度提案办理先进单位”。光明区公明第二小学、玉律小学成功获选“首批广东省中小学中华优秀传统文化传承学校”称号。

2月2日，在光明中学初中部试点线上教学。

2月6日，光明中学首次网上试课取得成功。

2月9日，光明区教育局逐步将线上授课试点经验推广到全区公民办中小学。

2月17日，光明区组织中小学开展线上教学。

是月，光明区印发《深圳市教科院光明分院2020年春季线上教学巡课期间教研工作方案》。

3月31日，光明区人民政府

和中国科学院深圳理工大学签署合作办学协议，合作共建光明工程生物产业创新中心和中科院深理工大学附属实验学校，并签订建设过渡校区合作协议，确定滨海明珠工业园作为中科院深理工大学过渡校区。

5 月 2 日，光明区教育局发布《光明区 2020 年义务教育公办学校学区划分方案》《光明区 2020 年义务教育阶段学校积分入学办法》。

5 月 4 日，光明区首期“家庭教育大讲堂”正式开讲。

5 月 11 日，光明区初中一二年级、小学四五六年级复课。

5 月 18 日，光明区各小学一二三年级的学生开学复课。

6 月 1 日，光明区各校少先队大队开展新生入队仪式，约 600 余名一年级学生加入少先队组织。

6 月 2 日，光明区幼儿园全面开学。

6 月 6 日，开展光明区第二届名师 2019 年年度考核班主任 7 人，骨干教师 48 人，教坛新秀 42 人。经 24 位市级专家公开、公平评审，共评选出优秀名师 47 人，合格名师 90 人。

是月，2019 年深圳市中小学教师教学能力大赛结果公布。光明区教师荣获一等奖小学组 1 名、初中组 3 名，二等奖小学组 3 名、初中组 4 名，高中组 3 名；三等奖学前教育组 2 名、小学组 4 名、初中组 5 名、高中组 5 名。

7 月 17 日，组织进行“最美光明少年”现场评选活动，共计 30 位选手参加此次评选，最终评选出“最美光明少年”10 人。

是月，2020 年“十大光明好青年”评选结果出炉，光明教育系统杨柳娇老师、方晓娜老师获评。

8 月 24—25 日，中山大学深圳校区师生正式入驻。

8 月 28 日，光明区实验学校张夏乐老师入选新一届深圳“年度教师”。

9 月 1 日，光明区 41 所中小学、86 所幼儿园开学。中山大学深圳附属学校、白花学校（现名：百花实验学校）、塘家学校（现名：凤凰城实验学校）、勤诚达正大城幼儿园等正式落成投入使用。

9 月 8 日，举行光明区 2020 年教师节表彰大会暨文艺展演。

9 月 18 日，第三届深圳市中小学学生优秀创客作品展的评选在深圳市会展中心举行。光明区实验学校谢韬同学获得了“深圳市优秀创客小达人”称号。

9 月 28 日，光明区教育局 2021 届校园招聘全面启动。

10 月 31 日，开展 2020 年光明区中小学创客节活动。现场评选出中学组获奖学校 6 所，小学组获奖学校 16 所。

11 月 6—11 日，光明区 39 所学校参评第二届光明区“文明校园”网上投票活动。东周小学等 10 所学校获评光明区“文明校园”。

11 月 10 日，光明区教育局首届“班主任节”开幕，并为评选出的 10 名“明星班主任”及 1 名“最美班主任”颁奖。

11 月 15 日，光明区举行 2020 年光明区全民终身学习活动周暨十大学习品牌项目和终身教育成果展开幕式。

11 月 16 日，在光明中学开展光明区第十三届中小学生田径运动会。

11 月 18—19 日，光明街道接受深圳市督导评估，并顺利当选深圳市第一批“学习型街道”。

11 月 20 日，中国科学院深圳理工大学校园建设在光明科学城正式启动。

11 月 26 日，光明区举办“家校护廉”工程启动仪式，并给首批 41 名廉明使者颁发证书。

同日，举行光明区首届“书香·光明”阅读节颁奖仪式。

12 月 16 日，光明区公办园接受深圳市政府教育督导室实地核查验收。一致认为光明区“公办园注册、公办园运行、民办园注销、转型补偿经费落实”四大核查指标均达 100%。

是月，光明区凤凰学校获评“钟南山创新奖实验学校”。

光明区教育局“扶贫扶智结合‘六聚焦’阻断代际传递”工作获评深圳市 2020 年度最受欢迎教育实事。玉律学校校长王婷获评“广东省三八红旗手”。光明区高级中学四名学生获评由中国人工智能学会举办的第 18 届“全国中小学信息技术创新与实践大赛”一等奖。

是年，光明区长圳学校、凤凰学校四名学子在第 72 届德国纽伦堡国际发明展中荣获四金四银。

光明区马田小学、马山头学校、华中师范大学附属光明勤诚达学校等 6 所学校获评国家级、省级特色学校。

光明区玉塘玉成幼儿园获评首批“全国足球特色幼儿园示范园”。

光明区马山头学校副校长朱建山率团队荣获省级基础教育教学成

果特色奖。

龙华教育大事记

1月16日，龙华区教师发展中心挂牌成立。

1月29日起，龙华区教育系统共选派65位党员干部和教师下沉社区，前往口岸，值守高速卡点，全面支援疫情防控工作。

2月7日，“龙华云校”正式上线。

2月17日，义务教育阶段线上教学正式开启。

2月28日，龙华区教育局与深圳市天威视讯股份有限公司签署合作协议。

3月12日，龙华区教育局联合中国农业银行深圳龙华支行举办“‘云种树’助力武汉”线上公益活动，募得价值约14万元的物资支援武汉教育系统防疫工作。

4月27日，龙华区39所公、民办学校的高三、初三学生返校。

5月11日，龙华区高中、初中其他学段和小学四至六年级学生返校。

5月18日，龙华区小学一至三年级学生返校。

6月2日，龙华区幼儿园在园儿童顺利返园。

6月5日，龙华区第二批派驻民办学校第一书记8人（含1名指派副书记）到民办学校任职。

6月10日，“广东省基础教育未来课程研究中心”在龙华区揭牌成立。

6月11日，深圳市首个区级一站式心理线上服务平台“校园安心行动”正式发布。

6月18日，龙华区教育局出台《深圳市龙华区教育局下属公办幼儿园法定代表人聘任管理方案（试行）》，构建幼小一体化办学体系。

7月17日，“积极教育研究联盟”成立大会暨积极教育高端论坛在龙华区举行。

7月28日，2020年“寻找教育达人”暨年度教师评选活动总决赛顺利举行。

8月14日，经区委机构编制委员会批准，龙华中学新增弘毅校区，成为龙华区第一所十二年一贯制公办学校。

9月1日，龙为小学、深圳市艺术高中等10所新校集中揭牌。

9月9日，龙华教育开展“九月颂歌·致敬教育之光”庆祝第36个教师节系列活动，并推出原创教育故事汇《向光而行》。

10月26日，深圳市龙华区人民政府与教育部基础教育课程教材发展中心、课程教材研究所共建“基础教育课程改革实验区”签约仪式在龙华区举行。

11月21日，龙华区教育系统第二届“最美朗读者”现场展演暨表彰活动顺利举行。

11月27日，龙华区发布首份义务教育质量深度监测报告。

12月10日，龙华区教育局召开2020年龙华区民办学校质量提升工作会议，颁发龙华区第一届“民办学校教育进步奖”。

12月16日，顺利通过深圳市公办园建设督导组对龙华区公办幼儿园建设情况的实地核查验收，圆满完成“5080”任务。

12月18日，龙华区百所转型公办幼儿园集中揭牌，开启百园成为公办幼儿园的新征程。

同日，龙华区教科院幼教集团及龙华区实验幼教集团揭牌成立。

12月21日，龙华教育系统与深圳多所艺术馆签订战略协议，馆校合作正式启动。

12月25日，龙华高级中学教育集团正式成立。

12月25日，龙华区观澜教育联盟正式成立，成为龙华区首个教育联盟。

大鹏新区教育大事记

1月6日，位于大鹏新区的深圳市第二十三高级中学项目概算获批。

1月8日，大鹏新区大鹏中心小学荣获”广东省红领巾示范校”。

1月14日，大鹏新区南澳中心幼儿园成为第二批“生态文明宣教体验中心”。

1月22日，人大附中深圳学校获“深圳市2020届普通高中教学工作超越奖”。

2月2日，人大附中深圳学校（九年一贯部）二期项目封顶，建成后将提供1470个学位。

2月22日，大鹏新区云山栖幼儿园正式开园，新增270个优质公办幼儿园学位。

2月23日，广东省教育厅印发《关于认定2020年广东省“绿色学校”的通知》，其中大鹏新区10所学校榜上有名，认定率为77%。

3月9日，大鹏新区推出首个

中学生生态旅游志愿服务指引。

3月19日，大鹏新区南澳中心幼儿园完成改扩建，新增105个学位。

3月29日，深圳亚迪学校获“2020年度深圳市优质特色民办学校”。

4月8日，大鹏新区公办义务教育学校课后延时服务全覆盖。

4月12日，大鹏新区特殊教育“青蓝工程”师徒结对仪式顺利举行。

4月20日，深圳市教育局副局长王水发、德体卫艺处处长冯妍妍等人出席大鹏新区义务教育阶段学校课后服务工作现场会。

4月21日，亚迪学校2名学子获得美国数学思维活动全球荣誉奖。

5月25日，大鹏新区组织开展招生政策进社区主题宣讲活动。

5月26日，大鹏新区青少年心理发展中心揭牌成立。

5月28日，大鹏新区顺利完成国家义务教育质量检测工作。

7月6日，举行与深圳实验幼儿园合作办园签约仪式。

7月16日，大鹏新区试点开展小学生暑期托管服务。

8月10日，人大附中深圳学校数学和物理科目入选深圳市普通高中新课程新教材实施国家级示范区第二批学科示范基地建设名单。

8月31日，大鹏新区东岸幼儿园正式开园，新增270个优质公办幼儿园学位。

9月3日，大鹏新区率先实现课后延时服务公民办中小学全覆盖。

10月21日，大鹏新区大鹏中心小学、南澳中心小学入选“基于教学改革、融合信息技术的新型教与学模式”实验校名单。

10月25日，大鹏新区大鹏中心小学刘凯老师斩获2021年度深圳市信息技术学科青年教师教学能力大赛小学组第一名。

11月23日，大鹏首个深圳图书馆“青少年阅读基地”启动仪式举行。

总述

Overview

市委教育工作委员会工作

【党建工作】2020年，中共深圳市委教育工作委员会把党的政治建设摆在首位。2020年，各级党组织坚持“第一议题”制度，深化学习习近平总书记系列重要讲话精神，围绕“双区”建设的使命担当，结合深圳教育高质量发展举措，巩固和拓展主题教育成果。组织开展《习近平谈治国理政》第三卷集中学习研讨，购买近2万册学习用书，确保覆盖每个基层党支部。激发党员热情积极抗击疫情。新冠肺炎疫情以来，出台了《关于全市教育系统在防范新型冠状病毒感染的肺炎疫情中进一步发挥基层党组织战斗堡垒作用和党员先锋模范作用的实施意见》等相关文件，第一时间组织教育系统749名党员干部、志愿者投身疫情防控一线。划拨专项党费200万元用于支持疫情防控工作，发动组织工委系统党员自发捐款189万元。推进中小学党组织“标准+示范”建设，建立中小学“党建+督导”模式，对全市808所中小学常态开展党建督导。制定公办、民办高校和直属中小学校党建工作评分细则，开展学校基层党建工作实地考核，建立党建工作评价体系。依托省市区三级基础教育党建工作示范校体系，在全市教育系统中小学中选树典型开展并指导示范校创建工作，通过主动申报、逐级筛选、实地核查等方式遴选出5所示范校推荐至省委教育工委。落实高校党建工作重点任务。推动高校党委完善学校党委班子成员联系院（系）党组织和师生党支部制度，开展高校党政领导议事协调机制调研，进一步规范院（系）党组织会议和党政联席会议制度。探索中外合作办学高校党建有效模式，选派局级干部担任深圳北理莫斯科大学党委书记，协调推进香港中文大学（深圳）党建工作经费来源，加大合作办学高校党建工作支持力度。扎实培育高校教师党支部书记“双带头人”，公办高校教师党支部书记“双带头人”比例达到100%全覆盖。扎实做好党建试点工作：一是试点开展党内规范性文件备案工作。制定出台《深圳市委教育工委基层党组织规范性文件备案试点工作方案》，在深圳大学、深圳实验学校、深圳外国语学校等三所试点学校党委开展党内规范性文件备案审查，按月常态进行备案目录审查。二是试点实行中小学校党组织领导下的校长负责制。对市局直属学校党委落实“三重一大”议事规则情况进行检查，将推行党组织领导下的校长负责制要求列入党建先行示范的若干措施中，并在基础教育党建工作示范校先行试点。夯实民办教育机构党的建设，大力实施基层党建“书记项目”，研究起草加强民办教育机构党建重点任务清单。研究出台《关于进一步整改提升中小学校党建工作质量的方案》，召开两新组织党建座谈会，督办各区委教育工委全面试点向75所民办中小学校选派党组织书记或第一书记，全市公民办中小学党组织覆盖率和归口管理率均实现100%。

【纪检监察】2020年，中共深圳市委教育工作委员会建立健全党风廉政建设体质机制。局党组会议定期专题研究全面从严治党工作，制定主要负责人履行“第一责任人”责任清单和班子成员履行“一岗双责”责任清单，出台市教育局机关作风问题负面清单。党组及班子成员将落实全面从严治党责任情况作为年度民主生活会对照检查内容。深化局党组与派驻组共同研究纪检工作的机制，从党风廉政建设责任落实、走访调研、干部动态监督等方面积极探索监督执纪工作无缝对接。紧盯重点领域和关键环节开展整治。一是深入开展教育乱收费治理工作，完善治理工作责任机制，向社会公开市、区两级教育收费问题的信访投诉电话；对我市教育乱收费情况开展摸查，建立问题台账，实行对账销号。2020年受理教育收费问题信访件数量比2019年大幅减少。二是加大对师德师风的监督执纪力度，建立师德师风“负面清单”管理制度。三是对学校食堂管理问题开展专项整治，建立“阳光运行”监管平台，完善权力内控和风险防范机制。四是组织制定2020年普通高中学校自主招生一类及二类体育、音乐、美术工作规程，一体推进一、二类自主招生工作规范化、科学化，严格监管招生流程。构建廉政风险防控体系。一是完善体制机制。完善“军训”管理制度，我局和深圳警备区联合印发了《关于明确高中阶段学生军训工作要求的通知》，对全市高中阶段学生的军训工作进行了全面规范。严格依照规定对各直属单位（学校）离（调）任领导干部进行经济责任审计，全年共开展4项经济责任审计项目，提出审计建议16条，并加强审计结果运用，充分发挥经济责任审计监督作用。优化财务核算中心对直属学校统一资金管理及会计核算工作机制，建立内审长效机制。二是常态全方位强化干部监督管理。严格党员领导干部报告个人有关事项工作制度，对市教育局全体副处级以上干部廉政档案进行梳理更新。三是深化“三重一大”事项前置审查机制。2020年局纪检部门共参加“三重一大”事项决策会议25次，在会前对96个提交讨论的“三重一大”事项提出意见建议，推动民主决策和科学决策。强化警示教育和学习培训营造良好氛围。一是深入开展纪律教育学习月活动。制定《2020年全市教育系统纪律教育学习月工作方案》，召开动员部署会，将纪律教育学习月专题警示教育纳入“三会一课”主题内容，各级党组织通过集中观看专题警示教育片开展反面典型教育，局机关及直属事业单位近200人观看了警示教育片。二是落实“一把手”讲廉政专题党课制度。市教育局党组书记、局长陈秋明同志面向全市大中小学校（园）长及局机关中层以上干部讲授党风廉政专题党课。三是在全市教育系统开展警示教育。邀请市纪委监委有关领导为高校主要负责人、局机关各处室负责人、各区教育行政部门主要负责人、全市公办民办学校校长、幼儿园园长共3000余人进行廉洁教育。四是开展纪检监察业务培训。邀请市纪委监委业务骨干为全市教育系统党员领导干部、纪检监察工作人员、党总支（支部）书记开展20余场专题辅导讲座，2260余人参加培训。

2020年1月7日下午，深圳市委教育工委、市教育局组织召开党风廉政建设专题工作会议（深圳市教育局 供）

【教育扶贫】深化学校结对帮扶和师生交流交往。全年累计选派190名教师赴新疆、西藏、广西、四川和河源、汕尾等地支教。选派干部、教师赴各地交流、讲学近174

人次，如开展深圳“年度教师”巡回分享报告活动，赴广西河池、百色，西藏林芝、察隅开展交流分享活动，现场及网络直播累计听取人数达 3 万余人。接收各受援地市来深挂职跟岗、学习培训教师近 8464 人次。全年累计新安排超 134 所大中小学（幼儿园）与各受援地学校缔结“一对一”结对帮扶关系，加强与受援地学校的教育教学交流与合作。推进信息化教育帮扶。充分利用“深圳市教育云”资源平台现有的 27000 节优质课例视频资源，通过互联网免费在江西寻乌、广西百色、河池等地区进行共享，助力受援地区教育发展。协助百色、河池进行教育信息化规划建设，支持当地教育资源库建设。2020 年 9 月 2 日，深圳市教育信息化对口广西帮扶项目启动仪式暨培训活动在百色市田阳区第一小学举行，选取了田阳区第一小学、田阳区实验初中共 60 个班级开展首批试点运用。大力推进消费扶贫进校园工作。召开全市教育系统消费扶贫座谈会，印发《深圳市教育局关于开展 2020 年“广东扶贫济困日”活动的通知》《关于推进消费扶贫工作的通知》，助力消费扶贫工作。截至 11 月，全市教育系统通过政府采购、工会自筹采购、农产品推介会认购等形式，累计购买消费扶贫产品 6145.36 万元，超额完成市政府任务要求。

【思政工作】2020 年，中共深圳市委教育工作委员会建立健全思政工作体制机制。建立市委常委到高校上思政课、市区两级教育行政部门领导到中小学讲授思政课以及中小学党组织书记校长带头讲授思政“第一课”的三级制度体系，印发相关配套文件，形成工作机制。目前各级领导纷纷深入各高校、中小学讲授思政课，反响热烈。积极搭建高校思政工作交流平台。10 月 21 日，组织召开全市高校学习习近平总书记出席深圳经济特区建立 40 周年庆祝大会和视察广东重要讲话重要指示精神暨高校思想政治工作座谈会，市委常委、宣传部部长王强同志听取各高校党委书记和相关代表汇报，并对思政工作进行部署要求。深入开展思政工作课题调研。按照市委、市政府关于开展“深调研”工作的要求，着眼我市高校思政工作存在的问题，积极深入开展调研，积极探索提高高校思政工作水平新路径。积极开展思政工作创新。一是开展全市首届思政课改革创新系列优秀成果暨思政“金课”征集评选，进一步推动我市新时代思想政治理论课提质增效。二是开展青少年社会实践教育基地和中小学生思政教育基地评选，筑牢青少年思政工作阵地。

【精神文明工作】2020 年，中共深圳市委教育工作委员会积极推进文明单位和文明校园评选工作。全国文明单位深圳大学、深圳中学、荔园小学、新亚洲学校、田心小学 5 所学校通过广东省文明校园和全国文明校园复评工作。在今年的评选中，南山区第二外国语学校（集团）学府中学和龙华区中心小学被评为广东省文明校园，全国文明单位深圳职业技术学院、深圳外国语学校和园岭小学成功申报为全国文明校园。

【统战工作】2020 年，中共深圳市委教育工作委员会做好党外人士和民族宗教领域统战工作。加强与党

2020 年 12 月 30 日 15 时，深圳市政协主办的 2020 年第九场委员议事厅围绕“打造一流职业教育，助力双区建设”主题，邀请来自深圳职业教育领域的政协委员与来自广州的两位政协委员开展“双城”对话，这也是广深两地政协委员首次在委员议事厅上同场交流 （深圳市教育局 供）

外人士的交友联谊，依托知联会，发挥智力高地优势。将党外代表人士纳入干部队伍建设总体规划，向各级机关、统战团体输送优秀党外代表人士，向深圳欧美同学会·深圳留学人员联谊会推荐会员 104 人，其中推荐会长人选 2 人、副会长人选 6 人、理事成员人选 14 人。积极开展社会组织统战工作试点，将统战工作覆盖到教育社会培训机构、全市各民办中小学校。为深港跨境学童做好服务和保障工作。与市口岸、宣传、港澳、卫健等部门通力合作，春季学期保障了居住在深圳的香港学校中三至五年级近 2000 名学童每天顺利跨境到香港就读。2020 年秋季学期接收 2400 多名港籍学生报名入读我市公办中小学，本学期已安排 1300 多名学生转学插班到我市学校就读。

【工会工作】2020 年，中共深圳市委教育工作委员会夯实教育系统工会建设的组织基础。一是加强局机关工会组织建设，由市委教育工委副书记杨平同志兼任局机关工会主席。二是严格审批各基层工会的换届工作，积极推动深圳技术大学成立工会。指导深圳大学等 9 个基层工会顺利进行了换届。 公平公正公开做好评优评先工作。2020 年度直属教育系统共有 1 个单位、3 位个人受到国家、省、市表彰：深圳信息职业技术学院应用外语学院荣获市五一巾帼标兵岗；深圳信息职业技术学院王新中荣获全国先进工作者；深圳实验幼儿园刘金被评为省劳动模范；元平特校朱丹被评为市 2020 年优秀工会工作者。大力弘扬劳模精神、劳动精神、工匠精神。积极组织申报工作，向广东省总工会推荐第二实验学校林伟申报示范性劳模和工匠人才创新工作室；推荐深圳信息职业技术学院蔡铁申报劳模创新工作室；推荐第二实验学校孙欢申报劳模创新工作室。

【妇女儿童工作】2020 年，中共深圳市委教育工作委员会教育系统集体和个人获得多项荣誉称号。积极发动教育妇工委系统的家庭参与深圳市寻找“最美家庭”活动评选。信息学院雷聪聪家庭获评同心抗疫“最美家庭”荣誉称号并上台接受市领导颁奖，深圳第二外国语学校杜轩老师家庭和信息学院曲绪刚老师家庭获评“最美家庭”称号。组织开展教育系统申报市级“巾帼文明岗”工作，市教育局政策法规处等 9 个岗组获评 2020 年市级巾帼文明岗，其中市高级中学（中心校区）语文学科组获评巾帼文明岗标兵岗。

【共青团少先队工作】2020 年，中共深圳市委教育工作委员会加强教育团工委组织建设。经市委教育工委和团市委同意，由胡鹏同志任教育团工委书记，黄锐烁同志任副书记，设兼职副书记 2 人，委员 13 人，有力加强了教育团工委工作力量。打好队伍建设组合拳。一是抓培训，举办市教育系统共青团干部研修班，全市教育系统 60 名共青团干部赴延安开展专题培训。联合团市委组织市中学团委书记云培训、少先队鼓号队专项培训、少先队辅导员初任培训、中学团委书记初任培训等活动。二是抓比赛，开展深圳市团干技能大赛，推选深圳实验学校王硕等 16 名团干参加省级团干“微团课”比赛。三是抓教研，推动在市教育科学规划课题指

2020 年 9 月 23–27 日，市委教育工委举办了深圳市教育系统共青团干部研修班，来自各高校、各区和市直属学校的 60 名共青团干部赴延安参加专题培训

（深圳市教育局　供）

南中增设共青团、少先队有关内容，《中学共青团思政课程开发实践研究》《少先队工作与社区共建中落实劳动教育实践策略》两项课题入选2020年规划课题立项。开展中学学生会和学生社团改革试点。出台《深圳市中学学生会改革试点工作的指导意见（试行）》《深圳市中学学生社团改革试点工作的指导意见（试行）》，在深圳中学开展学生会和学生社团改革试点，规范中学学生会和学生社团管理。

（深圳市委教育工作委员会办公室）

机关党委（人事处）

【师德师风建设】在全市中小学、幼儿园实施师德师风“负面清单”管理制度，与检察、公安部门联合起草教职员工入职的违法犯罪查询制度，启动《深圳市教师师德档案管理规定》修订，进一步完善师德师风建设长效机制。选树宣传师德示范典型，5名教师获评广东“最美教师”荣誉称号，评选5名市年度教师和464名市教育系统先进个人，援疆支教队荣获“第九批省市援疆工作先进集体”称号，8名支教教师获得自治区“记功”奖励。

【优秀人才引进】扩大学校招聘自主权，创新招聘办法，拓宽招聘范围，优化招聘环境，取得了良好引才效果和社会效应。2020年，我市招聘的5181名毕业生中，研究生学历及以上学历的有4348人，占比84%；从部属师范院校引进1941人，占比37.46%；从“双一流”A类高校引进1615人，占比31.2%。协调市人力资源保障局，完成教师紧缺岗位工作目录修订，扩宽特殊人才选聘入编绿色通道。

【校长教师专业发展】在深圳市教育科学研究院正式挂牌成立市教师发展中心，与东北师大、香港教育大学合作实施教师学历提升计划，“优秀校长培养工程”“校长领导力提升工程”“海培计划”等培养工程不断完善优化。22名校长教师攻读博士，50名校长教师完成港培班学习，第2期优秀校长培训班20名校长教师结业，3000多名校（园）长参加“校（园）长暑期学习班”。修订《深圳市基础教育系统“名师工程”实施方案》。

【中小学人事制度改革】与市人力资源保障局联合修订《深圳市深化中小学教师职称制度改革实施方案》，报市政府审定，将民办学校教师、公办学校临时性岗位人员、校外教育机构教师等群体纳入职称评审范围，完善职评的覆盖面和惠及面。推进完善中小学校长职级制待遇配套制度，完成210名三级正校长、456名三级副校长职级评定，启动特级、一级校长职级评定工作，拓宽校长职级发展通道。

［深圳市教育局党委机关（人事处）］

2020年9月10日上午，深圳市庆祝第36个教师节大会召开

（深圳市教育局　供）

政策法规

【概况】2020年，深圳市教育局政策法规处深入推进教育领域法治建设，努力提升教育治理服务水平，取得了良好成效。市教育局党政主要负责人切实履行推进法治建设第一责任人职责，贯彻落实国家、省、市关于法治建设的重大决策部署，将法治建设摆在全局工作的重要位置，带头学习宪法法律，带头厉行法治、依法办事，充分发挥党委在推进本部门法治建设中的领导核心作用，定期听取有关工作汇报，及时研究解决有关重大问题，加强对法治政府建设工作的领导，为推进深圳教育改革发展营造良好

法治环境，在法治轨道上推进深圳教育治理体系和治理能力现代化。

【法治专题学习】2020年，深圳市教育局政策法规处开展主题教育学习。一是认真学习宣传贯彻党的十九大精神和习近平新时代中国特色社会主义思想，深入学习习近平总书记在中央全面依法治国委员会第一次、第二次、第三次会议精神情况，增强“四个意识”，坚定“四个自信”，全面提高依法行政、依法治理能力。二是深入开展“不忘初心牢记使命”等专题教育活动，推动局处级以上领导干部讲党课，督促各单位将中央、省、市决策部署不打折扣落到实处。三是将法律学习纳入公务员依法行政能力建设的重点内容，利用文本学习、在线学习、考试测试等多种形式，不断提高公务人员的法治意识。开展法治专题培训。一是聘请市司法局专家开展2020年全市教育系统政府信息公开法治专题培训，授课专家从《政府信息公开条例》的立法创新、政府信息公开的程序等方面对政府信息公开进行了深入讲解。二是组织开展民法典专题学考暨2020年度学法考试，我局所有公务员均参加学习并通过考试。通过法治专题培训学习，不断提高干部队伍法治素养和依法行政能力。

【教育立法】2020年，深圳市教育局政策法规处推动教育立法工作。一是积极推动《深圳经济特区教育督导条例》修订，该条例被列为2020年度市政府预备类立法项目，在反复咨询论证、公开征求意见等基础上，我局形成《深圳经济特区教育督导条例》修订草案稿，并于2020年6月提交市司法局审议。二是积极推进《深圳经济特区职业教育条例》《深圳经济特区学前教育条例》立法，这两个条例被列为2020年度市政府预备类立法项目，我局积极推进这两项立法项目，在多方征求意见、研究论证等基础上，均已形成条例草案稿。

【重大行政决策事项制定】2020年，深圳市教育局政策法规处做好年度重大行政决策事项制定工作。一是制定我局2020年度重大行政决策事项目录和听证事项目录：修订《深圳市中小学校长职级制管理办法》，修订《深圳市初中学生综合素质评价方案（试行）》，制定《深圳市初中毕业生升学体育考试办法》（同时列为听证事项）和制定非本市户籍就业人员随迁子女参加中考有关政策。二是按规定和程序开展重大行政决策制定工作（包含但不限于公开征求意见、听证、专家咨询论证、风险评估等核心环节），力争按时完成任务。做好行政决策的合法性审查和公平竞争审查。根据《深圳市教育局规范性文件管理规定》（深教〔2019〕113号）、《深圳市教育局关于建立公平竞争审查制度的通知》（深教〔2018〕318号）等规定要求，做好我局行政决策（特别是重大行政决策和规范性文件）的法律审查和公平竞争审查，依法出具审查意见。深入推进依法治校制度建设。以依法治校制度建设为核心，探索创新现代学校制度的地方实践新模式，构建“政府宏观管理、学校自主办学、社会广泛参与、职能边界清晰、多元主体共治”的深圳现代学校治理体系。目前，我市所有中小学校都实现了“一校一章程”和“一校一法律顾问”，共有教育部依法治校示范校1所、广东省依法治校示范校71所、市依法治校示范校156所，全市中小学依法治校达标校712所（占全市中小学校总数90.47%）。

【严格规范公正文明执法】2020年，深圳市教育局政策法规处严格规范教育行政执法。一是修订《深圳市教育局规范教育行政处罚裁量权若干规定》，进一步规范教育处罚裁量权标准。二是严格落实行政执法三项制度。在局门户网站建立“行政执法信息公示统一专栏平台”，将市教育局行政执法过程的事前、事中、事后相关信息在平台上向社会公开。制定行政执法全过程音像记录清单、重大行政执法决定目录清单和行政执法音像记录设备使用管理规定，公布施行。三是加强行政执法队伍建设，要求所有行政执法人员（39人）通过行政执法网上培训及考核。四是做好行政执法案卷的结案归档、评查、录入执法平台等工作。做好“双随机一公开”工作。一是建立“双随机一公开”监管工作平台。2020年度，我局作为全市“双随机一公开”监管工作平台的第一批试点开发对象，汇总全市教育系统“两库一单”内容并统一录入平台，率先完成监管平台建设。二是开展2020年度“双随机一公开”检查工作，我局通过新建工作平台，随机抽取执法人员和4家民办学校，开展“双随机一公开”检查；并联合市民政局随机抽取执法人员和4家教育培训机构，开展“双随机一公开”检查。检查结束后，及时将检查结果录入平台，并在平台公示。优化“互联网+政务服务”。以现行有效的法律、法规、规章及规范性文件为依据，统一编制全市教育系统行政审批服务事项、行政处罚和行政检查事项清单。进一步优化政务服务办事流程，精简办事申请材料，全面梳理需提交复印件的事项，对无法律、法规明确要求或可通过电子证照内部共享的一律取消提交复印件，做到免提交或免费复印。

【青少年普法教育】2020年，深圳市教育局政策法规处推进青少年普法教材编写。编制发行供中小学使用的社会主义价值观教材——《社会主义核心价值观教育读本》（9册）和《深圳市青少年法治教育读本》（4册），为中小学培育社会主义核心价值观和法治教育提供了优质的教育资源。截止至2020年9月，《深圳市青少年法治教育读本》共免费发放近180.4万册，覆盖全市中小学生。举办校园法治文化节。将每年12月第一个星期定为“深圳市校园法治文化节”，结合12月4日“国家宪法日”，在开展宪法晨读、宪法主题班会等宪法教育的基础上，鼓励全市中小学校开展形式各异的法治文化活动，至今已举办十二届，涌现了一批优秀普法活动，如福田区教育局的“新雨计划”、罗湖区罗芳小学的海洋法律知识竞赛、宝安区教育局的青春法治护航行动、坪山区龙山学校的宪法长廊等。完善社会协同普法机制。建立与公安、法院、检察院、税务等部门和律协等单位密切合作的协同普法机制。组织学生参加“法院（法庭）开放日”活动，开展学生参观法院、检察院、看守所、禁毒教育基地等社会实践活动，并邀请警察、法官、律师、法律专家和大学生普法讲师团到各级各类学校开展普法活动。

【社会矛盾化解】2020年，深圳市教育局政策法规处多渠道化解社会矛盾。保持投诉渠道畅通。设立执法投诉举报箱，在局门户网站上对外公布投诉电话、通讯地址及电子邮箱等相关信息，及时回应市民群众的诉求和意见建议。做好政府信息公开工作。2020年度，共有政府信息公开申请64宗，我局严格执行《中华人民共和国政府信息公开条例》等相关规定，做好政府信息公开答复等工作。做好复议诉讼工作。一是严格依法做好行政复议工作，2020年，我局共有行政复议案件7宗（我局均为复议机关）。我局在充分调查的基础上，依法作出行政复议决定和答复，并及时送达。二是做好行政诉讼案件的办理工作。2020年度，我局共有行政诉讼案件4宗，均已依法派局负责人按规定出庭应诉、答辩。

（深圳市教育局政策法规处）

教育改革

【概述】2020年，深圳市教育系统着力推进教育改革创新，推动深圳教育先行示范。制定了《深圳教育先行示范规划纲要（2020–2035）》《深圳教育发展“十四五”规划》以及基础教育、高等教育、职业教育、民办教育4项配套改革行动方案，前瞻谋划教育先行示范，为全面实现“幼有善育、学有优教”做好顶层设计。《教育部 广东省人民政府关于推进深圳职业教育高端发展 争创世界一流的实施意见》已经教育部、广东省同意，准备正式推进。以基础教育先行示范行动方案为基础形成的《深圳市国家基础教育综合改革试验区行动方案（2020–2025）》正准备向教育部申报创建基础教育综合改革试验区。《深圳市教育先行示范规划纲要（2020–2035）》《深圳市高等教育先行示范行动方案（2020–2025）》即将提请市先行示范区建设领导小组会议审议。《深圳市教育发展“十四五”规划》已向市政府分管领导汇报，正在进一步修改完善。《深圳市民办教育先行示范行动方案（2020–2025）》已形成征求意见稿，准备征求相关单位意见。

【中小学职称制度改革】2020年，深圳市教育局会同市人力资源保障局起草《深圳市深化中小学教师职称制度改革实施方案》。提出继续实行“评聘合一”，进一步完善中小学内部人事管理制度；进一步健全人才引进、认定、福利待遇和管理考核等机制，为高层次人才来深从教创造有利条件；进一步畅通教师职称晋升通道，促进教师职称的跨校、跨区互认。并将范围扩大到民办中小学教师、校外教育机构教师，以及公办中小学当中的临时性教学岗位人员，努力实现公办、民办中小学教师职称有效对接，有利于教师在全市范围的流动与均衡。修订后的《方案》已报经市司法局审核，近期将报请市政府审定，并以规范性文件印发实施。

【公办幼儿园管理“以事定费”】2020年，深圳市教育局创新发展“以事定费”管理的公办园，出台《深圳市民办幼儿园转型工作指引（试行）》《深圳市公办幼儿园教职工过渡期薪酬指引》《深圳市小区配套幼儿园治理工作实施方案》等配套文件，创新公办园管理体制和用人机制，统一公办园办学标准和薪酬标准，支持和指导各区通过新建、改扩建、回收转型民办园等多种途径举办公办园。公办园在园幼儿占比由2018年底的不足4%提升到目前的50.85%，提前完成工作任务，受到中共广东省委教育工作领导小组办公室、省教育督导室通报表扬。

【非户籍人员子女义务教育】2020年，深圳市解决了全国最大规模的非户籍人员子女义务教育问题。全市义务教育规模已达140.9万人，超过北京、上海，接近广州。全市义务教育学位的63%提供给了非深圳户籍学生，在校生增长比例、非户籍生比例均为全国最高。探索实施义务教育阶段学校校内课后延时服务，已征求有关部门意见，目前正根据社会公众意见修改完善。

【高中教育发展】2020年，深圳市高中教育从分层发展走向分类发展。市教育局出台《深圳市高中学校建设方案（2020—2025年）》，明确2020—2022年，新改扩建公办普高30所，新增6万个学位。2023—2025年，新增公办普高学位3.7万个。印发《深圳市普通高中特色化办学指导意见》和《深圳市新建公办普通高中特色化办学实施办法》，加快建设人文、科技、艺术等特色高中，推动高中从分层发展走向分类发展。深圳科学高中拜仁足球学校开始招生办学。开展高中新课程新教材实施国家级示范区建设，优化教学方式，提升教师教学能力。

【高等教育发展】2020年，深圳市高等教育实现跨越式发展。深圳大学、南方科技大学国际排名大幅攀升。深圳大学、南方科技大学、哈尔滨工业大学（深圳）、香港中文大学（深圳）等4所大学高水平大学建设计划顺利推进。深圳北理莫斯科大学近一年来的工作得到孙春兰副总理的高度肯定和批示。天津大学佐治亚理工深圳学院、哈尔滨工业大学深圳国际设计学院先后获教育部批准设立。

【职业教育“双元”育人模式】2020年，深圳市职业教育形成了适合深圳实际的“双元”育人模式。深入贯彻落实《国家职业教育改革实施方案》《国务院办公厅关于深化产教融合的若干意见》等文件精神，深化产教融合，促进教育链、人才链与产业链、创新链有机衔接，推进人力资源供给侧结构性改革。指导职业院校推进现代学徒制试点，探索职业院校数字教学资源库与企业实践库建设，促进校企资源共建共享。推动深圳信息职业技术学院建设国际课程体系，引进国际职业考试认证标准，试点德国技术员证书人才国际证书考证，引进德国史太白相关职业资格证书。深圳职业技术学院立项12个市级产教融合校外实训基地。两校共49项证书参与第三批1+X证书试点申报工作试点。会同市发展改革委开展产教融合型企业建设培育试点，已完成首批进入复核评议阶段的144家企业评审工作。

（深圳市教育局）

教育宣传

【抗疫主题思政教育】2020年，深圳市教育局组织全市学校广泛开展抗疫主题思政教育，录制《在战“疫”中讲思政》优质课例96件，35个省外学校申请同步使用。录制播放《深圳中小学生返校特别课：战疫榜样，青春力量》，全市100多万中小学生同步在线观看并参加观后感征文比赛。各高校大中小广泛开展抗疫主题的爱心募捐、手抄报、征文、朗诵、合唱、祝福视频、绘画书法等活动，共同致敬逆行英雄，表达做好自己、不负韶华的信念和决心。

【教育扶贫宣传】2020年，深圳市教育局多形式宣传展现脱贫攻坚深教力量。在市教育局官网开设“同在蓝天下、深教助力脱贫攻坚”专栏，在微信公号推出“教育扶贫、圳在行动”系列报道，组织各区、各校在省、市主流媒体和自媒体刊发报道50余篇，广泛宣传深圳教育扶贫的动态、工作经验。深入挖掘报道，推出以宝安区滨海小学

2020年12月15日，第三届“圳能量”2020深圳网络盛典正式落幕，“深圳教育”官方微信公众号获得了2020年度最具影响力政务新媒体公号的称号

（深圳市教育局 供）

高春艳教师为代表的深圳支教教师先进典型；高老师评选为2020年深圳年度教师、受到省委书记李希同志接见并参加巡讲，以高尚师德感召和激励更多优秀教师奔赴支教一线。《中国教育报》两次头版头条对“教育精准扶贫攻坚，深圳交卷”、“深圳职业教育产教结合助脱贫”的显著成效予以报道。

【特区40周年系列宣传】2020年，深圳市教育局开展深圳经济特区建立40周年系列宣教活动。制定“深圳教育40周年”重大专题宣传方案，先后在出“深圳教育40年”系列报道和特刊超过60版，在局官方网站开设“深教40年”专栏，推出视频、长图等新媒体产品，全方位多角度宣传深圳教育40年跨越式发展的辉煌成就，充分展现深教人勇立潮头、攻坚创新的使命担当和奋斗风采。与深圳电台品牌栏目“民心桥”合作推出“校长访谈系列”。策划组织深圳小记者“走读深圳，看40年巨变”系列研学活动近20场次、近千名学生实地参与，用深圳学生的笔触，抒写深圳城市发展的壮丽篇章。开展全城主要地标亮灯致敬教师活动，组织对年度教师、教育改革先锋人物等以海报、视频、事迹、漫画等多形式专题报道，营造了全社会尊师重教的良好氛围。

【深圳教育先行示范成果宣传】2020年，深圳市教育局加强与权威主流媒体合作，组织采写提炼和宣传展示深圳教育重大成效。央视《新闻联播》、央视纪录片《先行》播出“深圳打造教育民生幸福标杆”，央视财经频道播出深圳师生返校复课、高等教育跨越式发展等报道。《人民日报》《光明日报》《中国青年报》等30多家国家级、省、市媒体先后334次对深圳教育亮点进行报道。新华社题为《深圳谱写基础教育高质量发展新篇章》的新闻通稿被国务院网站等多家央媒采用及82家媒体采用，《光明日报》头版刊发《深圳：全力破解超大城市“入学难”》，产生了广泛影响。教育部主管的《中国教育报》《中国教师报》、中国教育新闻网共刊发37篇深圳教育新闻报道，其中头版头条5篇，头版要闻12篇、专版深度报道3版。教育部网站刊发深圳教育新闻21篇。

【政务新媒体平台打造】2020年，深圳市教育局加强建设政务“双微”及网站，局政务网站累计更新发布信息7536条，开设专栏4个，增加了语音智能搜索、学校电子地图、教育统计数据可视化等便民功能。积极创新“深圳教育”微信公号的内容策划，围绕公众关注的教育热点话题，以市民喜闻乐读的呈现方式，打造深圳教育政策权威发布和解读的又一重要平台，全年共发布各类推文超千条、做到日日推送，推文阅读量超过2100万，10万+推文45篇，每篇平均阅读量为2.1万，吸引用户点赞、在看、留言数目超过70万。公号粉丝增加到270万人，其中仅2020年就涨粉200万，涨幅达365%，获评市网信办组织评选的“年度最具影响力政务新媒体”。

【政务信息公开】2020年，深圳市教育局依托政务新媒体，加强政务信息公开工作，以问答、图解、海报等多种形式，积极回应市民关切的在线教学、学校防疫、返校复课、中考体育、学位建设、招生入学等热点问题。全年累计发布70篇政策解读与信息发布、指引。全年协同市政府新闻办共召开以高中学校建设、学校防疫、返校复课、基础教育改革发展等为主题的教育专场发布会4场次。以市教育局名义召开的媒体沟通会3次、在线访谈4次。有力传达了市委市政府和教育部门落实教育优先发展战略的坚定决心和务实举措，收到了广泛、良好的社会反响。

【教育舆情综合治理】2020年，深圳市教育局多措并举加强教育舆情综合治理。实行24小时全天候舆情监测，建立舆情周报、快报、分办、督办和处置反馈机制，促进线上线下同步化解各类教育矛盾和问题风险。针对初中生新综评方案等公众高度关注的重要政策文件出台，提前做好舆情研判和舆论引导，相关舆情总体平稳。组织针对学前教育民办园转型公办园、普高录取率等教育热点问题进行回应，有力有效化解公众疑虑。制订专项方案，全方位立体化宣传校园防疫严实细举措和5批次返校复课情况，回应家长关切，科普防疫知识，让家长安心放心，为220万师生有序返校复课营造良好的社会氛围。

（深圳市教育局）

发展规划与财务管理

【概况】2020年，市教育局财务核算中心（教育事务和学生资助中心）继续规范核算单位财务活动，保障资金安全、高效运作；进一步调整完善学生资助政策，坚决完成扶贫脱贫攻坚战中的学生资助任务，持续提升各项工作专业化水平，服务深圳教育高质量发展；组织完成教育事业统计工作及教育经费统计工作，强化统计数据核查与分析功能，为教育决策提供数据支撑；配合市委办公厅、市政府办公厅、市发展改革委等单位做好营商环境指标填报、特区一体化、公共服务均等化等综合性的工作，协调相关处室填报落实情况、提供意见。

【市政府重点工作、民生实事】2020年，计划新改扩建公办中小学校32所，新增公办中小学学位4.6万个以上。其中，新改扩建公办义务教育学校30所，新增公办义务教育学位4万个；新改扩建普通公办高中学校2所，新增普通公办高中学位6000个以上。截至2020年12月，本年共完成62所中小学校新改扩建，新增中小学学位80362个，其中：新增义务教育学位71115个，新增公办普高学位9247个。每年将学位建设作为民生实事和重点工作加以推进，"十三五"期间完成新改扩建公办中小学201所（义务教育学校187所、普高14所），新增公办中小学学位27.3万个（义务教育学位24.4万个，普高2.9万个），较"十二五"期间翻了一番，保障了全国最大规模移民城市常住人口的入学需求。建成学位大部分位于原特区外，有效地优化了学校布局结构，促进特区公共服务一体化。创新学校建设模式，采用代建制、简化学校建设流程、优化学校建筑设计等措施，促进学校建设提质提速。

【学位建设】2020年，深圳市教育局为有力支撑深圳建设中国特色社会主义先行示范区，充分发挥教育基础性、先导性、全局性作用，实现幼有善育、学有优教，发展规划与财务管理处配合基教处开展大学习、深调研，提出以增加学位供给为主要方式解决基础教育问题，起草制定《关于加快学位建设推进基础教育优质发展的实施意见》，于2020年10月由市委市政府印发，提出到2025年新建基础教育学位近百万个的宏伟目标。

【高中学校建设】2020年，深圳市教育局成立全市高中建设领导小组及指挥部，全面统筹协调，制订了《关于加快推进高中学校建设的工作措施》和高中建设任务表单，明确各高中建设完成时间要求，建立周报制度和总指挥部协调会制度。有高中建设任务的各区均对照成立本区高中建设领导小组和总指挥部，按照任务安排，强有力推进高中建设。同时为高标准建设，配合高中建设总指挥部和市住建局分别印发《深圳市普通高中设计建设技术指引》和《深圳市普通高中学校设计导则》，确保新建高中建一所优一所。2020年建成的深圳中学泥岗校区、南科大附中、市艺术高中3所高中已于2020年秋季按计划建成开学，共新增7650个学位。第二批高中用地选址方案已经市政府常务会议审议通过，并已细化建设规模、投资标准、完成时限，已提请市政府审议同意启动建设。

【教育资金保障】2020年，深圳市教育局做好部门预算管理，为先行示范提供资金保障。一是狠抓支出进度，每月通报各直属单位（学校）预算执行情况，督促各直属单位（学校）加快预算执行，2020年市教育局部门预算执行率接近96%。二是科学谋划十四五期间部门预算，会同局机关各处室、直属单位（学校）按照市委市政府重大战略工作部署编制预算项目，并配合做好项目申报工作，协调市财政落实资金安排，保障教育重点性项目支出，为“教育先行示范”提供资金保障。三是做好财务核算工作，落实预算绩效管理。将绩效理念融入预算编制、执行、监督全过程，全面开展绩效自评工作，加强绩效考核评估，提高预算绩效管理工作质量。

【教育审计】2020年，深圳市教育局积极开展审计，重视审计整改。一是推进清理60个历史遗留基建项目。经对项目逐项清查分析，积极推动多方协调，提出解决基建项目历史遗留问题解决方案，并经市政府党组会议审议通过。二是配合审计署对深圳市2020年贯彻执行国家重大政策（教育方面）措施情况跟踪审计；三是做好教育内审工作，全年完成6个内审项目，提出并采纳21条审计建议；四是落实责任部门开展整改工作，及时跟进审计发现问题，逐条研究、落实。完善职业教育校外公共实训基地的补贴资金管理及退出机制，组织涉及12个改造项目的幼儿园完成固定资产暂估入账工作。

（深圳市教育局
发展规划与财务管理处）

学生资助

【概况】2020年是“十三五”收官之年，“十三五”期间，深圳全市学生资助政策体系建设推进速度加快，新设资助项目增多、资助项目覆盖范围扩大、资助标准提高，2020年全市每年资助学生（含幼儿园在园儿童，下同）资金提高至约6亿元、受助学生人数提高至约36万人次，“十三五”期间平均年增长率7%—10%。学生资助政策体系已涵盖了从儿童（3–6岁）学前教育至博士研究生教育全部教育阶段、公办和民办不同办学性质学校，形成了以政府主导、学校和社会为补充的“三位一体”学生资助格局，构建了普惠性资助、助困性资助、奖励性资助和补偿性资助有机结合的“多元混合”资助模式，全方位实施了“奖、助、贷、补、勤、减、免”和“绿色通道”等措施，设立了奖、助学金及免学费等30多个政府资助项目。按照中央和我省政策要求，在制度上确保“不让一个学生因家庭经济困难而失学”。

【家庭经济困难学生受教育权利保障】继2012年《深圳经济特区社会建设促进条例》将“建立健全多渠道的学生资助制度，帮助经济困难家庭学生完成学业”和“加快普及学前到高中阶段教育，探索扩大免费教育范围”写入条例后，至2020年，深圳市、区两级政府均已将“国家（含地方政府）学生资助（含奖学、教育救助）管理”列为行政职权事项，纳入市、区两级教育行政部门的权责清单事项，向全市提供行政给付政务服务，发布了教育行政给付档案归档范本。学生资助纳入地方法规，开全国之先河，从制度上保障了家庭经济困难学生受教育的权利，为深圳市学生资助事业健康持续发展提供了法律保障。

【学生资助任务完成】2020年，深圳市教育局坚决完成扶贫脱贫攻坚战中学生资助的任务，全面保障在深圳就读的建档立卡等贫困学生享受国家资助政策。根据教育部、省教育厅下发的建档立卡等重点保障群体学生名单，总计2.5万余名该类学生分布在全市890多所大中小学校就读。我市做到两个了100%，一是上级下发的名单100%核实，二是经核实的学生100%落实国家资助政策，确保做到“按需资助、应助尽助”，全力配合全国和广东省打赢脱贫攻坚战。

【助学贷款】2020年，深圳市高校学生资助实现标准化管理，生源地信用助学贷款实现“应贷尽贷”。以“先行示范”的高标准，正式出台了研究生国家奖学金管理规范等六个学生资助标准化文件，建立了全市统一的高校学生资助工作标准，实现高校学生资助工作有标可依、有标可行、有标可评，进一步提升了高等教育阶段学生资助工作水平。进一步优化生源地信用助学贷款运行机制，实现了“应贷尽贷”目标。2020年，深圳市共成功发放生源地信用助学贷款391多万元，贷款金额持续翻番；受助人数 462 人，较 2019 年增长了一倍以上，确保了家庭经济困难大学生顺利入学，有效降低了疫情对大学生家庭经济的影响。同时不断创新工作模式，简化审批流程，探索生源地信用助学贷款的新路子，以优质高效的服务让市民群众感受到国家政策的温暖。

【中等职业教育普惠资助】2020 年，深圳市扩大了免学费范围，并按在校生人数的 20% 确定资助指标，设立紧缺专业助学金，使中等职业教育免学费比例达 90%，助学金比例达 30%，基本实现了中等职业教育普惠资助。近五年来，中等职业教育资助平均每年财政投入约 2.5 亿元，资助人数平均每年约 15 万人次。

【教育资助政策落实】2020 年，深圳市普通中小学校和幼儿园全面实施国家教育政策，实现应助尽助。普通高中设立了免学费和国家助学金、义务教育设立家庭经济困难生活补助、学前教育设立保教费资助和生活补贴，做到了“按需申请，应助尽助”。其中学前保教费资助标准高，达到每生每年 3500 元（烈士子女和孤儿等为 7000 元），资助标准为全国最高。

［深圳市教育局财务核算中心（深圳市教育事务和学生资助中心）］

招生考试与评估

【概况】2020 年，深圳市招生考试办公室圆满地完成本年度招生考试工作的各项任务。考试评价建设取得新突破。一是印发《深圳市教育局关于明确 2021 年高中阶段学校考试招生工作有关事项的通知》，确保《深圳市教育局关于进一步推进高中阶段学校考试招生制度改革的实施意见》顺利落地；推动将日语、俄语纳入中考外语科目试点；鼓励部分条件成熟的高中学校加大自主招生力度，有力推动了学校特色发展。二是出台《深圳市普通高中体育与健康等科目学业水平考试实施办法》，为实施 2021 年“新高考方案”奠定基础。考务服务能力取得新提升。一是取得防疫、考试双重胜利。针对 2020 年教育考试组考的特殊防疫形势，市招考办坚持“组织考生自我健康监测”“增设备用隔离考点和备用隔离考场”“加强防疫专业指导”“制定防疫指引做好应急演练”“加强防疫协调机制建设”五措并举，将疫情阻挡在考场之外，今年各类教育考试考生未出现一例病例，实现“健康考试”的目标。二是胜利应对考生骤增大潮。截至目前，2020 年合计服务考生 124 万人次，较 2019 年同比增长 15%。通过“三严防”（严防试题泄密、严防考务事故、严防违纪作弊）、“两优化”（按章依规优化管理、微笑监考优化服务）、“一严选”（严格挑选和培训考务人员）实现全年各类考试组考“零失误”。

【党的建设】2020 年，深圳市招生考试办公室以党建为统领，充分发挥党组织的战斗堡垒作用。开展主题党日 5 次，组织党员干部集中观看省纪委专题警示教育片《侥幸之祸》，深刻剖析党的十九大以来的我省典型案例，让党员干部筑牢廉政守法底线，永葆清正廉洁政治本色；带领干部职工走进深圳改革开放展览馆，参观“大潮起珠江——广东改革开放 40 周年展览”。

【平安阳光考试】2020 年，深圳市招生考试办公室紧扣考务组织主业，打造平安阳光考试，圆满完成了普通高考、中考、硕士研究生入学考试、自学考试、成人高考、普通高中和初中学业水平考试、教育类社会考试等八类 34 次教育统一考试，各类考生总人数高达近 124 万人次。其中，我市高考（含春季高考）参加考生人数是 5.3 万名，同 2019 年相比，增加 3208 名；设立考点 53 个，考场 1870 个，动用各类考务人员 5224 人。中考报名考生 9.3 万人，符合划线录取资格考生 8.9 万人，共 365 所初中学校的毕业生参加中考。全年自考合计考生 39 万人，89.3 万科次。研究生考试达 3.3 万人。

【招考环境综合整治】2020 年，深圳市招生考试办公室全力做好试卷安全保密。在保密、公安等部门配合支持下，市招考办对各区和各考点保密室进行了全面检查、整改；市、区、考点均制定了高考试卷领送及安全保密工作方案，严格挑选试卷保密员，签订保密协议，并严格执行回避制度。市招考办对所有运送试卷车辆安装视频监控和 GPS 定位设备，实行全程无中断跟踪管理，全力维护高考公平。转发《广东省招委会关于印发广东省 2020 年普通高考集中开展五项综合治理专项行动工作方案的通知》，会同有关部门在高考前集中开展“打击销售作弊器材”“净化涉考网络环境”“净化考点周边环境”“打击替考作弊”“清理整顿涉考培训机构和助考中介”五个专项行动，确保深圳市高考公平公正。

【招考服务水平提升】2020年，深圳市招生考试办公室和各区教育部门、各学校积极做好考试招生政策宣传解读和咨询服务，认真做好考生信访疏导和帮扶工作。全年接听来电咨询量近3万件，免费向考生发放报考手册超30万本，组织线上招生咨询会，累计咨询消息总量突破20万条。改进报名确认流程，实现“一站式”办结。招考网浏览量突破382万人次。网上回复考生提问4万5千多条，发布招考信息和通讯1767条（篇）。利用短信群发系统，为考生发布温馨提示超9万条。

（深圳市招生考试办公室）

社会力量办学

【民办义务教育阶段学位补贴】2020年，深圳市民办义务教育学位补贴惠及学生人数继续增长，覆盖面进一步扩大，秋季学期补贴发放人数达46万人，其中，小一和初一的覆盖率已达到99%，年财政投入超过34亿元，教育公平进一步凸显。

【民办学校招生】2020年，深圳市不断加强对民办学校的招生管理，认真落实国家、省中小学招生政策，严格审核招生计划，落实统一招生平台、与公办学校同步招生要求。印发《深圳市教育局关于做好2020年民办义务教育学校跨区招生有关工作的通知》《2020年深圳市民办义务教育学校招生电脑随机摇号录取实施细则》等文件，规范民办学校跨区招生、招收直升生和摇号录取，民办学校招生进一步规范，工作平稳有序。

【跨境学童复学复课】2020年，深圳市教育局牵头制订印发《居住在香港跨境到深圳上学的学童返校复课疫情防控方案》。与其他部门通力配合，制订印发《疫情防控期间深圳跨境到香港学校就学学生的服务保障总体工作方案》，保障跨境学童2020年春季学期顺利复学复课，采取了一系列措施为跨境学童秋季课业提供支持。

2020年1月17日下午，深圳市教育局局长陈秋明率队调研民办学校

（深圳市教育局　供）

【民办教师培训】2020年，深圳市教育局专题组织开设了民办中小学心理健康教师培训班，共举办了4期，480人参训，有效提升了民办教师的专业水平和任教能力。

（深圳市教育局
社会力量办学管理处）

合作办学

【概况】2020年，深圳市与国外教育领域的合作不断密切和深化，促进了深圳教育走向国际，引进了优质先进教育资源落户深圳。同时，深港澳三地在教育领域的合作也不断密切和深化，新时代，党中央、国务院作出建设粤港澳大湾区的重大战略决策，习近平总书记作出重要指示批示，要求深圳“抓住粤港澳大湾区建设重大机遇，增强核心引擎功能”。一直以来，深圳市认真贯彻落实习近平总书记要求，增强核心引擎功能，发挥重要窗口作用，深化粤港澳大湾区教育合作，加快优质教育资源共享，服务粤港澳大湾区建设。已形成高等教育、职业教育、基础教育全学段、多方位、充满朝气与活力的交流合作良好局面。接下来，深圳市将抢抓建设粤港澳大湾区、深圳先行示范区和实施综合改革试点重大历史机遇，深化科研创新、学科建设、人才培养、产学研融合等各领域务实合作，继续推进深港澳教育深度交流合作，促进深港澳青少年广泛交往、全面交流、深度交融，增强对祖国的向心力。

【天津大学佐治亚理工深圳学院正式设立】2020年3月25日，经教育部批准，天津大学佐治亚理工深圳学院正式设立。4月，天津大学党委批准设立学院直属党支部，并任命直属党支部书记。学院现有学生230人，其中，电子与计算机工程专业硕士研究生128人，佐治亚理工学院在深培养的本科生102人。学院过渡校区重新选址深圳市南山区国际创新谷。学院永久校区已进行选址优化，用地条件得到较大改善。

【深大帕森斯设计学院筹建】2019年底至2020年初，深圳大学会同美国新学院、福田区政府研究制定了《深圳大学帕森斯设计学院建设方案》，并根据相关部门意见建议修改完善。2020年3月19日，深圳市常务副市长刘庆生召开会议，对《建设方案》进行专题研究。会后，市教育局指导和协助深圳大学修改《建设方案》形成送审稿，于6月底上报市政府。7月初，市政府原则同意了《建设方案》。经市教育局积极协调，深圳大学及福田区政府已成立工作小组具体负责帕森斯设计学院筹建工作，不断加强与美方的联络。由于美国新学院大学校长调整，经过多次沟通，新任校长已表示将继续推进深圳项目。9月中旬，美国新学院大学选拔了158名（98名新生、60名高年级学生）无法顺利赴美留学的帕森斯设计学院中国籍学生在深大开展为期一个学期的学习生活。年内，受疫情影响，美国新学院大学有一定程度的裁员，深大帕森斯设计学院美方负责人员暂未确定。

【“深圳前海研究院”筹建】2020年3月26日，北京大学汇丰商学院、剑桥大学嘉治商学院和前海管理局签署《商学与管理学合作意向备忘录》。年内，三方已依托北京大学深圳研究生院开展双学位培训、高端培训等工作。拟在深圳前海设立“深圳前海研究院”，作为项目合作的执行机构，建设具有国际影响力的前沿学术交流和研究平台、创新创业和高端服务管理人才培养基地、政府决策智库等。

【南方科技大学伦敦国王学院联合医学院设立申请】经过逾三年密切磋商和学术交流，南科大与英国伦敦国王学院于2019年6月10日签署协议，筹备共同设立中外合作办学机构；2020年9月22日，两校签署合作办学协议，2020年10月底，经广东省教育厅和广东省人民政府审核，学校正式向教育部提交材料申请设立中外合作办学机构“南方科技大学伦敦国王学院联合医学院”（简称“联合医学院”）。年内，联合医学院设立申请已交教育部审批。

【在深高等院校办学自主权探索】2020年，深圳市教育局争取教育部首批授权深圳探索扩大在深高等院校办学自主权。编制综合授权改革方案，探索新建高校本硕博同时起步、自主确定研究生招生计划、支持市属高校开展学位授权自主审核，争取提高市属高校本科毕业生推免比例等。

【广东省“冲补强”高水平大学建设计划实施】2020年，深圳市教育局推动实施深圳大学、南方科技大学、香港中文大学（深圳）、哈尔滨工业大学（深圳）纳入广东省“冲补强”高水平大学建设计划，牵头出台支持高水平大学建设的政策，扎实推进具体建设工作。瞄准国家“双一流”标准重点支持深圳大学、南方科技大学发展，争取纳入国家“双一流”建设行列。

【新高校建设】2020年，深圳市教育局持续推进中国科学院深圳理工大学等新高校建设，加快推进北京大学深圳国际校区合作协议签署事宜，获教育部批准正式设立天津大学佐治亚理工深圳学院、哈尔滨工业大学深圳国际设计学院。

【高校港澳地区招生工作】2020年，为进一步做好深圳市高校对港澳地区考生的招生工作，市招生考试办公室于2020年1月发函全市各高校，要求各高校采取有效措施，进一步加强对港澳学生的招生宣传力度，及时制定本校面向港澳学生的招生宣传方案。市招考办会同各高校制订了《深圳市普通高等院校面向港澳地区招生宣传工作方案》并细化分工、布置落实。深圳先进院与澳门大学在2020—2021学年已招收第一届联培博士学生，6名学生已入学并获全奖资助；第二届联培博士招生工作年内

11月已启动，计划招收5—10名博士生。深圳先进院与澳门科技大学于2020年7月签订联合培养协议，从2020年起招收第一届联培博士生，计划录取20名。深圳先进院与澳门高校的合作为将来中科院深圳理工大学招收港澳学生、开展联合培养工作打下了坚实基础。

【“粤港澳大湾区特色职业教育园区”建设】2020年，深圳市教育局支持深圳职业技术学院与香港职业训练局共建“粤港澳大湾区特色职业教育园区”，支持召开粤港澳大湾区职业教育工作小组第二次工作会议，双方就职教园区多项合作项目达成一致，并决定共同申报合作办学机构及粤港澳青年创新交流联盟等事项。支持深圳职业技术学院开展港澳台单独招生宣传工作，推动学校与香港黄克竞分校合作开办电气服务工程高级文凭专业学生招生工作，共招收43名港澳台籍学生，其中“黄克竞”合办专业招收14人。加强深职院与香港职业训练局沟通、协调，筹备申报2021年“港澳与内地高等院校交流计划”。

【“粤港澳大湾区职业教育产教联盟”建设】2020年，深圳市教育局支持深圳信息职业技术学院加快推动“粤港澳大湾区职业教育产教联盟”建设，发动联盟成员参加由香港特别行政区政府教育局和职业训练局合办的“职业专才教育国际研讨会”。支持举办粤港澳大湾区职业教育产教联盟2020年论坛，进一步加强粤港澳大湾区职业教育产教联盟成员之间合作，共同构筑合作共享平台。

【深职院国际交流合作推进】2020年，深圳市教育局推进深圳职业技术学院（以下简称“深职院”）与世界职业教育与技术大学联盟合作，密切跟进联盟董事会讨论结果，争取将联盟总部秘书处设在深职院。鼓励深职院编写中英文版《新冠疫情视阈下中国高职院校网络教学组织与行动研究报告》，向联合国教科文组织总部、教科文组织国际职教中心和教科文驻华代表处贡献疫情之下职业教育解决方案，得到教科文组织及“一带一路”国家同行的高度评价。组织深职院编写《深圳职业技术学院“三位一体”精准扶贫案例》《深圳职业技术学院职业技能培训扶贫案例》，通过中国联合国教科文组织全国委员会秘书处与联合国教科文组织国际农村教育研究与培训中心，面向“一带一路”国家宣传我国职业教育精准扶贫贡献。支持深职院向联合国教科文组织报送学校开展“青春战疫 与爱同行”活动动态，向“一带一路”沿线国家青年展现了学校引导学生思考科学防疫、珍爱生命以及公民意识的情况。支持深职院定期参加欧亚大学联盟会员单位线上活动，巩固与土耳其等“一带一路”沿线国家高校的联系。

【深圳信息职业技术学院国际交流合作推进】2020年，深圳市教育局支持深圳信息职业技术学院（以下简称“信息学院”）与联合国教科文组织高等教育创新中心（中国深圳）、亚太和非洲11所顶尖高等院校、中国3所高等院校及8家高科技企业共同发起“国际网络教育学院”（International Institute of Online Education，IIOE），2020年4月2日正式在云端发布。信息学院作为课程资源主要提供方，2020年投入资金180万启动建设第一批30门国际英文网课精品课程，已陆续交付IIOE上线，帮助“一带一路”及亚非发展中伙伴院校的教师提升ICT应用能力、建立混合式学习和在线学习的能力，以增加其获取优质高等教育的机会，为当地工业化、信息化提供智力支撑和人力资源保障。

【职教“深圳方案”海外输出】2020年，深圳市教育局推动职教“深圳方案”向海外输出。深职院受邀向蒙古国职业教育培训联盟分享学校智慧楼宇专业建设方案，为蒙古国的智慧楼宇专业开发贡献“中国智慧”，向“一带一路”国家传播“深职方案”。举办“深职院线上国际夏令营”，邀请新加坡、马来西亚等“一带一路”沿线国家院校及德国、芬兰等高校共46名师生参与，为海外师生带来中国经济发展、中国大众消费模式、创新与创业、中华文化概述及汉语入门等一系列课程，让海外师生不出家门也能了解中国和深圳的最新发展情况，领略中华文化以及汉语之美。支持深职院与新加坡义安理工学院、马六甲马来西亚技术大学、保加利亚普罗夫迪夫大学等“一带一路”沿线合作院校定期举行线上会议，就课程和专业标准引进、网上合作教学、师生线上交流、海外职业教育培训中心线上培训课程等相关问题进行深入讨论，积极推进下一步工作计划，加强与巩固同“一带一路”沿线合作院校的合作与交流。信息学院组团出访老挝，回访落实与老挝巴巴萨技术学院的“2+1”老挝国际学生联合培养工作执行情况和目标达成情况，推动海外基地成功揭牌，落地服务东盟对接机构，实现双边校际间教育项目的深度合作。学校与老挝巴巴萨技术学院共建的“深圳产业技术学院（万象）”，创新了“鲁班工坊”海外新模式。协同深圳华为等高科技企业以“走出去”的方式，开展海外教育培训，实现技术技能人才本土化，并致力于输出职业教育优质资源、教学解决方案，构建国际人才培养与服务模式。学校“中老 2+1 学历教育暨深圳产业技术学院海外模式”入选“中国-东盟双百职校强强合作旗舰计划”。

【深圳职业教育海外朋友圈拓展】 2020 上半年，深圳职业技术学院与南非南方实验集团正式签署合作协议，揭开了学校与南非教育机构合作的序幕，扩大了学校“一带一路”院校朋友圈，标志着学校“一带一路”合作与交流从欧亚地区逐步辐射至非洲地区。深圳信息职业技术学院启动 2020 年度国际学生招生工作，生源渠道进一步扩展，收到十余名来自俄罗斯、马来西亚、印度尼西亚等国学生的申请。学校最终遴选出 10 名学业成绩和汉语水平较好、综合情况符合国际学生入学条件的学生，作为 2020 级第一批国际学生予以录取。

【深港澳职业教育交流合作】 2020 年，深圳市教育局推进深圳市第一职业技术学校、深圳市博伦职业技术学校与澳门中葡职业技术学校，推进深圳市宝安职业技术学校与澳门工联职业技术中学加深姊妹学校合作关系，创新师生交流方式，促进师生互访，进一步探讨交流与合作的更多领域。上报《教育部、广东省人民政府关于推进深圳职业教育高端发展，争创世界一流的实施意见》（代拟稿），积极争取教育部和广东省政策支持，推进粤港澳职业教育联动发展。11 月 13 日，深圳市教育局派出相关教研员、专业教师 200 多人参加香港教育局举办的香港——2020 生涯规划教育研讨会线上直播会。年内，配合澳门教育暨青年局共审核了 174 名申请澳门学费津贴的学生的信息。

【学校对外交流平台搭建】 2020 年，深圳市教育局为学校对外交流搭建更广泛的平台。一是在 2019 年与澳大利亚北领地教育厅签订教育合作框架协议的基础上，推动我市中小学与北领地学校缔结友好学校。年内，两地 3 对学校已达成初步意向，市教育局将继续推动两地学校之间的教育交流。二是组织红岭中学等 6 所中小学 496 名学生参加第四届金砖国家在线数学国际竞赛项目，此次活动有来自巴西等 7 个国家 80 万名学生参加，旨在提高学生逻辑思维能力和解决问题的能力。组织福田区外国语学校 10 名学生参加莫斯科旅游局组织的莫斯科夏令营在线活动，增进学生跨文化理解能力，进一步加强我市与莫斯科的教育文化交流。三是组织深圳高级中学等四所学校参加教育部组织的中美“千校携手”项目百所名校校长培训会，中美“千校携手”项目是中美人文交流的品牌项目，中美两国已有上千所中小学参与该项目，其中包括中国 30 个省（市）的 824 所学校，我市现有项目学校 19 所。培训会上，教育部徐永吉副司长在讲话中充分肯定了中美“千校携手”项目取得的成果。他指出，教育在促进中外民间友好、加强中外人文交流、推动文明交流互鉴中具有不可替代的积极作用。在新形势下，做好中美基础教育交流是今后的一项重点工作，并对项目学校提出三点建议：充分发挥人文交流在中美关系中的积极作用；为服务中美青少年交流搭建高质量合作平台；推动建立线上线下协同联动的教育交流新模式。

【与巴布亚新几内亚教育友好交流】 2020 年 6 月 8 日，中国驻巴布亚新几内亚使馆转来中巴友好学校布图卡学园致习近平主席的感谢信，主要是向习主席汇报学校一年多来的发展情况，感谢中方对该学园的援助和支持，同时也有恳请中方为学园发展提供援助之意。为落实国家、省、市领导支持巴布亚新几内亚布图卡学园发展相关批示精神，深圳市教育局将代表深圳市向学园捐赠 3200 个书包和 100 个足球，并推荐深圳市福田区翰林实验学校与学园结为友好交流学校，继续支持学园发展，增进深圳与巴新友好交流。

【校（园）长和骨干教师赴港专题研修】从2019年开始，深圳市启动了首批中小学校长、园长和学科骨干教师赴港专题研修项目，2020年新一轮第二批赴港项目也在推动进展中。项目具体开展情况如下。（1）项目设计。依托香港教育的国际知名度，整合境内外相关领域的优质教育资源，开发具有国际性、前瞻性、专业性、富有特色的培训专题，打造一支具有领导力、策划力、创造力的校长、园长及专业教师队伍。以培训项目为依托，与香港部分知名中小学及幼稚园建立战略合作伙伴关系，为校长及教师的专业发展和学校发展资源的集聚提供更广阔的平台。吸纳世界范围内管理及学术研究领域最新研究成果，提升校长及培训教师的学习意识、创新意识、专业水平和文化品位，提升学校及学科教育教学的核心竞争力。（2）项目成效。2019年25名深圳市公办中小学校长、副校长（含校区/学部负责人）。在满足任现职满三年及以上，年龄不超过50周岁，具有全日制本科及以上学历，具有较好英语基础报名条件的基础上，由香港教育大学组织面试，深圳市教育局把关确定学员，已于2019年10月—2020年11月，利用部分周末及寒假时间，累计开展了50天的线下线上香港教育大学高端研修学习。首批校长赴港高端研修班采取了集中学习、交流分享与在深圳自主研修、小组合作学习等多种方式。课程模块包括：跨学科研究法、中国教育和社会、课程政策、革新与实施、高效能的教育领导、员工绩效的评估与提升、资源管理与教师发展、组织行为及发展、促进学习的评估八门课程。学分修满，考核合格，香港教育大学将授予相应证书。在一年的深港合作学习交流组织中，因疫情影响无法通关赴港，深圳市教育局积极应对新常态挑战，大力推进线下线上混合研修。深圳校长对学习过程、课程质量都给予高度评价。2020年成完了新一轮的项目续签合同及备案工作，于2020年11月7日面试遴选第二批校长学员，继续组织开展高端研修。

【第十届深港校长论坛】2020年12月18日，深圳市教育局与香港教育局共同主办的第十届深港校长论坛在深圳市高级中学举行，本届论坛主题是“智能时代与教育转型发展”。香港教育局和校（园）长以视频形式参加，深圳校（园）长通过线下方式参加，参会校长约300人，为两地校长搭建专业交流平台。

【深港跨境学童服务保障工作】2020年春季学期深圳市教育局与其他部门通力配合保障跨境学童顺利复学复课。牵头制订印发《居住在香港跨境到深圳上学的学童返校复课疫情防控方案》；与其他部门通力配合，制订印发《疫情防控期间深圳跨境到香港学校就学学生的服务保障总体工作方案》，保障跨境学童2020年春季学期顺利复学复课，采取了一系列措施为跨境学童秋季课业提供支持。

【民办学校港澳籍学生学位补贴发放】2020年，深圳市教育局继续对于符合深圳市入读条件的民办学校港澳籍学生发放学位补贴。从2017年起，对于符合深圳市入读条件的民办学校港澳籍学生，按照小学7000元/生/年、初中9000

2020年12月18日，以“智能时代与教育转型发展”为主题的第十届深港校长论坛在深圳举行。论坛由深圳市教育局、香港特别行政区政府教育局共同主办，深圳高级中学（集团）承办。参会总人数近300人，220多名深圳市、区教育行政部门负责人和校长、园长现场参会，香港教育局领导和香港校长、园长代表约70人通过线上方式参加此次论坛　（深圳市教育局　供）

元/生/年的标准，给予义务教育学位补贴。2020年春季学期，共为8565人次发放了学位补贴。

【"双非"学童回深就读】2020年，深圳市教育局考虑香港疫情实际情况和跨境存在风险，积极落实部分"双非"家庭儿童回深就学问题。一是积极安排小一、初一港籍学生报名入读深圳市学校。根据深圳市入学政策，符合条件的小一、初一的港籍学生可以按积分申请就读深圳市学校。2020年共有2418名港籍学生报名入读深圳市公办中小学（小一566人，初一1852人）。二是积极安排非起始年级的港籍学生转到深圳市学校就读。据不完全统计，本学期已安排1319名学生转学插班到深圳市学校就读。市教育局将专项解决转学学生的学籍问题。三是积极统计空余学位。市教育局面向全市学校摸底空余学位情况，为有转学需求并符合条件的跨境学生提供帮助。

【深港澳姊妹学校结蒂】2020年，受新冠肺炎疫情影响的情况下，深圳市仍有2所学校克服困难，分别与香港和澳门学校缔结为姊妹学校。11月2日，澳门圣若瑟教区中学第六校访问深圳市光明高级中学，并签约缔结为姐妹学校。12月，深圳市第二外国语学校与香港伊利沙伯中学，深圳市福田区教科院一附小与香港教育大学赛马会小学进行网上签约，缔结为姊妹学校。

【港澳台居民中小学教师资格认定和事业单位考试参考】2020年，深圳市教育局落实教育部等部门发布的《关于港澳台居民在内地（大陆）申请中小学教师资格有关问题的通知》（教师厅〔2019〕1号）和广东省人社厅出台的《粤港澳大湾区（内地）事业单位公开招聘港澳居民管理办法（试行）》（粤人社规〔2020〕7号）等相关政策规定，做好港澳籍人士来深参加教师资格考试认定和中小学校职员招考相关服务。政策实施以来，共有9名港澳籍居民通过认定取得教师资格；有2名香港籍考生顺利通过考试完成体检，待考察公示。（深圳市教育局）

德育与体育卫生艺术教育

【概况】2020年，深圳市教育局德体艺教育研究中心围绕着国家、省、市出台的一系列政策法规来开展各项工作，以全面贯彻党的十九大精神，落实"立德树人"根本任务，作为各项工作展开的主线核心，以严肃审慎、精准细化的态度，积极促进一系列校园活动的展开。面对突如其来的疫情，我们坚决落实上级文件"停课不停学"的工作要求。自2月7日起，严格按照市局有关文件及通知的精神以及我院的安排，及时开展在线教学托底课程、"素养课堂"指导等工作，并取得实效。下半年恢复开学后，通过学科开展各项培训、教研活动、科研课题、竞赛等多种形式来推动学校、老师、学生的进一步发展，为全面提升学生的综合素养、构建起"德智体美劳"全面发展的教育体系，打下坚实基础。

【学科综合发展】2020年，深圳市教育局德体艺教育研究中心各学科以教研、科研为重要的抓手，通过展示、竞赛、课题项目、教材编写等活动的开展来促进学科发展。

【音乐学科】2020年，深圳市教育局德体艺教育研究中心在深圳市开展了五轮高中课程培训，高中音乐课程根据2020年《普通高中音乐课程标准》要求，以音乐鉴赏、歌唱、演奏、音乐编创、音乐与舞蹈、音乐与戏剧六个模块为必修（选学）课程，以合唱、合奏、舞蹈表演、戏剧表演、音乐基础理论、视唱练耳六个模块为选修课程，深圳市先后开展五轮高中课程培训，邀请了全国高中课程标准的专家来深圳培训，先后培训人次达千人左右；组织召开线上全市高中学科新教材实施工作会议；组织召开高中学科新课程培训，培训教师人数300多名；召开新课程新教材研讨会及音乐高考模拟考分析会议；组织开展深圳市中小学音乐教师素养提升培训活动；承办2020年广东省高中音乐新课标新教材新理念课例展示与研讨活动。

【体育学科】2020年，深圳市体育教研工作牢固树立"健康第一"的理念，以"普及和育人"为目标，强化体育课与课外锻炼。全市中小学开足开齐上好体育课，科学安排体育课内容，保证每一节课的练习密度和运动强度，让每个学生都得到充分锻炼，加强校园足球等重点项目的技能教学，注重运动兴趣和技能培养，使学生学会至少两项终身受益的体育锻炼项目。积极推动“中国健康体育课程模式实践基地（2020—2023年）”建设工作。在强化课堂教学效果，确保学生每天一小时校园体育活动的同时，积极探索课堂教学与课外活动相结合的模式，全市中小学校建立面向全体学生参与的校内竞赛体系，结合课堂教学的内容，常年举办校园足球、篮球、排球、啦啦操等项目班级联赛及各类单项技能比赛，形成人人参与的学校体育竞赛格局，努力提升体育课堂教学质效。据教育部反馈的深圳市2019年中小学生测试结果表明，深圳市中小学生参加《国家学生体质健康标准》测试，合格率达95.47%，优良率达42.52%，学生体质健康状况逐年稳步提升。深圳市作为“全国青少年校园足球改革试验区”，各级教育行政部门和教科研部门将发展校园足球作为全面贯彻党的教育方针、促进青少年学生身心健康的重要举措；作为学校体育改革的突破口和开展学校体育工作的抓手，形成引领学校体育创新的有力支撑，积极推动校园足球的普及。将校园足球班级联赛和全员参与的单项技能比赛作为推动校园足球普及的重要抓手和促进青少年学生广泛参与足球活动的基础；加强师资培训、教学研讨、竞赛等常规管理，全面提升学校体育教研工作；积极拓宽体育教师培训渠道和方法，开展全员参与的培训和研讨活动。2020年11月15日—18日，中国教科院与深圳教育科学研究院共同主办了“青少年健康体能促进与干预研究课题研讨会暨学校体育智慧系统福田试验区启动仪式”，新华社、人民日报、中国教育报、人民网等进行了报道。还多次举办线上、线下的“强化中小学体育课堂教学研讨暨阳光体育现场观摩”、校园足球教学展示等活动。拟定并出台了《深圳市疫情防控期间学校体育工作指导意见》。组织了全市中小学（幼儿园）体育与健康录像课评选活动，选拔出11名教师的优秀课例参加了全省的展示活动，并均获一等奖。通过这些活动，深圳市体育教师的专业素质得到了切实的提升。

【美术学科】2020年，深圳市教育局积极推动美术学科发展。一是通过探索“互动式”教研活动，打破传统固化的教研模式，促进教师主动参与教研活动，提升教师队伍的专业素养与专业能力。二是举办全市各区学校美育成果交流展示活动，全市有8个区11个项目做了分享，推动学科“美育之城”的进一步建设。三是组织举办深圳市2021届高三美术生专业模拟考试，全市近2700名高三学生参加模考，通过考、评、展、研的方式来加强深圳市美术专业课教学质量的提升，促进深圳市美术高考成绩进一步提升。四是组织全市美术科学中小学教师教学能力大赛，举办教师培训，区、校结对专项教研活动。五是组织开展线上教学与教研活动，为全市中小学托底课程、高中学校、深圳市广电集团素养课堂节目组提供了300多节各类美术课程，停课不停学，停课不停教研。六是举办全市高中美术学科新课程新课标全员培训活动。七是协助成立了深圳市教育学会美术教育专业委员会。

【舞蹈学科】2020年，深圳市舞蹈教研员扎根课堂，及时开展“素养课堂”、“空中课堂”指导工作，到直属学校巡课300多节，开展在线舞蹈教师培训17次，推出“舞蹈在线微课”。年内主要完成了七大任务：一是参与教育部国家义务教育艺术课程标准舞蹈课标的研制工作。一年中经过3次调研、多次讨论、开会研讨、完成课标初稿撰写的任务；二是参加国务院侨办、文化部和舞蹈家协会组织的全国舞蹈大师公益课堂讲座，线上听课人数达到11000人次，回放听课的人数剧增；三是参加广东省教育厅美育浸润调研和乡村美育公益活动，指导中小学和高校共15所；四是参与省政府教育督导室的校外教育机构标准研制；五是完成省级教育规划课题《核心素养视野下舞蹈素养测评指标研究与实践》工作，围绕国家社科基金课题研究促进舞蹈教研的深入开展，并取得国家专利。六是完成深圳省美育教学成果展及美育大会中校园集体舞的编导排练录制等相关工作。在一年一度的广东省美育大会中，完成深圳省校园集体舞深圳4个舞蹈的编排、录制工作。受到省厅领导和与会专家老师们的好评。七是队伍培养。除了常规的教师培训和指导以外，坚持每周二和周六晚上的培训研讨等线上活动，其中团队今年3人荣获福田区“未来教育名师”，带领团队老师开发的舞蹈美育教学案例荣获广东省“非遗进校园十大精品案例”。郑兰主持的《核心素养下舞蹈美育课程的理论与实践研究》荣获广东省2020年基础教育界教育教学成果一等奖，实现了广东省舞蹈教育教学历史上零的突破。深圳舞蹈课程建设应邀在教育部特色学校发展中心和基础教育研究中心主办的论坛上分享《新时代舞蹈美育的深圳探索》，受到领导专家们的高度肯定。

【综合实践教育】2020年，深圳市教育局针对上半年的疫情组织各区专、兼职教研员充分探讨，根据本学科的特点精心选题、备课，以激发学生兴趣和促进思考为主，尽量挖掘家庭生活中的教育资源，开发适合网络环境下的综合实践活动课程。在具体实施过程中，根据学段组成课程研发团队，充分发挥团队力量。又按年级组成一个个网络课程主题活动教学小组。组内教师根据各自负责的主题，既分工又协同，实施网络课程教学，共计开发了近三百节网络课程。全年还组织各科优秀教师修订地方教材《小学综合实践活动指引》，根据新时代教育改革与发展的需求，增加新的内容，不断完善学科地方教材的质量。举办了小学、初中、高中三个学段的青年教师基本功大赛，举办了首届深圳市中小学自然教育现场教学与经验交流活动，发动教师召开了三次筹备会，并对现场课精心部署和准备。

【心理健康与家庭教育】2020年，深圳市教育局根据国家教育部和省教育厅的要求，按照教育局的部署开展了疫情背景下学校心理健康教育研究和指导工作：第一，2月1日（正月初八）开始到岗工作，开通了面向全市中小学生及家长的24小时电话、微信、QQ心理咨询热线，为全市的中小学生及家长提供专业的心理帮助和家庭教育指导服务；第二，根据疫情的发展变化不断研究并预判中小学生的心理状态变化，协助市教育局出台了若干关于中小学心理健康教育的指导意见；第三，对学校的班主任和心理老师开展指导，指导班主任在线上教学期间如何关注学生的心理状态、如何进行线上家访，如何开展生命教育的班会课，指导学校的心理老师筛查八类重点关注人群，建立一人一册；第四，指导学校心理老师开展线上教学，涌现了很多好课，协助市教育局开展了“深圳市中小学心理视频微课大赛”活动，获奖的视频微课在市教育局的官微上持续推送；第五，“心灵关爱社区行”开通了空中课堂，指导家长如何在家庭中营造良好的亲子关系，关注孩子的情绪变化，预防危机的发生，同时协助市局开展了家话大赛，宣传科学的家庭教育知识；第六，与市政府各部门合作，开展心理高危学生的筛查、跟进与辅导工作，经过努力，这些学生目前状态平稳，还在持续密切的跟进中；第七，与康宁医院开展了深度合作，成立了“医校共建学生心理健康联盟”，开通了中小学生就诊的绿色通道，保证了有需要的学生能够及时就医诊治；第八，每周报送政法委社会心理服务体系建设所要求的内容和数据，协助教育局完成了全国社会心理服务体系对深圳（学校）的考核、评估工作；第九，完成了市教育局和市委宣传部共同策划的《生命教育课》的剧本创作工作，该教育宣传片在“学习强国”深圳平台上播放，并在放假前要求全市中小学生观看；第十，协助市教育局完成了省教育厅对深圳推选的广东省心理特色校的考核、评估工作，深圳推选的7所学校全部成为广东省心理特色校；第十一，对一线教师（尤其是班主任）持续开展“校园心理危机三预实操工作”培训，包括校园心理危机的识别、预警、应对策略以及教师心理健康维护等四个模块的内容；第十二，与市卫建委合作举办“心理危机干预能力培训班”，并开通网络直播课程，全市共有近千名心理教师参与学习心理危机干预技术与策略、危机干预热线、哀伤辅导等专题内容。

（深圳市教育局
德育与体育卫生艺术教育处）

学校安全管理

【规章制度建设】2020年，深圳市教育局完成修订《深圳市学校安全管理条例》，推动出台《深圳市实施〈校车安全管理条例〉若干规定》（市政府令第294号），进一步完善校园安全管理顶层设计。制定并印发《深圳市加强中小学幼儿园安全风险防控体系建设的实施意见》（深教规〔2020〕4号）、《深圳市学校安全管理工作约谈制度（试行）》（深教〔2018〕555号）和《深圳市校园突发公共事件应急处置工作方案》等文件制度，全力做好教育系统安全管理和应急处置工作。制定出台《深圳市中小学危险化学品安全管理指引》和《深圳市中小学校双重预防机制建设实施指南》，为全市学校化学实验室管理提供标准范例。全面落实党中央部署，制定工作方案，深入推进扫黑除恶三年行动。

【学生校内午餐午休三年行动计划实施】2020年，深圳市教育局完成2018、2019年市政府民生实事，有效防范校外午托监管缺失风险。至年底，全市共有705所义务教育阶段学校提供校内午餐午休服务，占义务教育阶段学校数的96%（2020年市政府目标为90%），共接纳学生50.2万人。

【校车和食堂安全管理】2020年，深圳市教育局推行校车许可网上办理，审批时限由原来14个工作日压缩至7个工作日。至年底，全市2112辆校车均符合专用标准，100%安装GPS。联合公安交警等部门组织出动812人次，检查校车2478辆（次），没有发生一起校车安全责任事故。实施学校食堂提A工程，全市教育系统共有学校食堂2563家，办公学校A级率已达100%；民办学校A级率达46%；有效提升学校食品安全保障能力。

【校园治安防控能力提升】2020年，深圳市教育局将全市共2985个单位（含高校、中小学、幼儿园及培训机构）纳入“深圳市安全综合管理信息系统”开展隐患排查整治，信息采集率99.53%。至年底，共排查学校安全隐患8974处，整改8907处，整改率达99.25%。前三个季度，市教育局在“深圳市安全管理综合信息系统”纳入计分的18个政府职能部门中得分均为第一。开展“六无”整治工作，全面消除“无校门、无围墙、无视频监控、无专业保安、无证照、无一键报警设施”学校。部署全市学校在学校大门安装防恐冲撞桩，全面提升深圳市学校防范恐怖袭击能力。

【学校及学生保险工作】2020年，深圳市教育局加强校方责任险和学生意外伤害险管理，完成学校及学生“双险”招投标工作，并落实全市学校做好校园“双险”实施工作，有效分散转移学校安全管理风险。

【校园安全稳定突发事件应急预案修订】2020年，深圳市教育局整合各类突发公共事件，指导各区各学校依据预案总体方案设置的15种应急处置情景分门别类制订各种突发事件应急处置预案，作为学校开展各项应急演练的“总纲领”。

【学生安全教育方式创新】2020年，深圳市教育局利用“深圳市学校安全教育平台”开展食品安全、预防溺水、交通安全、消防安全和暑期安全等多个安全教育专题。会同交警局在学生返学初期组织“深圳交通安全家长会”，线上点击量超过100万，观看人数达150万人次，全国覆盖人次1500万，创下全国规模最大的一次家长会记录。

（深圳市教育局学校安全管理处）

教育督导

【概况】2020年，在广东省人民政府教育督导室的大力支持与指导下，深圳市人民政府教育督导室紧密围绕省教育厅工作部署和全市教育工作重点，坚持问题导向、质量导向和服务决策导向，积极推进督政、督学、质量监测等工作，各项督导任务进展良好，取得较好成效。

【教育督导法规建设】2020年，深圳市人民政府教育督导室加强教育督导法规建设。一是积极落实中共中央办公厅国务院办公厅《关于深化新时代教育督导体制机制改革意见》（以下简称《意见》），推动教育督导体制机制改革。依照两办《意见》精神和我市建设社会主义先行示范区要求，起草《深圳市关于深化教育督导体制机制改革的实施意见》，对深圳市教育督导工作的未来发展做顶层设计，并已征求各区、各职能部门的意见。二是开展《深圳经济特区教育督导条例》修订工作。根据国家近年来教育督导方面的文件要求以及先行先试的深圳发展定位，推动《条例》修订工作。多次组织召开修订讨论会，征求市相关职能部门、各区人民政府、教育专家、社会公众的意见，形成《条例》（修订草案）报市司法局。此后，协助市司法局召开教育系统、督导人员代表座谈会听取意见，并数次讨论修改《条例（修订草案）》，推动《条例》修订。

【重大事项专项督导和重要问题约谈】2020年，深圳市人民政府教育督导室开展重大事项专项督导和重要问题约谈。一是开展公办幼儿园建设专项督导。面对深圳市公办幼儿园严重不足的严峻现实，为确保2020年完成教育部关于公办园在园儿童占比达50%的建设任务，深圳市人民政府教育督导室精心组织公办园建设专项督导，全年共组织5次督导活动，有效推进了创建工作。二是启动约谈和督办机制。在公办园创建攻坚关键时刻，对工作推进相对迟缓的2个区分管区领导下达约谈函，收到良好的警示效果，推动其如期完成创建任务。至6月底，深圳市提前超额完成建设任务，全市公办园在园幼儿从去年不足4%提高到50.64%，得到省教育厅的充分肯定。深圳市公办园建设经验得到中央媒体多次报道。疫情防控期间，督导室组织了6批次专项督查，每次督查结束后均形成督查问题清单，要求各相关单位做好整改工作，确保了学校疫情防控安全稳定。

【政府履行教育职责迎评工作】 2020年，深圳市人民政府教育督导室作为迎评工作牵头处室，认真制定市区政府履行教育职责评价迎评工作方案，成立由分管副市长担任组长的市迎评工作领导小组，召开全市工作部署会，协调各职能部门和局各处室（部门）开展自评自查和整改，及时报送自评材料，对各区自评情况进行初审。按省督导室要求圆满完成满意度调查工作。积极协调，主动争取，在局主要领导的带领下，多次向省教育厅领导和对口业务处室汇报我市履行教育职责有关情况，认真听取省厅对深圳市教育工作的意见建议。编印《深圳市2019年教育工作亮点情况汇报》并报送省相关领导。同时，协同各区政府、市相关职能部门、局机关各处室切实做好2018年度履行教育职责评价整改工作。力争深圳市政府履职工作取得优异成绩。

【义务教育优质均衡发展区创建】 2020年，深圳市人民政府教育督导室积极推动义务教育优质均衡发展区创建工作。为贯彻落实教育部《县域义务教育优质均衡发展督导评估办法》等文件精神，深圳市采取多项措施，运用督导杠杆，积极推进义务教育优质均衡发展区创建。及时转发《广东省人民政府教育督导室关于申请认定义务教育优质均衡发展县（市、区）有关工作的通知》，积极推动条件相对成熟的南山、福田、盐田创建义务教育优质均衡发展区。9月，赴南山区开展义务教育优质均衡发展督导评估市级复核工作，通过资料查阅、访谈、进校检查等方式，全面了解南山区义务教育优质均衡发展有关情况，进一步总结经验，推动问题整改。

【师生心理健康督查】 2020年，深圳市人民政府教育督导室认真开展返校复课期间师生心理健康教育督查和防范学生心理危机事件督导检查。返校复课期间，为了解师生心理健康教育工作落实情况，根据局领导指示，会同工委办、德体艺卫处、安全处等部门组成心理健康教育联合督查组，先后赴光明、罗湖、宝安等区进行实地督查。督查组通过查阅学校心理健康教育资料、召开座谈会、访谈区教育局分管局领导、访谈相关学校校领导（中层干部、心理教师）等方式，了解有关工作落实情况，形成《关于光明区春蕾学校等3所学校疫情期间心理健康教育工作落实情况的报告》等多篇督查报告并在相关工作会议予以通报。实地督查工作的开展，有效促进了各区心理健康教育工作的落实。2020年6月，组织各区开展学生心理健康教育与心理危机干预工作交叉检查，10个检查组共抽查全市30余所学校，进一步推动了相关工作的落实。

【常规性督导评估】 2020年，深圳市人民政府教育督导室组织实施各级各类常规性督导评估工作。全年完成“广东省义务教育标准化学校”市级复查35所；完成71个“深圳市学习型社区”督导评估；重新认定省、市一级幼儿园195所，认定验收规范化幼儿园263所；完成400余所幼儿园办园行为督导评估，圆满完成上级要求的办园行为督评任务。

【责任督学经常性督导工作】 2020年，深圳市人民政府教育督导室按照每月下校1次的要求指导市局直属学校责任督学做好经常性督导工作。本学年重点开展了疫情防控和学校安全经常性检查、学校党建工作专项督导，开展了班主任工作和新高考（新中考）形势下的课堂教学状况等2次专项调研，并形成相关报告。增聘1名市属学校（幼儿园）责任督学，充实了队伍。定期召开责任督学工作会议，学习有关文件，研究重点工作，听取意见建议，推动相关问题解决。指导各区持续做好责任督学挂牌督导工作。加强责任督学队伍建设，探索学前教育责任督学专职化。

【义务教育质量监测】 2020年，深圳市人民政府教育督导室精心组织开展义务教育质量监测，推动监测结果应用。一是指导各区按照国家和省的要求认真做好监测各项工作，多次开展视导检查。2020年全市10区均参加了监测。二是针对监测发现班主任留职意愿不高，工作满意度相对低的问题，安排责任督学在市局直属学校开展班主任有关情况专题调查，并形成调查报告。三是编撰2016–2019深圳市义务教育质量监测轮次报告报市领导、局领导。四是召开专题工作会议，积极推进问题整改，拟定《深圳市义务教育质量监测问题整改工作方案》经市政府同意报省教育督导室。五是邀请北京师范大学教授罗良来深在暑期校园长学习会上解读质量监测2016–2019年轮次报告，提高校园长对质量监测工作的认识。六是颁牌成立深圳市质量监测督学工作室，组建全市监测骨干团队，推动我市质量监测及结果应用工作。七是组织全市教育行政、教育督导、教科研部门人员参加2019年义务教育质量监测（语文、艺术）学科报告解读视频会议（珠三角片区）。八是研究制订《深圳市义务教育质量监测结果应用指导意见》，加强全市质量监测结果应用制度建设。

【义务教育阶段民办学校办学水平评估试点】2020年，深圳市人民政府教育督导室创新开展义务教育阶段民办学校办学水平评估试点工作，组织专家研制《深圳市义务教育阶段学校办学水平评估指标体系》。根据各区推荐，选取3所不同发展水平的学校作为评估试点，于2020年下半年完成了试评工作。

【首创学习型街道督导评估】2020年，深圳市人民政府教育督导室进一步完善了学习型街道督导评估方案和指标体系、评估工具量表，在各区创建和申报的基础上，确定南山区南头街道等7个街道作为试点评估单位，按计划完成评估任务。学习型街道督导评估为全国首创，试评工作为下一步全市推进学习型街道督导评估工作奠定了基础，积累了经验。

【督导队伍建设创新】2020年，深圳市人民政府教育督导室创新督导队伍建设。一是按计划完成督学换届工作。以深圳市人民政府的名义聘任3名督学顾问和192名督学；以深圳市人民政府教育督导委员会的名义，聘任231名专家库成员。召开督学换届暨培训大会，聂新平副市长、陈秋明局长出席并为督学颁发证书。二是因疫情影响，采用网络学习形式组织新任督学培训，与国家教育行政学院合作，举办2020年深圳市督学网络培训班。三是积极推进督学工作室工作。召开质量监测督学工作室成立暨第一次工作会议，启动工作室运作。组织对5个督学工作室终期评审并开展换届工作。四是教师节组织“优秀督学”评选推荐工作，激发督学热情。

（深圳市人民政府教育督导室）

教育科研

【概况】2020年，在先行示范区、粤港澳大湾区“双区叠加”背景下，深圳如何发挥创新优势，提升深圳教育的影响力，打造具有国际视野、现代气派、中国特色、深圳质量的深圳教育品牌，成为深圳教育改革与发展的当务之急。一年来，深圳市教育科研管理办公室各项工作有序开展，有效回应教育科研现实问题，取得较好成绩。

【会议精神贯彻】2020年，深圳市教育科学研究院学习领会全国、省教育科研工作会议精神。一是贯彻全国教育科研工作会议精神。2020年1月6日全国教育科研工作会议在北京召开。会议强调要高度重视教育科研工作，印发了《教育部关于加强新时代教育科学研究工作的意见》，全面系统地规划和部署了新时代教育科研工作，要求教育科研战线要坚持正确政治方向，坚持扎根中国大地，坚持围绕中心、服务一线，坚持理论联系实际，坚持全面深化改革，努力把《意见》的各项任务和要求落到实处。二是贯彻全省教育科研工作会议精神。2020年6月5日下午广东省教育科研工作会议在广州召开，会议的主题是“贯彻落实党的十九届四中全会精神，加强和改进新时代教育科研工作”。会议提出：（1）牢牢把握我省教育科研工作的正确方向；（2）充分认识我省教育科研工作的成绩、问题与挑战；（3）齐心协力开创我省教育科研工作新局面。全面发挥教育科研服务教育决策、创新教育理论、指导教育实践、引导教育舆论的功能作用，为破解广东省教育发展不平衡的难题，加快推进教育现代化，促进教育内涵发展、质量提高提供强大专业支撑和智力支持。

【2020 年度全国教育科学规划课题申报】2020 年，深圳市教育科学规划办组织 2020 年度全国教育科学规划课题的申报工作。共收到申请材料 95 份。为了进一步提升项目申报的质量，尽管新冠疫情形势严峻，仍克服困难，严密组织通讯评审，公平公正地选送了 19 项课题报送全国教育科学规划领导小组办公室，深圳市有 5 项获得立项。

【2020 年度广东省中小学教师教育科研能力提升计划（强师工程）项目组织申报】2020 年，深圳市教育科学规划办根据《广东省教育厅关于做好广东省教育科学“十三五”规划 2020 年度中小学教师教育科研能力提升计划项目有关工作的通知》有关文件精神，在全市、各区教育科研管理人员中不断加大组织发动力度，学校老师积极申报，共收到 245 份申请材料。根据省厅通知要求，组织竞争性通讯评审等遴选程序，在省里给的 80 名额基础上另外争取了 10 个名额，共获得 90 项立项课题（重点 9 项、一般 81 项）。

【深圳市教育科学规划 2020 年度课题评审立项工作】2020 年根据《深圳市教育局关于做好深圳市教育科学规划 2020 年度课题申报工作的通知》，在各高校、各区、各直属学校择优推荐的基础上，深圳市教育科学规划办收到全市各类申报材料 2157 份。经资格审查、组织专家进行评审（重大招标和推广应用入围项目答辩），共立项课题 597 项，其中，重大招标课题 6 项，推广应用课题 8 项；年度资助课题 164 项（含重点资助 44 项、一般资助 120 项）；年度非资助课题 419 项（主持人单位配套资助）。

【深圳市第四届教育教学科研优秀成果奖评审工作】2020 年，深圳市教育局发布《深圳市教育局关于开展深圳市第四届教育教学科研优秀成果奖申报工作的通知》，发动全市教职员工积极申报，收到 570 份各种材料。为做好深圳市第四届教育教学科研优秀成果奖评审工作，根据国家《教学成果奖励条例》《广东省教学成果奖励条例》有关精神，参照国家级教学成果及省级教学成果评审方式，采取两轮通讯评审、会议评审，确保评审工作公平公正。

【“两书”“两刊”编辑出版】2020 年，深圳市教育科学研究院教育信息办公室组织编辑出版教育书刊“两书”“两刊”。“两书”：一是组织撰写《深圳教育年鉴 2020》。该年鉴由商务印书馆出版发行，由深圳市教育局编，陈秋明任编纂委员会主任、李桂娟任主编、潘希武任副主编、张素蓉任执行主编。二是组织撰写《深圳教育发展年度报告》（原《深圳教育蓝皮书》）（2020），该年度报告由海天出版社出版发行，由深圳市教育科学研究院编，李桂娟任主编、潘希武任副主编、张素蓉任执行主编。“两刊”：一是编辑、审稿、校对、查重、分发与邮寄《深圳教育研究》（季刊）1–4 期；二是专题研究、校对、分发与邮寄《教育观察》（季刊）1–4 期。

（深圳市教育科学研究院）

教育信息化

【概况】2020 年，深圳市教育信息技术中心（深圳市教育装备中心）以市教育发展“十三五”规划、市深化教育领域综合改革方案（2016–2020 年）和市教育信息化发展规划 (2015–2020 年)“1+6 文件”为指导，全面领会《深圳市教育发展“十四五”规划（征求意见稿）》、《深圳教育先行示范规划纲要（2020–2035）（征求意见稿）》最新文件精神，积极推进《教育信息化 2.0 行动计划》，以建设中国特色社会主义先行示范区、服务深圳教育高质量发展为目标，坚持服务教育理念，树立信息化思维，发扬创新精神，全面推进各项重点工作并取得重要进展。

【教育部“基于教学改革、融合信息技术的新型教与学模式”实验区建设】2019 年 10 月 24 日，教育部下发《关于推荐遴选“基于教学改革、融合信息技术的新型教与学模式”实验区的通知》，深圳市教育信息技术中心根据教育部文件精神，结合深圳基础教育发展现状，立足先行示范区建设和教育高质量发展需要，积极递交申报材料。2020 年 8 月 5 日，教育部公布“基于教学改革、融合信息技术的新型教与学模式”实验区名单，深圳顺利入选。历时九个月，由中心牵头统筹，经行政机关、教研部门、高校多方参与，反复打磨，编制完成实施方案，回应新政策，明确任务目标，打造深圳范式，全面推进实

2020 年 9 月 12 日下午，深圳市教育学会教育信息化与人工智能专业委员会成立大会在深圳明德实验学校召开（深圳市教育局　供）

验区建设各项工作。

【国家“智慧教育示范区”申报】2020 年，深圳市教育局积极响应《教育部科技司关于 2020 年度“智慧教育示范区”创建项目推荐遴选工作的通知》（教科技司〔2020〕218 号），第一时间部署申报工作，组织相关部门开展报告编制，由深圳市教育信息技术中心牵头开展申报相关工作。至年底，中央支持深圳建设中国特色社会主义先行示范区，深圳“智慧教育”及智慧校园建设工作经过六年以来的努力，取得了一定的成效，积累了一系列成果，下一步亟需以全市之力推进新一轮的智慧教育示范工程。经过多轮研讨、修订和审议，编制完成“智慧教育示范区”申请材料报送省教育厅。

【“深圳教育空中课堂”上线】深圳市教育局从 2020 年 2 月 10 日起上线“深圳教育空中课堂”，基于腾讯课堂的平台技术支持，以实时直播和在线点播形式呈现，包括学科同步课程和专题课程，服务学生居家学习与教师在线教学，供广大师生自主选择免费使用，确保疫情期间“停课不停学”。至 5 月 18 日全面复课，全市有 734 所普通中小学开展了在线教学，日均开课教师数 7.4 万人，日均上课学生数 137 万人；单节教研公开课同时在线教师数峰值 1.8 万人，单节公开课在线学生数峰值 1.9 万人。为确保不落下一个学生，疫情期间组织录制和上传 5924 节课例资源，连同已积累的 2.8 万节优质录播课例，提供了完整的学科资源包和同步课例。各项数据指标均创下历史性记录，得到全国各媒体广泛报道。此外，还通过平台技术支持，与市卫健委合作推出“健康码”保障师生安全返校，创新启用新装备（如智能头盔）保障校园抗疫与安防管控。

【深圳教育云项目建设与应用】2020 年，深圳市进一步加快了深圳教育云项目建设与应用进度。年内，深圳教育云网络租用服务项目完成组网工作并通过项目初验，经过 3 个月的试运行，已进入正式服务阶段；深圳教育云总系统集成项目完成招标，正推进项目开发建设。深圳教育云平台、信息安全系统安全软件、信息安全系统安全硬件、项目管理系统、深圳教育云移动教学场景下的应用、局综合办公系统升级（含移动办公）和详细设计服务 C 包 7 个项目先后通过第三方等保测评、结算评审。深圳教育云建立云服务架构，把教育信息化纳入智慧城市建设整体规划，面向学校、师生和家长提供 6i 教育云服务。2017 年完成了 12 所学校试点，2018 年完成罗湖、龙华两区试点，2019 年 3 月以来，教育云项目教学应用进入全市推广应用阶段，已形成规模化应用。在应用上，实现了与省资源平台和已建成区平台的直接对接，实现了教师、学生空间的就近接入。编制并出版《深圳教育云项目教学应用典型案例辑（第一辑）》，探索构建基于教育云的新型教学模式，沉淀经验再出发。

【智慧校园建设标准指引编制】2020 年，深圳市教育局编制智慧校园建设标准指引，科学合理指导智慧校园规划与建设，进一步明确市、区、校的管理范畴，理清建设与服务的边界，指引学校结合深圳教育云开展基本建设，鼓励学校拓展和深化应用，同时使政府主管部门决策有据可循，投资有据可依。

【教育信息化应用及教育装备创新品牌活动】2020 年，深圳市教育局组织参加开展中小学电脑制作活动、中小学电脑机器人活动、教育教学大奖赛活动等各级各类教育信息化赛事评比奖励活动，有效提升深圳中小学师生的信息化素养。举办2020年深圳市中小学实验说课活动，进一步培养提升学科教师（实验员）实验操作技能，激发教师创新思维，全面推动实验教学改革与创新，遴选并推举深圳市优秀教师代表参加广东省实验说课大赛及2020年广东省生物及化学科学实验教室实验操作与创新技能大赛。举办了2020年深圳市优秀自制教具评选活动，展现了154件优秀自制教具，作品数量及质量创历史规模之最。教师们针对学生年龄特点和自身教学需求，遵循“自制、创新、环保、实用”的原则，设计制作出构思巧妙、易于走进课堂的教具。

【教育信息化研究】2020年，深圳市教育局组织开展年度教育信息化发展报告编制项目，承担教育部重大报告编制工作，组织各区、校参加教育信息化工作专业培训并积极申报课题，有效促进信息技术课题研究和管理队伍的力量整合，达到汇聚专家人才，加速信息技术与教育教学融合创新的目的。在教育部引领和组织下，编制完成《2019年中国互联网学习发展报告——深圳区域》《2019年中国互联网学习白皮书（基础教育领域深圳卷）》，并获得先进个人和先进集体等荣誉称号；经多轮研讨、修改完善，编制完成《2019年深圳市基础教育信息化发展报告》，为深圳教育信息化科学发展提供决策支持，形成成果沉淀；编制《基于先行示范区的深圳基础教育信息化发展策略研究报告》，为教育信息化十四五规划提供先行决策支持。

【教育装备管理及服务能力提升】为更好适应深圳市学校教育教学发展需要，推进学校设备设施标准化建设，2020年3月，深圳市教育局印发了《深圳市义务教育学校设备设施配备标准指引》和《深圳市普通高中学校设备设施配备标准指引》。从“信息技术装备”“学科实验室装备”“学校图书馆装备”“学校后勤装备”等多方面进行教育装备内容评估，编制了《2019年教育装备发展研究报告》，深入、全面了解深圳市教育装备发展水平和特色。启动了人工智能示范校的标准研究，前瞻性地提出满足深圳未来教育发展的人工智能示范校设备设施配备标准。此外，创新应用新装备保障校园抗疫与安防管控，启动智能头盔校园试用工作，于9月25日完成了17所市直属中小学校及22所市直属幼儿园的100套智能头盔的采购工作，实现直属校园系统全覆盖。

2020年12月8日下午，《深圳市中小学教师信息技术应用能力提升工程2.0实施方案》专家论证会在深圳市教育局顺利召开　（深圳市教育局　供）

【“2020深圳教育装备博览会”】2020年，深圳市教育局支持举办“2020深圳教育装备博览会”，进一步扩大深圳教育装备领域创新影响力，展会设置了深圳市教育信息化应用展、中小学创客案例展示区，同期举办2020中小学实验室创新与应用论坛。作为交流展示国内教育领域的新技术、新装备、新理念、新教育的平台，共同探讨教育技术与教育装备对未来教育的影响，参展规模达3万平方米，参展企业300余家，参观人数达3万余人次，深圳借此机会成为展示最先进教育装备的窗口。

（深圳市教育局）

2020年深圳市教育局负责人及职责分工

姓名	职务	分管工作
陈秋明	市委教育工委书记 市教育局党组书记、局长	主持市委教育工委、市教育局全面工作。
杨 平	市委教育工委副书记、 市教育局党组成员	分管工委办公室、局办公室，分管教育系统意识形态和安全维稳工作。
许建领	市教育局副局长、党组成员、市委教育工委委员	分管机关党委（人事处）、高等教育处（中处合作办学处）、职业与终身教育处，联系大学城管理办公室
赵 立	市教育局副局长、党组成员、市委教育工委委员	分管基础教育处、市教育科学研究院、市教育信息技术中心
王水发	市教育局副局长、党组成员、市委教育工委委员	分管学前教育处、德育与体育卫生艺术教育处、市招生考试办公室
关 苏	市教育局党组成员、二级巡视员	分管政策法规处、社会力量办学管理处、学校安全管理处
于 洋（10月始）	市教育局副局长、党组成员	分管高等教育处（中外合作办学处），联系大学城管理办公室
蔡茂洲	市教育局主任督学	分管教育督导处（市政府教育督导室）
张涞临	市教育局二级巡视员	分管发展规划与财务管理处、市教育局财务核算中心（市教育事务和学生资助中心）、市教育发展基金会办公室，联系教育国际交流协会、教育学会、市教育发展基金会、市大运留学基金会

各级各类教育

Education at Different Levels

学前教育

【公办园建设】2020年，深圳市教育局制定《深圳市公办幼儿园管理办法》《深圳市民办幼儿园转型工作指引（试行）》等配套文件，支持指导各区大力开展公办幼儿园建设、有序推进民办园转型。各区结合辖区实际，采取规划新建、改扩建、回收转型民办园等多种途径提高公办园比例，同时系统设计了集团化管理、老园办新园等模式，确保公办园实现规范化、高质量发展。至2020年10月，公办园在园幼儿占比由2018年底的不足4%提升到50.85%，全市普惠性幼儿园在园儿童占比达到86.41%。提前完成目标任务。

【学位建设】2020年，深圳将“新增2万个幼儿园学位”列入市政府民生实事强力推进。协调指导各区结合实际加快机构审批进度，充分挖潜资源。发挥政府主导作用，加快规划配套幼儿园建设，切实解决学位资源供给不足问题。鼓励举办多样化微小型幼儿园，在保障建筑物质量和消防安全的前提下，探索举办占地较少、规模较小的学前教育机构，丰富学前教育办学形式。1—11月，全市新增学位2.1万个。10月，市委市政府出台《关于加快学位建设推进基础教育优质发展的实施意见》，全力推进未来5年基础教育（含幼儿园）学位建设工作。

（深圳市教育局学前教育处）

基础教育

【概况】2020年基础教育处深入贯彻落实党和国家的各项教育方针政策，以局工作思路为导向，坚持推进基础教育优质均衡发展，积极落实基础教育工作重点，努力办好人民满意的教育。

【随迁子女入学】深圳市是全国最大的移民城市，非本市户籍人口占63%。2020年我市继续做好全面保障随迁子女就学工作。目前全市义务教育学位的63%、公办义务教育学位的45%提供给了非深户籍子女，比例一线城市最高。其中，有2.26万名港澳籍学童在深接受义务教育，就读人数全国第一。

【高层次人才子女入学安置】依据深圳市人力资源保障局深圳市教育局《关于印发深圳市高层次专业人才子女入学解决办法的通知》，深圳教育局及时妥善处理高层次人才相关各类文件及子女入学问题，为高层次人才提供优质教育服务。2020年在招生系统中增加“高层次人才子女”入学申请模块，提前掌握人才子女的数量及就读需求，优先保障人才子女的教育需求，助力深圳营商环境。

【特殊教育规模扩大】2020年是我市实施《深圳市第二期特殊教育提升计划（2018—2020年）》收尾之年。我市特殊教育规模不断扩大，目前特殊教育学校由1所增至8所，符合国家标准独立设置的综合性特殊教育学校由1所增至3所。全市现有定点资源校34个，资源教室133个，基本建立“以随班就读和特教班为主体、特殊教育学校为骨干、送教上门为补充”的特殊教育服务体系。各区按照“全覆盖、零拒绝”的要求，落实“一人一案”，多种方式做好安置。2020年我市适龄残疾儿童少年义务教育入学（安置）率为96.75%，达到了国家不低于95%的要求。

【控辍保学】2020年，深圳市根据“广东省控辍保学台账”提供的数据和名册，全市疑似辍学学生527人，其中建档立卡学生296人（均为非深户籍）。2019年6月至2020年4月，经过10个月核查和劝返工作，劝返复学学生199人（其中建档立卡学生150人），核减非真实失学学生328人，消辍工作完成进度率为100%。2020年4月实现了疑似辍学学生数清零。年内，在国家和广东省控辍保学台账上，我市辍学人数均为零。

【学生资助】深圳市坚持政府主导、覆盖全学段的学生资助体系。将建档立卡学生、孤儿、特困供养学生、城乡低保家庭学生、残疾学生、革命烈士或因公牺牲军人子女等全部纳入了补助资助范围，在制度上确保“应助尽助”。2020年全市100%逐一核实重点困难群体学生，经核实的学生100%落实义务教育困难生生活补助资助。

【初中生综评工作】2019年深圳市对《深圳市初中学生综合素质表现评价方案（试行）》进行修订，形成《深圳市初中学生综合素质评价方案（试行）》，2020年完成方案修订、管理平台建设、培训等工作，已在2020年秋季入学的初一年级实施。2020年9月召开的广东省初中学生综合素质评价指导意见修订调研会上，深圳初中综评实施及方案修订的情况，获得省厅领导及与会专家的高度评价。2020年12月深圳市教育局正式印发《深圳市初中学生综合素质评价方案（试行）》，稳步推进素质教育，全面提升义务教育质量。

【普高特色化发展】深圳市在传统高中名校既有特色稳步发展的基础上，新建高中的特色也不断彰显，发展了深圳科学高中、深圳美术学校、拜仁足球学校、深圳艺术高中等新一批特色高中。2020年出台《深圳市普通高中特色化办学指导意见》《深圳市新建公办普通高中特色化办学实施办法》等一系列文件，支持全市普通高中积极发展特色项目，打造特色高中。

【普高育人方式改革】深入推进普高自主招生改革，2020年深圳市首次实施分类自主招生，首次将区属公办高中及民办高中纳入自主招生计划，自主招生重点考查学生的拔尖创新潜质或学科（含体育、艺术）专长，且录取方式均与中考成绩挂钩，47所普通高中自主招生共招收2819人。积极探索拔尖创新人才培养新模式，联合华为等著名高新企业开展创新人才培养试验。深入推进普通高中教育教学管理模式变革，优化普通高中学校课程体系，2020年全市高考优投率38.5%，本科率78.6%，再创佳绩。2020年，深圳市成为首批教育部普通高中新课程新教材实施国家级示范区。

【大班额、大校额化解】2020年，深圳市严格控制义务教育阶段学校大班额和大校额，要求起始年级严格按照标准班额招生，防止产生新的大班额。同时消除存量，控制增量。2018年基本消除超大班额，2019年全市消除大班额工作取得了突破性进展，大班额比例下降至2.63%，2020年进一步降至0.35%，全市基本实现消除大班额目标。

【集团化办学】2020年，深圳市坚持通过“优质校（核心校）+新（弱）校”、跨区域跨学段组建教育集团等办学管理模式，推进优质教育资源的共享共创，推广先进教育管理模式，带动新建校和普通学校快速发展，实现集团内、区域内学校内涵发展水平的整体提升。年内，全市已建成28个中小学教育集团。2020年，全市正积极开展学区化、集团化办学政策研究。

【未来教育形态探索】2020年，深圳市继续推进“以信息化促进义务教育均衡发展实验区”建设，建立“智慧校园”示范校、“优质数字教学资源共建基地”和“网络课堂”，为“人人可学、处处能学、时时皆学”的学习支持。年内，深圳教育云项目及其教学应用目前已覆盖

182 所试点校并在全市推广。2020 年深圳市成为首批国家及信息化教学实验区。年内，全市正积极推进“云端学校”建设，高标准建设一批未来学校，通过信息化手段搭建平台，全面推进全市优质师资、课程资源共享。

（深圳市教育局基础教育处）

高等教育

【拔尖创新人才培养】2020 年，深圳市内本科高校录取线全部超优先投档线。深大、南科大、港中大（深圳）、哈工大（深圳）等高校录取线均居全省前列，深圳技术大学招收 1600 名本科生，录取线进入全省前 10 位。

【高校筹建】2020 年，天津大学佐治亚理工深圳学院和哈工大深圳国际设计学院获教育部批准设立，世界一流高等教育资源进一步汇聚深圳；中山大学·深圳首批 36 万平方米校舍投入使用，3900 名学生入驻；中国科学院深圳理工大学开工建设；创新创意设计学院、音乐学院成立筹备办；海洋大学编制形成办学方案。

【高等教育管理体制创新】2020 年，深圳市扩大在深高校办学自主权、开展高水平中外合作办学纳入《中央支持深圳建设中国特色社会主义先行示范区综合改革试点实施方案（2020–2025 年）》。出台《深圳市高等院校财政经费投入保障实施方案》（深府办函〔2020〕105 号），进一步规范深圳高校财政经费投入机制，优化高等教育发展环境。

（深圳市教育局高等教育处）

深圳大学城

【概况】2020 年，深圳大学城占地面积 1.54 平方公里。现有清华大学深圳国际研究生院、北京大学深圳研究生院、哈尔滨工业大学（深圳）3 个办学机构，共有 8 个学科门类，包括工学、理学、管理学、经济学、哲学、文学、法学和艺术学，硕士专业方向 110 个，博士专业方向 55 个，专业学位 36 个。大学城全日制在校生数 14397 人，留学生 258 人。其中博士生 1818 人，硕士生 8866 人，本科生 3713 人。全年深圳大学城注册报到新生 5365 人，其中博士 490 人、硕士 3490 人、本科 1385 人。大学城 2019 年毕业生数 2779 人，其中博士 250 人、硕士 2520 人、本科 9 人；全年毕业生数 3029 人，其中博士 215 人、硕士 2460 人、本科 354 人。2020 年大学城全职教职工人数 2677 人（专任教师 994 人、博士后 382 人、实验室技术人员 402 人、行政教辅人员 911 人，其中双肩挑 12 人），双基地教师 493 人，在大学城工作或领衔科研课题的院士 12 人，长江学者 10 人，国家“千人计划”54 人。专任教师中，外籍教师 108 人，占专任教师比例 10.87%；留学归国人员 453 人，占专任教师比例 45.57%。深圳大学城管理办公室是市委市政府为创办大学城、管理大学城、服务大学城而设立的创新机构，按照“不是大学、服务大学，不是政府、代表政府工作”的定位，推动三校稳定办学。设有业务处室 3 个（综合与发展处、后勤与保障处、安全与保卫处）、直属单位 2 个（深圳大学城图书馆、深圳大学城网络中心）。全额拨款在职人数 116 人，专业技术人员 96 人，高级职称 9 人。年内，园区各项工作稳步推进，成绩显著。（一）恪尽职守共克时艰战疫情。管理办在新冠肺炎疫情应战中，坚持一把手负总责，第一时间响应落实，一丝不苟管控，细致入微服务，正确有效处置 1 例确诊病例，有力保障师生平安健康，迅速恢复园区正常教学科研和生活秩序，大学城成为深圳最早复工、最早返校的高校。防疫前期，管理办召开疫情防控工作视频会议和专题会议 24 次，组织大型防疫演练 8 次，采购安装人脸识别体温检测设备 11 套，园区出入口日均排查人员 1000 人次、车辆 300 辆，荔园 6 号隔离点启用房间 104 套，服务学生近 180 人次，送餐 4104 份，防疫车转运学生 73 名，组织领取防控物资 10 次，接收、整理防疫物资 25 批次，发放 39 批次，平台发布疫情消息 155 条。管理办疫情防控工作受到市委常委、宣传部长李小甘，南山区委书记王强等领导充分肯定和赞扬。（二）国际科技信息中心建设迈出关键一步。作为国际科技信息中心初期承建单位之一，大学城图书馆积极参与国际科技信息中心建设方案配套文件的编撰和完善，修订 10 余次，年内完成了《国际科技信息中心建设方案（草案）》、草案简版、草案请示件和起草说明等系列配套文件，推动国际科技信息中心建设迈出关键的一步。（三）科技文献平台精准助力科技创新。大学城图书馆继续以《产业·前沿·视点》《海外反腐动态》服务政府决策咨询，完成深圳市教育局、财政局、龙华区市场监督局等机构委托的多项专题情报研究；完成查新委托310项、查收查引2116项、文献传递18551篇（占深圳文献港全部文献传递总量的95%）、专利类报告53份；将鹏城实验室和深圳湾实验室列为重点服务对象，与深圳湾实验室、中集集团签署长期知识产权服务协议，为鹏城实验室、深圳湾实验室提供水下机器人领域国家及省部级的科研项目概览、国内外远距离水下通信技术领域先进的科研机构及学者信息、已授权专利评价报告、学术影响力分析报告、nature index 数据分析报告等专业学术分析报告和评价报告近10份，精准助力深圳科技创新战略。（四）智慧校园平台建设成为业务样板与实践范例。深入推进与华为公司的战略合作，联合打造并成功启用华为深圳大学城智慧科教园区网络样板点，成为华为企业业务全球样板点，以及国内首个规模采用 Wi-Fi 6 标准建设的智慧科教园区，为深圳乃至全国的教育行业信息化提供先进理念和实践范例。园区重大网络建设项目——新一代校园升级项目完成建设、测评、审计，为大学城未来发展奠定了良好基础。“未来网络试验设施CENI”项目及“大湾区未来网络试验与应用环境（FANet）”项目深圳核心节点机房建设有序推进。大学城至国家超算中心到大学城48芯光纤链路建设、大学城至香港工委深圳联络部的电子政务网光纤资源建设项目完成，市大数据资源管理中心在深圳大学城设立政务网 OTN 骨干节点的项目即将投入使用，大学城将成为西丽湖国际科教城网络资源汇聚平台。新一代校园一卡通升级等新项目成功启动，将采用最新技术，打造智慧园区新体验。（五）创新创业平台为服务社会作出表率。管理办与清华深国研院联合主办2020清华 i-space 创新挑战赛，针对最迫切的抗疫防疫需求给出解决方案，有效发挥高校社会服务职能。组织三院（校）学生参加第九届“赢在广州”暨粤港澳大湾区大学生创业大赛，北大深研院 Drug Target Space“药靶空间”项目获大赛二等奖。成功举办第十届深圳大学城硕博研究生校园专场招聘会，汇聚用人单位102家，提供就业岗位8500个，参加毕业生近3000名，收到简历6816份，现场达成初步就业意向36%，为疫情形势下确保高校毕业生就业作出表率与示范。（六）校园文化平台更具创新张力和人文聚力。作为大学城校园文化平台最经典的品牌活动，第八届深圳高校青年学子辩论邀请赛以极具人文力量的主题、兼具深度与广度的辩题，献礼深圳经济特区建立40周年，凝聚了深圳全部14所高校参赛，采用线上线下相结合的方式举办，全程网络直播面向高校师生及广大市民，在常态化防疫形势下，以开放多元、兼容并蓄的姿态大力弘扬深圳经济特区精神，为“双区”建设凝聚起更加蓬勃的高校力量。

【华为深圳大学城智慧科教园区网络样板点启用】2020年，10月22日，华为深圳大学城智慧科教园区网络样板点正式启用，成为华为企业业务全球样板点，以及国内首个规模采用 Wi-Fi 6 标准建设的智慧科教园区，融合了 Wi-Fi 6、物联网、人工智能等 ICT 技术，提供全场景智能联接服务。样板点的建设不仅为深圳大学城未来发展奠定了良好基础，还将为深圳乃至全国的教育行业信息化提供先进理念和实践范例。样板点启用后已接待参观团6批，有效提升了深圳大学城的品牌知名度。

2020年10月22日，深圳大学城华为智慧科教园区网络样板点正式启用

（深圳大学城 供）

【大学城图书馆知识服务硬核抗疫】2020年，深圳大学城图书馆坚持疫情防控“闭馆不闭网、服务不打烊”，开启远程办公和线上服务，为全国各地的企业、高校提供不间断在线服务，先后为深圳人民医院等13家市内外医疗机构开启绿色通道，为抗疫研究提供专题情报检索、科技查新等远程知识服务。继去年与鹏城实验室签订战略合作协议后，再与深圳湾实验室签署合作协议，将其列为重点服务对象，提供多项专业学术分析报告和评价报告近10份，以最专业精准的知识服务助力深圳科技创新。

【园区智能化管理】2020年，深圳大学城管理办坚持抗击疫情和保障复学“两手抓”，启用人脸识别体温检测、食堂小程序配餐、校园服务大厅预约叫号系统，图书馆无接触还书，配置游泳馆智慧手环收发设备等，以智能手段提高管理效能，克服多数大型设施设备老化、大批食堂商铺到期退场等现实困难，保障园区正常运转。调整云谷住宿分配，解决清华深圳国际研究生院810名新生住宿缺口；分阶段、分步骤完成11家商铺招租工作，成功引入2家麦当劳店进驻；稳步推进大学城建筑本体及配套设施设备整体修缮工程项目报建，项目投资匡算2.7亿元；更新学生公寓电梯18台等。

【选聘4名博士研究生】为进一步加强人才队伍建设，充分发挥大学城在深圳“双区”战略和西丽湖国际科教城建设中的重要作用，2020年，深圳大学城管理办及下属事业单位大学城图书馆成功选聘4名博士研究生，分别入职高等教育研究、信息系统管理开发与研究、情报研究岗位，管理办系统专业人才队伍持续壮大。

（深圳大学城管理办公室）

民办教育

【民办义务教育阶段学位补贴】近年来，深圳市民办义务教育学位补贴惠及学生人数逐年增长，覆盖面不断扩大，2020年秋季学期发放补贴人数达46万人，其中，小一和初一的覆盖率已达到99%，年财政投入超过34亿元，教育公平进一步凸显。

【民办学校招生进一步规范】2020年，深圳市不断加强对民办学校的招生管理，认真落实国家、省中小学招生政策，严格审核招生计划，落实统一招生平台、与公办学校同步招生要求。印发《深圳市教育局关于做好2020年民办义务教育学校跨区招生有关工作的通知》《2020年深圳市民办义务教育学校招生电脑随机摇号录取实施细则》等文件，规范民办学校跨区招生、招收直升生和摇号录取，民办学校招生进一步规范，工作平稳有序。

【跨境学童就学支持】2020年，深圳市教育局牵头制订印发《居住在香港跨境到深圳上学的学童返校复课疫情防控方案》；与其他部门通力配合，制订印发《疫情防控期间深圳跨境到香港学校就学学生的服务保障总体工作方案》，保障跨境学童2020年春季学期顺利复学复课，采取了一系列措施为跨境学童秋季课业提供支持。

【民办中小学心理健康教师专题培训】针对疫情期间中小学生心理状况，有针对性地开展民办中小学心理健康教师的专题培训。2020年深圳市教育局专题组织开设了民办中小学心理健康教师培训班，覆盖到全市所有民办学校，共举办了4期，成为深圳教育历史上第一次心理教师全员培训，获得参训480名教师100%的满意度，有效提升了民办教师心理健康教育的专业水平。

（深圳市教育局社会力量办学管理处）

特殊教育

【概况】2020年深圳市有特殊教育学校10所，其中有2所市属特殊教育学校：深圳元平特殊教育学校和市第二特殊教育学校。有7所区属特殊教育学校：南山区龙苑学校、宝安区星光学校、福田区竹香小学、罗湖区星园学校、龙岗区特殊教育学校、龙华区润泽学校、坪山区特殊教育学校。盐田区和大鹏新区3个区还没有建特殊教育学校。符合国家标准独立设置的综合性特殊教育学校由1所增至3所。同年，全市新增1285名残疾学生需安置，已通过随班就读、特殊教育学校就读、送教上门、学前教育及康复机构等安置途径安排，截至2020年12月统计，全市适龄残疾儿童少年入学安置率达100%。年内，全市义务教育阶段在校残疾学生有4852人，其中接收福利院孩子307人。

特殊教育教职工729人，专任教师522人。

【政策出台与实施】2020年1月下发《深圳市教育局 深圳市民政局 深圳市卫生健康委员会 深圳市残疾人联合会关于成立深圳市残疾人教育专家委员会的通知》对深圳市适龄残疾儿童进行入学安置评估，给出合理入学，转学建议，健全残疾儿童入学评估机制，完善教育安置办法。

2020年12月下发《深圳市教育局关于依托特殊教育学校建立特殊教育资源中心的通知》，全面提升特殊教育质量，健全特殊教育专业支持体系，为普通学校随班就读工作提供管理、咨询、研究、评估、指导和服务。

【经费保障机制】2020年，深圳市继续实施从学前教育到高中阶段教育本市实名登记残疾学生15年免费教育。学前教育阶段残疾学生免费标准参照我市现行学前残疾儿童的保教费资助标准执行。市政府出台《深圳市人民政府关于进一步完善义务教育经费保障机制的通知》（深府〔2016〕91号），规定特殊教育学校、义务教育阶段各类附设特教班、随班就读以及送教上门学生，按小学每生每年11500元、初中每生每年19500元标准补助公用经费，其他项目经费由同级财政部门根据实际情况予以保障。

【残疾人高中教育】2020年，根据深圳市教育局统筹规划，两所市属特殊教育学校定位为残疾人高中阶段教育。让完成义务教育且有意愿的残疾学生都能接受适宜的高中阶段教育，是市属特殊教育学校的主要任务。市属特殊教育学校扩大高中阶段招生规模，提升特殊教育高中质量。2020年12月，中共深圳市委机构编制委员会正式批复第二特殊教育学校建校。

【融合教育支持保障服务体系建设】2020年，深圳市积极推进融合教育，建立了融合教育支持保障体系，即“市特殊教育指导中心—区特殊教育指导中心—定点资源校”三级融合教育支持保障体系。全市现有市、区特殊教育指导中心11个，特殊教育资源中心11个。积极推进资源教室建设，落实“招收残疾儿童少年5人以上的普通学校要按规定建设特殊教育资源教室，按标准配备专职资源教师”的要求，统筹建立资源教室定点资源校。2020年深圳市有资源教室133间，并按要求配备资源教师，比2019年新增26间。2020年1月，深圳市成立了由教育、民政、卫生、残联等部门专家组成的深圳市残疾人教育专家委员会，对适龄残疾儿童少年的身体状况，接受普通教育的能力和适应学校生活的能力进行评估，提出入学、转学建议。各区也相继成立了区残疾人教育专家委员会，为辖区适龄残疾儿童提供学习能力评估服务。

【“一人一案”落实】2020年，深圳市教育局按照“全覆盖、零拒绝”的要求，落实“一人一案”，逐一做好教育安置工作，推进实施个别化教育计划，满足每一位残疾儿童少年个性化发展需求，为每个残疾学生提供适合的教育。深圳市已将“一人一案”纳入全市义务教育规范办学检查内容。

【教师队伍建设】2020年，深圳市特殊教育教职工729人，专任教师522人。根据特殊教育学校和特教班建设实际，各区编办已为特殊教育学校核定了编制。市、区已配备专兼职特殊教育教研员。充分发挥市元平特殊教育学校的龙头作用，形成了以元平特殊教育学校为中心的特殊教育合作机制。元平特殊教育学校建校29年，在课程建设、信息技术应用、职业教育、特奥运动、康复训练等方面在全国处于领先地位，通过教师跟岗培训、开展课题研究等形式，将元平特殊教育学校的经验辐射到各区特殊教育学校、特教班、资源教室，带动全市“特教人”共同进步，促进全市特殊教育质量不断提升。

（深圳市教育局基础教育处）

职业与终身教育

【概况】2020年，职业与终身教育处以习近平新时代中国特色社会主义思想为指导，按教育部和广东省教育厅工作部署要求，紧紧抓住粤港澳大湾区建设和中央支持深圳建设中国特色社会主义先行示范区的重大历史机遇，推进全国产教融合试点城市建设，打造中国特色高水平职业院校，推动深圳职业教育高端发展，扎实推进职业教育各项工作。

【职业教育顶层设计】2020年，深

圳市教育局为服务国家战略，紧抓“双区”驱动历史机遇，加强顶层设计，从政策推动和立法保障两方面共同推动深圳职业教育高质量发展，在职业教育法治建设方面先行先试。2020 年，草拟并呈报了《教育部 广东省人民政府关于推进深圳职业教育高端发展 争创世界一流的实施意见》，目前教育部与广东省政府已联合签发《实施意见》；研制《深圳经济特区职业教育条例》，启动修订《深圳市职业教育校外公共实训基地认定和管理办法》，完善职业教育立法，突破热点难点问题，保障职业教育改革创新发展。

【现代职业教育体系】2020 年，深圳市教育局深入学习全国教育大会精神，贯彻落实《国家职业教育改革实施方案》，扎实推进深圳市职业教育改革发展“十三五”规划各项任务，支持深圳职业技术学院、深圳信息职业技术学院申报开展本科层次职业教育试点，与普通本科高校开展应用型本科职业教育。支持深圳技师学院纳入高职院校序列，支持深圳第二高级技工学校升格为深圳鹏城技师学院。

【国家产教融合试点城市建设】2020 年，深圳市教育局印发《深圳市发展和改革委员会 深圳市教育局关于开展产教融合型企业建设培育试点的通知》（深发改函〔2020〕317 号）和《深圳市发展和改革委员会 深圳市教育局关于深圳市第一批产教融合型企业入库培育的通知》（深发改〔2020〕18 号），经企业自主申报、市直有关部门和各区（新区）推荐、部门复核、专家评审及公示，确定腾讯科技（深圳）有限公司等 50 家企业为深圳市第一批培育的产教融合型企业，并将本批次企业纳入产教融合型企业储备库。

【职业教育实训基地建设】2020 年，深圳市教育局支持深圳职业技术学院与世界 500 强或行业龙头企业紧密合作，共建特色产业学院，探索形成了适合中国国情的“双元”育人模式。支持深圳信息职业技术学院与宝安区政府、德国史太白基金会、德国乌尔姆市政府四方推进“湾区中德教育与经济协同发展示范基地”建设。指导深圳市第三职业技术学校申报省级重点中等职业学校。指导中等职业学校申报广东省中等职业学校“双精准”示范专业建设，顺利完成遴选推荐上报工作。

【“双高”职业院校建设】2020 年，深圳市教育局紧抓教育部、广东省人民政府共同推进深圳职业教育高端发展、争创世界一流的重大机遇，以立德树人为根本、以服务发展为宗旨、以促进就业为导向、以内涵建设为重点、专业群建设为载体、以产教融合、校企合作为手段，积极推动高水平职业院校建设，推进深圳职业技术学院、深圳信息职业技术学院建设中国特色高水平高职学校和专业，推进深圳职业技术学院创建世界一流职业院校。支持深圳市第一职业技术学校等 8 所学校申报 2020 年广东省高水平中等职业学校。

【1+X 证书制度试点工作】2020 年，深圳市教育局深化“三教”改革，提高人才培养质量。开展 1+X 证书制度试点工作抽查监测，支持职业院校申报第三批 1+X 证书制度试点，将 1+X 证书制度试点与相关专业建设、课程建设、实训基地建设、教师队伍建设等紧密结合，进一步深化复合型技术技能人才培养培训和评价模式改革，提升学生就业创业能力。支持职业院校选派试点专业骨干教师参加 1+X 证书教师培训，并在资金安排方面予以倾斜。配合省教育厅调研深圳市 1+X 试点学校，协助各试点学校推进 1+X 证书制度试点工作。

【系列技能竞赛活动】深圳市教育局成功举办 2020 年深圳市职业院校技能大赛。高职组比赛项目包括货运代理、机器人系统集成、信息安全技术、云计算技术与应用等 6 个赛项；中职组包括加工制造类、交通运输类、信息技术类、财经商贸类、旅游服务类、文化艺术类等大类 19 个赛项。举办全市 2020 年职业院校技能大赛中等职业学校教学能力比赛、中职学校班主任业务能力大赛和 2020 年深圳市中等职业学校“文明风采”活动。

组织参加 2019–2020 年度广东省职业院校学生专业技能大赛，荣获奖一等奖 118 个（其中高职 80 个、中职 38 个），二等奖 119 个（其中高职 45 个、中职 74 个），三等奖 88 个（其中高职 23 个、中职 65 个）。参加全国职业院校技能大赛改革试点赛并荣获大赛一等奖 10 个（其中高职 5 个、中职 5 个），二等奖 5 个、三等奖 3 个。2020 年，深圳市选手参加全国首届职业技能大赛，荣获 5 金 2 银 1 铜 2 优胜奖。组织参加广东省中职学校班主任业务能力大赛，荣获一等奖2个，二等奖2个。组织参加全国中职学校班主任业务能力大赛，荣获一等奖1个，二等奖1个，三等奖2个。组织参加广东省职业院校教学能力大赛，荣获一等奖14个（其中高职6个、中职8个），二等奖33个（其中高职15个、中职18个），三等奖33个（其中高职8个、中职25个）；组织参加全国职业院校教学能力大赛，荣获一等奖1个，二等奖8个（其中高职4个、中职4个），三等奖4个。

【职业教育活动周】深圳市根据《教育部等十部门关于做好2020年职业教育活动周相关工作的通知》（教职成函〔2020〕6号）精神，以“人人出彩、技能强国”为主题，在11月8日至14日举行了“职业教育活动周”系列活动。活动周期间，除了组织师生线上线下同步观看2020年全国职业活动周启动仪式外，全市职业院校紧扣活动主题，举办丰富多彩的活动，充分利用现代信息技术，通过“云上平台”、主题网站、公众号、抖音等形式，开通职业教育活动周专栏，宣传深圳经济特区建立40周年职业教育改革发展成果，展示职业教育魅力，提高师生的职业技能素养。举行开放校园、开放企业、开放实训基地和走进社区等系列活动，展示职业教育发展成果，推进产教融合、校企合作，开展学生企业见习活动、企业职工培训活动、校企共推1+X证书制度、校企合作专题讲座等活动，共同推动深圳产教深度融合，助力深圳产教融合试点城市建设。在全社会弘扬劳动光荣、技能宝贵、创造伟大的时代风尚，宣传工匠精神，营造全社会关心支持职业教育的良好环境。

【职业教育港澳交流与合作】2020年，深圳市教育局支持深圳职业技术学院与香港职业训练局共建“粤港澳大湾区特色职业教育园区”，推动召开粤港澳大湾区职业教育工作小组第二次工作会议。支持深圳职业技术学院开展港澳台单独招生宣传工作，推动学校与香港黄克竞分校合作开办电气服务工程高级文凭专业学生招生工作，共招收43名港澳台籍学生，其中“黄克竞”合办专业招收14人。支持深圳信息职业技术学院加快推动“粤港澳大湾区职业教育产教联盟”建设，发动联盟成员参加由香港特别行政区政府教育局和职业训练局合办的“职业专才教育国际研讨会”。支持举办粤港澳大湾区职业教育产教联盟2020年论坛，进一步加强粤港澳大湾区职业教育产教联盟成员之间合作，共同构筑合作共享平台。

【职业教育参与“一带一路”建设】2020年，深圳市教育局推进深圳职业技术学院与世界职业教育与技术大学联盟合作，支持教师专业发展委员会落户深职院，密切跟进联盟董事会讨论结果，争取将联盟总部秘书处设在深职院。支持深圳职业技术学院承办2020年“一带一路”职业教育国际研讨会。支持深圳信息职业技术学院与联合国教科文组织高等教育创新中心（中国深圳）、亚太和非洲11所顶尖高等院校、中国3所高等院校及8家高科技企业共同发起“国际网络教育学院”（International Institute of Online Education，IIOE）。

【对口帮扶】2020年，深圳市教育局扎实推进职业教育东西扶贫协作计划。对口协作新疆喀什地区工作，每年安排60万元专项经费支持喀什地区职业学校与我市职业学校开展交流合作。依托“深百实验班”，帮扶广西百色职业教育发展。2020年百色职业学院招生报到1860人，年内，在校生已超过6000人，招生工作走出了近十一年的低谷期，实现了办学规模的重大突破。总结形成2019年对口云南（昭通）专项招生工作情况报告，确定2020年云南专项招生专业及计划，经多方宣传动员，现已妥善安排昭通市卡户生到深圳市第二职业技术学校就读。

【百姓学习之星、终身学习品牌项目评选】2020年7月初，深圳市教育局印发了《关于开展深圳市百姓学习之星、终身学习品牌项目评选活动的通知》，组织各相关部门评选出杜秦等10位为2020年“深圳市百姓学习之星”，市委组织部“新时代大讲堂”等10个项目为2020年“深圳市终身学习品牌项目”，同时，推荐的杜秦荣获得事迹最感人的全国百姓学习之星，市委组织部“新时代大讲堂”荣获百姓最喜爱的全国“终身学习品牌项目”，助推全市全民终身学习。

【老年教育高质量发展规划制订】随着深圳人口老龄化发展趋势，老年教育面临新的挑战。2020年初，深圳市教育局积极协助深圳广播电视大学做好老年教育线上线下教育培训，并积极筹备深圳老年大学建立。3月底，市教育局批准成立深圳老年大学，为深圳老年教育发展起了积极的作用。同时，积极与深圳广播电视大学共同研究，起草制订“深圳老年教育高质量发展规划”，已形成书面稿有待修定。根据教育部对省级广播电视大学转型更名的要求，协助深圳广播电视大学改革转型上报市政府并得到批准，12月底，广东省政府正式批准深圳广播电视大学更名为深圳开放大学。

【全民终身学习活动周】2020年，深圳市教育局根据教育部办公厅《关于开展全民终身学习活动周通知》的要求，积极与深圳市建设学习型城市联席会议制度33个成员单位沟通，达成共识，共同举办2020年深圳市全民终身学习活动周。本届活动周于11月1日至7日举行，主要活动内容有：一是在龙岗区举办了在深圳全民终身学习活动周总开幕式（各区设立10个分会场），市政府李卓文副秘书长及33个成员单位主要领导出席了大会；二是制作了题为“全民智学，助力双战双赢”的宣传片，展示了近年来深圳全民终身学习成果，反映了在疫情防控期间深圳人学习不减的热情及各行各业各部门创新线上线下学习方式教育手段；三是展示了2020年度深圳“百姓学习之星”及“终身学习品牌项目”，得到领导的肯定和社会各界人士认可；四是为市民提供各类免费培训课程达300个种类以上，各类专题讲座达250场次，据不完全统计今年参加各级各类学习培训及教育咨询的达178万人次。

（深圳市教育局职业与终身教育处）

社区教育与校外培训机构管理

【概况】2020年是全市奋力夺取疫情防控和经济社会发展“双战双赢”伟大胜利的一年。在深圳市委、市政府领导下，根据全市经济社会发展实际，结合全市社区教育发展现状，起草了“关于全面推进新时期深圳市社区教育高质量发展的通知”（已提交待修订），更好地推动了全市高水平城市建设，提升了社区教育质量和市民整体素质。各区、各部门按照各自职责，协同推进，形成合力，在做好防疫防控常态化的同时、社区教育立足“六稳”“六保”，坚持“全员、全程、全方位”理念，从社区居民需要出发，在发展实践中探索出具有深圳特色的发展方式和实现路径，创新“互联网+终身教育”线上线下相结合的系列教育学习新模式，形成了居民广泛参与、多样选择、自主学习、持久发展的社区教育公共服务体系，产生了强大的吸引力、影响力和辐射力。

【《深圳市学习型街道评估指标体系（暂行）》研制】2020年，深圳市教育局印发《深圳市教育局关于开展2020年深圳市学习型社区、街道创建工作的通知》，组织、指导各街道、社区展开深圳市学习型街道创建试点工作。截至12月，全市有71个社区通过评估督导验收。年内，全市学习型社区创建达715个（个别棚改社区未参加创建），合格率达98%以上。

【校外培训机构专项治理整顿】2020年，深圳市教育局通过全面摸排、自查自纠、随机抽查、联合检查等方式，不断加强对校外培训机构的监督管理。发现存在问题的培训机构有352家，整改了194家，关闭158家，约谈相关负责人80多人次。配合政法部门查处个别培训机构存在的“精神传销”“毒鸡汤”等问题，注销了严重违法办学的深圳市众鼎培训中心办学许可证。认真贯彻落实国家和省、市关于校外培训机构专项治理整顿文件精神，切实维护广大消费者的合法权益。

【校外培训机构创文工作】2020年，深圳市教育局根据创建文明城市的要求，高度重视校外教育、校外培训机构及活动管理相关工作，对标要求，及时部署，认真落实。为更好地推进相关工作，为贯彻落实国家和省、市相关要求以最严格标准落实常态化防控措施和做好今年创建文明城市工作，8月31日–9月1日，随机抽取7家校外培训机构对疫情防控工作和创建文明城市进行检查，全力支持创文工作。

【《社区教育案例》分享】2020年，为进一步推动深圳市社区教育高质量发展，6月初印发了《深圳市教育局关于征集2020年社区教育服务民生创新工作案例的通知》，共收集稿件64篇，经组织专家初审、修改、点评、复审，评选出30篇质量较高的优秀案例，汇编了《深圳市社区教育服务民生创新工作案例》（第七辑），在我市社区教育工作中进行交流和分享，有效地提升我市社区教育质量和效果。

区域教育

Regional Education

福田教育

【概况】2020年，福田区各级各类学校共279个。其中：公办中小学86所，民办中小学14所，幼儿园158所，高科技预制学校12所，市属学校9所。学生总数236854人。教职工总数22312人。其中：幼儿园教职工8097人，中小学教职工14215人。专任教师17159人。其中：幼儿园专任教师4536人，小学教师6941人（公办5784人，民办981人，市属176人），初中教师3680人（公办2792人，民办291人，市属597人），高中教师1966人（公办1165人，民办300人，市属501人），特校教师36人。85名教师获全国优秀教师等国家级荣誉称号，624名教师获南粤教师等省级荣誉称号，699名教师获深圳市优秀班主任等市级荣誉称号，正高级职称教师24名，副高级职称教师1767名。2020年，新建、改建及扩建19所中小学，“双十工程”10所高科技预制学校全面交付，新增学位20420个，相当于前五年之和，解决了困扰多年的学位缺口问题。在区“两会”全体人大代表票评中，福田教育学位供给侧改革民生实事连续四年获满意度第一名。新增11所幼儿园、2970个学位，完成民转公幼儿园48所，公办幼儿园在园儿童占比达到50%，公办幼儿园和普惠性民办幼儿园在园儿童占比达到80%，全市率先完成学前教育“5080”攻坚任务。全区文明校园创建比率为100%，园岭小学荣膺“全国文明校园”称号。成立福田区实验教育集团，形成红岭教育集团、荔园教育集团、实验教育集团高质量协同发展格局。高等教育取得重大突破，清华大学经济管理学院深圳研究院、深圳高等金融研究院签约落户。成立工作专班，加强市区校三级联动，构筑校园疫情防控牢固防线，全区校园未发生一例校内聚集性疫情，23万学生平安返校学习。在全市率先实施在线教学，全覆盖、高质量实现“停课不停学”。2020年，质量监测结果应用的“福田范式”荣获深圳教育改革创新大会“深圳教育改革卓越奖”、先行先试创新推出学位供给“双十工程”荣获“深圳教育改革创新示范项目”；“全面推进‘幼有善育’幼儿园转型提质提速”荣获深圳教育改革创新论坛“2020年度最受欢迎教育实事”；被福田区人民政府授予“福田区改革创新先进集体”；获评“深圳市5G政务应用重点项目福田区大数据驱动教育学习示范应用单位”。（杨春锋）

【党建团建】2020年，福田区教育系统强化政治理论学习，坚持以习近平新时代中国特色社会主义思想为指导，全面贯彻党的十九大和十九届二中、三中、四中、五中全会精神，以及习近平总书记在深圳经济特区建立40周年庆祝大会和视察广东、深圳重要讲话、重要指示精神，依托“三会一课”、主题党日等活动，全面开展学习贯彻落实活动2000余场次。按照《福田区教育系统2020年党建工作要点》，持续开展党建示范校建设、第一书记选派试点、“两个覆盖”全面推进等工作，着力打造全面进步、全面过硬的基层党建新体系。制定《福田区委教育工委2020年度党风廉政建设主体责任工作任务清单分解表》《福田区委教育工委2020年党风廉政建设和反腐败工作责任分工表》，组织全系统4200余名党员及450名新入职教师通过主题党日、观看警示教育片、廉洁教育培训等方式，深入开展纪律教育活动。持续做好团队工作，共发展团员3255名，将初、高中阶段毕业班团学比例分别控制在30%、60%以内，截至年底全区中学阶段共有团员11283名，团学比29.3%。开展各级“五四”表彰、“六一”少先队表彰推荐评选活动。教育团工委组织300余青年教师参加关心一线医护人员子女学业队伍。（胡红娟）

【疫情防控】2020年福田区教育局一手抓教学，一手抓疫情防控，保障教育教学质量，守护师生安康。联合相关部门，坚持属地化、全覆盖师生排查，加强人员健康管理，及时排除风险隐患。强化防控督查，严格落实隔离观察要求，精准报送疫情防控信息和数据。开展学生返校复学工作专项督导检查。全区258所学校分批次开展三次以上疫情防控安全演练，并根据学校实际制定新冠肺炎疫情防控应急预案。提供强有力的物资保障。多渠道采购医用外科口罩、消毒液、额温枪、防护服等防疫物资，并按照一定配额及时分发到各学校，多方位保障学校复学返校工作顺利进行。统筹规划，发挥教科院智库作用，依托教研为线上教育引航，组织小、初、高全学段的各科优秀教师录制学法指导微课100多节，相关课程被遴选确定为省级线上教育资源，供全省中小学师生选用。福田教育在线教学经验和做法，多次被《中国教育报》等国家级媒体报道。积极组织发动志愿者，超100名教育工作者主动请战支援防疫工作，组建由278名教师组成的教师志愿服务队，为福田奋战在疫情防控一线的医务人员子女进行一对一线上辅导，CCTV-13新闻频道《新闻直播间》专门报道了福田区教师志愿服务队为医务人员子女提供学业辅导的情况。（胡红娟）

2020年12月16日上午，深圳市福田区人民政府、深圳高等金融研究院战略合作签约仪式在福田区委二楼会议厅举行（福田区教育局 供）

【学位建设】2020年，福田区教育局在区委区政府的坚强领导下，加强部门协作，加速增加学位供给。优先落实教育用地，加大土地整备力度，优先学校建设项目的用地规划、选址，加强学校建设项目用地清理工作，保障用地安全。城市更新项目实行“两个一律”，确保教育优先发展。加大学校建设力度，深入挖掘、盘活整合区内现有教育资源，充分发挥代建制作用，强力推进学校建设，加快推进学校改扩建和升级改造工作。2020年全区新增学位25580个。完成中小学校项目19个，新增学位20420个：其中新建学校11所，新增学位16640个；改建学校4所，新增学位2160个；扩建学校4所，新增学位1620个。完成幼儿园项目11个，新增学位2970个：其中新建公办幼儿园7所，新增公办幼儿园学位1680个；改建公办幼儿园1所，新增公办幼儿园学位180个；新建民办幼儿园3所，新增学位1110个。高效推进“双十工程”，一方面缩短建设周期，建设10所采用全国领先的轻钢结构装配模式建设的高科技预制学校，目前已全部完工并投入使用，另一方面加速推进突破学校建设层高限制和容积

率限制等“卡脖子”审批条件，建设高规格永久学校。（胡红娟）

【学前教育】2020年，福田区教育局以“5080”攻坚任务为抓手，制定《福田区民办幼儿园转型工作方案》《福田区小区配套幼儿园治理工作实施方案》，大力建设公办幼儿园，完成48所民办幼儿园转型为公办幼儿园，新增公办学位18761个，在全市率先完成“到2020年底，公办幼儿园在园儿童占比达到50%，公办幼儿园和普惠性民办幼儿园在园儿童占比达到80%以上”的目标。组织幼儿园申报“深圳市学前教育科学保教示范项目”，2所幼儿园成功入围市级评选。组织34所幼儿园成功申报健康促进学校。组织幼儿园教师评优评先，其中获评市优秀班主任3人、市优秀教师1人、区十佳师德标兵1人、区十佳幼教教师10人、区优秀班主任295人、区教育工作先进个人968人，全面提升保教质量。优化资助扶持政策，2020年拨付普惠性幼儿园补助约3600万元，改善办园条件、提升教职工待遇；拨付专项扶持资金633万元，缓解疫情期间民办幼儿园生存困境；向区属示范帮扶园和被帮扶园拨付扶持经费200万元，加快落实“幼有善育”。截至2020年底，全区共有幼儿园157所，公办园和普惠性民办园占比84%，学生人数占全区在园儿童总数的86.5%。全区100%幼儿园达到市规范化幼儿园标准，其中省、市一级优质园98所，占比62.4%，学前教育基本形成了公益普惠的发展格局。（胡红娟）

【五育并举】2020年，福田区教育局举办中小学班主任专业能力大赛，有效提升专业能力，其中14名老师获得特等奖，23名老师获得二等奖，30名老师纳入班主任高级研修班培养对象，通过区赛推荐优秀选手参加深圳市第八届班主任专业能力大赛，获得所有组别（小学、初中、高中、职校）四个一等奖，占全市一等奖总数一半，是自深圳市设立此项比赛以来唯一获得一等奖“大满贯”的区域。推进深圳市名班主任工作室建设，完成全区7个市级名班主任工作室考核工作，遴选产生20个区名班主任工作室，多举措加强德育管理。把学校体育工作摆在更加突出位置，牢固树立“健康第一”的教育理念，落实《国家学校体质健康标准》测试制度和实施“体育课提升工程”等六项工程，激发学校体育工作活力，大力推进“福田校园阳光体育”行动，通过一次培训会、一次巡查、体质提升一日一报等措施，推动全区学校体育教育落在实处。开展“童味”美术教育和“感创”音乐教育研究，探索信息技术与美术教学的深度融合之路，组织老师制作完成鉴赏、绘画、纸艺、软陶等网络微课程120余节，其中66节选送优秀教育资源平台共享。开展学生“四独”比赛、学生戏剧节、学生合唱节和学生器乐节比赛，为学生搭建了展示交流的平台。大力推进京剧进校园和黄梅戏进校园等行动，实现中华优秀传统文化的传承。持续推进“小乐器辅助教学”行动，全区参与学校达到100%全覆盖。（胡红娟）

【心理健康教育】2020年，福田区教育局高度重视学生心理健康教育，特别是疫情期间的心理干预。成立福田区中小学心理健康工作联防联控领导机构和心理工作专班，制定印发《福田区教育局关于做好新型冠状病毒感染肺炎疫情防控期间心理防护和心理危机干预工作方案》等13个文件，加强疫情防控期间的心理防护和家庭教育指导。制定印发《福田区校园心理危机干预的工作指引》等4个指引文件，全面规范心理健康教育工作，完善学生心理健康防护网、校园心理危机分级预警干预和应急处置机制。组建福田区心理健康教育专家工作组，进行心理健康教育专业指导，共组织5场心理教师专业培训和10场德育主任、班主任、家长线上心理和家庭教育方面的培训，召开了心理教研工作会议，组织了11次主题个案督导，总结解决疫情期典型心理问题有效经验，提升心理专兼职教师心理援助能力。开展心理普查和线上线下心理辅导工作，委托区精神卫生中心组织小学、初中、高中学生全覆盖心理普查，并跟进为每名新生建立心理档案。启动“防疫心成长”的第二届中小学心理健康教育宣传月活动，关爱师生心理健康。进行心理健康教育与危机预防干预工作落实情况督查和心理健康教育工作的专项督导，督促学校落实好心理健康教育工作，不断提升心理健康教育水平。（聂　晶）

【民办教育】2020年，福田区大力加强民办教育支持力度，财政投入合计16561万元。向845名符合条件的教师发放长期从教津贴共 1230.3 万元；向 1911 名教师发放教师节慰问金共 95.55 万元；向 1343 名教师发放奖教奖学津贴共 728.43 万元；组织 1800 名民办学校教职工进行免费的年度体检，共计金额 186 万元。规范招生工作程序，民办学校与公办学校实施统一招生平台，同步招生。组织民办学校相关招生人员进行培训，保障招生工作顺利进行。进一步加强民办教师的继续教育培训工作，提升师资水平，以适应民办教育高端化、国际化的需求。组织专家对民办学校进行全覆盖实地检查，指导民办学校提高办学水平，规范民办学校办学行为。对受客观条件限制而无法整改、不愿整改或整改后仍不达标的民办学校，逐步实行平稳退出机制。在保证落实国家规定的课程计划的基础上，鼓励和提倡民办学校充分利用灵活的办学机制，构建科学的、特色鲜明的课程体系。2020 年，丽中小学在深圳市教育局举办的中小学生艺术展演班级合唱及戏剧节活动中荣获合唱展演小学组一等奖，耀华实验学校学生荣获第十八届全国中小学信息技术创新与实践大赛编程猫创新编程赛项小学组一等奖，皇御苑学校荣获深圳市 2020 年普通高中教学工作超越奖。（聂　晶）

【特殊教育】2020 年，福田区教育局积极构建融合教育体系以保障特教发展，相继成立区特殊教育指导中心、区残疾人教育专家委员会、区特殊教育资源中心，已基本建成特殊教育安置、服务体系，形成以财政为主、社会支持、全面覆盖的保障机制，为全区融合教育提供康复、评估等专业支持。由区政府投资 2.6 亿元的竹香学校重建项目已完成设计方案，计划 2021 年 6 月动工，未来将建成具有示范性的独立标准化特殊教育学校。区特殊教育指导中心组织相关教师拟定 2020—2021 年度融合教育发展计划，编制了《普通学校特殊学生个别化教育指南》，并确定百花小学、天健小学为首批个别化教育试点校。竹香学校的网站、公众号设置“特教之窗”栏目，为全区特殊儿童少年家庭作政策指引和教育支持。竹香学校对全区 7 所民办康复机构实施专项调研，充分了解生源结构、课程设置及师资情况，协商合作机制，提升康复水平，在更大、更高的层面推行融合教育理念。超标准完成学校资源教室建设，截至 2020 年底，福田区普通义务教育学校严格按照《深圳市第二期特殊教育提升计划（2018—2020）》的要求实施资源教室建设工程，现已有 37 所学校建成资源教室。为不能随班就读的重度残疾学生提供送教上门服务，并定期回访，满足其就学需求。据报名审核和区残疾人教育专家委员会成员评估残疾儿童资料，全年特殊儿童少年入学率达到 96%。区特殊教育指导中心联合区教科院通过幸福课程、幸福研修、幸福仪范、幸福课堂落实幸福特教理念，在普通学校普及融合理念，逐步推行个别化教育，提升随班就读教育教学质量。依照“四有好老师”的标准，通过实施常态化以老带新工程、融合教育“竹香沙龙”、项目式服务、专题培训等多种方式，着力打造稳定、优秀的特殊教育教师队伍。（聂　晶）

【高等教育】福田区积极探索高校与城市共同生长、产业与科研深度融合的“高精尖、无围墙”都市型高等教育新模式，在中心区布局大学群。2020 年 9 月 26 日，福田区政府与清华大学经济管理学院签订合作协议，清华大学经济管理深圳研究院落户福田，福田高等教育实现了“零的突破”。双方将增强合作，将清华大学经济管理深圳研究院打造成北深融合、深港合作、产研结合、政学交流、凝聚校友的高价值平台，为福田、深圳乃至粤港澳大湾区实现高质量跨越式发展保驾护航。2020 年 12 月 16 日，福田区政府与深圳高等金融研究院签订合作协议，福田高等教育结出又一硕果。双方将充分发挥福田区金融中心资源和空间区位优势，以及深圳高等金融研究院在人才、科研、平台等方面的专业优势，积极拓宽合作领域，创新合作模式，全面深化战略合作。此外，2020 年 7 月，深圳大学帕森斯设计学院建设方案已正式通过深圳市政府审批。2020 年 11 月，福田区领导与香港大学校领导召开座谈会，决定与香港大学开展全面合作，积极推进香港大学经管学院深圳校区落户福田，持续推进深港教育合作。（聂　晶）

【师资建设】2020 年，福田区扩宽特殊人才选聘入编绿色通道，进一步探索赴外定点特聘博士毕业生，为海外留学人才及英语优秀人才特设不限专业英语教师岗，通过毕业生招聘、博士特聘、军属选聘、高端人才选聘、市内区外选调等方式分十一批次引入教师共777名，足额补充区属公办中小学教师，满足中小学教师需求，优化教师队伍。新引进应届生硕博学历占比94.5%，部属师范院校、双一流院校和海外排名前列院校毕业生占比91.36%。顺利开展民转公幼儿园招聘工作，2020年分别于6月、11月开展两批次民转公幼儿园园长、副园长、财务人员招聘工作，经过资格审查、现场面试、体检、考察、局党组审议等环节，7名园长、8名副园长、15名财务人员与幼儿园签订合同；另有6名园长、2名副园长、2名财务人员进入福田区幼儿园人才库。在人才培养方面，通过开展实施“双培养”工程、“全学科、全学段、全员”云培训、“福田区未来校长”培养计划、“新教师成长支持计划”、“智能教育骨干教师培训”项目、启动建设福田区未来教育名师（名班主任、博士）工作室等方式，进一步建构领航者分级培训立体培养体系。全年开展责任督学培训、人事干部业务培训、德育主任业务培训、心理教师全员培训、城中村品牌学校教师领导力培训及涵盖中小学各学科的学科专题培训等各类区级培训共计243项，培训在职中小学幼儿园教师总计34846人次。

（聂　晶）

【在线教学】2020年，福田区教育局借助多年来形成的智慧教育优势和大批名师、名校长资源，充分发挥区教科院“智力引擎”作用，提前部署、精准施策，建立在线巡课制度，定期发布《福田区在线教学简报》共20期，总计30余万字，展现各校在线教学的动态，搭建在线教学交流平台，提升优化在线教学质量，实现“好课共享”，向深圳市乃至广东省输出福田优质教育资源。先后制定了《福田区义务教育在线教学工作方案》《各学科在线教学指引》等指导文件，进一步明确方向、细化操作，指导学校有序开展线上教学。通过提前摸底统计了15万余名师生在线学习硬件设备情况，引导学校针对性地制定适合本校的在线教学实施策略，精准施教。创新在线教育课程设计，组织录制近400余节优质网课，相关课程被遴选确定为省级“托底”线上教育资源，空中课堂方案获全市全省推广。278名教师组建志愿服务队为福田奋战在疫情防控一线的医务人员子女提供一对一线上辅导。区教科院全体学科教研员分成14个组，对全区106所学校开展“线上巡课”，全面深入了解学生学习状况、学校实际教学效果，查缺补漏，打造亮点。总结在线教学实践探索的经验，结集出版《在线教学沉思录》，本书是全国首部区域教师在线教学经验总结汇编，为在线教学的进一步探索和应用提供“福田路径”。

（聂　晶）

【课堂革命·福田表达】2020年，福田区教育局积极响应教育部党组书记、部长陈宝生提出的“从课堂的战略地位出发，确定课堂教学改革是教育改革的核心，只有抓住课堂这个核心地带，教育才能真正发展”，吹响“课堂革命”的号角。福田教育认真总结、提升、转化教育教学成果，建构自主高效课堂，深化课程改革研究。2020年，福田区紧抓课程、教学和评价三大关键，认真总结、提升、转化多年来的课堂教学实践成果。全年举办了5场“课堂革命·福田表

2020年2月1日下午，福田区委副书记黄晓鹏一行到福田区教育局调研指导新型冠状病毒感染肺炎疫情防控工作，要求将师生生命安全和身体健康放在第一位，坚决打赢疫情防控阻击战。福田区政法委副书记王育标、区卫生健康局副调研员雷泽秋陪同调研

（福田区教育局　供）

达”大型教学展示活动，向全国各地教育界同行展示了福田“名师工作室”“音乐与戏剧”“小学语文”“中学语文”以及“智慧体育”课堂教学成果，累计举办18场，全国各地的教师通过网络在线观课、研讨、评课，真正做到发挥名师专家引领作用，推动教育改革发展，全面提升教师素质与能力。线上、线下观摩人数累计超过百万人次，福田教育改革经验辐射全国，为全国基础教育课堂变革提供了福田范本。（陈华伟）

【未来教育】2020年，福田区教育局推进未来教育“云＋端”项目建设，开展了8场区级项目展示课观摩研讨活动，组织学校进行项目阶段性小结；开展福田教育智慧教育平台、教育资源大数据平台的建设规划，提升数字资源与数据支持服务能力；加强与中国教科院合作，进行未来教育“云＋端”项目实践探索，开展在线教学、未来学校项目先进案例推广，建立信息化环境下课堂革命的示范学校，推动全区学校信息化应用建设。推进人工智能教育应用基础设施，完成试点学校AI实验室、智能教室、智能空间、智能分析反馈试点运行；完成AI赋能质量监测体系建设；开展AI大厦建设及实验体系建设工程，初步实现基地研修、智能教学、智能诊断、智能研修、智能推送、智能运维、优化治理。探索5G、区块链在教育领域的应用场景与应用模式。2020年6月2日召开“AI赋能教育先行示范研讨会”，聚焦“AI赋能下个性化互助性学习”的最优策略，筹备成立“AI赋能个性化互助性学习实验学校”及联盟，探索福田迈向教育信息化3.0体系，助推福田建设“AI赋能教育发展示范区”。2020年12月1日，福田AI赋能教学实验学校联盟成立，推动福田区AI赋能教育迈向新阶段。（陈华伟）

【教育帮扶】2020年，福田区教育局共组织117余人次前往各贫困地区开展支教工作。组织区属3所学校与广西环江县五圩村辖区内的3个教学点建立结对帮扶关系，募集15万元资金用于对口贫困村五圩村“微民生”帮扶项目建设。同时，积极组织全系统为贫困地区捐赠教学设备、图书、文具、衣物等总价值近50万元的扶贫物资。开展和平县六联村双精准扶贫工作，自筹资金30万元用于六联村助学助教助贫等工作。广泛开展教育系统2020年“广东扶贫济困日”捐款活动，捐款金额近100万元。对口开展一线骨干教师和教研员的教师培训工作，全年帮扶培训广西环江、广西罗城、贵州金沙和广东和平四地骨干教师90名。（陈华伟）

【教育督导】2020年，福田区教育局进一步完善教育督导体制机制，完善出台《福田区教育督学责任区工作办法》《福田责任督学挂牌督导问责办法》及《责任督学挂牌督导制度实施细则》等规定，对区域教育及其相关工作进行监督检查和评估指导，确保国家教育法律法规、规章和国家教育方针政策得到贯彻执行。组织开展政府履职评价迎评工作，根据《2020年对市县级人民政府履行教育职责评价实施细则》等文件要求，高质量完成省级督导室工作要求。全年重点开展学生返校复学工作专项督导检查，为实现全区校园疫情零发生提供重要保障。组织了十一次心理健康教育主题个案督导，总结疫情期间典型心理问题化解的有效经验，提升心理专兼职教师心理援助能力。完成新建学校标准化验收督导工作，按照广东省教育厅和省政府教育督导室的要求，对新建学校和幼儿园进行广东省义务教育标准化学校的督导验收，广东省标准化学校所占比例已经列为政府履职评价指标。开展新一届督学选聘工作，选聘兼职督学322人，特约督学19人，顺利完成了第六届兼职督学和特约督学的评聘工作。（陈华伟）

【校园安全】2020年，福田区教育局牢固树立风险管理和安全发展理念，始终把师生的生命安全放在首位，坚持底线思维，坚守安全红线，全年实现校园重大安全事故零发生。今年重点做好疫情防控指导监管工作，制定出台《校园新冠肺炎疫情防控应急预案》，组织学校开展师生“返校复学”桌面推演，区属260多所学校全年共计开展师生“返校复学”桌面推演超1000场次。强化校园安全管理队伍，构建“线上＋线下”的安全教育模式，学校安全教育平台累计开设线上安全教育课程198节，线下组织开展各项应急疏散演练活动及交通、消防、防震减灾、森林防火等安全宣传教育活动，全年共计80余万人次参与。落实各项安全培训，组织区属学校安全主任、幼儿园分管安全副园长250余人参加校园安全管理和风险处置培训。在全区中小学及幼儿园组织开展以交通安全为主题的征文绘画竞赛活动中，共收到168所学校4000余幅优秀作文和美术作品。开展重点领域安全专项治理工作，对校园食品、消防、校车、安保防护等安全工作进行专项督查，全区136辆校车全部达到国家标准，公办学校食堂A级达标率为100%，共计投入360万元经费向社会公开招标委托食品、消防和校车等第三方专业公司开展监管服务，校园安全防护工作取得实际成效。（陈华伟）

【教育改革】2020年，福田区在已有的红岭教育集团和荔园教育集团基础上，成立福田区实验教育集团，高起点打造面向未来的品牌教育集团，通过“名校+新校”方式，建设梅香学校，快速提升新学校的办学水平，扩大优质教育资源覆盖面，成为新时代福田教育优化升级行动中的重要组成部分，也是标志福田区实现名校集群发展的又一个重要里程碑。2020年福田区将“区管校聘”作为区政府2020年“60项攻坚”重大改革创新项目之一，由福田区教育局牵头进行课题专项研究，完成《福田区教师“区管校聘”管理改革专项课题工作方案》，形成《政策汇编》，并建立福田区公办学校在编教师信息数据库，形成《福田区教育系统教师管理基本情况报告》。继续实施城中村学校整体提质行动，开展新品牌学校创建行动，着力从软件上全面优化城中村学校教育供给体系，提升城中村学校办学品质。开展福田区首届“品牌课程”进校活动，16所城中村学校共引进48门次的区品牌课程；梳理第一批“城中村品牌学校创建联盟校之特色品牌项目”经验并进行线上表彰；组织城中村学校申报第二批“城中村品牌学校创建联盟校之特色品牌项目”；面向城中村学校家长，以班级为单位开设“学生生涯规划”主题家庭教育远程课程，邀请专家到校进行精准定位、一校一策的指导，促进福田新品牌学校快速成长，推动区域教育优质均衡发展，不断提升辖区教育满意度和美誉度。积极探索公办学校人事制度改革，探索建立管、办、评分离的现代学校制度；以红岭实验小学为新体制学校试点，继续深化探索红岭教育集团法人治理结构改革，探索混合制办学新机制，采用公立学校委托管理的方式由红岭教育基金会承办，实行年度工作报告制度和聘期合约考核机制，考评结果作为奖惩与收入分配等的重要依据，通过市场与社会资本进一步完善改革人员相关薪酬体系与配套保障。依照“四聘”的用人制度，开展干部竞聘，建立能上能下、能进能退的管理机制，进一步提升人员管理的灵活性和工作效率，建构高效、务实的现代学校人事管理制度；以明德实验学校为试点，总结现有办学经验，形成可复制的经验做法，2020年明德学校校董会会议、明德基金会理事会会议顺利召开，会议审议通过了明德薪酬体系优化方案，学校教师绩效考核和职称评聘制度进一步完善。（陈华伟）

【教育宣传】2020年，福田区教育局进一步健全教育宣传机制，制定出台《福田区教育局宣传工作制度》《“福田教育”微信公众号运营管理办法》及《福田区教育局舆情工作在线值班及联系人制度》，及时发布教育改革发展动态，回应社会关切。新开设“福教频道”，利用“深圳大件事”APP的影响力，及时发布福田教育的改革发展动态，树立良好的教育形象。全年累计在市、区政府网和官方微信发布教育信息1000余条，新华网、人民网、中国教育报、南方日报、深圳特区报、深圳电视台等中央、省、市、区各级媒体报道及转载共计1万余条。本年度还编制了《媒体眼中的福田教育》新闻报道合集，全景呈现了中央、省、市、区各级媒体对福田教育改革发展的关注和认可。高质量运营福田教育官方微信，多篇原创作品获省、市、区宣传部门转发，年阅读量突破300万，福田教育的影响力、公信力和舆论引导能力进一步增强。每日编发《福田教育舆情早报》，收集研判舆情信息，主动发声回应舆论。全年共处置教育类舆情300余件，接待媒体采访80余次，重点处置市、区督办舆情100余条，及时主动发声，回应社会关切，彰显福田教育担当。（陈华伟）

罗湖教育

【概况】2020年，罗湖区有各级各类学校81所，其中：公办学校60所（不含校区），民办学校21所（包含国有民办8所）。各级各类学校中有小学45所（公办39所，民办6所），初中12所（均为公办），九年一贯制学校16所（公办4所，民办12所），完全中学3所（均为民办），高中学校3所（均为公办），职业学校1所，特殊教育学校1所。另辖区有市直学校3所（初中2所、小学1所，均为公办）。全区幼儿园共144所，公办园62所，民办普惠性幼儿园61所，民办非普惠性幼儿园21所。2020—2021学年第一学期，罗湖区有中小学在校生12.6万人，其中：小学8.45万人（公办学校6.76万人，民办学校1.69万人），初中3.12万人（公办学校2.76万人，民办学校3600人），高中1.03万人（公办学校7947人，民办学校2401人）。在园儿童3.72万人。罗湖区公办中小学教职工6866人，专任教师6554人；民办学校教职工2160人，专任教师1585人。幼儿园教职工6011人，专任教师3673人。罗湖区教育系统在教育扶贫上共选派在职在编教师24人，分6个批次赴新疆、西藏、广西的对口县、市开展支教工作，促进帮扶支教工作持续开展。

【教育经费】2020年，罗湖区公共财政教育支出47.8亿元，占公共财政总支出42.36%，其中安排民办学校专项经费15837万元、民办学前教育专项经费22015万元。全区按市统一标准全面实行生均拨款制度，小学每生每年5200元、初中每生每年6800元，高中每生每年7300元（含寄宿生公用补助300元/人），职业学校每生每年1.7万元（含寄宿生公用补助300元/人）。

【教育督导】2020年，罗湖区教育局在区委区政府领导下，紧扣督政、督学、监测、审计，形成“督政有威、督导有位、监测有为、审计有力”良好局面。做好2019年罗湖区政府履行教育职责评价意见整改落实工作及2020年广东省对区政府履行教育职责评价工作，完成2020年国家义务教育质量监测工作，完成义务教育优质均衡发展数据摸底工作。以问题为导向，研发16个项目督导量表，开展8项中小学、学前教育经常性督导，结合区域重点、难点、热点问题，开展在线教学、心理健康教育等5个专项督导。完成罗湖区“2020年依法治校达标校”认定工作。形成“四位一体”（行政、督导、教研、培训）管理模式的建构与实践，全市独创“行政督导联席会议”制度，加强督导结果应用，破解教育难题。探索出独具特色的“罗湖督导模式”，在市现场会上做经验介绍。完成第八届区督学换届聘任工作，新聘任259名区督学。对接国家、省、市各级审计机关对罗湖区教育系统审计；进行区属公办学校财务收支审计、经济责任审计，形成审计结果报告，并跟踪审计整改情况；对教育局机关重大资金使用及经费开支进行审计监督。

2020年9月19日，罗湖区开展名师工作室课程建设专题培训

（罗湖区教育局　供）

【教学研究及教育改革】2020年，罗湖区教育局持续推进“课堂革命”。组织学科教研员和骨干教师深入学校，以“课例研修”方式广泛开展“听评议课”活动，加强对29所“课堂革命”实验校课堂教学模式的指导，安排教研员开展“驻点视导”活动。按照“基本式+变式”的推进策略，指导实验校开展教学模式构建，通过典型宣传、示范教学、评课议课等活动，推动实验校打造课堂教学基本式，催生学科变式、课型变式、教师变式创新。设计“五要素十六点”（单元教学设计的基本模式。“五要素”是单元教学设计的五个基本要素，具体指教学目标、学习评价、教学策略、教学过程、反思改进；“十六点”是课时教学设计的基本环节，具体指基于学习起点的“教学内容”和“学习需要”分析，基于学习评价的“内容”和“方式”

设计，基于教学策略的“难点突破”“环节流程”“方式方法”“资源开发”设计，基于教学过程的“情景导入”“互动交流”“学与教评价”“讲解演示”“合作探究”“展示评价”“巩固强化”“课堂小结”设计。）单元教学设计基本模式，通过开展专项培训、下校指导、组织评优等活动，开展全区中小学“一师一优课”升级版实验，评选优课、优秀教学设计案例和单元教学综合奖。启动以数字化“思乐课堂”为主题的课题研究，创建实验校，深入开展课堂教学改革，促进信息技术与课堂教学深度融合。举办作业创新成果展示活动，表彰一批优秀的作业创新成果，在《罗湖教育》杂志以特刊形式，刊登优秀成果。

罗湖教改进入“深改”阶段　在总结罗湖区“十三五”期间教育改革发展工作基础上，起草《罗湖区“十四五”教育发展规划》，明确未来五年（2021—2025年）罗湖区教育发展思路目标和主要任务。结合“罗湖教改”实施经验，针对存在问题，明确罗湖教育进入“深改”阶段，确定构建高质量发展教育体系的20项重点任务，起草《罗湖区基础教育高质量发展三年行动计划》。对《罗湖教育》杂志进行改版升级，明确栏目内容，规范论文格式，提升刊物质量，全年完成6期出刊任务。

“大阅读”行动　加强阅读环境和资源建设，翠北实验小学、莲南小学、百仕达小学三所学校的图书馆被评为深圳市“最美图书馆”，靖轩小学被评为广东省书香校园。出版《将整本书阅读融入课程》作为区本阅读教材，辅助学校构建阅读课程，帮助教师为学生开展经典书目阅读指导。举办全区大规模“阅读节”，10月份各中小学开展各具学校特色的“阅读节”，11月份开展全区第二届“阅读节”，活动精彩纷呈，为学校、教师、学生和家庭带来阅读的成效与变化。在线教学期间，开展全区师生“汉韵薪传”线上朗读展示活动。

“大体育”行动　加强小学体育在线教学教研工作，重点关注并指导落实情况。新冠肺炎疫情下，落实学校学生每天1小时运动，罗湖区小学举行体育训练、竞赛活动。关注并深入研究建立小学体育特色项目，举办区中小学生田径比赛、游泳比赛和羽毛球比赛，百草园小学获深圳市棒球比赛第一名。

第二届英语文化节　12月17日，罗湖区在螺岭外国语实验学校举办“走近英语　拥抱世界”第二届英语文化节展演。深圳市教育科学研究院、罗湖区委（政府）办外事科、罗湖区教育科学研究院、罗湖区中小学家委联合会以及罗湖中小幼校领导、老师、家长和学生代表总计近600人参加活动。第二届英语文化节共遴选19个节目进行汇报展演，展演节目围绕“中华文化，世界瑰宝”“博采众长，合作共荣”“中西合璧，共同发展”这三大主题展开。

【班主任队伍建设】2020年，罗湖区教育局研制印发《深圳市罗湖区中小学名班主任工作室建设与管理办法》，制定《罗湖区中小学班主任工作指导意见》，为中小学加强班主任工作提供制度依据。完成市、区、校三级名班主任工作室创建，搭建班主任成长平台，构建名班主任工作室网络体系建设，配套出台三级工作室管理办法和经费使用办法，加强工作室过程管理，形成市级带区级、区级带校级工作室管理模式。组织全区100名班主任参加暑期夏令营研修班，组织7名班主任代表罗湖参加市赛。

【心理健康教育】面对“疫情”对学生心理健康产生的影响，2020年，罗湖区教育局在全区层面召开中小学心理健康教育工作会议、班主任工作视频会议、学生心理排查专题会议，加强预防疫情期间心理问题引发的安全突发事件。研制出台《罗湖区中小学心理健康教育工作指引》《罗湖区中小学校心理危机工作手册》，提升中小学校心理健康教育工作规范化和科学化水平，为全区学校心理健康教育和心理危机干预工作提供参考和指引。建立三级排查制度，实施精准干预，为学生建立心理档案，及时、科学地识别心理高危学生，采取相应措施实施心理危机干预，化解学生危机事件。全面开展教师心理健康教育培训和师生结对活动，开办2个广东省心理健康教育C证培训班，开通心理教育公众号，开设面对面心理辅导咨询，工作日每天开展4小时公益咨询，开展“生命教育”征文评比，《罗湖教育》杂志2020年第4期刊发“生命教育特刊”。

【学前教育】2020年，罗湖区全力推进公办幼儿园建设，完成公办幼儿园在园儿童占比50%的任务，得到区政府书面表扬。全区幼儿园共 144 所，在园儿童 37161 人；其中普惠性幼儿园共 123 所，在园儿童 32409 人，占比 87.21%，包含公办园 62 所，在园儿童 19320 人，民办普惠性幼儿园 61 所，在园儿童 13089 人。

【特殊教育】2020 年，罗湖区教育局积极推进特殊教育融合发展，积极推进特殊教育学校建设，加强随班就读支持保障体系建设，贯彻落实随班就读学生拨款政策，随班就读学生生均经费按普通学生生均经费标准的 10 倍下拨；重视特教资源教室建设，拨付专项经费支持随班就读学生人数达 5 人以上的学校建设特殊教育资源教室，采用政府购买服务方式配备资源教师；积极劝导重度残疾儿童家长接受送教上门服务，多渠道解决适龄残疾儿童入学问题。学生资助方面，认真贯彻落实国家和广东省、深圳市有关特困家庭学生资助政策，坚持“公开、公正、公平”原则，认真组织，严格审核，及时足额发放资助款。做到应助尽助，切实保障困难家庭学生的受助权益，不让一个学生因家庭经济困难而失学。

【家庭教育】2020 年，罗湖区教育局家校协同育人工作成效显著，共完成 34 个家庭教育试点校的建设工作，通过线上、线下培训培养 4000 名家庭教育志愿者；开办 4 期正面管教系统培训，为中小学、幼儿园培养 200 名家庭教育指导师；通过全市遴选成立罗湖区家庭教育讲师团，为区属中小学、幼儿园家长学校授课 150 余场；罗湖区家委联合会面向各中小学家委会开展培训 40 多场，举办各类公益活动 30 多场；《罗湖区家校协同育人的实践探索》获得广东省优秀案例，罗湖区教育局在广东省教育厅召开的广东省 2020 年德育工作会议上做经验介绍。

【民办教育】2020 年，罗湖区教育局强化民办教育日常管理，规范民办学校举办者、校长约谈制度，及时防范违规行为的不良影响扩大，有效化解纠纷。全年处理信访部门移交信访文件 671 件，群众直接投诉 78 件。制定既符合深圳全市政策又结合罗湖区实际的义务教育阶段招生办法，4 月底起全面落实，民办学校招生纳入公民办统一管理，执行“统一平台、统一时间、统一标准”政策。落实民办学校“惠民”政策，对 1.8 万名学生发放学位补贴 6960 万元，对 891 名教师发放长期从教津贴 615.33 万元。组织 21 家民办学校约 1215 名教师到罗湖区中医院进行免费健康体检，保障教师身心健康发展。完成满 30 年教龄教师审核工作，对 10 名满 30 年教龄民办学校教师进行表彰，提升民办学校教师职业获得感。

2020 年 11 月 15 日，罗湖区中小学第三届大创客节开幕式活动

（罗湖区教育局　供）

【艺术教育】2020 年，新冠肺炎疫情期间，罗湖教育局音乐学科云课共研发 90 节，其中 37 节入选深圳市空中课堂，1 节入选人民音乐出版社网络教学资源库。美术学科云课 36 节入选深圳市空中课堂，3 节入选少儿频道空中课堂。音乐学科教学资源推送 166 期，2 次入选“学习强国”APP。美术学科共推出教师原创网络课程 68 节，一篇相关论文刊登于核心期刊《中国中小学美术》。音乐学科开展第十三、十四两期校际结对研课活动，81 所学校参加，结对课 140 节，参与教师 230 人。美术学科开展结对研课结对课 68 节，集体备课 46 场，参与教师 186 人。开展第三届“‘课堂 +’音乐教学成果检测，全区 76 个自然班级，4500 多名中小学生通过舞台展示与现场问答方式，进行音乐课堂教学质量检测。承办全国首届“音乐学科‘传承中华优秀传统文化研究——礼乐弦歌·鸣鸠琴教学论坛与成果展’”。

螺岭外国语实验学校、向西小学、水田小学三所学校获评全国中华传统文化——鸣鸠琴实验校，1位老师获全国优秀现场课例奖。开展云端音乐节，参与学校64所，参加学生近3万人，244个节目入围区展演，41个节目为才艺云精品节目，投票总数130万张，网络访问量150万人次。承办深圳市中小学美育成果交流论坛，举行“第六届自主鉴赏嘉年华”“高中美术课堂教学展示”两场大活动，受教育部课程标准组专家团队一致好评。开展云端美术作品展，师生疫情主题绘画48篇、学生网课特色作业29篇。举办罗湖区中小学生“深爱罗湖绘成长”原创绘本创作大赛，罗湖区中小学30多件原创绘本入选深圳市第二届绘本创作大赛作品。深圳市翠北实验学校、深圳市锦田小学、深圳市文锦中学等三所学校获评广东省级艺术特色学校。

（徐军）

南山教育

【概况】2020年，南山区有区属各类教育机构（不含驻区高校、深大附中、蛇口国际学校等非区属学校，下同）497所（处），其中：幼儿园224所、中小学101所（按校址）、中等职业学校1所、教育培训机构60个、社区教育学院1所、街道社区教育中心8处、社区市民学校102所。各级各类在校在籍学生（含在园儿童）225494人（未含市民学校和培训机构人数），其中：在园儿童59334人、中小学生166160人（含博伦职校）；2020年义务教育阶段非深户籍学生占全区学生总数的36.01%。教职工2.2万人，其中专任教师1.53万人。

2020年，南山区在广东省义务教育优质均衡发展年度督导评估中成为全省唯一各项指标全部达标区，实现全省政府履职评价三连冠。学前教育“5080”工程（2020年公办园在园学生比例达到50%，普惠幼儿占比达到80%）全面达标，公办园在园儿童占比达50%以上，普惠性幼儿园在园儿童占比达82%以上。优化教育资源供给，优质中小学学位新增9000多个，3所新建、改扩建学校工程和4个绿色装配式建设项目按时完工，实现全区中小学5G信号全覆盖，智慧教育建设步入新阶段。继续输出教育品牌，提升深圳第“10+1”区教育水位，推动集团化内涵发展，编制教育集团“十四五”发展规划，为全省推进集团化办学提供南山范式，南山外国语学校深汕西中心学校如期开学，区教科院同乐实验学校成立，推进教育教学纵深改革。推动育人为本，构建“五位一体”德育工作模式，开展第七届中小学心理健康教育活动月暨第二届南山区家庭教育活动月，出台《“了解学生，走进学生心里”班主任工作清单》；实施德育六大行动，实现“三全”（全员、全程、全方位）育人，南山区被评为中国教科院德育创新示范区；与广州市天河区举办“山河对话”德育云论坛，分享德育工作经验，并签署《友好合作交流备忘录》。学有优教，高考“三率”继续领跑全市各区，高分优先投档率50%以上，南山“小院士”增至172名，占全市一半以上；有4项课题获得市优秀成果推广类立项，占全市二分之一；6所学校被评为全国特色学校，建成40所劳技室，实现劳动教育全覆盖，并被列入劳动教育国培示范性项目。落实“停课不停学”，推进防疫（新冠疫情）与教育教学“双常态”，在全市率先启动“空中课堂”，南山区教科院获全市在线教学先进单位。教育精准扶贫的“南山模式”形成示范效应，开展48校“1+1”结对帮扶，深化“集团+”跨区域教育联盟交流，推行“中职111工程”（开办一个专业，培养一批工匠，脱贫一批家庭）帮扶机制，从学前教育到中职教育整体输入南山优质教育资源，得到国务院扶贫办的肯定，被中国新闻网、南方日报等各大媒体报道。南山区连续五年获评深圳市“年度教师”，刘根平被评为全市基础教育系统的深圳教育改革先锋人物，有30名教师获市教学能力大赛一等奖，数量居全市各区之首。

【教育督导】2020年，南山区优质均衡区向上突破。率先在全省开展全国义务教育优质均衡发展区创建工作。通过“集团军作战”“定点突破”“周报告制度”等方式，智慧化解6所学校大校额问题；通过租借校外体育运动场馆、教辅用房13.4万平方米，解决27所学校体育运动场馆和教辅用房不足问题；通过召开全区学校迎评工作暨资料建档现场会，组织优质均衡的区迎评工作专项督导，强力推动学校自查自改工作，较好地完成了音美专任教师配备、音美专用室建设、骨干教师认定、教师继续教育学时管理等指标的达标落实；通过助推公益民办学校教育质量提升工程，建立825万专项帮扶资金，全面落实民办学校的迎评整改工作，推动公民办学校、南北部学校、新旧校之间的优质均衡发展，形成全区上下合力迎评的良好局面，率先通过义务教育优质均衡发展区市级复核。是全省唯一的初中、小学校际间差异系数均达标的区（县）。作为发言单位在全市教育工作会议上做创建工作经验交流，获市教育局通报表扬。

政府履职评价再夺桂冠。重视顶层设计，精准打好迎评“组合拳”。通过严把平台数据填报关，认真落实整改意见，统筹协调迎评工作，细心编印文件汇编，精心制作迎评资料，周密组织满意度调查，举行资料上传仪式等活动。南山区再次荣获2019年度市县级人民政府履行教育职责评价珠三角地区第一名。

【教育经费管理】2020年，南山区教育系统投入各项财政资金72.5亿元，比2019年增长4.5%，约占全区公共财政支出的25.44%。教育经费用于保障各校（园）教育教学正常运行的基本支出及项目支出，公办校（园）财政拨款按生均标准予以核拨。项目支出除用于生均项目以外，主要有学前扶持31163万元，新开办和转型公办幼儿园装修改造及运营经费38358万元，民办扶持15000万元，四点半活动经费14227.30万元，新建扩建学校配套经费10550万元，午餐午休管理6466.75万元，增人增资5000万元，校舍安全改造3500万元，办学条件提升3410万元，班主任工作经费3738.48万元，厕所革命1100万元等。年内，区教育局依规对工资业务进行审核，办理工资业务6436条，审核7500名教师的薪级和特区津贴晋升业务，指导调整在编教师社保和公积金缴费基数。完成内部控制评价报告编制、整体绩效评价和三个重点项目绩效评价等。检查转型公办园预决算、会计核算、招投标、资产管理等，对民办学校、民办幼儿园资金实行三方监管，对其年度财务审计报告予以审核公示。专项检查公办学校、幼儿园的项目招投标、食堂收费及验收等，并提出整改意见。检查部分学校违规发放教师房补情况，核实后督促整改。

【教育基建】2020年，南山区完成3所公办中小学改扩建项目、4所学校的绿色装配式教学楼项目，新增公办义务教育学位4400个。公办中小学改扩建项目主要是留仙小学改扩建一期工程项目、南外滨海中学改造项目、深圳湾中学食堂和宿舍改扩建项目。其中，留仙小学改扩建一期工程项目位于南山区同乐路与留仙大道交汇处，系2018年8月开工，2020年10月竣工，占地6500平方米，建筑面积约1.34万平方米，投资约7965万元，工程项目包括新建教学楼、教辅用房、地下停车库等。南外滨海中学改造项目位于南山区望海路与半岛三路交叉口东南侧，2020年2月27日开工，当年8月24日竣工，改造面积约2.27万平方米，有教学楼、宿舍楼与室外园林景观，包括土建、精装修、给排水、电气消防、室外工程等，总投资约4357万元。深圳湾中学食堂和宿舍改扩建项目位于南山区沙河街道白石二道1号，2018年8月开工，2020年7月底竣工。项目占地6.29万平方米，建筑面积2.08万平方米，包括在原校园内扩建一栋地上14层、地下1层的综合楼，其一、二层主要功能为学生食堂，四至十四层主要功能为学生宿舍，新增住宿床位2100个，总投资12627万元。荔林小学、南山小学、塘朗小学、学府中学四所学校完成了绿色装配式教学楼项目，建筑面积分别为2450平方米、1500平方米、2100平方米、1600平方米，合计7650平方米，均为装配式钢结构建筑，地上3层建筑高度为11.55米，2020年2月开工，当年8月竣工。

【校园安全管理】2020年，南山区教育局全面落实市、区《2020年安全生产、应急管理和防灾减灾救灾工作要点》《2020年安全生产专项整治行动总体工作》《2020年全市消防工作意见》和《安全生产专项整治三年行动实施计划》。建立完善应急机制，修订《南山区校园安全稳定突发事件应急预案》《南山区教育局防台风预案》和《南山区教育局防汛预案》等，落实《南山区教育局三防检查制度》《南山区教育局防汛防风隐患排查专项制度》。全面推行“一线三排”工作机制，组织排查各种安全隐患，在消防、电气、校车、食品、危险化学品、建筑施工、小散工程等方面开展排查整治。落实办学单位主体责任，健全完善全员、全过程的安全管理责任制，突出校园及培训机构主要负责人、实际控制人、法定代表人的第一责任，组织380多家办学单位签订《校园安全管理责任书》《消防安全承诺书》。组织全区中小学、幼儿园开展防自然灾害演练350多场、防火演练580多场、防疫演练400多场、食品安全演练30多场。深大附属教育集团后海小学等多所校园入选全省安全文明校园、广东省交通安全文明示范学校、深圳市消防标准化信息化示范学校等。

安全检查　年内，南山区教育局全面落实安全管理责任，排查各种安全隐患，开展隐患整治。制定《南山区教育系统安全专项整治三年行动实施方案》，建立风险管控和隐患治理安全防控体系，建立问题隐患和制度措施“两个清单”。组织教育系统安全联防组大检查，内容涵盖消防安全、道路交通（校车）、实验室危化品、建筑施工和小散工程、三防、食品安全、安全教育等，对安全隐患建立清单，督促整改。加强消防安全管控，与各校园责任人签订消防安全承诺书，下发《南山区教育局2020年电气火灾防范专项整治工作方案》《关于加强校园电动车管理的通知》等文件，联合区消防大队对全区8所寄宿学校进行消防安全检查，督促各办学单位定期开展电气防火检测，落实电动车骑行停放管理责任，规范电动车停放充电。

安全教育　年内，南山区教育局制订《南山区教育系统2020年校园安全教育工作方案》。邀请安全专家进校园宣讲104场，开设安全专题专栏767个、LED电子屏安全标语230多处，张贴安全宣传海报1140多张，开展安全技能培训470场。组织教师、学生及家长利用深圳市学校安全教育平台参加5·12防灾减灾专题教育、中小学生119消防安全教育。组织师生及家长利用网络直播收看消防安全网络直播公开课、春季返校交通安全教育家长会、交通安全第一课等，参加3·30全国中小学生11·9安全教育日、5·12防灾减灾日、安全生产月和安全生产万里行、11·9消防安全宣传月、12·2交通安全宣传日等活动。

2020年4月3日，南山区成立区教育科学研究院同乐实验学校

（南山区教育局　供）

【防疫与教育教学“双常态”】2020年，南山区教育局推进新冠疫情防控与教育教学“双常态”，突出疫情防控、在线教学、返校复课三个重点。1月27日，成立南山区教育系统疫情防控工作领导小组及8个专项工作组，全区各校（园）及培训机构均成立防控领导小组，成立39个校园疫情防控督查组，常态化开展疫情防控和在线教学情况以及返校各项准备工作督查督办。落实“停课不停学”。2月10日，南头中学等7所学校在全市率先启动“空中课堂”，全区192个名师工作室的近3000名成员开设“南山名师天天在线”在线直播课程，804节网课被省教育厅“粤课程”教学资源平台采用，居全市各区之首。南山区开设“空中课堂”的做法被《中小学管理》杂志等40多家媒体报道。4月17日，南山区召开2020年春季学期学生返校防疫工作会。成立由区长黄湘岳任组长的学生返校工作专班，从严从细做好学生返校各项准备工作，有序推进各级各类学校及培训机构分期、分批、错峰返校复课。落实校园内外安全排查整治、各类人员出入校园管理、校园公共卫生治理、线上线下混合学习、饮食住宿管理、心理健康教育、应急管理机制与培训演练七项举措，确保复课安全。期间，南山区委区政府领导以及区新冠肺炎疫情防控指挥部、区疾控中心、区教育系统疫情防控工作领导小组等部门相关负责人反

复深入各中小学和幼儿园，检查疫情防控和复学工作准备情况。4月27日，在严格的疫情防控措施下，南山区中加学校、荔香学校等首批45所中小学3218名教职工、14204名学生有序返校复课。随后，全区中小学和幼儿园分期分批陆续复课，实现全区疫情防控和教育教学“双胜利”。

【教师队伍】2020年，南山区教育系统（包括民办）有教职工2.2万人，其中在编8000人；专任教师1.53万人，其中中小学（含博伦职校）专任教师1.07万人、幼儿园专任教师0.46万人；有高级职称1412人，占教师总数的17.65%。年内，南山区注重引进优秀人才，推动教师人才建设，提升教师队伍素质，设岗招聘优秀毕业生916人、面向全国公开选聘中小学教师7人、面向外区选调优秀教师21人。做好人才服务保障，推进职称评聘，监督落实聘后管理。修订校园领导考核方案，规范中层干部管理，将科室量化打分改为对校园日常工作的等级评价，并列明正面及负面清单，直观反映学校日常管理表现；增加区分效度，42所学校按照新的中层管理办法实行学校中层的选聘及备案。持续推进校长领导力提升工程，组织“我们的复学之路”云论坛、“解读PISA（国际学生评估项目的缩写）构建21世纪学校体系”等校长领导力提升培训。规范人事管理，促进人才发展，选拔校园学科名师20人开展第四届精英人才校园共享计划，其中19名精英教师交流至民办学校兼任第一书记，向区级以上党政机关选派输送干部16人，向各受援地区选派优秀支教教师及驻村干部70人，其中1人在受援地区获评正高级教师，3人获评优秀援疆干部，3人获评深圳市教育系统先进个人称号。搭建师资动态调整的交流平台，区内交流调整在编教师87名，实现全区教师资源的均衡配置。南山教师在第八届全市中小学班主任专业能力大赛中获3个组别冠军，博伦职校教师张日威获全国职业院校班主任能力比赛一等奖，全区有47名教师获评省、市级荣誉称号，其中：南山教育集团南头小学教师邓玉琳被评为广东省最美教师，南头城小学校长周玉萍被评为深圳市十佳校长，南山外国语学校（集团）滨海学校教师苏嘉亮被评为十佳青年教师，南山实验教育集团麒麟中学魏玉峰被评为十佳师德标兵；有25人被评为优秀教师、15人被评为优秀班主任、3人被评为先进教育工作者、2人被评为优秀督学；邓玉琳被评为深圳市年度教师，南山区连续5年获此称号；南山教育局局长刘根平被评为深圳市教育改革先锋人物。年内新增名师工作室30个，全区名师工作室达到146个。

教师招录　年内，南山区教育系统招聘优秀毕业生916人，其中双一流、部属师范院校、QS（国际高等教育资讯机构的简称）前100院校占85%，研究生及以上学历占92.1%（含博士10人），人数和生源质量均创历年新高，师资队伍年龄结构、学历结构以及学科结构进一步优化。面向全国公开选聘中小学骨干名师7人，其中全日制博士2人、省级骨干教师1人、深圳市优秀教师1人、省级现场课堂教学竞赛二等奖以上获得者3人。选调外区优秀教师21人。

教育培训　年内，南山区持续推进校长领导力提升工程，组织“我们的复学之路”云论坛暨北京、杭州、深圳三地论坛、“解读PISA，构建21世纪学校体系”等校长领导力提升培训。组织两批校长赴云南、杭州等地学习研修。教师培训实现线上线下混融，开设南山教师空中学院，开展新岗教师培训、设计培训100学时。开展幼儿园教师线上培训，参训人数6400人，总学时达25.6万个。线下参训教师1880人，完成3万个培训学时。开展9场18所基地幼儿园教师跟岗研训，跟岗教师411人。每所民办学校派2名南山名师挂点帮扶。连续三年开展教育精准帮扶暨跨区域校（园）长、骨干教师培训。

教师资格认定　年内，南山区开展教师资格认定2批次，通过审核1703人；组织教师资格认定笔试1次，报名考生1万多人，报名人数再创新高。开展教师资格注册，在职教师资格首次定期注册为5年期（2017–2021年），收到申请3356份，占总注册人数的98%以上。

【第二批名师工作室挂牌】2020年5月28日，南山区第二批名师工作室挂牌。第二批名师工作室的认定工作经过各校申报，区教育局组织专家评审，最后通过名师工作室认定30个，其中教育科研专家工作室6个、名班主任工作室3个、名教师工作室17个、博士工作室

4个。工作室认定周期为3年。成立名师工作室是南山区提高区域教育科研水平、加强立德树人和学科引领能力建设、造就高素质专业化创新型教师队伍的重要措施。名师工作室采取以问题为纽带、以案例为载体、以课题研究为抓手的成长模式，为南山教育高质量发展发挥示范引领和辐射作用。

【南山区获2020年深圳市少先队辅导员岗位风采大赛冠军】2020年12月3日，在由团市委、市教育局、市少工委联合举办的2020年深圳市少先队辅导员岗位风采大赛上，南山区3支队伍参赛。其中由文理二小大队辅导员胡悦、哈工大深圳实验学校大队辅导员丁逸韬、育才一小大队辅导员孙洁琼、西丽小学大队辅导员孟蝶、前海学校大队辅导员黄樱梓、文理二小中队辅导员周新宇组成的南山悦成长队获得一等奖第一名，另有一支队伍获二等奖第一名，一支队伍获得三等奖。本次比赛共分两个阶段，第一阶段为笔试环节（占总分的30%），实行淘汰制，南山三支队伍以笔试第一、第四、第十二的成绩入围第二阶段比赛；第二阶段为展示环节（占总分的70%），共分为鼓号微展示、墙报设计、少先队活动情景剧展示、少先队创意游戏四个小环节，南山区三支队伍在此环节参赛的十五支队伍中分别夺得第一、第四、第十二名。

【南山区首次表彰“功勋班主任”】2020年9月10日，在南山区第36个教师节表彰大会上，南山区首创表彰“功勋班主任”。年内，区教育局首度组织开展“功勋班主任”评选与表彰活动，评出连续担任班主任年限超过30年且在南山任班主任年限超过25年并在近3年担任过班主任的教师28名。这一举措温暖鼓舞了几十年如一日在一线默默无闻倾力奉献的广大班主任。南山区政协副主席、教育局局长刘根平表示，“功勋班主任”，简简单单五个字，蕴藏着他们从一头青丝到两鬓染霜的辛勤耕耘，见证着南山教育从筚路蓝缕到改革潮头的时代担当。“功勋班主任”评比和表彰活动将在南山区形成常态化，以增强班主任的职业幸福感和荣誉感。

【南头城小学周玉萍获评深圳市十佳校长】2020年9月10日，在深圳市庆祝第36个教师节大会上，南山区南头城小学校长周玉萍被评为深圳市十佳校长。自2012年8月，周玉萍任南头城小学校长，明确学校办学定位，凝聚师生、家长和社区代表的智慧，将书院文脉、古城的历史和学校文化融入中华传统教育之中，使得以传统文化塑造儿童民族精神成为学校特色。提炼多元一体·各美其美的办学理念，以主题阅读·大量阅读、经典阅读·文化育德为育人模式，以创新文化彰显特色，在教育现代化、国际化建设上力求创新发展。南头城小学先后被评为国家级生态文明学校、国家吟诵教育基地、国家动漫教育实验学校、深圳市现代学校制度建设示范学校、深圳市德育示范学校等。周玉萍以课题引领科研发展、以教研深化教学内涵，承担数十项国家级和市、区级课题研究，深度凝练“古城大美”课程体系，提升办学品味，撰写的《文化育德，扬“古城大美”》《以党建提升学校发展力》分别在《中国教师报》《人民教育》上刊载。

【南山区获第八届深圳市中小学班主任专业能力大赛三个组别冠军】2020年11月13—14日，第八届深圳市中小学班主任专业能力大赛在深圳市育新学校举行，全市60名精英班主任分别参加小学组、初中组、高中组和中职组共四个组别的总决赛。大赛分主题班会（集体活动）设计和情景答辩两个项目，聚焦班主任工作的复杂性及多样性，用题目解答的方式，探讨一线班主任工作中的热点、难点问题。南山区参加决赛的7位班主任分别获得初中、高中及中职组3个一等奖、2个二等奖和2个三等奖。其中，哈尔滨工业大学（深圳）实验学校教师孙克珮获得初中组冠军，深圳南山外国语学校（集团）高级中学教师刘震获得高中组冠军，深圳市南山区博伦职业技术学校教师张日威获得中职组冠军。南山区教育局获最佳组织奖。

【博伦职校张日威获全国中等职业院校班主任能力比赛一等奖】2020年12月11—12日，在湖南长沙财经学校举行的教育部主办的全国职业院校技能大赛中等职业学校班主任能力大赛决赛上，深圳市博伦职校教师张日威获得大赛一等奖。大赛突出赛训一体，围绕学生思想工作、班级管理工作、组织班级活动、职业指导工作、沟通协调工作等方面，制订班级建设方案，推进建班育人，应对突发事件，并根据学生成长情况及时总结改进。博伦职校张日威以市赛、省赛双一等奖的成绩进入决赛，通过班级建设方案、主题班会方案和实录视频、教育故事、班级活动策划方案、情景模拟处置、班级建设方案实施情况介绍、现场答辩展示等，系统展现职业教育班主任的建班育人能力。

【龙苑学校任媛获全市中小学青年教师基本功大赛特教组第一名】 2020年11月12—13日，在南山区龙苑学校举行的2020年深圳市中小学青年教师教学基本功比赛特殊教育组决赛上，南山区龙苑学校教师任媛凭借丰厚的理论知识、扎实的基本功、出色的表现获得比赛第一名。决赛分为微格教学、教学反思、个别化教学方案展示与答辩、即兴演讲四个环节，权重各占50%、10%、30%、10%。有市直属学校和各区特殊教育学校、特教班的11名教师参赛。

【学前教育】 2020年，南山区共有幼儿园224所，其中公办园79所、民办普惠园102所、民办非普惠园43所；全区在园儿童59334人，其中公办园在园儿童29912名，占在园儿童的50.4%；民办园在园儿童29422名（其中民办普惠园19131名、民办非普惠园10291名），占在园儿童的49.6%；普惠性幼儿园（含公办）占在园儿童的82%。学前教育改革“5080”（公办园50%、普惠园80%）工程全面达标，形成50：30：20（公办园占50%、非公办普惠园占30%、非普惠民办园占20%）的办园结构。学前教育教职工9626人，其中公办园3850人、民办园5776人；专职幼儿教师4601人。大专及以上学历专任教师达94%。全年受理幼儿园行政许可业务306件、行政给付业务6.58万件，办结率100%。推动5个事项（情形）实现“秒批”，9个主题事项实现一件事一次办，10个事项实现即到即办，28个事项实现“指尖办”，17个事项实现“容缺受理”。

2020年7月28日下午，南山区区长黄湘岳到育才中学考察

（南山区教育局 供）

年内，帮助民办幼儿园渡过疫情难关，对符合条件的民办幼儿园给予运行支持专项补助，按照每班每月不低于4000元的标准，补助时间为3个月，发放补助金额910.8万元，用于帮助与扶持民办幼儿园在疫情期间维持教职工薪酬支出、支付园舍租金等。年末，核准发放60082名在园儿童成长补贴8850万元，资助55名在园困难儿童助学经费12万元，审核6326名保教人员长期从教津贴，发放2020年度5608名保教人员长期从教津贴9087.42万元。支出1444.15万元为8658名幼儿园保教人员免费进行健康体检。按每年每套2万元的标准支出472万元，为67所符合条件的幼儿园发放236套人才住房的配租补贴，8所幼儿园获得8套人才安居房。

【学前教育“5080”工程全面达标】 2020年底，南山区教育局宣布，全区普惠性幼儿园达到181所，学前教育改革“5080”工程全面达标。南山区公办园在园儿童占比50.4%，普惠性幼儿园（含公办）在园儿童占比82%，形成50：30：20的办园结构，基本满足全区市民对学前教育的优质化、多样化需求，形成政府主导，社会共同参与，以公益普惠园为主体，广覆盖、保基本、高质量的学前教育公共服务体系。年内，南山区召开各级各类学前教育会议200多次，其中区政府常务会议近10次、区长主持专题会20多次、分管副区长参加的研究会30多次、局务会40多次、其他各种研究会（协调会）近100次。相继出台《2020年南山区民办幼儿园转型工作方案》《南山区公办幼儿园建设实施方案（2019-2020年）》《41所到期政府产权小区配套幼儿园转型相关问题解决方案》《南山区政府产权小区配套幼儿园到期转型执行小组操作方案》《南山区公办幼儿园建设及小区配套幼儿园治理行动方案（2019-2020年）》等14个文件。申报的《学前教育“5080工程”建设与管理实践研究——以深圳市南山区为例》被定为深圳市教育科学重点课题，成为全市首个以行政科室名义申报的市级课题。

【幼儿园园长及骨干教师业务能力提升培训“云”开班】2020年3月4日，南山学前教师“停课不停爱”“停课不停学”，率先架设云端“空中课堂”，实施“我们的复学之路”云论坛—北京海淀—杭州滨江—深圳南山三地教育对话；同时与杭州、武汉三地连线，为千名三地幼教开展空中对话与交流，开启后疫情时代的互联网研训新模式。首日参加直播学习的三地教师达1.54万人，累计网上点击量高达2.46万次。南山区各幼儿园园长、中层干部、骨干教师2600多人参加培训。培训围绕学前教育理念、学前管理实践、学前专业能力三大维度，课程涉及女性身心健康维护、疫情期间幼儿园幼儿保健、家长如何开展亲子阅读等内容，旨在针对幼儿园管理及教学实践中面临的实际问题，帮助幼儿园园长以及骨干教师进一步熟悉幼儿园日常管理工作，提升业务能力，促进专业化发展。

【中小学教育】2020年，南山区有普通中小学102所（按校址，含博伦职校），其中普通中学18所（公办高中3所，公办初中14所，民办1所），普通小学54所（公办50所、民办4所），一贯制（九年、十二年）学校27所（公办19所、民办8所），完全中学2所，职业高中1所。有中小学专任教师1.06万名，中小学在校生16.3259万人（小学生11.2798万人、初中生3.9807万人、高中生1.0654万人，职业高中2901人）。年内，南山区推进义务教育优质均衡发展，优化教育供给，输出教育品牌，坚持育人为本，实现学有优教。提升深圳第“10+1”区教育水位，南外深汕西中心学校建成开学。加强名班主任工作室建设，创新设置领衔班主任，首次评选功勋班主任，探索从魅力班主任、智慧班主任、领军型班主任到功勋型班主任的职业生涯发展规划。搭建智慧班主任平台，各类原创班主任资源超过400件，总点击量突破21万次。实施德育“六大行动”，与广州市天河区开展首届大湾区中小学德育工作“双城”论坛。普通高考高位高分优先投档率（重点率）50.99%、本科率93.65%，高考“三率”继续领跑全市各区。育才二小项目式学习案例被评广东省中小学优秀项目式学习案例一等奖、深圳市第一名。3名学生获评省级最美南粤少年，15名学生获市级最美南粤少年，最美南粤少年人数居全市之首。

义务教育招生　年内，南山区义务教育严格按照小学45人/班、初中50人/班的国家标准班额招生，小学一年级录取20219人，其中公办学校录取18755人、民办学校录取1464人；初中一年级录取14599人，其中公办学校录取13783人、民办学校录取816人。年内，南山区成立以主要领导牵头的教育工作专班和化解学位问题引发涉稳风险工作专责领导小组，召开教育（招生）工作联席会议，协调各单位及时妥善处理招生中的热点难点和涉稳问题。调整4项招生政策，修订《南山区义务教育阶段公办学校积分入学实施办法》和《关于南山区住房学位锁定相关问题的说明》，发布《南山区2020年使用居住信息登记证明申请义务教育阶段公办学校学位的操作指引》，并采用手机报名、网上数据采集方式。全年接听招生工作咨询电话2.8万个，现场咨询1.3万人次，处置信访回复1900多件、各类平台留言回复近500件，组织人员主动下社区沟通接访40多次。

学生考试　2020年，南山区组织普通高考、中考文化考试、高中学业水平考试、高考英语听说考试、中考体育考试、全市中考体育游泳考试、中考英语听说（含模拟考）、初二学业水平考试等各类各级考试10多场次，参加考生7.2万人次，安排考场1500多个，考务人员5500人次。改造体育中考考点，实现体育中考项目全部采用高清移动摄像设备同步摄像并联网市招办直播。各项考试考生人数、考点数、考场数均创历史新高。全区参加普通高考考生2628人，重点上线人数1333人，分别比上年增加 227 人和 167 人，高位高分优先投档率（重点率）50.99%、本科率 93.65%、专科率 100%，高考“三率”继续领跑全市各区。

德育工作　2020 年，南山区坚持立德树人，实施德育“六大行动”（方圆行动、培根行动、红星行动、灯塔行动、地图行动、摇篮行动）。在南方都市报社发起的“深圳教育改革创新大奖”评选中，德育“六大行动”被评为年度最受欢迎教育实事。与广州市天河区采用线上线下相结合的形式，举办首届大湾区中小学德育工作“双城”论坛，一起分享两地中小学德育工作经验，并签署友好合作交流备忘录，线上直播阅读点击量超过 82 万次。确定德育工作主题为“了解学生，走进学生的心里”，构建良好师生、家校、生生关系，促进学生健康成长。建立智慧德育服务平台，全区中小学开展德育活动 2.23 万项。在全国文明城市创建活动中，各学校参与率 100%，学府中学获评广东省文明校园，4 所学校获评广东省创建全国文明校园示范学校，2 所学校获评深圳市文明校园。

【《南山区义务教育阶段公办学校积分入学实施办法》】2020 年 4 月 28 日颁布。办法规定，在南山区申请积分入学的对象包括深圳户籍学位申请人和符合《深圳市非深户籍人员子女接受义务教育管理办法》规定的非深户籍学位申请人以及享受政府相关政策优惠人员的子女。办法共设 3 个基础积分项目和 3 个加分项目，满分为 100 分。积分入学分三步进行：学位申请人报名，工作人员进行初步审核得出初审积分，终审通过后直接录取。区教育局将按同一学区内学位申请人终审积分从高到低依次录取，不同学区学位申请人的终审积分不具备平行比较资格。家长在规定时间内可通过区教育局招生系统网站查询终审积分和录取结果。同时，还发布《关于南山区住房学位锁定相关问题的说明》和《南山区 2020 年使用居住信息登记证明申请义务教育阶段公办学校学位的操作指引》，并采用手机报名、网上数据采集措施，方便申请人办理入学手续和查询。

【南外深汕西中心学校建成开学】2020 年 9 月 1 日，深圳市南山外国语学校（集团）深汕西中心学校（简称“南外深汕西中心学校”）举行 2020 年开学典礼。南外深汕西中心学校为深圳市深汕特别合作区第一所以深圳标准、深圳质量建设的九年一贯制学校，位于深汕特别合作区起步区和聚焦发展的先行区鹅埠片区，占地 5 万平方米，建筑面积 8 万平方米，规划设置 54 个教学班、2520 个学位。学校设有报告厅、图书馆、天文台、体育馆、食堂、标准足球场等配套设施。全校共有教职工 42 人，其中专任教师 32 人；共有学生 158 人，其中小学一年级新生 109 人、4 个教学班，初一新生 49 人、2 个教学班。2018 年 10 月，南山区人民政府与深汕特别合作区管委会签署框架协议，共建南山外国语学校（集团）深汕学校，覆盖幼儿园、九年一贯制学校、高级中学。2019 年 10 月，南外深汕西中心学校开工建设。

【育才二小项目式学习案例获广东省一等奖】2020 年，在广东省教育研究院公布的广东省中小学优秀项目式学习案例名单中，南山区育才二小项目式学习案例——“远离新冠病毒：设计非重复使用的新型感应式洗手液取液器”，在全省 610 项案例中被评为一等奖、深圳市第一名。广东省教育研究院面向全省征集优秀案例，是基于疫情期间各中小学开展项目式学习活动的成果汇报。育才二小在项目式学习实践探索基础上，通过学生主动探索现实世界中的问题，让学习与生活融通，让学校与社会贯通，针对疫情防控问题设计制作的“非重复使用的新型感应式洗手液取液器”是师生探索式项目式学习、研究性学习以及综合实践课题等跨学科教学方式的一次成功展示，充分锻炼学生自主创新、实践操作、合作表达、分析反思等综合能力。

【南山区三名学生获评省级最美南粤少年】2020 年 3 月，在团省委、省学联、省少工委联合举办的第五届最美南粤少年评选活动中，南山外国语学校（集团）滨海小学乌璟雯入选最美南粤少年。另有南外（集团）科苑小学的苏恬恬入选最美南粤少年的活力好少年，中科先进实验学校的石梓默获最美南粤少年的美德好少年提名奖。该活动有全省 1 万多所学校、22.6 万名学生参与，通过评选，共有 60 名青少年学生上榜。

【职业教育】2020 年，深圳市博伦职业技术学校（简称博伦职校）设珠宝部、经管部、信息部、传媒部四大专业部；有珠宝玉石加工与营销、宝玉石鉴定与检测、会计、电子商务、食品生物工艺、计算机应用、物联网技术应用、工业机器人技术应用、美术设计与制作、音乐等10个专业，其中，宝玉石鉴定与检测专业为首批广东省中等职业学校示范专业和广东省重点专业，珠宝玉石加工与营销专业和工业机器人技术应用专业为广东省“双精准”示范专业。宝玉石鉴定与检测、物联网技术应用、工业机器人技术应用、电子商务和会计5个专业被确定为“1+X”证书试点专业，学校成为广东省高水平中职学校建设单位。全校有71个教学班，教职工257人，其中有专任教师197人。当年招生968人，毕业861人，有在校生2901人。当年实现就业81人，就业率占应就业的比例为93.1%。参加高考725人，其中：参加职高考643人，上线人数642人，上线率99.84%；参加普高考82人，本科上线人数54人，本科上线率65.85%、专科上线率100%。

年内，南山区做实做强中职教育，强化产教融合，实行专业共建，落实订单培养，推进现代学徒制，加强校外实训基地建设。博伦职校与深圳市南头古城投资有限公司等13家企业签订《校企合作协议书》，共同制定人才培养方案；与大疆科技有限公司、优必选机器人公司和深圳市连硕教育投资管理有限公司等共建智能电子专业，合作开发课程；与中国珠宝玉石首饰行业协会、中国地质大学珠宝学院、广东省金银珠宝玉器厂商会等建立产学研合作关系；与中国地质大学珠宝学院合作，编制出版《宝石加工实务》《珠宝首饰营销策略》《珠宝首饰佩戴教程》等教材，食品生物工艺专业与深圳市食品药品监督管理局、深圳市食品安全研究会合作编制《深圳市食品安全管理教材》，并定向培养食品安全监管、协管人员；与华润万家超市开展红酒专业合作，定向培养酒窖专员；与深圳市坤远珠宝有限公司等企业合作推进现代学徒制，聘请企业高级技工开展模块教学，开设K金首饰执模镶嵌课程；与云南瑞丽样样好国际珠宝有限公司等20家企业签订校外实训实习基地协议。博伦职校精准实施“111”智力扶贫工程，助力广西德保县职校开办一个专业、培养一批工匠、脱贫一批家庭的典型案例被《中国新闻》等多家媒体深度报道。学校教师参加教学竞赛，获国家级奖项11项、省部级奖项13项、市级奖项4项、区级及以下奖项31项。在全国行业职业技能大赛——钻石鉴定与分级竞赛中，博伦职校包揽4个项目的一等奖。学校有12名教师被评为广东省优秀指导老师，教师张日威获全国班主任能力大赛一等奖。该校在广东省文明风采活动中获10个一等奖。

【博伦职校在全国行业职业技能大赛获一等奖】2020年11月28日，在北京举行的2020年全国行业职业技能大赛中，深圳博伦职校获一等奖。在钻石鉴定与分级竞赛中，该校珠宝部代表队在教师陈若瑜带领下，与全国各大本科、高职院校学生、企业精英同台竞技，通过初赛、复赛的层层选拔，博伦职校8人进入全国前30名。在决赛阶段，经过多轮比拼，该校学生林瑞琳获学生组第一名，获一等奖，申奥、邓超敏和包宇浩3人分列第四、第五、第七名，获三等奖。

【成人教育】2020年，南山区成人教育包括电视大学教育、成人高考、自学考试和社区（社会）教育等。

电大教育　2020年蛇口电大开设学前教育、行政管理2个本专科专业、83门课程，有教学班8个，在籍学员1061名，聘任教师42名。组织春秋两季期末考试6次，参考学员4629人次，毕业生467人。当年未招新生。

自学考试与成人高考　年内，南山区考点组织3次自学考试和1次成人高考，其中1月份自学考试报名12941人、8月份自学考试报名18470人、10月份自学考试报名19860人。10月份的成人高考报名19126人，自学考试和成人高考报考人数再创新高。

社区教育　年内，南山区深入推动学习型城市建设，粤海街道和南头街道创建首批深圳市学习型街道。全区有320人参加居民声乐教育培训，460人分别参加社区网格管理员和社区专业工作者集中培训。开展2020年全民终身学习活动周，以全民智学助力“双战双赢”（疫情防控和经济社会发展）为主题，营造全民终身学习氛围。区妇联推荐的汪丽君和区关工委推荐的“五老讲师团”项目分获2020年深圳市百姓学习之星和终身学习品牌项目。9月26日上午，南山区2020年传统文化节暨“金声玉振　共诵经典”社区分会场活动在南头街道南头古城广场举行，南山区居民、学生家长、社区义工等500多人参与。

【特殊教育】2020年，南山区龙苑学校（特殊教育学校），在籍学生151人，其中小学94人、初中57人；教职工91人，其中专职教师64人。年内，南山区加大对特教教师培养力度，提高特教教师业务水平。推动特教教师进行课题申报，其中《随班就读学生个别化教育校本研究——以南山区资源教室试点学校为例》课题获南山区重点资助课题。编制《南山融合教育问答手册》，对全区普通学校进行融合教育通识普及。举办2020年南山区特殊教育教师教学能力选拔赛，该校教师任媛胜出，并代表南山区参加全市青年教师特殊教育基本功决赛、获全市第一名。

【民办教育】2020年，南山区有民办教育机构218所，其中民办中小学（含1所中外合作办学学校）13所、民办幼儿园145所、其他民办教育机构60所；有民办中小学教职工1904人，其中专任教师1297人；民办幼儿园教职工5776人；民办中小学在籍在校生（含中外合作办学深圳［南山］中加学校）1.63万人，民办幼儿园在园幼儿2.94万人。年内，南山区教育局继续强化校外培训机构管理，引导校外培训机构增强社会责任，使校外培训机构全部签订《南山区校外培训机构自律公约》。加强动态更新管理，区属校外培训机构均在全国中小学生校外培训机构管理服务平台录入信息，供社会及家长查询。公示校外培训机构的办学备案证、法人登记证书和教师信息（姓名、照片、教师资格证号、从教学科、所教年级）、收费标准等信息，接受社会监督。引导校外培训机构使用教育部印发的《中小学生校外培训服务合同（示范文本）》，维护校外培训市场秩序，促进校外培训市场健康发展，保障培训当事人的合法权益。全面落实以居住证作为主要入学依据的非深户籍人员子女接受义务教育政策，实行公民办学统一招生平台，同步面向社会招生，禁止提前招生和平台外招生，严格执行招生计划管理，消除民办学校大班额问题。规范招生宣传，坚持免试入学，禁止违规招生。研究出台《南山区公益民办学校综合办学水平进一步提升攻坚方案》，推动全区民办中小学优质发展，推进创建全国义务教育优质均衡发展区工作。5月至6月，区教育局对12所民办学校开展专项检查，研判办学风险，规范民办中小学办学行为。保障民办教育补贴。全年向符合免费义务教育条件的民办学校学生发放学位补贴26964人次，9975.6万元，为民办学校专任教师发放长期从教津贴2009人次，2064.54万元，为民办学校评优评先教师发放园丁奖金169.8万元。

【教育改革与科研】2020年，南山区教育科学研究院设课程与教学部、教师研训部、教育理论部、德体卫艺部、教育技术与创新部和办公室6个部室，有各级各类科研人员47名。年内，南山区在全市率先开设“空中在线课堂”“名师天天在线”，被深圳市教育局表彰为全市唯一的在线教学先进单位，被南方日报社评为2020年度深圳教育改革卓越奖。高考和国家义务教育质量监测成绩继续领先全市，南山区语文、艺术学科在国家质量监测中大部分指标为10星。完成中国教科院与南山区政府第二轮教育综合改革实验区合作共建工作，科技创新教育经验被南方都市报评为2020年度深圳教育改革创新年度智囊奖。践行“健康第一”全面发展理念，增强学生身体素质和美育素养，坚持德、智、体、美、劳全面发展的南山经验上报教育部。搭建“六节一赛”（科技节、体育节、艺术节、英语节、心理节、传统文化节和学生技能大赛）平台，提升学生综合素养，在技能大赛中首创的劳动技能大赛获得教育部肯定和表扬。初步完成“十四五”南山教育规划编制，编纂出版《南山教育质量丛书》。刘根平撰写的《教育重启还是重构》论文被收录在大型文献史册《党的基层建设与思想整治成果汇编》中，并获评全国优秀理论成果一等奖。

科技创新教育　年内，南山区强化科技创新教育特色品牌，加强顶层设计，构建创新人才培养体系。推动人工智能教育普及，加强人工智能教育师资队伍培养，教育与技术深度融合，推动“政府+企业+学校”三维一体的学生人工智能实验室和实践基地建设，开发创新人才培养在线教育课程。印发《关于加快推进中小学人工智能教育的通知》，开展人工智能时代技术赋能教育项目研究，评选人工智能教育示范校，打造智慧教育城区，做强校园 No.1 品牌，实现全区中小学的 5G 信号全覆盖，升级使用 AI 机器人自动巡检网站系统。探索优质教育资源开放共享，打造数字教育资源生态链，以六个教育信息化创新应用项目为抓手，以扎根课堂、培养教师、变革教学为目标，推进教育信息化的融合创新应用。搭建全方位支持学生学习的在线平台，建构“互联网＋教学”新范式。承办第七届中国教育创新年会南山分论坛，为教育界同行提供可资借鉴的理论和经验。在首届中国基础教育论坛暨中国教育学会第三十三次学术年会深圳分论坛上，南山区教科院以《中小学育人方式变革的区域行动——创新人才培养的“南山报告”》为题，介绍南山创新教育经验。

艺体美劳教育　年内，南山区坚持德、智、体、美、劳全面发展，践行“健康第一”发展理念，增强学生身体素质和美育素养。开齐体育艺术课程，规范课程管理，鼓励基础教育每天开设一节体育课，研究推广阳光体育课程，保证学生每天有一小时的校内体育活动；加强“国家学生体质健康标准”的测试和数据分析，完善体质监测管理系统，建设南山学生体质数据库。建立校内竞赛、校际联赛、选拔性竞赛为一体的学生体育竞赛体系。获评全国校园足球特色学校 17 所、省校园足球推广学校 17 所、市校园足球特色学校 40 所；国家级特色学校 9 所（篮球、排球、网球、冰雪等）、省级特色学校 17 所、市级特色学校 76 所。南山学子入选全国校园足球队。除正常组织开展“六节一赛”活动外，还举办第三届学生技能大赛，大赛设语言、数理、艺术、运动、劳动、合作、信息、创新 8 大技能 12 个项目，有 5975 名学生参加全区总决赛，其中首创的劳动技能大赛获教育部肯定和表扬。加强教师艺术团、学生艺术团的专业训练，重点培养青年乐团和舞蹈团队。打造木艺工坊、传统民间面塑为代表的美术特色项目，扶持和加强中学特色项目建设，构建“一校一品”或“一校多品”格局。举办第五届南山美术教育升级版 2.0 工程——美术工坊现场交流研讨会。推进戏曲进校园，鼓励学校开设戏曲课程，推广京剧、越剧、黄梅戏、豫剧、粤剧等多个剧种。在义务教育阶段艺术学科国家义务教育质量监测中，南山连续两年取得优异成绩，国务院教育督导委员会将南山区列为艺术教育先进典型。在国培计划 2020 综合改革项目中，南山区劳动教育区域探索项目作为全国示范性项目进行展示交流，南山区教科院劳动教育教研员张丽虹的《区域、学校统筹实施劳动必修课与综合实践活动》案例被收入国培资源库。

【南山区教科院同乐实验学校揭牌】 2020 年 4 月 3 日，南山区教育科学研究院同乐实验学校揭牌。该校时有教职工 139 名，其中专任教师 120 名；教学班 45 个，在校生 1961 名。该校为南山区首个教科院的实验学校，是区教科院深入基层、深入学校、扎实推进教育教学改革的一个尝试，也是推进区域教育优质均衡发展的重要举措。区教科院作为教育智库，把同乐实验学校作为教育改革创新的实验基地，有效利用各项教研成果，推动同乐学校提质升级。该校初建于 2004 年 9 月，为一所九年一贯制学校。

【“空中在线课堂”开课】 2020 年 2 月 17 日，为应对疫情对教育教学的影响，南山区及时开设“空中课堂”，全区 97 所公办民办学校全部按时上线开课，6819 名教师参加在线教学，录播课点播量 743 万人次，在线学习 10.3 万人次（1—3 年级不参与统计），上线率 98.2%。192 个名师工作室的近 3000 名成员开设“南山名师天天在线”，在全国直播课程，南山名师微课观看量达 52147 人次，其中周一直播的六节课涵盖幼儿园到高中三年级各学段，点击量超 13.5 万人次，被 9.8 万余人次点赞；并有 804 节网课被广东省教育厅“粤课程”教学资源平台采用。南山区“空中课堂”的做法被《中小学管理》杂志等 40 多家媒体多次报道。南山教育在线小程序最高访问量达 4.7 万人次。南山区“空中在线课堂”“名师天天在线”和“南山教育在线小程序”均为全市首创，被深圳市教育局表彰为全市“在线教学先进单位”。

【《“了解学生，走进学生心里”班主任工作清单》出台】 2020 年 5 月 8 日，南山区发布《“了解学生，走进学生心里”班主任工作清单》，旨在通过构建班主任专业发展体系，为中小学班主任提供学、训、赛、研、评多维度全方位专业发展通道，打通班主任职业生涯梯级发展平台，促进班主任从新岗班主任，蜕变为魅力班主任、智慧班主任，直至成为领军型班主任。《清单》分为师生关系、生生互动、班级建设、家长亲子、专业成长五部分，每部分均提出基本要求和具体内容。《清单》为南山区开展班主任评优评先及考核学校德育工作提供依据，为班主任工作提供指引，明确班主任具体职责及任务，让班主任践行立德树人根本任务，培育德智体美劳全面发展的社会主义建设者和接班人。

【《南山区领衔班主任工作指导意见》出台】 2020年11月2日，南山区发布《南山区领衔班主任工作指导意见》，旨在通过设立中小学领衔班主任，进一步完善班主任教研体系，形成学校班主任教研特色和文化。《意见》对领衔班主任岗位设置、选聘、定位、职责和待遇等事项提出具体指导意见，旨在通过对领衔班主任基本工作职责、提升工作职责、引领工作职责的细致梳理及考核评比工作，促进中小学班主任教研工作向专业性、实效性方向迈进。

【第七届中国教育创新年会南山分论坛举行】 2020年11月13日，第七届中国教育创新年会南山分论坛在前海港湾学校举行，南山分论坛由南山区教育局联合蒲公英教育智库举办，南山区政协副主席、教育局局长刘根平，中国科学院深圳先进技术研究院党委副书记、副院长吕建成等与南山区中小学校（园）长100多人出席。论坛以“教育创新南山科创生态”为主题，刘根平与区内三位校长一起分享了区域创新教育的经验与做法，共同探索智慧时代创新教育的未来。南山区加强顶层设计，提出科技创新教育“六个一百”（100个创新实验室、100个科技创新教育项目、100门科技创新课程、100个科技创新课题、100位科技创新教育导师、100名南山少年创新院“小院士”）目标，聚焦学生核心素养，树立南山引领辐射的创新教育标杆，打造深圳先行示范区的创新教育标准。为提升学生创新能力，启动中小学—大学（企业）伙伴计划，实施教育责任众筹，与中国科学院深圳先进技术研究院共同实施少年科学家培养计划，使创新教育覆盖全区。南山少年创新院有49所学校分院，“小院士”达到168名，占全市二分之一以上。南山少年创新院在全国率先开发开设人工智能课程，与商汤科技、柴火创客、深圳大学等开展项目合作，邀请专家团队指导学生开展小制作、小发明活动，培养小创客。

【普通高中拔尖创新人才协同培养研讨会召开】 2020年11月6日，“强基计划”背景下普通高中拔尖创新人才协同培养研讨会在南山区北大附中深圳南山分校召开。会议由中国教育发展战略学会高中教育专业委员会和南山区教育科学院主办，来自全国的教育政策研究专家、知名高校管理者、全国各派教育实践者近500人共话“强基计划”背景下的新高考与人才培养。会议分主旨报告、主题演讲、圆桌论坛三个环节。在主旨报告环节，与会的相关专家学者阐述对“强基计划”的政策分析与战略思考；在主题演讲环节，出席论坛的全国知名中学校长、知名高校招生负责人共同分享“强基计划”背景下的办学和人才培育路径、高校人才选拔标准及培养措施等；在圆桌论坛环节，来自中国人民大学、南开大学、四川大学、石室中学、东北师大附中、青岛二中的代表就如何构建中学—大学一体化育人模式展开研讨。研讨通过现场问卷调研的方式，就“强基计划”需要选拔什么样的学生展开话题互动。与会代表普遍认为，综合成绩与竞赛成绩二者并行不悖，并非二选一的关系。会议围绕选拔和培养有志向有兴趣有天赋的学生，做好高中教育和大学教育的衔接、搭设人才培养平台、探索“强基计划”背景下人才培养模式展开，对未来理解国家政策、优化育人理念、探索模式转型、制胜未来高考具有重要意义。

【南山区劳动教育列入国培示范项目】 2020年12月9日，南山区劳动教育区域探索项目作为全国示范性项目被列入国家教育部培训计划2020年综合改革项目交流展示，“区域、学校统筹实施劳动必修课与综合实践活动”案例被国家教育部培训计划资源库收录。2020年南山区劳技室达到40所，实现全区中小学劳动教育全覆盖。年内，举办第三届中小学生劳动技能大赛，全面客观评价学生劳动技能过程和结果，量化学生的劳动技能和价值体认情况，让学生学会与时俱进的劳动技能，培养学生独立思考和创造的能力。首届全国劳动教育发展论坛小学组分会场由南山区教科院劳动教育教研员张丽虹主持，探讨南山区通过做好顶层设计，协调区域劳动教育的普遍性与学校发展的个性化，实现新时代劳动教育由单一走向整合、由形式走向实质、由经验学习走向课程建设。

·相关链接·国家教育部培训劳动教育示范性项目是在《关于全面加强新时代大中小学劳动教育的意见》和《大中小学劳动教育指导纲要（试行）》颁布后开展的培训研讨活动。教育部将劳动教育纳入国家教育部培训计划，纳入各地教育工作领导小组学习和培训内容范围，支持有关专业机构开展专题培训和研讨活动，以提升大家对劳动教育的认识。

【**南山区斩获26项第六届深圳教育改革创新大奖**】2020年12月29日，在由南方都市报社、深圳市教育学会、深圳大学湾区教育研究院联合主办的第六届深圳教育改革创新论坛暨创新大奖颁奖典礼上，南山区获得深圳市年度最受欢迎教育实事、年度智囊奖、年度教育人物、年度教育改革创新领跑学校、年度最受关注新锐学校、教育治理奖、素质教育奖、创新教育奖、学前教育奖、职业教育奖等26个创新奖项，获奖数量居全市各区之首。深圳教育改革创新大奖共设置年度大奖及年度特色奖两类。年度大奖5项：年度最受欢迎教育实事、年度教育人物、年度教育创新领跑学校、年度最受关注新锐学校、年度智囊奖。年度特色奖9项：教育治理奖——年度集团化办学典范学校、教育治理奖——年度家校共育典范学校、素质教育奖——年度阅读典范学校、素质教育奖——年度美育典范学校、素质教育奖——年度体育典范学校、创新教育奖——年度STEM教育典范学校、创新教育奖——年度国际教育创新典范学校、职业教育奖——年度产教融合典范学校、学前教育奖——年度最受欢迎幼儿园。

【**教育交流与合作**】2020年，南山区有七大教育集团，覆盖46所公办学校，占全区中小学数量的54%，教育集团学生数占全区学生总数60%以上。年内，南山区继续推动教育集团化内涵发展，提升深圳第“10+1”区（深汕特别合作区）教育水位，为全省推进集团化办学提供南山范式。推进与广西百色市田阳区、德保县和广东省河源市连平县的教育精准扶贫工作和跨区域教育联盟工作，完成全方位推进三年行动计划，为全国教育精准扶贫提供“南山方案”。推进对外交流合作，经过多轮协商，11月份与北京师范大学签订《北京师范大学南山附属学校补充协议》。北京师范大学南山附属学校与澳门圣若瑟教区中学第六校、育才中学与澳大利亚达尔文高中缔结深澳姊妹校，全区缔结姊妹学校达到29所。全面提升校园国际化水平，推动校园公共标语、学校名称、官网等双语规范建设，提高区内各中小学、幼儿园校园国际语言环境氛围。采用公开招标的方式，为全区公办中小学引进外籍教师达到123名，实现所有公办学校外教全覆盖。协助深圳市台办、区委外办办理相关高校亟需人才特殊签证，确保创新性人才培养及输入，支持高校高质量办学。

【**首届大湾区中小学德育“双城”论坛举行**】2020年11月27日，大湾区的两大教育强区——深圳市南山区和广州市天河区，举行首届大湾区中小学德育“双城”论坛，又称“山河对话”。两地中小学德育工作者采用线上线下相结合的形式分享德育工作经验。南山区政协副主席、教育局局长刘根平，广州市天河区教育局局长王海鸿以及两地中小学校长、德育工作者、名班主任出席现场会议。论坛分上午总论坛与下午分论坛两部分。在总论坛上，双方围绕教育综合改革、德育工作、教育科研、创新教育、优秀人才培养等方面，以教育论坛、教师培训、师生交流等形式，广泛全面地开展对话交流。南山区聚焦创新教育、课程改革、教育治理等一系列课题开展深度探讨。下午分论坛上，两区的校长和德育工作者从德育特色、班主任工作和团队建设三个方面展开对话。深汕特别合作区，广西百色市田阳区、德保县，广东连平县，贵州毕节大方县、纳雍县等地的教育同行参加视频会议，视频总点击量82万多人次。

【**教育精准扶贫“南山模式”受到国务院扶贫办充分肯定**】2020年12月19日，南山区举办精准帮扶总结大会暨跨区域教育联盟联席会议，总结教育精准扶贫的经验和做法。2020年是《南山区教育精准扶贫三年行动计划2018–2020年》（下称“三年行动计划”）的收官之年，南山区与广西百色市田阳区、德保县和广东省河源市连平县的教育精准扶贫工作以及跨区域教育联盟工作完成全方位推进三年行动计划，为全国教育精准扶贫探索出“南山模式”。南山区教育精准扶贫工作瞄准三地教育发展短板，采取“菜单式”推进方式，向三地辐射南山优质教育资源。南山区分别与三地教育局签署对口教育帮扶框架协议，辖区参与教育联盟和结对的学校也分别与三地学校签署教育精准帮扶协议，并结合自身办学特色及三地学校需求，拟定教育帮扶计划，打造出一批具有南山教育品牌特色的帮扶项目。开展48校“1+1”结对帮扶，深化“集团+”跨区域教育联盟交流，推行“中职111工程”（开办一个专业、培养一批工匠、脱贫一批家庭）。整合高新技术企业和高校科研院所的创新教育资源，在三地挂牌成立少年创新院分院，将南山创新教育理念和创新课程引入三地学校，助力三地创新教育。利用合作办学优势，特请南山区中国科学院深圳先进技术研究院的博士走进三地课堂，在贫困地区孩子心中播下科学的种子。将外教课程、棒垒球特色课程等引入三地，开阔贫困地区孩子的视野。四地结对学校达90所，分别占南山区公办优质学校（按法人计）的71%、占连平县学校的16.5%、占德保县学校的26%、占田阳区学校的23%。通过建立跨区域教育联盟和学校结对，惠及三地53%的学生，使三地学子共享南山教育成果。南山还把一批高质量教育项目、经验和成果，在三地进行复制和推广，并搭建线上线下双循环平台，实现南山优质课程、教研、名师工作室四地共享、互通。从学前教育到中职教育整体输入南山优质教育资源的做法获国务院扶贫办充分肯定，被《中国新闻网》《南方日报》等媒体报道。

【南山区精准帮扶暨跨区域校（园）长、骨干教师培训】2020年11月2日，南山区教育精准帮扶暨跨区域校（园）长、骨干教师培训启动仪式在南山区海德学校举行。广东省河源市连平县、广西百色市德保县和田阳区三地的60名校（园）长及教师参加。培训时间1个月，邀请南山名师、一线骨干教师、深圳市年度教师进行面对面交流，用跟岗研修、精准培训、实地参观等方式，将党建引领、教学方法、专业技能等南山优质教育基因分享给三地教育同仁，丰富三地学校管理经验，改进他们的教学模式和教学方式。在教学培训方面主要是为三地培养校长、中层干部和骨干教师队伍。在教育教学方面主要是推动三地的教育教学研究，并派出南山区的名师、骨干教师到三地开展讲座和教学交流。（杨　洪）

盐田教育

【概况】2020年，盐田区办学单位48个。其中：中小学校18所（公办16所，民办2所），职业中学1所（公办），幼儿园30所（公办13所，民办17所）。在校学生32506人。其中：幼儿园在园儿童7164人（公办4005人，民办3159人），中小学生25342人（公办24774人，民办568人）。全区共有公民办教职员工3080人。其中：公办中小学教职工1681人，民办学校教职工192人，幼儿园教职工1207人。专任教师近2225人。其中：公办学校1588人，民办学校103人，幼儿园534人。全区省级以上名优教师86人、特级教师14名，区级以上名师473人，公办学校研究生及以上学历297人，高级职称以上教师411人（正高级教师6人）。

【重点工作】2020年，针对突发疫情，坚决打赢疫情防控、线上教学、返校复学三大攻坚战。精心设计“防控工作”“应急处置”2个总方案，制订返校复课查验等8项制度、全员健康管理等10项措施，建立了一个主平台（腾讯课堂）、多个平台（钉钉、异度云、慕课、晓黑板等）协同一主多元线上教学机制，精心设计直播、录播和混合等三种线上教学模式，学生、家长、教师整体满意度在99.5%以上，全市领先。做到主体责任、健康筛查、疫情培训及演练、校园卫生保障、校园安全管理等“十个到位”。各学校（园）、校外培训机构疫情防控工作责任落实到位、防控有力，校园秩序井然。促基础教育优质均衡发展。盐田高级中学重本、本科率分达56.1%、97.3%，2人被清华录取，2016—2020年连续5年获市高考卓越奖高考，相对进步率位居全市公办普高第二名；盐港本科率达86%。各校设备设施均衡配置，教师按符合交流条件不低于10%比例定期交流，2020

年全区小学、初中校际间综合差异分别为 0.2810、0.2154，均衡指数居全省各县区前列。教育部公布的 2019 年国家义务教育质量监测结果显示，义务教育质量名列全省前茅，田心小学被共青团中央、教育部、全国少工委授予“全国优秀少先队大队”，参加名列教育部白名单的“2020 世界机器人大赛”和“十八届全国中小学信息技术创新与实践大赛”获 3 个一等奖、3 个二等奖，年内学生获得国家级比赛奖励 59 人次。创先行示范教育标杆。精心编制教育“十四五”专项规划，制定《盐田区基础教育高质量发展行动方案（2021–2023）》，与教育部教育发展研究中心签约共建粤港澳大湾区首个教育现代化区域创新试验区，正式启动实验区项目建设，印发《盐田区“教育现代化区域创新试验区”实施方案》，从基础教育创新、教育队伍优化提升等 5 大板块、30 细项实施先行先试，引领盐田在粤港澳大湾区率先实现教育现代化，建成粤港澳大湾区教育现代化强区，打造中国特色社会主义先行示范区教育标杆。保障优质学位供给。改建、转型、借址开办 8 所公办园，增学位 2550 个；公办园、普惠园在园儿童占比分别为 55.9%，96%，高水平完成“5080”任务。改扩建中山学校综合楼，新增小学学位 450 个，确保符合就读条件的适龄儿童少年 100% 入读公办学校。优选队伍名师引领。选聘高层次教师 10 名，赴外招聘优秀应届毕业生 104 名，现有省级以上名优教师 86 人、特级教师 14 名。

【学前教育】2020 年，盐田区教育局先后出台了《盐田区公办幼儿园建设重点项目推进工作方案》《盐田区推进公办幼儿园建设工作实施方案》、《盐田区民办幼儿园转型工作指引》配套文件，加大公共财政对学前教育的保障力度，财政统筹新增公办园资金 1.048 亿元，学前教育经费总体增长幅度，居盐田区各项事业之首。协同全区 19 个部门和单位，改建、转型、借址开办公办园计 8 所，增学位 2550 个；公办园、普惠园在园儿童占比分别为 55.9%、96%，在全市率先完成“5080”任务。形成 4 个小微型学前教育集团，通过“小微型集团化”“结对子园”“总园长加执行园长双轨制”“轮岗交流”等举措，促进公民办园一体化发展。“小微型集团化办园”获评第六届深圳教育改革论坛“年度最受欢迎的教育实事”。

【义务教育】2020 年，盐田区完成乐群小学综合楼和中山纪念学校扩建工程，新增小学学位 450 个，通过挖潜扩容、动态调整、片区调剂等举措，化解学位涉稳风险，实现了符合条件的申请人 100% 入读义务教育阶段办公学校目标。中考持续高位稳定，其中 430 分、400 分（满分 460 分）以上较去年分别增长 10%、17%。2020 年盐田区小学、初中校际间综合差异分别为 0.2810、0.2154，均衡指数居全省各县区前列。教育部公布的 2019 年国家义务教育质量监测结果显示，四、八年级学生的语文、音乐、美术学业成绩均高出省均分 61 分以上，相比 2016 年均有 17—78 分提升幅度，在全国所处的等级均为 9 星；校际差异均在 15% 以内；呈现出成绩优、质量均、进步大三大亮点，义务教育质量名列全省前茅。

2020 年 11 月 30 日下午，在梅沙未来学校举行“盐田区港澳学生家长服务中心”挂牌仪式。区委教育工委副书记、纪工委书记陈燕昌，区委统战部副部长陈素妮等出席仪式，并与港籍家长代表揭开了“盐田区港澳学生家长服务中心”牌匾的红绸，共同见证这一重要时刻　（盐田区教育局　供）

【高中教育】2020年，盐田区984名学生参加高考，541人达到高分优先投档线，高优率54.98%；935人达到本科线，上线率为95.02%，继续保持本科率95%的深圳教育先进行列，呈现“两率”“术科成绩”“尖子生”3个跃升。盐田高级中学高优、本科率分别为56.1%、97.3%，较去年分别增加11.6%、2.24%；美术本科率99.1%、音乐高优率100%均名列全省第一；高考相对进步率位居全市公办普高第二名，连续5年获评深圳市高考卓越奖，校长罗诚获评全市“教书育人模范”。盐港中学朱颖体育术科总分269分居广东省联考第3名，继去年屈章录入清华之后，郭真茹、蒲贝悦2人被清华录取。万科书院获738封海外名校录取书，奖学金累计2000万元，创三年新高。

【社区教育】2020年，盐田区社区教育学院积极满足社区居民多元的终身学习需求。目前有社区教育学院1所，街道社区教育分院5所，创建深圳市级学习型社区19个。连续四年开展“亲子绘本阅读”活动，现已形成系列、常规、特色活动。该活动项目被评为2020年深圳市十大“终身学习品牌项目”之一。开设8期社区教育大讲堂，场均超百人参加；开展15场礼仪专题培训，1438人次参与，助力“文化盐田”建设；联手盐田区人民医院共建共享社区教育成果，开设太极拳、瑜伽、舞蹈、木兰拳、乒乓球等系列课程5门，共180节，受益居民5661人次。

【特殊教育】2020年，盐田区田东中学特教班如期开办，梳理摸查全区适龄特殊儿童，定制“一人一案”，个性化“送教上门”累计2280余次。实现义务教育阶段特殊儿童入学率100%，启动田东中学特教班建设，全年投入经费345.06万元。

【教育教学管理】2020年，盐田区教育局编制十四五规划与高质量行动方案。坚持问题导向，结合盐田实际，聚焦学位供给平衡、美丽校园建设等十大领域重点工程，建立健全盐田教育高质量发展体系，精心编制教育“十四五”专项规划，经广泛征求各级部门意见，数易其稿，完成规划编制工作。为更好接续品质提升行动，制定《盐田区基础教育高质量发展行动方案（2021–2023）》，作为未来3年盐田教育事业发展的路线图、时间表和施工单，确保各项目高质量完成。

【教育现代化区域创新试验区启动】2020年，盐田区教育局与教育部教育发展研究中心签约共建粤港澳大湾区首个教育现代化区域创新试验区，正式启动实验区项目建设，印发《盐田区“教育现代化区域创新试验区”实施方案》，从基础教育创新、教育队伍优化提升等5大板块30细项实施先行先试，引领盐田在粤港澳大湾区率先实现教育现代化，建成粤港澳大湾区教育现代化强区，打造中国特色社会主义先行示范区教育标杆。

【项目式学习成为品牌】盐田区成功举办2020年广东省项目式学习交流展示和研讨活动，参加广东省项目式学习案例征集评选，获一等奖1个，二、三等奖各3个，区域获奖率全省最高。在“第五届全国STEM教育与项目式学习学术研讨会”上10个项目式学习获评2020年度全国一等奖，4个项目被推荐参加2021年国际Start项目式学习展评，占全国参赛项目三分之一。首次组织举办“美好盐田”项目式学习成果展评，全区共17个项目集中参与展评。云海学校的《图书馆保卫计划》获得2020年国际StarT项目评选最佳学生项目第二名，外国语小学的《壹海城游乐设施安全提升——“秋千的保护罩”》获得国际StarT项目评选组委会特别认可荣誉奖。项目式学习逐步实现从学校到家庭、从幼儿园到高中、从学科到生活的全域体系化、流程化鲜明区域实践模式，已成为盐田教育的品牌。

【教育督导】2020年，盐田区教育局完善学校督导工作常态化机制平台建设，完成市督学和教育督导评估专家库成员推选和盐田区督学、特约督学、教育督导评估专家库成员换届选聘，开展“线上”+“线下”相结合的督学培训；完成2020年国家义务教育质量监测组织工作，被省督导室推荐为全国先进组织单位；召开2019年语文、艺术学科监测报告解读及结果应用会，制定适合实际的整改方案，推动质量监测结果应用；制定《盐田区幼儿园办园质量评估监测工作实施方案（试行）》，探索开展区幼儿园办园质量评估监测工作；组织了云海学校办学水平评估，16名市、区督学专家对学校三年来办学成绩给予肯定；在市公办园建设专项督导验收中，市教育局王水发副局长对盐田区公办幼儿园建设给予肯定。

【校园安全管理】2020年，盐田区教育局严格履行“一岗双责”责任，层层签订安全工作责任书，完成了全区幼儿园安全监控系统的升级改造工作，实现重要监控点位无死角、无盲区覆盖。联合各相关职能部门通过编密织牢“校车网”、织牢食材“监管网”、筑牢防疫“安全网”，确保辖区校园安全稳定。建立“日常检查+区教育局督查+多部门联动执法检查”安全管理机制。强化食品安全防控网络，实现食材速检、第三方进校指导、食品安全培训、学校陪餐及食堂管理检查五个“全覆盖”。公、民办校（园）食堂A级率分别实现100%、65%，超额完成市政府预定指标任务。强化交通安全防控网络，10所小学均组建了“家校警”护航队伍和学校义工队伍，缓解了学校周边交通压力。联合交通、交警部门重点开展了全覆盖、日常化的交通安全教育，采取了多轮“校车入校检查+校车统一设点检查”，确保了校车“不带病”上路。强化综治维稳安全网络，联合盐田公安分局对全区1185名校园后勤人员进行了人员基本信息安全筛查，联合公安部门开展了6期保安员轮值轮训和重大节点、重大活动安保督查。

【五育并举】2020年，盐田区教育局组建盐田区中小学心理辅导中心，心理咨询热线接听126人次，有效干预心理危机23人次。获评深圳市全民禁毒工程先进单位。林园小学举办“2020年千人国学经典诵读暨传统诗词歌赋颁奖活动”；盐田区外国语学校、盐港小学劳动教育开展有声有色。在深圳市中小学生艺术展演比赛中，盐田区获得2个一等奖，1个二等奖；盐港中学蝉联深圳市中小学生田径运动会高中组团体冠军；在2020年广东省教育教学信息化交流展示活动中，盐田区获1个一等奖，3个二等奖，3个三等奖；云海学校获“2020世界机器人”和“十八届全国中小学信息技术创新与实践大赛”7个奖项（3个一等奖）；田心小学获评深圳唯一“全国优秀少先队大队”，15所学校获评全国特色学校，学生获国家级比赛奖励59人次。

【招生管理】2020年，盐田区教育局通过全面实行学位锁定、加大学位供给、动态调整、片区调剂等举措，实现学位紧平衡，保障了符合条件的申请人100%入读义务教育阶段公办学校，有效化解学位涉稳风险。精准摸排幼儿园大班人数、小学六年级在读人数，积极挖潜扩容，在中小学校累计扩班23个，有效增加学位供给994个。成立了盐田区化解学位问题引发涉稳风险工作专责领导小组，针对辖区内学位供给结构不平衡的特点，积极回应居民合理诉求，及时动态调整学位供给，云海学校调增小一学位86个。6所转型公办园过渡期内，维持原有班额数，合计增加学位供给约250个。星星海园在梅沙未来学校借址办园，增加80个公办园学位。妥善安置小梅沙园停办分流儿童，有效化解舆情、涉稳风险。积极应对“海桐社区”和“山海城家园”两个入园矛盾风险点，妥善统筹调剂至附近幼儿园入读。接待个人来访约800人次，接听来电咨询约3500次，个人咨询性信访约400余件。招生期间，全区无一起涉及招生的治安刑事案件及负面舆情。做好建立区学位建设联席会议制度，加强各部门协作，优化学校布局，加快推进学校建设。

【科研课题研究】2020年，盐田区教育局组织81个2020年度市级课题、110个盐田区规划课题、15项广东省中小学科研能力提升计划“强师工程”课题、4项2020年度全国教育科学规划办课题、19项深圳市第四届教育教学科研成果申报，完成66个市级一般课题网上初评、上报工作。4项课题获广东省中小学科研能力提升计划“强师工程”省级课题立项，1项课题获批为全国教育科学规划“十三五”教育部重点课题。盐田高级中学、乐群实验小学双双荣获“深圳市第二批教科研基地学校”荣誉称号，盐田区外语小学、梅沙未来学校双双荣获深圳市“好课程”体系建设市级立项。

【新样态教育】2020年，盐田区新样态学校建设成果显著。年初《现代教育》杂志刊登“中国新样态学校研究成果——深圳盐田专页”，集中展示我区新样态教育的研究成果。年末组织代表参加第三届全国新样态学校论坛暨荔湾教育高质量峰会，余永弘局长作《新样态引领新生态　新生态锻造新未来》的大会主旨报告。刘汉文、陈尚宝等八位同志在大会安排的分论坛作专题报告，讲述盐田新样态故事，发表盐田新样态主张。

【教师队伍建设】2020年，盐田区教育局组队赴武汉、重庆招聘重点高校优秀应届毕业生89名，其中硕士以上学历83名；面向全国招聘幼儿园副园长5名、财务6名、专任教师12名，面向全国选聘高层次教师10名。通过建立名师工作室、青蓝结对、建设名师联盟网络平台、年度教师巡回分享等方式，壮大名师群体，现有省级以上名优教师86人、特级教师14名、区级以上名师473人，比例达到19.5%，占比全市领先。开展第九轮人事制度改革、教科研专家评审和年度职称评审等工作，在全市率先开展“做四有好老师”宣誓活动，第三届“四有杯”教师综合素养大赛历经初赛、复赛、决赛，参与1000余人次，盐田区外国语学校的李少冰老师获评2020年盐田区“年度教师”、盐港中学的陈静老师和海涛小学的杨闻博分获2020年盐田区“年度教师”提名奖。王树宏校长获评深圳五一劳动奖章，盐港中学林琳在第二届广东省中小学青年教师教学能力大赛决赛中获第一名，龙西仔、马瑞执教的课例在全国青少年电子信息智能创新大赛中获一等奖。学年内教师获市级以上奖励167人次，其中国家、省、市级分别5、66、96人次；在市级以上刊物发表论文（或出版专著）239篇（部），其中国家、省、市级44、150、45篇（部）。

【线上培训】2020年，盐田区教育局针对疫情开展《如何进行直播教学》《手机录课》《中小学生心理危机识别与干预》等专题网络培训共2.5万学时，9600人次参与。名师工作室联盟开展了“与名家大师共探教学”等多场线上专题培训，针对性开展“两三”的复习备考专题培训、新教材培训、教职工诗词等专题培训，促进了全区教师教育教学专业能力的提升。

【党的全面领导】2020年，成立盐田区委教育工委理论学习中心组，党组会“第一议题”学习40次，重点学深悟透《习近平谈治国理政》第三卷、习近平总书记出席深圳经济特区建立40周年庆祝大会和视察广东重要讲话、重要指示精神。召开意识形态安全座谈会，与各校（园）长签署了责任书，建立书记校长讲授思政“第一课”制度。继续推进党支部分类定级提质晋级工作，规范组织生活制度、党费收缴和管理、党员发展流程。充分发挥党员先锋模范引领作用，评选赵正荣、邹铭等15名疫情防控先进工作者、劳模，“党建与教育双融合双促进双提升”荣获第三届深圳党建引领基层治理活动“最具创新价值案例”。新成立盐港中学、外国语学校、实验学校3个党总支，强化民办校（园）党建管理，指导梅沙双语学校成立党支部，接转梅沙书院、奥森中英文幼儿园联合党支部。严格落实党风廉政建设主体责任，印发《2020年度党风廉政建设和反腐败工作责任分工》，排查、管控、防范教育系统9大类43项廉政风险点，狠抓教育系统及下属各事业单位“三重一大”4项集体决策制度，规范校（园）长权力；邀请区纪委副书记杜华强进行教育讲座，组织全体党员干部观看党风廉政警示教育片，对新任的科级干部、校园长35人开展任前廉政集体谈话，筑牢廉洁自律防线。

【学位供给】2020年，盐田区改建、转型、借址开办公办园计8所，增学位2550个；公办园、普惠园在园儿童占比分别为55.9%、96%，在全市率先完成“5080”任务。完成乐群小学综合楼和中山纪念学校扩建工程，新增小学学位450个，通过挖潜扩容、动态调整、片区调剂等举措，化解学位涉稳风险。为充分保障辖区学位需求并持续优化学位布局，科学编制《盐田区公办义务教育和幼儿园学位建设实施方案（2020–2025年）》，统筹全区义务教育阶段学校规划，拟新改扩建8所义务教育学校，新增义务教育学位7590个，新改扩建幼儿园8所，新增幼儿园学位2820个。

【教育服务项目落实】2020年，盐田区共计完成支付175个项目计1.51亿元，完成率为94.6%，高质量完成政府投资项目。完成区属学校节水改造工程，创建节水型学校11所；完成全区幼儿园安全监控系统（二期）安装调试；区智慧教育信息化项目设计方案、实施方案已通过区智慧城市和“数字政府”建设工作领导小组评审。

【学校建设】2020年，盐田区顺利完成中山学校扩建、中英街幼儿园拆除重建、盐田高级中学工勤人员用房临时建筑项目。乐群小学综合体育馆盐港小学综合楼及校门、区外国语学校和外国语小学综合楼等改扩建项目抓紧施工中。海心小学、山海小学、海心幼儿园已开工建设。机关幼儿园已基本完成前期工作，田东中学教学楼拆除重建项目已进场施工，沙头角中学扩建、盐港中学教师宿舍和乐群实验小学教室宿舍置换、海涛花园城市更新项目已完成可行性论证。

（盐田区教育局）

宝安教育

【概况】2020年，宝安区共有办学单位580个。其中：幼儿园420所（公办183所，民办237所），中小学154所（公办89所，民办65所），职业学校4所（公、民办各2所），特殊教育学校1所，综合实践活动基地1个，筹建大学1所。全区共有学生50.6万人。其中：幼儿园12.7万人，义务教育阶段33.9万人，普通高中2.84万人，职业高中1.14万人，特殊教育学校249人。全区共有教职工4.52万人（公办2.16万人，民办2.36万人），专任教师3.17万人（公办1.63万人，民办1.54万人）。专任教师中研究生及以上学历2530名（博士学历12名），本科17934名，正高级职称21人，高级职称1673人。

【教育优质均衡水平提升】2020年，宝安区在全市率先明确“收转为主、新建为辅”的公办幼儿园建设思路，率先提出“转型、回收、新建”三大建设路径，高质量实现“公办幼儿园在园儿童占比达到50%、公办幼儿园和普惠性民办幼儿园在园儿童占比达到80%以上”任务目标，相关工作受到市教育局高度认可。基础教育学位攻坚计划迈出坚实步伐，5所公办义务教育新校开学，全市首家区属15年一贯制公办特殊教育学校——宝安区特殊教育学校建成并投入使用，13所学校建设项目集中开工。大力提升教育公平，优化义务招生入学办法，提高全区长期居住、长期就业、长期服务的来深建设者子女入学机会。深圳外国语学校宝安学校、南科大附中首批招生，“南有宝中、北有深外”的教育格局初步形成。推进民办学校提质促优，完善民办学校基础信息系统，首次通过系统完成2019年度综合专项检查工作，为市教育局开发全市民办学校信息管理平台提供了样本。职业教育育人模式持续深化，全面推进“双元”职业教育育人模式，持续深化产教融合和校企合作。深圳创新创意设计学院完成土地整备，并完成首批招生。

【学生综合素养提升】2020年，宝安区坚持用习近平新时代中国特色社会主义思想铸魂育人，通过学校党组织书记（校长）上“开学第一课”“思政课，宝安这样上”等系列活动，推动抗疫精神和学校思想政治教育深度融合。在战疫时期开展形式多样、生动鲜活的思想政治教育，宝安33万师生同上一堂思政课活动，创造单科学习人数最高记录，被新华网、学习强国、腾讯新闻等多家主流媒体广泛报道。全面加强对全区各中小学校心理危机识别与干预，多措并举保障学生心理健康状况。启动“家校合力，共护未来”线上家庭教育宣传周活动，推动家校育人纵深发展，培养身心健康，阳光向上好少年。积极推进“五育并举”，全面深化学校体育美育改革，促进学生全面发展。创建足球、书法、戏曲等各类国家级特色学校达79所，宝安戏曲娃累计荣获全国“小梅花”金奖达164枚，居全省首位。2020年，宝安学子获国家、省、市级比赛奖项达470余个（项）。未成年人思想道德建设、心理健康教育、家庭教育和国际化教育水平显著提升，科技创新教育、法制教育、生涯教育位于全市前列。2020年宝安区中、高考成绩再创新高。高考3名考生成绩被屏蔽，中考4名考生进入全市前10名，数量均居全市各区之首。中高考成绩连年居全市各区前列，获得市民广泛赞誉。

【队伍建设】2020年，宝安区有656名优秀应届毕业生加入宝安教育队伍，研究生以上学历占七成，五年来累计4631名优秀教师扎根宝安、奉献宝安、建功宝安。以“雏鹰”“新秀”“薪火”为核心的分层分类、分岗分科的全员教师培养体系全面构建，高素质专业化创新型教师队伍蓬勃发展。疫情期间，在全市率先谋划并唯一主要依托自有平台开展线上教学，宝安教师以最快节奏适应全新教学模式，带领学生开展长达数月的“云端”学习，保障“停课不停学”的质量与效率，“空中课堂”日均访问量达35万，“云端学习”宝安特色作为先进经验受省级推荐并报中央电教馆。

2020 年 2 月 4 日，宝安区区委书记姚任率队调研学校疫情防控，召开会议研究开学工作，要求以最高标准、最严要求做好教育机构疫情防范工作

（宝安区教育局　供）

积极响应教育扶贫号召，6 批 60 人次教师先后接力，赴四省六地开展支教或驻村帮扶，为受援学校带去“宝安方案”“宝安模式”。高春艳老师因支教工作出色受到广东省委书记李希的接见，并获评 2020 年深圳市基础教育系统“年度教师”。大批教书育人、改革创新的支教典型涌现，成为脱贫攻坚中扶智与扶志、输血更造血的强劲力量。

【**教育发展潜能挖掘**】2020 年，宝安区坚持党建引领教育高质量发展，深化落实思想政治建设，全面推进党组织书记带头讲思政课。夯实党建工作基础，提升“两个覆盖”工作质量，宝安民办学校党建工作得到省委教育工委充分肯定，宝安区委教育工委作为全省唯一区级单位代表在全省民办学校工作推进会上作经验交流。提升党建工作质量，推进党员名师“双培养”工程，深化“党建+”特色示范项目成长，党建和教育教学工作有效融合，教师队伍政治素质和业务能力有力提升。深化宝安教育现代化实验区建设，推进区域教育现代化顶层设计、构建现代学校课程体系、深化现代化教育领军人才培养等方面合作共建。研究制定宝安教育国际化五年发展规划，积极探索疫情期间宝安区外籍教师高效教学方式。宝安中学（集团）实验学校、宝民小学在全市乃至全基础教育率先实施 5G+ 智慧教育 6 大应用场景落地。宝安区教育资源公共服务平台日均访问量峰值最高达 35 万人次。宝安教育网络空间应用工作经验获省级推荐报中央电教馆。教育督导助力优质公平，组织开展 2020 年国家义务教育质量监测工作，圆满完成第一周期 3 年的全样本监测，科学推进监测结果运用。100% 的义务教育阶段学校纳入国家义务教育质量监测，100% 的学校、幼儿园纳入责任督学挂牌督导范围，100% 完成 2016 年前开办义务教育阶段学校办学水平评估。

【**党建引领教育发展**】截至 2020 年 12 月，区委教育工委下辖 330 个党组织，共有 6443 名党员。全面加强党对教育工作的领导，按照“围绕教育抓党建、抓好党建促教育”的思路，以党建激发教育改革内生动力，为教育高质量发展提供坚强保障。深入学习习近平新时代中国特色社会主义思想，2020 年，局党组理论中心组学习 65 次，组织区教育系统各基层党组织开展《习近平谈治国理政》第三卷、习近平总书记出席深圳经济特区建立 40 周年庆祝大会和视察广东、深圳重要讲话和重要指示精神以及十九届五中全会精神 6683 场次，党员参与 61833 人次。强化政治安全和意识形态安全，全面推进党组织书记、校长讲授思政课制度落实落地。聚焦重点业务，提升党建水平。制定并印发《宝安区教育系统党员名师“双培养”工程实施方案（2020–2022 年）》，建立健全“双培养”机制，推进党员名师工作室建设，提升教师队伍政治素质和业务能力。深化创建“党建+”特色示范项目成果，扎实开展党建示范校创建活动，组织开展建党 99 周年系列活动，进一步深化党建、业务相融合。区委教育工委获评宝安区“七一”党建活动优秀组织奖。进一步夯实党建基础，分类指导民办教育机构应建尽建，通过大规模立足单独组建、中规模立足联合组建、小规模立足挂靠组建等方式，实现党的组织和党的工作全覆盖。宝安民办学校党建工作得到省委教育工委充分肯定，宝安区委教育工委作为全省唯一区级单位代表在全省民办学校党建工作推进会上作经验交流。统筹做好“两代表一委员”提案建议，不断提高民生服务水平。2020年，落实答复市、区人大建议60件，市、区政协提案50件，党代表提案18件，满意率100%。

【学校建设提速提质】2020年，宝安区义务教育学位供给力度进一步加大，深圳外国语学校宝安学校、海裕小学、利锦小学、航瑞中学、上星学校5所公办义务教育新校开办，全市首家区属15年一贯制公办特殊教育学校——宝安区特殊教育学校建成并投入使用。高中学位持续增加，市第十二高级中学（南方科技大学附属中学）建成并投入使用。学校建设标准全面提升，建设工作机制进一步完善。宝安学位建设获央视新闻联播点赞。

【公办园建设】2020年，宝安区在全市率先明确“收转为主、新建为辅”的公办园建设思路，率先提出“转型、回收、新建”三大建设路径，率先收回7所到期政府产权配套园，率先出台公办园建设实施方案和民办园转型工作指引，率先与68所民办园签订转型意向协议，率先探索制定公办园管理机制体制。新建公办园22所，公办园总数达183所，公办园在园儿童占比达50.19%，公办园和普惠性民办园在园儿童占比达到85.19%，提前超额实现“公办幼儿园在园儿童占比达到50%、公办幼儿园和普惠性民办幼儿园在园儿童占比达到80%以上”目标任务。相关工作得到市教育领导的高度肯定，有关经验在全市推广，为全市公办园建设提供了宝安样板、宝安路径，宝安学前教育跨入优质普惠、幼有善育的崭新阶段。

【基础教育】2020年，宝安区教育总投入较上年增加15.47%，生均投入较上年增加12.17%。全市最大的特殊教育学校——深圳市宝安区特殊教育学校（深圳市宝安区星光学校）于2020年9月正式投入使用，特殊儿童受教育的权利得到充分保障。在深入研究讨论、广泛征求意见的基础上，修订《宝安区义务教育阶段学校积分入学办法》，提高在区内长期居住、长期就业、长期服务的来深建设者子女入学机会。2020年全区义务教育小一、初一实际招生73881人，录取率达99%，其中公办录取率达52.1%。全区义务教育阶段公办学生占比首次超过50%，达到50.6%。2020年宝安区中考、高考成绩再创新高。高考全市11名高分屏蔽生，宝安占3名，数量位居各区首位；中考445分以上10人，4名学生进入全市前10名。公办高中高考高优率突破50%，本科上线率突破90%，初中学生学科素养显著提升，各学科A+率、A以上率、B+以上率大幅增加且均超市均率，中考、高考多项指标持续保持全市领先地位。

【职业教育】2020年，宝安区职业教育育人模式持续深化，全面推进“双元”职业教育育人模式，继续深化产教融合和校企合作。通过校企合作、顶岗实习、专业对口实习等“双元”育人方式，培养1700名专业技能人才。推进宝安职教集团“中高职三二分段”办学，打造“中职＋高职＋企业”产教联合体。推进“中职＋高职”五年一贯制办学，打通中职生成长升学渠道。

【深圳创新创意设计学院首批招生】2020年5月27日，宝安区完成深

2020年5月21日上午，宝安区举行36所民办幼儿园转型补偿协议签约仪式。区委常委、常务副区长蔡英权参加签约仪式，区政府执行专员沈建刚及各街道和相关单位有关同志参加活动　（宝安区教育局　供）

圳创新创意设计学院项目用地移交入库，顺利完成了市委市政府下达的2020年5月底前完成土地整备的工作任务。深圳创新创意设计学院项目周边环境提升工程全面展开，学子路品质提升工程于2020年8月16日完成施工并通过竣工验收。2020年9月，深圳创新创意设计学院完成了首批本科生的招生工作。

【33万师生同上一堂思政课】2020年，宝安区坚持用习近平新时代中国特色社会主义思想铸魂育人，在“战疫”时期开展形式多样、生动鲜活的思想政治教育。9月1日，创新组织“同上一堂思政课”暨第二届“思政课，宝安这样上”主题教研活动，33万师生同上一堂思政课，讲述宝安同心战疫故事，有力融汇思政教育与抗疫英雄学习，宝安学子爱国热情空前高涨，正向赋能有效发挥。课程教学受到高度好评，创造单科学习人数最高记录，创新举措受人民网、新华网、学习强国等多家央媒广泛报道。

【体艺教育】2020年，宝安区突出五育并举，加强全面育人研究，落实“2+2”体艺项目，着力打造“一校一品”“一校多品”格局。合唱、戏曲、舞蹈等品牌节目频现央视2021新年音乐会、庆祝深圳经济特区建立40周年宝安原创文化艺术精品巡礼活动等。创建全国少儿戏曲小梅花基地学校46所，宝安戏曲娃累计荣获全国“小梅花”、国戏杯、和平杯等国家级赛事金奖214项，获奖总数位居全国区属第一。创建全国足球学校16所，宝安区“满天星”训练营获评2019年全国青少年校园足球工作年度优秀“满天星”训练营称号。共有全国校园篮球学校4所、全国中国象棋基地学校2所、全国国际象棋特色学校7所、全国书法示范校7所。推进落实“人人有特长，校校有特色”工作及“课后服务”工作，部署实施了41所公办校课后延时服务工作，开设学生社团2880个，参与学生73360名。据不完全统计，2020年，宝安学子获国家、省、市级比赛一二三等奖达470余项，其中全国性赛事获奖60项、省级赛事128项、市级赛事104项。参加体艺类国家级比赛获金奖90项，省级金奖7项，银奖6项，铜奖7项。

【教师队伍】2020年，宝安区教育系统新入职优秀高校毕业生656名，研究生学历占70%。一流院校、部属师范院校、泰晤士世界大学排名前100的院校毕业生占比52%。持续推进“雏鹰”“新秀”“薪火”三大教师分层培养计划和名校（园）长、名师评审及工作室建设工作。完成了2020届“雏鹰计划”656名新教师的岗前专项培训、68个区级工作室的终期考核、5个省级名校长名师工作室及主持人的工作考核，开展了第五批名校（园）长、名师评审及工作室建设。新开办“薪火计划”初中道法学科骨干教师素养提升项目并完成第一期集中研修活动。小学语文、初中语文和初中化学三个“薪火计划”培养班顺利结业。滨海小学高春艳老师获评2020年深圳市基础教育系统“年度教师”。高中教师参加市高考模拟试题命题比赛，获一等奖11个，二等奖11个，三等奖23个。制定并印发《宝安区加强新时代教师队伍师德师风建设实施方案》，切实加强新时代师德师风建设。创新干部公开选拔机制，印发《宝安区公办学校领导轮岗交流及调整充实工作方案》，面向全区教育系统在编在岗干部公开推荐选拔遴选出66名公办学校校级领导，为宝安教育事业高质量发展注入新的动力。

【教育国际化、现代化发展】2020年，宝安教育国际化持续推进。严格落实外籍教师管理，积极探索疫情期间外籍教师教学方式，开展了宝安区外籍教师“同上一堂课”示范课活动，运用海外高端教育资源和信息化技术平台，举办中德艺术及自然学科、中澳英语专题“云”培训。召开多场论证会，完善教育国际化特色学校指标体系评价要素，借助优质资源，携手做好宝安教育国际化五年发展规划，初步制定完成《宝安教育国际化行动计划（2020—2025）》。宝安教育现代化实验区项目不断深化。中国教育学会专家组11人先后与区教育局领导班子、30名校（园）长、30名骨干教师代表进行了6场座谈会，实地考察了4所中小幼学校，从区域教育现代化顶层设计、构建现代学校课程体系、深化现代化教育领军人才培养等方面推进合作共建。

【教育基础设施建设】2020年，宝安区平安校园智慧综合管控系统采用“1+2+5”的建构模式，完成540所办学单位全量光纤接入，接入视频14800多路，在线率达98.8%，构建了全市最大的、光网全覆盖的校园安全监控“天眼”系统。率先启动5G+智慧教育示范项目建设，宝安中学（集团）实验学校、宝民小学在全市乃至全国基础教育率先实施5G+智慧教育6大应用场景落地，标志着宝安智慧教育迈入5G时代。公办学校100%完成5G基站建设与网络覆盖。疫情期间，作为全市各区唯一主要依托自有平台开展线上教学的区域，宝安在线教学学校参与率100%，师生参与率达到98.8%，满意率达到92.6%。区教育资源公共服务平台日均访问量峰值最高达35万人次。教育系统信息化建设工作经验获省级推荐报中央电教馆。

【校园安全】2020年，宝安区校园安全持续夯实。学校食堂提A工程稳步推进。目前公办学校食堂A级率维持在100%，民办学校食堂A级率64.6%，全面完成市民生实事规定的任务。严防校园欺凌，持续开展“扫黑除恶”专项活动。进一步加大校园周边环境整治力度，大力开展未成年人权益保护教育培训、校车专项排查、学生安全教育，积极推广落实“家校警”交通护航队，全面开展校园安全隐患排查整治和爱国卫生运动，重点开展交通安全教育培训活动，筑牢校园安全防线。

【党风廉政建设】2020年，宝安区持续加强党风廉政建设，组织开展全面从严治党专题学习、廉政提醒谈话、新教师“廉洁从教”入职宣誓等活动，营造风清气正的教育生态。落实校长廉政监督，印发《宝安区教育局关于落实〈关于加强宝安区公办学校校长廉政监督的意见（试行）〉的工作方案》，深入推动落实学校党风廉政建设主体责任，规范校长权力运行，有效防范廉政风险。创新开展内部巡回检查，制定出台《宝安区教育局党组关于开展内部巡回检查工作的暂行办法》，推动教育系统党内监督检查常态化、制度化、规范化开展，推动全面从严治党向纵深发展。严格审计监督并加强审计结果运用。全年对90家单位开展内部审计，涉及资金380752万元。出台《深圳市宝安区教育局内部审计结果运用管理规定（试行）》，进一步强化审计整改协作机制建设。

【教育督导】2020年，宝安区教育局督政督学有序开展，加快推进全国义务教育优质均衡区创建。建立了与省对接的采集口径一致、统计数据一致、计算方法一致的优质均衡发展状况监测系统，组织操作培训，指导全区事业统计工作，助力学校改进办学行为、提升办学水平。圆满完成学习型社区100%覆盖的目标任务。学校评估工作控量提质，省市区三级中小学督导评估项目齐头并进。深入开展责任督学经常性督导，疫情期间组织20个督查组148位责任督学，对全区153所公民办中小学校进行了“防范学生心理危机事件”督导检查。组织开展2020年国家义务教育质量监测工作，圆满完成第一周期3年的全样本监测，并对宝安区2018、2019年国家义务教育质量监测结果进行详细解读，印发《关于印发宝安区2018年国家义务教育质量监测问题整改措施的通知》，积极推进监测结果的运用。高规格完成督学换届，完成第六届市督学及第二届市教育督导评估专家库成员推选，宝安区获评市督学17人，督导评估专家库成员24人。完成宝安区第八届督学任期届满考核和第九届督学聘任，共选聘督学348名，举办新一届督学聘任大会，由区人民政府教育督导委员会进行高规格聘任。

【疫情防控】2020年，宝安区把保障师生生命安全和身心健康放在首位，同心抗疫，逆风前行。在全市率先成立了区级开学保障组，统筹29个成员单位打响校园疫情防控总体战、阻击战。迅速成立教育系统疫情防控指挥部临时党总支，引导党员在疫情防控工作中发挥先锋模范作用。制定《宝安区2020年春季中小学校（幼儿园）安全复学工作措施》等20多个疫情防控制度方案，组织拍摄《宝安区安全开学疫情防控指引》等视频，对各学校疫情防控工作实施精准指导。组织教育系统72404名教职工和学生进行核酸检测，对近4.8万名教职员工开展疫情防控知识培训，派出18000多人次到学校督查学校疫情防控准备工作，并派出181名党员志愿者下沉社区支援全区疫情防控。11名处级干部全部下沉学区蹲点督导帮扶，204名机关干部“3对1”挂点督查全区学校幼儿园疫情防控工作，实现教育战线疫情防控不留死角。通过制度建设、压实主体责任、加强物资保障、派驻健康副校长、联合督导检查、开展心理健康教育、依托线上自主教学平台开展“空中课堂”等多项措施，保障了全区教育系统55万名师生平安顺利返校复课，实现了全区教育系统顺利返校复课和校内疫情零交叉感染总目标，区教育局在全市教育系统疫情防控会议上多次作经验分享。宝安区疫情防控指挥部开学保障组被评为深圳市“抗击新冠肺炎疫情先进集体”。

【教育帮扶】2020年，宝安区以“教育帮扶”为核心，以“扶智”为主线，以“教师支教、师资培训、技能提升”为主要任务，以“学校结对帮扶”为主要形式，围绕“教育管理、教学质量、教师素质、学生发展”等内容，扎实推进教育领域对口帮扶。聚焦核心任务，强化组织领导，局领导到帮扶地区调研13次，召开联席会议10次。聚焦“1+90”格局，突出全面帮扶，区内90所学校结对帮扶94所薄弱学校，开展培训交流122次，送课257节，开设讲座90场，当地受益教师7055人次。聚焦师资短缺，输送优质人才，选派60人次的骨干教师赴对口帮扶地区支教，中共党员平均占比达40%。聚焦人才培养，增强造血兴教，接收受援学校教师71人次跟岗学习，在都安、大化县设立“名师工作室”6个，开展线上线下研讨活动29场，当地受益教师1743人。聚焦设施改善，补齐教育短板，捐赠原价值893.65万元的图书、数控及汽修专业教学设备等一批，扶贫济困日师生捐款249.2万元用于援建教学楼等14个项目，发动40所民办学校捐款120.7万元用于捐建道路硬底化等2个项目，向大化教育局捐赠价值24万元的学生迷彩服一批。聚焦精准扶贫，实现脱贫奔小康，教育系统采购贫困地区农产品达985.59万元，推动、大化特色淡水鱼等农特产品进学校食堂，龙川县田心村39户贫困户全部达到稳定脱贫出列标准。对大化县教育帮扶工作受到教育部领导高度肯定，对都安与大化县的帮扶工作被《新闻联播》等主流媒体报道。支教教师高春艳获评“广东省乡村振兴先进个人”，受到广东省委主要领导接见。区教育局扶贫专职干部郑庆东获评“广东省2020年消费扶贫突出贡献个人”，区教育局驻田心村工作队被推荐申报“2019—2020年全省脱贫攻坚突出贡献集体”，驻龙川县田心村第一书记黎德全被推荐申报“2019—2020年全省脱贫攻坚突出贡献个人”。

（赖晓辉）

龙岗教育

【概况】2020年，龙岗区教育局辖属各类办学单位691家。其中：幼儿园493所、小学76所、中学16所、九年一贯制学校93所、12年一贯制学校8所、中等职业学校2所、特殊教育学校1所、成人教育学校1所、实践基地1所。在校生526105人。其中：幼儿园145680人、小学262299人、初中83306人、高中29389人、中专5431人。教职工总数52176人。其中：幼儿园22697人、中小学28659人、职业教育447人、特殊教育53人、其他直属单位320人。现有正高级教师31名、省特级教师49名。全年教育总投入126.21亿元。

2020年，龙岗区教育系统坚持以习近平新时代中国特色社会主义思想为指导，聚焦“幼有善育，学有优教”的战略定位，统筹推进校园疫情防控和教育教学工作，深化教育改革创新，下大气力惠民生、补短板，不断提高教育公共服务水平，着力打造深圳教育高质量发展的先行示范区，构建全链条优质教育生态。

【学位供给】2020年，龙岗区完成平湖第二实验学校等11个新、改扩建学校项目建设，新增义务教育阶段公办学位1.77万个，增量连续3年突破万个。“十三五”期间，新增公办学位6.39万个，增量创历史新高、居全市第一，159%完成规划任务指标。市十七高、科高足球学校顺利动工建设，深圳市外国语湾区学校移交校方办学。新开办民办学校1所，新增学位1500个。全市率先推进手机端学位申请，“一校一策”完成8万余名新生招录，学位供需呈现“紧平衡”。发放民办学位补贴10.4亿元，惠及14.2万学生。提供午餐午休学校增至184所，惠及约11.5万名学生。

【改革创新】2020年，龙岗区公办幼儿园建设取得历史性突破，建成公办幼儿园225所（累计250所），为建区以来的10倍、居全市之首。公办在园儿童占比52.52%，公办幼儿园和普惠性民办幼儿园总占比

85.9%，超额完成市下达学前教育“5080”攻坚任务。依托深圳国际大学园等平台，率先启动粤港澳国际教育示范区试点建设。与港中大（深圳）签署战略合作框架协议，加快组建港中大（深圳）基础教育集团。和美外国语小学、万科城实验学校、新亚洲学校纳入龙岗区外国语学校集团。再次出台《龙岗区加快民办中小学优质发展三年行动计划》，每年新增投入1个多亿元扶持民办学校发展。枫叶教育集团总部、德普外国语学校落户龙岗。

2020年，龙岗区超额完成公办园建设“5080“目标。“扩容提质的‘龙岗速度’全力推进学前教育普惠优质发展”获评深圳市2020年度最受欢迎教育实事

（龙岗区教育局　供）

【教师队伍】2020年，龙岗区深化“万千教师进家庭（社区）”活动，实现全学段普访。平稳顺利完成8所副处级学校、107所公办中小学校领导班子换届，校领导结构进一步优化。招聘“双一流”、重点师范院校为主体的优秀毕业生462名。新增区级以上学科带头人、名班主任、骨干教师、教坛新秀1051人。中小学正高级教师增至31名，省特级教师增至49名（六年前正高1名和特级8名），数量位居全市各区前列。胡孔明获得“深圳年度教师”称号，六年内共有4名教师获此殊荣（王雪娟获评第一届唯一的年度教师）。教师培养工作获《中国教育报》整版报道。

【校园安全】2020年，龙岗区健全法治政府建设工作领导小组，统筹推进依法行政、依法治校。依法审批民办学校1所、非学历教育机构19家。组织200余名领导干部开展法治在线学习，50余人次参加学法考试，70余人次参加行政执法培训考试。率先提出“八到位”疫情防控举措，稳步推进返校复学、中高考、教师招聘、招生维稳等重点工作，主动服务做好驻区高校疫情联防联控工作，全区无聚集性校园疫情发生。扎实开展校园安防、周边治理、食品安全等专项检查整改。常态化推进安全教育，实现“龙岗第一课”师生齐参与。组建“心理热线”“面对面咨询”“网络咨询”“心理危机”4支服务队，心理危机处置1507人次。全区校园安全工作形势平稳可控，局办公室获区年度综治先进集体。

【教育质量】2020年，龙岗区教育局紧扣特区建立40周年、中国抗疫等重要节点，健全“局领导—校长—教师”思政课机制，深入开展爱国主义教育。3所学校获省级文明创建先进单位。2所学校获省“红旗大队”“少先队先进学校”。高考各批次上线人数和上线率连续十三年正增长，本科上线4863人，上线率达64.6%；省专上线7510人，上线率达99.7%。龙城高中、平冈中学、华师龙岗附中连续3年（2018年、2019年和2020年）一并摘取深圳高考卓越奖，获奖数量全市各区最多。中考400分以上学生达4874人，较去年增843人。小学语文、艺术教育2个项目获评全国义务教育质量优秀典型案例（全省仅3个项目入选）。艺术、体育、科创特色学校数量位居全市前列。龙岗中专、龙岗二职入选广东省高水平中职学校建设单位。

（邹伟新）

【党建工作】2020年，龙岗区委教育工委深入学习贯彻习近平新时代中国特色社会主义思想，集中观看深圳经济特区建立40周年庆祝大会直播，邀请专家开展辅导学习4次。每季度开展一次全系统学习情况督查，坚持学校自查、联合党委检查、工委抽查“三管齐下”。建立教育行政部门领导到中小学讲授思政课制度，局班子成员到中小学上思政课8场。培育和践行社会主义核心价值观，开展“向逆行先锋致敬”“青春心向党 建功新时代”“百校庆百年”红领巾火炬接力跑等活动。制定机关党建8条具体举措，同步谋划实施机关党建和业务工作，深化机关作风建设，削减文山会海，落实“放管服”改革，创造学校良好办学环境。深入学校、教办开展党建摸底调研8场，召开系统党建工作会议2场，指导基层党建工作。组织公民办学校开展结对共建，选派23名公办学校党组织书记到民办学校担任“帮扶书记”，351名公办党员教师、骨干教师到民办学校开展支教帮扶。成立疫情防控临时党支部，抽调370名干部支援全区抗疫一线，开展7轮疫情防控大督查。强化学校党组织在统筹推进疫情防控和复学教学中的政治核心作用，落实“六个带头”。落实全面从严治党主体责任，全覆盖调研669家学校食堂，以“主题党日”活动形式，推进厉行节约、反对浪费等重大决策部署落实。（钟育雄、李平）

【德育工作】2020年是极不平凡的一年，始料未及的新冠肺炎疫情给学校德育工作带来了极大的挑战，师生心理困扰一跃成为最受社会关注的问题。面对挑战，龙岗教育适时提出“心理德育”的工作理念，聚焦问题，直击重点，通过机制、队伍、课程的建设，探索区域德育工作智慧化、学科化的发展之路。

抓实德育常规，提升学校德育工作者的工作执行力，持续深入加强班主任队伍建设，组织开展班主任工作讲座、交流会、线上课堂等德育活动，全年组织9场区级德育工作经验交流会。推进家长学校的建设和课程开发，本年度新建幸福家长学校58所，开发家长直播课程42门，160多万人次参与线上线下学习。利用传统节假日开展形式多样的宣传教育活动，开展植树造林、祭拜英烈、“五四”、国庆系列等主题教育活动。法治教育、绿色环保、毒品预防、生命安全教育常抓不懈，与龙岗区环保、司法、公安等部门保持联动，密切合作。华中师范大学龙岗附属中学获评“广东省心理健康教育特色学校”，麓城外国语小学被获评“广东省劳动教育特色学校”，68所学校成功申报深圳市绿色学校，37所学校获评龙岗区“垃圾分类绿色学校”。龙岗区教育局荣获2020年度“深圳市禁毒先进单位”“深圳市扫黄打非先进单位”。（叶　鑫）

【高考成绩】2020年，龙岗区普通高考实际参考人数7529人，其中本科上线4863人，上线率64.6%；省专上线7510人，上线率99.7%。文化类（文科和理科）考生人数6148人，其中高分优先投档线以上人数1292人，增幅达12.3%；高优率首次突破20%（达21.0%），本科率62.5%；文化类本科上线人数为3840人；文化类省专上线人数达6142人，省专率首次达到100%。龙城高中英语单科最高分达148分，平冈中学高中语文单科最高分140分，创龙岗高考历史最好成绩。艺体类考生1382人，本科上线人数达1023人；艺体类省专上线人数1368人，较去年增108人。其中张将为获全省联考单科状元（素描），翟羽格获清华校考专业成绩全国第25名。

2020年，龙岗区通过高校“综合评价”招生人数进一步增长。龙城高中王卓泰等25位同学获得香港中文大学（深圳）录取资格；曾桦龙等13位同学获得南方科技大学录取资格；肖逸儒等9人获得北理莫斯科大学录取资格；谢逸川同学以659高分入围南京大学“强基计划”；叶恒、林鹏、叶倩霖、周宏祥、周绵杰5位同学获得公派留学俄罗斯资格，赵燕玲、黄子鹏等同学被悉尼大学、多伦多大学等国外名校录取。

2020年，龙岗区公民办学校齐头并进。公办学校考生5416人，民办学校考生2113人。公办学校高分优先投档线上线1246人，增幅14.4%。公办学校本科上线人数达4025人，民办学校本科上线达838人、专科上线达2100人。龙城高中、华中师大龙岗附中等6所学校省专上线率达100%。龙城高中、华师龙岗附中、平冈中学再次荣获高考卓越奖，获奖学校数量全市第一，也是全市唯一的一个自深圳市实施新高考评价以来连续三年有3所高中获得卓越奖的区。

（吴全财）

【合作办学】2020年，龙岗区教育局大力推进合作办学工作，着力建设基础教育品牌办学集聚区。龙岗区教育局优化品牌引进机制，稳步推进与香港中文大学（深圳）在基础教育领域的深度合作。2020年，经多轮协商，龙岗区政府与香港中文大学（深圳）正式签署了战略合作框架协议。在战略合作框架协议基础上，龙岗区教育局与香港中文大学（深圳）共同起草了《合作办学协议》，双方将合作举办基础教育集团，并在基础教育研究、教育国际化与人才培养等方面进行一系列深入的合作。

是年，龙岗区教育局成功引进枫叶教育集团总部，与深圳中学正式开启新一轮合作周期，并与南方科技大学、华东师范大学等知名品牌有序开展合作洽谈，广东省实验中学成功落户龙岗。众多知名品牌的落户，使龙岗集聚效应日益凸显，全国乃至全球知名教育品牌纷纷布局，品牌办学百花齐放的格局日益凸显。

是年，龙岗区教育局多措并举优化合作交流机制，进一步通过教育联盟、“未来教室”“互联网+远程共生课堂”等形式和手段，深入推进合办校与知名教育品牌的全方位联动。各合办校充分利用名校资源，切实增强与名校方的“粘合度”，打造融“名校DNA”与龙岗特色的教育品牌，着力与知名教育品牌构建共融发展新格局。

（王保亮）

【惠民教育补贴】2020年，龙岗区按照小学每人每年7000元、初中每人每年9000元标准，向全区义务教育阶段民办学校14.27万名学生发放学位补贴，共计10.53亿元。向全区民办学校5061名教师发放长期从教津贴，共计9524万元。教师节按照每人1000元标准向民办学校教师发放教师节慰问金，共计774万元。向幼儿园保教人员发放长期从教津贴，已完成2019—2020学年第一、二学期从教津贴发放，全区分别有9565人、8829人符合领取条件，分别发放4847.22万元、4571.19万元。向在园幼儿发放儿童健康成长补贴，按照每人每年1500元标准，完成2019—2020学年在园儿童健康成长补贴发放，全区13.64万人符合领取条件，共计1.66亿元。

（李柳仙）

【教育督导督政】2020年，龙岗区教育局督导科强化督政工作，牵头完成深圳市公办幼儿园建设及公办学位建设专项督导整改回访、学生心理健康教育及危机预防专项督导、政府履行教育职责评价等多项督政项目。其中，政府履行教育职责评价获全省第三，全市第二。督导科全年组织挂牌督导7次，发布督导报告7个，组织督学线上专题培训近1000人，组织全区24个督学工作室加强建设，对立项的24个重点课题和75个微小课题开展中期论证和考核，顺利完成龙岗区第五届督学换届选聘工作，选聘督学400人。督导科全年推动各级各类幼儿园评估309所，组织4所新开办学校完成广东省义务教育标准化学校督导验收，指导20个申报社区全部创建为深圳市学习型社区。督导科坚持科学监测，强化全国义务教育质量监测结果应用，创新实施区域特色项目质量监测工作，因地制宜开展专项监测。督导科组织新开办学校完成学校章程建设，确保100%学校实现“一校一章程”。安排督学专项督导检查中小学校章程落实情况，促进全区各学校依法规范办学。指导24所公民办学校创建广东省依法治校达标校并全部通过验收，全区100%中小学校全部创建为广东省依法治校达标校。

（罗清辉）

【教育经费】2020年，龙岗区教育经费投入力度进一步加大，全区财政性教育经费投入达148.27亿元，其中全区安排城市教育费附加约9.53亿元。教育经费保障措施如下：一是强化预算管理，提高预算编制的科学性、准确性，实现学

2020年9月24日，龙岗区教育局局长丁左发在龙城高级中学教授思政课

（龙岗区教育局　供）

校预算科目统一、公用经费标准统一、项目支出范围统一；二是大力推进教育均衡化优质发展，促进基本公共服务均等化，促进教育公平和提高教育质量，保障教育经费投入，按照市相关文件要求，执行小学5200元/生/年、初中6800元/生/年、高中7000元/生/年的公办中小学“大公用”生均拨款标准；三是不断完善义务教育公办学校设施设备标准化建设。遵循“教育教学设备设施配置、校园安全隐患整治、新开办学校经费保障等优先安排”的原则，对教育设施设备配套资金进行科学合理安排，进一步消除校际间的配置差异，实现标准化配置；四是民办教育围绕“优质发展”为中心，狠抓规范办学与质量提升，进一步促进教育公平，按照小学学位补贴7000元/生/年、初中学位补贴9000元/生/年的标准，2020年共发放学位补贴约10.53亿元；五是为稳定民办学校教师队伍，调动教师工作积极性，提高教育整体水平，2020年向全区民办学校教师发放长期从教津贴约9524万元；六是落实2019—2020学年在园儿童健康成长补贴的发放，2020年共发放1.66亿元；七是落实发放幼儿园保教人员长期从教津贴，2020年共发放9418.41万元；八是继续加大对创新办学体制改革的经费投入，4所政府资助学校由财政给予专项资助经费保障，2020年政府资助经费投入约2.14亿元。（李柳仙）

【教育信息化建设】2020年，龙岗区继续完成1000节优质课堂教学资源入库工作，年内已建成总量3000节优质课堂教学资源库。2020年10月完成30所区级智慧校园线上评审工作，全区共创建60所区级智慧校园。龙岗区公办学校和部分民办学校教育城域网出口带宽由百兆提升至千兆，局中心机房总带宽由3GB提升至7GB；疫情防控期间，为确保师生线上教学和学习的正常进行，临时提升区教育局中心机房互联网带宽至10GB；为满足招生、中高考视频监控系统等业务需求，教育城域网带宽由100MB提升至20GB。2020年度，教育城域网平稳运行，无重大技术故障。

2020年继续聘请专业信息安全公司加强信息安全保障工作，取消公民办学校私接互联网出入口，落实教育移动互联网应用程序选用要求，完成全区公民办学校互联网应用程序选用和使用者备案工作。根据学校网络信息安全情况编制了《龙岗区学校网络信息安全检查表》，每天通过态势感知发现终端危机，全年完成终端整改3592台，全区8个系统全部通过等级保护测评。2020年度，龙岗区教育系统网络信息安全工作平稳可控，未发生重大网络安全事件，无上级主管部门通报安全威胁事件。（黄国和）

【学位建设】2020年，龙岗区聚焦民生需求，积极探索学校项目“高起点规划、高标准建设”，全力打造先行示范区民生幸福标杆。一是全年新建、改扩建13所义务教育阶段学校，新增2.2105万个（含机动教室）公办义务教育学位，增量位居全市第一，再创历史新高。二是“十三五”学校建设圆满收官。“十三五”期间，原规划建设30所学校，计划新增4万个公办学位，实际完成新建、改扩建学校项目共39个，增加公办义务教育学位6.39万个，增量位居全市之首，159%完成规划任务指标。三是高中学校、国际化学校建设取得重大进展。伟中书记、如桂市长参加坪地高中园集中开工仪式；十七高、科高足球学校顺利动工建设；平湖中学高中部改扩建工程已确定设计方案；6所高中完成建设后将提供13050个公办普高学位。深圳市外国语湾区学校9月顺利开学，新增学位1200个，成为坂田片区优质国际化学校工程标杆。四是大格局编制大规划，大手笔续写大文章。制定《龙岗区公办义务教育和学前教育学位建设实施方案》，全区2020—2025年计划新增公办义务教育学位18.3万个。（黄惠明）

【校园安全管理】2020年，龙岗区严格落实安全生产责任制，积极推进安全教育规范化、安全管理标准化和隐患排查整治制度化。一是上下一心，全力做好疫情防控工作，通过抓健康管理、抓宣传教育、抓常态化防控等措施构筑严密防线，守住校园防疫阵地。二是部门合作，规范开展师生安全教育，通过“开学第一课”“开学安全教育周”“全国中小学生安全教育日”“安全生产月”等活动，强化专题安全教育。三是多措并举，强化校车交通安全治理，对全区500余辆校车进行全覆盖查验，组织全区200余所学校校车安全管理员、驾驶员、随车照管员登录“深圳交警公众号星级用户”进行学习测试。四是严抓细管，落实学校食品安全主体责任，联合多部门对206

所学校开展“食品安全公益诉讼回头看”检查。组织184所学校提供校内午餐午休服务，在校午餐午休学生数量约13.5万人。同时，大力推进学校食堂提A工作，目前共有公办学校A级食堂259家，民办学校A级食堂248家。五是强化治理，提升校园安保工作水平，大力推动校园防冲撞硬质隔离设施建设，开展消防安全专项整治，制定《龙岗区教育系统重点场所消防安全达标工程实施方案》。六是深入开展“扫黑除恶大家谈”专项活动，培养宣讲工作人员700名，覆盖43528名教职员工，切实增强龙岗区教育系统对扫黑除恶专项斗争的知晓率和满意度。（郑 逢）

【师资管理】2020年，龙岗区教育局预核编制12043名，正式下达11508名；开展了115所公办中小学的校领导班子换届或配备工作，新提拔干部110名，交流干部90名，参加民主推荐或测评的人数超6000人次，换届后的校领导班子平均年龄相对于上一届年轻4.5岁；为新开办的平湖第二实验学校、守真小学、悦澜山小学、龙外集团和美小学等4所学校核定编制、配备校长和师资队伍。全年通过面向社会公开选聘、赴重点师范大学招聘应届生等形式招聘453名优秀人才补充到教师队伍中；为促进各校均衡发展，2020年全区交流调配教师299人，向新开办学校和扩大办学规模学校倾斜；鼓励引导优秀教师到农村从教，通过政策支持、制度保障，2020年共选派94名优秀教师到新疆等地支教帮扶（新疆支教17名、西藏支教4名、四川支教1人、广西支教57人、河源支教4人、陆河支教2人、海丰支教9人）。本年度，全区获市年度教师1人、市级教育先进单位9个、教育先进个人74人；区级表彰尊师重教先进单位101个、尊师重教先进个人117人、教育系统先进单位84个、教育先进个人1625人。2020年落实“名师（校长）工作室”行动计划，鼓励各级、各类高端教育人才成立名师（校长）工作室，名师（校长）工作室由区教育局授牌，设立名师（名校长）专项经费，本年度共核拨“名师（校长）工作室”研修经费1750万元。（黄伟剑）

【师资培训】2020年，龙岗区“双线”培训模式全面夯实，为龙岗区公民办中小幼教师提供继续教育课程1143个项目5269学时，培训总人次342484人次，完成总学时1275751学时。完成2020年暑假继续教育周《情绪的智慧》主题全员培训，11.9万人次教师、家长参训。依托基地校完成公办小学语数英等学科线上培训58场136学时，逾4.8万人次参训，线下培训14场45学时。系列开展师德师风线上全员培训18学时。开展公办园园长、教师、教研员专项培训项目13个，为转型公办园提供专业支持。到6所公办学校开展校长、中层干部培养培训需求调研。组织公办正副校长参加“广东省干部培训网络学院培训工作平台”专题线上学习260人参训。开展德育主任线上培训123人参训。37名第十期青年干部提高研修班学员圆满结业。启动民办学校第二周期三年行动计划（2020—2022年），选拔347名民办学校骨干教师及首批民办学校名班主任30人。评选出114名工作室主持人、637名骨干教师、62名学科带头人、30名名班主任。134名新教师、18名教坛新秀、21名骨干教师、38名骨干班主任完成梯队晋升。依托CCTALK校园版、钉钉等直播平台，开设梯队直播培训91场，认证优质直播培训课程244节次，各名师工作室直播授课4532节、2035万人次观看。开设新教师5类通识类考核共25个班次、1400人次报名，4个学科组开设6次考核共58位教师报名。新晋升53位“幸福家长学校”授课认证讲师，开展家庭教育培训286场次，累计参训家长180万人次。选派6个学科16名骨干教师赴靖西教研帮扶，选派21个名师工作室赴靖西参与靖西市中小学课堂教学展示比赛点评、开展专题讲座21场。为贵州大方县教师开展10场线上培训，组织3批次“三名”工作室主持人、成员赴寻乌县开展研修班10个。分别接收广西靖西15名、那坡270名、江西寻乌县31名骨干教师到龙岗跟岗学习。启动新一轮（2020—2022年）公民办学校结对帮扶行动，实现112所公办学校、79所民办学校结对全覆盖。公办学校派出351名优秀教师到民办学校开展柔性帮扶。评选出12所具备创建素质教育特色资格的民办学校。（周灵贞）

【课题研究】2020年，龙岗区组织遴选教师申报全国教育科学“十三五”规划2020年度课题国家课题5项；4项课题在省2020年度粤港澳大湾区国际教育示范区建设专项课题项目中获批立项；8项课题在省教育科学“十三五”规划2020年度“强师工程”项目中获批立项，在全市各区名列前茅。获广东省教育教学成果奖一等奖3项、二等奖2项，位列全市第二。56项课题在深圳市教育科学“十三五”规划2020年度项目中获批立项；785项课题在龙岗区教育科学“十三五”规划2020年度项目中获批立项，创历年新高。3所学校获深圳市级科研基地学校，名列各区前列。组织专家开展2019年度申请课题结题的材料进行结题鉴定，共193项课题研究成果获专家认可通过结题验收，其中19项成果获专家评定“优等”，在龙岗全区推广。基于学前教育区域发展需求，深入开展课题研究与指导，指导各幼儿园开展课题研究100余项。（鲍远根　单欣欣）

【课程建设】2020年疫情“停课不停学”期间，龙岗区被省教育厅选中为“粤课堂”开发科创课程，吸纳省市内外优秀教师开发出适合家庭实验的76节A-STEM视频课，并支援到广西百色靖西市。“A-STEM”课程建设经验引起全国关注，10余篇A-STEM案例论文在《中国信息技术教育》上发表。龙城高级中学等3所学校的“好课程”通过市验收。定制直播课程在线学习资源系统，221节次直播培训课程纳入课程超市。征集第七届手机微课程大赛评审301人次的“班级学生管理”主题参赛作品，236人次参赛作品分获一、二、三等奖。启动第一届教师培训慕课大赛与第八届手机微课程大赛。新增4个学前培训课程体系（现已累计形成46个体系培训课程），服务于分类分层培训。疫情期间，龙岗为全区79所民办学校建设教学辅助类资源、提供区级托底课程。新增研发家庭教育基础直播课程20套、专题课程19套、综合课程6套、教师家教指导课程5套。龙岗名师CCtalk公益云课堂面向一年级至高三年级学生开发名师优质精品直播课程1062节，播放量达1269万人次。组织名师参加龙岗广电中心“龙岗名师讲堂”课程录制28场，涵盖23个学科（项目）超168万人次观看。录制线上教学托底课例6000余节，其中3855例入选“深圳市网络课堂”，位列全市（含市直属）第二。为市空中教育课堂提供小学语文微课50节。组织开展线上教研活动600多场次。龙岗区教师发展中心联合区公安局开展安全教育系列课程8个主题，每周累积观看学生人数超13万。（周灵贞）

【竞技体育】2020年，龙岗区竞技体育成绩喜人。布吉中学女子排球荣获2020年广东省排球锦标赛甲组、乙组第二名，新亚洲女子足球队2020年广东省”省长杯”女子U13组第三名、广东省体彩杯女子U14组第五名；平冈中学健美操队荣获2020年广东省健美操比赛团体总冠军，参加全国健美操锦标赛，获颁2名国家级运动健将、4名国家一级运动员。平冈中学女子足球队荣获2020年广东省“省长杯”高中女子组第四名。平冈中学篮球队获得2020年广东省中学省篮球锦标赛高中男子第五名，高中女子组第六名。在2020年深圳市田径比赛中，平安里学校获得初中组团体总分第一名，可园学校获得初中组团体总分第三名，盛平小学获得小学组团体总分第一名，布吉高级中学获得高中组团体总分第五名。（王献英）

【科技教育】2020年，龙岗区科技教育创新特色彰显。联合市科协开展“科普大篷车”进校园活动，累计20场近5万人次师生参加。组织院士专家进校园活动，近20万中小学生参与。组织全区中小学校开展线上防疫科普知识竞赛，100多所学校2.5万中小学生参与。组织9场线上科技辅导员培训。荣获广东省自制教具竞赛一等奖3个（占全市1/3）。10幅作品参评省科幻画竞赛（占全市1/3）。10幅作品参评省科技辅导员科教创新作品竞赛（占全市1/3），斩获省一等奖2个。斩获省科技实践活动竞赛一等奖2个（占全市2/5）。在省科普剧创作大赛中，龙岗区科普剧创作获3个一等奖、3个二等奖、3个三等奖，总数量全市最多。龙城高级中学、福安学校等师生参加省青少年科技创新大赛的线上决赛，2个科技实践活动被评为省十佳科技活动，2个项目获得省一等奖，4所学校的项目进入国赛。四联小学被评为省青少年科学教育特色学校。龙城高级中学、平安里学校等3所学校获评2020年广东省青少年科技教育创新团队，总数量深圳市最多。新增邱林、钟远云2个区科技名师工作室。2名科技特

长生被少年空军学校录取（全市仅3人）。（李　隐）

【学前教育】2020年，龙岗区初步构建起以公办幼儿园和普惠性民办幼儿园为主体，广覆盖、保基本的学前教育公共服务体系。通过新建、转型、回收、改造等途径全力推进公办幼儿园建设工作，截至2020年底，龙岗区共有各级各类幼儿园493所，其中公办幼儿园250所，公办园占比达50.7%，公办幼儿园在园儿童占比达52.88%，公办幼儿园和普惠性民办幼儿园在园儿童共123767人，在园儿童占比达86.47%，提前超额完成“5080”目标任务。加强幼儿园安全、规范管理，向全区342所普惠性民办幼儿园发放奖补经费共1.32亿元，提升幼儿园软硬件。做好在园儿童健康成长补贴申报与发放工作，向全区13.64万名在园儿童发放健康成长补贴1.66亿元。贯彻保教人员长期从教津贴政策，向全区18394人次幼儿园保教人员发放长期从教津贴9418.41万元。落实幼儿园视频监控系统安装工作，完成全区已开办幼儿园的安全监控视频设备安装，实现2020年全区幼儿园安全监控系统“全覆盖”。积极开展“家园共育”活动，公开征集评选出28个承办单位，开展亲子活动、专题讲座、沙龙和现场咨询指导等家园共育项目活动231场次，惠及19238人次，全面覆盖全区11个街道111个社区。（温姣林）

【职业教育】2020年，龙岗职校、龙岗二职立足深圳经济社会发展趋势和市场需求，优化专业设置，推进校企深度合作，打造高水平专业群，入选“广东省高水平中等职业学校建设计划”。两所学校2020年毕业生一次就业率（含升学）分别为98.16%、95.99%，其中升入各类高一级学校比例分别为93%、89.13%。学校以赛促教促学、以赛促建促改，在2020年省、市职业院校技能大赛中分别获10金18银18铜、2金2银6铜，龙岗二职在教师教学技能大赛国赛获1金1铜。龙岗中专成为第一批“1+X”证书制度改革试点学校，建立健全1+X证书制度试点专项工作机制，共成功申请了数字创意建模等7类证书试点，有60位教师参与1+X师资培训。由龙岗职校牵头成立的龙岗职业教育集团，新增加盟企业21家，依托职教集团，以“技能节”“双选会”“专业建设研讨会”等活动为平台，积极推进校企深度合作，共同促进专业建设长足发展。通过“引企入校、引校入企”等方式，安排学生到企业实训和顶岗实习，教师下企业实践；聘请企业专家和能手担任兼职教师，担任各专业建设指导委员会委员；校企共建实训基地、共同开发教材；促进校企文化紧密结合，企业深度参与人才培养过程，实现了产教融合、互利共赢。两所中职学校现有校企共建实训基地16个。（肖云琳）

【民办教育】2020年，龙岗区大力扶持民办教育优质特色发展，出台了《龙岗区加快民办中小学优质发展的三年行动计划（2020—2022）》《龙岗区民办教育发展专项资金管理办法》，建文外国语学校等11所民办中小学获评“深圳市优质特色民办学校”。向全区民办中小学142742名学生发放了学位补贴，发放金额10.53亿元，促进了教育公平。出台了《龙岗区民办中小学教师长期从教津贴及体检实施办法》，全年发放从教津贴5061人，共计9524万元，组织民办学校教师免费体检。开展了民办中小学年度检查工作，9所学校的年检结论为基本合格，1所学校为不合格。全年完成了25136平方米校舍建筑安全加固工程。13所民办中小学食堂完成A级升级改造，6所学校完成了厕所升级改造工作。加强民办学校财务监管工作，全年共监管学费17.16亿元，组织民办中小学财务人员业务培训。对全区民办中小学校长、教师2019—2020学年度工作进行了考核。（葛建平）

【特殊教育】2020年是市特殊教育二期提升计划收官之年，龙岗区全面提速完成二期计划各项指标，成效显著：一是提高特殊儿童少年义务教育普及水平。龙岗区6—15岁适龄残疾儿童数量达1021人，是全市首次突破千人的行政区。普通学校（含特教班）随班就读占比上升到50%，融合教育规模居全市前列；二是加强基础建设。龙岗区特教发展呈现“1+6+28”的良好态势：1所特校骨干引领，6个特教班普特共育，28间资源教室专业支持。龙岗特校新校址坐落在坪地街道，建设工程正稳步推进中；三是完善保障体系。区财政专门设立特教项目，加大经费投入，实行特教教师编制单列，“配齐、配好、配专业”；四是构建领导体系专家团队。成立了“龙岗区特教工作领导小组”“龙岗区残疾人教育专家委员会”，召开会议通过规程，护航学生成长；五是摸清数量精准安置。摸清特殊儿童家庭情况和意向，安置37名残疾儿童少年到特教班或送教上门。特教热线电话接听量达2000次以上，建立家长微信群，多次举办政策宣讲会，线上线下互动沟通；六是强化管理学习。抓实28个定点校管理，建立全区特教学生个人档案及个别化教育方案。成立特教教研中心组，吸纳优秀教师，引领教学教研。组织111个社区残疾专干和105个学校特教专干业务培训，分批组织特教老师到北京、上海、广州、中山等地学习，开展资源室学校和特教班的专项督导检查；七是构建融合教育发展格局。组织开发《龙岗区融合教育课程》，在实践中培养、锻炼特教人才，向普校教师、班主任普及特殊教育知识；八是互联网+步入课堂。疫情暴发之初，积极响应“停课不停学”的号召，以钉钉直播、录播、微课等多种形式开展在线教学工作；九是初心不改收获惊喜。杨怡橙同学在深圳市第五届寻找“最美南粤少年”活动中荣获“自强好少年”称号。区特校旱地冰壶队代表深圳参加“中国智协2020年旱地冰壶联赛”广东站比赛获团体亚军。（叶　鑫）

龙华教育

【概况】2020年，龙华区有办学单位342家。其中：59所公办中小学（校区），32所民办中小学校，公办学校学生102619名，民办学校学生82960名，公办学校学生数占比超55%。全区幼儿园251所。其中：公办园126所，民办园125所，公办园在园幼儿数为41645人，占全区在园幼儿80776名的51.6%。全区在校学生、幼儿超26.6万名。全区专任教师共计16268名。其中：公办教师5392名，公办第三方聘用教师1188名，民办教师4311名，幼儿园教师5377名。行政区成立以来到2020年9月，教师队伍建设取得长足发展。引进高层次人才95名，其中，享受国务院特殊津贴者专家3人、正高级教师37人、省级名校长11人、特级教师46人、博士8人。本土培养出正高级教师8人、特级教师4人、市区级高层次人才30人。招聘优秀应届毕业生2490人，研究生及以上学历1917人，占比76.9%。

在龙华区委区政府的大力支持下，2020年龙华教育严防新冠肺炎疫情，稳妥组织师生返校。4月以来，全区17位区领导分批到50所学校督导检查，稳妥保障了27万师生返校复课。一年来，圆满完成各项工作，一是加强党建引领发展。区委书记亲自示范，教育局领导班子、校长书记带头落实，累计完成“思政第一课”100余节。夯实党建工作基础，党的组织和工作覆盖面从中小学校扩展至幼儿园、校外培训机构。继续向7所民办学校派驻7名第一书记和1名副书记，派驻学校总数增至12所，创新实施“1+1”派驻模式，形成“1+1+N”结对帮扶体系，助力民办学校强党建、提质量、促发展。二是深化体制机制改革。成立第一个教育联盟——观澜教育联盟。“龙华云校”获人民日报科技战疫2020中国数字化转型成功案例，全省唯一。获批创建广东省基础教育课程改革先行示范区、与教育部共建“基础教育课程改革实验区”两个区。成立龙华区实验、龙华区教科院两大幼教集团。成立龙华区第二个教育集团——龙华高级中学教育集团。三是持续夯筑人才高地。全年招聘902名应届毕业生。2017年到现在一共招聘2490人，其中A类双一流高校毕业生占比52%，研究生以上学历占比76.9%。四是加速优质学位供给。公办园数量从2019年的7所到现在的126所，增长18倍，占比增至51.9%；公办在园幼儿从2807人到41645人，增长14倍，占比增至53.3%；普惠园增至200所，占比85.2%，圆满完成“5080”计划。全年千方百计新增近1.5万个学位，相比去年建成学位翻了一番。近四年，新开办学校23所，数量位列全市第一。

【学位建设】在“十三五”规划的收尾之2020年，在全球暴发新型冠状病毒疫情的负面影响下，龙华区建设学校步履不停。年内新建鹭湖外国语小学、清泉外国语小学、创新实验学校、教科院附属实验学校、龙华区第二外国语学校、行知中学6所学校；改扩建书香小学、德风小学2所学校；完成深圳市龙华高级中学迁址暨深圳市艺术高中开办；成功推进龙华高级中学观澜校区租赁物业改造办学工作，以上累计提供学位超1.3万个。全年新开工建设龙腾学校、行知学校、龙飞小学、龙华书院、龙华中学南校区、龙华区第三外国语学校等6所义务教育学校，以及红山中学、格致中学等4所高中学段学校龙华区职业技术学校、观澜中学改扩建。为了加快港籍子弟学校落地，基建设备管理办牵头制定了《关于引进优质民办学校教育资源建设承办十二年一贯制学校项目的实施方案》。为了落实全市基础教育改革发展大会和全市基础教育改革发展领导小组第一次会议精神，由基建设备办牵头编制了《龙华区公办义务教育和学前教育学位建设实施方案（2020—2025年）》已经区政府常务会议审议通过。

【**幼儿园学位供给**】2020年，龙华区教育局创新发展公办园、优化提升普惠性民办园、着力提高保教质量，努力构建以公办园为核心，普惠园为主体，选择性学前教育为补充，普惠优质多样化的学前教育公共服务新体系。通过奖补方式鼓励社会力量办学，采用EPC模式加速推进公办园建设，持续增加学位供给，有效缓解“全面二孩”政策效应带来的需求冲击。到2020年底，龙华区共有幼儿园251所，提供学位80776个。其中普惠性幼儿园（含公办）200所，提供学位66588个。2020年新增幼儿园15所，新增学位5280个，其中，新增规划公办园5所，提供学位1800个；新增民办园10所，提供学位3480个。龙华区以调整办园结构为切入点，深化学前教育改革，把增加投入作为推动学前教育优质普惠发展的关键举措，投入约14亿元发展学前教育，投入金额达历年最高。投入11.6亿元建设公办园，投入4325.9万元建设普惠性幼儿园。投入1.8亿元保障幼儿及教师权益，其中，向学前教育阶段困难家庭儿童（包括残疾儿童）资助经费19.1万元，向保教人员发放津贴5658.12万元。2020年全区符合补贴儿童约8万人，于2021年上半年发放补贴经费约1.2亿元。

【**人才生态优化**】2020年，龙华区教育局基于教育系统人才发展实际，继续深入探索、改革与完善，全力打好人才引育留用组合拳，最大限度激发人才效能。2020年面向全国选聘优秀教师39人，其中正高级教师3人，特级教师6人，省级名教师11人。春、秋季赴外定点招聘应届毕业生共902人，其中研究生及以上学历731人，占比81.0%，博士11人，A类双一流高校毕业生466人，部属师范院校毕业生138人，世界前100高校毕业生99人，专业院校48人，其他院校161人。优化修订《深圳市龙华区基础教育特聘岗位评聘实施办法（试行）》，开创人才引进从“人选岗”向“岗选人”转变的新局面，面向社会公开招标2020年教育系统高层次人才评估第三方机构，切实保证人才评估工作公平公正公开进行，人才绩效评估更为客观。紧密关注人才发展动向，尊重人才，利用线上微信群、问卷星和线下走访等方式了解人才发展需求，收集人才建议意见，人才服务管理更为精细化。

【**未来学校**】2020年，龙华区教育局重点打造以“未来学校”为主题的特色教育项目，旨在为龙华区着力培养创新型、拔尖型、领袖型人才。一是打造以龙华高级中学为首的“未来学校”特色教育基地，为高一、二年级学生开设了小型人形机器人专业校本课程、学校信息技术课程实验课，重点培养学生设计

2020年7月21日，深圳市龙华区人民政府、香港培侨书院、深圳市信义控股集团有限公司以“云上签约”的方式签署战略合作备忘录，就香港培侨书院龙华信义学校落户龙华达成一致意见　（龙华区教育局　供）

思维、逻辑思维、人工智能素养等科技教育素养，引领学生们从认知、体验、喜爱、理解、参与、自主开发六个层次逐步成为新一代人工智能的建设者，为国家人工智能领域培养尖端人才。二是龙华区教育局已与清华大学合作，引进清华控股旗下在线教育平台和技术，在龙华7所学校初中学段开设创新实验班，以教育信息化技术助力龙华区教育教学改革，引进清华大学优质教育资源、混合式教学理念和模式，提升区域教育质量。

【返校复学】 新冠肺炎疫情暴发以来，根据省、市、区部署要求，2020年，龙华区教育局始终把广大师生生命安全和身体健康放在第一位，提前谋划、多措并举，第一时间制定防控方案，成立防控领导小组和学生返校工作专班，多次召开、参加各类疫情防控、学生返校工作会议，明确责任分工，层层压实责任，全力织密扎牢校园疫情防控网。在各方共同努力下，教育系统整体情况平稳。2020年春季学期，全区88所公民办学校约17.6万名学生分批错峰返校，242所幼儿园幼儿有序返园，407家培训机构恢复线下培训。2020年秋季学期，全区93所公民办学校、244所幼儿园返校，516家培训机构开课，全区全面恢复正常教育教学秩序。

【民办教育】 2020年，龙华区教育局持续深入推进民办教育扶持政策，加大对民办教育的扶持力度，持续推动民办教育均衡发展、质量提升。全年发放“学位补贴”“两免一补”“民办教师长期从教津贴”“民办教师学历提升奖励金”等民办教育补贴，扶持经费达5.8亿元。此外，为鼓励民办学校提升办学质量、转型升级，龙华区印发了《深圳市龙华区关于进一步促进民办学校均衡优质发展的实施办法（修订）》，多角度强化对民办学校的扶持力度，助力民办学校均衡优质发展。东王实验学校、锦明学校荣获2020年新增设立的“民办学校教育进步奖”。同时，民办学校教师学历提升行动初显成效，2020年符合学历提升申报条件的学校从2019年的8所增加至18所，民办学校教师学历水平得到显著提升。

【教育督导】 2020年，龙华区教育局圆满完成2019年政府履行教育职责评价考核工作。积极开展综合督导、专项督导和常态性督导，助推龙华教育优质均衡发展。2020年，龙华区完成各级各类评估：标准化学校评估14所，办园行为督导评估自评232所、督评46所，等级幼儿园认定13所，规范化幼儿园验收13所；开展中小学实验教学专项督导、25所民办学校“两个常规”督导、9所发展受限民办学校质量提升督导和15所公办学校办学水平评估回头看；开展责任督学挂牌督导工作，通过日常和专项督导发现学校问题，规范学校办学行为；指导民治街道和福城街道通过深圳市首批学习型街道评估验收，全市仅6个街道，我区2个。圆满完成2020年国家义务教育质量监测工作。顺利完成公办幼儿园建设实地迎评复核工作。

【在线教学】 2020年疫情防控期间，龙华区教育局通过多方协调与合作，精心研发了基于区域教育实情，涵盖学前教育、义务教育、高中教育以及家庭教育等方面的3000余节在线教学资源，供课数量在广东省“粤课堂”占比最高。打造全市首个有线电视点播专区——“龙华教育TV”点播专区，累计上线视频近2000条，点击播

龙华教育推动家校共育、携手教学，其中率先推出“龙华公开课-家长课堂”，于2020年3月2日起每天安排1课，每晚20：00在“龙华云校”平台播出，鼓励亲子观看，支持回看和点播。首期由龙华区教育局局长、教育学博士王玉玺主讲《疫情当下，做一名积极的家长》 （龙华区教育局 供）

放总量超过40万次。依托“三龙战略”打造的“龙华云校”在人民日报“科技战疫——2020中国数字化转型成功案例”评选中获“十大教育服务类数字化转型成功案例”。通过视频会议、线上学习等方式，组织全区10469名幼儿园教职工开展了疫情防控、幼儿园卫生保健要求与措施、家园沟通方法、幼儿心理干预与支持等内容的培训，提高全区教师的业务水平。为保障区教育教学质量不受疫情影响，2020年4月15日—4月20日，龙华区教育科学研究院联合重庆市教育评估院，在全区范围内开展了大规模的在线学习和教学效果追踪调查，共采集学生、教师和家长样本近16万份，生成了监测评估视野下的在线学习及教学效果追踪调查报告。

【积极教育研究联盟成立】2020年7月17日，龙华区教育局与紫金县、凤山县、东兰县、察隅县教育局共同发起成立“积极教育研究联盟”，先后于7月、10月、12月在龙华、紫金、东兰、凤山各举行1次“积极教育”高端论坛活动。8月，龙华区教育局局长玉玉玺亲率交流团赴西藏自治区林芝市考察、交流，并为林芝市教育系统做《从理想到现实，积极教育在龙华的实践》主题讲座。联盟秘书处、龙华区教科院先后组织本院研究人员、本区名校长名师多人次赴联盟其他成员县推广积极教育、组织教学交流，以联盟形式为龙华区对紫金等4县的教育帮扶工作注入了生机活力，推动了一区四县的教育教学交流活动，助力实现联盟成员间理论共享、资源共用、信息共联、人员共通。

【区少儿艺术团成立】龙华区群团工作部、龙华区教育局、龙华区教育科学研究院联合举办2020年龙华区少儿合唱团首届团员选拔暨龙华区中小学生“炫艺11月”系列活动。大赛分为舞蹈专场、朗诵戏剧专场、器乐专场、声乐专场。通过才艺大赛系列活动，了解龙华区学生艺术专项特长，组建龙华区少儿艺术团，挖掘学生艺术特长，探寻个性化发展，协同打造龙华区青少年宫美育软实力，建设具有龙华特质的青少年儿童文化艺术品牌。本次活动积极响应龙华区“积极教育”的理念，进一步展示龙华学子的艺术素养和文化内涵，通过多彩且富有创意的活动形式来提升学生们的艺术审美，培养自主创编能力，为学生们提供了一个展示自我的平台。

【“5G云智慧幼儿园建设”】2020年，龙华区教育科学研究院积极推进“互联网+学前教育”的建设，与腾讯联手探索大数据、人工智能、物联网等新技术在学前教育领域的应用，努力在幼儿园营造更具智慧的学习空间。龙华区教科院以幼教集团附属幼儿园为实验点，共同打造中国第一家云智慧幼儿园，拟定“云智慧”理念。“云”是一种顶层架构；“智”即多方位感知与获取园内工作和生活中的各类信息；“慧”是将数据进行多方收集、处理与分析。龙华区教科院幼教集团附属幼儿园秉承“众创智慧、融合共生”的办园理念，首创将5G技术融入园所管理、园本课程、幼儿学习与发展和教师专业发展当中。逐步形成具有可复制化的智慧校园解决方案，探索具有推广性的“5G云智慧幼儿园建设”路径。

【5080攻坚任务超额完成】2020年，龙华区主要通过“建、转、租”即规划新建、民办园转型、租赁物业改办三个途径完成公办园建设任务。一是协同推进规划园建设：5所新建公办幼儿园正式开园；5所幼儿园正在项目实施阶段，计划明年春季投入使用；5个更新项目配建园正在进行前期审核。二是分类推进百所民办园转型。制定到期政府产权园转型程序，合法合理、稳妥有序回收12所到期政府产权园；动员43所未到期政府产权园提前转型，龙华区政府产权园公办比例高达95.2%，在全市名列前茅；细化国有、集体产权园转型流程，高效完成26所国有、集体产权园转型；以定价招募和积分录取相结合的方式鼓励引导19所私企和个人物业民办园转型。三是盘活政府或集体空置物业，积极挖潜筹集园舍资源办公办幼儿园，已建成全市第一所租赁村集体物业改办的松和小学附属振声幼儿园。此外，龙华中学实训基地等多个租赁改造项目已进入立项阶段。在公办园建设专班包点跟进，开展多轮谈判的推动下，2020年龙华区公办园园所数、在园儿童数实现了跨越式增长，从2019年1月的7所、2807个学位，猛增至126所、41645个学位，在园儿童占比也从3%快速增长至51.6%，超额完成公办幼儿园园所数、在园儿童占比“双50%”任务。公办园和民办普

惠园共计200所，普惠园在园儿童数66588人，占比达82.4%，超额完成“5080”建设任务目标。

【广东省基础教育未来课程研究中心】2020年6月龙华获批“广东省基础教育课程改革先行示范区”，6月10日，由省教育厅、深圳市教育局。龙华区教育局共建的“广东省基础教育未来课程研究中心”正式在龙华成立。研究中心包含研发中心、项目中心、融创中心、推广中心四个内设机构。其职能是：开展基础教育课程改革前沿研究，提供决策支持；开展课程改革政策、标准、规范研究，为省、市、区出台政策文件提供支持；组织开展未来课程研究、开发、培育、推广工作，为龙华区创建“广东省基础教育课程改革先行示范区”提供智力支持；组织开展“龙华云校”课程开发项目，推进课程云的建设和推广；指导培育广东省基础教育课程改革先行示范校等工作。

【教育部“基础教育课程改革实验区”落户龙华】2020年10月，在龙华区人民政府的领导下，“基础教育课程改革实验区”成立，课程教材中心、课程教材研究所通过发挥平台和资源优势，为实验区全面深化课程改革提供正确方向引领和先进专业指导。龙华教育聚焦深度学习、STEAM教育课程教学改革、科学技术实践创新实验室等项目，力争打造大湾区基础教育特别是科技创新教育的杰出标杆。力争通过合作共建，探索区域全面深化课程改革的有效模式，全面提升区域整体教育教学质量和素质教育水平。

【集团化联盟式改革】2020年12月25日，龙华区第二个教育集团——深圳市龙华高级中学教育集团、首个教育联盟——深圳市龙华区观澜教育联盟成立。深圳市龙华高级中学教育集团实行独立法人模式，下设4个校区：高中部、观澜校区、大浪校区（筹建）、民治校区（筹建），其中观澜校区、大浪校区为寄宿制初中，民治校区为走读制初中。龙华高级中学教育集团将从三方面优化布局，提升质量：一是统筹资源，搭建集团共享平台；二是勇于改革，创新集团学制组合；三是凝聚共识，打造集团办学特色。深圳市龙华区观澜教育联盟由龙华区观澜中学、观澜第二中学、观澜中心小学和观澜第二小学组成。采用多法人协作联盟办学形式，由观澜中学任联盟的主席单位，负责整体规划联盟的有关工作。采取联席会议管理制度。观澜教育联盟将秉承“建立优质学校集群，促进区域教育均衡优质化发展”宗旨，践行“各美其美，美美与共”的共建共享理念，整合优质课程、教师资源，探索人才成长的学段衔接，探索联盟内学校内部共享共治机制，有效促进联盟成员学校的共同发展。

【公办园管理新模式】2020年，龙华区创新管理模式助力公办园优质发展。实行“三轨并行”法人治理模式，在授权管理学校选派人员兼任法定代表人、选派在编人员专任法定代表人、集团总园长任法定代表人三种法定代表人聘任形式下，建立并践行公办园“理事会领导下的园长负责制”。首次成立公办幼教集团——区教科院幼教集团及区实验幼教集团，出台《深圳市龙华区公办幼教集团管理暂行办法》，储备、培养优质学前人才，沉淀、输出幼儿园教学管理、课程教学研究等经验，引领公办园快速进入规范、优质办学轨道，带动全区公办幼儿园往更高质量发展。

【校园食堂量化提级工作】2020年，龙华区教育局严格压实主体责任，精准落实校园食堂量化提级工作。组织召开校园食品安全、秋季开学食品安全、食堂量化提A等专题会议7场。积极通过“线上+线下”形式，组织开展校园食品安全培训，覆盖2000余人次。要求成立校园领导小组，明确岗位管理职责，有效管控校园食品安全风险。正式编印做好疫情期间食品安全管理工作、加强校内午餐午休管理工作、开展2020年校园食品安全宣传周、迅速开展校园食品安全隐患紧急大排查行动等通知文件，要求严格落实校（园）长负责制，扎实推进校园食品安全管理工作。11月，龙华区学校、幼儿园食堂量化提级工作提前、超额完成任务目标，公办学校食堂A级率达到100%，民办学校食堂A级率达到65.23%，真正为学校师生舌尖上的安全保驾护航。

【向民办学校派驻第一书记】为进一步全面落实新时代党的建设总要求，2020年，龙华区委教育工委把派驻第一书记作为强有力的抓手，建好建强民办学校党组织，推动民办学校高质量发展。在2018年底率先全市向民办学校派驻第一书记的基础上，继续向7所民办学校派驻7位第一书记，并首次实施“1+1”派驻模式，向办学规模较大学校增派1名副书记。形成“1所派驻民办学校+1所派出公办学校+N类资源”的结对帮扶体系，凝聚区教科院、公民办结对帮扶学校、挂牌责任督学学校等多方力量，点燃民办学校发展的红色引擎。建立健全第一书记交流制度，制定任期考核工作方案，对第一书记、派出学校及派驻学校党组织书记三方同步考核，强化考核结果运用，以考核抓落实、促实效，全面提升民办学校党建、教育教学工作质量。现已累计向12所学校派驻12名第一书记和1名副书记，第一书记深入民办学校抓党建、提质量、促发展，奋力推动区域教育高质量发展，坚持深化教育改革创新。此举引发南方都市报等各主流媒体广泛关注报道，荣获第六届“深圳教育改革创新大奖”之年度最受欢迎教育实事、深圳教育改革创新示范项目等多个奖项。

【龙华区校园集约化、绿色化建设】 2020年，龙华区教育局联合政务服务数据管理局共同制定《龙华区学校及幼儿园建设信息化内容技术标准执行清单》，确保全区学校及幼儿园建设所涉信息化内容集约建设、统一管理和共建共享。龙华区公办学校“无线校园”工程已完工。公办学校信息化项目已通过政数局技术审核，拟组织专家对技术方案进行评审。《龙华区公办义务教育和学前教育学位建设实施方案（2020—2025年）》中确立了学校建设应参照由区教育局牵头制定的《龙华区中小学校绿色校园设计提升指引》，制度化、规范化、标准化地统一推进学校建设。区教育局牵头制定《龙华区幼儿园建设标准提升指引》，指导幼儿园项目建设单位参照执行。校园建设支持部分项目整体打包，招标具备优秀资质和业绩的代建单位全过程、施工期代建；鼓励由实力强、成熟型企业实施EPC设计施工总承包建设。

（龙华区教育局）

坪山教育

【概况】 2020年，坪山区大中小幼及培训机构共148所（个），包括幼儿园74所。其中：公办幼儿园31所，民办幼儿园43所；区属公办中小学校21所（含特殊教育学校1所），民办中小学校20所；市属中小学校1所为深圳高级中学（集团）东校区；职业技术学校2所（深圳第一职业技术学校坪山校区、奋达职业技术学校）；大学1所为深圳技术大学；培训机构29个。全区共有学生80925人。其中：高中生4719人、初中生12681人、小学生41953人、特殊教育学生28人、幼儿园在园儿童21544人。全区共有教职工8209人。其中：幼儿园教职工3028人，含专任教师1397人；中小学教职工5181人，含专任教师4085人。2020年全年财政性教育投入41.31亿元（含基建16亿元），较2019年财政投入增长6.47亿元，增长18.57%，占全区地方生产总值的5.16%。

【学前教育】 2020年，坪山区共有幼儿园74所，其中公办幼儿园31所，民办幼儿园43所。幼儿园学位数24353个，其中公办幼儿园学位11423个；在园儿童21544人，其中公办园在园儿童10779人。省一级幼儿园2所，市一级幼儿园29所，区一级幼儿园23所，规范化幼儿园60所。坚持“办一所，优一所”原则，直聘62名幼儿园教师，保障区域学前教育整体质量，整合市区优质名园托管办学，加大优质资源辐射面，垫高区域学前教育发展基础。

深圳技术大学与坪山区教育局签署《坪山区教育局与深圳技术大学关于委托管理深圳技术大学幼儿园的协议书》。委托大学管理幼儿园是坪山区创新机制办好学前教育的有益探索，未来还将继续加深与深圳技术大学的办学合作，为坪山社会经济发展和深圳“双区建设”提供优质人才培养服务。

【基础教育】 2020年，坪山区有区属公办学校21所（小学11所，初中3所，九年一贯制学校5所，高中1所，特殊教育学校1所），市属十二年一贯制学校1所为深圳高级中学（集团）东校区；民办学校20所（含小学7所，九年一贯制学校10所，十二年一贯制学校1所，高中2所）。在校中小学生59381人（不含深高东校区学生，其中公办39091人，民办20290人），其中小学生41953人（公办26827人，民办15126人），初中生12681人（公办9275人，民办3406人），高中生4719人（公办2961人，民办1758人），特殊教

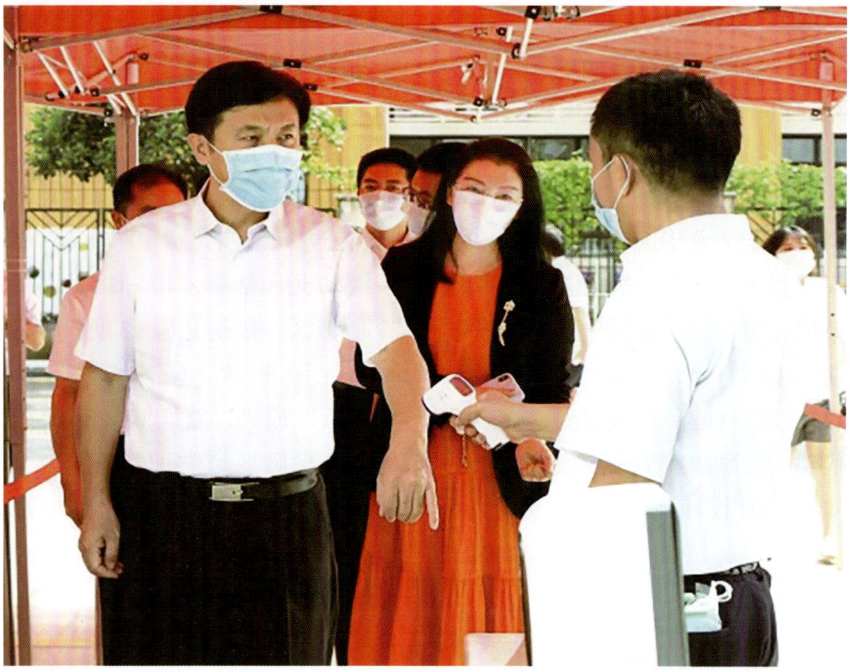

2020年9月1日，开学第一天，坪山区委书记陶永欣，区长李勇分别带队深入辖区学校和幼儿园，实地检查指导学校疫情防控及开学准备各项工作

（坪山区教育局　供）

育学生28人。

《坪山区“品质课程系列”建设方案》印发。坪山区成为全市首个发布区域课改方案的行政区，深化课程改革，为培养面向未来的创新型人才构建“三维”课程框架。这一举措获得市内外专家的一致好评，并获评“深圳教育改革创新示范项目”“深圳教育改革创新最受欢迎教育实事”。

【特殊教育】2020年，坪山区现有特殊教育学校一所。坪山区特殊教育学校是坪山区教育局直属的一所九年一贯制培智类特殊教育学校，办学规模为9个班，目前学校在校生总数28人，专任教师数12人。学校设置唱游律动室、感觉统合训练室、情绪宣泄室、手工绘画室、图书室等比较完备的教学和功能场所，开设生活适应、生活数学、生活语文、康复训练、唱游律动、绘画手工、运动保健以及多种特色课堂，满足入校学生的教育需求，帮助学生发展潜能、增长知识、获得技能、完善人格，增强他们的社会适应能力。

【社区教育】2020年，坪山区持续开展社区教育及全民终身学习活动，碧岭街道完成全市第一批“学习型街道”的创建工作。持续推进“学在坪山”品牌公益课程项目，课程覆盖全区6个街道，累计服务群众约1万人次。认真开展第四届坪山区全民终身学习活动周成果展，评选出我区“百姓学习之星”和“终身学习品牌项目”，“坪工学堂”成功入选深圳市十大终身学习品牌。

【高等教育】2020年，坪山区有大学1所。深圳技术大学是广东省和深圳市高起点、高水平、高标准建设的本科层次公办普通高等学校。建筑面积950111平方米，在校学生3660人，在校教职工1233人。其中专任教师743人。学校现设置了物联网工程、机械设计制造及其自动化、光源与照明、工业设计、交通运输、汽车服务工程、电子科学与技术、新能源科学与工程以及生物医学工程专业，与德国、瑞士、荷兰、法国、英国等19个国家的高校、科研院所合作签约，并与160余家国内外著名企业确立了战略合作关系。

此外，深圳师范大学已确定落地坪山，目前已启动项目选址、办学方案编制、筹备组等相关工作。

【职业教育】2020年，坪山区有市直属中职名校深圳第一职业技术学校，共有在校生344人，开设机器人应用与维护、楼宇智能化设备安装与运行、药品食品检验共3个方向的专业。永久校区计划按照广东省中等职业教育改革发展示范学校标准进行建设，规划用地不少于8万平方米，建设规模可满足3000名全日制全寄宿在校生就读，设置不少于10个专业。

深圳市奋达职业技术学校坪山校区是经深圳市教育局批准的全日制中等职业技术学校。学校隶属于深圳市奋达教育集团，2016年由深圳市教育局批复成立，位于深圳市坪山区龙田街道，占地面积60多亩，建筑面积22175平方米。目前，学校在校生人数1100余人，教职工100余人，开设有专业班（软件开发、UI设计、电子商务）、高考班、留学班。

【教育科研与创新】2020年，坪山区教育局出台《坪山区“品质课程系列”建设方案》，坚持五育并举，推动“三维一体”课程体系构建形成。评选产生一批引领性课程示范样本校，其中跨学科融合课程评审立项103项，STREAM实验校达到10所，人工智能试点校3所，生涯教育实验校14所。二是普及性课程建设实施常态化，大德育、大艺术、大体育、大阅读、大劳动课程校园普及，“人人参与”蔚然成风。三是学校个性化课程百花齐放，各美其美，国家校园足球、篮球、网球特色学校已达15所，同时打造多所“无围墙学校”样板，校外实践基地已达18家。2020年教育科学规划立项课题166项，其中省级课题14项、市级课题42项、区级课题110项，学生探究性小课题立项50项，区域教育教研创新示范能力不断增强。

【教师队伍建设】2020年，坪山区幼儿园教职工3028人，其中公办1331人，民办1697人；含专任教师1397人（公办632人，民办765人）。中小学教职工5181人，其中公办3424人，民办1757人；含专任教师4085人（公办2806人，民办1279人）。在编教师硕士研究生学历470人，高级职称260人，中级职称975人。全国优秀教师（班主任）2人、特级教师12人（含自主培养2人）、正高级职称8人（含自主培养5人）。

【党建工作】2020年，坪山区教育系统不断强化党的建设，进一步规范党组织建设，单独成立党组织3个（新合实验学校、立人高级中学、中新中学3所新学校），成立二级党委2个（坪山实验学校、同心外国语学校），设立和调整党支部6个。疫情期间积极发挥教育系统党员先锋示范作用，成立“党员志愿服务岗”72个，报名参加志愿服务党员948名，开展党员志愿服务1624次，近千名党员、干部通过冲锋线上教学、返校防疫一线，自愿捐款捐物等方式，为坪山师生守牢安全防线。

【疫情防控】2020年，坪山区教育系统一触即应，迅速进入抗疫进行时，听从指挥、统一部署，广大教职员工守土有责、守土担责、守土尽责，成立区学生返校工作专班，建立“四位一体”提级管控教育系统防疫体系，筑稳筑牢师生返校安全线。从“空中课堂”到分期分批返校复学，坪山区大力保障防疫物资，公民办学校一视同仁，统一配备红外测温箱53套，发放口罩等防疫物资约215万件。全区校园防疫工作整体平稳有序，得到上级部门充分肯定，坪山区教育局荣获“深圳市抗击新冠肺炎疫情先进集体”称号，成为全市教育行政部门唯一获此殊荣的集体。

【教育质量综合竞争力提升】2020年7月，坪山区委区政府在广东省人民政府教育督导室公布的珠三角地区各县（市区）政府履行教育职责评价结果中，在珠三角地区9市48个县（区）中名列第6，在全市名列第4，在规定的29项定性定量评价指标中有20项达到满分。

【新增3所中小学开学】2020年9月1日，全区41所中小学校、74所幼儿园共7.6万名学生迎来了新学期，其中新开办3所中小学，含1所九年一贯制公办学校——新合实验学校（一期），办学规模24个班，提供1080个公办学位；2所优质民办高中，共开设48个班

2020年3月6日，东北师范大学、深圳市教育局、坪山区政府教育合作项目云签约仪式在深圳、长春两地连线举行。东北师范大学校长刘益春、副校长常青，深圳市教育局局长陈秋明、副局长许建领，坪山区委书记陶永欣，区长李勇，区政协副主席、区教育局局长彭尧等出席签约仪式（坪山区教育局　供）

级，提供1992个高中学位。

【引进东北师范大学附属中学开展全面教育合作】2020年12月16日，东北师范大学、深圳市教育局、坪山区政府、东北师范大学附属中学在深圳市五洲宾馆举行签约暨揭牌仪式。教育部幼儿园园长培训中心深圳基地、东北师范大学博士工作站（深圳）落地坪山。东北师范大学附属中学深圳学校（高中）、东北师范大学深圳坪山实验学校（九年一贯制）于2021年9月开学。

【深圳中学坪山创新学校筹备组挂牌】2020年8月11日，在深圳中学高中部举行深圳中学坪山创新学校筹备组挂牌仪式。深圳中学坪山创新学校于2021年9月开学，对坪山教育质量的整体提升、塑造优质教育品牌、打造深圳东部教育高地起到重要的推动作用。

【公办园建设“5080”任务超额完成】2020年，坪山区通过区级统筹，成立公办幼儿园建设推进工作领导小组，区长担任组长，建立工作机制，加快推进公办园建设。2020年，全区新增小区配套公办幼儿园7所，优质民办园回收转型13所，新增公办园学位6450个。全区公办园数已达31所，学位数达1.2万个。秋季开学全区公办幼儿园在园儿童数占比达50%，公办园和普惠性民办园在园儿童数占比达90%，超额完成上级公办园建设“5080”任务。

【教育人才引进】2020年，坪山区引进2名正高级教师。先后赴北京、长春、杭州三个考点招聘2021届毕业生，公开招聘236名2020届优秀毕业生入职我区公办学校，592名购买服务教师完成备案。公办幼儿园直聘62名教师成为幼儿园教师，确保9月份各公办学校（园）正常开学。

【“学习型街道”创建】2020年12月2日至3日，深圳市教育督导评估组对坪山区碧岭街道申报“深圳市学习型街道”创建工作进行现场试评验收考核。碧岭街道35项创建指标全面达标，成为坪山区首个、全市首批6个“深圳市学习型街道”之一。

【“聚龙名师”人才政策】2020年6月，坪山区教育局印发实施《坪山区“聚龙名师”认定、管理和保障实施办法》，大幅提升对优秀教育人才的吸引力。2020年9月，印发实施《坪山区“聚龙名师”评审认定工作实施方案》，将认定出坪山区首批“聚龙名师”和一批优秀青年教师。切实将政策优势转化为人才优势。

【“名师工程”】2020年8月，坪山区教育局印发《坪山区基础教育系统“名师工程”实施办法（试行）》，评选出坪山区首批名师116人、名师培养对象145人。其中名校长8人、名园长7人、教育科研专家3人、名教师92人、名班主任6人；骨干教师66人、骨干班主任4人、教坛新秀75人，进一步推动我区基础教育系统高层次人才队伍建设。

【心理教育服务】2020年，坪山区教育局出台《坪山区进一步加强中小学生心理健康工作实施方案》，成立“坪山区促进学生心理健康领导小组”，健全区教育局、学校、班级、心理委员四位一体的工作体系，建立与区委政法委、群团工作部等部门联动工作机制，开通了400心理咨询热线，全面加强心理教育服务工作组织领导。在疫情防控的特殊背景下，全年区和学校心理服务热线共服务超过100余人

2020年1月19日，坪山区教师专业发展中心揭牌。区委副书记、区长李勇，区委常委、常务副区长张宗武，副区长沈华新，区政协副主席、教育局局长彭尧出席揭牌仪式（坪山区教育局　供）

次，完成个案辅导57例；制作心理微课27节；组织开展心理教师专业能力提升培训3次；金鑫心理名师工作室开讲区内公开课2次，为维护全区师生心理健康做出了积极贡献。

【深圳技术大学理科投档线连续两年进入全省前十】2020年8月16日，广东省招生办对本科批次高分优先投档线上考生开始投档，深圳技术大学在招生人数翻倍的情况下，理科一次性满额投档，理科投档线553分，高出高分优先投档线29分，投档线列广东省第九，实现2019年独立招生以来理科投档线连续两年进入全省前十。本年度，深圳技术大学首次招收艺术生，投档线508分，列全省第十一位。

【深圳第一职业技术学校坪山校区在省赛中获奖】2020年11月，由广东省教育厅主办的2019—2020年度广东省职业院校学生专业技能大赛AI机器智能综合技术与应用赛项落下帷幕，深圳第一职业技术学校坪山校区自开办以来首次参赛，在来自全省各中职学校的37支代表队中脱颖而出，一举斩获一等奖和二等奖，成为本次大赛唯一获得一等奖的深圳市代表队。

【获市级特殊教育奖项】2020年11月，深圳市2020年中小学青年教师教学基本功特殊教育组决赛隆重举行，坪山区特殊教育学校教师吴杨杨代表参赛，在决赛的微格教学、教学反思、个别化教学和即兴演讲四个部分中，获得两个分赛段第一名，最终以优异成绩获得深圳市2020年中小学青年教师教学基本功比赛特殊教育组一等奖。

【“百姓学习之星”和“终身学习品牌项目”征集评选】2020年坪山区启动“百姓学习之星”和“终身学习品牌项目”征集评选活动。9月23日，经全区推荐、专家评审和结果公示，共有10名区“百姓学习之星”和5个“终身学习品牌项目”从23个社区、不同行业中脱颖而出，代表了我区终身学习精神，为更多的市民树立榜样，助力建设学习型社会，积极营造全民终身学习的氛围。

【思政课建设】2020年疫情期间，坪山区教育局着力做好“五课两会”，确保学生思政教育全覆盖；丰富思政教育形式，开展普法故事演讲等活动，让思政教育入脑入心。9月，启动各级党政领导讲思政课活动，区长李勇，区政协副主席、教育局局长彭尧等局领导班子亲自站上讲台，为学生执教激扬奋进、生动精彩的思政课。全区各学校党组织书记、校长讲思政课达82人次。（坪山区教育局）

光明教育

【概况】2020年，光明区区属各类教育机构150所（处）。其中：幼儿园87所（公办园48所，普惠性民办园31所），小学12所（公办11所，民办1所），公办初中2所，九年一贯制学校24所（公办13所，民办11所），民办十二年一贯制学校1所，公办完全中学2所，教育培训机构22个。全区中小学在校生约8.35万人。其中：中小学约7.66万人（公办学校4.77万人，民办学校2.89万人），高中6892人（公办学校5779人，民办学校1113人）。全区在园儿童3万余人。其中：公办园在园儿童15460人（占比51.5%），普惠性民办园在园儿童12410人，公办园和普惠性民办园在园儿童数占总数的92.86%。中小学专任教师5474人。其中：公办中小学教师3808人，民办中小学教师1666人。幼儿园专任教师2194人。其中：公办幼儿园教师1145人，民办幼儿园教师1049人。

光明区组建民办教育联合党支部，实现民办教育党组织全覆盖；优化书记考核，推动学校基层党建和业务双融合、双促进；围绕立德树人根本任务，加强意识形态主阵地宣传，组建区委教育工委宣讲团，制定“三不”工作方案；邀请省委党校、区委党校教授、纪委监委领导开展警示教育活动4场；用好“墨韵说廉”等平台，实施“家校护廉”工程；向对口帮扶地区派遣优秀教师20余人次，田林县23所学校加入光明“名师云课堂”；“扶贫扶智结合‘六聚焦’阻断代际传递”获评深圳市最受欢迎教育实事。出台公办园建设方案，率先完成公办园建设“5080”任务，并引进市二幼等6所全市优质幼儿园到光明承办学前教育；与中国科学院深圳理工大学签约合作办学，高起点创办中国科学院深圳理工大学附属实验高中；新改扩建中山大学深圳附属学校、深圳实验光明学校等5所学校，新增公办学位11040个；学位总体满足符合就读条件适龄儿童入学需求；8所学校获评国家级、省级特色学校。面向全国广纳优才，招聘应届毕业生共计309人，研究生占比高达88%；公开引进名校长10名、名教师107名；选聘正高级教师2人，高级教师11人，博士教研员6人；开展新教师培训、民办教师培训、幼儿教师培训、名优教师培训等系列培训，举办主题式校长论坛，全年共计培训556场，辐射53148人次。建立教育、公安、政法、文化等部门协同防护机制，形成集宣传教育、预警、干预、报告、处置等工作为一体的全链条工作体系；强化依法治校工作，全区41所中小学100%实现“一校一法律顾问”；依法治校达标学校比例达97%。聘任第五届区级专兼职督学103人，形成教育督导“一库三队伍”。开展质量监测结果应用情况、幼儿园规范办园行为等专项督导，促进学校发展；全区公民办学校、幼儿园A级食堂率达94%，位居全市前列；区属学校学生完成全国青少年毒品预防教育数字化平台注册率100%，课时完成率100%。举办首届光明区班主任节，推动班主任工作专业化发展；挂牌劳动教育实践基地；组建“家庭教育讲师团”，实施“生态幸福三项工程”；开展志愿者服务活动，累计参加志愿者活动3.5万人次，服务时长超5万小时。

【党建示范引领】2020年，光明区不断加强党对教育工作的全面领导，压实党的主体责任，推进“立德树人”根本任务，全力以赴打赢疫情防控阻击战，圆满完成各项重要工作。提高站位，谋划思想政治建设。进行“第一议题”学习61次，召开13次理论学习中心组（扩大）会议，组织党员干部学习达5000余人次。落实立德树人根本任务，统一部署书记、校长共讲思政课100多节，覆盖8万余中小学生，帮助学生“扣好人生第一粒扣子”。夯实基础，强化基层党建工作。13所民办中小学实现派驻专职书记全覆盖，实现民办幼儿园100%“两个覆盖”，开展委员挂点活动160余次。各支部100%完成标准化建设。印发《光明区民办学校党支部书记量化考核工作方案》《光明区公办学校党组织书记工作职责》，激发书记发挥“头雁”作用。

2020年11月10日下午，光明区首届班主任节在光明区科学城天安云谷展厅盛大开幕
（光明区教育局　供）

【教育帮扶】2020年，光明区制定《关于推进教育脱贫行动的实施方案》，与田林县教育局签订《光明区与田林县结对帮扶框架协议》，向对口帮扶地区派遣优秀教师20余人次，举办各类培训讲座54场次。各学校党支部积极与对口帮扶学校开展送教、跟岗学习等交流活动。11所学校与广西田林、贵州金沙、汕尾等地的学校开展帮扶活动20余次，送课教师达70多人次。开展“名师云课堂”活动，邀请专家、名教师深入对口帮扶地区讲座，形成了1183节优质线上课程。田林县23所学校加入“名师云课堂”，210多位田林教师分享教育教学成果。

【疫情防控】2020年，光明区教育局建立领导机制，成立校园疫情防控临时支部，按照“党政同责、一岗双责、齐抓共管”的安全工作责任体系，建立党组织主导、校（园）长负责、群团参与、家庭社会联动的工作机制，锤炼局机关—学校—年级—班级—家长5级防控链条，推动党员带头落实“两案九制”，确保教育系统12万师生零感染，确保“停课不停学”。

聚焦心理疏导、复学复工、家庭战疫等热难点问题，20轮专题调研各教育单位700余次；督促党组织书记靠前指挥，制定《光明区学生返校工作专班2020年春季学期学生返校工作方案》等近40项制度；组建15个党员工作组，联防联查1900余次，覆盖率达100%。助力复工复产；选派党员干部10人次，下沉企业参加疫情防控、酒店隔离工作。发动各党组织800多名党员通过“战疫先锋”小程序主动报名支援社区抗疫。

【线上教学】2020年疫情防控期间，光明区41所中小学启动“光明区教育云课堂”，即时开展线上教学活动。全区100余位名师积极响应，上线47节覆盖所有科目的名师区级公开课，累计在线听课13200余人次。录制各种教学技巧视频5000余件，开展党员线上示范课269节，覆盖各学科各年级，向10万余学生开设生命、科学、爱国、劳动等教育。开展中小学在线教学优秀视频课例的评选活动，评选出193份优秀课例。

【学前教育】2020年，光明区教育局根据《光明区公办幼儿园建设实施方案（试行）》，通过新建、回收转型、改造三大路径建设公办幼儿园，其中新建5所，回收转型38所，改造1所，全年建成44所。目前共建成公办园48所，增加公办幼儿园学位17970个。在全市率先完成公办园“5080”建设任务（公办园在园儿童占比51.5%，普惠园与公办园在园儿童占比达92.9%）。出台《光明区公办幼儿园管理实施细则》等一系列公办园管理制度，规范和指导公办园有序运行。推行公办园管理体制改革。根据《光明区公办幼儿园管理体制改革运行方案》，在全区范围内依托试点辖区公办学校管理力量和资源，引领民办幼儿园发展。

【公办学校学位建设】2020年，光明区新改扩建中山大学深圳附属学校、深圳实验光明学校等5所学校，新增公办学位11040个。提供小学一年级学位11722个，初中一年级学位7741个。学位总体满足符合就读条件适龄儿童入学需求。

【学校食堂食品安全量化提A工作】2020年，光明区公办学校A级食堂达100%，民办学校A级食堂为94.26%，提前完成市政府食品安全战略目标，A级食堂率位居全市前列。联合区财政局、光明市场监督管理局制定《光明区中小学幼儿园食堂管理办法》，该食堂管理办法重在深化责任管理、强化日常监督检查、实行民办学校食堂等级评审奖励工作，2020年民办学校A级食堂奖励资金达114万元。下发提级通知，构建食堂提A工作责任化、事项表格化、成效标准化的“三化”工作要求。建立协作机制，多次联合光明市场监督管理开展学校食堂提A工作现场指导，就提级食堂存在的硬件和软件问题提出具体整改意见。委托市计量质量检测研究院的专业技术人员对学校食堂提A单位予以帮助，及时消除迎评中存在的问题。

【平安校园建设】2020年，光明区制定《光明区教育系统家庭暴力预防与强制报告制度》保护无民事行为能力人、限制民事行为能力人的合法权益。联合有关部门签订《关于构建光明区未成年人成长保护综合体系的合作框架协议》，从源头上预防、个案中帮教、生活中关爱，坚持多部门合作、各有侧重的原则，发挥各部门在未成年人成长保护工作中的实际作用。将防治校园欺凌、法治教育、心理健康教育、安全教育有机结合，利用主题活动进行防欺凌教育。督导各学校常态化开展心理健康教育，通过“请进来，引好道”的方式，引导家长运用科学、法治的理念做好子女教育引导。发挥多媒体作用推送预防校园欺凌的相关知识，印制预防校园欺凌的宣传海报和知识手册，加大预防校园欺凌的宣传力度。招募公共安全校长，在每所学校每月至少开展一堂公共安全教育课，内容涉及预防青少年犯罪、健康保护、预防校园欺凌、防侵害等方面，34名公共安全校长在各学校已开展120余节。联合区检察院以腾讯课堂为平台，为辖区学生进行防治校园欺凌网络直播，全面覆盖40所中小学校，同时在线观看超万人。

【禁毒示范】2020年，光明区持续推进校园禁毒宣传教育。在全国青少年毒品预防教育数字化平台应用方面，全区五年级至高中二年级学生的注册率、课时完成率、知识竞赛参与率均达到100%，实现目标人群禁毒宣教全面覆盖。在市禁毒办组织的全民禁毒工程先进评比中，公明第一小学荣获全市全民禁毒工程“先进集体”称号，为全市

2020 年 11 月 4 日，光明区家庭教育讲师团首场培训在区外国语学校顺利开展
（光明区教育局　供）

唯一获评中小学校，东周小学饶秀芳荣获“先进个人”称号。结合区域特色设计“禁毒牛牛”卡通形象吸引学生参与禁毒主题游戏互动、模型观看、知识学习及拒毒打卡，有效提升青少年学生拒毒禁毒意识。

【心理健康】2020 年，光明区出台《深圳市光明区教育局关于进一步加强学校心理工作的若干措施》，配足配齐心理教师及心理辅导室。全区中小学共配置个体和团体心理辅导室 61 间，专职心理教师 74 人，兼职心理教师 14 人。已建成一个区未成年人心理健康辅导站，配有心理教师 2 人，开通 2 条电话热线、1 个专用 QQ、1 个室外预约信箱。2020 年度，全区教育系统共接受电话咨询 1250 例，面询 3018 人次，QQ 咨询 146 例，危机干预 16 例，提供援助服务时长 6962 小时。面向家长、学生、教职员工开展线上心理讲座 1651 场，亲子活动 58 场，线上家访 76096 人次，线下家访 20883 人次，微信推送 1019 条。秋季学期普查学生 81726 人，建立风险学生“一人一策”档案 853 名，守护学生心理健康。

【学生综合素质提升】2020 年，光明区搭建交流展示平台，服务学生全面发展。全年主办“阅读节”“科技节”“创客节”“体育节”“艺术节”等大型比赛活动 27 场，组织参加各级各类比赛人数共 4000 余人次，师生参赛获奖 2600 多人次。在各级奖赛中光明学子共获奖 2839 人次，其中，获国家级及以上奖项 151 人次，获省级奖项 1691 人次，获市级奖项 997 人次。在第 72 届德国纽伦堡国际发明展中，光明学子获得四金四银。

【教育人才引进】2020 年，光明区招聘应届毕业生共计 309 人，研究生占比达 88%；公开引进名校长 10 名、名教师 107 名；选聘正高级教师 2 人，高级教师 11 人，博士教研员 6 人。近三年来，光明区教育系统共引进各类人才 946 人，其中博士 10 人、正高级教师 3 人、名师 20 人。引进的人员中优秀应届毕业生 697 人，选聘校长和副校长 8 人，选聘高级教师等紧缺型人才 32 人，面向社会招聘骨干教师 150 人，面向市内调入骨干教师 52 人。此外通过协议选派引进名校长 5 人，引进区教科院院长、副院长各 1 人。

【师资队伍建设】2020 年，光明区启动基础教育系统“薪火 · PICK UP 名师工程”和苗圃工程学前教育名师工程，以名师带骨干、骨干带后备人才的形式，全面系统加速人才梯队培养。刘小华老师获评“全国优秀名师工作室主持人”。建立分类、分层、分段、分科的四分培训体系，实现培训对象和培训内容体系化，全年共计培训 556 场，辐射 53148 人次。光明区实验学校张夏乐老师成为光明首个深圳市“年度教师”，光明区高级中学李凤娇老师成为光明首个广东省“最美教师”。

【教育科研与创新】2020 年，光明区打好学科教研“组合拳”，组织各学科教学基本功比赛 44 场，举办教学基本功展示交流活动 38 场，召开各学科 2020 年工作总结暨 2021 年工作计划务虚会 25 场。各学科教研员全年共计听课 1600 余节（人均 100 多节，其中 80% 为线上听课），评课 120 余节，开设讲座 20 余次。完成对区内 87 所幼儿园的调研工作，并搭建学前教育教研大平台，组织 3 次主题教研活动，辐射近 600 人。在教育科研工作方面取得重大突破，获得广东省基础教育教科研成果奖特等奖1个、二等奖1个，创造了光明区教科研成果奖获奖记录。全年组织申报、评审光明区教科研规划2020年课题280项，最终评出立项课题130项。

【德育名片】2020年，光明区提出打造“光明德育名片”工程，按三步规划夯实根基、构育品牌、打好光明德育攻坚战。开展“扣好人生第一粒扣子”、学雷锋志愿服务、宪法宣传周等主题教育实践活动。发起“助力生态文明教育，共筑师生幸福乐园”活动，通过“生态幸福”课程、下发海报及倡议书、国旗下讲话、线上媒体宣传等方式开展。加强德育干部队伍的建设，举办首届班主任节开幕式，对10名“明星班主任”和1名“最美班主任”进行表彰，并持续开展历时一年的班主任节活动。创设《追“光”少年》、S.M.A.R.T.学生领导力青少年群体文化建设课程、“向阳生长”最美光明少年等栏目，发挥同侪力量，塑造优秀典型。组建区级“家庭教育讲师团”，聘请家庭教育专家做岗前培训。与相关部门联合打造“家校护廉”工程，开展“廉洁文化进校园”系列活动。利用“深圳光明教育”微信公众号，打造《班主任之窗》《追“光”少年》、家校共育、理想信念培树教育等精品内容。德育工作被各大主流媒体广泛报道。一年来，获得省级荣誉的集体1个，市级荣誉的集体6个，区级荣誉的集体4个；获得省级荣誉的个人5人，市级荣誉的个人4人，区级荣誉的个人26人。

【高等教育】2020年，光明区高等教育快速发展。2020年8月24日，中山大学深圳校区师生顺利入驻，光明区高等教育实现零的突破。11月20日，中国科学院深圳理工大学校园建设在光明科学城正式启动，确定滨海明珠校区为过渡校区，预计2021年将首次招收300名本科生。

【教育督导】2020年，光明区扎实推进各项“督政”工作。制定上年度评价结果整改方案，推动整改工作落实。顺利完成2020年的自评工作，圆满完成满意度调查工作。推动优质均衡区创建，定期对指标达成情况进行跟踪，提出提升建议。加强督学队伍建设，聘任第五届区级专兼职督学103人，形成光明区教育督导的“一库三队伍”。深化挂牌督导机制，责任督学围绕校务及制度管理、师德师风等八大主题内容，每月对每校（园）开展至少一次随访督导。组织对86所幼儿园开展办园行为专项督导，对40所学校开展“参加全国2018年质量监测结果应用”专项督导。全面推进各类评估工作。指导3所学校通过标准化学校市级重新确认，2所学校顺利通过办学水平评估，分别有15所、10所民转公幼儿园通过市一级、区一级认定，1所通过规范化认定。目前，光明的优质园、等级园、规范园分别为42所、71所、77所。组织对11所幼儿园进行办园行为督导评估，满足条件的幼儿园已100%接受首轮（四年一轮）督评。开展第二届区文明校园评选，评选出10所文明校园。顺利完成2020年国家义务教育质量监测。制定结果应用整改工作方案，大力推进监测结果应用，加强跟踪问效，推动存在问题的有效解决。

【终身教育】2020年，光明区推动构建社区学习共同体。制定《光明区2020年打造“乐学光明·社区学习共同体”品牌项目工作方案》，组织开展“乐学光明·社区学习共同体”品牌项目评选活动，评出“玉学醒狮·律武强身”等十大品牌项目。推进全民终身教育学习活动周系列活动。制定《2020年深圳市光明区全民终身学习活动周工作方案》，以“全民智学，助力‘双战双赢’”为主题，通过丰富多彩的活动，展示全民学习成果，营造人人、时时、处处学习的良好氛围。全面指导光明街道创建“深圳市学习型街道”，作为全市首批接受市学习型街道督导评估的六个街道之一，光明街道凭借其良好的创建成效高分通过市评估组的评估验收。（光明区教育局）

大鹏新区教育

【概况】2020年，大鹏新区有各类中小学校、幼儿园30所，其中，幼儿园17所（公办幼儿园8所、民办幼儿园9所），中小学13所（公办12年制学校1所、公办中学3所、公办小学6所、民办九年一贯制学校3所）。在校学生21862人，其中学前教育在园幼儿4767人，义务教育阶段实有学生14522人（小学9938人，初中4584人），高中在校生2573人。

【教育经费管理】2020年，大鹏新区实施民办义务教育学位补贴、两免一补和教师长期从教津贴等公共普惠政策，年内发放民办学校义务教育阶段学位补贴2061.8421万元，惠及1124人次；发放民办学校义务教育阶段"两免一补"731.4397万元，惠及7806人次；发放长期从教津贴476.82万元，惠及480人次。

【师资队伍建设】2020年，大鹏新区实施《深圳市大鹏新区教育系统人才引进和培养扶持办法》和《大鹏新区"鹏程计划"名师评审工作规程》。年内通过公开招聘、选聘等方式，引进事业编制教师19人，其中研究生及以上学历16人，占84.2%；副高以上职称4人，占21%，人员配备进一步充实。开展"请进来、送出去"双向培训，搞好"传、帮、带"。落实人才梯级培养制度，形成"后备人才、中青年骨干、学科带头人、名师工作室领衔人"等为一体的梯级培养体系，培养区级及以上名师136人次，名师工作室增至23个，成员250余人，覆盖幼儿园到高中。深化"区管校聘"管理改革，全面落实中小学教师"以区为主"管理体制，切实加强区域内中小学教师的统筹管理，促进区内教师合理流动。

【德育工作】2020年，大鹏新区全面落实立德树人根本任务，坚持五育并举，通过构建工作体制机制、加强队伍建设、师德师风建设、开展各类主题活动帮助学生扣好人生第一粒扣子。出台《关于进一步加强中小学校师德师风建设的通知》，引导广大教师争当"四有好老师"和"四个引路人"。持续开展班主任风采大赛、"我最喜爱的班主任"等评选活动。结合创建全国文明城市，在教育系统广泛开展文明校园创建活动，对各校落实未成年思想道德建设中的5个测评项目、28条测评标准开展全面排查和整改，顺利通过文明城市和未成年人思想道德测评等工作。

【学前教育】2020年，大鹏新区启动公办园"5060"攻坚计划，成立公办园建设专项领导小组，出台《大鹏新区2019—2020公办园建设实施方案》，明确公办园建设目标、实施路径和完成时限，积极稳妥推进亚迪幼儿园成功转型，按照省级园的标准共投入近5000万元，高标准推进家天下幼儿园、坝光新村幼儿园、云山栖幼儿园的建设。新增优质公办学前学位720个，全面完成市政府交给新区的任务，公办园占比由33%提高到50%，公办园在园儿童数占比由35.6%提高到50.63%，普惠性幼儿园儿童占比由92.2%提高到94%。推进公办园"以事定费"改革，实施生均拨款制度，生均拨款1.65万元/年，保教费全额返还。在软件建设方面，先后出台《大鹏新区公办园管理细则》《大鹏新区公办园开办装修指引》《大鹏新区公办园开办设备设施配置指引》等文件，相关制度的制定和实施解决了长期困扰公办园建设发展的管理体制、设备设施、办园经费、安全卫生、保教管理等方面问题，促进公办园健康发展。

【基础教育】2020年，大鹏新区实施教育基础设施提升攻坚行动，做好教育资源配置规划，统筹推动学位保障工作。重点加快人大附中深圳学校九年一贯部二期工程施工建设进度，推动谭屋围城市更新项目配套学校、大鹏第二小学综合馆项目开工建设，快速推进白石岗城市更新项目配套学校、大鹏08-13地块配套九年一贯制学校、大鹏中心

2020年9月9日，大鹏新区举行公民办学校结对帮扶行动签约仪式。建立优质公办学校对薄弱民办学校帮扶提升的常态化工作机制　（深圳新闻网　供）

小学改扩建工程等项目前期工作。根据国家和省市最新规定以及市教育局的工作部署，结合新区实际，按照“就近入学、户籍优先、公平公正、操作简便”的原则，扎实有序开展2020年义务教育新生招生工作。在充分调研和排查的基础上，根据学位预测提前做好学位供给的安排，并提前启动扩班工作。2020年招收小一新生1656人，初一新生1605人。小一、初一户籍生回流现象明显。

2020年7月26日，大鹏新区首个家风家训教育实践基正式揭牌

（深圳新闻网 供）

【特殊教育】2020年，大鹏新区实名登记6—15周岁适龄残疾儿童少年共33人，其中随班就读11人，特教班就读8人，接受送教上门服务8人，市元平特校就读4人，2人申请暂缓入学，特殊儿童义务教育安置率达100%。特殊教育体系日趋完善，保障能力日益加强，初步形成“以随班就读为主体，资源中心、特教班为骨干，送教上门为补充”的三位一体的特殊教育模式。一是成立大鹏新区特殊教育专家委员会。积极发挥民政、残联等部门的作用，加大对新区残疾儿童身心健康、接受教育以及适应社会等方面的帮扶和支持。二是大幅改善特教中心办学条件。加强特殊教育基础设施建设，投入约80万元对特教班进行升级、改造，并于2020年10月全部完工、投入使用。三是完善融合教育支持体系。投入180万元高规格、高标准建设葵涌中学资源教室，于2020年9月已正式启用。葵涌中学资源教室配备2名专职特教教师，为全区随班就读学生提供“一人一案”的个性化教学服务，为融合教育提供了强有力的专业支持。

【公民办学校结对帮扶】2020年，大鹏新区教育局出台《大鹏新区公民办学校结对帮扶行动实施方案》，促进公、民办学校均衡发展。推动星宇学校与人大附中深圳学校、葵涌中学结对帮扶，布新学校与华侨中学结对帮扶，并向两所民办学校派驻副校长，帮助学校加强教育教学和日常管理。先后组织开展“共研共行共成长”等活动，有力推动两所民办学校办学质量的提升。全面落实《大鹏新区促进民办教育优质发展若干措施》有关要求，共拨款教育装备1320万元、阅读促进工程120万元、“四点半活动”138万元、免费体检32万元等，有力推动新区公民办学校均衡发展。

【校园安全管理】2020年，大鹏新区教育局制定《大鹏新区校园突发公共事件应急预案》，明确事件等级判定标准、各类事件处置方法、联动处置工作机制等，大幅提升教育系统突发公共事件防范水平及应急处置能力。2020年共开展安全检查22次，出动检查人员270余人次，排查隐患976处。葵涌第二小学、南澳中心小学成功创建“2020年深圳市消防安全管理标准化信息化示范校”。联合市市场监督管理局大鹏监管局率先在全市开展食品安全科普进校园活动，以家天下幼儿园、大鹏中心小学、亚迪学校为试点单位，培养校园食品安全讲师6名，传播食品安全教育知识。根据不同学龄段联合印发食品安全科普教材1万册，配备“一章节+一实验”礼包，以“理论和时间相结合”，增加学习食品安全知识趣味性。（大鹏新区教育局）

深汕特别合作区教育

【概况】2020年，深汕特别合作区作为深圳的第“10+1”区，教育基础薄弱，正处于农村教育转向城市教育的过渡阶段。合作区四镇各级各类学校38所，在校学生共10714人，现有学校除南外深汕西中心学校以外，四镇各学校基础设施和办学条件都非常落后，全区暂无普通高中、职业高中和高等院校。合作区公办中小学教师学历、职称层次普遍较低，共有教职工967人（在编579人）。其中：具有副高级职称31人，中级职称323人，初级职称484人。全区教师学历本科及以上490人，大专231人，本科率50.67%。

【四镇教育设施提升】2020年，深汕特别合作区按照深圳标准，新建、引进一批优质学校，满足居民日益增长的教育资源需要。改造一批，撤并一批，分门别类对27所公办学校开展升级改造工作，督促11所民办学校对标深圳，对照自身短板弱项，进行提升改造，做到有的放矢。撤并一批规模小、办学条件差的“麻雀学校”，启动集约型教育发展改革，多校合作办学，助力“麻雀学校”涅槃重塑，释放教育改革红利，全面提升全区中小学办学条件和办学水平。

【防疫复学工作】2020年，深汕特别合作区四镇有各级各类学校38所，在校学生共10714人。其中，公办初中4所，九年一贯制学校2所，公办小学19所，中小学在校学生共8289人；幼儿园13所（其中民办9所），在园儿童2425人。全区暂无高级中学、完全中学、职业技术院校和高等院校。在职教职工967人（在编579人）。其中，中小学教职工共718人（在编558人）；幼儿园在职教职工249人（在编21人）。疫情期间建立全区统筹推进体系和机制，采取以下措施：一是区校联动，家校合力，协同推进线上教学工作；二是实时监控，做好师生健康管理工作；三是加强演练，做好台账，不断细化校园管理制度；四是细致关怀，加强心理健康教育；五是做好管理，专项部署中小学校消杀工作；六是加强排查，对重点岗位人员进行核酸检测；七是强化督查，定期抽检学校疫情防控工作；八是提高认识，做好疫情防控健康宣传和假期防控工作；九是提前谋划，做好2021春季学期返校准备工作；十是联防联控，多部门合作，设立“安全副校长”、“食品安全副校长”、“卫生健康副校长”，并组成督查验收组，做好校园防控工作；十一是分发防控物资，保障学校防疫物资供应。线上教学期间，全区共计24所中小学238个班7955名学生进行居家学习，占比达100%。全区无涉疫学校或涉疫学童。校园累计消杀约60万平方米。区内5所中学和19所中小学顺利开展共计80次以上返校模拟演练。区返校督查验收组实地检查评估返校准备工作情况，逐一对照《学生返校复学准备工作检查清单》，规范学校学生返校准备工作。38所中小学幼儿园师生员工均顺利完成开学前健康申报工作。

2020年9月1日，深圳市南山外国语学校（集团）深汕西中心学校（简称“南外深汕西中心学校”）举行2020年开学典礼，标志着深圳市深汕特别合作区揭牌成立以来，第一所以深圳标准、深圳质量建设的九年一贯制学校开始运营，正式拉开了深汕教育现代化发展的序幕　（深汕特别合作区教育局　供）

【南山外国语学校（集团）深汕西中心学校开学】2020年9月，南山外国语学校（集团）深汕西中心学校顺利开学，合作区第一所以深圳标准、深圳质量建设的九年一贯制学校正式运营，正式拉开合作区教育现代化发展的序幕。学校办学规模54个班，可提供1620个小学学位和900个初中学位，项目用地面积约为50021.30平方米，建筑面积81234.75平方米，学校设置了报告厅、图书馆、天文台、体育馆、食堂、标准足球场等配套设施。学校2020年仅招募小一和初一年级学生，共招收学生140名，配备教职工44名。为保障学校教学质量，合作区前往北京、长春等地招收优秀应届毕业生共计22名，硕士率达 80% 以上，均来自清华大学、北京师范大学、东北师范大学等优质院校。同时，学校对标南外本部的教学质量，从本部选派优秀的管理团队和骨干教师团队前往合作区。南外深汕西中心学校将建设成为南山教育集团化办学品牌输出的“样本学校”、合作区深化教育改革的“窗口学校”、培养孵化校级领导及骨干教师的“基地学校”、集聚吸引人才和产业的“品牌学校”。

【首个积分入学政策出台】2020 年，深汕特别合作区首次制定积分入学政策。此前，合作区四镇教育底子薄，学校均为农村学校，2020 年秋季，南外（集团）深汕西中心学校开学，首所对标深圳标准的学校落地，为确保教育公平，合作区迅速组织制定积分入学政策。一是科学规划学区，通过面向区各单位、市驻区各单位、鹅埠镇企业及居民开展招生摸底，共计收集 919 份调查结果，分析研究学区划分，平衡现有教育资源与新增优质资源的分配。二是研究完善入学政策，面向广大群众征求意见，在目前仅有一所优质学校的前提下，合理规范入学政策，确保教育公平发展。7 月，《深圳市深汕特别合作区义务教育阶段公办学校积分入学实施办法（2020）》出台，以南外（集团）深汕西中心学校作为试点学校，顺利完成招生工作。

【优质办学主体引进】2020 年，深圳市深汕特别合作区第一所以深圳标准、深圳质量建设的学校——南山外国语学校（集团）深汕西中心学校（九年一贯制）于 9 月 1 日正式开学。推动深圳百合外国语学校（十二年一贯制学校）签约落地，做好项目选址等前期工作。搭建现代化职业教育体系，推动深圳职业技术学院深汕校区、深圳信息职业技术学院深汕校区，协调开展立项赋码、项目选址、规划调整等前期工作。争取福田区红岭教育集团、华强职业技术学校、北京新高教集团、广东新安职业技术学院等办学主体落地合作区，进一步探索政府引导、优势互补、政策叠加、利益共享的跨区域教育合作模式。

【高中学位“破零”提速】2020 年，深圳市深汕特别合作区第一所高中——深汕高级中学完成造价咨询、勘察、可研、学校标准编制、全过程咨询、环评、勘察审查等前期各项招标工作，经过方案设计及建筑初步设计优化工作，目前已开工建设。该项目预计于 2023 年开学，总用地面积 123000 平方米，建设规模为 60 个班，提供 3000 个学位，计划总投资 9.4960 亿元。同时，大力推进深汕高中园项目。该项目为市投区建项目，位于合作区赤石片区，总用地面积约 35.96 公顷，项目建设模式为市投区建，总投资约 26.4 亿元。主要建设内容包括 3 所公办普通高中，规模为 180 个班，提供 9000 个学位；1 所职普融通型公办综合高中，规模为 48 个班，提供 2400 个学位。深汕高中园是深圳市政府为实现高中规模化高质量发展而设置的教育园区，高中园将打造成为国内高中教育高质量发展高地，为深圳教育先行示范作出积极探索。深汕高中园计划 2021 年 6 月 30 日前开工建设，2023 年 5 月 30 日前竣工。2020 年 11 月，市教育局局长陈秋明带队调研合作区教育工作，提出将从“四大名校”中抽调副校长、中层管理干部、教学骨干成员等组成筹建团队，指导深汕高中园项目开展规划设计等前期工作，着力推进建设模式、建设需求、运营方确认等工作。

【深汕教育基金会成立】2020 年 12 月 16 日，经深圳市民政局审批获准设立深汕特别合作区首个社会慈善组织——深圳市深汕教育基金会。该基金会注册资金 1000 万元，未来将在筹措教育基金、奖励优秀教师、扶助贫困师生、改善办学条件等方面做出大量卓有成效的工作，为促进全区教育事业均衡发展做出积极贡献。

【平安校园建设】2020 年，深汕特别合作区教育行政部门积极推进平安校园建设，按照省市各项工作要求积极开展学校安全鉴定、隐患排查、安全教育、专项查改等工作，参照深圳标准对区公办学校进行分批次改造提升，逐步提升“人防、物防、技防”水平，加强各级各类学校安全管理水平，筑牢校园安全防线。一是开展校园安全隐患排查及校舍安全鉴定工作。完成对全区 27 所公办学校校舍的安全隐患排查，出具抗震安全隐患排查报告，根据校舍损坏严重程度对 27 所学校进行等级分类，并对一些存在安全隐患的校舍开展进一步的安全鉴定。二是配备配齐安保人员与安保设备。为公办中小学、幼儿园共 30 所（含 3 个教学点）规范配备专业安保人员及设备，切实提升中小学、幼儿园安全防范水平和能力，维护良好的校园治安秩序。三是加强校园安全管理工作。多部门联动，开展校园消防、反恐、食品、交通等方面检查督导工作，及时发现问题并督促学校整改，要求学校按照要求压实领导责任、健全安全制度、加强安全教育、开展应急演练、规范安全台账，切实提高校园安全管理水平。

【心理教师队伍建设】2020年，深汕特别合作区四镇因教育基础薄弱，且教师人事冻结，各中小学校无法配备专职心理教师。为了帮助学生更好地适应校园生活，区教育局高度重视心理健康教育工作，组织各校研究推荐，每校配备不少于1名兼职心理教师，现有24所中小学共配备31名心理教师（均参加心理健康教育并取得C证），搭建心理教师临时队伍。区教育部门组织教师通过中小学心理健康教育培训平台及市教科院下发的关于生命教育主题班会的素材进行学习。成立学生心理健康防护工作专班，制定返校前后学生心理健康防护方案及心理危机事件工作预案，学校心理教师及班主任做好学生心理健康状况普查和心理危机排查工作。对排查出的高危个案实施一人一策，及时辅导干预。要求各中小学开设心理健康教育活动课，每班每两周至少安排一课时。设置心理辅导室，规范设置心理辅导室。积极开展团体辅导、心理训练、沙盘游戏疗法、绘画疗法、心理情景剧、心理健康专题讲座等。

【职业院校落地】2020年，深汕特别合作区管委会先后与深圳职业技术学院、深圳信息职业技术学院签订战略合作框架协议，标志着深圳市两所高质量职业院校正式落户合作区。深职院深汕校区和深信院深汕校区均由深圳市财政投资，选址位于赤石镇碗窑村，属于科教走廊职业教育片区。其中深职院深汕校区分两期建设，初步计划一期建设用地1500亩，办学规模1万人，二期至2035年办学规模将达到1.5万人；深信院深汕校区规划占地面积约2000亩，预计在校生人数规模达2万人，计划于2023年完成一期建设任务。

目前正在积极协调开展项目选址、规划调整、立项赋码、征地拆迁等前期工作。通过引进职业院校，搭建合作区现代化职业教育体系，无缝对接深汕特别合作区特色产业集群和现代产业体系，为产业发展提供优质人才储备和强有力的人才支撑，同时探索具有深圳质量、深汕特色的产学研融合模式，打造服务本地、辐射粤东的应用型高等院校。

（深汕特别合作区教育局）

2020年深圳市各区（新区）教育部门负责人

单位名称	负责人
福田区教育局	党组书记（局长）、教育工委书记：田洪明
罗湖区教育局	党组书记（局长）、教育工委书记：殷刚
南山区教育局	党组书记（局长）、教育工委书记：杨珺
盐田区教育局	党组书记（局长）、教育工委书记：余永弘
宝安区教育局	党组书记（局长）：范燕塔
龙岗区教育局	党组书记（局长）、教育工委书记：丁左发
龙华区教育局	教育工委书记（局长）：王玉玺
坪山区教育局	局长：彭尧
光明区教育局	党组书记（局长）、教育工委书记：黄汉波
大鹏新区教育和卫生健康局	局长：吴鸿奂
深汕特别合作区公共事业局	局长：徐琳

学校选介

Introduction of Selected Schools

幼儿园

市直属幼儿园

【深圳幼儿园】创办于1953年。是深圳第一所公办幼儿园。是广东省一级幼儿园，深圳首批优质特色示范幼儿园。下设教学部、后勤部、家委会等内部管理机构。开设13个教学班，教职工84名。配置园长1名、副园长2名。拥有专业的师资及管理团队。教师中有市教育局评估专家、罗湖区幼教督学、广东省学前教育讲师团讲师、深圳市育儿讲堂讲师，梯队已逐步形成。在岗教师除了拥有符合国家规定的学前教育相关学历外，部分还拥有国家级心理咨询师资格或其他心理学相关培训资质。全部教师参与国家、省、市、区不同级别的课题研究。坚持“尊重、理解、信任、发展”的教育理念，以“培养幼儿良好的个性心理品质，为幼儿的健全人格发展奠定基础”为教育目标。积极探索幼儿园心理健康教育，培养孩子的自我意识、社会适应、情绪管理、学习品质，构建心理健康教育特色课程，在全省交流展示活动中获得佳绩。以实际行动助力“培根铸魂，启智润心”，实现立德树人的教育目标。全面实施素质教育，开设篮球、足球、音乐、国际象棋、少儿英语等特色教学活动，形成亲子运动会、读书月、晨会活动等系列精品亲子活动。幼儿园足球队曾多次在省、区级比赛中获得奖项。积极参与片区带动与辐射活动，在深圳市优质示范园“百园扶百园”帮扶活动中发挥积极引领示范作用。先后获得“深圳市教育系统先进单位”深圳市教育局“办学效益奖”“深圳市教育系统文明学校”及历年“深圳市卫生保健优秀幼儿园”等荣誉称号。教师获得五一劳动奖章、南粤优秀教师、市级优秀教师、先进工作者等表彰称号。（深圳幼儿园 供）

【深圳实验幼儿园】为首批广东省一级幼儿园。由“百花部”与“侨香部”两个园区组成。百花总部位于深圳市福田区百花五路32号，占地面积5037平方米；侨香部位于深圳市福田区安托山七路侨香村21栋，占地面积3950平方米。两部共有26个教学班，幼儿988人。教职工158人。2020年12月组建深圳实验幼教集团，在光明区和坪山区共有3所输出管理园。集团共有幼儿2254人、教职工351人，其中：全日制硕士研究生10人，研究生课程毕业9人，正高级教师1人。集团现有省、市名园长，名师工作室7个。注重人才培养和人才储备。已取得园长资格证20人，办学至今已培养出各地园长和副园长43人。幼儿园师资力量雄厚，专业优势明显。以孩子健康幸福成长以为首任，建构“三人行”园本课程，将家长纳入课程主体，家园携手培养身心健康、情感积极、习惯良好、睿智创新的幸福儿童。实现了孩子、老师、家长互为师互为友，共生共长的良好局面，同时也推动了家庭、幼儿园、社区密切配合、协同发力共建共育协同发展的良好教育生态。始终铭记“努力成为中华民族脊梁的追求”的崇高校园文化和精神追求。实施以爱国主义教育为基础的健全人格教育的思想，践行为孩子种下一生幸福种子的办园理念，追求办一所有幸福记忆的幼儿园的愿景。获得多项荣誉：中国西部教育顾问单位、中国青少年科学技术普及活动指导纲要示范幼儿园、广东省首批幼儿园园长培训实践基地、深圳市首批优质特色示范幼儿园创建单位、深圳市教育局学前特殊儿童融合教育试点基地、福田区 0–3 岁早期教育示范单位、全国生态文明教育特色学校、南都教育“年度最受欢迎幼儿园”、深圳市书香幼儿园、深圳市卫生保健优秀幼儿园、深圳市“热爱儿童”先进集体等数十项荣誉称号。（深圳实验幼儿园 供）

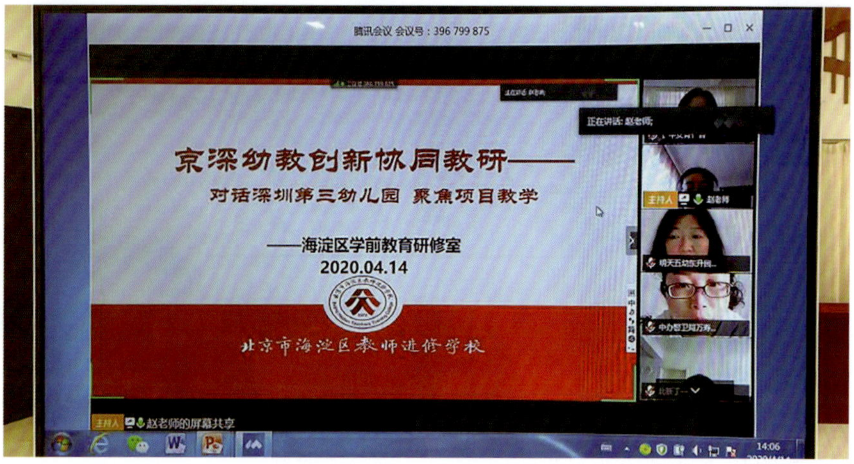

2020 年 4 月 14 日，深圳市第三幼儿园与北京海淀区学前教育研修室开展第一次线上活动（深圳市第三幼儿园 供）

【深圳市第三幼儿园】创办于 1983 年，位置与深圳市大型山体主题公园梅林公园和梅林水库相邻。隶属于深圳市教育局，为广东省一级幼儿园。占地面积 6221 平方米，建筑面积 7278 平方米，户外活动场地占地面积 1357 平方米。由总园、分园组成。开设 22 个教学班，目前有 2–6 岁幼儿 742 人。教职工 124 人。其中：本科及以上学历 34 人（硕士 3 人）；副高职称 3 人，中级职称 26 人；区级以上名师（学科带头人）5 人。省名园长工作室 1 个，省名师工作室 1 个，市名园长工作室 1 个。培养出一大批园长、十佳校长、基础教育系统名校长、基础教育系统名师、学前苗圃工程名师。以培养良好习惯、倡导热爱生活、完善健全人格、促进全面和谐发展为办园理念，建设尊重、博爱、创新、发展的园风，培养健康、自主、乐观的儿童。园本课程为“幼儿园可持续发展教育”。紧密围绕“环境、经济、社会文化”可持续发展教育 3 大支柱和 17 个目标，致力于构建具有深圳特色的可持续发展教育体系，为幼儿构建可持续的未来。可持续发展教育课程建设的经验曾先后在捷克、美国、挪威的学术会议上进行交流，获得同行认可，2020 年立项为广东省学前教育科学保教示范项目。出版了三部课程论著：《聚焦儿童、面向未来（幼儿园可持续发展教育实践）》《亲阅读、心阅读（深圳市第三幼儿园绘本阅读教学活动实践探索）》《无法隔离的爱（庚子宝宝记忆）》。共有 165 篇论文获奖或发表。先后获评广东省绿色学校、广东省食品安全示范园、广东省健康促进示范单位、深圳市办学效益奖、深圳市教育系统先进单位、首批深圳市优质特色示范幼儿园、深圳市健康促进幼儿园（金奖）、深圳市市民最喜爱健康场所一等奖、深圳市卫生保健优秀幼儿园等集体荣誉 98 项。是广东省、深圳市、福田区课题的实验基地及深圳大学教育硕士研习基地。曾接待中外嘉宾、同行的参观交流。顾秀莲、康克清、林佳楣等多位中央老领导都曾来园视察。（深圳市第三幼儿园 供）

【深圳市第六幼儿园】创办于 1993 年。2017 年推土重建并于 2019 年 10 月重新开园。直属于深圳市教育局，为省一级幼儿园。占地面积 4112 平方米，建筑面积 5019.59 平方米，户外场地 3573.87 平方米，绿地面积 1195.37 平方米。新园建造“先有理念，后有建筑”，在原创、绿色基础上，遵循“幼儿为本、专业为准”的指导思想，将四季课程融入建筑。拥有一流的硬件设施设备。室内设有 280 平方米下沉式加高音乐厅，容器花园式的美工室，藏有 5000 余册幼儿书籍、3000 余册成人书籍的阳光图书馆。有“班班不同、廊廊不同、角角不同”的多元科学探索空间。12 个班班不同的课室均达 150 平方米，通风采光十分优越。户外设有616平方米的幼儿绿茵足球场，大型挑战式体能玩具，品种丰富的兰花园，以及沙水池、爬网、钻网、搭建、跃动圈、投掷区等众多活动区域。楼顶覆土面积一亩有余，是孩子们探索自然的“稚绘农耕园”。有教学班12个，在园幼儿400多人。教职员工69人（专任教师37人），其中：本科以上学历39人（研究生以上学历4人）；副高级职称1人，中级职称9人；“广东省南粤优秀幼儿教师”“深圳市首届苗圃工程骨干园长”“广东省学前教育督导评估专家”“深圳市教育督导专家库成员”等若干人。以课题研究为抓手，构建专业高效的科研团队，科研成果突出。其中“幼儿园内部治理体系构建实践研究”，构建出科学化、民主化、特色化的内部管理体系。秉承“一日生活皆课程”的理念，营造“自然、生态、健康、和谐”的教育环境，不断发展和完善园本魔方四季课程，为幼儿的终生学习、生活奠定坚实的基础。先后获评“幼儿园、家庭、社区三结合教育全国示范园”“深圳市首批优质特色示范园”“深圳市绿色幼儿园”“深圳市平安校园”“广东省幼儿园特色建设方案申报二等奖”“深圳市卫生保健优秀幼儿园”“广东省餐饮服务食品安全示范单位”等荣誉若干项。（贾策远）

【深圳市第十一幼儿园】创办于1994年3月。位于福田区福民新村内。为深圳市教育局直属的广东省一级公办幼儿园，深圳市首批优质特色示范幼儿园。占地面积4066平方米，建筑面积3426平方米。办园规模9个班，在园幼儿292人。教职工60人（专任教师35人）。其中：本科及以上学历29人（硕士研究生7人）；高级职称1人，中级职称13人；深圳市第二轮学前教育“苗圃工程”名园长1人，骨干园长1人，骨干教师1人，教坛新秀2人。教科研专家工作室1个。

以“实施高品质幼儿教育”为目标，以科研为引领、走内涵发展之路，持续深入地开展“基于问题的学习（PBL）在幼儿园中的应用”系列研究，取得了累累硕果，并将所取得的丰硕研究成果充分应用于实践，建构了问题导学园本课程体系。将自然教育理念渗透于幼儿一日生活，着力于培养“能自主、善沟通、会合作、具有好奇心、善于解决问题”的新时代健康儿童。先后荣获深圳市教育系统先进单位、深圳市绿色幼儿园、深圳市卫生保健优秀幼儿园、深圳市A级厨房等多个光荣称号。承担多项省、市、区各级课题研究；连续荣获省、市、区各级教育科研优秀成果奖；47篇论文在中国学专委组织的论文比赛中获奖；十多篇论文发表于国家学前教育核心期刊。2020年幼儿园获评广东省学前教育科学保教示范项目课程领衔园，同年在第六届“深圳教育改革创新论坛”创新大奖中获得“年度最受欢迎幼儿园”称号。

（深圳市第十一幼儿园　供）

【深圳市彩田幼儿园】为广东省一级幼儿园，深圳市首批示范幼儿园。占地面积3860平方米，户外活动面积2366平方米，建筑面积3763平方米。拥有多个功能室、教学辅助用房和各种活动场地。图书室藏书7144册。设施设备齐全。开设12个教学班，在园幼儿471人。教职工82人。其中：本科及以上学历42人；高级职称1人，中级职称12人；党团员23名。以“探索幸福的田地”为核心理念，发展和完善了“彩田经验课程”。在合理安排幼儿在园一日生活的基础上，充分利用幼儿园、家长、社区三方资源，开展“项目探究活动”，构建幼儿认识周围世界的经验，形成“艺术中浸染，探索中生发，经验中建构”

2020年9月1日，深圳市彩田幼儿园开学第一天有序入园

（深圳市彩田幼儿园　供）

的课程文化。疫情期间做好疫情防控工作，准备防疫物资、完善幼儿返园方案、开展疫情应急演练等。高度重视党建工作，创建党员示范岗，开展爱惜粮食、节能环保、低碳生活等系列活动。聚焦后勤精细化管理，形成系列精细化管理的标准流程。组织保健组、电教录制“保健医跟岗视频”近20个。被评为深圳市食品安全实操培训基地。根据疫情形势，开展多种形式的线上线下教学及教研活动。运用信息化手段，设计毕业生电子相册，举办云参观小学、云毕业典礼等活动。家园共育，强调“社区联动”“网格式”新模式。注重教师科研能力的培养，以课题为抓手促进教师专业化成长。组织了两个区级课题结题报告和两个区级课题、一个市级课题开题联合报告会。注重信息化素养与技术的运用提升。《基于信息技术与资源支持的新教师专业成长路径研究》获批广东省学前教育“新课程”科学保教示范项目。建立电子档案平台系统。充分履行优质特色示范幼儿园的社会职责，疫情期创新帮扶模式，促进百园扶百园工作开展。荣获深圳市卫生保健优秀幼儿园；本园食堂被评为省级示范幼儿园A级食堂；获“2020广东学会学前教育专业委员会年会论文”组织奖；被全国青少年校园足球工作领导小组办公室评为“全国足球特色幼儿园”。（段　帆）

【深圳市第十二幼儿园】深圳市第十二幼儿园创办于1993年（原名深圳市翠园幼儿园），于2019年11月重建开园，新园占地面积3940平方米，建筑面积5280平方米；有10个教学班，在园幼儿363名，教职员工68名（专任教师38人）；副高级职称2人，中级职称14人，教师队伍大专学历100%，教师队伍本科率78%；老中青教师占比科学合理，为园所的持续发展提供了人力资源保障。

幼儿园坚持以“以人为本，健康第一，全面发展，为孩子幸福人生奠基”为办园思想，形成了“与童心相约，让童趣说话，对童年负责”为教育理念。以“乐天行动派，知行合一者”为培养目标，以“处处是学习空间，物物是学习资源，人人是学习老师”为课程理念，坚持走内涵发展道路，形成办园条件优越、师资力量雄厚、园本课程专业、园所管理科学的示范幼儿园。在各级领导和专家团队的引领下，幼儿园教师专业水平不断提高，科研意识也日趋提高，科研能力不断增强。成功申报及承担国家级、省市区级科研课题共四十余项；多年来追求高水平的办园质量，先后取得广东省特色建设方案、广东省食品安全示范学校食堂、广东省档案综合管理特级单位、广东省健康促进示范单位、深圳市首批优质特色示范幼儿园创建单位、深圳市消防标准化学校、深圳市健康促进幼儿园银奖单位、学前特殊儿童融合教育试点幼儿园等多项荣誉；在各级刊物发表教育教学论文、教案、教育随笔150余篇，同时在省市区各项比赛及评优评先中，获深圳市“苗圃工程”名园长、骨干园长、名教师、教坛新秀，市“五一劳动奖章”，罗湖区年度教师，市、区优秀班主任等奖项300余人次。为幼儿园未来发展奠定良好基础。园舍新建筑是十二幼人迈向新征程的支点，我们将传承深厚的优秀文化积淀，打造出一所高质量、人民满意的公办园，让儿童、教工、家长迈向幸福未来。

（深圳市第十二幼儿园　供）

【莲花二村幼儿园】1992年创办。位于福田区红荔西路莲花二村小区内。2021年重建，新园设计为“立体田园”风格。为省一级幼儿园。建筑面积6400平方米。开设12个教学班，可容纳420名在园儿童。坚守“阳光、自然、致远”的教育理想，用爱与智慧践行“让孩子在幼儿园的每一天快乐且有价值”的教育目标，以“莲花课程”支架儿童主动学习为抓手，走传承、发展、创新之路，努力实现“让孩子童年快乐，为孩子一生奠基，对民族未来负责”的办园宗旨。2000年至今坚持与高等院校专家合作，以教育科研引领课程发展，构建了园本课程—《莲花课程》。该课程以“全球化视野·本土化行动”为指导，以培养“具有中国气质的国际人，具有国际视野的中国人”为目标，以支架幼儿的个别化主动学习为核心，建构了适宜中国儿童的高质量幼儿园整体课程体系。该课程获得“2017年广东省基础教育教学成果”一等奖，2019年被评为“深圳市优秀教育科研成果推广课题”，在省内外推广。先后编写出版了《幼儿园多元智能做中学主题课程》《幼儿园区域活动—环

莲花二村幼儿园区域活动材料丛书　（莲花二村幼儿园　供）

境创设与活动设计方法》《支架儿童的主动学习——经历·经验·经典》等课程专著，并获得了深圳市政府、深圳市学前教育行业协会的若干奖项。有多篇论文先后在核心专业期刊上发表，并被中国人民大学《复印报刊资料》转载。深圳市莲花二村幼儿园（Shenzhen Lotus Kindergarten）的英文词条已被收入英文版《现代中国百科全书》（Encyclopedia of Modern China，2009 年美国出版）。先后获得“深圳市办学效益优秀奖”“深圳市教育系统先进单位”“深圳市优质特色示范园创建单位”“深圳市卫生保健优秀园”等诸多荣誉。20 余人次分别荣获国家、省、市级“教育先进个人”，“南粤优秀教师”，省级“讲师团优秀讲师”，市级“名师”等称号。2020 年开始集团规模化办学，集团发展坚守“严谨、精致、高品、卓越”的莲花文化基因，本着“孩子受益、家长满意、带出团队、做出品牌”的辐射宗旨，努力开拓深圳幼教发展的新局面。　（莲花二村幼儿园　供）

【莲花北幼儿园】由深圳市教育局于 1995 年 3 月创办。为广东省一级幼儿园。占地面积 3920 平方米，建筑面积 4073 平方米，户外活动场地 2935 平方米。现有 10 个教学班，在园幼儿 332 人。教职工 54 人。其中省级名师 3 人，培养了园长、区域教研员 8 人，获得省市表彰的教师 20 余人。坚持“睿智启蒙、厚德育人”办园宗旨，以“办一所懂孩子的学校”为目标，坚持走内涵发展道路，潜心进行“幼儿园精粹教育”的实践与研究，构建了具有中国核心价值观、符合时代要求、回归教育原点、促进幼儿全面发展的课程模式，获得了 2017 年广东省教育教学成果一等奖。首创“幼儿园精粹管理法”。对全市 10 个区共 100 多所基地园进行了全员培训，为罗湖区培育出 11 家“精粹管理优秀基地园”、25 家“精粹管理基地园”和 130 名“精粹管理推行优秀个人”。对于让薄弱幼儿园管理更规范，让规范幼儿园办学上等级，让示范幼儿园质量成品牌，莲花北幼儿园做出了突出贡献。先后获评广东省绿色幼儿园、深圳市人民政府办学效益奖、深圳市“精粹管理”品牌幼儿园、深圳市首批教科研基地学校、深圳市首批健康标杆促进园、深圳市教育先进单位。多次代表全市幼儿园接受市委书记王荣、人大常委会邱玫副主任、蒋宇扬副主任、市教育局等领导视察，并得到深圳特区报、深视新闻等媒体的采访报道。

（莲花北幼儿园　供）

【华富幼儿园】为深圳市教育局直属公办幼儿园、广东省一级幼儿园、深圳市优质特色示范幼儿园。2017年7月，随着福田区华富村城市更新整体改造计划，幼儿园也纳入改造范围进行重建。2019年12月迁至福田区岗厦片区，新园重新命名为深圳市华富（文天祥）幼儿园，由华富幼儿园承办。教职工56人（含专任教师21人）。其中：硕士研究生1人，本科生12人，大专生9人；副高级教师2人，一级教师16人，二级教师5人。坚守“以人为本，教书育人，和谐发展，面向未来”的办学初心，秉承“凝心聚力，幸福华富”的校园文化，以“让幼儿拥有幸福而有意义的童年”为愿景，以“促进幼儿全面、和谐发展，成就教师职业理想，引领家园合作共享”为办园目标，形成了“务实、互助、质量、突破”的园风和“尊幼、善学、勤业、敬业”的教风。构建了具有华富文化特质的园本课程框架——“华富课程”。以幼儿数学学习为切入点，进行深入研究，形成了“以数启智，以教育心”的数学特色课程。申报了中国学前教学专业委员会、广东省教科院、深圳市教科院等多个课题研究项目，取得了丰硕成果。先后参与编写出版了《幼儿学习环境的创设》《幼儿园一日生活实施指引》《回归本质的幼儿数学教育：理论与实践探析》等书籍，系统介绍幼儿园在幼儿数学研究等方面所取得的成果。获评“深圳市政府办学效益奖”“深圳市教育系统先进单位”“深圳市文明学校”“省特级档案综合管理先进单位”“市教育系统先进基层党组织”“深圳市教育局基层工会先进单位”“深圳市卫生保健先进园”“深圳市优秀家长学校”等荣誉称号。在行业中发挥示范引领辐射的作用，得到社会和广大家长的一致认可与赞赏。

（王　欣）

【南华幼儿园】1993年9月由深圳市教育局创办。位于华强北商业中心南。是市直属公办幼儿园，深圳市优质特色示范幼儿园，广东省一级幼儿园。占地面积2364.39平方米，建筑面积3560平方米。2019年8月进入原址重建期。开设9个教学班。拥有一支敬业专业、团结高效、素质优良的教师队伍，储备了充足的骨干教师和管理人才。现有被深圳市教育局评审认定的学前教育“苗圃工程”名园长工作室1个，市“苗圃工程”名园长工作室主持人1人，罗湖区名师工作室主持人1人，市“苗圃工程”首批名师2人，深圳市人民政府兼职督学2人，福田区人民政府兼职督学及责任督学1人，深圳市“育儿讲堂”公益活动讲师4人，深圳市学前教育专业委员会讲师1人。秉承“为每个幼儿的人生幸福奠定发展素养”的办园宗旨，遵循“以美蕴德，以美启智，内外兼修，和谐发展”的办园思路，以制度管理为保障，以人文管理为根本，塑造淳美管理文化。实践园本课程探索，建构淳美课程体系，形成美育范式，通过主题探究活动主线与视觉艺术表征路径，培养“健康、自信、尚美、智慧”儿童。以教科研课题引领特色创建，形成了鲜明的儿童多元视觉艺术表征与多元阅读教育特色，取得了“以幼儿园淳美环境为载体构筑优质教育”系列教育成果：编写的《好的幼儿教育：从淳美环境的创设开始》一书由北师大出版社出版;《教育从淳美环境的营尚出发》一书，获“首届深圳学前教育行业优质教育资源”评选活动“教育成果优质奖”;《广东省深圳市南华幼儿园淳美环境特色建设方案》被广东省教育研究院评为广东省幼儿园特色建设方案二等奖；2020年，我园申报的《以幼儿园淳美环境创设为载体构筑优质教育的研究》项目，被广东省教育厅立项为广东省学前教育“新课程”科学保教示范项目，作为项目领衔园，融合高校及7所项目参与园的力量，深化并推广淳美环境创设成果，充分发挥示范引领作用；广东省教育科学“十三五”规划课题《一日生活中儿童学习与运用视觉艺术表征语言的教师指导策略研究》结题并被鉴定为优秀；在深圳市学前教育学会第三届深圳幼教百花奖评比中，参赛的“创意活动设计”、“幼儿园原创游戏”、“幼儿园早操评比”均获一等奖。近80篇教师论文及案例设计获得国家、省、市各级奖项。

获得“深圳市先进集体”“深圳市教育系统文明学校”“深圳市热爱儿童先进单位”“深圳市教育系统先进单位”“深圳市卫生保健优秀幼儿园”“广东省 A 级厨房”等荣誉称号。 （邓晓钟）

福田区

【碧海云天幼儿园】原为福田区舒曼音乐幼儿园。坐落于福田区侨城东碧海云天小区内。始办于 2004 年，是一所普惠民办性质的区一级幼儿园。园区设计风格独特、布局合理。占地面积 1669 平方米，建筑面积 2511.75 平方米，户外活动面积 1262 平方米。绿化面积覆盖率达 91.4%。现有 9 个班级，在园幼儿 220 名。幼儿园活动室（均 100 平方米 / 班）宽敞明亮，为幼儿创设了多元化的教育环境。还配备了多功能厅、美术活动室、亲子图书室、STEM 创客空间、户外玩沙池、戏水池、种植园、泥巴厨房、光影隧道、活力攀爬墙……教职工 49 人（专任教师 19 人）。其中：园长 1 人、助理 1 人，主任 2 人。教师专业合格率达 100%，大专及本科学历达 92.8%，保育员全部持证上岗。以“创造孩子非凡未来”为办园宗旨，以“每一个孩子都是独一无二的”为教育理念，坚持以人为本，全面提高保教质量，促进幼儿身心全面和谐发展。

（碧海云天幼儿园　供）

【东海实验小学附属幼儿园】原为东海培萃幼儿园。创办于 2000 年。2020 年 5 月转为公办，同时更为现名。位于福田区香轩路 30 号。占地面积 6039.4 平方米，建筑面积 8066.98 平方米，是福田区面积最大的幼儿园。现有班级 24 个，幼儿 724 人。教职工 119 人。幼儿园在东海实验小学的带领下，以“为每一个孩子的幸福和发展奠基”为理念，组织高质量的一日活动，开展丰富的学习体验活动、节日庆祝活动、艺术创作活动。首创的“小鲸鱼的创想”师生艺术展，获得了学习强国平台和多家媒体报道，吸引二十余家幼儿园组队参观。幼儿园将孩子的身体健康放在首位，扎实开展卫生保健工作，2020 年首次参加健康促进园评审，以优异成绩获得健康促进园银奖。秉持“脚踏实地，致力成长”的园训，以“守护孩子童年，成就未来人才，奠基幸福人生”为使命，致力于办福田区最有影响力的学前教育，共同为打造品牌园、标杆园、幸福园而努力。办园水平和办园效益日臻提升，树立了良好的社会口碑，获得社会各界的广泛赞誉。（东海实验小学附属幼儿园　供）

【福华小学附属幼儿园】为首批福田区民转公幼儿园。为深圳市一级幼儿园。占地面积 3600 平方米，建筑面积 3000 平方米。安全措施严密，环境优美整齐。有宽敞的户外活动场地，丰富多样且安全的体能活动场所。配备音乐厅、美术室、科学室等符合幼儿学习和探索的多种功能活动室，能充分满足教育教学和日常工作的需要。设有小班、中班、大班 3 个年龄段的 12 个班级，共有幼儿 360 名。教职工 56 人，其中大专及以上学历 41 人（本科 13 人）。以“健康、真诚、美好、快乐”为园训，以理解力发展实践课程为载体，促进每位孩子身心健康和谐、快乐自信的发展，培养孩子们发现问题、解决问题的能力。让孩子们“学会做人、学会做事、学会学习、学会创造”。开展“四月”（生活素养月、中国传统文化月、健康运动月、学习成果月）活动，提供孩子

2020 年 12 月 4 日，福华小学附属幼儿园大班表演《中国月》节目

（福华小学附属幼儿园　供）

们一个展示自我的舞台，提升孩子们的自信心，让其体验成功，享受成功的快乐。小小升旗手、礼仪小天使、运动达人、六一好儿童等评选活动激励孩子们更好地自立、自律和自强。理解力发展实践课程促进了孩子的全面发展，营造了健康、自信、快乐的童年时光。设置了形式多样的家长工作体系，通过家园间的互动合作（有家长委员会、家长学校、家长助教志愿者团体、各类的开放及参与活动），形成合力，促进孩子更好的发展。以优质的管理、良好的师资、多元化的课程理念、人性化的保育服务质量、丰富多彩的家长工作体系，赢得了广大家长的认可和孩子们的喜爱。先后获深圳市《3–6岁儿童发展学习指南》实验幼儿园、深圳市精粹管理基地园、深圳市儿童梦想中心（体能游戏中心）称号。（福华小学附属幼儿园　供）

【福强小学附属幼儿园】位于福田区益田村住宅小区内。是深圳市一级公办幼儿园。占地面积1300平方米，建筑面积1430平方米，户外活动场地面积960平方米，生均占地面积7平方米。绿化覆盖面积率100%。每个班活动室面积约100平方米。设有音乐室、美术室、玩沙玩水区、科学发现室、大型玩具区等；配备现代化多媒体教学平台，拥有安全合格的大、中、小型教玩具、种类齐全，满足教育需要。设有9个班，分为小班、中班、大班。教职工47人。其中：园长1人，副园长1人，主任3人，保健医生2人，后勤人员7人，幼教专科教师21人，英语专科老师3人，保育员9人。教师专业学历达标率为100%，其中全日制本科学历占50%以上。严格按照广东省颁布的标准配备齐全各类工作人员。以“健康、诚信、高尚、快乐”为园训，以多元课程为载体，促每位孩子身心健康和谐、快乐自信的发展，让孩子们“学会做人、学会做事、学会学习、学会创造”。坚持依法治园，建立了一系列科学规范的管理制度以指导、评估各项工作。如：安全管理制度、卫生管理制度、财务管理制度、课程管理制度、教学研究制度、人事管理制度、档案管理制度、各类工作会议及家园联系制度等。秉承多元化课程理念，力求创设一个安全、舒适、有准备、有秩序的温暖和谐的教育环境，促进每一个孩子全面健康地发展。建立了“积极健康、乐观向上；快乐诚实、和谐友善；服务至上、团队合作”的校园文化，全体教职员工用专业的精神做好每一件事，用专业的态度善待每一位孩子，给每个孩子均等的机会，培养出一批又一批健康、快乐、自信、有责任感、习惯良好、均衡发展的儿童。（福强小学附属幼儿园　供）

【福田区第八幼儿园】创建于2020年8月。位于福田区福保街道福田保税区绒花路288号。隶属于福田区教育局。占地面积3182.58平方米，建筑面积3080平方米，户外面积2168.85平方米，绿化面积1414.91平方米。教学班10个：大班3个、中班3个、小班4个。幼儿人数共320人。教职工50人（含2名保安员），其中：专任教师22人，本科以上学历100%，幼儿园教师资格证执证率100%；保育员10人，大专以上学历80%（其中3人具有幼师专业及资格证），20%大专在读；保健医生1人，本科学历，主治医生；保健员1人，本科学历，执保健人员上岗证。建构家长、社会、教师合作共育机制。以守护儿童本真、绽放生命光彩、培养具有持续发展力的完整儿童为办园宗旨。以让教育回归生活，让课程回归自然为课程理念，让孩子在“做”中学习，在“玩”中探索，在生活中感悟，一切以孩子为出发点。幼儿园的课程除了沿用的南师大《五大领域》《渗透整合主题课程》《通向数学》，并引进《分享阅读》课题“课程游戏化视域下幼儿深度学习的理论和实践模式研究”子课题；与北京体育大学博士团队合作幼儿体育课程改革与实践。还参与由市八幼牵头的广东省学前教育“新课程”科学保教示范项目《支持幼儿的深度：幼儿园开展STEM的理念与方法研究》的子课题《区域探究活动中幼儿园STEM课程的实施研究》。为了进一步提高教师队伍的综合能力和整体素质，幼儿园将从教师的专业成长、师德师风、教科研、教学质量等方面进行有机整合，架构教师成长梯队，搭建教师专业成长平台。（福田区第八幼儿园　供）

【园岭实验小学附属幼儿园】原为深圳市工交第二幼儿园，2020年5月由民办转型为公办幼儿园，同时更为现名。位于福田区园岭东路园东七街4号。为广东省一级幼儿园。占地面积3200平方米，建筑面积2519平方米，户外场地面积2125平方米。现有办学规模13个班，幼儿424人。教职工65人。在2020年由民办转为公办的短短半年时间内，建构起优质的师资团队，教工队伍稳定性达到100%，岗位持证率、学历达标率均为100%。连续多年被评为“深圳市卫生保健优秀园”，荣获“全国爱国启蒙教育示范园”，在深圳市少儿花会比赛、深圳市童话节、绘画比赛、深圳读书月等活动中屡获各类奖项。坚持“为每个幼儿的微笑人生奠基”的办学宗旨，以“奠基幼儿终身发展，促进教师幸福成长，建设和谐微笑家园”为办园目标，构建“自然、生活、本真、自由、探索”的“微笑”园本课程体系。通过开展探究式主题课程、主题月、主题晨会、体能锻炼、区域游戏、生活教育等课程活动，为儿童终身发展奠基。每年固定开展“安全教育月”“红火闹元宵”“奥尔夫音乐节”“书香悦读月”“健康运动月”“毕业感恩季”活动，每周一开展国旗下的“主题晨会”活动，形成“健康、阅读、艺术”相融合的园所特色。致力于“让每个幼儿充满自由的微笑，为幼儿的终身幸福与发展奠基”。民转公以来，增添大量户外体育器械及幼儿教玩具、设备设施，大大提升办园条件。在完善硬件条件的同时，软件建设同步进行：严抓教师培训，开展探究式主题课程，引入奥尔夫音乐和幼儿心理健康教育课程，开展体能大循环活动，研究改善幼儿食谱，制定和实施特殊儿童餐，建立特殊需要儿童家长群，建设和完善幼儿园微信公众号。在传统的家园共育工作基础上，开展家长沙龙活动，邀请社区警务室、消防站、工作站入园对幼儿开展教育活动等。一系列举措的开展，获得了社会和家长的高度认可。

（园岭实验小学附属幼儿园　供）

【翰林实验学校附属幼儿园】位于福田区上梅林梅东三路合正逸园小区内。2020年8月从民办园转为公办园。占地面积2075.1平方米，建筑面积2584.1平方米。在园幼儿225人。教职工33人。教师学历达标为100%，本科率达83%。教师队伍建设稳定、积极向上。领导班子团结协作、勤政廉洁。坚持以“自主探索，快乐学习，平等对话，共同成长”为办学宗旨。加大投入，以“亮化、美化、绿化、硬化”为手段，搞好学校的硬件建设；以“绘本阅读”为龙头，开展“读书节”活动，培养学生的良好情操；以阅读课题研究为抓手，开展教育科研活动，促进教师专业水平的提高。

（翰林实验学校附属幼儿园　供）

【华强职业技术学校附属幼儿园】开办于1994年。为市一级幼儿园。占地面积4518万平方米，建筑面积3370平方米，户外运动场面积1697平方米。教学班12个，幼儿437人。教职工63人。其中：本科及以上学历24人（硕士1人），大专学历19人。坚持以“规范管理提效率、提升质量求生存、彰显特色促发展、优质服务创品牌”为办园指导思想。多年来，培养了一支忠于幼教事业、师德高尚、爱岗敬业、不断进取、有朝气、有良好团队协作能力的集体。遵循《幼儿园工作规程》与《幼儿园指导纲要》的要求，以《3–6岁儿童学习与发展指南》为指引，建构以尊重生命价值、关心生活环境、解决生活问题、沟通人际关系、传承生活文化为教育目标的生活课程体系。幼儿园是深圳市儿童梦想中心——体能游戏中心幼儿园。幼儿体能活动开展一直是幼儿园的特色和亮点。2019年成为全国首批“足球特色示范园”。作为实验园参与的省级课题《足球运动对5–6岁幼儿体能指标的影响研究》于2020年7月顺利结题。2020年6月福田区区级课题《足球特色体育活动在幼儿园的实践研究》也成功在园开题。2020年9月20日深圳市福田区幼儿园儿童运动能力综合测试发布会成功在幼儿园召开。一直是福田区卫生保健优秀幼儿园。2020年被评为深圳生活垃圾分类新风尚幼儿园、深圳市健康促进幼儿园。荣获2020年度福田区巾帼文明岗称号。

（华强职业技术学校附属幼儿园　供）

【皇岗中学附属幼儿园】位于皇岗公园街皇岗新村花园二期内，2020年8月4日转为公办园，为市一级幼儿园。占地面积2672.6平方米，建筑面积2956.3平方米。学制为三年制（3–6岁），现开设14个班，其中大班4个，中班4个，小班6个，共有幼儿490人。教职工共65人，其中园长1人，副园长2人，教师34人，保育员14人，保健医生2人，后勤人员12人。每班配置两教一保。带班老师专业学历达标率为100%，大专以上学历达100%。每个教室配备了教学一体机、钢琴、空调、风扇、消毒柜、紫外线消毒灯等，并有符合规定的各类辅助用房、生活设备、幼儿玩教具、图书及大型体育活动设施配备和医疗保健器械，充分展示了现代化教学的模式。

老师们具有良好的师德修养和专业技能。幼儿园聘请教育理念先进、治学严谨的资深教育专家担任教学顾问，建立一系列科学管理制度：安全管理制度、卫生管理制度、财务管理制度、课程管理制度、教学研究制度、人事管理制度、档案管理制度、各类工作会议及家园联系等制度。幼儿园转型为公办园之后，保留了原有的传统特色课程：幼儿英语、国际象棋等有序开展，延续原有的教师用书，采用了理解力课程。同时，该园充分利用教育教学资源，结合实际，将艺术教学等课程打造为特色。未来，幼儿园将进一步研讨园本课程，发挥教师特长，让教师在学习、实践、反思、提炼的过程中逐步对园本课程有更深刻的理解和认识；在教育理念、教育行为、教育手段、教育资源等方面有更大的改变，从而有效促进幼儿身心健康和谐的发展。

（皇岗中学附属幼儿园　供）

【美加碧华儿童中心幼儿园】创办于 2009 年 9 月，位于深圳市福田区上梅林梅秀路碧华庭居小区，是由美加儿童英文俱乐部（深圳）有限公司投资承办的一所全日制民办普惠性幼儿园。该园 2011 年被评为深圳市规范化幼儿园；2013 年 9 月经福田区教育局验收合格，成为普惠性幼儿园；2017 年 1 月被评为区一级幼儿园。幼儿园占地面积 1657.43 平方米，生均占地面积 6 平方米；建筑面积 2425.51 平方米，生均占建筑面积 9 平方米；户外活动面积 1200 平方米，生均使用面积 4 平方米；绿化面积 500 平方米，绿化覆盖率达 90%。该园现有班级 9 个，其中小班 3 个，中班 3 个，大班 3 个。在园幼儿 270 人，教职工 44 人（专任教师 18 人），教职工和幼儿比例为 1：6。教职工中有园长 1 人，副园长 1 人，行政主任 1 人，行政助理 1 人，出纳 1 人，保健医生 2 人，保育员 9 人以及后勤工作人员 8 人。教师大专以上学历达 88%，专业合格率达 100%。

该园以“爱与关怀、有效学习、规范办学、科学教育”的办学理念和“一切为了孩子”的办学宗旨，认真贯彻落实《幼儿园工作规程》《幼儿园管理条例》《幼儿园教育指导纲要》以及《3–6 岁儿童学习与发展指南》等政策性文件，坚持办好自己的“快乐美术”和“快乐英语”特色教育。同时，幼儿园牢固树立“特色就是质量，特色就是品牌，特色就是发展”的思想，走特色强园、特色兴园之路，走个性化、特色化的内涵发展之路，致力于为儿童提供一个有趣的、高质量的学习环境。

（美加碧华儿童中心幼儿园　供）

【普林斯顿幼儿园】创办于 2013 年，坐落于深南大道 1018 号，为区一级幼儿园。建筑面积约 6000 平方米，室外室内的活动场地约 1000 平方米。园内设置了美术室、舞蹈室、音乐室、录音棚、儿童剧场、演奏厅、图书馆等各类活动功能用房。该园有 10 个班级，共 139 名学生。教职工共 59 名。教师全部取得大专以上学历，80% 以上的教师拥有超过 5 年的教学经验。主导幼儿教学的外籍教师均取得本科及以上学历，具备 ESL 教学资质，持有国际语言教学证书及《外国人工作许可证》。辅助幼儿教学的中方双语教师也同样具备优秀资历及丰富的教学经验。

该园致力于建构具有国际教育视野的创新教育模式，推动深圳学前教育实践，为学前教育建立全新平台。通过幼儿园课程的浸润，孩子有望成为关心周围事物、主动承担责任、具有自信心、善于发现与解决问题的未来创新型人才。另外，幼儿园通过丰富多彩的体育、音乐与艺术活动锻炼孩子们健康的体魄，增强对多元艺术与文化的理解，使孩子们对不同文化具备包容及欣赏的能力。普林斯顿的宗旨是帮助幼儿在充满关爱、尊重与平等的学习氛围中，获得身体、情感和智力的全面发展，展现美德、真诚、关爱、自信与责任感。

（普林斯顿幼儿园　供）

【福田区外国语高级中学附属幼儿园】位于益田村住宅小区，为市一级民转公办幼儿园。占地面积 4022 平方米。园内设有运动大操场、图书阅览室、美术室、音体室等多个功能室。现有教学班 10 个，幼儿 346 名。教职工等 50 名，其中专任教师 23 名，均为学前教育专业毕业。

幼儿园确立“以爱育爱、相伴成长”为办园宗旨，以素质教育为教学核心，遵循幼儿身心发展特点和规律，以“关爱、尊重、信任、合作”为教育理念，坚持保教结合。该园注重孩子学习的过程以及在过程中所获得的体验和感受，强调自主能力的培养；将美育和健康教育渗透在一日生活、主题探究、区域活动、学科学习、家园共育之中，努力培养适应生活、面向未来的儿童。该园把2020年5月的民转公作为一个新起点，与时俱进，乘势而上，明确新的发展思路，在不到一年的时间里，构建了温馨有爱、幸福和谐的园所文化，提升了硬件设施设备，使园风园貌焕然一新，成功实现民转公的平稳过渡。幼儿园用校园文化引领教师们转变角色，融合理想信念，激发共同愿景。全体教师在“责任之心对孩童，真诚之心待家长、进取之心对自己、感恩之心对社会”的园训鞭策下，紧跟新时代教育发展的步伐，努力向着更高目标迈进。

（福田区外国语高级中学附属幼儿园　供）

【**福田区第二幼儿园**】创办于1995年8月，2020年完成园舍重建，是福田区教育局直属的公办幼儿园。占地面积3938.7平方米，建筑面积9194.14平方米，绿化覆盖率95%以上。园内设施设备齐全，各班配有白板、电脑、照相机、投影仪、影碟机等教学辅助设备，建立了现代化办公管理系统及教育信息资源库等，实现了多媒体教学。幼儿园设置了6个教学班，包括4个小班，2个中班，每班按两教一保配备。在园幼儿近200人。教职工共54人，其中副高职称3人，中级职称16人，“南粤优秀教师”2人，“深圳市优秀教师”4人，深圳“鹏城蒲公英奖十佳园长”1人，深圳“苗圃工程”骨干教师1人，教坛新秀2人，区教学骨干多名。28名专任教师全部为大专及以上学历，90%为本科以上学历，其中2人为研究生学历。

幼儿园秉持“尊重儿童、自然生长”的办学理念，执着于“幼儿为本、素质教育、幸福童年、和谐发展”的教育追求，借鉴皮亚杰、维果茨基、加德纳等人的教育理论，整合对幼儿的研究，形成了艺术教育特色鲜明的“质优”园本课程。“质优”课程关注幼儿心灵成长，注重良好个性、习惯等的培养，创设丰富多元的艺术化环境，以开放式教育理念激发幼儿表现美、创造美的情趣，成就幼儿的美好童年。在课程实施过程中，幼儿园承担过多项国家、省、市、区幼教科研重点课题，数十篇论文及教学案例在全国刊物上发表，多篇论文在国家、省、市、区级获奖。先后获得“广东省一级一类幼儿园”“广东省巾帼文明示范岗”“广东省食品安全示范学校”“深圳市优质办学效益奖”“深圳市‘三八’红旗先进集体”“深圳市绿色学校”和“深圳市优质特色示范幼儿园”等荣誉称号。（福田区第二幼儿园　供）

【**福田区第六幼儿园**】创办于2019年5月，位于福田区沙嘴路与金地一路交汇处红树湾壹号旁，是隶属于福田区教育局的公办幼儿园。占地面积2505平方米。该园提倡“与世界接轨的教育”理念，凸显与时俱进的高配置，为孩子们的健康成长、快乐学习提供优雅舒适安全的教育环境。原设定9个班，现有7个班。在园幼儿小班154人，中班52人，大班21人。教职工共36人，其中专职教师15人。教师专业合格率100%，教师队伍中大专以上学历达到100%。教工与幼儿比例为1∶5。园内设1名行政园长，2名副园长，保健医生2人，保育员9人，财务人员2人，食堂人员5人，保安2人等，均符合国家规定的岗位任职条件。

该园坚持“尊重天性、尊重人性、尊重自然、尊重规律”的办园宗旨，结合2020年招生的实际情况，也基于以幼儿为本的教育理念，大胆进行了创新办园——开设混龄教育。2020年9月，幼儿园通过了A级厨房的验收；2020年11月，通过了福田区巾帼文明岗定岗督导。2020年12月，“民生福礼”惠民工程来该园调研，肯定了幼儿园在“民生福礼”惠民工程中的“善育”贡献。

（福田区第六幼儿园　供）

【**福田区第七幼儿园**】是隶属于福田区教育局的公办幼儿园。2019年3月筹办，2020年2月正式投入使用。占地面积3600平方米，建园筑面积3234平方米。园内教学及活动设施设备齐全。室内配备有美术室、阅览室、烹饪室、科学室、音乐室和音体综合室等多功能室；室外配备有大型户外器械、沙水区、种植区、拓展区、积木区和安吉游戏等活动设施。幼儿园建有局域网、家园互动等现代化办公管理系统。目前，该园开设13个教学班，有在园幼儿477人，教职工67人。教师100%为大专及以上学历，其中本科及以上学历20人。所有人员持证上岗。

幼儿园申报的区级课题《三种

语言影响幼儿口语发展的实践研究》和《幼儿园奥尔夫音乐教学的策略与研究》，顺利成为福田区教育科学“十三五”规划2019年度立项课题；市级课题《先进的奥尔夫音乐教学法在幼儿园的研究与推广》，也已被立项为深圳市教育科学2020年度规划课题。作为安吉游戏实践园，幼儿园每天开展一小时户外混龄自主游戏。在游戏中让幼儿释放天性，让幼儿园真正成为儿童的乐园。秉承“为幼儿的可持续发展服务”的办园宗旨，幼儿园将在实际工作中追求教育诚信和教育效能，充分激发每个教职工的潜能，提高管理水平，在不断探索和反思中进步。

（福田区第七幼儿园　供）

【福田区第四幼儿园】是深圳市一级幼儿园，位于福田区园岭街道南天一花园内，属于改造园。占地2453平方米。该园开设8个教学班，共有幼儿272人。教职工共47人。其中研究生学历1人，本科以上学历20人，大专学历15人，合格率100%。每班活动室面积120平方米，配备有幼儿玩沙池、玩水池、儿童试听图书室、音乐舞蹈室、乐高搭建室、科学实验探索区、幼儿种植园地、运动攀爬区等适宜儿童探索、体验的集约空间。

该园秉承“尊重儿童、自然生长”的教育理念，形成了一套完整的课程架构——四幼体验式完整课程：基础课程和体验课程。基础课程包括主题探索活动、一日生活活动、体能健康活动和区域活动；体验课程包括艺术兴趣体验活动和特色专题活动。该园坚持走内涵发展道路，创新办园新思路，创设“幼儿园·家”的管理文化，成为上级认可、家长满意、幼儿喜爱的幼儿园。幼儿园荣获“深圳市消防标准化示范学校”“福田区垃圾分类新风尚幼儿园”荣誉称号，荣获福田区健康促进幼儿园银奖，并成为深圳市首批儿童友好型幼儿园。

（福田区第四幼儿园　供）

【福田区第一幼儿园】原名为深圳市福田区机关第一幼儿园，创办于1987年10月。该园坐落于美丽的香蜜湖畔，中旅二期公馆，是福田区政府投资的公办幼儿园。2018年前，该园属福田区妇联主管，2018年2月归福田区教育局主管，为国家事业单位。占地面积3110平方米，生均占地面积11.15平方米；建筑面积3019.39平方米，生均建筑面积10.2平方米；户外活动场地面积1870平方米，绿化覆盖率达100%。现有10个教学班，其中大、中、小班各3个。在园幼儿337人，教职工55人，师生比例为1：6。教师专业合格率、大专学历率均达100%，高级教师占教师总数的65%；保育员、后勤人员持证率100%；还设有舞蹈、美术、电脑等专职教师。所有岗位人员配备均符合省级国家规定。园内设有先进的安全监控系统、门禁系统、电教设备、运动场地及器械、创客机器人工作室、奥尔夫乐器室、烹饪室、科学室、建构室、综合游戏室和阅读室。园内的儿童绘本图书品种多、数量足，玩教具种类丰富。

该园始终以“立德树人”为教育的根本任务，以《幼儿园教育指导纲要》及《3–6岁儿童学习与发展指南》为教育指引，遵循“在和平、尊严、宽容、自由、平等和团结的精神下，尊重孩子、尊重家长、尊重老师，走共同成长之路”的办园理念，遵循“教育即生长，珍视每一个”的教育哲学，培养“富有爱心、承担责任、乐于创造、具有理解力的终身学习者”，建设一所让幼儿拥有健康快乐童年的幼儿园。幼儿园先后获评深圳市一级幼儿园、广东省一级幼儿园、深圳市绿色幼儿园、广东省巾帼文明示范岗、广东省绿色幼儿园、深圳市办学效益奖、深圳市卫生保健优秀幼儿园、福田区早期教育示范单位、安全管理工作先进单位、深圳市餐饮卫生示范单位、广东省全民健康生活单位、深圳市规范优质办学、深圳市平安校园和广东省安全文明校园。此外，幼儿园图书室获评深圳市爱心图书室，食堂获评广东省示范性食堂。

（福田区第一幼儿园　供）

【福南小学附属幼儿园】为广东省一级幼儿园。占地面积3050平方米，建筑面积3571.16平方米，户外场地2721.4平方米。幼儿园有独立的幼儿活动室、寝室、儿童图书馆、创意美术馆和儿童艺术馆。2016年6月，该园被评为“深圳市第二批优质特色示范园创建单位”，2017年1月通过“广东省一级幼儿园”评估。该园办园规模为14个班，现有大班4个，中班5个，小班5个，学生551人。教职工共69人，其中初级职称6人，本科及以上学历18人，所有教师均持证上岗。

该园坚持“以爱为魂、以实为本、开放自主、和谐发展”的办园宗旨，借鉴高瞻课程模式、蒙台梭利和多元智能教育思想，确立了“幼儿自主探究”的园本课程体系。幼儿园践行“一日生活皆课程”的课程观，细化幼儿一日作息时间安排和流程要求；结合绘本阅读主题活动，每学年上学期开展“阅读节”系列活动，形成鲜明阅读特色；注重活动目标与环境、区域的结合。该园期望通过打造“团结、协作、创新”的专业化团队，创设多元化的、引导幼儿主动学习的教育环境，促进幼儿身心全面和谐发展。（福南小学附属幼儿园　供）

【**慧文幼儿园**】创办于2008年7月，坐落于福田区农林路佳泰兴苑小区旁，是市一级幼儿园。占地面积3187.35平方米，建筑面积3084.21平方米。全园现有教学班12个，幼儿400多人，教职工60多人。

幼儿园确立了“以人为本、育人为本、发展为本”的办园理念；以奥尔夫音乐、健康教育等课程为特色，逐步构建起了生活化主题教育与艺术教育活动课程相结合的课程体系；同时，强调探究精神和探究方法、自主学习和合作学习的活动方式，促进幼儿身心全面和谐发展。该园形成了一些颇具特色的教育活动：亲子体育节、亲子艺术节和亲子阅读节等。幼儿园曾获深圳市首届“书香幼儿园”的称号，并为深圳市“奥尔夫音乐”实验基地之一。历年来，该园多次组织幼儿参加深圳市“莎莎讲故事”活动，并荣获个人、集体二等奖、三等奖；组织幼儿参加“少儿星光大道”第三届舞动中华全国少儿才艺电视大赛，并荣获金奖。该园不断开拓进取，加强管理，正以稳健的步伐向优质特色示范园迈进。

（慧文幼儿园　供）

【**金达来幼儿园**】创办于1999年9月，位于福滨新村内，邻近中心公园。2013年被评为深圳市一级幼儿园，2017年11月通过市一级复评。占地面积5100平方米，人均占地面积9.9平方米；建筑面积4053平方米，人均建筑面积7.9平方米；户外活动面积3303平方米，人均户外活动6.4平方米；绿化覆盖率达100%。该园现有教学班18个，学生706人。教职工共77人，其中本科及以上学历25人。园仙配有幼儿美术室、科学室、音体室、图书阅读区、游戏综合室、体育活动室、会议室、保健室及厨房，设施设备完善；设有独立的电脑房，数码相机、摄像机、复印机、扫描仪等。班级添置现代化教育设施，每班配备钢琴、电脑、投影仪和区域材料柜等。户外设有多种大型玩具，有攀、爬、钻、投等不同种类、不同型号的体育及游戏器材，以及戏水池、玩沙池等，保证幼儿正常活动的场地和活动器械。

该园认真贯彻《幼儿园教育指导纲要》和《幼儿园工作规程》的精神，秉承“安全、健康、快乐、和谐发展”的办园理念，致力于“一切以幼儿发展为本，一切以幼儿利益优先”的办学宗旨，凸显以语言、艺术教育为一体的教育特色，使每一位幼儿健康、快乐的全面发展。该园注重培养幼儿健康、快乐的身心素养，自信、有礼的优良品格，乐学、会学的学习习惯，为幼儿一生的发展打下坚实基础。

（金达来幼儿园　供）

【**景龙小学附属幼儿园**】是福田区教育局承办的公办幼儿园，为深圳市一级幼儿园。占地面积3368平方米，建筑面积2484.95平方米。该园设有小、中、大共11个班，拥有学生378人。教职工共57人，其中专任教师25人，专业合格率100%。园内设有音体活动室、图书室、美术启蒙室和科学室等功能室。该园获评深圳市优质幼儿园、健康促进学校（银牌）等称号；食品安全等级获评A级。

幼儿园坚持“爱润童心，快乐成长”的办学宗旨，贯彻开放、多元、“让世界成为教材”的现代课程理念，抓住主题探究活动的艺术领域进行美术特色课程研究，努力培养具有感知力、想象力、理解力和创造力的现代儿童，构建“平等、安全、尊重”的校园文化。

（景龙小学附属幼儿园　供）

【**科发一幼幼儿园**】是市一级普惠性民办幼儿园，由深圳市科发工贸集团有限公司投资承办。占地面积2850平方米，建筑面积2986.64平方米。2019年顺利通过市一级幼儿园复评。设有大、中、小各4个教学班。教职员工共60人，教师专业合格率、大专及以上学历率均达到100%。每班配备两教一保，有舞蹈、美术、电脑等专职教师，保育员、后勤人员持证率100%。所有岗位人员配备均符合市级规定。幼儿园有全园无死角安全监控系统、先进的电教设备、运动器械和奥尔夫乐器，建有科学实验室、阅读室、工作坊和综合游戏室，图书、玩教具品种丰富、数量充足。

该园以《幼儿园教育指导纲要》及《3–6岁儿童学习与发展指南》为指引，以幼儿为本，将领域学习与生活实践相结合，将分享阅读课程、文明礼貌、传统文化、节庆活动等贯穿五大领域，发展幼儿理解力、认知力、感受力，促进儿童学习与全面发展。

（科发一幼幼儿园　供）

【荔园教育集团附属幼儿园】原为福田区荔园教育集团众孚校区附属幼儿园，2021年1月12日更为现名。该园位于深圳市福田区沙头街道新洲二街19号，为深圳市一级幼儿园。2020年5月，幼儿园转型为公办幼儿园。占地面积2819.8平方米，建筑面积3194.5平方米，户外活动场地面积1898平方米。该园共9个班教学规模，目前开了7个班：小班3个，中班3个，大班1个；在园儿童总数227人。幼儿园教职工40人（专任教师18人），其中本科学历9人；保育员7人，均为高级保育员。

该园以“童心、母爱、求真、创新”为园训，以“为幼儿幸福的一生奠定良好的基础”为办园理念，以“求真务实、追求卓越”为工作作风，遵循“以爱为本、以学为乐、培养习惯、开发潜能”的教育理念，培养“好习惯、好性格、好身体、好品味、好思维、广视野、厚底蕴”的未来小公民。课程理念是“生活中发现、游戏中学习、实践中探究”。从做人、做事、学习三个领域入手，通过一日生活活动、主题探究活动、区域自主活动、学科学习活动、亲子实践活动等途径，努力实践课程宗旨。幼儿园的教育理念是，给孩子一个环境，让他自己去感受；给孩子一些机会，让他自己去体验；给孩子一些困难，让他自己去解决；给孩子一片空间，让他自己向前走。教师注重幼儿的自主成长、自主学习，培养他们能够适应终身发展和社会发展需要的必备品格和关键能力。该园曾荣获深圳教育改革创新奖2020年度最受欢迎幼儿园。

（荔园教育集团附属幼儿园　供）

2020年，荔园教育集团附属幼儿园获年度最受欢迎幼儿园

（荔园教育集团附属幼儿园　供）

【荔园外国语小学狮岭校区附属幼儿园】原为深圳市城建景东幼儿园，创建于1993年9月。2015年被评为广东省一级幼儿园，2020年2月转型为公办幼儿园。占地面积3450平方米，建筑面积2838平方米，运动场地面积2504平方米。幼儿园开设12个教学班，在园幼儿433名。教职员工64人，其中专任教师31人，全部拥有大专或本科学历，专业合格率达100%。幼儿园内设有美工室、科学室、图书吧、运动感统室、乐高室、生活坊、音乐舞蹈室和大型幼儿体育器械等优良设施，为幼儿提供了良好的学习、生活环境。

该园秉承“自然生长”的教育理念，开发实施“基于理解的生活化课程”，让幼儿在真实情境下进行深度探究，以学科的视角探究生活，利用生活主题为探究学习提供真实的情境与经验素材，将学习生活化与生活学习化融为一体，让世界成为教材。该幼儿园着力打造“早期阅读”特色，为儿童一生的生活、学习与发展打好基础。通过“感知理解、观察表述、体验创造”等多种途径与方法，关注每个孩子的不同特点，让每个孩子在丰富的“阅读”中，能说会道、能想会做、习惯养成、人格健全，生命质量得以提升。

（荔园外国语小学狮岭校区附属幼儿园　供）

【梅丽小学附属幼儿园】原为博雅翰林幼儿园，创办于2006年9月。该园位于梅林山下，环境优美。2020年8月转型为公办幼儿园，为市一级公办幼儿园。占地面积3004平方米，建筑面积2485平方米，运动场面积1833平方米。幼儿园现有9个教学班，在园幼儿315人。教职工50人，其中大专及以上学历40人。安全、充足、现代化的设施设备为幼儿的全面发展提供了有力保障。

该园坚持“让幼儿接受平等而有质量的教育”办学宗旨，贯彻“多元、整合、传承、创新、与时俱进”的课程理念，构建“梅花课程”体系，培养幼儿具有不畏艰难、凌寒而立、乐观淡定的“小梅花”品质。幼儿园坚持开展以实践为基础的月历活动、以探究为基础的主题活动、以渗透为基础的一日生活活动、以自主为基础的区域活动、以平衡为基础的学科教学活动、以合作为基础的亲子活动，多年来致力于幼儿体能教学研究，创建“自由式体能循环”，引进“运动方舟”课程，逐渐形成“幼儿体能教育”特色。开园十多年来，该园形成了良好的口碑，先后获评中国教育学会安全教育平台平安暑假专项活动福田实验区示范单位、福田公安分局先进治安保卫组织、福田区梅林街道办事处群防群治零发案单位等，并荣获“未来之星金凤奖”特长生专业能力公开测试赛广东赛区优秀组织奖等奖项。

（梅丽小学附属幼儿园　供）

【新沙小学附属幼儿园】原为广业幼儿园，于1999年9月1日建园。位于福田区新洲七街。2020年5月，该园正式转型为公立幼儿园，更为现名，为区一级幼儿园。占地面积2798平方米，建筑面积2496平方米，户外活动场地2800平方米，绿化覆盖率达100%。该园设教学班11个，目前在园幼儿380人。教职工57人，其中本科学历25人。该园的办园宗旨是，尊重、平等、健康、快乐。课程根据幼儿生活经验及发展需要建构探索型主题，以主题探究活动为主线，把蒙台梭利的教育理念和教学要求融于幼儿的一日生活、运动、学习、游戏等多种活动中。幼儿园认为“教育就是爱”，老师们把这份爱传递到孩子，在活动中给予孩子充分的自由选择的空间，尊重孩子内在发展的需要。幼儿园注重活动的价值，注重活动过程的体验，以改变幼儿学习方法和教师的教育模式为突破口，使幼儿园课程真正为幼儿的成长服务。

（新沙小学附属幼儿园　供）

【益强小学附属幼儿园】原为博雅金域蓝湾幼儿园，位于福田区福荣路62号。2020年1月转型为公办幼儿园，为市一级公办幼儿园。上级单位为益强小学，益强小学副校长担任该园法人代表。建筑面积2196.5平方米，户外活动场地面积1976平方米。现有教学班10个，幼儿306名。教职工48人，其中高级职称1人，本科及以上学历11人。该园的办学宗旨是培养“健康、快乐、有良好习惯的小公民”；课程理念为，生活即教育，环境即教育，一日生活皆课程。幼儿园的探究式活动课程包括运动节、艺术节、科技节和社会实践周。该园荣获健康促进校园银奖，并获评福田区巾帼文明岗。2021年3月11日，深圳市人大常委会主任骆文智率队到该进行了学前教育立法调研。

（益强小学附属幼儿园　供）

【绿洲小学附属幼儿园】是2020年2月由沙嘴村幼儿园转型而来的公办园。坐落于沙嘴村3坊35号，地处改造的城乡一体化建设的试点区和文明城市管理的核心区。建筑面积489.91平方米。教学班5个，学生119人。教职工23人，其中本科以上学历9人，专科学历7人；小教一级1人；市级优秀教师1人，区级优秀教师3人，区级先进工作者2人。

该园的办园宗旨是“新的希望，爱的阳光，我们和孩子一起成长”；办园方向是，素质为根本，保教为中心，管理出效益；科研上水平，质量求生存；教风学风为游戏化、生活化、个性化和综合化；教育目标是“一切为了孩子”。幼儿园实行保育教育相结合的原则，保障幼儿生命和健康、培养幼儿良好的生活习惯、卫生习惯、品德行为习惯，促进幼儿身心全面发展，提高幼儿的综合素质。民转公后，该园由绿洲小学副校长涂欣担任人大代表。该园贯彻落实国家和省、市工作部署，以“一切为了孩子，坚持以人民为中心”的发展理念，开启“疾跑”模式，让更多孩子和家长享受优质的教育资源。短短一年间，幼儿园在软件和硬件上都有了质的飞跃。

（绿洲小学附属幼儿园　供）

【福莲幼儿园】成立于2003年7月，位于深圳市福田区福莲花园内。占地面积1435平方米，建筑面积2282平方米，户外面积640平方米。幼儿园现有教学班10个，幼儿330人。教职工共48人（专任教师21人，其中园长3人，保健医生1人，保健员1人，保育员12人，其他工作人员10人。

该园秉承“以爱为魂、用爱养育、用心启智”的办学宗旨，坚持“培养良好习惯、倡导热爱生活、完善健全人格、促进共同发展”的办学理念，以“健康活泼有自信、友好合作善交往、兴趣广泛好个性、主动学习会生活”为儿童培养目标。该园提倡“尊重、博爱、敬业、创新、发展”的园风，以“细致、精致、极致”为工作目标，坚守“自主探索、快乐学习、尊重平等、共同成长”的课程理念，构建“以爱为魂”课程体系，结合有选择性的国际节日和国内传统节日开展“八大节”（快乐节、环保节、悦读节、健美节、生活节、创意节、美劳节和艺术节）活动。该园导入精粹管理园务管理模式，在实践和探索中打造出安全精美的幼儿园环境，彰显园所文化。幼儿园先后被评为福田区一级幼儿园、福田区普惠性幼儿园、中国教育学会安全教育平台2016年平安暑假专项活动福田实验区示范单位、福田区社会组织评选教育行业优秀社会组织，并获得第五届深港书画大赛荣获集体一等奖，幼儿园精粹管理一等奖和全国舞蹈大赛荣获集体银奖、铜奖等。（福莲幼儿园　供）

【天健小学附属幼儿园】创建于2003年8月，是广东省一级公办幼儿园，位于福田区福中一路深业花园内。占地面积3000平方米，建筑面积2512平方米，运动场地2200平方米。共有14个教学班，431名幼儿。教职工73人，其中专业教师34人。该园注重教师队伍建设，形成了一支爱学习、擅研究、乐奉献、喜创新的智慧型教师队伍。教师多次获得“深圳市优秀教师”“福田区先进教育工作者”“福田区十佳优秀教师”等荣誉。

幼儿园秉承“让每一位幼儿健康快乐地成长，拥有幸福的童年”的办园理念，努力营造尊重与爱的文化氛围，利用周边自然和文化资源开展园本课程，着力培养“爱运动、乐交往、喜探究、善表达”的阳光儿童。该园在育人环境营造方面充分体现尊重与关爱儿童的理念，处处构思新颖、独具一格，整体呈现简欧现代艺术风格。2020年民转公以来，幼儿园加强师德师风建设，教职工配备充足，加大硬件投入。该园设备设施不断更新，体育器械丰富多样，充分满足幼儿发展、创造、探究的需求。幼儿园厨房不断优化升级，目前已为A级。幼儿的伙食品种多样，色香味俱佳。该园先后获得“广东省一级幼儿园”“深圳市优质幼儿园”“深圳市卫生保健优秀幼儿园”和“深圳市健康促进幼儿园”等荣誉称号；也被选定为“运动方舟实验基地”“儿童图画书阅读课题基地园”。幼儿多次参加“深圳市少儿艺术花会”活动，获得“深圳市少儿艺术花会”一等奖；参加“广东省少儿艺术花会”，获得“广东省少儿艺术花会”二等奖；多次参加“深圳市莎莎讲故事”活动，并获得深圳市特等奖和一等奖，相关老师获得优秀指导教师的荣誉称号。

（天健小学附属幼儿园　供）

【下沙小学附属幼儿园】创办于1996年，2020年2月成为福田区首批转型公办幼儿园，为二类事业单位公办园。该园坐落在下沙村内，邻近深圳旅游景点“红树林”。占地面积2694.04平方米，建筑面积3029.03平方米，户外活动面积1577.2平方米，绿化面积193.2平方米，绿化覆盖率达70%。2018年5月，该园通过复评成为区一级幼儿园。2015年7月经区教育局实地核查，幼儿园办园规模被核定为10个班。幼儿园现有幼儿360人。全园教职工共54人，其中专任教师21人，保育员14人。教职工学历全部达标，持证上岗率100%。该园以“走近儿童，办有温度的教育”为办园宗旨，努力实现“提升教育品质，真诚服务家长”的教育理念。通过专家引领，幼儿园逐渐开发出全面发展幼儿潜能的园本课程，形成了以礼仪教育、蒙台梭利教育、幼儿早期绘本阅读教育为特色的综合课程体系，有力地促进幼儿、家长和教师三方共同体的发展。该园努力培养具有“想象力、创造力、合作力、表达力”的四力儿童，全力创建“保教质量一流、专业素质一流”的高品质公办幼儿园。该园先后荣获全国巾帼文明岗、先进治安保卫组织、治安基础建设先进单位及深圳市健康促进幼儿园（银牌）等荣誉称号。（下沙小学附属幼儿园　供）

罗湖区

【深圳市罗湖区教工幼儿园】为首批广东省一级幼儿园。占地面积3000平方米，建筑面积3000平方米，运动场面积1000多平方米。2018年6月，该园成为罗湖区教工幼教集团领航园。该园有教学班12个，幼儿360人。教职工共78人，其中高级职称（副高）1人，中级职称7人；本科及以上学历25人（硕士7人）、专科13人；深圳市先进教师1人，深圳市学前教育专业委员会讲师师团讲师4人，名师工作室成员4人，罗湖区幼儿园年度教师1人；

此外，还有深圳市督学1人，罗湖区督学7人。

幼儿园秉承“以素质教育为核心，培养身心健康、全面发展的完整儿童”办园宗旨及“拥抱童心，享受自主”的办园理念，贯彻开放、多元、选择、体验现代课程理念，构建教工幼“自主活动课程体系”，努力培养自主、勇敢、智慧、乐群的健康幼儿。该园积极开展小毛驴活动、星光小舞台、足球、围棋、读书月等特色活动。

2020年9月，该园申报的罗湖区教育科学规划（监测专项）课题《幼儿园一日生活环节衔接与评价的实践研究》获得立项；2020年6月，该园申报的广东省学前教育“新课程”科学保教示范项目获得立项；2020年10月，该园出版了《幼儿园园外课程资源理论与实践》专著。

2020年，该园被评为罗湖区精粹管理示范基地园；其研究课题《幼儿园园外课程资源开发的理论与实践》被评为广东省学前教育“新课程”资源体系建设科学保教示范项目，并出版成书。2020年广东教育学会学前教育专业委员会年会论文优秀组织奖；幼儿园组织的集团舞《悦动青春》在“向深圳特区成立40周年献礼——2020年罗湖幼儿园教职工”舞动新活力“集体舞比赛”中荣获二等奖；在第十六届“当代杯”全国幼儿教师职业技能大赛中获先进单位奖；在学前教育杂志社举办的第四届“创新 培育发展”征文活动中荣获最佳组织奖。此外，罗湖区教工幼教集团荣获2020年深圳市集团化办学典范奖，并成功举办教工幼儿园建园30年庆典。该园研究的深圳市教育科学规划2016年度课题《构建幼儿园阳光足球启蒙课程的实践研究》也已结题。

（深圳市罗湖区教工幼儿园　供）

【百仕达二期幼儿园】是深圳市一级幼儿园，占地面积2793.32平方米，建筑面积3565.53平方米，户外活动场地面积1760.07平方米。

幼儿园有教学班12个，其中小、中、大班各4个。在园幼儿共420人。教职工共68人，其中幼儿园教师高级职称（副高级）1人，中级职称2人，初级职称4人；专任教师本科及以上学历24人（硕士2人）。幼儿园坚持“为幸福人生奠基”的办学宗旨，贯彻以人为本、尊重差异、和谐发展的教育理念，培养儿童：拥有健康的体魄，具备善良的品性，保持好奇的天性，养成探究的习惯，形成自信的个性。该园为广东省学前教育“新课程”市县科学保教示范项目《区域幼儿园保教质量系统提升》实验园。该园还作为罗湖区民转公的幼儿园代表，接受市教育局对区公办园建设工作的实地考察验收。（许楚烘）

【罗湖区教科院附属幼儿园】前身是罗湖区春天幼儿园，开办于1999年9月，为深圳市一级幼儿园。2019年12月，春天幼儿园转型为公办园，更为现名，由罗湖区教科院举办、罗湖区教育局管理。幼儿园秉持“让快乐伴随成长，让养成成为习惯”的办园宗旨，以“用诗意点亮童年奇梦”为办园理念，倡导“健康快乐、平等互助、团结向上、自主创新”的园所文化。幼儿园建园20年间，先后被评为深圳市绿色幼儿园、深圳市公益爱心单位、深圳市教育工作先进单位、深圳市卫生保健优秀园所、罗湖区教育工作先进单位、罗湖区三星级健康幼儿园和罗湖区卫生保健优秀园所。

园所建筑面积3040平方米，户外活动面积720平方米，该园开设12个班，共400余名幼儿。教职工共67人，其中小教高级教师2人，小教二级教师1人，研究生4人，教职工持证上岗率、学历达标率均为100%。园内功能室齐全，设有体能活动室、音乐活动室、图书阅览室、综合游戏室、科学启蒙室和美术活动室；户外活动场地设有30米跑道、玩沙池、戏水池、攀爬玩具、种植

2020 年 11 月 26 日，深圳市罗湖区教科院附属幼儿园儿童亲子故事大赛
（罗湖区教科院附属幼儿园　供）

园地、墙面玩具和大型器械运动区等，为幼儿学习、生活、游戏与运动提供了较为理想的乐园。

幼儿园尊重幼儿的身心发展规律和学习特点，关注幼儿个体差异，因人施教。在“一日生活皆教育”的理念下，教师抓住幼儿每日生活中每一个有利的教育契机，从生活细节中发现蕴含的教育价值，根据幼儿兴趣需要，结合实际生活经验，通过生活探究活动、区域探究活动、主题探究活动、节庆大型活动、节气传统教育活动、家园互动活动等，实施幼儿园的园本生活化课程，提升幼儿学习经验，促进幼儿健康自主发展。

幼儿园重视教师队伍建设，凝练师资力量，参与多项省市级课题研究，多名教师为省市级名园长、名师工作室成员。2020 年，十几人次的教师策划的活动方案、制作的教玩具及撰写的多篇论文在广东教育学习科学专业委员会、《幼儿教育导读》杂志社、当代学前教育网和当代学前教育研究会共同举办的全国幼儿教师职业技能大赛上获得优异奖项。同时，幼儿园实施“精粹化管理模式”，通过细化规范幼儿一日生活活动组织、学习环境创设、保育工作流程、食品管理流程、消毒清洁流程和安全工作标准等不断提升办园质量，被评为罗湖区精粹管理首批优秀基地园。

（罗湖区教科院附属幼儿园　供）

【罗湖区托幼中心】为罗湖区教育局直属公办幼儿园，位于深圳市罗湖区东门街道，笋岗路 1007 号童乐社区公园旁。该园先后被评为广东省一级幼儿园、首批深圳市优质办学特色示范园创建单位、市卫生保健示范优秀幼儿园、罗湖区四星级健康幼儿园。园所建筑面积 2421.3 平方米，户外活动面积 1733.3 平方米。园所共有大、中、小三个年级 10 个班，幼儿 360 人，教职工 65 人。

园所秉承“尊重儿童、协同合作、创新模式、持续发展”的办园理念，努力培养“善思乐群好问，勇于求知探索”的学前儿童，凸显“阅享童年生活，持续关注未来”的办园特色。

该园通过创建浸润式阅读环境，营造书香式文化氛围，培养幼儿的阅读兴趣和习惯。教师以传统文化和优秀绘本为切入点，根据幼儿的兴趣和发展需求，持续深入开展主题探究活动。

该园为幼儿创设多元化的游戏区域，提供多层次性的活动材料，促进幼儿身心健康、和谐发展；同时，践行“教育是面向全体幼儿”的理念，接纳所有幼儿，让每个幼儿都被尊重、被平等对待、被关爱。

幼儿园不断优化家园沟通方式，保证家园沟通的双向性、及时性和有效性，积极利用新技术拓宽家园沟通渠道，充分利用各种资源，搭建活动载体，持续推进“家庭 123”、爸妈故事团、亲子阅读等特色活动，引导家长深度参与幼儿园活动，真正实现家园携手，共情陪伴，共促幼儿健康成长。

（邓　琼）

南山区

【南山区教育幼儿园】创办于 1986 年，原名深圳市南头幼儿园，是距离区人民政府、区教育局最近的一所公办园。该园被评为深圳市首批省一级幼儿园、深圳市首批优质特色示范园、深圳市科学保教示范单位，也是深圳大学学前教育国培基地。2015 年，该园开启集团化办园模式，现有南山区龙海第一幼儿园、南山区冠铭雅苑第二幼儿园、南山区教苑幼儿园、南山区教育山海幼儿园四所分园。占地面积 4180

2020年6月3日上午，南山区委书记王强，南山区副区长练聪，区政协副主席、区教育局局长刘根平，率队到南山区教育幼儿园检查疫情后首次返园复课工作 （南山区教育幼儿园 供）

平方米。该园有9个班级。教职工队伍由特级教师、名园长、名师、学科带头人、学科技术导师、骨干教师、教坛新秀等优秀教师组成。

幼儿园秉承“教育像呼吸一样自然，心灵如水晶一般透亮”的理念，坚持“蹲下来对话，抱起来交流，手牵手成长”的儿童观，建构了蜂巢浸润（SKEP）园本课程，让孩子在生活中学习，游戏中成长。教师以幼儿的社会学习为切入点，在环境中支持孩子成长，在生活中渗透教育。幼儿园通过绘本主题活动、角色游戏扮演、社会实践体验和节日节庆活动等六大实施途径，支持幼儿获得丰富的社会情感，习得丰富的社会认知，产生良好的社会行为。该园积极发挥省级园的辐射、示范作用，先后接待国内外专家、同行计万余人次；近百篇论文在国家、省市级论文评比中获奖；公开出版、发表一大批幼儿教材及教研论文。幼儿园还先后获得“广东省巾帼文明示范岗”“市办学效益奖”“市卫生保健先进单位”“深圳市健康促进幼儿园（银奖）”等荣誉。 （邓祖伊）

盐田区

【盐田区实验幼儿园】为广东省一级幼儿园。占地面积3980平方米，建筑面积4155平方米，运动场面积2000多平方米。2020年5月，该园成为盐田区实验幼儿园集团领航园。幼儿园设教学班10个，共有幼儿355人。教职工共60人，其中副高级教师2人，一级教师12人；南粤优秀教师1人；市、区级名师9人。园内有广东省三八红旗集体工作室、区督学工作室各1个。幼儿园以“陪孩子走自己的路”为教育宗旨，将“蒙台梭利教育”和“顺时生活主题”融合，构建“爱生命”的教育文化内涵。缤纷灵动的校园环境、兄友弟恭的混龄教育、高质量的师生互动、“共建、共进、共享”的家园共育模式……园内每个细节都蕴含着丰富的教育价值，呈现出教育的最好样态。该园先后获评广东省三八红旗集体、广东省绿色幼儿园、广东省特级档案管理单位、深圳市教育先进单位、深圳市最受欢迎幼儿园、深圳市卫生保健优秀幼儿园、深圳市消防安全示范校、深圳市书香幼儿园、深圳市节水型单位、深圳市首批“优质特色示范园”和深圳市《3–6岁儿童学习与发展指南》实验园等称号。园本课程“爱生命的教育”荣获深圳市第一届行业成果展优质教育资源奖。幼儿园独立主持的两个课题被评为中国学前教育研究会“十三五”中研会课题优秀课题。2020年，幼儿园领衔的《运动游戏对幼儿基本运动能力影响的实验研究》获评广东省“学前教育”“新课程”科学保教示范项目。 （张瑞华）

【梅沙幼儿园】创办于2013年6月，位于大梅沙望翠路。该园是盐田区民生实事项目之一，也是深圳首家改革的公办园，实行“以事定费”的办园新模式。幼儿园2016年被评为市一级幼儿园，2019年以高分通过广东省督导评估专访。2020年5月梅沙幼儿园微集团成立，下设梅沙幼儿园总园及梅沙幼儿园星星海分园两个园所。占地面积3000.74平方米，建筑面积2400平方米。该园共开设9个班，可提供270个学位。国内教职工52人，所有教师均为学前教育专业或相关教育专业毕业，大专以上学历率及专业合格率均达100%。

该园以“办一所创新型、示范

2020 年 9 月 9 日，为“广东省三八红旗集体”荣誉称号的盐田区实验幼儿园进行揭牌　　（殷星传　摄）

性幼儿园”为目标，紧紧围绕“面朝大海、静待花开”的办园思想，积极践行“走进孩子心灵世界 让每个生命都出彩”的教育理念，倡导教师坚守“爱心、智慧、勤勉、创新”的工作作风，打造出一支“有理想、有情怀、有激情、有追求”的高素质教职工团队。幼儿园秉持“以人为本”和“可持续发展”的育人理念，在“一事一物皆课程，时时刻刻皆教育”的核心原则指引下，依据整体育人为课程总目标，开展多样性、综合性的学习活动。该园全方位布局“整体建构”课程模式，即以美国高瞻课程为抓手，结合滨海城区的地域特点和优势，建构了独具特色、多元、开放的“七彩之帆（Fun）”课程体系。同时，幼儿园突破传统的“走区制”自主游戏模式，创新提出了“走心制”幼儿主动学习新思路，形成了独有的、面向个体学习的新范式，努力培养具有“健康阳光、机敏专注、乐群独立、崇美善创”的现代儿童。该园还提出“让音乐成为孩子的生活方式”的音乐教育新理念，将音乐有机地渗透在幼儿的一日生活中，如举办园长妈妈钢琴日、中西乐器鉴赏、多流派音乐的引入、艺术拓展日、户外音乐树和合唱节等活动，在户外活动中巧妙运用小型乐器以及在环境中呈现和探索各类音乐元素等，充分发挥音乐教育助力健全人格培养的特殊教育功能。该园是盐田区唯一一所“全国足球特色园”，曾荣获“深圳市卫生保健优秀幼儿园”“深圳市 A 级厨房”“深圳市平安校园示范校”“深圳市 100 所垃圾分类新风尚幼儿园”“盐田区教育先进单位”“盐田区青年文明号”等荣誉称号。全园师生参加各级各类比赛荣获国家级奖项 163 人次、市级奖项 82 人次及区级奖项 106 人次。　　（何　波）

【盐田区中海幼儿园】为深圳市一级幼儿园、深圳市优质特色示范园。前身为民办维君汇中海双语幼儿园。该园成立于 2010 年 9 月，2020 年 2 月批准转为公办幼儿园。占地面积 3584 平方米，建筑面积 3219 平方米，运动场面积 2431 平方米。幼儿园设有 15 个教学班，在园幼儿 487 个。教职工共 76 人，其中本科及以上学历 19 人；高级职称 1 人；一级教师 1 人，二级教师 15 人；盐田区优秀教师 3 人，区级以上名师（教坛新秀）1 人。幼儿园有名师工作室 1 个。各班级配备了符合 3–6 岁各年龄段幼儿发展所需的教育教学设施，为幼儿创建了健康、宜人的活动空间。幼儿园玩具器械、图书品种多样，数量充足，能满足幼儿一日活动的需要。幼儿人均藏书量 10 册，室内配置多种乐器、体育设施和活动器具等。幼儿园配备有美术室、音乐室、阅读室、科创室等室内功能室；规划有沙池、种植、建构、木工、五彩餐厅等别致的户外活动场地。各类场地和设施比例科学、布局合理、安全卫生。

该园坚持以“点亮每一颗星辰”为办学宗旨，贯彻健康乐天派、独立自信者、悦学探索家、向善合作人的育人理念，构建“家·传”课程体系，形成了具有中海文化的办园特色。幼儿园每学年开展健康节、艺术节、体验式家长会、家长开放日和毕业典礼等活动，家园沟通工作经常化、规范化、细致化。除开设美术、体育、英语等专科课程外，幼儿园还为大班孩子开设小幼衔接校际项目式课程活动，为幼儿迈入新的学习阶段奠定良好基础。该园先后获评深圳市优质特色示范幼儿园创建单位、盐田区教育工作先进单位、盐田区先进治安保卫重点单位和全民健康

生活方式行动健康学校。（罗龄玉）

宝安区

【宝安区机关幼儿园】创办于1984年9月，是宝安县建制后成立的第一所公办幼儿园，隶属于宝安区教育局。该园被评为广东省一级幼儿园、深圳市绿色幼儿园。幼儿园为“一园六址”办学，有机关幼儿园总部、假日名居分园、幸福海岸分园、金成时代分园、第五大道分园、万科兰乔分园六个园区，总占地面积1.61万平方米，建筑面积1.42万平方米，户外活动场地8050.96平方米。全园共57个教学班，约1983名幼儿。教职工282人，其中专任教师146人。教师专业合格率为100%。幼儿园设备设施齐全，拥有中、大型综合体能活动器械、玩沙玩水池、种植园地、音乐舞蹈室和美术室等。每个班级均配备了多功能一体机。幼儿园建立了校园网、校园广播系统，实现了信息化教学与资源共享。在教科研上，该园独立完成国家级课题《班主任专业化》子课题《幼儿园班主任能力结构的研究》、区级课题《单元式体育活动促进幼儿身体健康与体能发展的研究》；编印了《宝安区机关园单元式体育活动优秀案例集》和《宝安区机关幼儿园单元式体育活动视频》；参与了市级课题《幼儿抗挫折能力现状调查与对策》并顺利结题。2020年，宝安区机关幼儿园立足园本，以教育高质量发展为抓手，全年投入约500万元改善办学条件，给幼儿提供良好的学习和活动环境；同时，在完善园本课程、体育课题的基础上，建立核心经验、动作发展、教学活动资源库，构建园本课程资源体系。幼儿园采用“引进来、走出去”策略，通过专家讲座、园本教研、跟岗学习、开放观摩、外出学习、名师送教、技能考核等方式，促进教师专业成长，提升保教水平。2020年，该园继续开展民办园跟岗、结对帮扶工作，展示机关幼儿园省级幼儿园的示范作用，推动机关园优质内涵发展。先后荣获“广东省巾帼文明示范岗”“深圳市办学效益奖”“深圳市卫生保健优秀幼儿园”“深圳市教育系统先进单位”“首批深圳市优质特色示范幼儿园”“宝安区室内外一体化课程资源特色示范园”“深圳市五一巾帼标兵岗”等荣誉称号。教师在各项教学论文及教学技能比赛中获得一、二、三等奖，幼儿绘画作品多次在国家、省、市、区等各种比赛中获金、银、铜等奖项。

（宝安区机关幼儿园　供）

【航城润科华府幼儿园】于2020年6月经宝安区人民政府同意设立，2020年9月正式投入使用，是隶属于宝安区教育局的公办幼儿园、政府产权配套幼儿园。占地面积5400平方米，户外活动场地3493平方米。该园设有教学班16个，在园幼儿468名。教职工73人，其中专任教师34人，保育员16人。教职工中，应届毕业生占比50%，本科学历占比56%，大专学历占比44%。该幼儿园秉持“幼儿为本、知行合一”的办园思想和“弘扬中华优秀传统文化”的办学理念，以“培育健康、文明、乐善、好学、勤劳的中华儿童”为教育理念，坚持高起点定位，按照省级示范园高标准建设。幼儿园拥有425平方米的足球运动场，有专职体育教师2人。为贯彻《国务院办公厅关于印发中国足球改革发展总体方案的通知》精神，实现中国足球“从娃娃抓起”，该园着手启动“足球课程”，推进幼儿园足球普及，夯实幼儿园足球发展根基。根据幼儿的年龄和生理特点，中大班每周开设一节足球课，组织幼儿学习运球、传球、颠球、带球、顶球、射门等基本技能，将足球基本技术融入体育游戏教学之中，提高幼儿参与足球活动的兴趣。幼儿园体育游戏教学以培养幼儿参与体育运动的兴趣，锻炼意志品质和良好的心态，树立积极、健康的社会形象为目标，努力增强幼儿的团队精神、协作能力、与人交往的能力和耐挫抗压能力，同时引导孩子形成敢于拼搏、乐观向上的价值取向以及豁达阳光的生活态度。

（航城润科华府幼儿园　供）

【华海金湾幼儿园】2020年6月经宝安区人民政府同意设立，2020年9月正式投入使用。该园为隶属于宝安区教育局的公办幼儿园、政府产权配套幼儿园。占地面积2805.38平方米，建筑面积2600平方米，户外活动面积1978平方米。累计教育经费投入736.82万元。幼儿园目前设有教学班9个，共有幼儿297人。教职工共43人，其中本科学历20人，占比46%；大专及以上学历33人，占比77%。该园依据《幼儿园工作规程》《幼儿园教育指导纲要》及《3—6岁儿童学习发展指南》精神，立足本园实际，以幼儿园三年发展规划为统领，以区级评估为目标，夯实基础，稳步推进各项基础建设。该园的办园理念是“幼儿为本，教师为重”。幼儿园积极改善办园条件，先后改造幼儿卫生间、操场硬质地面、安装围栏和反恐设备等。幼儿园开展教师节、中秋节、春节等主题活动，丰富幼儿生活。为保障安全幼儿安全的成长环境，该园加强行政、教师、后勤人员业务练兵，组织防疫演练、消防逃生、教研观摩和专家讲座培训活动等。截至 2020 年 12 月，累计开展安全培训活动 752 人次，安全教育活动 1930 人次。在教学业务和科研方面，该园组织教职工岗位大练兵 136 人次，各部门培训教研 939 人次。教师获集团比赛特等奖 1 人，三等奖以上 5 人。家园携手，共育花开。幼儿园重视家长、社区工作，本着尊重、平等、合作的原则，引导家长主动参与，累计参与家长义工 349 人次。为了提高家长科学育儿能力，该园还开展了《走进幼儿教育，优化教育观念》《情绪是最好的礼物》《爱你一辈子》等讲座，参与人数达 876 人次。

（华海金湾幼儿园　供）

【新城幼儿园】创办于 1989 年，位于宝安新中心区兴华一路天健时尚空间名苑。该园是宝安区教育局直属公办幼儿园，被评为广东省一级幼儿园、广东省安全文明校园、广东省示范家长学校、广东省优秀家长学校和广东省绿色幼儿园，也是宝安区幼儿教师培训基地。目前该幼儿园形成了一园七址的办园规模，包括新城幼儿园本部、新城幼儿园中洲分园、新安凯旋城幼儿园、新安新锦安雅园幼儿园、西乡丽景城幼儿园、新安都市茗荟幼儿园和新安熙龙湾幼儿园。七园总占地面积 2.03 万平方米，建筑面积 1.9 万平方米，户外占地面积 1.84 万平方米；共开设 70 个教学班，在园幼儿 2258 人。教职工共 340 人，其中研究生学历 2 人，本科学历 120 人。该幼儿园坚持“一切为了孩子”的办园宗旨，在“以人为本、爱为核心、共同成长”的办园理念引领下，致力于培养自信、健康、友善、习惯好、爱学习的儿童，努力为孩子们的身心和谐全面发展奠定坚实基础。2020 年，由新城幼儿园领衔的深圳市学前教育科学示范保教项目《幼儿园教育活动实施策略研究》成功立项，幼儿园党支部书记简珙园长主持的市级课题《幼儿园中大班数学小组活动中操作材料的投放策略研究》成功立项。幼儿园党支部被评为宝安幼教集团“先进党支部”。幼儿园荣获宝安区教育系统“给妈妈的节日祝福”线上活动优秀组织奖、宝安区教职工“逐浪大湾区，共筑教育梦”主题征文大赛优秀组织奖、第十三届教工运动会跳绳比赛第一名及健美操比赛第三名。教职工发表论文、文章 50 余篇，获得国家级奖项 80 余项，省级奖项 4 项，区级奖项 80 余项。该园还荣获了“广东省巾帼文明示范岗”“深圳市教育系统先进单位”“深圳市优秀家长学校”“深圳市办学效益奖”和“深圳市卫生保健优秀幼儿园”等荣誉。

（新城幼儿园　供）

【新蕾幼儿园】创办于 1993 年，本部位于宝安新中心区 65 区海城路坪洲新村。该园是宝安区教育局直属的全日制公办幼儿园，目前有湾美、海城和创业一村三所分园，形成了一园四址的办园格局。该园为广东省一级幼儿园、韩山师范学院教师专业发展学校。幼儿园本部占地面积 5150 平方米，建筑面积 4390 平方米，教学规模为 18 个班。2016 年 9 月开办湾美分园，湾美分园占地面积 2715 平方米，建筑面积 2700 平方米，教学规模为 9 个班。创业一村分园于 2019 年 8 月民转公后成为该园分园，建筑面积 2532.21 平方米，占地 2779 平方米，教学规模为 12 个班。海城分园开办于 2020 年 2 月，占地面积 2500 平方米，建筑面积 2442 平方米，教学规模为 9 个班。四所幼儿园园舍结构完整，规划布局合理，功能先进齐备，环境整洁优雅，各项指标均达到省一级幼儿园标准。4 个园所共开设 48 个班，目前在园幼儿 1629 人。教职工 242 人，专业合格率达 100%，大专及以上学历达 100%，本科及以上学历达 70.25%（含硕士 2 人），其中市、区、集团名师共 16 人。幼儿园确立了“书香新蕾、幸福花蕾”的办园宗旨，以早期阅读为办学特色构建“美悦”课程。该园先后承担了多个国家、省、市级语言领域的研究课题，以课题研究为引领，促进队伍专业化成长，目前正在开展的省、市、区级课题有 13 个。幼儿园每年坚持开展的“读书节”“美阅节”成为早期阅读特色的闪亮名片，拓宽了书香校园的内涵。园内成立的支部读书会、教师读书会、亲子读书会把全体师生家长划分为三个学习联盟、成长共同体，形成了“谦虚乐学、明辨善思”的学风。在书香幸福文化的引领下，该园被评为广东省书香校园，并获得广东省幼儿园特色建设方案三等奖、深圳市首批优质特色示范园、深圳市教育工作先进单位、课题“优秀研究团体”奖、教育系统“阅读推广工作”先进集体等荣誉。该园还充分发挥优质特色示范园的示范、辐射作用，广泛开展教育教学研讨交流活动，每年接待超过1000人次的观摩与交流。幼儿园的办园理念、办园特色等受到同行的一致好评。

（新蕾幼儿园　供）

【宝安区西乡街道中心幼儿园】2020年6月经宝安区人民政府同意设立，2020年9月正式投入使用，现属宝安区教育局公办幼儿园、政府产权配套幼儿园。幼儿园占地面积2700平方米，建筑面积2690平方米，户外面积1634平方米。幼儿园设有教学班9个，其中小班4个，中班3个，大班2个，共318名幼儿。教职工44名，其中专任教师21人，本科及以上学历占62%，大专学历占38%。幼儿园共开展市级课题1个，区级课题2个，中国学前教育研究会课题1个，现有区级名师工作室1个。

高质量的办学条件。幼儿园环境优雅，室内设有音体室、美工室、阅览室，所有教室均配置电教一体机、钢琴和丰富多样的教玩具；室外设有玩沙、玩水池、足球场、30米跑道、大型玩具等，满足儿童全方位发展需求。2020年11月，该园被区教育局选定成为宝安区教育现代化实验园。

高素质的师资力量。幼儿园现有市级苗圃工程科研骨干、深圳市学前教育专业委员会讲师各1名，宝安区基础教育系统名教师1名，中青年骨干教师2名，宝安区兼职督学1名、兼职教研员1名。自2020年9月开园以来，该园教师积极参与多项市、区、集团活动，并在朗诵比赛、征文比赛等活动中获得多个奖项。

高标准的教学体系。幼儿园以立足文化自信，培育和弘扬社会主义核心价值观为己任，以“幼儿为本、知行合一”为办园思想，以“弘扬中华优秀传统文化”为办园理念，以培育“健康、文明、乐善、好学、勤劳的中华儿童”为教育理念，完善课程体系，突出文化传承，结合端午节、中秋节等中华传统节日的独特价值开展传统文化教育，培养幼儿的民族自豪感和自信心，从小激发幼儿的爱国情怀。

高效果的家园共育。该园一直致力于家、园合力，让家长成为重要的教育资源，例如邀请职业为飞机修理师和海军的家长来园开展助教活动，为孩子讲述丰富的职业体验。该园认为，让孩子了解各行各业的工作，不仅满足了孩子的好奇心和求知欲，更有利于孩子个性的和身心健康的发展。

（宝安区西乡街道中心幼儿园　供）

龙岗区

【平湖中心幼儿园】为广东省一级幼儿园。占地面积8500平方米，建筑面积6953平方米。该园设教学班15个，在园幼儿共506人。教职工86人，其中本科及以上学历45人。园内场地宽敞、布局合理、环境优美，是一所集绿化、美化、儿童化、现代化于一体的市“绿色幼儿园”和市“园林式、花园式单位”。幼儿园秉承“七彩阳光、润泽童年”的办园理念，坚持“阳光教育（以阳光之心，育阳光之人，让幼儿园成为孩子的阳光乐园）”的办园宗旨，培养“健康活泼、好奇探究、文明乐群、勇敢自信”的阳光儿童。该园打造了“绿色天使”在行动、“蓝色畅想”艺术节、“金色梦幻”科技节和“银色精灵”体育节四大特色活动。

2020年，在做好疫情防控的基础上，幼儿园合理安排每日生活，积极开展各项教育教学工作：一是第一次组织线上“绿色天使”在行动活动。3月，第一次通过系列线上交流和线下居家实践活动进行环保教育，增强幼儿的环保意识和责任感，让幼儿懂得热爱、尊重、保护自然。二是开展“金色梦幻”科技节活动，让幼儿亲近科学，在做和玩中体验科技的神奇与奥秘。三是开展定向游戏活动，让幼儿充分发挥主导作用。幼儿自主设计班级定向游戏，在实践中不断完善，班级间交叉体验分享。四是充分发挥优质特色示范园作用。幼儿园承担了龙岗区对口帮扶项目——“靖西市第二幼儿园结对子”，接待老师跟岗学习22人次，输出指导4人次。该园还托管3所民转公幼儿园，提供全面帮扶各项工作。该园先后荣获全国少儿书画竞赛集体特等奖及一等奖、全国校园明星才艺展示活动广东赛区学前组金奖及一等奖、广东省青年文明号、深圳市教育系统先进单位、深圳市青年文明号、深圳市巾帼文明示范岗、深圳市幼儿科学教育百佳示范岗、深圳市优质特色示范幼儿园、深圳市健康促进幼儿园（银奖）、深圳市餐饮服务食品安全示范单位、深圳市幼儿武术比赛集体拳一等奖、深圳市卫生保健优秀幼儿园、深圳市生活垃圾分类新风尚幼儿园、龙岗区教育系统先进单位、龙岗区示范幼儿园等荣誉。

（陈泽顺）

【坪地街道中心幼儿园】位于龙岗区坪地街道兴华路18号。创办于1992年。该园是龙岗区教育局主办的一所全日制公办幼儿园，为广东省一级幼儿园。全国占地面积7806平方米，建筑面积6134平方米，户外活动面积5857平方米。园内有小、中、大14个教学班，幼儿457人。教职工共77人，其中本科及以上学历教师36人；深圳市苗圃工程骨干园长1人，教坛新秀1人；区级以上名师2人，区骨干教师6人。该园以“人为本、润童心”为办园宗旨，遵循“回归本真，童心相印”的办园理念，尊重儿童，关爱儿童，努力创设自然、生机、开放、有序的学习游戏环境，致力于培养“阳光又自信，真实有个性，自主乐交往，灵动爱创造”的儿童。该园提倡“让教育回归生活，把快乐还给孩子”。幼儿园重视教职工队伍建设，坚持以法治教，依法治园；大力实施“科研兴园”“科研强师”的战略，立足园本做教研，深入开展课题研究；重视师德师风教育，师资队伍稳定，保教质量高；管理规范有序，办学效益突出。

该园先后荣获“广东省巾帼文明示范岗”“深圳市教育系统先进单位”“深圳市优质特色示范幼儿园”“深圳市优秀家长学校”“深圳市园林式、花园式单位”“深圳市卫生保健优秀幼儿园”“深圳市生活垃圾分类示范单位”“深圳市绿色幼儿园”等荣誉称号，并获得深圳市办学效益奖、深圳市健康促进幼儿园银奖。

作为一所建园近30年的老公办园，幼儿园积极承担社会责任，主动发挥公益效益，认真参与“深圳市百园扶百园”“托底改薄”大行动，对薄弱园进行指导帮扶。作为“龙岗区幼儿教师研修基地”，该园每年对片区内幼儿园进行开放研讨。2020年，幼儿园积极投身深圳市大力兴办公办园的行动，先后帮助“龙岗街道八仙岭幼儿园”“龙城街道新天地幼儿园”“吉华街道茵悦之生幼儿园”顺利完成建设转型，对“坪地街道熙珑山幼儿园”“坪地街道香元幼儿园”“坪地街道坪馨苑幼儿园”实施托管指导。

（钟小勤）

龙华区

【龙华区第一幼儿园】是锦绣御园小区配套公办园，为广东省一级幼儿园。占地3805.95平方米，建筑面积3900.57平方米，户外活动面积2948平方米。幼儿园设有美术室、科学启蒙室、音乐活动室、生活体验馆、绘本馆、大型建构区等功能场室，班内配备“云”空间网络设备，园内配备“三防一体”安全保障系统。该园开设12个教学班，大中小班各4个，在园幼儿450人。现有教职工59人（专任教师27人）。其中管理干部均为本科及以上学历（研究生2人），专本率达100%；中级职称2人，初级职称10人；市级名师（骨干园长）1人，省级名师工作室培养对象1人。该园设有区级名园长工作室1个。幼儿园秉持“发展为本，共同成长”的办园宗旨，坚持“依法治园、专业管理、优质发展”的办园思想，建立“四高一强”（高尚师德、高专业度、高学历、高情商、执行力强）的专业队伍，创新“图形管理”（正三角、倒三角、平行四边形）的运行机制，以“三生教育”（生存、生活、生命）为课程特色。同时，幼儿园坚持“精粹管理”，致力于培养“健康快乐、正直善良、阳光聪慧、自主和谐”的幼儿，运用“三全两无一主导”管理模式，保障幼儿园各项工作平稳进行。该园先后完成“中国艺术教育特色示范基地”“中国守护童年·家庭环境健康公益性宣教基地”“广东省一级幼儿园（复评）”“广东省健康促进幼儿园”“广东省巾帼文明岗”“深圳市优质特色示范园”“深圳市精粹管理基地园”“深圳市绿色幼儿园”“深圳市卫生保健优秀幼儿园”“深圳市餐饮服务食品安全示范单位”“深圳市A级厨房”和“龙华区教育工作先进单位”等十二项创建任务，赢得了家长、社区和政府的一致认可。

（龙华区第一幼儿园　供）

2020年12月20日，龙华区第二幼儿园舞蹈《二宝来了》参加2020年中国童话节比赛并荣获“童话之舞”少儿舞蹈大赛（群舞）比赛银奖

（龙华区第二幼儿园　供）

【龙华区第二幼儿园】创办于1995年3月。2003年，该园被评为深圳市一级幼儿园。占地面积3030平方米，建筑面积6800平方米，户外活动场地1604平方米。室外设有大型游乐园、投掷区、攀岩区、游泳池、玩沙池、玩水区、音乐区、植物角和磁片拼搭区；室内设有淘气堡、综合器械室、音乐舞蹈室、美工室、科学室、幼儿阅览室等多功能室。各班配有钢琴、投影仪、电脑等信息技术教学设备，建立了校园网以实现资源共享。目前，该园开设11个教学班，在园幼儿园382名。教职工52人（专任教师22人），其中本科学历20人，大专学历2人；教师专业合格率100%；高级职称3人，初级职称10人。全园工作满十年以上的教师达23人，教师队伍非常稳定。该园坚持以“幼儿一日生活质量提升”为核心目标，以“环境建设、课程建设、队伍建设”为抓手，通过对“起点”课程的探索与实践，在尊重幼儿适宜性发展的前提下，以项目式课程和生活课程相融合的模式，让幼儿在体验与实践中不断成长，促进幼儿综合素质的全面提升，为幸福人生奠定基础。根据孩子的兴趣点，各班开展了12个项目式主题活动。在新冠肺炎疫情期间，该园结合幼儿年龄特点，充分挖掘家庭教育资源，指导完成“居家亲子主题”活动11个，开展线上家长会2次，积极探索构建“家、园、社会一体化”的成长空间。在团队的专业化发展上，幼儿园充分利用停课期，科学设计，合理规划，将课题研究与日常教研相结合，将个别研修与小组学习相结合，将线上打卡与线下反思相结合，开展各类教研、培训活动46次，圆满完成了全年的工作计划。

2020年，该园获评“当代杯”全国幼儿教师职业技能大赛先进单位、深圳市“垃圾分类新风尚”幼儿园。在2020中国童话节舞蹈比赛中，幼儿园选送的舞蹈《二宝来了》荣获“童话之舞”少儿舞蹈大赛（群舞）比赛银奖，同时，幼儿园荣获中国童话节“优秀组织奖”。该园幼儿表演的童话剧《彩虹鱼》荣获“校园中英文短句比赛”银奖。

（龙华区第二幼儿园　供）

【龙华区教科院幼教集团花半里幼儿园】原名为深圳市龙华区教育科学研究院附属花半里幼儿园，是“学前教育5080计划”大背景下，龙华区第一家“民转公”幼儿园。2020年4月，该园成为“龙华区教科院幼教集团”旗下三家幼儿园之一，并于2020年6月顺利通过“市一级幼儿园”的复评。幼儿园占地面积2130平方米，建筑面积2031平方米，运动场面积1193平方米。现有教学班10个，学生363人。教职工共56人，其中大专学历28人，本科学历15人，硕士学历2人。2019年9月1日，区教科院学前部教研员兼区教科院附属幼儿园园长甘露接管该园。甘园长接管该园以来，践行“沙漠里开花”的理想信念，对园所进行了系统摸排和顶层设计。转型后，该园排查安全隐患，改造厨房操场；组建师资队伍，规范保教流程；浸润生活美学，整合课程资源；挖潜扩容学位，努力为龙华居民提供更多优质学位。

（龙华区教科院幼教集团花半里幼儿园　供）

【龙华区实验幼教集团梅龙幼儿园】位于龙华区民治街道星河盛世小区内，创办于2015年9月，为政府产权幼儿园。该园是深圳市一级幼儿园，2020年3月转型为公办幼儿园，隶属于龙华区实验幼教集团。占地面积2700平方米，建筑面积2480平方米。现有9个教学班，314名幼儿。教职工45人（专

2020年12月16日，荣获2020深圳教育改革创新大奖——“最受欢迎幼儿园”奖（龙华区实验幼教集团梅龙幼儿园 供）

任教师21人），其中：深圳市教育学会学前教育专业委员会精英讲师1人，骨干讲师3人；深圳市学前教育“苗圃工程”骨干园长1人，骨干教师1人。教职2专本率达100%。幼儿园坚持以“让每一位儿童获得可持续发展”为办园宗旨，以“办有中国特色、特区风范的社会主义现代化幼儿园，让儿童受到现代化教育”为办园目标，倡导“共生、共享、共融、共长”的办园理念，以“实施以爱国主义为基础的健全人格教育，培养全面发展的儿童”为培养目标，富有创造性地实施园本课程——“共生课程”。该课程以“共生”为主线，创立了“完整”“绿色”“创新”“和谐”和“共享”的教育生态链。“共生课程”以每一位儿童发展为本，关注个体与群体、人与自然、人与社会等要素，引领幼儿共同生活、共同适应、共同成长。

幼儿园在实验幼教集团的引领下，取得了优异的成绩和良好的社会口碑。该园先后被评为“深圳市学前教育家园共育公益指导项目”、深圳市专委会“社区科学育儿指导活动”基地园，广东省健康促进示范幼儿园、并荣获“龙华区优秀义工组织奖”“龙华区教育工作先进单位”“深圳市卫生保健优秀幼儿园”“最受欢迎幼儿园”等荣誉称号。该园申报的《学校科技节（周）活动项目成果》荣获广东省全民科学素质行动科技活动成果二等奖。

（龙华区实验幼教集团梅龙幼儿园 供）

【龙华区实验幼教集团华业玫瑰幼儿园】创办于2016年，2017年6月申报成为普惠性幼儿园，2018年12月被评为深圳市一级幼儿园，同年获评为“深圳市卫生保健优秀园”。在深圳学前教育“5080”计划大背景下，该园于2020年8月转为公办幼儿园，现为“深圳市龙华区实验幼教集团”旗下三所幼儿园之一。该园位于龙华区民治街道华业玫瑰四季馨园一期，是一所现代化、高品质的政府产权小区配套幼儿园。占地面积4000平方米，共设24个教学班。现有教职工122人，其中硕士学历2人，教师专业达标率100%。园内设有绘本馆、美术室、科学室、创客室、音乐厅等多间功能室，活动室宽敞明亮，童趣盎然。该园秉承实验幼

2020年12月4日，龙华区实验幼教集团华业玫瑰幼儿园举办第一届体育节（龙华区实验幼教集团华业玫瑰幼儿园 供）

教集团“让每一位儿童获得可持续发展”的办园宗旨和“共生 共享 共融 共长”的办园理念，坚持“办有中国特色、特区风范的社会主义现代化幼儿园，让儿童感受到现代化良好教育”的办园目标，实施以爱国主义教育为基础的健全人格教育，培养全面发展的儿童。民转公以来，该园在龙华区实验幼教集团的顶层设计和专业引领下，对园舍内外进行了升级改造，同时加强师资队伍建设，规范保教人员工作流程，提高了整体保教质量，赢得了家长的认可和良好的社会声誉。

（龙华区实验幼教集团华业玫瑰幼儿园　供）

【龙华区教科院幼教集团中海锦城幼儿园】位于龙华区民治街道简上路和龙腾路交汇处中海锦城花园小区内。该园原由阳光花教育集团承办，2017 年 9 月正式开园，2020 年 8 月正式由深圳市龙华区教科院幼教集团接管。占地面积 5809.36 平方米，建筑面积 5815.65 平方米，户外活动面积 4356 平方米。从 2020 年 9 月开始，幼儿园对大门、应急门、厨房等进行整改，努力为幼儿提供安全健康的生活环境。园内有教职工 123 人，其中研究生 3 人，本科生 44 人，专科 42 人；持证上岗率达 100%。该园致力于打造“心中有火，眼里有光”的保教团队和专业型、合作型、向上型的积极团队。幼儿园用一次次教研活动，夯实教师专业基础；用一次次培训，唤醒教师学习内驱力。2020 年是不平凡的一年，幼儿园全面提升办学品质，把学前教育专业的种子播撒在教师成长的道路上。

（龙华区教科院幼教集团中海锦城幼儿园　供）

【清湖小学附属澜园幼儿园】坐落于深圳市龙华区观湖街道大和路招商澜园 1 栋。该幼儿园建于 2012 年，2020 年 12 月转型为公办园。2019 年 1 月，该园被评为深圳市一级幼儿园。占地面积 4317 平方米，建筑面积 3873.36 平方米，户外活动面积 1960 平方米，绿化覆盖率达 100%。幼儿园现代化教育设施设备齐全：班级活动室均配置有电脑、电视、空调、储物柜以及各种教玩具等教学设施；功能活动室多样，配设音乐、美工、科学、体育、图书、综合游戏等多功能活动室；户外活动场地有塑胶跑道、幼儿攀爬墙、戏水池、玩沙区等幼儿体育设施；园内设有特色种植园，为幼儿提供亲近自然的学习环境。幼儿园现有 12 个教学班，实行分班制教学。全园有教职工 66 人，其中本科学历 12 人，大专学历 27 人。教师专业合格率达 100%。每班都配有两教一保。幼儿园以科学、现代化的管理体制吸纳并培养了一支专业的幼儿教师团队。该园秉持清湖小学“清明育人（清源正本 明德修身）”的办园理念，要求教师修明德之身，从根源上呵护每一位学前儿童的童心，为培养具有善良、健康、智慧等良好素养的幼儿打下坚实基础。幼儿园以《幼儿园教育指导纲要（试行）》《幼儿园工作规程》和《3–6 岁儿童学习与发展指南》为指导思想，开展了丰富多彩的生活主题课程，渗透中华民族传统文化教育、安全教育和文明礼仪等主题教育；同时，开设有“中华剪纸”“中华诵读”和“中华足球”等中华经典传统课程，让幼儿在生活、游戏、运动、自然中学习优秀的中国传统文化，树立中华民族传统文化价值观。

（清湖小学附属澜园幼儿园　供）

【龙华区创新实验学校附属桦润馨居幼儿园】创办于 2005 年 8 月，2020 年 3 月转型为公办幼儿园，为深圳市一级幼儿园。占地面积 2500 平方米，建筑面积 3200 平方米，运动场面积 1500 平方米。该园设教学班 18 个，在园幼儿共 640 人。教职工共 81 人，其中本科及以上学历 30 人；小教一级职称人数 3 人，幼教一级职称人数 1 人，会计中级职称人数 1 人。幼儿园以“健康、快乐、和谐、自由”为办园宗旨，以“营造健康成长的乐园，提供温馨细致的服务，搭建展现自我的舞台”为培养目标，致力于把孩子培养成“健康与快乐、活泼与自信、竞争与合作、探索与创新”的儿童。幼儿园秉承龙华区教育局“积极教育”的理念，以《幼儿园工作规程》《幼儿园教育指导纲要》《幼儿园管理条例》和《3–6 岁儿童发展指南》的精神为指导，锐意进取，求真务实，各方面工作平稳有序进行，得到了家长以及社会各界的好评。该园先后获评教师培训和家长培训双优幼儿园、龙华街道教育工作先进单位、深圳市普惠性幼儿园、龙华区优质普惠幼儿园、广东省健康促进示范幼儿园、广东省无烟幼儿园和深圳市绿色幼儿园等荣誉称号；连续三年

（2013 年、2016 年、2019 年）获深圳市民办幼儿园优质规范办学奖。

（龙华区创新实验学校附属桦润馨居幼儿园　供）

【龙华区第二实验学校附属鸿尚幼儿园】位于龙华街道壹成中心花园七区，2020 年 6 月正式开园。该园是一所以自然教育为主线，以传统文化为传承，以全收获项目种植课程为特色，以构建“隐于闹市、回归自然、和谐友爱、共生美好”的幼儿园为愿景的公办幼儿园。目前为广东省学前教育“新课程”科学保教示范项目参与幼儿园。占地面积 3600 平方米，建筑面积 3282 平方米，户外活动面积 2238 平方米。现有 12 个教学班，在园幼儿 459 人，教职工 65 人。教师专业持证率为 100%。该园汇聚了一批市区级优秀教师、全日制本科毕业生及名师工作室成员。幼儿园坚持走高起点、高标准、高质量、内涵发展之路，确立“儿童为本、管理为基、文化为魂”的办学理念；崇尚“尚真、尚善、尚美”的园风，着力构建和谐共生园本课程体系，借助共生文化传递“和谐、有爱、合作、共生”等价值理念。共生课程体系包括：主题课程创生、全收获项目种植、生活课程及幼小衔接课程四个板块。幼儿园强调“与自然、与社会、与他人与自我”的三个联结；倡导以儿童为本的课程观，以“生活即教育”为依据，强调“亲自然、自主探究、丰富经历”等学习方式，通过在课程实践过程中和孩子一起“慢”下来，与孩子共享成长，体验人与人、人与自然之间的和谐与平衡，在孩子心中播撒爱的种子。幼儿园开展小旗手、小小主持人、故事比赛、晨会表演活动和文明礼仪小使者等生活活动，促进幼儿身心和谐全面发展。环境是幼儿园重要的教育资源，该园关注儿童的需求和兴趣，打造真实、丰富、淳朴的自然环境，为他们提供一个可以理解的、开放的、互动的、喜欢的成长乐园。

（龙华区第二实验学校附属鸿尚幼儿园　供）

2020 年 11 月 9 日，龙华区第二实验学校附属鸿尚幼儿园的小鼓手们在园升旗仪式上表演

（龙华区第二实验学校附属鸿尚幼儿园　供）

【龙华区教科院附属学校珑门名苑幼儿园】坐落于龙华区福城街道珑门名苑小区内。该园隶属于深圳市龙华区教育科学研究院附属学校，是龙华区 2020 年创建的一所公办幼儿园。占地面积 2700 平方米，建筑面积 2400 平方米。园内有教学班 9 个；教职工 46 人（专任教师 24 人），其中取得本科学历（含本科在读）的达到 100%，专业合格率达 100%；中级职称教师 4 人，管理人员 10 人，深圳市龙华区幼教督学 3 人，深圳市名园名师工作室成员 4 人。高素质专业化创新型的教师队伍为优质教育夯实了基础。该园将陈鹤琴先生的“活教育”、高瞻课程、STEM 课程相融合，志在“用活教育，回归儿童本真”，为幼儿创设真实的教育环境。幼儿园在深入贯彻《3–6 岁儿童学习与发展指南》《幼儿园教育指导纲要（试行）》和课程游戏化的新理念、新精神的过程中，进一步优化和利用环境，支持儿童在感知、欣赏、发现、探索中进行艺术性表达，从而体现“活”的环境所具有的本真、生长、和谐、多元等特点，将“活教育”思想赋予新时代意义。该园引入的 STEM 课程理念，巧妙地将科学、技术、工程与数学四个方面有机融合。幼儿园秉持“一日生活皆课程”的大课程观，通过学习环境、一日生活和不同的组织形式实现课程从理论到实践的落地生根。幼儿园以“吸

收”“融合”与“发展”作为课程建设与发展的目标，坚持“用智慧的爱开启孩童快乐自信、健康卓越的人生”的办园宗旨，坚持“教”与“育”相结合，为培养“会学习、爱运动，讲礼仪、善交流，乐探索、敢创新”的儿童而努力。

（龙华区教科院附属学校珑门名苑幼儿园　供）

【**壹成中心鸿悦幼儿园**】占地面积5400.44平方米，建筑面积5571.25平方米，户外活动面积2565.24平方米。幼儿园内设有30米跑道、篮球场、戏水池、骑行道及沙雕城堡，建有少儿图书馆、美术馆、音乐厅、体能室、创客空间等功能活动室。办学规模18个班。该园拥有高学历、高资质、高素养的师资队伍，其中南京师范大学学前教育专业心理学、教育学学士2名，市督学工作室成员1名，区督学工作室主持人1名，区铸将班干部1名，区兼职幼教督学5名。教师专业合格率达100%，教师本科率达100%。幼儿园希望让孩子感受幸福的“悦文化”，致力于做“有灵魂、有使命、有品位”的学前教育。该园努力营造“雅”“恭”“谦”的生活与学习氛围，让师幼的成长充满幸福。幼儿园秉承“鸿心萌动，悦享童年”的办园理念，构建双向园本特色课程（即阳光体育和生态阅读），一动一静，动静相宜，培养富有中国气质、国际视野、全面可持续发展的未来栋梁。

（壹成中心鸿悦幼儿园　供）

【**龙华区实验学校附属水榭春天幼儿园**】是市一级公办幼儿园，占地面积3606平方米，户外活动面积1794平方米。该园现开设12个班，共有400余名幼儿。全国教职工58人，其中中共党员5人。专任教师大专及本科以上学历达100%，教职工持证上岗率100%。园内设有美术、音乐、科学、阅览等多功能室；户外有大型玩具、攀爬区、绿色长廊、沙水区等设施，满足幼儿的运动发展需求。该园的办园理念为“善若水，美春天”——以若水之上善品性，培育至真至善至美之幼儿。幼儿园构建的“春苗萌动”课程体系以基础型课程、探索（研究）型课程和拓展型课程的互补融合为实施途径，以幼儿的年龄特点、生活经验和个性特点为前提，注重培养幼儿自主探索、发现及解决问题的能力。作为龙华区实验学校附属幼儿园之一，该园在实验学校“修业修为，至善至美”的育人文化理念引领下，努力营造“景以春为美，园有爱皆灵”的园所氛围。教师秉承“和风吹绿柳，时雨润春苗”的育苗精神，以静待花开之教育，打造园内“绿意盎然一片春”的美好景象。幼儿园的办园宗旨为“养正于苗、顺性而育”。“养正于苗”出自《易经》“蒙以养正，圣功也”，意指该园注重幼儿行为培养、品性塑造与智慧启蒙，公平公正地对待每个幼儿，使其健康成长。“顺性而育”意指该园注重幼儿自然发展规律，尊重个体差异，让每个幼儿自主探索、发现、创造，使其快乐成长。幼儿园倡导教师“知行若水”，幼儿“学如春苗”，幼儿园“如春盎然”。“知行若水”意出王阳明“知行合一”和《道德经》“上善若水”，意寓着教师对孩子如水般温柔，对工作如水般条理，行为、语言、信念如水般柔软而坚定。“学如春苗”意出陶渊明“勤学如春起之苗，不见其增，日有所长”，希望孩子的健康、苗壮、活泼。该园期望在老师如水般的呵护指导下，幼儿自然启智、拔节生长。

（龙华区实验学校附属水榭春天幼儿园　供）

【**龙华区第二实验学校附属鸿创幼儿园**】系龙华区小区配套公办幼儿园，坐落在壹成中心鸿荣路与鸿创路之间。占地面积5433.66平方米，建筑面积5004.32平方米。目前开设16个班，在园幼儿602名。教职工共87人，其中研究生及以上学历4人、本科学历37人，教师的学历达标率和教师资格证持有率为100%。该园以创办有“温度·诗意·故事”的幼儿园为办园愿景，矢志不渝行走在内涵发展之路上。园所课程从“既要契合主流、又要富于个性，课程结构清晰、体现发展需求，研发与实践互动、提升课程品质”三个维度全盘规划与设计。园所的设计和施工，打破了传统园所固有的模式：以“始于自然、源于儿童、基于游戏”为原则，大胆创新，全息互动，融合共生，将园所环境与园所课程融于一体，尝试将室内外课堂一体化。该园在课程中始终坚持“本真教育、回归游戏”原则，致力于开发融“探索、表达、审美、创造”为一体的“创”生态课程架构体系，构筑孩子心灵和智慧充分生长的教育生态环境。温馨舒适的活动室、典雅大气的音乐厅、奥秘无穷的科探室、绘心童真的绘本馆、多元素的 DIY 美术馆、诉心语的心理活动室、宝藏一米园地、神秘后花园、户外大型童话玩具城堡等设施体现着现代科技与艺术的融合。幼儿园创设自然、灵动、雅致的环境，浸润着孩子们的心灵。

（龙华区第二实验学校附属鸿创幼儿园　供）

【振能学校附属御龙山幼儿园】位于龙华区福前路阳基御龙山花园小区内，成立于 2019 年 5 月，是区属公办幼儿园。占地面积 3600 平方米，建筑面积 3231 平方米，户外活动面积 1699.5 平方米。幼儿园设计规模为 12 个班，现有幼儿 307 人，教职工 46 人。该园践行“凡是孩子可以做的，一定要让孩子自己做，凡是孩子能够自己体验的，一定要让孩子自己体验”的教育理念，为孩子们营造丰富适宜的教育环境，促进幼儿自然发展、灵性成长，成为更好的自己。园内环境优美，户外活动场地宽敞，有玩沙池、戏水池、种植园、大型玩具器械区等多元化活动场地。真实、丰富的游戏环境让孩子在直接感知、亲身体验、实际操作中探索和学习，让孩子在运动、游戏、阅读等个性化发展的空间享受快乐，体验成长。该园还充分利用三楼平台“御龙农场”教育资源，引导孩子在四季轮回中，感悟辛勤劳作的意义与收获，亲近泥土，敬畏生命和劳动。教师让孩子们通过亲身实践，体验生命的奇妙，同时发展同伴合作的交往能力。园内安装了全方位安全监控，并设有火灾自动报警系统、人脸识别考勤闸机、身份证识别访客终端机、电子围栏报警系统、公安联网一键报警系统和校门防撞系统等，保障儿童在园安全。该园认为，只有成就老师的幸福，才能成就幼儿的幸福。幼儿园希望将团队的美好延续到生活中，致力于打造“小集体，大家庭”的团队生活文化，希望每一个身处其中的人工作开心进取，生活幸福知足；让每一个御龙山人都成为一团烛火，照亮自己，也照亮他人。

（振能学校附属御龙山幼儿园　供）

【民治中学教育集团幸福枫景幼儿园】是龙华区人民政府批准设立的二类事业单位，实行“法人治理，以事定费”的管理模式。占地面积 4300 平方米，建筑面积 3300 平方米，户外面积 3233 平方米。园内设有美术室、多功能音乐厅、科学室、木工坊、大型滑梯、涂鸦区、打击乐区、沙水区、攀爬墙、种植园等设施。该园开设 18 个班，小、中、大各 6 个，幼儿总数 652 人。教职工共 85 人，其中本科学历 23 人，大专及以上学历 62 人，龙华区幼教督学 1 人。幼儿园坚持贯彻“以爱育爱、幸福成长”的办园理念，致力于探索和构建幼儿阶段“探索、表达、审美、创造”为一体的生态课程体系。该园遵循幼儿教育规律，坚持以幼儿发展为本的课程理念，通过一日生活、主题探究、体能课程和节气节日活动，设置多种体验，构筑孩子心灵和智慧充分生长的教育生态环境；并以游戏为基本活动，支持幼儿自主学习，满足每个幼儿对安全与健康、关爱与尊重的基本需要，为幼儿提供平等的学习与发展机会。教师们坚持守护幼儿本真的天赋，以爱来促成天赋的兑现，用爱的教育守护幼儿的童年，用幸福的陪伴让成长变成快乐有趣的过程，帮助幼儿“表达爱-感受爱-拥有爱”，帮助孩子获取未来拥有幸福的能力。幼儿园先后荣获深圳市龙华区民治办事处“工作先进单位”、深圳市龙华区“安全创建工作先进单位”、深圳市“平安校园示范校”和“广东省健康促进示范幼儿园”等荣誉称号。

（民治中学教育集团幸福枫景幼儿园　供）

【龙华区第三实验学校附属善学幼儿园】位于大浪街道浪口社区华盛南路 7 号和 9 号，是民办幼儿园转型而来的公办幼儿园。占地面积 2350 平方米，建筑面积 3791.6 平方米，户外活动面积 1486.2 平方米。园内设有科学活动室、美工活动室、音体室、图书馆等各类功能室，还有植物园、儿童玩沙池、玩水池、大型游乐场等户外设施。该园硬件软件设备齐全，能较好地满足幼儿活动和发展的需要。该园办园规模 12 个教学班，在园幼儿共计 362 人。幼儿园本着“用心教育，用爱养育”的办园理念，促进每一位幼儿富有个性地发展；坚持尊重幼儿的身心发展特点办幼儿教育，坚决防止幼儿园“小学化”倾向。

（龙华区第三实验学校附属善学幼儿园　供）

【玉龙学校附属幼儿园】创建于 2014 年，坐落在龙华区民治龙悦居二期小区内，2019 年 12 月正式成为龙华区首批转型公办幼儿园。占地面积3372平方米，建筑面积3551.75平方米，户外活动场地面积2127平方米，绿化覆盖率100%。室内设有美术室、音乐厅、阅览室等功能室；室外设有玩沙池、玩水池、大型玩具区、体能组合区、30米跑道等。幼儿园办公室、保健室、财务室、会议室一应俱全，环境美化、绿化、净化，适合幼儿教育活动。该园办园规模14个班，可容纳幼儿420人。教职工73人（专任教师35人），其中专科学历占比100%，专业合格率100%。幼儿园遵循“让每个儿童获得理想发展和幸福童年”的办园宗旨，开发具有生活美、生活情、生活趣的“自然美”园本课程体系，落实“本从自然，向美而生”课程理念，坚持尊重规律、顺应天性、回归自然、贴近生活的原则组织教育教学活动，使幼儿在“共构、共建、共享”的过程中养成“美心美德美见美行”。该园坚持多类别、多层次地组织开展生活活动、身体运动、学习活动和游戏活动，打造“班级微景观”“美乐小花园”“苗苗农场”“木木成林书局”等多个课程载体，培养健康、活泼、纯真、尚美的“玉龙小君子”。该园先后获评广东省健康促进示范幼儿园、深圳市优质办学幼儿园、深圳市教育学会会员单位、飞跃童年幼儿体适能课程实践基地、深圳市普惠性幼儿园、龙华区一级幼儿园和深圳市一级幼儿园。

（玉龙学校附属幼儿园　供）

龙华区教科院附属小学格澜幼儿园2020年大班孩子毕业典礼

（龙华区教科院附属小学格澜幼儿园　供）

【龙华区教科院附属小学格澜幼儿园】创办于2008年1月，原为格澜幼儿园。该园位于龙华区观湖街道中航格澜郡小区内，2020年8月转型为公办幼儿园，更为现名。该幼儿园为广东省一级幼儿园。占地面积3680平方米，建筑面积2387.52平方米，户外活动场地面积1900平方米。绿化覆盖率达到82%。每班设有活动室、睡室、盥洗室，日照充足，气流通畅。园内设有美工室、科学室、音体室、阅览室和综合游戏室，户外有玩沙、玩水区等。幼儿总数340人，教职工44人。幼儿园以“博爱乐学”为园训，以服务社会、促进全体幼儿身心和谐发展为宗旨，在“培养人格健全的孩子，培养具有中国精神的世界小公民”的核心理念指导下，树立了全心全意为幼儿服务的工作作风，形成了健康、进取、奉献的幼儿园园风，营造了尊重、和谐、合作的精神环境，正向着一流管理、一流服务、一流环境、一流保教质量的办园目标努力。在课程设计和开展中，教师们不断从孩子的问题进行切入，适宜地将预设和结论进行自如切换，给孩子以思考、探究和表现。幼儿园重视幼儿的体能发展，勤抓早晨锻炼和户外活动，提升幼儿走跑钻爬跳能力、平衡能力和协调能力。园内各部门团结一心，工作既有独立分工更有相互配合，教职工在工作开展前能提出合理建议，在工作中能积极总结不足和改进方法，对日常发现的问题能及时汇总并解决。幼儿园严格执行规范办园、保障安全卫生、科学保教、防止小学化倾向等标准和要求。立德树人是该园的素质，能力为重是该园的专业，成为有知识、有见识、有胆识的幼教工作者是该园的追求，培养健康、乐观、独立、自信，具有中国精神的世界小公民是该园的目标。该幼儿园于2011年1月通过“深圳市一级幼儿园”评估，2014年2月通过“广东省一级幼儿园”评估，2018年12月通过省级复评工作。

（龙华区教科院附属小学格澜幼儿园　供）

【潜龙学校附属龙岸幼儿园】位于龙华区民治街道民康路1号龙岸花

园一期小区内。该园于2014年4月通过区一级评估验收，2015年8月通过市一级评估，2019年通过市一级复评，2020年8月正式转型为公办园。占地面积3320平方米，建筑面积2512.75平方米。园内开设11个教学班，在园幼儿440人。教职工共51人，其中行政人员和教师取得专科及以上学历的有34人，持证率100%。园内设有儿童音乐厅、儿童绘本馆、美术室、科学发现室等专用活动室。户外活动区是孩子们最喜爱的地方，一楼设有跑跳攀爬区，二楼还有塑胶运动场、滑滑梯、天然大草坪、沙池城堡、植物角等多个游戏区，满足孩子们运动、游戏、探险的需要。幼儿园坚持“每个潜龙人都重要，做最好的自己”价值追求，坚持“质量领先、特色鲜明、品质高雅”的办园宗旨，坚守“让教育温暖更多的儿童”的发展愿景，坚守“全心、爱心、耐心、细心、诚心”的园风，培养孩子成为具有传统底蕴、国际素养和创新精神的现代小公民。幼儿园还开展“三节”（文化节、科技节、泼水节）、“一日一周”（家长开放日、毕业感恩周）等活动。大型活动（国庆音乐会、早操比赛、图书阅读月、亲子运动会、足球比赛、幼小衔接）已经形成了校园文化办学特色。教职工开展“师德师风”演讲比赛、“最美幼师”等活动。该园曾获广东省超萌兔足球联赛总决赛冠军。2015年7月，该园被评为深圳市龙华区学前教育宣传月活动“先进单位”。

（潜龙学校附属龙岸幼儿园　供）

【松和小学附属振声幼儿园】创建于2019年9月，地处龙华街道上油松后山工业区内。前身是一所闲置的旧工厂，为龙华区第一所租赁改造类公办园。占地面积5413.17平方米，建筑面积4369.25平方米，户外场地面积3795.39平方米。该园办园规模为15个班级，是按省一级幼儿园标准建造的幼儿园。现开设10个教学班，在园幼儿317人。教职工共45人，其中名园长1人，研究生1名；教师持证率达100%。团体内有名师工作室1个。该团体有办学规模大、学位充足、场地独立、户外活动面积宽阔、环境自然有趣等独特优势。立生命之本，求童年之真，该园围绕“游戏、探索、创新”的课程理念，提炼出“振心教育”七大课程体系。幼儿园注重挖掘振声历史文化底蕴，弘扬先古博学、立志、修身精神。通过振心课程，幼儿园期望培养幼儿具有健康自信、好奇创新、独立合作、尚美求真的品质，让幼儿获得认知世界的经验，促进身心全面和谐发展。该园崇尚自然生态的育人环境，围绕“振心育德·花开有声”的办园理念，以大力发展公办幼儿园为契机，致力于打造一所具有影响力的高标准、现代化的优质幼儿园。

（松和小学附属振声幼儿园　供）

【观澜第二小学附属观澜汇幼儿园】位于龙华区福城街道新和社区澜汇居小区内，2020年6月转型为龙华区一级公办幼儿园。占地面积2896.62平方米，建筑面积2454.98平方米，户外活动面积1578平方米，绿化面积339.82平方米。户外活动场地设有创意涂鸦墙、打击乐区、野炊区、沙水池、种植园等富有童趣的户外游戏区域。园内设有美术室、音体室、科学馆、创意建构馆、幼儿图书馆等功能室。各班级依据幼儿兴趣与学习特点，设计与提供充足的玩具、教具、图画书，满足幼儿自主学习与探索需求，保障多元化学习和发展需要。该园设置大、中、小共11个教学班，在园幼儿413名。幼儿园拥有一支爱岗敬业、踏实积极、充满活力的保教队伍。教职工56人（专任教师22人），其中硕士研究生1人，行政人员、专职教师均本科及以上学历，大专及以上学历达100%，专业合格率100%；中级职称3人，初级职称1人；龙华区兼职责任督学2人。师资培训助力教师专业提升，2020年，该园邀请专家来园培训3次，开展园本培训36余次，组织教师外出学习十余次，对外开放交流学习2次。年内，教师在国家级、省级幼教杂志发表论文7篇。幼儿园秉承“以人为本、立美育人、和谐发展、至美成长”的办学理念，坚持“承中求新、爱中求融、做中求精、美中求进”的园训，努力创建孩子快乐、员工幸福、家长放心、社会认可的高品质幼儿园。该园致力于打造一支“师德高尚、业务精湛、开拓创新”的至美幼师。幼儿园以幼儿为本，立足幼儿生活，建构“观澜河”园本课程，努力培养“纯真善良、健康积极、自主探索、合作共享”的至美儿童。该园2019年获评“深圳市消防安全标准化学校”，2020年参与龙华区总工会首届“中轴星光”大赛荣获优胜奖。

（观澜第二小学附属观澜汇幼儿园　供）

【龙华区教科院附属外国语学校博雅幼儿园】为龙华区一级幼儿园，2020年3月转型为区属公办幼儿园。占地面积2000平方米，建筑面积2620平方米，户外活动面积1500平方米。该园现有小班4个，中班4个，大班4个，幼儿349名，教职工50人。幼儿园坚持“一切为了孩子，正确引领家长”的办园思想，以“爱心育童心，乐教促乐学”为办园理念，以培养“让每个孩子健康成长，幸福生活，快乐学习”为办园目标。自转型为公办园后，该园加大投入，提升办园质量：加大环境改造投入，更新幼儿生活设施，营造绿色园区，园内户外绿植覆盖率提升近20%；整合教学资源，打造“体-智-德”三位一体的课程体系，逐步形成阳光、绿色、尚美的特色文化。幼儿园重视幼儿体智能发展，以幼儿篮球为特色，该园幼儿多次在华蒙星、NYBO青少年篮球公开赛深圳赛区幼儿篮球技能赛、对抗赛等大型赛事中获得冠、亚军及金奖；重视劳动教育和自然教育，开辟“秘密花园”种植园，开设《蚕宝宝来了》等系列生命体验课程，充分保护并培养幼儿尊重自然、积极劳动、热爱生命的美好天性；重视幼儿德育，认真落实爱国主义教育，定期开展传统节日文化活动，培养“鲜红中国心”；重视品德培养，以“孝心作业”等特色活动，加强爱心教育、感恩教育。该园先后被评为广东省健康促进示范幼儿园、龙华区一级幼儿园和深圳市绿色幼儿园。

（龙华区教科院附属外国语学校博雅幼儿园　供）

【德风小学附属君子布幼儿园】创建于1992年8月，位于深圳市龙华区观澜街道君子布社区。2020年7月，该园由民办市一级普惠性幼儿园转型为非小区配套市一级公办幼儿园，管理学校为龙华区德风小学。占地面积4020平方米，建筑面积2300平方米，户外面积1420平方米。目前开设有11个教学班。国内设有图书室、舞蹈室、科学室、户外玩沙池、幼儿戏水池、空中花园、植物园、多功能大型玩具等设备设施。幼儿园坚持“尊重每一位孩子，让孩子健康、快乐、和谐发展”的办学宗旨，贯彻“学会生活、学会学习、学会合作”的办学理念，构建“阳光体智美”的园本课程，开展“快乐绘画”的特色艺术教育。该幼儿园2009年通过区级评估，2011年通过深圳市一级评估，2013年12月份获“深圳市普惠性”幼儿园，2014年3月荣获“深圳市绿色校园”称号，2017年7月荣获“深圳市食品安全量化A级单位”称号。

（德风小学附属君子布幼儿园　供）

【龙华区第二外国语学校附属慧美幼儿园】2020年12月正式转为公办幼儿园。2019年12月被评为龙华区一级幼儿园。占地面积2535.24平方米，建筑面积5003.45平方米，户外活动场地面积1488.18平方米。国内现开设7个教学班。玩教具丰富，电教设备齐全，配有钢琴、电脑、投影仪、一体机、空调等硬件设施，设有音体室、科学室、美术室和图书室等功能室。图书室配备1125册幼儿图书和100种教师工具用书。幼儿户外活动场地充足，大型多功能游戏设施设备齐全。丰富的户外体育器械能够满足幼儿体育活动锻炼需求。园内现已实现了视频监控全面覆盖，为幼儿提供安全、舒适的生活学习环境。该园以“给孩子一个快乐的童年”为教育理念，以“倾心幼儿教育、培养智慧人才”为办园宗旨，倡导“关注个体、尊重差异、均衡发展”的办园目标，全面促进幼儿的学习与发展。

（龙华区第二外国语学校附属慧美幼儿园　供）

【观澜中心小学附属澜馨幼儿园】创办于2017年6月，位于观澜玫瑰苑小区旁。该园2018年12月被评为深圳市龙华区一级幼儿园，2019年11月被评为深圳市龙华区普惠性幼儿园。2020年11月，该幼儿园正式转型为公办园。占地面积2231.2平方米，建筑面积4009平方米，户外活动面积1695.9平方米，绿化面积245平方米。绿化率为75%。户外设有沙池、水池；室内设有美术室、科学室、阅读室、舞蹈室、多媒体室；另设行政及办公辅助用房12间。全园设有9个教学班，学生262人，教职工37人。幼儿园坚持“精心培育、全心服务、科学管理、追求卓越”的办园宗旨，坚持“遵循自然、静待花开”的教育理念，贯彻“以人为本，以幼儿为中心”的课程理念，为儿童提供适宜的成长环境。教师教学以蒙台梭利教育理论为核心，通过有准备的“环境”帮助幼儿自我建构，使儿童在身心的“工作”中得以发展，培养自主自律、专注创新、友爱互助的人格品质。

蒙台梭利的混龄教育为本园一大亮点。幼儿园通过混龄班级培养孩子的自信心与合作能力，培养孩子的包容性，激发孩子的自主学习力。该园注重“走出去的课堂”，认为生活即教育，教育的目的不仅是帮助孩子掌握一些品质和技能，更重要的是要孩子学会生活。除了常规教学活动外，园内每月组织一次主题实践，鼓励孩子走出去，去看、去听、去摸，去发现生活的美好与不同。幼儿园还重视孩子的艺术培养。根据各种节日的不同内涵，团体内举办不同类型的活动；针对幼儿的兴趣爱好提供展示平台。该园曾在全国少儿才艺电视大赛中获“品牌教育先进单位”、在深圳少儿公益武道大赛中获“金牌团队组织奖”等。

（观澜中心小学附属澜馨幼儿园　供）

【爱义幼儿园】于2000年9月创办，位于龙华区大浪街道爱义路1号，是广东省一级幼儿园。占地面积4924.57平方米，建筑面积6389.28平方米，户外活动面积3905平方米。绿化覆盖率达98%。园内现有18个教学班，共570名幼儿，86名教职工。幼儿园严格按照广东省一级幼儿园标准配备两教一保。教师大专率达100%，专业合格率100%。办园20年来，幼儿园端正办园思想，全面贯彻教育方针，全面落实《幼儿园教育指导纲要》《3–6岁儿童学习与发展指南》等文件精神，坚持走优质发展的道路，有序推进硬件建设、规范管理、教育教学、员工成长、社区服务、家长培训和幼儿多元智能开发工作。该幼儿园稳步发展，不断提升，始终以“爱”引领幼儿园的精神文化，在全面实施素质教育、创建教育品牌、推动教师专业发展、促进幼儿健康成长、提升办园品质上，孜孜不倦探索着。幼儿园从区一级、市一级到省一级，创建了“双优”“市绿”“省绿”，成为深圳市优质特色示范幼儿园、深圳市精粹管理基地园、深圳市优秀卫生保健幼儿园、龙华区先进教育工作单位，两次获得深圳市教育局颁发的“优质规范办学奖励”。开园至今，该园共获得集体荣誉40项。幼儿园重视幼儿健康教育，在龙华区区教育局举行的两届足球嘉年华的活动中均取得了优异成绩，2020年幼儿园也被评为全国青少年校园足球特色幼儿园。该幼儿园积极开展区、市级课题研究，有效促进教育教学质量提高，实现教师的专业发展。近年来，幼儿园共开展课题研究4个，教师论文发表26篇。

（爱义幼儿园　供）

【培新幼儿园】创办于1999年3月。2009年7月获得深圳市一级幼儿园称号。占地面积2980平方米，建筑面积3610平方米，户外活动面积1820平方米，绿化面积1415平方米。园内设有音乐活动室、美工活动室、科学启蒙室、体育活动室、图书阅览室、隔离留观室、玩沙、玩水池等学习活动场所，配备了现代化的教育设施，建立了校园网。幼儿园广泛应用现代信息技术，实现教学资源共享。该园现开设12个教学班，其中小班4个、中班4个、大班4个，在园幼儿411人。教职工58人（专任教师24人），教师持证率达100%。幼儿园坚持让“幼儿健康、快乐、自信发展”的办园宗旨，围绕“开发幼儿潜能，真诚服务家长，营造快乐学习空间”的办园理念，形成“尊重、创新、快乐、和谐”的园风园貌。经历开办22年的风雨岁月，经过培新人的不懈努力与奋斗，幼儿园全力改善办园条件，全面提升办园质量，现已形成了独有的办学特色。该园先后被评为“深圳市十大美术特色幼儿园”之一“深圳市巾帼文明示范岗”“深圳市卫生保健优秀幼儿园”“深圳市宝安区优秀民办幼儿园”“龙华区第二届学前教育宣传月活动先进单位”“龙华区优秀普惠性幼儿园”“2017–2019学年度广东省健康促进示范幼儿园”等；荣获深圳市童话节绘画团体二等奖、深圳市第十二届沙沙讲故事儿童组龙华区大鹏区半决赛二等奖和深圳市第十四届沙沙讲故事龙华区半决赛亲子组二等奖。（培新幼儿园　供）

【盛世江南幼儿园】为深圳市一级幼儿园，是龙华区首批普惠性民办幼儿园之一。占地面积2897平方米，建筑面积2556.49平方米，户外活动面积1650平方米，绿化覆盖率达69%。幼儿园设有11个教学班，在园儿童385名。全园教职工共61人（专任教师24人），专业合格率达100%，平均年龄31岁。教师队伍年轻阳光、朝气蓬勃。该园秉承“让每一个孩子体验成长的快乐”的办园理念，以“培养健康快乐、优雅睿智、自信勇敢的儿童”为目标，把课程建设作为推进幼儿园保教质量的关键路

2020年11月26日，龙华区盛世江南幼儿园参加深圳市龙华区幼儿园首届足球嘉年华活动（盛世江南幼儿园 供）

径；以儿童学习发展为中心，遵循自由开放、相互生成、持续深化的思想与策略，构建以阅读为特色、以主题探究为核心、富于STEAM经验的“雅智乐”课程体系。该园的阅读月、健康月、牵手月活动已发展成为具有浓郁园本特色的传统活动。幼儿园通过探索实践“课程育人、课程精师”、“4-3-2”创新型家园共育模式、储备干部培养机制、6S管理等，加强幼儿园文化建设，实现幼儿、教职工、家长共同成长。自建园以来，该园不断优化办学条件，加强科学管理、坚持内涵发展。全体教职工以“倾情专注，助力翱翔”为使命，用激情与汗水为幼儿园屡创佳绩。幼儿园办学成果显著，社会影响持续向好，先后获评“广东省健康促进示范幼儿园”“先进单位”“公益爱心单位”“安全工作先进单位”和“深圳市童话节优秀组织单位”称号，且多次在省市区的各类体育运动比赛中获嘉奖。

（盛世江南幼儿园　供）

【梅花山庄幼儿园】创办于2010年7月，位于梅花山庄小区别墅区内。该园是梅花山庄小区住宅配套幼儿园，为市级民办普惠性幼儿园。占地面积5000多平方米，建筑面积4000多平方米。幼儿园户外有宽敞的活动场地，室内设立了舞蹈室、图书室、美术室、保健室、隔离室等功能室，配套设施完善。该园开设了17个教学班，其中小班4个，中班7个，大班6个。在园幼儿共620人。全园教职工共70人（专任教师30人），其中大专学历及在读人员30人，大专合格率100%；园长2人，副园长1人，教学行政3人，安全主任1人，医生2人，信息管理人员1人。师生比例1∶7.7，符合市一级幼儿园人员配备比例。幼儿园认真贯彻《幼儿园教育指导纲要》和《幼儿园3-6岁发展指南》，树立正确的教育观，加强科学管理，认真做好幼儿的学前教育工作。通过不断努力，幼儿园办学条件有了很大的改善。该园积极购置书籍及教玩具，并逐渐完善园内环境，增加大量户外体育器械，供孩子们户外活动时玩耍；更换教室内的电教设备设施，建立一个个学习区域，使教室内部布局更加合理、美观，为幼儿创造积极良好的环境。

（梅花山庄幼儿园　供）

【伟禄雅苑幼儿园】成立于2018年，坐落在伟禄雅苑花园小区旁，是龙华区政府产权小区配套的全日制民办幼儿园，由壮壮教育集团承办。该园2018年11月被评为龙华区普惠性幼儿园，2019年6月评为龙华区一级幼儿园。占地面积1800平方米，建筑面积1634.25平方米，户外活动面积1147.33平方米。配设音乐活动室、美工活动室、综合游戏室、图书阅览室等功能室。学历现有9个教学班，幼儿302人。教职工共40人，其中大专学历15人，本科学历2人，专业合格率100%。每班都配有“两教一保”。幼儿园秉承“培育现在、成就未来，让每一位孩子强壮、茁壮、壮壮”的办园宗旨，以“服务幼儿、服务家长、服务社会”为办园目标，以“热心、细心、耐心、真心”为服务准则，结合本园实际打造强调身心并重的健康体育特色课程，让每位孩子健康快乐成长该园。以优质的服务、优美的环境、多元化的教学内容，有效地促进办园效益的提高，以较高的起点、较快的步伐，进入了良性发展的轨道，并不断发挥自身的特点和优势。幼儿园的办园理念和教育质量得到了社会的广泛关注和认同。幼儿园在开展主题探究活动课程和领域活动课程的基础上，渗透了节庆主题教育、安全教育、文明礼仪等隐性课程，强化开展了区域活动——创设有序、开放的区域环境，通过“区域＋集体、区域＋小组、全区域活动”等教学组织形式，为幼儿在学习态度、知识、技能、方法、能力和行为习惯等方面发展提供机会和条件，使幼儿成为活动的主体，得到全面的发展。幼儿园根据“让孩子健康快乐成长”的教育理念，结合幼儿园独特的自然环境和充足的户外活动场地，经过反复研讨与专家论证，将“健康体育”作为幼儿园的特色课程。幼儿园将幼儿健康体育作为园本教研的重点，积极参加集团《幼儿户外体育锻炼（一物多玩）的研究》《幼儿户外体育游戏的研究》和《3-6 岁幼儿体育特色活动的研究》等课题研究，有计划、有组织地开展晨间锻炼、早操、体育课、体能大循环、户外体能游戏、户外区域游戏等体育活动，形成了人人爱运动的氛围。（伟禄雅苑幼儿园　供）

【松和幼儿园】创办于 2003 年 9 月，毗邻松和小学，是深圳市一级幼儿园。占地面积 3839 平方米，建筑面积 4181 平方米，运动场面积 3596 平方米。园内设有创意美术室、音乐活动室、科学启蒙室、综合游戏室、图书阅览室、体育活动室等多功能室。各项设施设备功能齐全，各类玩教具配置科学、合理。幼儿园现有 17 个教学班，580 名幼儿，89 名教职工。教师专业合格率 100%，保育员持证率 100%。2018 年，幼儿园承担的市级课题《幼儿园区域活动中教师指导策略研究》已顺利结题。该园通过以研促教，为老师搭建合理、严谨、科学的教学架构平台，为老师预留自由发挥才能的空间，提高教师的专业素养。幼儿园积极组织和举办形式多样且有实效性的教学研究活动，组织专题研讨和阶段性成果展示活动，促进课题研究中的优秀青年教师、骨干教师推广有效教学的理念、促进反思型教师的成长。该园秉承“给孩子双倍的爱”的办园宗旨，以精粹管理引领幼儿园内涵发展为管理特色。2018 年，幼儿园接待来自福建、云南、广东等多地幼教机构来园观摩 200 余人次，外出福建等地指导 5 次。2020 年，幼儿园参与深圳市青少年校园“食育”工程项目，开展“食育”课程进校园活动，把食品安全科普、营养健康教育纳入幼儿园素质教育的重要内容。以“授课＋实践”的形式，通过系统化、标准化、持续性的食品安全和营养健康知识，让孩子养成科学的饮食习惯，促进身心健康成长。该园荣获“深圳市优质特色示范幼儿园创建单位”“深圳市卫生保健优秀幼儿园”“深圳市精粹管理基地园”等称号。（松和幼儿园　供）

【祥瑞华幼儿园】为深圳市一级民办非普惠性、全日托制幼儿园。占地面积 3336.38 平方米，建筑总面积 2486.4 平方米，户外活动场地 2066.68 平方米。幼儿园设有多个功能室，包括音乐活动室、图书阅览室、美工活动室、综合游戏室、乐高活动室和陶艺室等。户外设有风雨操场、草坪、幼儿戏水池、玩沙区、大型攀爬玩具、30 米塑胶跑道、饲养角和种植园地等。园内设施设备按广东省一级幼儿园的标准配备。目前开设 12 个教学班，其中大、中、小班各 4 个。在园幼儿 369 人。教职工共 59 人，其中专任教师 25 人，保健员 2 人，均具有专科及以上学历。疫情期间，该园组织教师积极开展线上学习教研，结合幼儿园实际办学背景、环境、家长和社区资源、教师队伍及幼儿需要，选定《幼儿园生活化课程》为蓝本课程，积极探索课程建设和实施路径，用专业滋养教师的内心，以全新的精神面貌迎接疫情后的回归。进入疫情常态防御后，幼儿园积极投入到课程实施和探索之中。该园开设了“草坪野餐日”“草坪毕业趴”“你好，幼儿园”“我和我的祖国”“秋之语”“欢乐运动节”“冬日暖歌”“中国年”等系列活动。教师在借鉴学习《生活化课程》的同时，融合本土文化，结合自己的思想，倾听儿童的声音，观察儿童的游戏，在观察和记录的同时也被游戏中的儿童所吸引，被童真和欢乐滋养。在这一年的探究和学习之旅中，孩子们拥有了更完美的童年生活，老师们获得了积极的生存状态，幼儿园的办学质量有了新的突破。（祥瑞华幼儿园　供）

【光雅华龙幼儿园】是经龙华区教育局批准的一所民办全日制幼儿园。2016 年 8 月通过“市一级”幼儿园等级评估。占地面积 6500

平方米，生均10.3平方米；建筑面积5467.97平方米，生均8.7平方米；户外活动面积4500平方米，生均7.1平方米。绿化覆盖率达97%。园内设有音体室、创意美术室、创意美工室、科学启蒙室、图书阅览室、体育活动室和综合游戏室等7个功能室，建有大操场、游泳池、玩沙池、30米跑道、升旗台、大型游乐设施和种植区等户外活动场所。该园核准规模17个教学班，在园儿童632人。教职工93人，其中专任教师38人，师生配比为1∶6.8。坚持以“用爱养育、用心教育”为办园宗旨，以“重视家、园和社会”三者的结合，为幼儿和家长提供全方位的服务。以“管理人性化，教育个性化，服务亲情化”为办园思想，营造“爱心、健康、自信、快乐”的人文氛围，培养拥有快乐、富有爱心、至善明礼、聪慧仁爱、勇敢自信的新时代幼儿，为幼儿一生的发展奠定基础。在主题探究活动中倡导幼儿是幼儿园的小主人，营造自主、创新和探索的教育情境。结合幼儿体质为基础进行体能锻炼，促进幼儿健康成长。（光雅华龙幼儿园　供）

【世纪星书香门第幼儿园】创办于2005年9月，是龙华区政府产权小区配套的市一级幼儿园。占地面积3360平方米，建筑面积2339.05平方米。该园现有教学班12个，在园儿童400多人，教职工60人。园内设施设备齐全，配有多媒体、打印机、复印机、投影仪等现代化办公设备；建设有内部OA系统，所有电脑均联网，教师可充分利用网络实现资源共享。幼儿园秉承“童乐同享·经典志造”的办学理念，以“培养具有民族文化意识，乐于探究、勇于实践、勤于创新，符合时代发展的身心健康的小公民”为目标，认真贯彻《幼儿园教育指导纲要》和《3–6岁儿童学习与发展指南》的精神，在全面开展素质教育的同时，积极打造民间游戏特色。该园以课题研究促进教师专业成长，申报了区级课题《幼儿园民间游戏园本课程的开发与实践》，课题组遵照《幼儿园课题实施方案》，以提升幼儿园保教品质为导向，以促进教师专业发展为关键，以探索园本课程建设为目标，在务实中求创新，在研究中求发展。幼儿园注重幼儿习惯、态度、情感的培养，促进幼儿德智体美全面发展。近年来，该园以努力创办优质民办学前教育为目标，坚持可持续发展观，科学管理，勇于创新，内炼功力，外树形象，关注细节，追求卓越，办园质量不断提升，在家长和社区中建立了良好的口碑，得到行业和社会的认可。

（世纪星书香门第幼儿园　供）

【龙华中英文实验学校幼儿园】位于龙华区龙华街道和平东路，创办于2002年10月，2003年2月正式投入使用，是深圳市远恒佳教育集团下属的教育办学实体之一。2012年被评为广东省一级幼儿园。占地面积5926.8平方米，建筑面积5505.1平方米，户外活动面积2393.52平方米，绿化面积821.75平方米。绿化覆盖率100%。园内设有图书馆、科学启蒙室、音乐活动室、美工活动室和体育活动室等多间功能室。该园开设17个教学班，招收0–6岁婴幼儿，班级人数“小班化”。教师专业达标率100%。幼儿园秉承集团“专业成就未来、细节决定成败、学习引领发展、品质决胜品牌”的办学理念和“焕发美好人性、培养美好人格、拥有美好人生、建设美好教育”的办学愿景，坚持“为每一位孩子的美好人生奠基”的办园宗旨，以“打造规范化、专业化、有特色、能示范的高品质幼儿园”为办园目标。在集团董事会、学前教育管理中心的顶层设计和专业引领下，幼儿园不断夯实内涵建设，致力践行远恒佳“4I”体验课程特色理念，落实“康健、善言、明理、好探、美创”课程总目标，参与并主持了多个课题研究，取得了丰硕的成果。该园先后被评为“3–6岁儿童学习与发展指南实验园”、深圳市首批“优质特色示范幼儿园”“深圳市学前教育学会幼儿园跟岗示范基地”“广东省健康促进示范幼儿园”和生态深圳“绿色幼儿园”；连续15年被评上“深圳市卫生保健优秀幼儿园”；2019年被评为“全国足球特色幼儿园”。2015年以来，该园陆续承担新教师跟岗，骨干教师、骨干业务园长、骨干园长培训、学术交流31740人次，平均年接待46次。来访者既有慕名而来的全国各地幼教同行，也有远道而来的美国、加拿大知名幼教专家、学者，该园已获得了良好的社会声誉。

（龙华中英文实验学校幼儿园　供）

【小星星第二幼儿园】创办于2016年9月，位于深圳市龙华区观澜街道桂花社区观光路1109号。2017

年12月通过龙华区一级幼儿园的评估，2018年9月被评为龙华区普惠性幼儿园。占地面积为3000平方米，建筑面积为3617平方米，户外活动面积2170平方米。教师持证上岗率达100%。该园以“以人为本，创设一个亲切、温馨、和谐的教育环境，师幼共同成长”为办园理念，以“规范管理提效率、提升质量求生存、彰显特色促发展、优质服务创品牌”为办园思路，努力将自身建设成师德修养好、保教质量高、幼儿喜欢、家长放心、政府有信心的优质园。园内设置音体室、图书阅读室、美工室、科学启蒙区、表演区等功能室。幼儿洗手间安装独立的蹲厕，美观安全。室外有大操场、玩水池、玩沙池、30米跑道、大型游乐设施等户外活动场地。园内有多种多样的体育器械，同时配备了各种现代化办公设施。每班配置电钢琴、电脑、投影仪以及各类智力开发玩具和区域材料。园内布局合理，活动室、功能室、生活用房和户外活动场地一应俱全，设备、设施较为齐备，为幼儿全面发展提供了良好的条件。幼儿园遵循幼儿的年龄特点和发展规律，按照《幼儿园工作规程》《幼儿园教育指导纲要》《3—6岁儿童学习与发展指南》精神和要求，对在园幼儿实施全面发展教育，得到了片区、家长、同行们的一致称赞和好评。

（小星星第二幼儿园　供）

油松幼儿园在深圳市坪山区举办的2020深圳市第三届“功夫之星”友谊赛中荣获团队金奖

（油松幼儿园　供）

【油松幼儿园】是市一级普惠性民办幼儿园。占地面积4063平方米，建筑面积3700平方米，运动场地面积1973平方米。该园2014年9月获评深圳市普惠性幼儿园，2016年1月获评深圳市一级幼儿园，2016年12月获评广东省健康促进示范幼儿园，2017年7月获评深圳市幼儿园精粹化管理基地，2019年1月升级为A级食堂，2019年8月荣获“2015—2018年度深圳市优质办学幼儿园”称号。现有教学班15个，幼儿园485人，教职工70余人。幼儿园努力培养一支具备新型教育观、儿童观、富有爱心、德才兼备的师资队伍，致力于培养健康、快乐、自信、乐群，人格健全的现代儿童。在教学上，该园以游戏为中心，寓教于乐，引进以多元智能为理论基础的先进教学法，全面促进幼儿和谐发展。幼儿园开展以体育为主、美术为辅的特色教育，每年固定开展系列体育活动并多次获得荣誉。在2020深圳市龙华区幼儿足球嘉年华中，该园荣获“精英团队奖”；在深圳市坪山区举办的2020深圳市第三届“功夫之星”友谊赛中，荣获团队金奖。幼儿园坚持让孩子们在运动中成长，在愉快的动手动脑中发展各种潜能，全面提高素质。该园坚持以“创造适合每一个幼儿的教育”为办学宗旨，园舍以“建设现代化、精品化、特色化”的整体环境为目标，每年有计划、有目的地增添体育器械、绘本故事书、丰富的区域材料。园内还开展多样化的实践活动：举办六一儿童节“爱心跳蚤市场”义卖活动，让孩子们将筹得的善款购买物资捐赠给深圳市儿童福利院儿童；组织仪式感满满的中国传统中秋佳节活动，教孩子们制作属于自己的专属月饼；举办“童心嘹亮唱红歌”活动，从小培养爱国主义情怀；组织全园教职员工开展“迎新春 庆元旦”登山比赛，培养团队合作精神，丰富教职工业余活动。办园八年来，幼儿园得到了家长的赞誉，同行、领导和社会各界的认可。

（油松幼儿园　供）

【观澜湖幼儿园】是拥有550年悠久历史的名校——英国柏朗思学校在华唯一一所合作学校，位于观澜街道高尔夫大道8号。该园课程独具特色，为幼儿提供优质的双语双文化教育。课程内容以加拿大安大略省的课程体系为主体，融合了英国、IB 以及其他西方优秀教学法和实践，包括受瑞吉欧启发的“游戏中学习”教学法等，教师以最容易接受的方式为孩子提供学习机会，让孩子在游戏中学会探索和思考问题，激发孩子的创造力。该幼儿园采用安大略省（加拿大）教育部门制定的《全日制学前课程》大纲，促进学生在知识、技能和人格等各方面的完整发展，使孩子在成长的关键阶段奠定牢固的基础并培养孩子对学习的热情。与此同时，中国的《3–6 岁儿童发展纲要》、英国的《自然拼读法》和与国际文凭项目（IB）相类似的探究课程的精粹亦会被融入幼儿园课程体系当中。该园认为，所有孩子都应该拥有一个美好的童年，并有发挥潜能的机会；同时，每个孩子都是独一无二的，有着不同的天赋、兴趣和需要；幼儿园的责任就是要发挥他们的长处、培养他们的兴趣，以及满足他们成长的需要。幼儿园相信幼年阶段有效接触两种及以上语言有利于儿童高阶思维能力的发展。所有的学生都将在中英文混合的课程环境里学习。掌握中英文双语是每个学生需要达到的目标。幼儿园通过探究性学习，培养孩子的思辨能力；希望孩子在学前阶段，对如何取得信息、利用信息有明确的理解。各班级教室里有不同的学习、活动区域，包括沙与水游戏区、科学探索区、建构区、图书角、数学操作区等。不同年纪的孩子可以自主选择适宜自己的活动，在时间和空间都十分充裕的探索活动和游戏活动中获得全面发展。

（观澜湖幼儿园　供）

【**大浪幼儿园**】创办于 2011 年 12 月，坐落于大浪街道华繁路同富裕工业园内。建筑面积 2650 平方米。办学规模 8 个教学班。教职工 53 人（专任教师 19 人），其中行政班子成员 4 人，均为本科以上学历；保健医生 1 人，具有大专学历及保健医生上岗证；大专率达 92%。班级有多媒体投影仪、电子钢琴和电脑等教学设备。幼儿园增设了校园局域网，设有幼儿图书室、美工室、生活馆、舞蹈室等功能室。园内有图书 4000 余册。幼儿园着眼于全面推行素质教育，以务实的办园宗旨为导向：培养好幼儿，服务好家长，贡献于社会，为孩子幸福的一生奠定良好基础。该园坚持以课程建设为走向高品质幼儿园的重要途径，以儿童学习发展为中心，以奥尔夫音乐教育为主线，融汇一日生活皆课程的思想策略，引导幼儿进入奥尔夫音乐听、说、唱、跳、奏、演的欢乐世界，同时通过艺术元素的融入，丰富奥尔夫音乐教育的表现形式。该幼儿园让孩子们尽情、自由地参与到多种音乐艺术活动中，潜移默化地激发孩子们的艺术灵感和无限的创造力，逐步形成了“自由开放、相互生成、持续深化”的课程体系。办园十年来，幼儿园取得了一定的成绩：2013 年 7 月通过深圳市一级幼儿园评估；2013 年 7 月被授予大浪办事处“教育先进单位”；2013 年 10 月被龙华新区授予第二届学前教育宣传月先进单位；2015 年通过深圳市普惠园验收；2015 年 10 月被授予龙华新区巾帼文明岗；2016 年 2 月被评为龙华新区优质普惠性幼儿园；2017 年 12 月被督导专家组高度评价通过市一级复评；2019 年被授予“深圳市 2015—2018 年度优质办学幼儿园”等荣誉称号。

（林静纯）

【**阳光富士嘉园幼儿园**】成立于 2017 年 10 月，位于观湖街道观盛四路富士嘉园小区内，属小区配套幼儿园。2018 年被评为普惠性幼儿园，2019 年 6 月通过龙华区区一级幼儿园督导评估。占地面积 1802.83 平方米；建筑面积 1800.29 平方米，生均 6.8 平方米；户外活动场地 1202 平方米，生均 4.5 平方米。绿化覆盖率达 95%。室内设有音体活动室、美术活动室、图书阅览室、科学启蒙室等功能室，户外设有操场、玩沙池、玩水池、30 米跑道、大型游乐设施等幼儿活动场所。厨房为 A 级。现有 9 个教学班，在园幼儿 270 名。教职工 41 人，其中专任教师 18 人，专业合格率达 100%。幼儿园落实“两教一保”师资配置，9 名保育员，全部有幼师毕业证或保育员证。其他人员配备、岗位设置、人数比例均符合规定。该园以“启蒙健康人生，为孩子的终身发展奠定良好的基础”为办园宗旨，坚持保教结合，面向全体，培养幼儿体幼儿、智、德、美全面健康发展。幼儿园办园条件日臻完善、管理规范，保教质量不断提高。幼儿园低收费、高品质的教育服务赢得了家长的赞誉和社区的好评，彰显了“公益性、普惠性、前瞻性和示范性。该园树立“以人的共同发展为本”的管理理念，始终以健康向上、乐观进取的人格魅力和认真、务实、前瞻和开放的教育精神引领教师队伍，关心、爱护每一位教职工，引导教职工爱岗敬业、不断进取，努力创建快乐、学习、合作、分享的学习型教师队伍，营造“开放、宽容、自主、互动”的幼儿园文化。幼儿园教师尹月朗、朱文雅老师获区优秀教师和“教坛新秀”等荣誉。该园以积极心理学为导向，构建阳光健康教育特色课程，制定了心理健康教育的三年总目标，心理健康教育和积极教育活动开展得有声有色，切实有效地培养了孩子们内在的心理品质和外在的行为习惯。幼儿园坚持关心人、激发人，在工作中凸显团队合作和探求进取精神，引领教师与幼儿共同成长，管理者与教师共同成长，倡导在探索中享受快乐，在反思中寻求发展，形成了平等尊重、和睦关爱、共同向上的文化氛围。

（阳光富士嘉园幼儿园　供）

【英泰幼儿园】是创办于2019年3月的民办幼儿园，位于大浪街道英泰六路38-1号。该园为按省一级标准配备的非住宅小区配套幼儿园，2020年11月通过区一级幼儿园评估。占地面积3380平方米，建筑面积3622平方米，户外活动面积2105平方米，运动场面积1983平方米。幼儿园核定班额为11个班，现开设9个教学班，其中小班、中班、大班各3个，在园幼儿215人。全园教职工共42人，其中专任教师19人，均持有教师资格证。每位主班老师的教龄都在4年以上，配班老师的教龄在2年以上。教学班配有高清触屏一体机和钢琴等教学设备。室内配备有音体室、阅读室、DY美术馆、烘焙室、科学探究馆、陶艺室、多功能儿童游戏室等；户外活动设施设备有高尔夫球场、篮球场、足球场、野战区、模拟交通马路、幼儿戏水池、种植园、攀爬墙和沙池等。该园致力于儿童教育研究，凭借与时俱进的国际教育理念、正确的价值观和敬业的教育精神，为孩子提供优质的教育。幼儿园通过“探究式与体验式”的学习方式培养幼儿的兴趣爱好，重视语言表达、幼儿情商及社交能力的培养，倡导家、园共建。2020年，该园以区级评估为契机，加强园务管理，完善各项制度。幼儿园通过园本培训助推教师专业化，2020年开展卫生保健、教育教学、户外体育、消防安全、家长课堂等方面的讲座和大小活动30余次；此外，2020年还开展了主题教研、区域自选教研和艺术活动教研等教研活动。该园开设丰富多彩的特色课程和主题活动，同时注重人文关怀和文化建设。幼儿园在教师节开展了“绽放美丽，诗情画意”活动。此外，还展开了中秋国庆双节活动、万圣节活动、圣诞节活动和迎新游园庙会等活动。幼儿园的双语教学模式让孩子在自然环境中习得第二语言（英语），感受多元文化。该园期望通过自身的努力，让孩子在轻松、自由的环境中，不断探索创造，建构属于自己的“童年乐园”。（英泰幼儿园　供）

【若贝尔幼儿园】为东莞文晖教育集团旗下的一所高端幼儿园，按省级标准建设，坐落于龙华大浪下早新村乌石岗2号，紧邻华丰山庄、高峰苑山庄等几大别墅区。占地面积5000平方米，建筑面积5000平方米，户外面积3400平方米。幼儿园拥有一支高素质、高学历、团结奋进、协作一致的领导班子和骨干队伍。教师队伍平均年龄24岁，全部为大专及本科学历。幼儿园按照蒙特梭利幼儿园标准，以《幼儿园建筑规范》为原则，以孩子的身心发展需求为出发点，量身设定最适合幼儿发展需要的生活及学习空间。园内每个细节都经过精磨细打：装修选材绿色、环保，符合国家相关指标要求；教学设施选用无害、无污染的进口环保材料，让每个在园的小朋友，都能健康、茁壮、愉快、轻松地成长。课程设计秉承蒙特梭利教育的精髓，致力于为3—6岁幼儿的生活、学习和生命成长提供专业、完整、高品质的早期教育方案。该园以“尊重每一个孩子、关注每一个孩子、让每位孩子身心健康和谐、富有个性的发展”为教育宗旨，让每个生命个体成为更好的自己，为孩子提供一个真实的、支持性的、安全和快乐的园所环境。（若贝尔幼儿园　供）

【童心大水坑幼儿园】是区一级普惠性幼儿园。占地面积4200平方米，建筑面积3265平方米。该园开设19个教学班，其中小班6个、中班6个、大班7个，在园幼儿人数665人。教职工共87人，其中园长1人，专任教师40人，保育人员19人，保健员2人，后勤及其他工作人员25人。园内有大型户外游戏设施和种植区等户外活动场所，满足幼儿运动发展需要。该园坚持“幼儿为本、服务至上、和谐发展、追求卓越、与时俱进”的办园理念，尊重孩子自由发展，塑造孩子健康、快乐、自信的品质。

“让阅读成为一种习惯”是幼儿园贯彻坚持的办园特色。幼儿园创设阅读环境，营造书香氛围，倡导亲子共阅，让阅读成为一种习惯，让阅读时间成为生活中甜蜜的亲子时光；在园内创设阅读环境，打造书香园所；开展社区宣传工作，让更多地人了解阅读、爱上阅读。为了让孩子们的阅读活动更加丰富，幼儿园分别在图书室和各班级投放了不同风格、不同题材的优秀儿童绘本，让孩子们在书海中尽情徜徉。幼儿园通过图书漂流、故事大王、校园小主播、亲子故事表演、自制图书、故事妈妈进校园和书香家庭评选等多种形式，让孩子在书香中快乐成长。此外，该园还以深圳读书月为契机，开展以“书香满园、浸润童心”为主题的读书月一系列活动，引导孩子们自然而然地产生对文字的兴趣，提高语言表达能力，培养良好的阅读习惯。

（童心大水坑幼儿园　供）

【**幸福花蕾幼儿园**】创办于2015年8月，是市一级普惠性幼儿园。该园坐落于龙华区大浪街道同胜社区，占地面积3000平方米，生均占地面积8.45平方米；户外活动场地面积2586平方米，生均面积7.28平方米；建筑面积3000平方米，生均面积8.45平方米。绿化覆盖率达100%。幼儿园目前开设教学班13个，共有幼儿390人，教职工54人。教职工人数与幼儿人数比例为1∶7.2，专业学历全部达标。该园本着“幸福浸润花蕾绽放”的办园理念，培养身体健康、勇于探索、勇敢自信、全面发展的幸福幼儿。全体员工团结一心，开拓进取，真抓实干，勇于创新，开办三年多来得到了社会的肯定和家长的信赖，办园规模迅速发展，保教质量不断提高。

（幸福花蕾幼儿园　供）

【**东环幼儿园**】2018年12月成立，为深圳市第26批规范化幼儿园，是普惠性幼儿园。占地面积1360平方米，建筑面积2366平方米，该园运动场地面积960平方米。建筑规划布局合理，建筑造型和室内设计符合幼儿特点。幼儿活动室宽敞明亮，设置多个学习区域，创设多个功能室及多个户外活动区域。现有小班3个、中班2个、大班2个，在园幼儿243人。教职工31人，其中中级职称1人。幼儿园认真贯彻《幼儿园教育指导纲要》的精神，秉承“用爱养育、用心教育，为每位幼儿终身发展奠定基础”的办园宗旨，坚持“以幼儿发展为本，为幼儿快乐人生奠基”的办学理念，科学地吸收国内幼教经验并结合本地文化，创设了绿色环保、平安快乐、充满童趣的教育环境，保障幼儿带着幸福的童真健康成长。（东环幼儿园　供）

【**国育第五幼儿园**】成立于2018年9月，位于深圳市龙华区民治街道龙发路147号，属非普惠性民办幼儿园。占地面积2992平方米，生均占地面积12.67平方米；建筑面积1697.9平方米，生均建筑面积7.2平方米；户外活动面积1514.7平方米，生均户外面积6.42平方米。绿化覆盖率67%。该园户外设置了沙池、大型器械运动区、30米直跑道；室内设置有美术室、音乐舞蹈活动室、图书阅读室、小厨房和综合游戏室5个功能室。园内设有13个教学班，学生390人。在全体教职工中，专任教师26人，正、副园长各1人，保健医生1人，财务人员1人，后勤主任1人，保育员13人。带班教师专业合格率达100%。保健医生为医学专业院校毕业。保育员全部具有岗位培训合格证书。2019年11月，该园被评为龙华区一级幼儿园。

（国育第五幼儿园　供）

【**华英幼儿园**】创办于2019年12月，位于龙华区福城街道茜坑社区茜坑路98号，是全日制民办幼儿园。占地面积4800平方米，建筑面积4568平方米，户外活动面积1218平方米。每班有活动室、盥洗室、寝室一体化的空间，方便幼儿生活和游戏。各教学室配备了触摸屏电视、电子白板、投影机和钢琴等教学设备。教学班拥有美淘室、科学启蒙室、多功能厅、幼儿阅览室（藏书600册）等专用教室。园内环境布置丰富多彩，富有特色，充分体现了环境的教育性和儿童化特点，为幼儿提供了良好的学习和生活环境。该园2020年的主要工作如下：一是加强幼儿园管理及园本培训，提升保教质量。幼儿园组织教师认真学习该园的各项规章制度、开展业务培训（包括园内师德师风、主题探究、公开课评比、环境创设、卫生保健、消防安全和家长学校等方面）共22

次。二是加强师队伍建设，打造团队精神。以提升教师道德修养和人文素养为重点，坚持开展每月两次政治学习。课余时间开展教师读书分享活动，组织教师开展读书交流活动。三是加大投入，改善办园条件。幼儿园按照要求不断添置、更新设备设施，保障教学活动的需要。四是校园实行封闭式管理。保卫人员严格把关出入登记，同时添置必要的安全设备，如消防栓、灭火器、防爆毯、钢叉、警棍、微型消防站、防爆盾、防刺服等装备。五是开展丰富多彩的日常教育活动。园内开展了“元宵搓汤圆包饺子”“三八·爱妈妈”“植树节”“安全教育”“沙沙讲故事”等活动。六是开设了多种家、园联系的渠道，通过电访、家访、网络交流、召开家长会，听取家长的意见和建议，积极搭建和谐家园关系。全园教职工期望通过努力把幼儿园建成孩子们的快乐之园、家长的希望之园、老师的成长之园。

（华英幼儿园　供）

【章阁幼儿园】2020年9月正式开园。占地面积1333平方米，建筑面积1416平方米，户外活动面积1000平方米。办学规模9个班。现有教学班6个，在园幼儿221人。教职工27人，其中专任教师12人，教师大专学历以上合格率为100%。幼儿园坚持以游戏为平台，推进双语教育发展。教师们结合孩子们爱玩的天性，在游戏上下功夫，将幼儿园打造成“玩美教育”的乐园。幼儿园的种植区就像是一本孩子亲近自然、融入自然的“活教材”，不仅可以丰富幼儿的生活，开阔幼儿的视野，还可以培养幼儿科学探究的精神。色彩鲜艳的梅花桩可以锻炼孩子们的平衡能力；而通过走迷宫，孩子们的空间推理能力可以得到提升。幼儿园努力培养幼儿具备遇事耐心、细心、规则意识强的优良品质。教师们通过一些配合类游戏使孩子们充分体验到团队协作的重要性，并在孩子幼小的心灵上播种诚信的种子。

该园立足于幼儿的需要，重视发展特色教育。一是进行英语启蒙教育。英语教育的内容大都和孩子的一日生活有关，和孩子的游戏、成长有关。通过TPR（全身动作反应法），努力为孩子创造一个“想说、敢说、会说”的环境，让孩子在唱歌、游戏、表演等活动中自然学习英语。二是开展创造性的美术教育。该园采用了创造性美术教育的理论和绘画方法，使孩子从小像大师一样自由创作，尽显孩子的创造性。三是培养幼儿舞蹈兴趣。通过基本功练习、韵律操表演、民族舞蹈教学，使孩子受到艺术熏陶，培养孩子发现美、表现美、创造美的能力。

幼儿园积极开展形式多样的教育主题活动，如“迎新庙会”“庆国庆、迎中秋主题活动”“军民大生产亲子活动”和“家长半日观摩活动”等；同时，积极加强家园、合作，营造良好的家园共娱气氛。正在筹划申报深圳市区一级幼儿园，努力将自身打造成具有特色的、“规范管理、寓教于乐”的优质幼儿园。（章阁幼儿园　供）

【荟萃幼儿园】是一所创新型、高品质的双语幼儿园。占地面积约6100平方米。开设13个班。幼儿园为孩子们提供了先进完备的学习生活设施和宽敞安全的户外运动空间。户内有功能齐全的教室（含活动室、寝室和盥洗室），还有高标准的图书室、美术室、舞蹈室、木工坊、积木室、科学室和录音棚等专业活动教室；户外有足球场、30米跑道、游泳池、沙池、蹦床、攀爬架等运动设施。户内外设施为孩子们开心学习与茁壮成长提供保障。该园努力为幼儿奠定终身学习的基础，锻炼幼儿健康的体魄，培养幼儿乐于学习和探索的精神，使他们均衡发展、有良好的自信心和能力适应不断变化的世界。

该园注重“五育”发展和六大领域学习。课程实施以促进幼儿的全面均衡发展为原则，涵盖品德、认知和语言、身体、艺术、情感和社会性等五项发展目标，分别体现德、智、体、美、群（社会性）的五育发展方向，通过体能与健康、语言（中文和英文）、数学、自然与生活、个人与群体和艺术与创意六个学习领域来落实。学习主题生活化，贴近幼儿的日常经验、认知和兴趣，能贯通六个学习领域的内容，为幼儿提供综合而完整的学习经历，有利幼儿进步与发展。

（荟萃幼儿园　供）

【卓乐第二幼儿园】创办于2020年8月31日，隶属深圳市诚恩教育集团。占地面积7500平方米，建筑面积5908.6平方米，户外活动面积4500平方米。现代化的建筑设计风格，宽阔的场地，一流的教育设施，为孩子提供充足的生活和游戏空间。该园被批复可设16个班，现开设8个班。教职工43人，其中本科及以上学历5人。专任教师大专率达100%。幼儿园融汇中西方教育理念，致力于推动学前教育多元化、现代化和国际化的发展，赋予孩子卓越快乐的一生。教学活动以儿童为中心，科学合理设置课程内容的同时，突出园本特色。幼儿园为特色课程STEAM课程，提供了全环境的支持，设置了木工、3D打印、激光切割、科创机器人、科学小实验、扎染、纺织、大型建构、陶艺和环保材料创作等空间。教学过程中，教师主要采用贴近生活的材料，引导孩子完成一系列的项目，让孩子共同参与、相互合作、共享成果；鼓励孩子像科学家和工程师一样奇思妙想、大胆摸索、设计操作以及创造性地解决问题。幼儿园开展了丰富多彩的“主题日”活动（礼迎国庆、社会职业体验日、喜迎元旦、阅读月）、“进社区”活动（参观富士康植物工厂、当小小面点师、做小小陶艺师）和“安全教育”活动（防震演练、防诱拐演练、消防疏散演习和食物中毒演练）。

（卓乐第二幼儿园　供）

坪山区

【坪山区第一幼教集团】园所共计共有14所（集团园9所，托管园3所，新开办园2所），占地面积4.6万平方米，目前开设132个教学班，现有4250名幼儿。各分园均配置了现代化的教学设备、独立的多功能室，具备雄厚的师资力量。教职工661人，其中研究生5人，全日制本科生比例超过68%；深圳市首届、第二届苗圃工程教科研骨干、骨干园长1人，高级职称园长1人，深圳市学前教育专业委员会讲师团精英讲师1人，市级讲师4人，精英导师25人，市级督学1人，区级督学长1人，区级责任督学7人，区级骨干教师1人。该园有名师工作室3个。幼儿园不断打造优师梯队，完善“学研训”一体化教师培养机制。教师在2020年度“当代杯”全国幼儿教师技能大赛、2020年度坪山区第七届“新教育杯”论文大赛等比赛中获得各级各类奖励。集团第四、五、七、九幼儿园于2020年12月顺利通过区一级评估。目前集团提供公办幼儿园学位逾4000个，服务半径覆盖坪山多个住宅小区及常住人口。坪山区第一幼教集团全面贯彻党的教育方针，落实“立德树人”的根本任务，以《幼儿园教育指导纲要》和《3—6岁儿童学习与发展指南》等为指导，以公益性、普惠性、优质新型公办幼儿园为宗旨，以推进集团园所课程改革、优化师资培训为抓手，使集团各项工作迈上了新的台阶，实现了新突破，并先后获评“坪山区教育先进单位”“无烟学校单位”，并荣获“坪山区生涯教育试点幼儿园”称号。该园不断创新示范引领机制，2020年11月，成立“聚龙学前名师共同体”，建设以名师共同体为核心的“学区联盟”，完善学区联盟内优秀人才流动机制，交流输出幼儿园管理、课程、教学、研究等经验，扩大区域内优质教育的辐射和引领作用。2020年，该园接待广西贺州、广东珠海等幼教同行参访、交流共计32场次，累计3200人次；到南山机关幼儿园、首地幼儿园等名园跨园跟岗学习14次，共计547人次。2020年度，集团参加各级各类培训累计300人次，涵盖园长、办公室主任、教学主任、教师、保健医生、财务人员等岗位培训。幼儿园坚持科教兴园方略，每学期举行“大科研”活动10场，共计20场，接受教研培训7680人次；各园“小教研”每学期共计190场，接受教研培训3840人次；线上培训6次，累计1056人次；线下新岗教师培训7场，累计培训786人次；骨干教师培训41场，累计培训750人次。园所在“坪山区2020年度教育科学规划课题”中有6项课题成功立项，并被评为2020年广东省学前教育“新课程”科学保教示范项目领衔园。教师们不断通过课题实现对教育教学的深入探究，促进园所高质量发展。幼儿园秉承“一日生活皆课程”的理念，在项目探究的体验式教学基础上，开展了“舌尖美味，食在幸福”自助餐活动、“乐跑新年，悦动悦健康”运动月活动和“博物集市前，嗨翻中国年”等主题活动。此外，该园还引入“运动方舟”特色体能运动课程，促进幼儿全面、健康发展；通过全方位的体能训练，幼儿出勤达到95%。

（柯贤珍）

【坪山中心幼儿园】创建于1987年，2003年12月被评为广东省一级幼儿园。占地面积为8558平方米，建筑面积为8429平方米，户外活动面积3150平方米。园内各功能室齐全，活动室宽敞明亮。该园现有小中大 17 个教学班，在园幼儿 574 人。教职工共 91 人（专任教师47人），其中中级职称8人，初级职称 14 人；深圳市苗圃工程骨干园长 1 人，骨干教师 1 人，教坛新秀 1 人；坪山区名园长 2 人，名教师 1 人，骨干教师 1 人。教师专业合格率 100%，大专学历获取率 100%。该园先后荣获“省级校园生活垃圾分类教育基地”“深圳市坪山区幼儿园生涯教育试点园”“深圳市卫生保健优秀幼儿园”“坪山区教育系统安全管理工作先进单位”“深圳市餐饮服务食品安全示范单位”“2020 年度最受欢迎幼儿园”和“深圳市生活垃圾分类新风尚幼儿园”等荣誉称号”。

（钟海银）

【坑梓中心幼儿园】创建于 1993 年 9 月，是广东省一级公办幼儿园。占地面积 5400 平方米，建筑面积 5400 平方米。园内环境优美，配套设施设备齐全。该园开设 16 个教学班，在园幼儿 575 人。教职工 88 人，本科及以上学历 47 人，专业合格率 100%。该园注重内涵发展，以“和”文化引领，秉承“爱美、和美、乐美”的办园理念和“让我们在爱中健康成长”的办园目标，本着“和洽共融，和衷同心”的管理理念，构建和美教育生态圈。幼儿园坚持教科研先导，以课题研究引领特色发展，构建坑梓中心“和合课程体系”；2020 年成功立项 1 个省级科学保教示范项目、1 个市级课题和 7 个区级课题。幼儿园还以教研培一体化形式进行师资提升：外请专家来园指导，如特级教师王微丽园长、姚艺园长、刘凌园长，高校专家教授刘秀凤、袁圆等；每周二定期开展教师培训和教研活动，组织教师参加园内外各级教研培训活动，增强教师的创新意识和实践能力。通过努力，该园取得了多项荣誉：黄雪琴园长被认定为坪山区名园长，杨敏老师被认定为坪山区名师，1 名教师获区级优秀班主任称号，3 名教师获区级优秀教师称号；6 名教师荣获坪山区学前教育第七届“新教育杯”论文一等奖、二等奖、三等奖；幼儿园也先后获评深圳市生活垃圾分类新风尚幼儿园、深圳市消防安全管理标准化学校和全国足球特色幼儿园。

（骆嘉惠、朱凤英）

【天峦湖幼儿园】2020 年 9 月 1 日正式开园，是坪山区教育局承办的公办幼儿园。占地面积 3000 平方米，建筑面积 4742.62 平方米。该园办学规模 9 个班，其中小、中、大各 3 个班，可提供 270 个学位；目前开办 6 个班，幼儿 149 人，教职工 34 人。教师均持有教师资格证，大专学历取得率达到 100%。幼儿园有区级名师工作室 2 个。该园以“和美教育”文化为核心，以“亦山亦水、天人合一、亦仁亦智、教育和美”为办园理念，培养会健康生活、会仁爱相处、会探究求知，有良好习惯、有优秀品质、有国际视野的“三会、三有”幼儿，培养岗位上有幸福感、事业上有成就感、社会上有荣誉感的“三感”教师。幼儿园在强调让幼儿主动学习、探究性学习的同时，为幼儿提供充分、和谐、健康、快乐发展的教育环境。

（肖美凤）

【深圳技术大学幼儿园】创建于 2020 年 5 月，是坪山区政府委托深圳技术大学管理运行的一所高水平公办幼儿园。该园依托高校的办学思想和人文底蕴，充分挖掘平台资源，有效利用家长及社区资源，致力于打造富有创新精神和国际视野的高品质幼儿园。占地面积 3828.04 平方米，建筑面积 3725.54 平方米，户外活动面积 1160 平方米。幼儿园办学规模核定 12 个班，2020 学年度首开 4 个班，共招收 119 名幼儿。教职工 25 人，其中研究生学历 6 人，本科学历 22 名，专科及以上学历达 100%。该园朝着高标准、高要求、高质量的方向发展，争做深圳市学前教育的重要分子，为深圳实现“幼有善育”贡献力量。幼儿园以“看见孩子，看见自己”为文化理念，以“让每个孩子成为积极、自信的未来世界公民，让每个教育者成为积极、自信的幼教引领者”为使命，在“关爱 尊重 协作 探索”的价值观引领下，培养具有同理心、自信心和责任心的未来创新型人才。

（何丽丹）

光明区

【明安幼儿园】为光明区首批公办幼儿园之一。该园成立于 2020 年 1 月，占地面积 5419.43 平方米、建筑面积 4831.29 平方米，户外活动面积 3600 平方米。幼儿园办学规模为 18 个班，可提供 540 个优质学位，是区内首批公办幼儿园中面积最大、规模最大、学位最多的幼儿园。该园有教职工 90 人，本科以上学历教师占总数的 95%，其中包括深圳市第二轮“苗圃工程”名师3人，光明区“苗圃工程”名师3人。幼儿园有名师工作室2个。园内有音体活动室、科学发现室、美术活动室和阅览室等功能室，有塑胶操场、玩沙池、戏水池、森林木屋和空中栈道等大型户外体育设施。该园坚持以“助力每一位儿童自主成长”为办园思想，以“明心、善育，安适如家”为办园宗旨，遵循幼儿身心发展特点和认知规律，秉持“自主生活、自主学习、自主游戏”的幼儿自主式发展的明安课程理念，让幼儿在自主的环境中体验童年的快乐，促进其个性化、多元化发展。（林丛丽）

【东明幼儿园】为光明区首批公办幼儿园之一。全园占地面积2974.07平方米，建筑面积3015.15平方米，户外活动面积1741.41平方米。该园2020年春季正式开园，办园规模为9个班，提供学位270个。教职工43人，其中本科学历30人；中级职称1人，一级职称1人；深圳市“苗圃工程”骨干教师1人，区骨干园长1人，区骨干教师1人。幼儿园坚持“尊重生命、尊重个体”的办园宗旨，贯彻“探索世界、自然成长”办园理念，构建“以园本生活化课程为主线，融合阅读和体能教育特色，回归自然、回归本真”的课程体系，培养自信勇敢、独立坚强、感恩有爱、好学善思的儿童。园内活动场地充足，室内环境优美，环境创设以孩子为中心，融教育、艺术、自然、童趣为一体，让孩子享有一个可以自主探索、自由学习和自信发展的空间。幼儿园开展“二十四节气”“读书月”“科技月”“运动月”“艺术月”“多元文化特色日”等活动，形成了特色课程。该园获评“全国足球特色幼儿园”“深圳市孙建国心智奥尔夫音乐基地园”和“深圳市光明区国际象棋协会实验园”。（谢　洁）

【东周幼儿园】为市一级公办幼儿园，占地面积2994.77平方米，建筑面积5012.09平方米，户外活动场地1504.96平方米。幼儿园开设20个教学班，在园儿童595人，教职员工90人。自2020年3月转型为公办幼儿园后，该园以“至真至善，厚德致远，种下一颗真善美的种子”为办园理念，以“打造一所育人环境优美、教育管理科学，有内涵、有特色、有温度的高品质幼儿园”为办园目标，围绕“让幼儿拥有幸福感，奠定幼儿适应未来发展的基础”育人目标，开设生活、美育、科学等课程，通过幼儿直接感知、实际操作和亲身体验构建德、智、体、美、劳全面发展的东周课程体系。幼儿园开展“一坊”（水墨坊）、二团（故事团、音乐团）、“三承”（承真、承善、承美）、“四节”（艺术节、科技节、运动节、采摘节）、“五日”（传统节气日、主题分享日、教学开放日、厨艺展示日、集体劳动日）、“百草园”等活动，形成生活、美育、科学三大办园特色。该园转型后荣获“卫生保健优秀单位”“巾帼文明岗”等荣誉称号。（叶彩魂）

【公明第二幼儿园】为省一级民办幼儿园，是深圳市远恒佳教育集团创办的第一所幼儿园，2010年被评为广东省一级幼儿园。占地面积2928.29平方米，建筑面积4246.4平方米。园内设有图书馆、科学启蒙室、音乐活动室、美工活动室和体育活动室等多间功能室。该园以“焕发美好的人性、培养美好的人格、拥有美好的人生、建设美好的教育”为办学愿景，坚持“为每一位孩子的美好人生奠基”的办园宗旨，以“打造规范化、专业化、有特色、能示范的高品质幼儿园”为办园目标，不断夯实内涵建设，践行课程理念，注重幼儿亲身体验入手，以快乐生活带动主动探究，以行动学习彰显过程品质，以过程经历建构自我经验，落实“健康、善言、明理、好探、美创”课程总目标。该园多次接待来自全国、省、市、区同行到园学习与交流，开展专项跟岗活动并建立了结对帮扶机制。幼儿园先后荣获“深圳市3–6岁儿童学习与发展指南实验园”“深圳市首批优质特色示范幼儿园”“深圳市卫生保健优秀幼儿园”“光明区先进教育单位”“光明区示范幼儿园”等称号。（李　晶）

【新湖新美幼儿园】为市一级公办幼儿园。占地面积6178平方米，建筑面积4047平方米，户外活动场地4829.5平方米。2020年7月，该园转型为光明区公办幼儿园。目前，幼儿园开设16个教学班，在园儿童494名，教职工67名。该园以“自然育人·育自然人”为办园理念，以“自然为本，启探索之蒙，创一所有宽度、有深度、有温度的童梦乐园”为办园目标，旨在培养求真、向善、灵动、自信的孩童。幼儿园将以“不断创新园所环

2020年11月，孩子们在新美幼儿园自主游戏　（新美幼儿园　供）

境、不断更新教师理念、不断求新孩子成长”为目标，构建适合新美幼儿的活动课程，将生命教育、幸福教育、生态教育融入其中，促进幼儿“自能游戏、自主发展、自然生长”。（兰　洁）

【李松荫幼儿园】为深圳市一级幼儿园。占地面积2578.19平方米，建筑面积2888.99平方米，户外活动面积2029.29平方米。2020年3月，该园成为光明区第一批民转公办体制幼儿园。幼儿园开设教学班18个，在园幼儿531人，教职工76人。该园以“幼儿发展为本，实现全人教育”为办学理念，倡导以终身学习为己任，以努力工作为最大贡献，以提升人的生命价值为根本的价值观，营造尊重、真诚、善良、平和的园所文化。全体教职工以高度的社会责任感和使命感，致力于打造一所管理科学、服务品质优良、办学特色鲜明的示范性幼儿园。致力于开展了以项目式主题探究为主体以足球、国画、音乐为特色的园本课程。该园先后荣获“全国青少年校园足球特色幼儿园”“深圳市生活垃圾分类新风尚幼儿园”“光明托幼机构卫生保健区工作优秀单位”等荣誉称号。

（许美容）

2020年12月，李松荫幼儿园学童在踢足球　（李松荫幼儿园　供）

【嘉域幼儿园】为区一级公办幼儿园。占地面积1800.75平方米，建筑面积1602.87平方米，绿化面积337.44平方米。园内拥有大型的体能锻炼器械、综合游戏功能室、开放式书吧，实现了办公和教学的标准化、现代化。该园开设7个教学班，在园儿童共230人。幼儿园按照市级园标准配备工作人员，现有教职工34名，其中专任教师15人，教师专业合格率100%。该园以《幼儿园教育指导纲要》和《3-6岁儿童学习与发展指南》为依据，从课程目标、课程内容、课程实施、课程管理与课程评价等方面对课程进行整体规划和设计。课程内容以小主题探究活动为主，教师从幼儿生活和节庆中挖掘课程资源，以集体、分组、区域、个体等形式开展教学活动。幼儿园重视环境创设，投放适宜的区域材料，培养幼儿的动手操作、自主探究、发现问题、思考问题、解决问题的能力，让幼儿通过与材料的互动，获得经验的积累与提升。该园以“以人为本 爱心共筑 和谐发展”为办园宗旨，培养具有“爱”的教师职业情怀，鼓励教师形成自己独特的个人魅力，成为一个有专业素养的幼教工作者。（许　倩）

【公明博思幼儿园】为市一级普惠性幼儿园。占地面积4985平方米，建筑面积3170平方米。幼儿园共开设15个教学班，在园儿童454人。全国教职工65人（专任教师32人），持证率达100%。幼儿园园舍典雅，交通便利，园内设置多功能音乐厅、阅读绘本馆、创意美术室、科学实验馆和体能游戏室等功能室；户外开辟游泳池、玩沙池，戏水池、动物饲养区、种植园等活动区域。大型游乐设施、攀爬墙等体能设施让孩子既能感受田园生活，也能体验现代娱乐带给孩子的激情与挑战。班级配备多媒体教学平台、钢琴、空调、电子监控等设施，为孩子探索发现提供广阔的学习平台。园区以A级食堂标准配置确保幼儿健康营养饮食，使用智能电子刷卡和监控系统确保幼儿在园安全，为幼儿创设安全舒适、和谐快乐的学习和生活环境。（吕雁鹏）

【凤凰塘尾幼儿园】为区一级普惠性幼儿园。占地面积2610平方米，建筑面积1793平方米，活动场地面积1629平方米。幼儿园共开设12个教学班，在园儿童400人。全国教职工共53人（专任教师24人），其中教师大专及以上学历20人，保育员12人。幼儿园以“科技、生态、幸福”为方向，围绕“颜值、特色和师资”三方面开展工作。该园遵循儿童发展规律，弘扬民间生活文化，注重幼儿素质教育、幼儿行为习惯的培养，创设“民间体育游戏”“民间节日文化”“好习惯培养”等特色教育，为幼儿入读小学打下良好基础。该园通过开展丰富的教学活动，提升教育内涵，如节日教育（国庆节、中秋节、感恩节、元旦节、春节、三八节、端午节、六一节、艺术节）、民间体育游戏以及月主题好习惯培养等活动，促进幼儿园形成良好的文化氛围和教育环境。（舒雪兰）

大鹏新区

【葵涌中心幼儿园】为广东省一级幼儿园，深圳市首批优质特色示范幼儿园创建单位。占地面积5628平方米，建筑面积5390平方米，户外场地面积2500多平方米。园内有教学班12个，学生420人。全园教职工共67人。其中大专及以上学历47人（本科30人）；中级职称8人，初级职称12人；区级名师（学科带头人）2人。幼儿园秉持“健康成长，和谐发展”的办园理念，坚持“育人为本、运动为基、快乐为源、发展为根”的现代课程观念，构建了“悦动课程体系”，努力培养“悦动、乐活、会玩、善思”的阳光儿童。幼儿园开展了“快乐篮球”（篮球队、花样篮球操、趣味篮球游戏、篮球运动月）和“户外体能大循环”（级组、混龄）活动。悦在每一处，动在每一天，幼儿健康活泼，崇真尚美，友善自信，形成了幼儿园靓丽的风景。该园自编大班篮球操在“深圳市首届幼儿体操比赛”中荣获一等奖。幼儿园连续八年被评为深圳市卫生保健优秀幼儿园，先后获评广东省巾帼文明岗、第十届“沙沙讲故事”儿童故事大王十佳优秀单位、深圳市餐饮服务食品安全监督A级单位、深圳市“教师队伍建设年工作”单项先进学校、深圳市平安校园示范校、深圳市三八红旗集体、深圳市健康促进幼儿园（银奖）和深圳市生活垃圾分类新风尚幼儿园。（饶小琴）

深汕特别合作区

【鲘门中心幼儿园】2016年2月开办，招生范围为鲘门镇所属区域。占地面积2650平方米，建筑面积550平方米。目前，该园有教学班5个，幼儿192人。全国教职工18人，其中本科学历5人，大专学历4人；中等幼师毕业7人。办园理念为“以人为本，发展孩子，服务家长，成就教师”，培育快乐、友善、健康、向上的儿童。办学特色包括使用奥尔夫音乐和爱立方游戏教材开设课程，让幼儿学生在玩中学到知识，获得乐趣；上体智能活动课，获得幼儿喜爱，家长支持。该园先后举行了文艺晚会、体智能运动会、亲子趣味运动会、疯狂手枪大战、军事活动、文艺汇演、“书香润童年、阅读伴成长”读书活动、绿色环保和防网络诈骗等教育活动；并举行了教师节、中秋节、国庆节、元旦、春节、端午节、“六一”儿童节、“七一”建党节等主题活动，还举行了食品卫生、疫情防控、交通安全、火灾消防、防震疏散等演练。幼儿园开展的各项活动，幼儿、教师、家长参与其中，形式多样，节目丰富，趣味性强，受到大家的一致好评。幼儿园强化安全工作，落实责任制，切实抓好食堂食品卫生、幼儿在园活动及接送、交通、消防、疫情防控等安全工作；同时加强教师队伍管理，建立健全规章制度，注重培养提教师提升整体素质，提高保教保育质量。在家园共育方面，幼儿园与家庭多沟通，协作教育引导，矫正不良行为，做好共育。幼儿园、幼儿家庭、社会三位一体，齐抓共管，取得较好成效。该幼儿园办园质量较好，受到家长好评、社会肯定及领导赞扬。

（鲘门中心幼儿园　供）

小学

市直属小学

【**深圳小学**】深圳小学占地 116229 平方米，建筑面积 27071.56 平方米，是市教育局唯一一所直属的全日制六年制完全小学。该校图书馆（室）藏书 8.25 万册。学校固定资产总值 5146.49 万元，全年教育经费投入 5502.91 万元。其中，信息化经费投入 288.50 万元，拥有计算机 573 台，多媒体教室座位 250 个，校园网出口总带宽 2040Mbps，数字资源量 31.7GB。校内有普通教室 42 个，专用教室 19 个。教职工共 125 人，其中，高级职称 9 人、中级职称 59 人；专任教师 116 人，包括特级教师 2 人，深圳市名教师、骨干教师 2 人；本科及以上学历 125 人。该校开设教学班 42 个，目前在校生 2154 人。

2020 年，学校在市委教育工委、市教育局的正确领导下，按照先行示范的标准，永葆“闯”的精神、“创”的劲头、“干”的作风，奋力实现“幼有善育、学有优教”，力争在基础党建工作、队伍建设、课程系统构建、创新人才培养和爱国主义教育等方面做出特色，争做小学教育的先行示范者。

德育工作方面。学校大力弘扬胸怀祖国的爱国精神：疫情期间，坚持每周线上晨会，以全面落实“立德树人”的根本任务，以“爱国主义教育”为核心，围绕社会主义核心价值观，以丰富多彩的实践活动为载体，狠抓学生养成教育；10 月 13 日，学校承办了“百校”庆“百年”红领巾火炬接力启动仪式。此外，学校还加强社区家长学校、家庭教育指导服务站点建设，充分发挥学校主导作用，密切家校联系。

2020 年 9 月 1 日，深圳小学北校区启用仪式暨新学期开学典礼

（深圳小学　供）

课程综合改革方面。2020 年度学校继续以项目化学习为抓手，积极推进学习方式的变革，推动“深度学习”的理论探索。学校开展了“华园大讲坛”之项目化学习专项实践分享活动，发挥优秀教师发挥辐射作用，安排专项学习，组织安排专题讲座和论坛。在引领各学科组展开项目化学习的同时，学校积极安排和组织 35 岁以下青年教师做基于项目化学习的先锋，努力实践，进行面向全校的成功案例分享和交流。

教育教学质量方面。因受新冠病毒疫情影响，学校以线上与线下相结合的方式开展教育教学活动。学生居家学习期间，各科老师引导学生有序开展项目化学习，实现了全学科、全学段、全覆盖开展项目化学习活动。学校也因此获评“深圳市 2020 年中小学在线教学工作先进学校”。　（深圳小学　供）

福田区

【**莲花小学**】建于 1993 年。占地面积 9964 平方米，建筑面积 9203 平方米，绿化生态园 500 平方米。

学校教学设施齐全。全校 32 间教室、14 间功能室全部配备标准的教学平台。校内拥有开放型书吧 4 个、标准篮球场 1 个、练习篮球场 1 个、720 平方米的羽毛球馆一个，同时设有棒垒球、足球、网球训练场地。该校在编专任教师 88 人，其中博士研究生 2 名，硕士研究生 14 名，本科学历 55 名；中共党员 39 名，35 岁及以下青年教师 37 名；高级教师 8 名，中级教师 59 名。教师职称、年龄、学历结构逐步改善，师资队伍、干部队伍结构合理；广大教职员工乐学习、善思考，对学校有着很高的认同感和归属感。该校先后被评为全国生态文明特色学校、全国生态环境教育百强学校、全国网球特色学校、中国高尔夫发展计划试点学校、中国教育信息化首批创客教育学校、中国 STEM 教育实验种子学校、国家级网球实验基地、广东省红领巾示范校、广东省一级学校、广东省安全文明校园、广东省绿色学校、深圳市教育工作先进单位、深圳市文明单位、深圳市依法治校示范校、深圳市文明校园、深圳市园林式单位、深圳市书香校园、深圳市足球特色学校、深圳教育改革创新大奖年度最具社会影响力教育公益项目学校、福田区中小学课程建设示范校、福田区首批课程建设基地学校等，还曾获 2019 青少年棒垒球锦标赛全国总冠军。学校取得了较高的教育效益，赢得了很好的社会声誉。

该校坚持“为学生发展奠定人生根基”的办学理念，以“莲花新课程”谱系作为核心载体，确立“两翼并举”课程发展观，构建“四大课程群”，把知识拉近学生，使学校接通社会，让教育融入生活，坚持全员全程全面育人，为学生发展奠定人生根基。2020 年，学校积极推进“莲花新管理”功能彰显行动，坚持学校综合治理人本观；全面开展“莲花新园丁”专业成长行动，全面加强队伍建设精英观；增速强化“莲花新课堂”教学改革行动，全面施行课堂改革高效观。

2020 年是莲花小学彰显德育自信的一年。德育工作回归生活，做到全程育人。“莲花新精神”七心德育启航行动得到社会各界的大力褒奖，学校荣获“广东省红领巾示范校”称号。

2020 年是莲花小学坚定课程自信的一年。“莲花新课程谱系”借助“系统建构，两翼并举”的课程发展观，基于新时代要求、基于学生核心素养、基于教师专业发展、基于学校所处的区域优势和地域资源、基于未来人才的培养需求，结合新课标进行统整思考。450 人次学生在国家级、省级、市级、区级等各项比赛中获奖。

2020 年是莲花小学突显文化自信的一年。“莲花新图腾”文化品牌行动优化完善。学校环保教育继续推进，荣获“2020 全国生态环境教育百强学校”。

在未来的日子里，学校将继续优化“莲花新评价”体系变革行动，完善“莲花币”综合素养评价

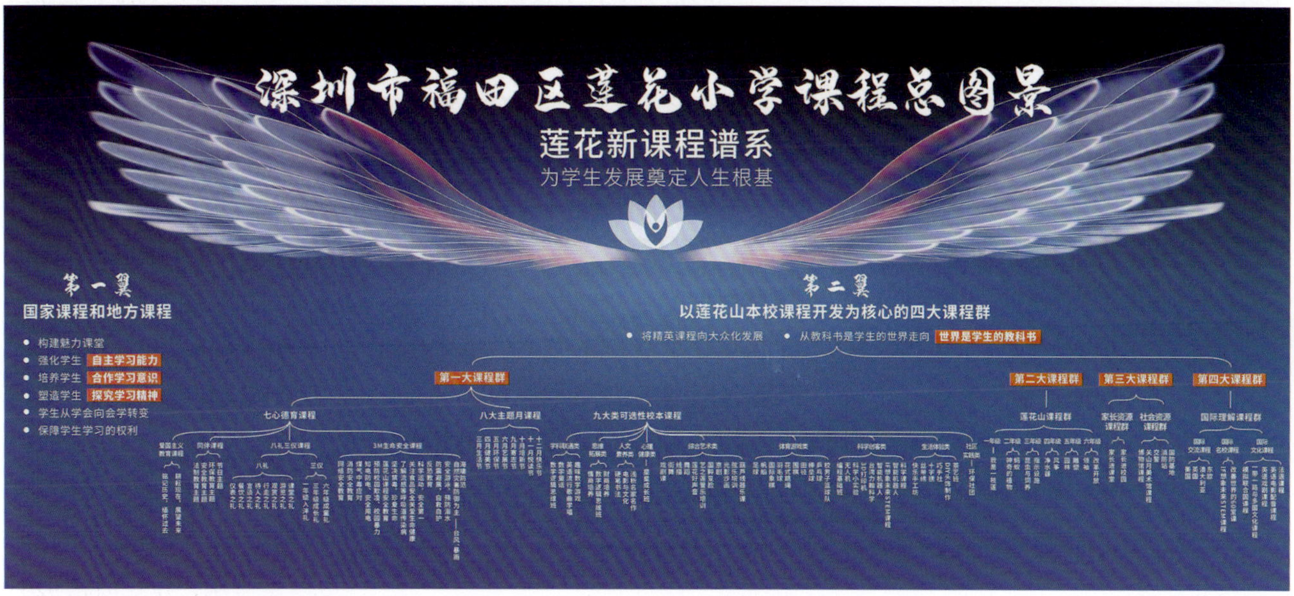

莲花小学“课程总图景”　　（莲花小学　供）

制度；关注学生的全面成长，促进学生养成良好习惯；形成家校合作的快速响应机制，助推莲花教育高质量发展。（莲花小学 供）

【福民小学】为广东省一级学校。占地面积1.3万平方米，建筑面积1.76万平方米，运动场面积6000多平方米。学校现有教学班44个，学生1960人。全校教职工共119人，其中本科及以上学历99人（硕士33人、博士1人）；高级职称8人，中级职称39人；区级以上名师（学科带头人）17人。学校有名师工作室3个。该校以“用智慧的钥匙开启成长之门”的办学理念，遵循尊重个性、悦纳差异、培养自信、激发潜能的教育原则，以创建爱心校园、书香校园、绿色校园、智慧校园、科技校园、梦想校园为办学目标，全员育人，科研兴校，办学水平和办学效益得到跨越式发展。2005年，该校被评为广东省一级学校，此后相继获得广东省绿色学校、广东省现代教育技术实验学校、广东省书香校园、广东省校本培训示范校、福田区质量检测结果应用实验基地校、福田区首届“品牌课程培植对象”、“DI示范学校”深圳市第一批“中小学人工智能教育项目”实验学校等称号。该校为广东省师资重点培训基地。学校以“融合＋体验”为课程开发理念，搭建“成长之门”的课程体系，构建具有福民特色的课程文化。在“融合＋体验”的课程理念下，学校构建了启智课程、礼德课程、生活课程、健康课程、艺术课程和创新课程等六大核心课程；通过学科融合以及项目式学习方式把国家课程、地方课程、校本课程进行深度融合。该校以关注每个人成长、激发每个人潜力为宗旨，不让一个孩子掉队；以培养核心素养为目标，为学生成长打下扎实的基础。在2019年全国基础教育质量监测现场会中，学校展现出的艺术教育水准与学生的艺术素养表现得到了高度的认可，获得了广泛的好评。学校注重教师团队建设，关注教师专业发展，通过多种方式打造教师的学习型组织。在融合＋体验课程理念的指引下，学校教师专业能力专业素养不断提升，学生创新精神和实践能力显著增强。通过重构学校文化，营造良好的育人环境，学校校风好，学风正。

（福民小学 供）

【百花小学】位于福田区百花六路25号，创办于1991年，占地面积8017平方米。2010年，该校完成校舍整体重建，重建后学校校舍总建筑面积为1.36万平方米。2020年9月，南校区在紧邻学校的百花四路建成。南校区教学教辅用房齐全、设施设备先进。全校有教学班44个，学生2100多人。教职工120多人，其中特级教师1人，中学高级教师12人，市、区学科带头人和骨干教师26人，师资力量雄厚。学校努力践行“以人为本、和谐发展”的办学理念，致力于培养具备“健美身、科技脑、人文心、中华情”的新时代人才。学校通过实施“全面发展、自主发展和个性发展”的教育策略，推进跨越式发展。2020年春季学期，学校克服各种困难，顺利完成了充满挑战的“线上教学”任务，返校复课后又在疫情防控中开展常规教育

2020年秋季学期，百花小学南校区举行启用仪式（百花小学 供）

教学；在确保全体师生健康平安的前提下，顺利完成了各项工作任务。2020年秋季学期，学校新建的南校区正式启用，各方面工作取得了累累硕果：成功举办了第22届校运会、第22届艺术节和语文周及各项教育教学教研活动；4个区级、9个校级立项课题顺利结题；广大师生在参加各级各类比赛中取得优异成绩；1个少先队中队荣获全市"优秀中队"，1名学生荣获"福田好少年"称号。学校还荣获福田区"消防安全工作先进单位""文明校园创建示范校"、深圳市"全国文明城市创建先进单位""少先队红旗大队"、广东省"书香校园"和教育部"新时代好少年"主题教育读书活动"我为祖国点赞"先进集体等称号，并获"最美图书馆"提名奖。

（百花小学　供）

【福田区教育科学研究院附属小学】位于福田区西北部，南畔深圳湾、西临世界之窗等旅游胜地。占地面积1.6万平方米，建筑面积1.3万平方米。学校教学设施齐全，配置全部达到广东省中小学规范化办学标准，是一所现代化、信息化、国际化的学校。该校坚持"把根扎深，把梦做大"的办学理念，以"办一所森林中的新学堂"的优质学校为办学目标，"让每一个生命精彩绽放"。学校师资力量雄厚，教学资源丰富，由"南粤优秀教师""广东省中青年骨干教师""广东省优秀大队辅导员""深圳市第六届党代表""小学语文学科高级教师、首席教师"刘锐娟担任校长。教职员工共87人，其中高级教师7人，省级优秀教师2人，福田区年度教师2人，省、市、区骨干教师20余人。学校以"课程"为抓手，从综合素养出发，建构多元生长的课程体系。该校独创的"新学堂、活课程"，让其在短时间内实现了跨越式发展，成为"薄弱走向优质"学校的典范。学校将国家课程和校本课程有机整合，建构了由品性养成课程、学科素养课程、多元自主课程和七彩节日四大课程组成的课程体系，具有了全面性、整合性、自主性三大特色。课程目标直指学生核心素养的培养，体现的是立德成人、立身成才、立志成功的全面育人的教育思想。该校借助课程的研发与实践，承担了省、市、区级多项课题，编写了校本教材《快乐学吟诵》《好诗咏相传》《爱上数学》《阅读经典》《科科和晓晓的一年级》《附小评价手册》等。此外，学校还形成了体系化、动态化的评价方案。优质的课程，不但促进了学生的全面发展，更得到了家长的认可，受到了社会和同行的好评，在福田区、深圳市乃至全国都产生了一定影响。中央电视台、《中国教育报》《南方都市报》《晶报》《深圳晚报》等50多家媒体专题报道过学校的课程改革。

"让队员学会自主管理"的教育理念，给这所学校注入了新的活力，让每个生命向阳生长。少先队建设特色鲜明，"动感中队"充满活力，"红领巾"学习氛围浓厚；各类节日精彩丰富，中国传统文化唾手可得；50多门自主课程、10多个社团精彩纷呈，不同年级队员可共同交流碰撞。学校大力推进少先队改革，通过全方位、多渠道地开展形式多样、富有仪式感的少先队活动，不断增强少先队员的光荣感和使命感。"红领巾与名家相约国学梦""少先队大手拉小手"活动、晨会展示等，让少先队员的才能得到展现、胆量得以提升，德育教育也借此生根落地。该校被评为"广东省书香学校""广东省教育科研基地""深圳市教育先进单位""深圳市教育科研基地""深圳最美诵读实验校基地"等。深圳市人民督导室经过督导评估认为，学校是由"薄弱学校转变为新优质学校"的典型，并于2017年12月在学校召开了全市校长现场会，推广学校转变的经验。这也吸引了全国各地的学校校长和教师络绎不绝地到参观学习。

2020年11月，成功举办全国体育体能展示活动；2020年12月，荣获福田区首批"AI赋能教学实验学校"；2020年，被评为"全国足球特色学校""全国活力篮球师范学校""深圳市红旗大队""深圳教育改革创新大奖"之"年度阅读典范学校""深圳教育先行示范项目"之"德育特色示范学校"等。

（福田区教育科学研究院附属小学　供）

【荔园小学（荔园教育集团）】为首届全国文明校园·福田区首个小学教育集团，是一所与深圳特区共同成长起来的40年品牌学校。集团各校区占地面积共计4.88万平方米，建筑面积4.43万平方米，运动场面积4.26万平方米。荔园教育集团目前共有通新岭、百花、玮鹏、众孚、园岭五个小学分校区，共有139个小学教学班，在校小学生共5956人，教职工384人；幼教部有百花校区附属幼儿园及众孚校区附属幼儿园，共21个幼教班级，在园幼儿共703名，教职工112人。集团全体教职工496人，其中本科及以上学历362人（硕士56人）；高级职称31人，中级职称178人；特级教师3人，区级以上名师（学科带头人）97人。该校有名师工作室6个。现已是深圳市规模最大、办学条件最为优越的学校之一，其优良校风和优质的教育得到了政府和社会的高度认可。

该校坚持“好学力行、朴素圆融”的校风，贯彻开放、多元现代课程理念，构建荔园“圆融课程体系”，建立起了学校课程体系的合理结构，修订和完善了学校的各项管理制度，构建起现代学校治理体系的理念框架与内容。学校以先进的理念为指导，开展学校的各项工作，开发并在使用的校本课程有近80项。同时，集团各校区坚持开展“三周三节”（语文周、数学周、艺术节、体育节、科技节、英语周），班主任工作论坛、青蓝工程（教学开放）等校园活动，形成了文明校园、智慧校园、活力校园、艺术校园、书香校园、质量校园、开放校园和平安校园的“八大校园”办学特色，得到了社会的广泛赞誉和关注。

荔园人以“追求卓越”的精神、“求真务实”的作风，使学校迅速发展，取得了令人瞩目的办学成果：获评“首届全国文明校园”“全国体育工作示范校”“全国中小学舞蹈教育传统校”“全国红旗大队”等荣誉；尤其是2019年成立荔园教育集团以来，学校先后获得“全国活力校园”“全国象棋特色学校”“全国攀岩特色示范校”“全国语文主题学习项目示范学校”“深圳市年度集团化办学典范学校”“深圳市教育先进单位”“深圳市集团化办学示范单位”“深圳市教育创新示范学校”“深圳市福田区首批课程建设基地学校”等荣誉称号，并荣获“福田区首届红树林奖”。

（荔园小学　供）

【**荔园外国语小学**】原隶属于荔园小学，是福田区第一所外国语学校。该校原来只有东、西两个校区；2019年7月，狮岭小学并入该校；2019年9月，天骄校区正式招生；2020年5月，水围小学并入该校；2020年6—8月，东校区、西校区、狮岭校区、水围校区四个校区分别成立附属幼儿园；2020年9月，高科技预制学校深南校区投入使用。目前，该校形成了“六校四园”的办学规模，下设六所公办、全日制完全小学，四所公办、全日制幼儿园共十个办学单位。该校被评为广东省一级学校、省绿色学校、省红领巾示范校、深圳市文明单位、市广播体操标兵（传统）学校、市书香校园和市德育示范学校，并荣获市最佳办学效益奖和福田区区长质量奖。近年来，学校教育教学成绩卓著，被评为教育部第三批国防教育特色学校、中国少年科学院科普教育示范基地、广东省少先队红旗大队、深圳市教育工作先进单位、深圳教育改革年度示范学校、深圳教育改革创新大奖年度国际化典范学校、南都传媒年度最具变革力学校、福田区首批课程建设基地学校、福田区科技创新教育先进单位和福田区素养奠基课程教研示范校。学校英语科组连续三年分别荣获北外国际外语特色课程教研组“最具潜力奖”“探索钻研奖”和“群策群力奖”，“语文素养”和“数学思维”课程双双获评深圳市好课程，“小学英语TBC绘本课程”获评福田区首批品牌课程，各校区语文、数学、英语、科学、音乐、美术、体育等17个科组先后被评为福田区优秀教研组。该校以“自然生长”为校园文化的核心理念，把“做一棵挺拔的树”作为校训，孕育“健康 正直 向上 有力量”的校风、“把教育做到孩子心里去”的教风和“自由健康地呼吸、快乐创意地思考”的学风。

“自然生长的教育”这一教育理念由柳中平校长在2014年率先提出并在原荔园外国语小学进行了6年的实践，它着力培养学生适应未来的五大能力，即语言表达与交流能力、文化感知与理解能力、问题思考与解决能力、综合创意与表现能力、思辨分析与批判能力，学校基于这一理念开发了语文素养、数学思维、英语特色、综合创意、家国情怀和思辨能力等六大校本课程。

在2014中至2016年福田区引进的第三方（上海思来氏PCDP儿童发展评估报告）教学质量综合跟踪评估中，该校学生在“学科整体发展”、“学习基础素养”等方面均达到“既优质又均衡”的高水平，在“注意力”“逻辑力”“理解力”和“精细动作”等维度发展达到“领先同龄学生”水平。2019年，学校在原有校本课程系列的基础上，继续探索学习方式的创新，展开了一系列项目式综合学习研究。融合各个学科特点的PBL项目，荣获了深圳市福田区PBL项目式学习学生赛事特等奖和一等奖。疫情“停课不停学”期间，学校创新性地提出家庭“项目式”自主学习，在家庭环境中推行“项目式”综合学习，培养学生自我管理时间、学习方式融合及解决问题的能力。在这一特殊环境下进行的学习模式的变革，将教育“危机”转变为“契机”，成功打造了教育新生态。为提升教师的专业素养、促进学校的快速发展、培养文化认同感，学校打破学科和校区界限，成立了“七彩树”教师专业发展共同体，实行双导师制，发展共赢互长，培养最优质的教师资源，让学校教育教学呈现生机盎然的新气象。

2020年7月，柳中平校长在充分实践的基础上进行高度提炼和概括，创新性地定义“自然生长的教育”，即在自然状态的环境中，创设贴近儿童生命自然的教育情境，引导儿童找到属于个体的生长点，从而激发其内在生长力的教育。“自然生长的教育”不但促进了六校四园的教育统整，而且在不断发展中得以丰富和完善。

（荔园外国语小学　供）

【**园岭小学**】建于1984年，位于福田区园岭新村二街2号。占地面积9443平方米，建筑面积1.42万平方米。该校是一所“品牌响亮、特色鲜明、质量一流”的特区窗口学校。学校现有教学班36个，学生1800人。教职工共116人，其中特级教师3人，高级教师13人；研究生学历14人，本科学历93人，本科以上学历的专任教师达95.3%；国家级骨干教师3人，绿色通道引进教师6人，区级以上名师83人次，全国优秀教师2人，深圳市名校长1人，福田区杰出人才2人，福田区首席教师2人，全国少先队名师1人。学校有全国名辅导员工作室1个，广东省名师工作室2个，深圳市名教师工作室1个，福田区名校长、名师工作室2个，深圳市教帅培训基地3个，深圳市好课程3个，福田区品牌课程2个，市区各工作室成员44人次。学校始终坚持以“为每个学生的幸福人生奠基”为办学理念，以“敢为人先、追求卓越”的园岭精神为核心价值追求，着力建设“让读书成为一种生活习惯，让研究成为一种工作方式，让创新成为一种专业自觉，让教育成为一种人生追求”的教师文化；合力塑造“不比阔气比志气，不比聪明比勤奋，不比基础比进步，不比眼前比长远”的学生文化。儿童版画、智能机器人、校园足球及群文阅读等特色项目已成为园岭小学闪亮的名片。学校在深圳市办学水平评估中获得专家高度肯定，被称为“勇立潮头、敢于创新的区域性标杆”。

全校师生秉承传统，扎实工作，使学校荣获“全国文明单位”“广东省一级学校”“广东省依法治校示范校”“深圳市首批教育科研基地学校”“全国青少年校园足球特色学校”“深圳市中小学美术书法特色学校”和“深圳市中小学心理健康教育特色学校”等70余个集体荣誉称号或奖项。2020年，学校又获“全国文明校园”“年度教育改革创新领跑学校”“广东省教育教学成果奖（一等奖）”和“福田区首届红树林奖—素质教育的模范实践者”等重要荣誉。

（园岭小学　供）

【**益田小学**】位于福田区福荣路4号益田村内，是广东省一级优质学校。该校开办于1996年，改建于2015年。占地面积9765平方米，建筑面积1.33万平方米，绿化覆盖率80%以上。学校有教学班31个，学生1411人。教师80人，其中区级以上名师以及优秀教师占71%，中高级教师占89%。该校实行精细化管理，校园典雅洁净，原创的国际化双语文化氛围浓厚。学校以“为每个孩子的终生幸福奠基”为办学宗旨，在羽毛球、象棋国际象棋和油画三大办学特色的基础上，又努力创设英语和阅读新特色。该校的“益趣”课程体系被评为深圳市好课程，“深港姊妹学校阅读融合课程”被评为福田区品牌课程，“益趣”英语沙龙课程被评为区品牌课程培植对象。学校以爱的教育为抓手，努力倡导高尚师德，营造学习型组织，为师生终身学习与发展服务。2020年，学校羽毛球校队获深圳市中小学羽毛球比赛甲组团体冠军，多名学生获各年级组单双打冠亚军；学校象棋队获广东省“谁是棋王”比赛冠军；三名年轻老师分别参加福田区英语、音乐、班主任能力大赛荣获一等奖、特等奖；师生获市一级奖项多达19项。2020年，在深圳

深国交与益田小学两校学生长期开展“一对三”英语沙龙活动，图为 2020 年 11 月活动场景之一，该课程被评为福田区品牌培植课程　（益田小学　供）

市卫健委、疾控中心、深圳市教育局等多部门的数次的卫生、防控、公厕、安全飞行、党务等多项检查中，该校均获得高度好评，各部门对学校细致到位的安全防控工作表示满意。该校先后被评为“广东省一级学校”“全国语言文字规范学校”“全国中象、国象双特色学校”“广东省书香校园”“广东省绿色学校”“深圳市教育系统先进学校”“深圳市阳光体育运动示范学校”“深圳市智慧校园实验学校”“福田区科技特色学校”和“福田区安全文明学校”等。

（益田小学　供）

【南华小学】 创办于 1987 年 9 月，现有教学班 47 个，学生 2199 人。该校教职工共 137 人，其中研究生学历 15 人，本科学历 110 人；高级职称教师 12 人，中级职称教师 65 人；深圳市名师 2 人，福田区名师 2 人，福田区中青年骨干教师 46 人。由于深港科技创新合作区建设的需要，南华小学所处的南华村正在整体改造，2020 年 6 月，学校临时搬到位于福田区田面村的第三高科技预制学校。学校在以优异的成绩跻身省一级学校行列的基础上，打造了“科技创新教育”“健康教育”“书法艺术教育”三大特色品牌，取得了丰硕成果。该校获得“中国书法艺术教育实验学校”“全国少年儿童科学体验活动示范学校”“中国 / 世界卫生组织健康促进学校（全国金奖）”“广东省书香校园”“广东省群众体育先进单位”“深圳市中小学美术书法特色学校”“深圳市健康促进学校（金奖）”“福田区德育示范学校”“福田区科技特色学校”等荣誉称号，得到了上级领导和社会各界的肯定和认同。

新校区、新思路、新征程。南华小学将以《办学方略》为纲领，对标“双区”教育，唱响“健康发展创造美，美在健康发展中”的口号，建构 AI 赋能的“童心”课程，强调“儿童立场”，关注师生未来，推行“隐形教育”，实施主题学习，促进对外交流，改革评价方式，奋力形成“阅读，是最普惠的学习”办学特色，办一所让师生留恋的学校。　（南华小学　供）

【南园小学】 创办于 1986 年，是全日制普通公办小学，为深圳市中心城区的新品牌学校。目前该校为“一校两区”，东校区占地面积 9158 平方米，建筑面积 1.46 万平方米；西校区占地面积 1.09 万平方米，建筑面积 7663 平方米。学校有教学班 59 个，学生 2901 名。教职工共 173 人，其中研究生学历教师 28 人，本科学历教师 102 人，教师学历达标率为 100%；高级教师 15 名，一级教师 74 名，教师专业职称结构合理；区“首席教师”2 名，区级名班主任 1 名，区级以上学科带头人或骨干教师 26 名；在编 137 人。该校有区级“特色教师工作室”1 个。全校教职工平均年龄 35.2 岁。学校秉持“雅益终生、慧行天下”的教育理念，以“植养典雅气韵，奠基智慧人生”为育人目标。全体教职员工在教育教学中本着“以人为本”、“不唯分数，赢得质量”的价值观，心无旁骛立德树人。学校注重开发课程资源，不断探索、实践、变革“雅慧”体系，树立鲜明的文化品牌，铸造学校的精神和灵魂，营造并形成了良好的教育生态。以“三模”为代表的科技训练已成学校常态。该校为“国家体育总局 720 模型运动基地”，在全国“海模”“空模”和建筑模型以及车模比赛中屡获佳绩。学校以“少儿油画”为代表的美术教育特色彰显。该校是广东省少儿油画教育基地，拥有区美术（油画）特色教师工作室1个，学生油画作品曾作为大运会礼品赠送外宾。学校“椰林文学社”获评深圳市首届“十佳文学社”、全国百家“优秀文学社”，且被列为“中国小作家协会活动基地”，成为“中国人民大学少年新闻学院深圳分院”首个活动基地。该校以戏曲社为代表的艺术教育丰富多彩，成立有合唱团、话剧社、戏曲社，英文剧社、曲艺社等常规社团。在每年一届的校园文化艺术节上，戏曲社学生已经能够演出京剧、豫剧、越剧、锡剧、黄梅戏等剧种唱段，曾受邀赴法国参加“中法建交50周年庆典”演出。该校先后被评为“广东省心理健康教育示范学校”、深圳市和广东省“国际象棋特色学校”，并被列为教育部中国西部教育顾问单位和中国青少年素质教育研究基地。（南园小学　供）

【皇岗小学】始建于1931年，是一所拥有近百年历史的老校，曾被国务院授予“全国教育先进单位”光荣称号。占地面积1.6万平方米，建筑面积1.03万平方米。该校现有教学班32个，学生1407人。教职工共118人，其中：本科及以上学历教师84人（硕士14人）；高级职称8人，中级职称44人；全国优秀教师1人，省级骨干教师2人，深圳市优秀教师3人，深圳市优秀班主任3人，深圳市优秀中队辅导员2人，区级以上名师（学科带头人）6人。学校有区级名师工作室3个，思政工作坊2个。该校以“为培养合格公民打好基础”为办学目标，以“敬德”为校训，秉承“敬业爱岗、立德树人”的办学理念，坚持走“德能并重、特色育人”的内涵发展之路，以“好读书、知礼仪、健身心、远志向”为学生发展目标，设计并实施了“阳光皇岗·七彩课程”，着力打造艺体特色，逐步形成了足球、游泳、软陶为该校特色鲜明的艺体教育品牌。学校足球队成绩斐然，多次在国家、省、市比赛中荣获前三甲，学校也被评为全国足球特色学校，广东省第二批校园足球推广学校；游泳队屡创佳绩，连续九年在福田区中小学比赛中夺冠，近年更是做到了全员普及游泳技能；软陶课程获评“深圳市好课程”，软陶社团被评为深圳市首批中小学优秀社团，软陶作品多次应邀在市、区展示。该校被评为深圳市年度体育典范学校、深圳市教育系统先进单位、深圳市政府办学效益奖、深圳市绿色学校、深圳市安全文明校园、深圳市民身边“好学校”、深圳市体育传统项目学校、福田区德育示范校和福田区公民素养教育示范校等。2020年，学校被评为深圳市家校共育典范学校。随班就读普特融合特色课程、小学科技教育课程及小学心理健康教育特色课程三个项目获评福田区特色品牌项目。（皇岗小学　供）

罗湖区

【深圳市锦田小学】为广东省一级学校，创办于1997年，2019年7月，该校创办“德弘校区”，为深圳市锦田教育集团领航校。学校位于深圳市罗湖区贝丽南路7号，占地面积20401平方米，建筑面积30301平方米，现有61个教学班，在校学生3010人。教职工共171人，其中，高级职称9人，中级职称69人；区级以上名师、骨干教师、教坛新秀21人；本科及以上学历160人（硕士26人）。该校先后建立了16个省市区校名师工作室，教师团队教育教学水平高，教科研能力较强。2013年起，学校开展新生活教育试验，办学成果显著；2018年1月，深圳市锦田教育集团成立。学校教育教学场景丰富，是一所面向未来的学校。

作为第一所新生活教育的样板校，学校先后获得全国中小学校园足球示范校、全国青少年校园足球特色校、世界卫生组织“健康促进金牌学校”、广东省首批书香校园、广东省校本培训示范学校、广东省中小学校长培训实践基地学校、广东省红领巾示范校、广东省安全教育基地学校、广东省食品安全示范单位、广东省红旗大队、广东德育示范学校、广东省艺术特色学校、广东省信息化中心学校建设成效优秀学校、广东省网络安全示范校、深圳市中小学智慧校园示范校、深圳市教育系统先进单位、深圳市教育云项目教学应用试点学校、深圳市学生综合素养培养试点项目学校、深圳市体育传统项目（足球、击剑）学校、深圳市四点半试点学校、深圳市中小学生微公益行动“双十佳项目”学校、深圳市创客实践基地、深圳市中小学3D技术实验室项目学校、深圳市少先队先进学校、深圳市少年工程师教育基地和深圳市少年工程院等荣誉称号。

（深圳市锦田小学　供）

【螺岭外国语实验学校】 为广东省一级学校。占地面积2.59万平方米，建筑面积2.51万平方米。2018年6月，该校成为罗湖区螺岭教育集团领航学校。该校有校区2个，教学班96个，学生5067人。专任教师共297人。其中高级职称26人，中级职称184人；区级以上名师（学科带头人）35人；本科及以上学历294人（硕士54人，博士4人）。学校秉承“在生活中体验，在创造中发展”的办学理念，全面发展素质教育，坚持“教育以育人为本、办学以教师为本、教学以质量为本、课堂以学生为本”，以“五大行动”为抓手，坚持目标导向、问题导向、需求导向、质量导向，通过课程化、活动化、内涵化，促进学校的特色品牌朝纵深方向发展。本着“办精品教育、育名优教师、培养国际人、追求让师生们过一种幸福而完整的教育生活”的办学目标，今天的螺岭倾力将学校建设成为示范一方的现代化、国际化、创新型学校，并为罗湖教育系统培养一批优秀的校长、名师队伍。学校先后荣获全国中小学外语教研工作示范学校、中华优秀传统文化进校园示范校、全国校园环境文化艺术先进学校、广东省教育系统先进单位、广东省信息化中心学校、广东省德育示范学校、广东省中小学心理健康示范学校和广东省红领巾示范校等荣誉称号。（邹　毅）

【深圳市水库小学】 为首批广东省一级学校。占地面积2.16万平方米，建筑面积1.5万平方米，运动场面积6000多平方米。该校2019年12月成为罗湖区首批中小学“好校园”学校，2020年更是迎来了建校一百周年华诞。现有教学班50个，学生2435人。学校有教职工142人，其中，高级职称12人，中级职称82人，特级教师1人，区级以上名师21人；本科及以上学历129人（硕士17人）。校内有名师工作室2个。

学校秉承“最充分发展学生，最优质服务社会”的办学理念，全力打好“平安牌”“优质牌”“特色牌”“效益牌”，积极探索发展特色的新路子，全面实施以“环保教育”为突破口、以可持续发展为核心的“科学”与“人文”相融合的“绿色教育”，促进学校、教师、学生的可持续发展，形成了鲜明的办学特色。水库人努力开创自己的“六为”课堂教学特色：以学生为主体，以发展为核心，以活动为载体，以情趣为动力，以实练为主线，以创新为出路。在全面实施科研兴校的战略中，学校为每个孩子提供合适的课程，构建水库“小浪花”课程体系，正式出版了《学校课程发展实践范式》。该校的“科技创意”“共生阅读”“艺体教育”和“体验式德育”四大教育亮点广获肯定。

近年来，学校不断做实“四大一节”（大阅读、大体育、大创客、大艺术、英语节）与“国旗下展能”活动品牌，全面提升学生综合素养。校内有管弦乐团、合唱团、非洲鼓乐队、舞蹈队，纸艺工作室、创意画工作室，校园田径、足球、羽毛球、“三棋”等数十个学生体艺社团，为学校扎实推进“一生一体艺”计划提供条件。水库学子“全面＋特长”的良好素质，更是深受各中学的欢迎。

学校曾先后被评为全国雏鹰大队、全国小公民道德建设先进单位、全国德育实验学校、全国青少年校园足球特色学校、全国新课程师资培训先进单位、教育部全国科学教育规划课题实验学校、广东省绿色学校、广东省中小学教师培训实践基地、深圳市办学效益好学校、深圳市教育先进单位和深圳市文明学校。（刘振雄）

【深圳市布心小学】 创建于1988年3月，为广东省一级学校。学校坐落在深圳市东湖之畔布心花园内，占地面积11400平方米，建筑面积8945平方米。2020年11月，学校改扩建项目正式启动，总投资约3.53亿元，总建筑面积约4.5万平方米，建成后，崭新的校园将为学校赋能添翼。学校现有教学班37个，学生1942人。教职工共112人，其中，中高级职称1人，高级职称11人；特级教师2人，区级以上名优教师33人；本科及以上学历108人（硕士17人）。学校以“厚德敏行”为校训，以“让每个孩子的梦想花开”为办学理念。教师忠于教育事业，矢志成为学生灵魂的守望者；学生从小养成良好习惯，立志成为有梦想、有健康、有智慧、有担当的一代新人。学校以“布道于心、厚德敏行”为校园文化标识，打造“善良、微笑、坚持”三张名片；以“心育”课程建设为核心，以“梦想教育”为龙头，以“信息化建设”和“项目化学习”为两大抓手，推进“七色花、七彩路、七色光”三类校本课程，实施“大阅读、大体育、大艺术、大创客”四大行动，引领学生实现“一流好品行、一生好习惯、一个好心态、一身好体魄、一项好才艺、一副好口才”六个发展目标，形成缤纷大体育和智慧校园两大办学特色。该校男子足球在深圳市年度小学生校园足球比赛上两度获得市冠军。学校先后荣获首批全国青少年校园足球特色学校、首批全国青少年校园篮球特色学校、国家级健康促进学校（金牌）、广东省基础教育研究试验基地学校、广东省书香校园、广东省信息化中心校、广东省基础教育信息化融合创新示范培育推广项目学校、深圳市教育系统先进单位、深圳市德育示范校、深圳市智慧校园等荣誉称号。（刘　莹）

2020年10月30日，深圳市罗湖小学被授予首批粤港澳姊妹合作实验学校

（深圳市罗湖小学　供）

【深圳市罗湖小学】创办于1937年，现隶属于罗湖区翠竹教育集团。学校占地面积5949平方米，建筑面积11306平方米。截止至2020年，学校拥有容纳260人的报告厅、包括6个羽毛球场的羽毛球馆、图书室、智慧教室、美术室、计算机室、科学实验室、音乐室、舞蹈室等，功能场室较为齐全。该校现有教学班28个，学生1360人。教职工共83人，其中研究生学历8人，本科学历65人；副高级职称教师4人，高级职称教师25人，中级职称教师23人；广东省名师工作室主持人1人，市级学科带头人1人，区骨干教师3人。校内有区名班主任工作室2个，校级班主任工作室2个，校内儿童阅读研究工作室1个。学校以“让爱充满校园，用心成就未来”为办学理念，贯彻“与人为善、仁爱豁达”的校训，打造“向上向善、共享共创”的校风、“循循善诱、教而不倦”的教风、“彬彬有礼、学而不厌”的学风，努力实现“用关爱的力量，培养温暖的孩子，打造滋养型学校”的发展愿景。学校从学雷锋的校史出发，不断完善新时期学雷锋“五品—五行—五星”文化体系，日常围绕五种核心品质开展五种育人行动，以力行课程、钉子课程、百宝箱课程等课程体系，培养师生向党、向上、向美、向阳、向俭。学校通过明德星、启智星、博雅星、健体星和劳动星“五星”多维度评价学生，打造少先队争章机制。校内党建引领，落实立德树人教育根本任务，通过精准课堂、多元课程、质量课后服务达成学生综合素质养成；校外家校社联动，打造亲子义工队、“童心桥”公益项目。学校现有国家级课题1项、粤港澳姊妹学校课题1项、区级课题46项、学生课题11项。该校先后获得全国学雷锋先进单位、广东省“少先队先进学校”、深圳市“少先队红旗大队”、深圳STEM教育典范学校、德育特色示范学校、科创特色示范学校等荣誉称号。（蓝陈平）

【深圳市安芳小学】创办于2012年9月，先后荣获深圳市教育系统先进单位、深圳市绿色学校、深圳市少先队红旗大队、深圳市体育传统项目学校（跆拳道）、深圳市艺术教育特色示范基地、罗湖区德育管理先进单位等荣誉称号。学校占地面积9041.73平方米，建筑面积5680.67平方米，建有1个200米塑胶跑道及田径运动场、2个篮球场。校内有多媒体教室21间，功能室5个。学校环境优雅，视野开阔，设施齐全，是学子求知的理想场所。该校有21个教学班，983名学生。全校教职工共61人，其中高级职称5人，中级职称25人，区级名师1人，区级骨干教师4人，区级教坛新秀6人；教师学历达标率100%，13人为研究生学历。在“求真、向善、尚美——为孩子的健康发展奠基”的办学理念引领

2020年12月15日，安芳小学参加罗湖区第三届英语文化节展演，荣获优秀组织一等奖、青春活力奖和最佳服装台风奖　　（深圳市安芳小学　供）

下，学校以“本真教育”引领学校办学方向，以“善心教育”引领学生“塑纯善心灵，做合格公民”，使每个师生都浸润在“向善”的文化环境中。

学校依托五大节（体育节、艺术节、创客节、阅读节和英语文化节），着力打造“七彩课程”，精心打磨六大板块社团课程（“语言交流”、“自我与社会”、“科学与探索”、“艺术与审美”、“运动与健身”和“逻辑与思维”），开设了软陶、书法、剪纸、版画、合唱、舞蹈、古筝、射箭、羽毛球和健美操等近30项社团课程，为学生成长搭建了多彩的舞台，让每一个孩子都拥有多彩的童年，全面推进素质教育。

2020年度，学校先后获得2019–2020年度“深圳市少先队红旗中队”称号、2019–2020学年“罗湖区教育系统先进单位”称号、罗湖区中小学第三届大创客节优秀组织单位奖、罗湖区第三届英语文化节优秀组织奖、罗湖区第38届中小学田径运动会乙组团体总分第三名；此外，学校教师共获市级奖项3个，区级奖项84个；学生获省级奖项6个、市级奖项3个、区级奖项195个。

（深圳市安芳小学　供）

【**深圳市莲南小学**】为广东省一级学校。1994年9月建校，占地面积1.56万平方米，建筑面积1.76万平方米。该校有校区2个，教学班45个，学生2249人。教职工共127人，其中高级职称9人，中级职称67人；特级教师1人，区级以上名师19人；本科及以上学历120人（硕士19人）；名师工作室1个。学校以“自然扎根、自在舒展”为办学理念，形成了自然教育、中华诗教、体育教育三大办学特色。

学校依托仙湖植物园，开展“走进仙湖植物园”系列自然教育课程，其中，“万物启蒙·苔”“仙湖植物园导赏”等自然环保课程深受学生欢迎。2020年11月16日，万物启蒙《苔》读本在莲南小学莲馨校区揭牌仪式现场隆重发布。

学校着眼学生核心素养，构建“根植自然，芬芳未来”课程体系；在认真落实国家课程基础上，建立集课程开发、课程实施、课程评价于一体的较完善的课程体系。学校积极响应罗湖区深化教育改革，推进“课堂革命”，2020年荣获“深圳课堂革命示范学校”称号。

该校教师、第十四届全运会冠军罗攀带领的毽球队于2020年10月获得广东省第十三届毽球锦标赛冠军。

学校篮球、足球、羽毛球、三棋、网球、武术、跆拳道等多个体育社团在市区级比赛获奖。学校提炼出“1+10”中华诗教课程体系，

2020年10月7日，莲南小学教工毽球队荣获广东省第十三届毽球锦标赛冠军　　（莲南小学　供）

有荷吟唱团多次应邀参加市区级大型活动。学校舞蹈队、有荷吟唱团和“马勺脸谱”工作室、“立体剪折纸”工作室等艺术社团和工作室深受好评。该校先后获评全国网球特色学校、广东省巾帼文明岗、深圳市全民阅读示范单位、中华诗教深圳示范区试点学校、深圳传统体育项目学校、深圳市自然教育示范校等多项荣誉称号。

（深圳市莲南小学　供）

【深圳市螺岭教育集团怡景小学】 1998年被评为市一级学校，2018年9月加入深圳市螺岭教育集团。占地面积7986平方米，建筑面积7234平方米。学校有教学班21个，学生978人。全校教职工共61人，其中本科及以上学历60人（硕士6人）；高级职称5人，中级职称36人；市级优秀教师6人、区级教坛新秀、学科骨干5人、区级以上名师1人。学校有名师工作室1个。坚持“五育并举、立德树人”的育人理念，坚持“人本主义”和“新生活”教育思想，坚守“怡景至美、怡人至善”的核心价值，构建“怡景新六艺”课程，实施诗意化教育，让教育变得柔软而优雅、自由而美好、灵动而富有情趣。该校以中华优秀传统文化及传统体育项目（羽毛球）为特色，开展“五节”（金秋阅读节、文化艺术节、体育文化节、大创客节和英语文化节）、“五周”（新生体验周、心理健康周、学科兴趣周、安全教育周和毕业感恩周）活动、“传统文化特色活动”（一年一度的孔诞开笔礼、一周一次国学文化为主题的国旗下展示、经典翘楚榜考核、中华传统节日孝亲活动和校长杯羽毛球赛）活动，形成怡人校园、传统文化和羽球运动三大办学特色。学校先后获得“全国雏鹏160优秀小队”、“广东省优秀少先队大队”、“深圳市花园式、园林式学校”、“中国/世卫组织健康促进学校（银牌）”、“深圳市绿色学校”、“深圳市德育实践基地”、“深圳市办学效益好学校”、国学经典教育实验基地、智慧教育工程实验校、深圳市体育传统项目学校、中华诗教深圳示范区试点学校和深圳市传承传统文化示范校等荣誉称号。

（深圳市螺岭教育集团怡景小学　供）

【深圳市翠北实验小学】 创办于1986年，2013年成为罗湖区第一所综合性实验学校。改扩建后占地9513.66平方米，建筑面积20233.52平方米，运动场占地面积4058平方米。现有49个教学班，2357名学生。学校教职工132人，其中，专任教师130人；高级职称7人，中级职称78人；特级教师2人，区级骨干教师6人；深圳市名班主任工作室主持人1人，区名教师工作室主持人2人，区名班主任工作室主持人1人；本科及以上学历105人。图书馆藏书7.8万册，人均33.4册。2018年9月，以该校为龙头，包含草埔小学、水田小学和东昌小学的翠北教育集团成立。

借由深圳市争创儿童友好型城市的契机，李巍校长提出该校要坚持“儿童，让世界更美好”“敬畏儿童”的儿童观，以“做有美感的教育”为使命，赋能父母和教师，让儿童爱上学、想回家，办一所儿童友好型学校、建设一个儿童友好型教育集团。为达成家校共育翠北范例的愿景，该校正着力打造三张品牌，即：“灯火通明的父母夜校”“永不落幕的读书月”和“天天都是体育节”。

在三年多时间里，“父母夜校”开展76期线下课、41期线上课，众多家庭教育专家进行系列授课，唤醒了家长科学养育的内在自觉；学校系统研发“课程超市”，有效促进有深度、有边界、有成效的家校共育路径的探索。该校课程构建机制健全，指向清晰、措施得当、行动有力。学校集结骨干教师、家校共育中心的优秀父母代表，成立“百人正面管教讲师团”，培养家庭教育培训师。

“课程超市”的“产品”丰富且“营养”：家庭教育指导沙龙、家庭教育书籍品读会、正面管教工作坊、“老猫”书香下午茶、爸爸课堂、开学准备周特色课程、开讲啦等。疫情期间，学校开发了系列《宅家课程》：YU音绕梁音频课、《宅家·美生活》《翠北日记》微视频课程，基本满足不同家庭的个性化需要；家校合作陆续研发出的《童年您好》成长手册、《见字如面》《翠北致谢》书信课程，全方位营造家校共育的氛围，赋能家庭教育。

学校荣获“广东省家庭教育示范校”荣誉称号；2020年5月被全国妇联、教育部命名为“全国家庭教育创新基地”；2020年12月，被评为“深圳市家校共育典范学校”。

（邹国梁）

【深圳市水田小学】创办于1978年，位于罗湖区翠竹街道田贝四路水田二街1号，占地面积6591平方米，建筑面积13047平方米。2018年，该校成为罗湖区翠北教育集团成员学校。现有29个教学班，学生1405人，教职工84人。教师本科学历率达71%，研究生学历15人；区级名师、名班主任、“教坛新秀”共6名。学校秉承“阳光人生、绿色未来”的办学理念，以“塑造心拥感恩、腹有诗书、身怀才艺的阳光少年”为育人目标，坚守“润泽心田、共享成长”的校训。学校重视信息技术对教育教学变革的引领，以信息化建设为突破口，努力创建“人文与科技相融，爱心与幸福飞扬”的“智慧校园”。学校在体育特色项目、信息化与学科教学融合、思维导图的深度应用、家校共育等方面已形成特色，阅读教学、写字教育、思维发展型课堂也正逐步成为学校独特的教学亮点。学校重视劳动教育，推进善行课程，提升学生劳动观念。学校关注每位学生的全面发展，结合课后服务大胆进行学生社团管理改革，创设了各具特色的师生体育艺术社团，有“学生管乐团”“鸣鸠琴社团”“合唱团”“舞蹈社团”“创客社团”和“跳绳社团”等30多个学生社团。学校先后获得全国“鸣鸠琴”教学示范校、“广东省规范汉字书写教育特色学校”“深圳市教育工作先进单位”“深圳市书香校园”“深圳市绿色学校”“深圳市阳光体育先进学校”“深圳市体育特色项目（跳绳）学校”“深圳市语言文字规范化示范学校”和深圳市“基于教学改革、融合信息技术的新型教与学模式”实验校等称号。（李艳芳）

【深圳市红桂小学】为广东省一级学校。前身为燕贻小学，取自华侨像海燕一样漂洋过海，贻建学校之意。该校创办于1929年，在91年的办学历程中，经历了“一易校址、二更校名、三变性质、四次重建”的办学路程；2020年9月搬入新校园。叶育枢同志为现任校长。

红桂小学新校园占地面积9606平方米，建筑面积17356.35平方米，室外运动场面积3827平方米。2020年10月，该校成为首批粤港澳姊妹合作实验学校；2020年11月，被评为罗湖区三棋特色学校；2020年12月，获评深圳市“家校共育示范学校”和“人文教育示范学校”。学校有教学班32个，学生1493人。全校教职工95人，其中高级职称5人，中级职称43人；本科及以上学历91人（硕士16人）。校内有名师工作室2个。

红桂小学以“大爱教育”为办学理念，以“勤诚敬敏”为校训。校训在建校时拟定，一直沿用至今。学校的办学目标为：努力办成高效、现代化的学习型精品学校；努力把学生培养成为思想品德好、基础知识全面扎实、具有一定的综合实践能力和创新进取精神、拥有健康的身心和一定的艺术修养的全面发展的时代新人。

2020年上半年，红桂小学因拆建工程仍然处在“一校三址”借地办学阶段，新冠疫情暴发，全校师生共克时艰，居家开展“线上教学”活动。叶育枢校长带领党员老师为孩子们分装打包课本，附上温暖的亲笔信寄给每个红桂学子。疫情期间，“春之约线上读书分享会”“‘同心抗疫 音为有你’云艺术节”和“线上亲子运动会”等丰富多彩的活动，用别样的方式促进了学生在体育、艺术、阅读等方面综合素养的提高。

2020年9月，红桂小学全体师

2020年6月2日，水田小学家委会会长谭凤莲正在录制“故事爸妈进课堂”绘本课，确保疫情期间故事课堂正常开展（水田小学 供）

生回到新校园。重建后的红桂小学功能室建设齐全，智慧教室里配备了最新的希沃系统，师生图书馆藏书量42757册。宽敞明亮的室内运动场、音乐舞蹈室，布置温馨的心理咨询室，可一次性容纳近300人的报告厅……为培养学生德智体美劳全面发展提供了全新的环境。

老师们积极奋进。红桂小学共有9位教师参加罗湖区各学科教学基本功比赛、班主任专业能力大赛，6位老师荣获罗湖区一等奖。该校有2个省级课题开题，2个区级课题正在开展中，12个校级课题顺利结题。

此外，“双语文化节”“体育艺术节”“迎国庆经典诵读”等学生活动如百花齐放，收获颇丰。在罗湖区的“课堂+”比赛活动中，该校班级合唱和器乐表演分别获得二等奖和一等奖。学校戏曲社团表演的节目《中国力量》在中国教育电视台“星星课本剧”栏目中播出。

（深圳市红桂小学　供）

2020年12月28日，深圳市翠竹外国语实验学校（一校区）拆建工程施工项目举行奠基仪式

（翠竹外国语实验学校　供）

【翠竹外国语实验学校】为首批广东省一级学校。占地面积1.56万平方米，建筑面积1.76万平方米，运动场面积4000多平方米。2018年6月，该校成为罗湖区翠竹教育集团领航学校。该校有校区2个，教学班52个，学生2655人。全校教职工172人，其中本科以上学历166人（硕士28人）；正高级职称1人，副高级职称15人，中级职称106人；特级教师2人；区级以上名师（学科带头人）20人。学校有省市名师工作室3个。

该校坚持“创造适合每一个学生的教育”的办学理念，倡导“和美生长”教育理念，彰显“翠竹·一直在生长”发展态势，致力于让每个孩子梦想花开，贯彻开放、多元、选择、体验现代课程理念，构建“梦想花开课程体系”。学校开展了“五节”（读书节、校园文化艺术节、体育文化节、大创客节和双语文化节）、“四周”（特长展示周、教学开放周、学科兴趣周和毕业感恩周）活动，形成了校园文化、艺术教育和双语教学三大办学特色。学校还建立了全国首个“阳光心理校园志愿服务U站”。学校的“双语教学实验”获广东省教育科研“黄华奖”。

该校获评广东省首批艺术特色学校。学校有管弦乐团、合唱团、电子琴乐队、舞蹈队，创意油画工作室、装置艺术工作室，校园足球、羽毛球和三棋等数十个学生体艺社团。其中管弦乐团、儿童歌舞剧团和合唱团等多个学生艺术社团足迹国内遍及北京、台湾、香港，国外遍及澳大利亚、法国、德国、西班牙、加拿大等地。学生美术作品在深圳市民中心、香港文化中心、深圳少年宫和深圳美术馆等地多次展出。

该校先后获评深圳市教育系统先进单位、深圳市办学效益好学校、深圳市智慧校园示范校、广东省师德师风建设先进单位、广东省中小学教师校本研修示范学校、全国巾帼文明岗、全国少先队红旗大队、国家级健康促进学校（金牌）、全国德育实验学校、全国教育系统先进集体和全国少先队先进集体、联合国教科文组织中国可持续发展示范学校。

（黄仕琪）

南山区

【南头城小学】坐落在中山公园旁著名的南头古城中。学校前身是清代的“凤岗书院”，至今有200多年的历史，是深圳市历史最悠久的学校。1985年更为现名。2021年2月升级为九年一贯制公办学校。占地面积 1.42 万平方米，校内建筑面积 2.66 万平方米。建有舞蹈室、陶艺室、书法室、波比足球室、动漫室、科学实验室、未来创客教室、录播室、体育馆、图书馆和校园电视台等。学校现有 31 个教学班。教职工共 101 人，其中研究生学历 7 人，本科学历 71 人；高级教师 6 人，一级教师 46 人；特级教师 1 人，省级先进教师 2 人，深圳市名教师 2 人、优秀教师（优秀班主任）3 人，区级优秀教师 50 人，南山区德育工作室主持人 1 人，精英教师 1 人。

该校以“多元一体、各美其美”为办学理念，致力于培养具有“五美品质”古城美少年。通过整合、拓展和补充，学校探索实践了古城大美课程体系，优化了基础性课程、拓展性课程、选修性课程和综合性课程四类课程。学校先后荣获“国家教育部中华经典诵读工程最美诵读实验基地”“全国中小学信息技术创新与实践活动示范学校”“全国生态文明教育示范学校”“全国中小学德育与班主任工作特色学校联盟发起单位”“广东省绿色学校”“广东省依法治校示范校”“广东省艺术教育特色学校”“深圳市一级学校”“深圳市推进现代学校制度建设先进校”“深圳市园林式花园学校”“深圳市德育示范学校”“深圳市陶行知实验学校”“深圳市中小学智慧校园示范学校”“深圳市体育特色项目学校”“深圳市争当小实验家科学体验活动示范学校”“深圳市书香校园”“深圳市市民身边好学校”“区教育现代化示范学校”“区泛在学习示范学校”“区传统文化教育特色学校”“区智慧德育先进单位”“区最佳动漫实验学校”“区首批课程建设基地学校”和“深圳大学优秀实习基地”等称号。（吕莎）

【前海小学】创建于 1998 年，毗邻前海蛇口自贸区，是南山区教育局主管的省级公办小学。占地面积 1 万平方米，建筑面积 9697 平方米，校舍面积 7918 平方米。现有教学班 36 个，学生 1604 人。学校有教职工 129 人，其中本科及以上学历 97 人（硕士 12 人）；高级职称 7 人，中级职称 63 人；区级以上名师（学科带头人）2 人。校内有名师工作室 2 个。

该校以“阅读照亮童年，艺术滋养生命，体育健全人格，科创引领未来”为四轮驱动，遵循“课程赋能，五育并举”原则，建构“童真、童乐、童艺、童言、童创”课程体系，致力于办一所儿童友好学校。学校开展了“校园四节”（文化节、英语节、艺术节和数科节）、创意市集、课程嘉年华、青青口琴擂台赛、书友队和家校奶蜜盐共读等特色活动；不遗余力地打造少儿书籍借阅亭、秘密花园、儿童嘻哈农场、特教资源室、三学堂、若水书院、海纳厅、六艺馆、行知园、求知园、图书漂流角、共享书吧、书法共享角等生命化育人空间，践行“激励成功，自主发展”的育人模式。该校先后获评东北师范大学信息化教育试验学校、广东省一级学校、广东省现代教育技术试验学校、广东省基础教育跨越式发展试验学校、全国教育科学“十一五”规划教育部重点课题实验学校、国家基础教育实验中心实验学校、深圳市智慧校园示范校、南山区阅读创新学校、南山区智慧德育先进学校和深圳市阅读特色学校。（黄光宗）

【蛇口育才教育集团育才一小】为深圳市首批广东省一级学校。该校由招商局蛇口工业区创建于特区改革开放之初的 1983 年；2000 年交归政府，隶属于南山区教育局；2003 年成为广东省首个以公办学校为主体的教育集团——蛇口育才教育集团的成员学校。占地面积 1.84 万平方米，建筑面积 1.65 万平方米，体育运动场馆面积 2.42 万平方米。该校现有教学班 55 个，学生 2492 人。教职工共 153 人，其中本科及以上学历 139 人（硕士 25 人，博士 1 人）；高级职称 13 人，中级职称 96 人；区级以上名师、骨干教师（学科带头人）28 人。校内有名师工作室 4 个。

学校以“立德做人、立志做事”为校训，怀着“真、善、美、圣、健、乐”的教育追求，高扬“团结、务实、开拓、创新”的校风，落实“精业、博爱、民主、灵活”的教风，打造“善学、进取、合作、多能”的学风。该校坚持“个性生动、小学大成”的办学宗旨，融通学科课程领域，构建了基于核心素养的“6+1”课程体系。学校开展“教师青蓝工程”建设学习型组织；开展个性化教学的体育分项和艺术分项教学模式；建立学科普及型、职业规划型、兴趣型、主题活动型、校本课程超市型学生社团；依托学生综合素质评价体系，践行体验式活动；打造学校德育品牌，促进学校文化建设。

该校被授予“全国标兵红旗大队”“全国优秀手拉手联谊学校”、全国“少先队辅导员专业化实验学校”、全国少先队改革直接联系学校、“广东省优秀红旗大队”“广东省红领巾示范校”“深圳市十佳少先队大队”、全国小学特色教育研究中心、全国首批“校园足球特色学校”、全国青少年校园足球优秀足球特色学校、“游泳训练基地”“深圳市体育传统项目学校（足球）”、深圳市智慧校园示范校、深圳市阅读典范学校、南山区教育系统安全管理先进单位和南山区首批垃圾分类“绿色学校”等多项荣誉称号。（汪　莹）

【珠光小学】为广东省一级学校、国际生态学校、广东省书香校园、广东省语言文字规范化示范学校、广东省信息化中心学校。占地面积1.36万平方米，建筑面积1.34万平方米，运动场面积3343平方米。该校现有教学班35个，学生1560名。本科及以上学历的专任教师共91人，其中硕士研究生导师1人，在读博士生1人，硕士13人；高级教师7人，一级教师57人；市、区信息化领军人才、学科带头人、阅读点灯人5人，区教育科研专家工作室主持人1人，区名师工作室主持人1人，精英教师1人。该校拥有43项国家著作权，3项国家专利。

学校立足“以人为本，和谐发展”的教育理念，以“对标世界一流教育，打造未来学校”为办学目标，以“健全人格、全面发展”为育人目标，以“仁爱、博学、创新、卓越”为价值观，打造卓越绩效标准治理模式，致力于建设智慧校园、国际生态校园、书香校园、平安校园。学校变革课程体系，构建阅读与文创、运动与技创、探究与科创、审美与艺创及劳动与乐创等五大系列校本课程；开创学生全员参与八个百分百活动：全员运动会、全员创美节、全员国旗下演讲、全员合唱节、全员读书节、全员科技节、全员英语节和全员汉字文化节。校内有车模航模社团、文学社团、格物创新社团、排球社团、甲骨文社团、迷你博物馆社团、鼓号队社团、尤克里里、跆拳道、车间钟表社团和管乐团等数十个学生体艺社团。

该校先后获评深圳市教育系统先进单位、全国智慧校园建设典范学校、深圳市教育创新年度最具变革力学校和深圳教育改革创新榜样学校。学校在2015、2017、2019年连续三年评为全国生态教育示范学校；2018、2019、2020连续三年获区学生技能比赛一等奖。该校还获南山区第五届教育改革创新特等奖、南山区少先队鼓号队检阅大赛团体特等奖、南山区人民政府质量奖、全国“停课不停学”在线教学实践推进优秀成果奖和广东省教育创新十大优秀案例奖等。

（丁志波）

【南山外国语学校（集团）科苑小学】成立于2002年9月。占地面积1.33万平方米，建筑面积1.81万平方米。2021年9月，学校二期扩建完工后，占地面积将达1.99万平方米，建筑面积4.57万平方米，运动场地面积0.57万平方米，容纳54个教学班。现有教学班46个，学生2139人。教职工共134人，其中本科及以上学历124人（硕士18人）；高级职称10人，中级职称74人；深圳市小学名师1人。校内有区级工作室2个。在南山外国语学校（集团）“像树一样成长”的办学理念引领下，该校坚持教学模式创新，科研兴校；坚持经典传承，文化立校；坚持阅读先行，品位强校；坚持孕育体育项目，特色亮校。学校十分注重学生综合素质的养成，有“两院（少年创新院、少年文学院）、一课（电影配音课）”和“苑之星”优秀学生团队（合唱团、民族鼓团、鼓号队、国旗班、宣讲团、广播站、篮球队、足球队、赛艇队、书法篆刻社等），特色鲜明。该校先后荣获“深圳市红领巾示范校”“深圳市少先队红旗大队”“广东省书香校园”“深圳市文学创作实践基地”“深圳市读书月优秀组织单位”和“深圳市阅读典范学校”等荣誉。（唐小泉）

【荔湾小学】为广东省绿色学校。占地面积1.3万平方米，建筑面积3.32万平方米，运动场面积6370.6平方米。学校建制规模为42个班，是南山区“办一所优一所”的范例之一。校舍于2018年9月1日正式启用，现有1–6年级34个班，学生1502人。专任教师87人，其中本科及以上学历87人（硕士27人）；高级职称5人，中级职称22人。该校有名师工作室2个。

该校坚持“教育就是成就”的

2020 年 7 月，荔湾小学荣获深圳市 2020 年中小学在线教学工作先进学校称号　（荔湾小学　供）

办学理念，根植坚毅、乐观、善良的学校精神，构建荔湾“成就课程体系”。学校创建了国学、科创、财经、体育、艺术、国际六大中心，致力于培养具有民族根基、国际视野、人文情怀、科学精神和社会责任的现代公民。学校开展“五节”（传统文化节、英语节、艺术节、体育节、科技节）、“两月”（读书月、心理健康月）活动，形成了传统与现代交融、人文与科学并重的办学特色，努力建设具有国际化和信息化、个性化特色的创新型人才成长摇篮。学校先后获评南山区文明校园、南山区巾帼文明岗、深圳市在线教学工作先进学校、深圳市年度最受关注新锐学校、深圳市最美校园图书馆、深圳市少先队红旗大队和广东省“暑假读一本好书”活动先进单位等荣誉称号，并荣获南山区第五届教育改革创新奖、南山区第五届运动会突出贡献奖和广东中小学生书信征文活动优秀组织奖。　（罗海珊）

【南山区第二外国语学校（集团）学府一小】地处南山商业文化中心区，北邻深圳大学，东靠深圳湾畔。该校 2001 年 8 月建校，2017 年 6 月纳入南山区第二外国语学校集团；是一所政府公办全日制学校。现有 34 个教学班，1500 余学生。教职工共 120 人，其中本科及以上学历 88 人（全日制硕士 7 人）；高级职称 6 人，中级职称 63 人；特级教师 1 人，区级以上名师（学科带头人）20 人。学校有区级名师工作室 1 个，集团名师工作室 2 个。

该校以可持续发展观统领发展大计，以求真务实的作风、开拓创新的精神、国际化的视野谋划未来发展，始终坚持“人人有发展、个个能成才”的办学理念，坚持走内涵发展之路。学校提出了培养“有教养、会学习、身体好、敢竞争、能合作的全面发展的人”的育人目标；熔铸和树立了“友爱、和谐、乐观、进取”的校风、“爱生如子、教学相长”的教风和“勤学、会学、乐学、博学”的学风；营造了雅致、人本、富有内涵的校园环境，把学校打造成了学生学习与成长的花园、学园、乐园。校园内处处有德的内涵、智的启迪、美的熏陶。学校办学效益显著，办学水平逐年提高，荣获深圳市办学效益奖，并获评广东省安全文明校园、广东省语言文字规范化示范校和国际生态学校等。目前学校正在按照简称为“一二三”（即坚持一个中心：全面实施素质教育；实现两个发展：学生的发展和员工的发展；突出三个重点：德育、英语、体育艺术）的办学思路，为创办规模适当、设施先进、管理水平较高、师资队伍优良、教育特色鲜明、教学质量一流的现代化精品学校而努力。　（叶　伟）

【香山里小学】为南山区公办学校。占地面积 1.87 万平方米，建筑面积 1.92 万平方米。该校规划 36 个教学班，提供学位 1620 个。2017 年 9 月，学校正式招生开学，现有 21 个教学班，学生 848 人。该校专任教师 53 人，平均年龄 31 岁，硕士研究生以上学历 25 人。

该校以“创新 @ 未来”为办学理念，以办一所“为未知而教的学校、培养为未来而学的人”为使命，用创新思维办创新教育。学校办学凸显“儿童主场”（一切以儿童发展需求为中心）的视角，营造“相互守望、彼此赋能、结伴成长”的组织文化。该校从理念体系、课程体系、评价体系、技术支持系统、空间环境和师资队伍六个维度，着力打造与国际接轨、与世界级创新型滨海中心城区相匹配的“高品质、定制式”的“充满童趣的协作、探究型”学校。教师以国家课程、拓展课程和艺体强化课程为载体，培养具有领袖气质和非凡创造力的未来世界公民。该校凭借一系列创新、精细、以儿童为本的高品质顶层设计，在虚实相融的空间中实现了建筑与课程的有效对接；该校在空间文化、课程设置、智慧校园等方面的探索受到广泛关注。作为南山区新校建设“办一所优一所”窗口学校，学校已接待一万多人次到校考察交流。学生素质得到全面发展，2020年体质监测优秀率比2019年提高10%，近视率比全国平均水平低10%。学校先后获评广东省信息化中心学校、2019年深圳市先进单位、2019《新校长》杂志全国年度风向标学校、首批南山区促进学生健康成长基地校和首批“未来智慧校园协同创新基地校”。该校两项国家级课题立项并顺利结题，创新者课程体系获南山区教育改革创新成果一等奖、面向创新者培养的多元智能评价体系荣获第二届未来教育创新成果奖（全国共14个）。2019年9月，学校代表广东省完成国家对省政府履职实地督查迎检工作，受到督查组专家的一致好评。2020年12月，该校代表南山区接待教育部关工委对省市基层的调研工作，办学成效得到教育部原副部长李卫红主任的充分肯定。（那　庆）

盐田区

【盐田区外国语小学】坐落于沙头角湾畔。占地面积1.49万平方米，建筑面积为1.05万平方米。办学规模为27个班，目前有学生1097人。该校实施英语小班化教学。全校教职工73人，其中本科及以上学历73人（硕士6人）；高级职称12人，中级职称50人；区级以上名师（学科带头人）9人。学校有市区名师工作室2个。

该校秉承“思于广大，行于精细”的校训，以“培养走向世界的行思少年”为育人目标，实施“行思”教育；以“1+生活”为课程内容（如语文“1+表达”、数学“1+思维”、英语“1+议事”等），构建了“行思课程体系”。学校坚持“儿童是第一主角”的理念，每年定期举办五个行思学堂学科季（项目季、语文季、英语季、数学季、赛事季）；并打造了红领巾银行、学生职业体验等创造性儿童生活教育范式。该校独创的红领巾行思学堂项目式学习德育课程及实践，成为全国标杆；红领巾德育评价体系被深圳市建行立为深圳市小学领域财商教育标杆项目，深圳市建行还联合该校首创了盐外小-建行红领巾少儿银行品牌。学校的行思少年议事厅、心田音乐厅等学生舞台，成为学生的乐园。校内有合唱团、民乐团、舞蹈队、创意设计工作室、英语戏剧工作室，海之梦篮球、校园足球、国际象棋等9大精英社团及其余数十个学生体艺社团。其中，童声合唱团为深圳市中小学模范合唱团、全国小百灵十佳合唱团；该合唱团还应邀赴美参加爱达荷和蒙大拿两大国际顶尖合唱节，成为全球13支唯一一支获邀请的中国团队。2020年，该校获评年度家校共育典范学校。学校的家校工作海星模式已成为品牌，且已辐射至贵州省织金一小等学校。

该校先后获评深圳市教育系统先进单位、深圳市儿童友好学校、深圳市中小学探究性小课题示范校、深圳市智慧校园示范校、广东省德育示范校、广东省书香校园、广东省中小学艺术教育特色学校、教育部中华经典诵读工程“最美诵读”实验基地、国际StarT项目学习共同体最佳实验校和全国巾帼文明岗等。（刘小雄）

2020年11月，深圳音乐厅，五（5）班参加深圳市中小学生艺术展演班级合唱中荣获一等奖，彰显了学校近年来合唱普及化的成效　（彭浩怀　摄）

宝安区

【宝安区海城小学】为第二批深圳市教育科研基地学校、首批中国科技馆合作学校、教育部十三五规划课题立项校。占地面积 1.1 万平方米，建筑面积 1.3 万平方米。该校将校区设计与学校办学思想相融合，打造了学力发展空间、艺术表现空间、阳光健体空间、实践思创空间和情境体验空间、视听阅享空间、美术写意空间和儿童博览空间等八大功能区。现有教学班 16 个，学生 778 人。教职工共 51 人，其中研究生及以上学历 10 人，区级以上名师 3 人，区级及以上骨干教师 18 人。

学校坚持“人人精彩生长”的办学理念，引入了“现代学习科学理论 + 云端技术”思想，营建了生长目标、生长支柱、生长平台、生长因子（生长德、生长学、生长体、生长能、生长情）以及生长载体等五维一体的生长教育文化，构架“双 S 螺旋生长课程体系”。该校打造多元、可见的“可视化师生评价体系”，开展“四节”（素养生长节、思维生长节、体魄生长节、诗意生长节、）“四课”（主题生长、语文阅读、数学绘本、劳动素养）等项目化课程，让教学“可见”、管理“可见”、生长“可见”。学校致力于培养会智慧成长的现代公民，努力办成一所现代化、共享式、科研型的区域性示范学校。该校教师在宝安区教师教学基本功大赛活动中覆盖全学科奖项，4 人获得特等奖，6 人获一等奖；其中 3 名教师代表宝安区参加深圳市比赛，使学校也获得宝安区优秀组织单位。以四季文化和阅读相融合的学校阅览馆荣获宝安区“最美图书馆”称号。学校先后获评阿里云智慧教育战略合作学校、阿里钉钉示范校、宝安区巾帼文明岗，该校工会荣获 2020 年度“创新奖”等荣誉。学校师生在各级各类比赛获奖 200 余人次。（陈永畅）

【红树林外国语小学】2017 年正式成立，为宝安区第一所公办外国语小学。该校位于金海路和兴业路交汇处的西乡碧海片区，占地面积 1.7 万平方米，建筑面积 3.8 万平方米。教学规模为 48 个教学班，现有 22 个教学班，学生人数 1129 人。该校由全国十佳校长李唯领衔名师团队创办。学校广纳国内外各级名师、骨干及国内外优秀毕业生，教师队伍专业水平高、充满活力。全校教职工 82 人，其中专业教师拥有研究生学历 29 人，高级教师 4 人，广东省中小学教师工作室主持人 1 人，深圳市教科研专家工作室主持人 1 人，市、区级名教师 8 人。学校有 510 个座位的现代化剧场 1 个，高规格室内篮球馆 1 个，以及 1000 平方米的图书馆。校内还有未来教室、创客中心、艺术活动中心、国际交流中心各类功能场所 50 余间。

学校确立了“激扬生命、自觉生长”的办学理念，积极践行关怀教育，以“关怀每一人、开怀每一天”为校训，全方位构建学校理念文化体系。全体教职工致力于打造一所“生命关怀为本、幸福发展至上”的优质学校，培养“根植中华、行于世界”的新时代少年。学校在课程设置上，搭建了“国家基础性学科课程、校本拓展课程和个性化选择课程”三级课程；同时通过开设关怀课程、阅读课程、创客编程等课程着力培养学生的关怀力、阅读力、审美力、运动力、科创力与合作力，全面提升学生的核心素养培养中西融通的国际化人才。红树林无边界学习课程、“生命教育”项目统整课程等学校特色课程深受学生与家长的喜爱。该校将信息技术与教育教学深度融合，加大基础投入，引入目前国际先进光网设备，打造了全区第一所全光网学校。学校为每位教师配备 Surface 辅助教学、办公设备，实现办公、教学全程无纸化、云交互的智慧共享存储应用场景。

（红树林外国语小学　供）

【坪洲小学】位于宝安区海城路 237 号，毗邻宝安新中心区。2020 年是学校成立的第十年。全校占地面积 2.1 万平方米，建筑面积 1.6 万平方米。图书馆藏书 10.44 万册。开设 48 个教学班，在校学生 2498 人。教职员工共 142 人（专任教师 137 人），其中本科及以上学历 137 人；高级职称 8 人，中级职称 78 人；区级以上名师（学科带头人）5 人。校内有名师工作室 2 个。在新任校长刘军提出的“人本教育”理念指导下，该校秉承“有利于学生发展、有利于教师发展、有利于学校发展”的办学宗旨，全面实施素质教育，努力把学校办成“学生快乐、教师舒心、家长信赖、社会认可”的现代化优质学校。学校管理者通过不断优化学校管理机制，提升了内部管理协同运作效率，激发了教职工的工作热情，形成了依法治校、群策群力、干事创业的良好氛围。面对充满挑战的疫情防控工作，学校不断完善、优化疫情防控工作方案及疫情防控应急预案，保证教育教学秩序，保障师生安全。该校举办了以“不忘初心、立德树人”为主题的“坪洲小学第四届班主任节”，开展班主任工作专题研讨会活动，提升班主任的专业素养和职业幸福感。学校还扎实开展了“红领巾的力量”系列活动，围绕“争做新时代接班人”主题规范升旗仪式；同时，举办了“阅读·悦心·约未来”读书月、“生态文明进校园”、“垃圾分类减量”、“毒品预防教育”、“心理健康”教育、“德育作业”评比、“拒绝校园欺凌”、“法制教育宣传月”等活动。教师们深入开展市级重点课题《基于项目学习的小学STEM案例开发与实践研究》的实践与研究，初步形成了具有鲜明特色的STEM项目课程。学校已立项开题的市、区课题共有11个，其中市、区重点课题各1个，这些课题研究与学科课堂教学、学生实际紧密相关，很好地促进了教师的专业发展。2020年，学校和师生参加各级各类评比、竞赛，获国家、省、市、区、学区级荣誉及奖励260项，其中包括1人获评“广东省优秀少先队员”，5人获评“深圳市优秀少先队员”，1人获评“宝安区十佳优秀少先队员”。在2020年宝安区首届校园短剧比赛中，该校学生表演的课本剧《西门豹治邺》荣获特等奖。学生男子舞蹈队作为宝安区唯一受邀请的学校少儿舞蹈团队，荣登深圳经济特区建立40周年大型文艺晚会的舞台，其表演受到一致好评。

（坪洲小学　供）

【**拾悦小学**】于2019年9月正式开学。该校位于宝安大道8183号，处于粤港澳大湾区的沙井核心地带，是宝安区教育局下属的一所公办新校。占地面积6.5万平方米，建筑面积7.5万平方米。办学规模18个班。学校精准定位，在未来学校建设上先行一步，确立了“悦纳成长、对话世界”的办学理念，倡导“悦教育”（悦教即乐教，悦学即乐学），致力于培养具有国际视野、中国情怀的少年。学校高度重视并持续加强师资队伍建设：从全市招请优秀教师，其中有名校长工作室成员、“薪火计划”成员和宝安区骨干教师、优秀教师、优秀班主任等；同时，面向国内外名校招聘优秀毕业生，包括墨尔本大学、曼彻斯特大学和北京师范大学等的毕业生。在拾悦，还有国家一级乒乓球运动员、曾参加2018年央视春晚（广东分会场）录制的舞蹈老师、深圳市中小学生篮球赛优秀教练员、宝安马拉松优秀裁判员等优秀人才。该校充分挖掘教师团队的优势，开发出具有拾悦特色的“十悦”精品课程，其中包括国粹乒乓、播音主持、律动篮球、国际象棋、少儿舞蹈、儿童绘画、考拉英语、少儿书法和民乐二胡等课程。学校期望让每一个教师都能尽展所长，让每一个学生都能拥有相伴终生的爱好。（拾悦小学　供）

【**松岗第一小学**】占地面积1.5万平方米，建筑面积1.7万平方米，运动场地面积8003平方米。图书馆藏书48161册。学校固定资产为2964.5万元，拥有计算机278台，校园网出口总带宽100MBPS，“信息技术”课程1课时/周。校内有普通教室36间，专用教室24间。学校开设教学班32个，2020年毕业215人，招生298人，在校生1602人。教职工共104人（专任教师99人），其中本科及以上学历98人；高级职称7人，中级职称40人；深圳市名师1人，区美术特色工作室主持人1人。

该校秉承“以学生健康发展为本、以教师专业发展为先、师生共同成长”的理念，推进课程育人，落实学科实践活动。学校树立和强化“让质量成为学校的核心竞争力”的意识，聚焦课堂，把好每位教师的“教学关”，磨砺素养，提升每位教师的业务能力。该校“行政下课堂”“人人一节教研课”“青蓝工程”成效显著，在区青年教师基本功大赛、区语文教师语言才艺比赛中成绩优异。

勤耕特色，以艺启智。该校成功举办宝安区校园健美操、啦啦操研训活动，并被评为宝安区书法示范校，同时，顺利通过深圳市校园体育一小时飞行检查，将课后延时服务落在了实处。学校结合教师的特长，借力社会资源，开设52个社团，使学生人人有社团，个个有活动，学生社团参与率达100%。学生的品德和习惯在社团活动中历练、涵养。该校德育工作润德于心、养德于行。疫情期间，“线上德育”不缺席，学生成长不延期。学校把疫情危机化为教育契机，利用“云队会”“线上班会”和“线上竞赛”等丰富多彩的德育活动，完成一场生命教育、科学教育、感恩教育、爱国主义教育。该校还加强学生心理防护工作，用“心”为学生一路护航。复课返学后，学校以创建全国文明城市为契机，重点开展了做现代城市文明人——“十礼”系列活动，从日常生活着手，发现身边的典范，促进了全校学生行为规范的形成。学校重视校园消防教育，12月被评为深圳市消防示范单位。该校践行社会主义核心价值观，通过“思政第一课”“开蒙礼”“我们的节日”等主题活动，丰富育人手段，引领学生精神成长。（松岗第一小学　供）

【艺展小学】位于宝安区松岗街道松福大道和松瑞路交汇处。占地面积1.2万平方米，建筑面积2.5万平方米。办学规模30个教学班。现有14个教学班，小学一年级5个班，二年级5个班，三年级4个班，在校生714人。教职工52人（专任教师45人），其中研究生学历10人，本科学历45人，专任教师学历达标率达100%；副高级教师2人，区级名教师1人，区名教师工作室主持人1人，区骨干教师16人。

该校以“让每个生命精彩绽放”为办学理念，以培养“具有家国情怀、国际视野、多才多艺的未来公民”为培养目标，以“办一所有美感、有故事、有温度、有人性的品牌学校”为办学目标。2020年，该校通过广东省义务教育标准化办学水平评估，被评为“广东省绿色学校”“深圳市教育学会第七届理事会会员单位”“深圳市年度新锐学校”“深圳市少先队工作先进单位”和“宝安区教育先进单位”。学校重视师资队伍建设，通过开展教师专业化发展课程培养教师。在2020年宝安区青年教师基本功比赛中，学校教师获三个特等奖，四个一等奖，六个二等奖，学校也被评为2020年宝安区青年教师基本功比赛优秀组织单位。该校建立“一体两翼三维”的课程体系，走“国家课程校本化实施，校本课程特色化发展”的路径，按照“人人有社团、个个受关注、生生有发展”的目标，开设了戏曲、合唱、足球等39个社团课程，每门社团课程均实现小班化教学。其中，戏曲社团节目《花木兰》参加第十届“国戏杯”戏曲大赛，荣获金奖和优秀组织奖；啦啦操社团参加第八届全国全民健身操舞大赛，获有氧健身操舞一等奖和轻器械健身操特等奖。学校每年定期举办“读书节”“艺术节”“科技节”和“体育节”四大节日，并构建了“社区读书会”“亲子趣味活动会”“六一艺术汇演”“班级合唱会”等活动平台，让学生全员、全程参与活动，绽放属于自己的独特精彩。（艺展小学　供）

龙岗区

【坂田小学】前身为创办于1929年的鼎新学校，位于坂田村东部。现有教学班36个，在校学生1729人。全校教职工共128人（专任教师109人），其中本科以上学历达102人。教师职称、年龄、学历结构逐步优化，师资队伍、干部队伍结构合理。学校占地面积约2.1万平方米，教学设备完整，设施齐全，仅教学大楼、功能室大楼、教师宿舍的建筑面积就达1.67万平方米。校园建筑错落有致，红妆绿披，景色宜人。

百年风雨洗礼，百年春华秋实。经过几十位校长励精图治、辛勤耕耘，学校办学规模越来越大，办学效益越来越好。20世纪80年代起，学校致力于素质教育，以“全面发展打基础、培养社会合格人才”为指导思想，办让家长、让社会满意的学校。全体教职工将该校从一所村办小学打造为市一级学校，硕果累累。近年来，欧斌校长秉承“鼎新”传统，发扬“鼎新”精神，探索本真教育，以“崇真尚本·和乐田园”为办学思想，致力于把学校打造为具有“中华味、书香味、田园味”的三味校园。“田”文化几乎涵盖了学校秉承多年的育人文化理念和文化精粹。该校以生态文明建设为指导，以市一级学校高标准建设、配置各种设施，并扩建了水稻田、荷花池和空中菜园，将自然生态田耕课程融入学科，把教科书搬到楼顶上去，被评为全国生态文明教育示范学校。学校特色鲜明：剪纸、书法、麒麟、击剑、农耕、足球、管乐等艺术社团百花齐放，精彩纷呈。学校被评为龙岗区国际象棋特色学校、区剪纸特色学校、深圳市科普基地和国家级非物质文化遗产麒麟舞传播基地。该校还多次参加深圳市名著新编短剧大赛，并连续两年荣获小学组特等奖。（高红娟）

2020年11月10日，沙西小学举办第四届“校长杯”班际足球联赛

（沙西小学　供）

【沙西小学】创办于1926年9月。位于著名的南岭村，是由龙岗区教育局主管的全日制公办小学。该校为市一级学校。占地面积1.4万平方米，建筑面积1.1万平方米，运动场面积4610平方米。学校现有教学班25个，学生1200人。教职工共89人（专任教师74人），其中本科及以上学历70人（硕士4人）；高级职称1人，中级职称43人；区级以上名师（学科带头人）9人。

该校确立了“走向生本，和谐发展”的办学理念，贯彻“每天进步一点点”的办学目标，形成了“团结、诚信、文明、创新”的校风、“严谨、务实、乐业、爱生”的教风和“勤学、善思、活泼、向上”的学风。该校定期开展“三节”（校园文化艺术节、科技节和体育节）、“三月”（学雷锋活动月、读书月和校园法制月）、“三周”（融合教育活动周、推普周和书法绘画展示周）活动；同时，学校重视学生的全面发展，开设有鼓号队、合唱队、舞蹈队、篮球队、足球队、田径队、跆拳道、书法美术班、围棋兴趣班等多个学生体艺社团。该校的书法写字教育和足球教育已形成办学特色和品牌。

2020年，学校进行了疫情防控应急演练和消防演练，开展了向抗疫英雄学习、光盘行动、垃圾分类、文明校园、禁毒教育、扫黄打非、“社会主义核心价值观”等主题宣传教育活动，举办了第六届英语文化节、第四届“校长杯”班际足球赛、第二十六届运动会，组织了“书香丰盈梦想，阅读改变人生”学生演讲、讲故事比赛，促进学生全面发展。此外，学校还开展了与康桥外国语学校结对帮扶系列活动，帮扶共进，携手同行。

该校先后获评全国写字教育实验学校、深圳市美术书法特色学校、深圳市少先队红旗大队、深圳市生活垃圾分类示范学校、深圳市青少年校园足球活动优秀组织学校和深圳市龙岗区足球试点学校。

（唐小艳）

【四联小学】创办于1993年9月，为全日制公立小学，是广东省一级学校、国家级绿色学校。占地面积2.22万平方米，建筑面积1.35万平方米。该校现有教学班36个，学生1763人。教职工共134人，其中高级职称9人，中级职称60人。

学校以“德才兼备、关注成长”为办学理念，以“培养有品位的现代学子”为育人目标，以“品味教育”为核心文化价值追求，实行扁平化管理，打造校园文化（校园“九品”园区）、德育（“八品八德”德育体系）、艺术、科技、体育等特色品牌。学校论坛、科技、音乐、版画、陶艺、体育等一校多品的格局已经形成。在品味教育的引领下，该校开发了版画、陶艺、科技、声乐、爵士鼓、田径、篮球、足球、国学、醒狮等不同的活动社团，培养学生综合素养。在深圳市素质教育特色学校评比中，学校荣获“科技教育特色创建学校”和“艺术教育特色创建学校”称号，其中该校的科技教育还名列全市第一名。2018年，学校被评为广东省首批艺术教育特色学校，也是龙岗区唯一上榜的学校。学校还是中国版画创作教育基地、广东省版画教育创作与实验基地、中国少年科学院教育示范学校和龙岗区中小学校长培养基地。该校坚持以学生发展为核心，以课程建设、特色发展为策略，全面推进素质教育。学校进行了教育教学改革，构建了符合本校实际的品学共融、个性发展的课程体系；还积极探索构建教学方式、评价方式、学习方式等转变，开展了STEM课程、1+N课程、特色课程等。学校成立了STEM课程研究团队，涵盖数学、科学、信息技术、美术等多个学科，进一步推动了学校课程改革的升级。现在，该校已成为龙岗STEM实验学校样板校之一。

近年来，省教育厅、司法厅、公安厅曾多次来校调研，高度评价学校教育。区政协“一号提案”会议、区关工委工作会议、深圳市十大歌手下基层等涉及民生的重大会议活动也相继在学校举办。该校被深圳特区报等媒体誉为“敢啃教育硬骨头的学校”和“深圳素质教育的典范学校”。（景　欣）

【龙岗区依山郡小学】为龙岗区教育局直属公办小学。占地面积1.13万平方米，建筑面积2.67万平方米。学校改扩建工程已于2020年8月顺利完成。该校现有教学班35个，学生1734名。全校教职工122人，其中硕士研究生学历11名，本科学历90名，广东省名师工作室主持人、深圳市中青年骨干教师、龙岗区学科带头人、骨干教师和教坛新秀等共计30余名。

为充分发挥校骨干教师示范作用，为青年教师专业发展创设良好平台，学校通过一年一度的“青蓝工程”——师徒结对活动，传承教育薪火，提升教师整体素养。该校秉承“为了每个孩子的出彩未来”的办学理念，遵循“更有梦、更有为”的校训，围绕“仁智教育”品牌定位，打造以“山水文化”为核心的校园文化建设，践行“培养具有21世纪核心素养的阳光少年”的育人目标，努力实现教育教学高质量发展，办一所服务生命成长的高品质学校。学校不仅构建具有专业信念、专业意识、专业操守、专业态度、专业道德、专业情感、专业品质的教师“登峰计划”和独具特色的“远航计划”课程体系，而且十分注重采用多学科课程整合的视角，让学生了解和探索自然界中多学科之间的互相融合，学会融会贯通。近年来，学校开展的“课堂因融合而精彩——依山郡小学跨学科教育探索”课题研究，提升了学生创新精神和实践能力，取得了丰硕的研究成果。该校研究课题《基于情景导向模型的创客教育》案例入选《2018年中国互联网学习白皮书》，学校还受邀参加第五届中国教育创新成果博览会。该校先后被评为深圳市教育系统先进单位、深圳市依法治校示范校、深圳市法治学校、深圳市巾帼文明岗、深圳市绿色学校、深圳市少先队先进中队、深圳市体育传统项目单位、深圳市中小学创客实践室和中国青少年创客奥林匹克系列活动实践基地。2020年，该校获评全国STEM教育种子学校，并在广东省教育厅“扣好人生第一粒扣子”主题教育活动中获优秀组织单位。

（王襄理）

龙华区

【和平实验小学】创办于2017年9月，地处和平路与新区大道交汇处。该校占地面积1.48万平方米，建筑面积2.5万平方米，建制36个教学班，提供1620个优质学位。校园空间为课程和学生成长提供支持：开放融合的空间在校园中随处可见，如每层楼的学习枢纽，既是老师的办公场所，也给孩子提供交流探索的空间，让老师和学生的交互更深入。2020年，该校被评为“深圳市儿童友好学校”。学校现有专任教师75人，其中特级教师2人，全国优秀教师2人，省级名师1人，市级优秀教师5人，研究生学历占比40%。学校教师均毕业于985院校或世界排名前100名的大学。

该校提出“让每个生命绽放色彩”的办学理念，将光的三原色赋予“仁爱”“意志”“智识”的意义，用教育之光为每个生命的成长赋能，为每一朵生命之花的绽放增色添彩；同时，构建“光谱课程体系”，红、绿、蓝三种颜色对应文艺、生活、科创“三大学院”课程体系，在学科融合与课程整合方面进行了大胆探索实验。文艺学院注重情感与表达，进行语言与艺术类课程的融合；科创学院以STEM拓展课程的教学为主；生活学院主要关注学生的身心健康和全面发展。学校主导建立家校社区合作，实施了“儿童社会情感技能”“城市文化探索”等特色课程。

学校在关注教育质效的同时，也注重孩子个性化发展。教师分层实施学科教学，学生可以分类选修艺术课程，特长社团旨在启蒙和培养艺体科创方面的特长。与课程改革相匹配，学校对学生的评价也不是唯试卷和分数。每个学生都有几十个维度的个性成长发展图谱。每学期伊始，学生会同老师家长商讨设立个性化成长奖项，学期末学生通过演讲和展示接受评审。学校帮助树立孩子个性化自我认识，进行社会情感技能培养。每周五是学校的“好朋友日”，同学之间可以约定穿好朋友装，让学生学会情感表达，主动管理和调节情绪，成为一个受欢迎的人。学校会和每一位老师、学生和家长签订《家校公约》，每学期都会请全体家长进行匿名问卷调查，给学校的教育教学工作打分，提建议。学校通过不断探索新的教育评价体系，引导教师、学生和家长创生学校的良好教育生态。

（杨瑞华）

【广培小学】创办于1912年，原名广培高小国民学校，是深圳市历史最悠久的学校之一。占地面积1.84万平方米，建筑面积1.18万平方米。现有27个教学班，在校学生1425人。全校有教职工103人，其中高级职称5人，中级职称48人；龙华区未来教育家——“航标班”学员2人，“撷英班”学员3人；市区级名师、龙华区高层次人才2人；区级名师培养对象14人；参加各级各类名师工作室教师38人；本科及以上学历78人（硕士16人）。学校有名师工作室、特色工作室4个。

该校秉承“广兴教育新民气，培就人才振国魂”的办学宗旨，践行“童在中央 乐享成长”的办学理念，在“广学培正”的校训传承引领下，构建“童享教育”特色项目，是全国分享式教育教学实践基地。校内有少儿版画、合唱、民乐、校园足球、篮球、健美操、跳绳等十余个社团，是广东省健康促进示范学校。学校的客家文化、音乐、科技创新等教育项目均被列为区重点特色建设项目，该校也被定为龙华区馆校合作美育研学实践基地学校。学校坚持以儿童发展为中心，开设丰富多样的特色课程：一方面传承版画特色，成立版画特色工作室（其中少儿版画社团被评为深圳市优秀社团），开设“版画+人文”综合实践特色课程；另一方面，结合“童享教育”体系，推行“1+4+4”导师制课程，开发“童艺”“童创”“童玩”“童美”等小课程。学校先后获评区教育先进单位、区优质化学校，曾多次被评为广东省绿色学校。

（郭志红）

【龙华区教育科学研究院附属小学】创办于1921年。该校文化积淀深厚，办学特色突出。学校占地面积2.18万平方米，建筑面积2.47万平方米，现有教学班49个，学生2494人。全校教职工142人，其中研究生学历教师32人，高层次人才、正高级教师1名，高级教师（副高）8名，各类双一流名校毕业教师36人。学校整体布局合理，基础设施完备，书香气息浓郁。

该校坚持文化铸校，以“让每个孩子成为最好的自己”为办学宗旨，将“培养适应未来发展的优秀公民”作为育人目标，构建“家文化”教育体系；以“家美·家和·家兴”为落脚点，让爱家之心、爱校之情、爱国之志根植于每一个附小人的灵魂；践行“积极教育”理念，推进学生“养成教育”，开展礼仪教育、环境教育，促进学生全面健康发展。学校探索教学改革，打造“三维四环”学科课堂教学范式，构建教研共成长的教育新生态；同时，升级教育信息化支撑环境，打造智慧校园，实现“劳动教育+科技教育”深度融合的办学特色。

学校注重高质量发展，取得了多方面的教育成效：《中国教育报》对该校《种好智慧田，助推学生健全成长》的劳动教育实践课程进行了专题报道；《AI校园让学生在新奇中开启未来》对学校智慧校园建设经验进行了介绍与推广；研究课题《生态体验模式下的小学综合实践活动校本化课程的构建与实践》荣获广东省第二届中小学特色学校建设成果评选一等奖；校少先队大队多次被深圳市教育局评选为“深圳市优秀红旗大队”。学校先后被授予“全国馆校结合科技教育基地学校”“全国科普教育示范基地”“广东省中小学劳动教育特色学校”“深圳市教育工作先进单位”“深圳市阳光体育活动先进学校”“深圳市科技创新试点学校”等称号。如今的附小已经发展成为一所具有丰富教育资源和现代化教育功能的优质学校，正向一所“令人向往、充满幸福的学校”发展目标坚定前行。

（陈　艳）

【鹭湖外国语小学】创办于2018年9月，是龙华区重点打造的外国语系列学校。占地面积1.28万平方米，建筑面积2.53万平方米，运动场地面积6000多平方米。目前，全校有教学班29个，学生1441人。教职工共117人，其中本科及以上学历89人（硕士31人）；高级职称6人，中级职称47人；特级教师1人，区级以上名师17人。校内有名师工作室3个。

该校秉承“振鹭于飞”的校训，践行“以雅育鹭”的办学理念，潜心培育“学识博雅、志趣高雅、行止优雅”的未来人才，着力打造“引领未来、对话世界、绿

2020 年 6 月 6 日，鹭湖外国语小学举行新校启用仪式

（鹭湖外国语小学　供）

色生态”的现代名校。学校构建了“鹭雅”校本课程体系，开发出学雅（求真）、志雅（向善）和行雅（至美）系列课程，开设了 58 门选修课、18 门社团课和 3 门小语种课（日、韩、法）。该校积极探索选课走班制，创设适合每位学生未来发展的教育，逐步打造出“鹭雅教育”的特色品牌。在 2020 年第六届“深圳教育改革创新大奖”中，该校获评年度最受关注新锐学校。该校还先后获评全国青少年校园足球特色学校、广东省绿色学校、广东省人工智能教育课程开发共同体成员单位、深圳“粤教育云智慧教育”项目试点校、龙华区国际理解教育特色学校、龙华区教育信息化实验学校和龙华区“京剧进校园”特色学校。（汪　科）

坪山区

【坪山中心小学】创办于 1917 年，是东江纵队司令员曾生将军的母校、坪山第一党支部诞生地，也是深圳市最早的省一级学校之一。筚路蓝缕，薪火相传，经过百年沧桑历史，该校积淀了丰厚的文化底蕴，树立了良好的办学声誉。学校占地面积 2.03 万平方米，建筑面积 1.6 万平方米。校内有各种专用功能室 36 个；200 米塑胶跑道运动场 1 个，篮球场 4 个，风雨操场 1 个。教室和功能场室均安装了多媒体教学平台。图书馆藏书 96697 册。现有 43 个教学班，学生 2106 人。专任教师共 135 人，其中研究生 7 人，本科学历 118 人。

学校秉承“幸福起点美好回忆”的办学理念，致力于让学生全面发展，积极开展课程改革。校内有管乐、弦乐、合唱、版画、书法、水墨画、儿童画、围棋、健美操、篮球和羽毛球等 66 个社团。学校每学年举行“四节两周一月”（艺术节、体育节、科技节、读书节，数学周、英语周，篮球月）传统特色活动。学校先后获得“全国写字实验学校”“国家教科院德育示范学校基地”“省绿色学校”“省德育示范学校”“省诗歌教育示范学校”“省书香校园”“省巾帼文明岗”“省少先队红旗大队”“省艺术特色学校”等称号。该校多次被评为市、区教育系统先进单位，多次获“深圳市办学效益奖”。学校校风优良，教育教学效果显著，教学水平测试一直在区内名列前茅。

（罗运辉）

【坑梓中心小学】始建于 1986 年，是广东省一级学校。该校占地面积 6.14 万平方米，建筑面积 1.65 万

2020 年坪山中心小学 103 岁校庆活动　（坪山中心小学　供）

平方米，绿化面积1.07万平方米，环境优美，设备设施先进。现有教学班56个，学生2737人。全校有教职工200人（专任教师170余人），其中“广东省优秀辅导员”1人，市先进教育工作者、优秀班主任、优秀教师、十佳青年教师9人，市区级各类名师18人。教师学历达标率达100%。

该校倡导“以爱营造幸福生态”的教育理念，提出“培养幸福的人”的育人目标，以“建设师生家校幸福联动、和谐共生、内涵丰富、特色鲜明的生态型幸福学校”为办学目标，致力于打造“生态型幸福校园”。学校创建了以提升学生核心素养为核心“百花园”校本课程体系。近年来，学校素质教育在不断地实施与优化中，取得了较为显著的效果：创客课程、艺术课程、足球课程、班级课程、仪式课程和悦读课程已成为学校鲜明的办学品牌；足球、管乐、舞蹈、国画、油画和悦读等特色课程被列入课表进行广泛普及；“亲子共读”入选深圳市读书月“十大阅读推广项目”；小风帆管乐团更是连续五年获得深圳市校际管乐节金奖；少儿舞蹈《快乐音乐课》《劳动最光荣》分别应邀登上央视校园春晚的舞台；创客教育蓬勃发展，7位学生被评定为中科院小院士，创客实验室获市级认可，科技创新社获评“深圳市优秀社团”。该校被评为中国少年科学院科普实践基地、“全国校园足球特色学校”、“中国好老师”公益行动计划基地学校、广东省“安全文明校园”、“广东省书香校园”、“广东省绿色学校”、深圳市“中小学教师专业发展基地”和深圳市首批综合素养试点项目学校等。学校还两次获得深圳市办学效益奖，两度评为深圳市教育先进单位。（闫彬彬）

【碧岭小学】地处坪山区马峦山北麓的碧岭社区，占地面积3.66万平方米，建筑面积1.12万平方米。绿化覆盖率达100%。现有29个教学班，学生1394人。全体教职员工97人（专任教师89人），其中硕士研究生2人，特级教师1人，南粤优秀教师1人，广东省名师工作室主持人1人，区级名师1人，区级骨干教师2人，区级教坛新秀2人。

该校坚持探索“生动教育”，构建“多元课堂”，开设“生动课程”，在“质量优良、特色鲜明、现代学校”的办学之路上不断努力。学校各项工作成果显著：该校承担的深圳市重点课题《“生动教育”理念的实践探索与研究》结题；学校迎接了国家义务教育监测；坪山区何莹娟名师工作室揭牌；省级课题《名师工作室特色凝练策略研究》开题；广东省骨干教师跟岗；贵州省安底镇中心完全小学跟岗学习；与广西百色田东县教育同仁交流学习；参加“课程星球”百校联盟教育论坛；提交案例获评深圳市2020年中小学教育信息化应用成果展区经典案例；五（3）中队被评为“广东省少先队先进中队”；五（1）中队被评为“深圳市少先队红旗中队”。学校开展了跨学科项目式学习、群文阅读、自主识字、益智器具和STEAM项目等课程研究。该校满足学生多元发展的需要，整合校内外教师资源，学生个性特长得以发展。学校先后被评为“全国和谐校园先进单位”“广东省绿色学校”“广东省安全教育基地学校”“深圳市阳光体育活动先进学校”“深圳市德育示范学校”“深圳市书香校园”“深圳市广播体操标兵（传统）学校”和“深圳市园林式、花园式单位”。（曾荣华）

【六联小学】创建于1958年。占地面积1.4万平方米，建筑面积8515平方米。该校有教学班30个，学生1459人，教职员工92人。学校功能室及配套设施基本完善，有功能室12个，室内、外乒乓球台18台（套），室外篮球场2个，乒乓球运动训练馆1个，羽毛球场2个和200米田径运动场1个。图书馆藏书48098册，生均36.4册。全校配备电脑224台，教师每人配备电脑1台，师机比1：1；生机比达到5：1。

该校在“以人为本、互联共融、幸福成长、和谐发展”的办学理念指引下，以提高教育质量为导向，在全面实施素质教育的同时，坚持“特色立校”的基本策略，重视对学校品牌的打造，积极营造具有六联特色的校园文化。学校着力加强行政班子建设，加强教育管理：不断加强教职工特别是中层干部的规范化管理，提高班子成员的整体素质和能力，加强全校教职工的凝聚力和向心力，促进学校健康、稳步、快速发展。学校着力加强教学常规工作，提升教学质量：认真落实教学工作目标、落实常规督导；围绕教学开展活动，抓出实效促进教学，以人人参与的实践反思和优质课活动为载体，全面落实新课程理念，创建高效课堂。学校着力安全后勤工作，加强教育治理：严格落实校园疫情防控常态化措施，做好各项安全管理工作和校园周边的综合治理工作，推动校园安全工作再上新台阶。学校着力名师培养工作，提高师资水平：大力开展和推进“名师工程”，提升各学科教坛新秀、骨干教师、名教师的专业能力。学校着力学科融合课程建设，深化品质课程：积极探索“以学习者为中心”的教育哲学和课程理念，充分利用所在社区资源与学校实际，有逻辑地、有文化地构建课程体系和课程图谱，有效地推进融合课程建设，深化品质课程。

该校先后被评为省巾帼文明示范岗、深圳市教育工作先进单位、深圳市阅读典范学校、深圳市家校共育典范学校、书香校园、乒乓球和广播体操传统学校、阳光体育先进学校、绿色学校、无烟学校和“园林式、花园式”示范单位；多次被评为坪山区文明学校、教育先进单位和德育先进学校。

（颜秀慧）

【汤坑小学】坐落在马峦山下，占地面积3.74万平方米。该校环境优美，设备精良，有艺体中心（1600平方米）、计算机教室、科学实验室、100兆对等网络和童心创客室等26个功能室。全校共有34个班，1662名学生。专任教师共106人，其中研究生学历6人，本科学历91人，（教师学历达标率100%）；高级教师1人，一级教师42人；全国首届百优名师1人，省级优秀教师1人，市优秀教师6人；市“十佳班主任”1人，区级“十佳班主任”1人，“十佳师德标兵”2人，“十佳青年教师”1人；区年度教师提名奖3人，区名师8人，区级骨干教师3人，区教坛新秀1人，区优秀教师18人，区级优秀班主任15人，校级友善幸福名师16人。

该校践行幸福教育，实行人性化管理，人文氛围浓厚，教师有幸福感。学校班子精诚团结，能干事创业。教师敬业爱岗，作风实，善育人，会教书，能科研，敢创新。优良的校风和教师优良的师德受到家长和社会各界的好评。该校是国家级青少年足球示范学校市德育示范学校、省绿色学校、省交通安全文明示范校、省交通安全文明校园、省棋类特色学校、市书香校园、市办学效益先进单位、市阳光体育传统学校、市足球传统学校、市四点半学校、区教育系统先进单位、区教育系统先进支部和区安全工作先进单位。同时，该校还是教育部重点课题“基于学习科学理论的友善用脑教学实践”课题实验学校、北京师范大学外国语言文学学院“中小学英语学科发展国际化共建平台PRT项目示范学校”“大量识字，提前读写”课题（国家级课题）实验学校。此外，学校还是开展创建“幸福班级”实验课题（省十二五规划教育厅德育专项课题）发起学校。几年来，该校教师在国家、省市级以上荣誉或比赛中获奖30人次，学生获奖260人次。

（谢锦花）

【中山小学】创办于2015年9月。占地面积2万平方米，建筑面积1.9万平方米。可绿化率100%。学校分区布局合理，环境优美，现正在积极打造“习性教育品牌学校”。该校现有42个教学班，1877名在校学生。教职工共110余人，其中研究生12人。学校开展的“习性教育”，源于博大精深的中华文化，坚持知行合一，进行文化引领，为学生终身发展奠基。办学四年来，在习性教育理念的引领下，学生习性良好，教育教学质量名列全区前列。学校先后被评为“中国STEM教育2029行动计划首批种子学校”“广东省基础教育研究实验基地学校”“广东省中小学艺术特色

2020年12月7日，以“东纵精神代代相传”为主题的图书捐赠仪式在坪山汤坑小学隆重举行
（坪山汤坑小学　供）

学校”和“深圳市教育工作先进单位”。该校的《习性教育课程方案》获广东省中小学特色课程建设方案一等奖，《小学“习性教育”校本探索与实践》获广东省教育教学成果奖一等奖。2019 年 11 月，学校接受深圳市义务教育阶段学校办学水平评估，评估组一致认为：该校教师充满活力、凝聚力强；学生习惯良好、人格健全；学校全面发展、优质发展，是一所上级肯定、社会认可、家长满意、学生喜欢的区域名校。（陈焯文）

【坪山第二小学】为首批广东省一级学校，位于坪山区东纵路 7 号。占地面积 6.51 万平方米，建筑面积 1.39 万平方米。该校是“深圳市园林式、花园式单位”，校园绿树成荫，有 400 米标准运动场。现有 37 个教学班，学生 1759 人，教师 114 人。

该校秉持“为学生准备未来”的办学宗旨，积极实施“尚本教育”策略，聚焦“学会做人、学会求知、学会健体、学会做事”的培养目标，构建了足球、乐器、阅读、写字等特色课程以及“坚持磨炼”“文明践行”“感恩发现”“友善伙伴”等特色活动课程，促进学生全面发展。2020 年，面对突如其来的新冠肺炎疫情，学校不停学不停课，高效组织网上教学、网上家长会及教研活动；时任坪山区区长李勇同志、区政协副主席彭尧同志亲临学校指导复学及防疫工作，全年教育教学工作稳定有序。2020 年，学校选派谢庭军老师到新疆喀什、李思彦老师到广西田东支教，为教育脱贫攻坚战贡献力量。学校校友、现坪山中学女足队员彭巧玲入选全国 U15 女足精英训练营、谌沐羲入选全国 U17 女子足球队，让学校足球教育享誉社会。该校先后被评为“国家校园足球特色学校”“广东省安全文明校园”“广东省依法治校先进单位”“广东省绿色校园”“深圳市书香校园”“深圳市德育示范学校”“深圳市体育传统项目（田径、足球）学校”“深圳市无烟学校”“广东省绿色学校”和“深圳市红旗大队”。（张　艳）

【马峦小学】属全日制公办小学，位于坪山区马峦社区。占地面积 1.1 万平方米，建筑面积为 2.1 万平方米。学校设有书法室、创客室等 11 间功能室，33 间普通教室，并配有现代化内部设施。图书馆藏书 35615 册。该校拥有计算机 292 台，校园宽带 200 兆，信息技术课程每周 1 课时。该校计划办学规模为 24 个教学班，班级规模为 45 人，招生总人数为 1080 人。现开设 12 个班，在校学生 528 人。全校教职工 77 人（专任教师 43 人），其中研究生 10 人，教师均为本科及以上学历；坪山区名校长、坪山区小学数学学科带头人 1 名。该校以“生态育人、成就梦想”为理念，致力于建设一所“森林中的童梦学园”；以“激发梦想、创新发展”为育人培养目标，致力于培养有梦想、有能力、有作为、有创造的自信昂扬好少年。该校按照“一年打基础，两年建体系，三年抓规范，四年扩影响，五年成特色，十年创品牌”的办学工作思路，努力打造学生快乐、教师幸福、家长放心、社会满意的高质量学校。为此，学校做了以下工作：第一，抓制度建设，为学校发展保驾护航。第二，抓课程建设，为学生提供一流的学习资源。开发校本课程，打造科技、体育、艺术、阅读四大特色课程，完善德育课程，开发融合课程。第三，抓教学改革，提升教学质量。科研促进教学改革，打造高效课堂。第四，抓队伍建设，促进教师发展。以“四位一体”引领教育教研工作，即引进专家培养新教师，开发校本课程增强教研活力，关注学科教学改革以保持课堂丰富性。第五，抓资源保障，提升学生素养。不断整合和利用校内外各种资源，开展富有成效的活动，为学生发展创设良好氛围。该校获评坪山区科普系列活动先进组织单位、坪山区首批文明校园、第六届深圳改革创新大奖“新锐学校”以及深圳市“燃气安全”积极学校等荣誉称号。学生团队荣获 2020 年深圳市中小学生戏剧比赛一等奖、2020 年深圳市小学生啦啦操比赛获乙组第二名。在 2020 年教师基本功大赛中，学校共有 7 位教师获得区级一等奖、2 位教师获得市级一等奖。在 2020 年深圳市微课比赛中，学校共有 6 位教师分别荣获一等奖、二等奖及三等奖。（杨　毓）

【金田小学】地处深圳东部，南联坪山，北接淡水，招生范围包括金沙、沙田两个社区。该校兴建于 1998 年，是金沙、沙田两所村小合并而成。该校占地面积 3.15 万平方米，建筑面积 9312 平方米；现有 38 个教学班级，1919 名学生。学校在职教师 114 人，平均年龄

41 岁，其中研究生学历 9 人，占教师总数比例为 7.9%；本科学历 103 人，占比 90.3%；专科学历 2 人，占比 1.8%。

该校坚持“师生共同成长”的办学理念，“精致化教育”的办学特色。在教师发展方面，该校紧扣办学理念，重视教师团队的建设，形成了“名师工程——引领成长”“师徒结对——加快成长”和“部门合作——协同发展”等运作机制，促进教师专业发展。在学生发展方面，该校坚持以人为本，回归教育，注重学生的全面发展和终身发展。学校定期开展科技节活动、校运会、读书月活动、爱心义卖和英语周等丰富多样的活动，不断提升学生学习素养、创新素养、国际素养、审美素养、信息素养等。学校大队部创设红领巾广播站、金星小超市、文明值周班级、金田国旗班和少先队大队委等多个实践活动平台，让队员自愿参与学校管理，提升学生自主组织、管理、实践能力，培养学生的创新素养。

该校科技特色屡创辉煌。10 多年来，学校坚持“一校一品，以学生为主题，以科研为载体，以特色求生存，以创新求发展”的思路，以追求“个性化、现代化”为目标，以“普及科学知识，提高科学素养”为理念，通过多年的积极探索和创新，取得了丰硕的成果，并在学校、家庭、社会上产生了深远的影响。学校足球特色再创佳绩。该校荣获“2020 年全国青少年校园足球特色学校”称号，教师张宇洋被评为广东省青少年优秀校园足球教师。在 2020 年坪山区校园足球比赛中，学校学生足球队获坪山区青少年校园足球 U 系列足球比赛小学男子组 U7 第二名、U8 第三名和 U10 第二名。学校先后被授予“全国巾帼文明示范岗”“深圳市体育传统项目学校”“深圳市规范化学校”“深圳市毒品预防教育示范学校”“深圳市绿色学校”“深圳市安全文明校园”“深圳市航空航海车辆模型运动先进单位”和“坪山新区德育示范学校”等称号。（郭惠怡）

【锦龙小学】为省一级公办学校。坐落于马峦街道振碧路 1 号。占地面积 1.6 万平方米，建筑面积约 5.45 万平方米。该校规划办学规模为 36 个班，是坪山区高起点、高标准、高质量打造的区域性品牌学校。校内设有科学探究室、心情驿站、管乐室、美术室和舞蹈室等专用功能室 74 间，且功能室均配有现代化设施设备；建有 200 米塑胶跑道运动场 1 个，篮球场 2 个；图书馆藏书 3.7 万册。学校开设一、二、三年级 17 个教学班，其中一年级 6 个教学班，二年级 7 个教学班，三年级 4 个教学班，在校学生 634 人。教职工 58 人（专任教师 50 人），其中硕士研究生学历 10 人，本科学历 40 人；区级名师工作室主持人 1 人，区级骨干教师 1 人。

学校坚持立德树人，以“和美”核心理念引领内涵发展。该校结合教师队伍实际，设计多元研训模式，启动实施青蓝工程，派出教师参加由市、区教育局组织的各类培训活动 40 场次；邀请专家入校指导、讲座 20 场次；常态化开展校级培训、研讨活动 26 场次；组织教师沙龙、同课异构等活动数 9 场次；促进了青年教师专业成长。学校还以深化课题研究为着力点，开展课题专场活动 7 次，推动市、区、校课题立项 8 个，初步构建了“和美学生素养课程体系”，整体提升了学校办学品质。该校开设有足球、乒乓球、拉丁、竖笛、中国舞艺术男团、心情驿站、哇噻实验室、小小主持人、经典诵读社、有趣的传统节日、艺染坊和机器人等 37 个益趣课程。在区生涯教育课程、跨学科融合课程中，该校的《舌尖上的土豆》《传统心承，锦物新创》《锦色四季》3 项跨学科融合课程成功立项。学校还精心组织艺术节、体育节、“科普进校园”科技创玩体验活动、迎七一系列专题学习会、庆国庆和读书月等系列活动。

师生在各级各类比赛中逐渐崭露头角，团体或个人获区级以上奖励 53 项。在“2020 中国童话节之大亚湾区童话节童话之舞少儿群舞大赛”中，学校师生参赛作品《八女投江》荣获银奖；在深圳市第二届科普剧大赛中，学校师生参赛作品《拯救美卡星》荣获二等奖；在区校园小导游比赛中，学校获公办小学组“校园小手册”制作一等奖、“校园导游小视频”二等奖和公办小学组“综合奖”。该校先后荣获“坪山区文明校园”“2020 年首届深圳（坪山）科普月系列活动优秀组织单位”“优秀义警单位”“我最喜爱的‘燃气安全宣传栏’评选活动积极学校”等称号。

（陈湖婷）

光明区

【公明第二小学】为光明区直属公办小学，是广东省绿色学校、广东省首批中小学中华优秀传统文化传承学校、深圳市一级学校和深圳市德育示范学校。占地面积3.41万平方米。该校目前开设50个教学班，在校学生共2557人。全校教职工206人（专任教师163人），其中高级教师10人，一级教师62人；区级学科带头人1人，区级骨干教师1人。

该校秉持“好习惯成就精彩人生”办学理念，立德树人，从培养学生良好的习惯入手，狠抓学生学习、生活、健康、卫生、礼仪等日常习惯，逐渐形成了独具特色、行之有效的“习惯养成”教育体系。学生遵守纪律、阳光向上，校园里秩序井然，讲文明、讲礼仪、讲和谐的精神蔚然成风。该校坚持“德育为首”和“教学质量是学校生命线”，强化顶层设计和统筹规划，不断优化教育教学管理，认真落实国家“素质教育”战略，多渠道、多途径提升教师队伍综合素质与业务能力。学校教师以课堂教学为抓手，紧扣教学常规，向40分钟常规课堂要质量，精简作业，切实减轻学生负担，实现增质减负。该校创新课程设置，切合实际引进游泳、剪纸、象棋、围棋、书法等课程，受到学生的欢迎和广大家长的好评。学校还结合师资特长和学生兴趣爱好开设了美术、合唱、舞蹈、器乐、健美操、德式足球、篮球、匹克球、跆拳道、机器人、科技和小主持人等40多个社团，全方面培养学生特长。（朱端山）

【马田小学】为光明区直属公办小学。该校占地面积1.21万平方米，建筑面积9900平方米，现有36个教学班，学生1850人。学校教职工共134人。其中高级职称5人，中级职称56人；区级以上名师12人。该校与华东师范大学“生命·实践”教育学研究院签约，正式成为“新基础教育”试验校。

该校坚持“立德树人，五育并举”，融通“千里马文化”与“生命·实践”教育学“教天地人事，育生命自觉”的精神内核，关注师生的生命成长，着力推动学校整体转型变革。学校秉承“做最好的自己”的办学理念，践行“千里之行，始于足下”的校训，构建“仁、义、礼、智、信、勇、健、美”八德工程；开展“校园四季活动”，打造篮球、武术和定向越野“三叉戟”体育特色项目，形成了校园文化、书香校园和“五育融合”的办学特色。学校以“培养人格健全、学识丰厚的千里马”为育人目标，培育主动、健康发展的时代新人。

该校先后荣获“2020全国青少年校园篮球特色学校”“广东省五四红旗团支部”“广东省科普示范学校”“深圳市教育云项目教学应用试点学校”“深圳市巾帼文明岗”“深圳市消防安全管理标准化学校”“光明区十佳党组织”“光明区文明校园”和“光明区校园文化特色创建示范学校”等荣誉称号。（梁冬梅）

【下村小学】为光明区直属公办小学，前身为创建于1945年的东宝中学，1964年更为现名。占地面积1.13万平方米，总建筑面积8400平方米。该校设有教学班24个，在校学生1210人。教师共81人，其中高级教师4人，一级教师36人。

学校坚持依法治校、科研兴校、质量立校、特色强校的方针，倡导“人无自信不立，学无自信不获，事无自信不成”的“信心教育”理念，探索“以学生为本，以学习为本，以学情为本，以学力为本”的“学本课堂”教学模式，推行制度和人本相结合的管理方法，加强师德师风建设，全面实施素质教育，努力建设“诗意、书香、幸福”生态型学校。该校坚持“人人懂乐器，人人会吹曲”的指导思想，推动葫芦丝、陶笛等传统乐器的学习，开展了“千人民乐”演奏表演。该校获评“深圳市足球特色学校”“深圳市教育系统先进单位”“广东省依法治校示范校”“广东省绿色学校”和“第二批全国中小学中华优秀文化艺术传承学校”。（曾思汉）

【秋硕小学】为光明区属公办小学。占地1.13万平方米，建筑面积1.27万平方米。学校设有23个教学班，在校学生1173人。教职工104人（专任教师74人），其中研究生11人；高级职称4人，中级职称13人；区级以上名师2人。教师学历达标率达100%。

该校是一所崇尚锻炼、亲近自然、注重习惯、倡导活动和书香飘溢的花园式学校。学校坚持“让每一个生命都自由硕实”的办学理念，逐步实现“春华秋实、硕果累累”的办学愿景；以安全求稳定，以质量求生存，以科研求发展，以服务求信誉；坚持依法治校、依法治教，全面落实学校各项规章制度，落实各项措施，不断规范师生行为，不断提升师生的综合文明素养。学校制定了以《秋硕小学绿色班级评比方案》为准则、以《秋硕小学一日常规》《秋硕小学“三微三大”德育工程》为抓手的班级量化评比长效机制，以社会、家庭和学校“三结合”的教育网络为依托，构建了立体式多层次的德育网络。学校还打造以“科学+”模式为特色的智慧校园建设。该校开展学生社团42个，学生参与率达100%。学校建设朗读亭4个，教师开设导师朗读公众号24个，学生个人开设朗读公众号多达170多个，该校举办大型师生朗读比赛8次，经典朗读办学特色已经形成。社团各项活动的成功举办拓宽了育人渠道，开创了德育工作的新局面。学校先后获评“光明区文明校园”“2020年度线上教学优秀单位”称号，并荣获2019年光明区中小学生国防知识竞赛优秀组织奖。（苏　明）

【红花山小学】为光明区直属公办小学。占地面积1.05万平方米，建筑面积1.25万平方米，绿化面积约4200平方米。学校设计规模为24个教学班，现有学生约1100人。全校教职工73人，其中高级职称3人，区级名师或骨干教师7人。学校有名师工作室1个。该校秉承“生长于自然、教育自生活”的办学理念，践行“向明亮的方向奔跑”的校训，建设“环境雅致、管理智慧、质量优良、特色鲜明”的校园。秉持“成熟一科开一科”的校本课程建设原则，学校教师、高水平课程专家团队和社会机构“三管并举”，在学校开设“海量阅读”系列课程，采取“部编版语文教材+精选童书+中华经典”的课程设置方式；全员全程增设英语绘本培训课程，实行双教材教学；分阶段开设跳绳、舞蹈操、游泳、毽球等体育特色课程。学校还开展了运动嘉年华、六一文艺汇演、书香节和数理节等全员参与的课外实践活动。校内有管乐、合唱、舞蹈、跳绳、田径、足球、美术、彩泥、机器人和科学等十余个特色社团。

该校语文、英语科组先后评获“光明区巾帼文明岗”。学校荣获光明区第十一届青少年科技节暨第五届学生创客节“一等奖”、光明区第五届中小学生跳绳比赛小学乙组团体成绩“第一名”、光明区中小学生校园足球联赛U10男子组三等奖、2020广东省中小学跳绳锦标赛小学组团体总分“二等奖”和深圳市校际管乐节“2019年度示范团队奖”等荣誉。（陈永忠）

【深圳市教育科学研究院实验小学（光明）】为光明区直属公办小学，创办于2019年9月1日，总建筑面积4.1万平方米，设计办学规模36个班，提供1620个学位。该校一至三年级借址办学，开设教学班14个，共有在校学生690人。教职工62人（专职教师54人），其中高级职称4人，中级职称2人；特级教师1人，区级以上名师（学科带头人）3人。教师研究生学历占比30%，教师学历达标率达100%。学校有区级名师工作室1个。

该校秉持“厚德笃行、适性扬才”的办学理念，以“办一所走在教育创新前沿的示范性学校”为目标，坚持党建引领学校发展的工作思路，从智慧校园建设的顶层设计、软硬件一体化建设、课程

2020年11月，红花山小学运动嘉年华开幕式　（红花山小学　供）

建设、教师团队、教学方式及教学评价等六个维度，培养具有自觉意识的卓越教师，孵化充满活力的高效课堂，积极探索全学科育人、全过程育人的育人方式，培养幸福生活与美好未来的创造者。学校现开设科技创新、魔方英语、创意手工社、中英文绘本、陶笛、剪偶和揭秘外星人等21个学生社团；有快乐学古诗、习字课、写作课、校长妈妈讲故事、秋实哥哥说评书和不一样的数学故事等42门云端课程。

（祖松梅）

【清一小学】占地面积1.1万平方米、建筑面积1.28万平方米，运动场面积3449平方米。该校开设26个教学班，共有在校学生889人。教职工95人（专任教师60人），其中高级职称1人，中级职称5人，初级职称18人。

学校秉承“促进学生最佳发展、长远发展，培养健全人格，为学生的幸福人生奠基”的办学理念，以办成一所“风清气正的阳光学校”为办学目标。学校围绕“立德树人”的根本任务，拓宽学校拓展性课程“自留地”，构建“课程+”校本课程体系。课程体系包抱基础课程、拓展课程、探究课程、定制课程和主题课程五个层面。为实现国家课程校本化，提供学生“可选择的课程”，该校构建立体化、多元化、多层次、多样化的校本课程体系，涵盖外教口语、国学、国际理解、艺术、阅读和形体等多个方面。学校采用中国传统基础教育与国际化教育理念相结合的教育方式，致力于培养具有家国情怀、人格健全的学生。自2017年9月创校至今，该校一直为学生提供午休午托服务和课后延时服务。课后延时服务以课后托管为主，包括开展体育、艺术、娱乐游戏、拓展训练、社团、兴趣小组活动以及对学困生进行针对性辅导等。

（梁惠琼）

大鹏新区

【大鹏第二小学】为广东省一级学校，创建于1927年，位于大鹏街道银滩路7号。该校曾用名鹏飞学校、鹏一中心小学、鹏城学校和鹏城小学。学校几经迁址，几次易名。2001年9月由华商苏晃南先生、黄真秀女士、吴荣基先生和黄启泰先生捐资，各级政府和鹏城社区居委大力支持，于现址建成新校，定为现名。占地2.46万平方米，建筑面积1.85万平方米，体育活动场地1.35万平方米。校内有24间教室，功能场室较为齐全。现有教学班17个，学生760人。该校有教职工82人，其中编制内教师32人，临聘教师27人；硕士及以上学历教师4人；一级教师22人；区级学科带头人1人，区级中青年骨干教师3人，区级骨干教师后备人才17人，市级优秀班主任1人，新区年度教师1人，区级核心学科组首席教师2人。教师学历达标率达100%。校内有区级名师工作室一个。

该校承袭鹏城文化精神，立足教育规律，将办学哲学确定为做“有根有梦的生长教育”。学校构建适合学生生长的“鹏成课程”，培养具有大鹏二小特质的鹏城少年。该校的办学理念为“生命有根，生长无界”；育人目标为“学求深，品从善，行向宽”；课程理念为“深扎根，自在长，跃未来”。全体教职工努力打造一所没有“围墙”和“天花板”的学校。学校教育以突破知识学习的藩篱为目标，提出“让整个世界成为我们的生活实验室”的口号，期待长出打破“围墙”的力量，打破校园与世界隔离，打破学科与学科切割，打破知识与生活的边界。学校努力建立学校与家庭的联结，修补传统与当下的割裂，改变时代发展与真实学习不兼容的状态。学校先后获得全国校园足球示范学校、深圳市足球特色学校、全国小小志愿者试点学校、广东省语言文字示范学校、广东省安全文明学校和深圳市书香校园等称号。（大鹏第二小学　供）

【葵涌中心小学】始于1947年的私学“葵航别墅”，历经70多年发展至今。该校坐落于深圳东部大鹏半岛，东濒大亚湾，西临大鹏湾。占地面积2万余平方米，建筑面积1万余平方米。学校现有35个教学班，师生近1700人。学校建设有体育馆、田径运动（足球）场、乒乓球台和篮球场等体育设施，拥有体育中心、科创中心、艺术中心、图书馆及各学科功能（场）室。

该校秉承“为孩子的人生发展奠基”的办学理念，以“优质化、示范性、现代化特色学校”为办学目标，坚持立德树人，着力于让学生“自我管理、自主学习、自由成长”，倡导“师生与学校同发展”，提高师生综合素养，培养德、智、体、美等方面全面发展的中国特色社会主义建设事业的建设者和接班人。该校以养成教育为核心，以礼仪教育为抓手，以德育课程和少先队教育为主阵地，以爱党、爱国和热爱社会主义为重点，充分发挥学校、家长、社会德育网络的作用，全面关注学生品德素养和身心健康，立德树人。结合重大节庆、纪念日主题的少先队大队活动、“一队一品”特色中队活动、升国旗仪式和国旗下展演、红领巾爱心义卖活动等是该校的德育特色活动课程。校园环境的美化教育润心于无声，丰富多彩的德育活动课程寓德于教。该校是深圳市唯一的一所红军小学，冠名为“深圳东江纵队红军小学”。学校还是教育部中国教师发展基金会、国家教师科研基金“十二五”教育科研规划重点课题实验的“心理健康教育示范学校”。该校先后获评全国中小学升国旗仪式规范化学校、广东省红领巾示范校、广东省少先队红旗大队、广东省交通安全文明示范校、广东省健康生活方式示范校、广东省健康促进（银牌）学校、深圳市少先队红旗大队、深圳市平安校园示范校、深圳市安全管理标准化学校和深圳市德育示范校。

（葵涌中心小学　供）

深汕特别合作区

【赤石镇中心小学】始建于1949年，前身为赤石圩“洪氏堂”，坐落于赤石红场大道旁。学校承担赤石社区、赤石村委、冰深村委、碗窑村委等适龄儿童的小学教育任务，服务半径10公里。该校下辖6所面上小学，2所幼儿园。占地面积1.42万平方米，建筑面积8818平方米。主教学楼重建工程及配套教学设备采购项目已交付使用。主教学楼占地面积约400平方米，建筑面积约1600平方米，总投资约1023万元。主教学楼共4层，提供9个教学班的教室，3间教师办公室，可容纳学生450人。该校有运动场、排球场和羽毛球场，给同学们提供了良好的体育活动场所。校内还有计算机教室、舞蹈室、科学教室和美术书法教室、心理咨询室等功能室。图书室藏书2万多册。该校，现有20个教学班。在校学生1019人，教职工49人（专任教师42人），师生比为1∶24。教师学历达标率为100%。学科师资配备均衡，教师队伍年富力强。

该校秉承“挖掘学生潜能，培育时代新人”的办学理念；以“格物致新，厚德泽人”为校训；以“睿智善行，和谐勤进”为校风；以“以爱育爱，诲人不倦”为教风；以“乐学善思，合作求真”为学风。校园文化展现的是礼仪教育、安全教育、少先队活动剪影及中华民族的传统美德教育等内容，期望让学生在学校生活中接受德育的熏陶，净化、美化心灵。该校先后被评为“海丰县教育系统文明学校”“汕尾市规范化学校”和“汕尾市标准化学校”。

（赤石镇中心小学　供）

中学

市直属中学

【深圳外国语学校（集团）】2020年是该校建校30周年。30年间，学校不断探索办学新体制，在高水平创办公办初中学校基础上，逐步发展成为公办与民办学校相互促进，国内学校与国际学校协同发展，幼儿园、小学、初中、高中相

2020年12月3日，深圳外国语学校（集团）成立

（深圳外国语学校　供）

互衔接的集团化学校。9月1日，深圳外国语湾区学校正式揭牌，成为由国家教育部批准的首个进行“多元融合”试验的先行示范学校；宝安学校举办开学典礼，开启深外一校八部办学新纪元。12月3日，在建校30周年庆典之际，深圳外国语学校（集团）正式成立，为学校未来发展奠定新基。

集团三个公办校部（初中部、高中部和龙华高中部）占地面积22.93万平方米，建筑面积20.53万平方米，体育场（馆）面积1.61万平方米。图书馆藏书18万册。学校开设教学班145个，共有在校生5571人。教职工共710人，其中正高级职称4人，副高级职称161人，中级职称212人；特级教师5人，深圳市名教师4人，深圳市骨干教师5人。学校有省市级名师工作室5个。

2020年学校各项事业实现了跨越发展。高考重点上线率高达98.21%，有一位同学为文科高考屏蔽生。该校荣获“全国文明校园”荣誉称号，罗来金校长荣获深圳市“教书育人模范”称号，创校校长龚国祥获深圳经济特区建立40周年创新创业人物和先进模范人物”称号。

该校全力抗击新冠疫情，打造高品质“深外云课堂”，教育教学成效显著，受到来校视察的市委书记王伟中等领导的高度评价。该校获评“深圳市在线教学先进学校”，集团党委荣获“深圳市抗击新冠肺炎疫情先进集体”和“深圳市先进基层党组织”称号。

三十而立再出发。学校提出办具有全球影响力的中国特色先行示范学校办学目标，力争在集团化办学、智慧教育、创新人才培养、开放办学以及文化育人等5个方面先行示范，成为更加人文、更加智慧、更加生态的学校。

（深圳外国语学校（集团） 供）

【深圳第二外国语学校】是深圳市教育局直属全寄宿公办普通高中。该校为广东省一级学校、全国航空特色学校，也是深圳目前唯一一所具有小语种自主招生权的高中，连续七年获深圳市高考卓越奖。学校位于龙华区福城街道，毗邻龙观快速，交通便利。占地面积11.9万平方米。有57个教学班，专任教师252人，其中博士、硕士研究生125人；正高级教师3人，特级教师2人，高级教师61人；省级骨干教师20人，深圳市各类名师工作室主持人4人。

该校秉承“求真、向善、臻美、弘志”的校训，以“建设特色鲜明的优质高中”为目标，以培养“具有中国情怀、世界眼光”的高素养现代人为使命，让每一个孩子都拥有“国际社会通行证、现代公民合格证和身心人格健康证”。2020届高考，该校学生高优投上线率达26%，本科上线率保持在93%以上；吴逸凡同学以男高音专业全国第一名的成绩被中央音乐学院录取，吴伟民同学以文化测试和专业测试均为全国第一名的成绩被中国人民大学录取；2017年中考成绩405分及以上的同学三年后高考成绩高优投上线率为100%。该校获评“广东省科普教育基地”“广东省科技特色学校”“广东省心理健康教育特色学校”“年度家校共育典范学校”和“广东省中华优秀传统文化传承学校”等荣誉称号。师生们在其他多个领域大放异彩。2020年3月，由校长助理林良展主持的课题获“省基础教育教学成果奖二等奖。特级教师龚志民在《中国教育报》刊登5篇高考下水作文，作为全国作文范例推广。7月，在第二届粤港澳大湾区“南方传媒杯”高考“下水作文”

2020年11月18日，深圳市教育局局长陈秋明一行人在深圳第二外国语学校调研指导工作

（深圳第二外国语学校 供）

大赛中，王亚利教师获深圳唯一一个特等奖。8月，校团委荣获“市五四红旗团委”称号；廖毅阳、林哲熙、陈晨三位同学获评“最美南粤少年”。10月，教师杜轩、梅昌容家庭获市“最美家庭”荣誉称号；狄泉霖同学在省中学生游泳锦标赛中获男子甲组50米蛙泳金牌。12月，许梓毫同学获第十二届省宋庆龄奖学金；李泽然同学获全国中学生俄语风采大赛俄语歌唱比赛一等奖；学校教师在市高考模拟命题比赛、市中小学教师微课大赛和中小学青年教师教学基本功比赛中均喜获佳绩。

2020年5月14日，广东省航空学会理事长，深圳市人大科技组组长，中国航空技术深圳有限公司党委书记、董事长由镭和广东省航空学会秘书长江万茂一行莅临该校调研航空特色教育情况。航空特色课程是该校的一大特色。从“三模一电”兴趣社团到航空模拟驾驶室，该校从建校之初就在航空特色课程上投入了大量资源和师资力量。航空模拟驾驶室现已成为全国配备规格和使用率最高的高中教室之一，配备了包括民航波音737（1∶1模拟机）、波音系列教学机、塞斯纳模拟机、战斗机模拟机和航空模拟塔台等高科技教具。近几年来，该校已经陆续有20多名学生进入空军航空大学、北京航空航天大学和南京航空航天大学等航空类名校。学校拟从2020年秋季开始，从入校的高一新生中选拔一批优秀的苗子，开设航空创新人才班，在保证完成升学教育之外，提供定制化、成体系的航空特色教育，为有志于投身中国航空事业的学子提供良好的教育平台。由镭理事长表示，广东省航空学会将在航空课程、实践基地建设、相关专业院校资源等方面为学校提供大力支持，助力该校的航空特色教育。

2020年9月21日，为纪念航天飞行家冯如飞天111周年，由广东省航空学会指导，由该校和深南电路股份有限公司、深圳北航新兴产业技术研究院、北京环宇真飞航空科技有限公司、深圳市龙云创新航空科技有限公司联合主办的航空科普进校园活动在该校举行。110年前的9月21日，广东恩平的飞行家冯如驾驶他自己设计制造的“冯如1号”翱翔在蓝天，开启了中国百年航空的篇章。100多年过去了，冯如满腔的报国之心，以及要带领中国的航空走向世界顶峰的精神，一直激励着一代又一代航空人的奋斗与拼搏。为了让学子在纪念和传承冯如精神的同时，增强对祖国航天科技发展的认识，从而以更加积极的心态投入到学习文化知识中去，以更加扎实的综合素质投入到报效祖国中去，学校通过模拟飞行驾驶、体验无人机操控、聆听专家讲座和组装飞机模型等环节，让学生们了解航空航天知识，具备创新创造思维，树立科技报国志向。

2020年10月31日，该校上演了一场精彩纷呈的科技盛宴，机器人团队舞蹈、无人机编队飞行表演、航天模型火箭发射竞赛、3D打印展示、航空模型制作与飞行比赛、航海模型3对3足球对抗赛、无线电测向竞赛、航空科技绘画展示、航空模拟飞行体验等学校航空科技主题活动上这些创意十足的项目，吸引了全市众多中小学生和家长前来观摩。这次活动既是一个激发航空航天兴趣、培养前沿科技意识的课堂，又是一个接触航空航天特色教育、追逐蓝天梦想的绝佳契机。活动当天，校领导与市科协机关党委副书记、纪委书记刘卫东，广东省航空学会秘书长江万茂，广东省航空学会深圳联络部部长程文，深圳龙云航空科技创新公司董事长鲍静云等嘉宾就本次活动取得的效果和未来航空航天特色教育的前进方向进行了交流探讨。该校历来重视科学活动的举办和科学课程的设置，力图通过航空航天特色教育的重要抓手，推进学校特色化高质量的发展。

2020年11月18日下午，市教育局局长陈秋明一行莅临该校，就认真学习贯彻习近平总书记出席深圳经济特区建立40周年庆祝大会和视察广东重要讲话、重要指示精神，推动教育高质量发展开展调研。此次陈秋明局长调研活动的第一站是该校的航空模拟驾驶活动室。陈秋明局长肯定了学校在航空航天特色教学中取得的成绩，并指出，作为市直属学校，该校在办学体制和机制上都有很大优势，发展潜力巨大，希望该校充分挖掘学生能力与潜力的可塑性，不断擦亮小语种教学、航空、体育等特色教育名片，打造特色教育新优势，在办学上取得更大成绩。在见证了航空航天特色教学的出色成果后，陈秋明局长一行来到了学校体育馆和足球场。适逢该校第十届体育节暨田径运动会开幕，校园里旌旗招展、热闹非凡，学校师生朝气蓬勃的精神面貌和阳光向上的青春活力让陈秋明局长一行深受感染。他高度赞扬了学校的防疫工作，并指出在疫情常态化下，学校能够安全、顺利地筹备和开展运动会此类大型活动实属难得。此次调研，强化了该校对抓好特色教育活动的认识，进一步明晰了办学与招生方向，落实了一些亟待解决的实际问题。

2020年11月29日，由中国航空学会指导，深圳市科学技术协会、广东省航空学会主办，该校和深圳市龙云创新航空科技有限公司承办的第一届深圳市青少年航空科普嘉年华暨2020年全国青少年无人机赛深圳市选拔赛在学校体育馆举办，来自深圳市的16支代表队300多人参赛。本次比赛是经教育部批准的、2020年8月首次进入《2020–2021学年面向中小学的全国性竞赛活动名单》的、面向青少年开展的无人机专项赛事，充分体现了国家对无人机融合教育发展的重视。比赛共有四个赛项，分别是旋翼赛迷宫挑战赛、旋翼赛蜂群舞蹈编程赛、陆空人工智能竞速赛和旋翼赛个人飞行赛。在深圳经济特区建立40周年、国家航空111周年及空军成立71周年之际，该校积极主动承办并圆满完成本次活动。本次科普嘉年华活动使更多的人认识和了解无人机，对无人机行业的发展起到了积极的推动作用，同时也弘扬了国家航空精神，推动了青少年航空科普事业的发展。

（宋　莹）

【深圳科学高中】是深圳市市属公办高级中学，为中国第一所科学高中。学校占地面积12万余平方米，建筑面积近8万平方米，是一所大型的全寄宿高中。校园内有三栋教学楼、三栋实验楼、两栋文艺楼、一栋图书馆楼、一栋电教楼（报告厅）、一栋行政办公楼、七栋学生宿舍、一栋教师宿舍和两栋饮食服务楼；此外，体育馆、网球场、篮球场和田径运动场等体育场馆一应俱全，学习、运动、食宿、科学实验等条件优越。该校有教学班66个，在校生2925人。该校有教职工共327人（专任教师228人），其中特级教师3人，正高级教师3人，副高级教师47人，中级教师135人。该校荣获“深圳市教育工作先进单位”“深圳市高中教学工作卓越奖”“深圳市年度教育改革创新领跑学校”和“新课程新教材实施国家级示范区深圳示范校”等荣誉称号。

教育教学　2020年学校高考650分以上人数、600分以上人数等重要指标居全市第7名。在2020年广东省高二学生联考中，学校物理均分位列全省第一，物理类、历史类各有5名学生进入全省前100名。该校已培养了六届优秀毕业生，学生低进高出，成绩提升显著，2015–2020年，连续六年荣获深圳市高考质量卓越奖，成为“低进高出”的典范，迅速崛起为深圳的一所新名校。

教师科研　教师队伍专业精深、敬业乐教、和谐融洽。该校已经形成了科学成熟的教学管理体系。学校提倡“教学相长、务本致远”的教风，教师专业成长迅速，成绩斐然。在2020年度深圳市高中青年教师教学基本功大赛中，学校四个学科在全市决赛中荣获一等奖，一等奖获奖人数位居全市第一。2020年，学校继续完善名师培养机制，10位教师成为首批校级名师。

线上教学　2020年，面对新冠肺炎疫情的冲击，该校开展了近3个月的高质量线上教学。全体教职工、学生和家长在抗击疫情和“停课不停学、不停教”两条战线上做出了重要贡献。学校荣获“2020年深圳市在线教学先进

2020年6月17日，深圳科学高中高三年级举行“喊楼”活动，高一高二同学为高三学长学姐高考加油呐喊（深圳科学高中　供）

学校”称号。

课程建设　三年前，该校被遴选为深圳市课程体系建设学校之一，在2020年深圳市教育局组织的课程体系建设结项评审中，该校评审成绩位列全市普通中小学校第一。

学生发展　该校学子录制及制作“战疫”主题视频，致敬抗疫一线英雄。学校举办线上十大歌手比赛、线上知识竞赛、三行情诗活动和在线社团科普课，展现科学高中学子的创新精神和人文素养。程煜廷同学获评“广东省优秀学生”，王简、王子昂同学获评“深圳市优秀学生”，黎子烨等10位同学获评“特区模范少年”。学生在科技节、合唱节、运动会和社团艺术展演活动表现优秀。沧浪戏剧社在读书月名著新编剧大赛中报送的作品荣获中学组团体一等奖。

德育工作　2020年，受到新冠肺炎疫情的影响，德育工作团队尤其是班主任老师各显神通，通过线上集会课、写信、定制可乐等方式创新教育方法，增强育人成效。同时，学校出台班主任工作评价细则，通过规范制度提升教师育人水平。

党建群团工作　2020年12月24日，深圳市委教育工委书记、市教育局局长陈秋明同志莅临该校调研指导，并为同学们讲授题为《我们都是追梦人》思政课。2020年6月24日，中共深圳科学高中第一届委员会正式成立。2020年，学校团委获评“广东省五四红旗团委”。

该校坚持“全员育人、全程育人、全方位育人”的育人理念，通过加大教学科研投入、严格学生管理、打造标杆食堂、重视家校合作，培养了一批又一批有习惯、有温度、有高度的优秀创新学子，正在加速向建成深圳一流特色名校的目标迈进。　（陈　宽）

【深圳大学附属中学】两个校区占地总面积7.8万平方米，建筑面积8.95万平方米，现有教学班73个，在校生3340人，在编教师274人。高中部占地面积3.3万平方米，建筑面积4.6万平方米，有教学班39个，在校生1729人，在编教师153人；初中部占地面积4.5万平方米，建筑面积4.35万平方米，有教学班35个，在校生1566人，在编教师121人。

2020年，该校以中高考改革为契机，坚持五育并举，推进教育教学改革，提升教育信息化智慧化水平，落实“立德树人”根本任务，办好人民满意的教育，做深圳教育先行示范的排头兵。

坚持五育并举，落实立德树人，结合“抗疫”进行主题教育。初中部组织爱国卫生活动，将爱国和“抗疫”进行到底。高中部开展线上抗疫演讲、绘画大赛，并举办抗疫专题画展。学校坚持五育并举，提升学生综合素养；借助综合素质评价，提高学生自我管理能力；完善社会实践体系，联系建立更多的社会实践活动基地，开展体验活动，对学生进行生涯规划指导。学校坚持推进文明校园建设，落实社会主义核心价值观进校园、进课堂、进头脑；继续开展“扫黑除恶，预防校园欺凌，共建文明校园”主题宣传教育活动，切实维护文明和谐的校园秩序，保护学生的合法权益、人身及财产安全。该校还加强团委学生会工作，注重学生干部培养，初中部学生会获评“广东省优秀学生会”，学校的高中部学生会获评“深圳市优秀学生会”。高水平运动队摘金夺银，捷报频传：在各项省锦标赛上，该校乒乓球队、羽毛球队和游泳队均取得重大突破，乒乓球队首夺团体总分冠军，羽毛球队首夺团体总分一等奖，游泳队首次闯进团体总分前六；跆拳道队也取得了很好的成绩，在南山区赛事中几乎囊括了初中组各级别的冠军，在全国联赛收获1金6铜，名列团体总分第六。

推进教学改革，提升教学质量　抓实抓细，做好线上教学工作。学校获评深圳市在线教学先进校，蔡钦老师获评先进个人。该校以科研推进拔尖人才培养，创造条件开设拿云科创课程（获评广东省青少年科技教育创新团队），狠抓落实科学备考，确保毕业年级教学质量。该校高考高优上线率（重点上线率）一举破八，达84.8%，第18次荣获深圳市高考最高奖——卓越奖。

加强队伍建设，提升核心竞争力，推进青蓝工程，促进专业发展。学校制定《深大附中青蓝工程考核评价方案》，并实施首次考核；同时成立深大附中教科研专家委员会，为学校发展提供智力支持。该校223人完成深圳市信息化教学创新教师全员网络研修。青年教师教学基本功大赛成绩骄人：高中语文陈亚琼、物理汪中明，初中物理樊丽、历史童盟夺得市直属第一，初高中共7位老师代表市直属学校参加全市决赛。学校还做好人才招聘工作，提升队伍核心竞争力。学校先后赴北京、上海、南京多地进行公开招聘，共招录来自全球21所院校的34名青年才俊，其中清北复交学生8人，博士生4名。学校加强对外交流，共促进步。山西万荣县校长研修班、思考乐教育集团、江西赣州开发区校长研修班等来校交流。刘为基校长应邀参加第五届“高校-高中教育发展论坛”。

加强党建，凝心聚力促发展 强化党委领导，做好疫情防控。学校发出《深大附中防范新型冠状感染肺炎给全体师生家长的一封信》，宣讲防疫知识和防控要求；同时，制定返校复课疫情防控方案，并组织疫情防控应急演练。学生返校复课后，各班级成立由班主任、副班主任、班干部、家长组成的疫情防控小组，做好每日健康统计上报工作。学校还动员青年教师、教辅人员参与学校日常疫情防控值班工作，周密计划部署，做好开学前后各项工作。该校通过多种形式召开行政会议，根据上级安排，结合学校实际，提前做好预案，为及时、顺利开学做好准备；同时，与时俱进，因地制宜，动员全体教师一手抓防疫，一手抓线上教学。学校不断加强基层党建，增强党组织的凝聚力。2月，学校党委发布《防疫不停步停课不停教——致全校党员干部和教职工的倡议书》。3月，学校开展党员教师义工进入社区，助力社区抗疫；同时，推进网上党课学习和支部党建活动开展。5月开展“最美附中教师”评选活动。7月进行精准扶贫活动。9月开展加强师德师风建设活动和纪律教育学习月活动。11月开展对翻身学校帮扶送教活动。11月至12月间到红色基地开展“不忘初心，牢记使命”主题教育活动。12月21日全体党员学习十九大五中全会精神专题讲座。该校还加强宣传教育，促进师德师风建设，先后推出抗疫先锋、疫线春色、名师优课等专题报道，深入发掘在防疫抗疫和“停课不停教”过程中涌现的先进典型，充分发挥榜样示范的力量。

2020年，学校增添新荣誉，先后获评广东省青少年科技教育创新团队、深圳市在线教学先进校和深圳年度十大教育改革创新领跑学校。（深圳大学附属中学 供）

【深圳市第一职业技术学校】始建于1983年，是深圳建市以来成立的第一所公办职业高中，也是首批国家级重点职业高级中学、首批国家中等职业教育改革发展示范校及首批国家（广东省唯一）现代学徒制试点学校。学校拥有福田与坪山两个校区，涵盖职业高中、综合高中和高职专业学院，具备完善的教学、实训设备和校园服务体系。学校开设了计算机应用、美术设计与制作和物联网技术与应用等15个专业，包括3个国家重点支持建设专业，2个省级重点专业，5个市级品牌专业；还有7门市级精品课程。2020年10月，该校成功申报为广东省高水平中职学校。

全校教职工265人（专任教师222人），其中研究生以上学历58人，博士以上3人；全国职业院校技能大赛优秀指导教师16人，全国优秀教师、优秀德育工作者1人，南粤优秀教师6人。校内有广东省和深圳市名班主任工作室各1个。2020年，学校招生1101人，其中职高1001人，综合高中实验班100人；所有在校生共计3182人（不含高职专业学院）。2020届该校毕业生共计977人，其中，职高部879人毕业，综合高中98人。

学校致力于铸魂育人，落实立德树人根本任务；同时，不断深入推进校企合作、产教融合，积极探索校企“双元”育人模式，为深圳创建一流职业教育贡献“一职力量”。该校获得“年度产教融合典范学校”“十大深圳教育改革卓越奖”等13项市级以上荣誉。近十年，学校累计荣获全国职业院校技能大赛金牌24枚、银牌40枚、铜牌54枚，有146名学生通过技能

2020年，深圳市第一职业技术学校举办校园文化艺术节

（深圳市第一职业技术学校 供）

大赛免试入读高职学院。在2019-2020广东省职业院校技能大赛中，该校取得一等奖8个、二等奖7个、三等奖2个。

疫情防控　2020年1月28日，学校成立了以党委书记、校长为组长，各部门负责人为组员的新冠疫情防控工作领导小组，制定疫情防控方案，明确责任主体。学校积极筹备防疫物资，切实做好疫情防控工作；各部门精心准备，全力保障师生平安返校复课，全方位保障全体师生员工生命安全和身体健康。

在线教学　疫情期间停课不停学。学校从2月10日开始实行线上教学，在3个月零8天的时间里，开设71门线上课程，覆盖3283名学生。其间，138名教师线上授课，高质量完成在线教育教学任务。

疫情期间，德育工作不打烊。学校创新开展"云德育"活动，以省、市、校三级名班主任工作室为平台，开设了24场线上德育精品课程，包含15场线上班会课、5场线上家长讲座和4场线上班主任讲座，帮助学生宅家期间自我成长，指导家长正确教育，听课量达41000+人次。此外，学校还组织开展了"云合唱""云随笔"等线上德育活动，丰富学生的宅家生活，增强学生的家国情怀。其中，"云合唱"被多家媒体报道，阅读量达74.6万人次。

素质教育　学校秉承"敢为人先、创造未来"的办学精神，积极弘扬"真诚、友善，和谐、协作，平等、公正"的学校文化，促进学生综合素质全面发展。

学校在技能竞赛中硕果累累。在赛项总量、参赛队伍及奖项设置大幅减少情况下，学校"计算机检测维修与数据恢复"与"网络安全"两个项目冲进国赛，双双获得2020年全国职业院校技能大赛一等奖，成为2020年获得全国技能大赛一等奖最多的两所中职学校之一。在"2020年一带一路暨金砖国家技能发展与技术创新大赛"中，该校获得一、二、三等奖各1个。在2019-2020广东省职业院校技能大赛中，该校获一等奖8个，二等奖7个，三等奖2个，创历史新高。

学校在"两个"高考中成绩斐然。该校高职类高考、普通高考上线率，本科上线率不断攀升，领跑同类学校。6名职高学生通过高职类高考被本科院校录取，开学校先河。综合高中理科班林俊峰取得了574分的优异成绩，超过高分优先投档线50分，实现低进高出。

学校开展多元活动平台，助力学生实现多元发展。学校共有社团46个，参与社团学生739人，全年举办大型德育及社团活动10余个，部分活动项目呈现品牌化发展趋势。第36届学校田径运动会、2020年级学生军训、文化艺术节、校园歌手大赛、雨滴文学社读书月活动、校园辩论赛、2020届学生毕业典礼和校级公开主题班会等德育和社团活动精彩纷呈，提升了同学们的综合素质，活跃了校园文化生活。

学校文明风采活动斩获佳绩。学校教师辅导学生在2020年广东省中职文明风采活动中荣获一等奖2个，二等奖8个，三等奖7个。

教师队伍建设　学校建立由校本培训、市继续教育、国家和省级骨干培训以及海外培训组成的"四级"培训体系，采用"走出去"和"请进来"两种模式开展培训，创造条件为教师发展的各阶段提供成长支撑。

学校开展德研培训，推动班主任专业化成长。学校以三级名班主任工作室为平台，开展了5场线上班主任专题培训；举办了线上线下相结合的班主任暨新教师岗前培训；创新开设了"校长开讲了"大讲坛，邀请黄建行校长做《校长心目中的班主任》专题讲座。此外，6项德育课题也顺利开题。

学校倡导"科研兴校"，以课题研究促进教师专业发展。2020年，完成市级课题1项、校级课题6项及市级学生小课题3项；同时，实现国家学会课题立项1项、省级教改项目立项4项、省级德育课题立项和开题6项，以及校级课题开题6项。

学校以赛促教，通过班主任大赛展现德育队伍实力。5名班主任在国家、省、市级班主任能力大赛中，获得8项大奖，创学校记录。阳海华老师在首届全国职业院校技能大赛班主任业务能力大赛同期报告会上，作为全国唯一中职名班主任工作室主持人代表作报告。在广东省职业院校战"疫"思政课优秀案例征集与评选活动中，该校斩获3个一等奖、1个二等奖，是广东省获得一等奖最多的中职学校，同时，学校荣获优秀组织奖。

学校通过教学大赛，展示教师风采。在2020年广东省中等职业学校教师教学能力比赛中，数学组3人团队荣获一等奖，并作为深圳市基础课程组唯一代表队晋级国赛，荣获三等奖。在第五届全国职业院校教师微课大赛中，该校获得 3 个一等奖、1 个最佳设计奖和 1 个三等奖。在市教育局举办的“2020 年深圳中小学教师微课大赛”中，该校荣获 3 个一等奖。

校企合作　学校不断强化专业建设、深化教育教学改革，不断调整课程设置，优化课程结构，强化校企“双元”协同育人机制。

学校不断深入开展校企合作，通过职教扶贫，推进现代学徒制。2019 年，该校联合欣旺达电子股份有限公司，在江西寻乌和广西百色招录 15 名建档立卡贫困家庭学生，开展现代学徒制试点，实现了“招生即招工，毕业即就业”的目的，将现代学徒制育人模式延伸到精准扶贫工作之中，成为校企合作和产教融合、校企联手打造精品课程和教材以及职教帮扶的典范，被多方媒体广泛报道，在社会上引起极大反响。2020 年 12 月，黄建行校长、卢曙红副校长与企业代表长分别带队，与欣旺达代表赴寻乌、百色开展第二期现代学徒制试点班招生（招工）宣讲，开启招生工作，促进现代学徒制项目长远发展。

学校积极推进“双元”育人模式，坚持“产教融合、服务当地”的办学原则。2020 年 6 月，坪山校区与比亚迪公司正式签署《关于“产教融合，协同育人”战略合作框架协议书》，探索“企业主导、学校助推、双方共进”的现代学徒制新模式。

对口帮扶　学校通过职教扶贫、定向扶贫以及消费扶贫开展对口扶贫工作。除办好现代制学徒班、高职专业学院外，该校还选派青年优秀教师刘晓宇赴广西河池市开展为期 2 个月的支教活动；选派王治老师 3 次前往百色财校指导专业建设及竞赛教学；派校名班主任工作室成员帮助江西寻乌职校来深 30 名班主任提升班级管理经验。此外，该校还帮扶陆丰市新乡村 3 户贫困户，为其送去现金和生活物资；并“以购代捐”落实消费扶贫工作，全年总计在扶贫网站采购 450896 元，超额完成上级下达的扶贫采购任务。

（深圳市第一职业技术学校　供）

【深圳元平特殊教育学校】围绕校园疫情防控和学校教育教学等中心工作凝聚力量、砥砺前行，办学质量和管理水平得到全面提升，为推进深圳特殊教育先行示范，打造粤港澳大湾区特殊教育质量高地，不断发挥中国特殊教育、中国人权事业“两个窗口”的示范引领作用做出了积极贡献。该校被评为“广东省中小学艺术教育特色学校”“广东省中小学中华优秀文化传承学校”和“深圳市 2020 年中小学在线教学先进学校”。校党委书记、校长曹艳当选深圳经济特区建立 40 周年创新创业人物和先进模范人物。

党建工作进一步加强　该校坚持用习近平新时代中国特色社会主义思想指导学校疫情防控和教育教学工作，认真组织开展校党委理论学习中心组、各党支部和全体党员学习《习近平谈治国理政》（第三卷）、党的十九届五中全会精神和习近平在深圳经济特区建立 40 周年庆祝大会上的讲话精神，不断加强理论学习，进一步树牢“四个意识”，坚定“四个自信”，做到“两个维护”。党员在校园疫情防控常态化工作中冲锋在前，在获评校内抗疫先进个人称号的 11 人中，党员占 8 人，进一步彰显了党员先锋模范作用。该校还加强党员日常教

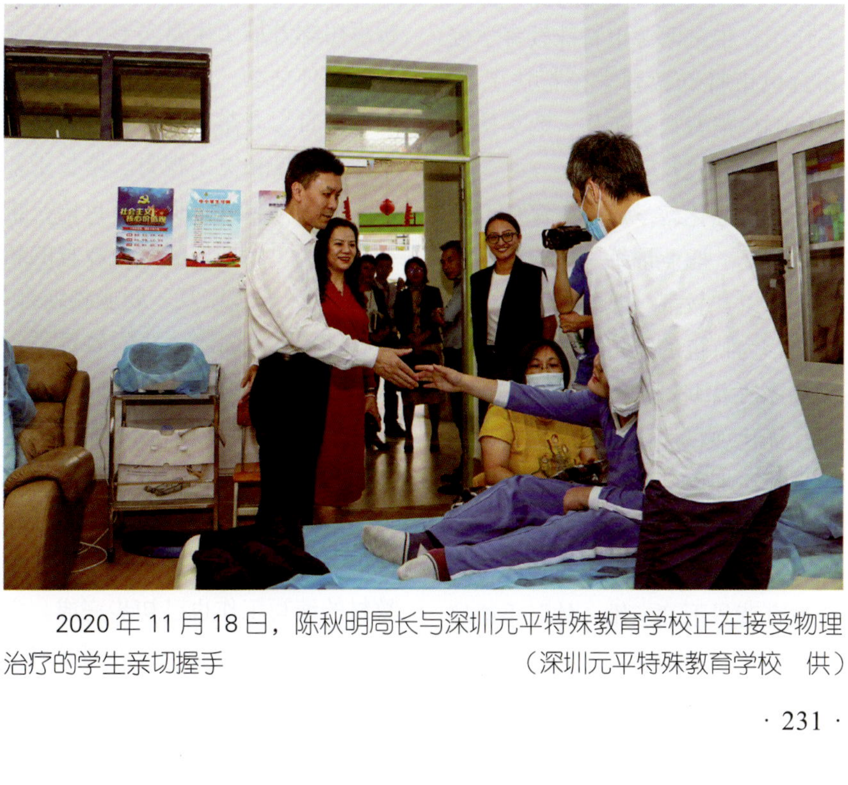

2020 年 11 月 18 日，陈秋明局长与深圳元平特殊教育学校正在接受物理治疗的学生亲切握手

（深圳元平特殊教育学校　供）

育和管理，深入开展“两学一做”学习教育活动，严格执行“三会一课”制度，组织全校党支部书记、副书记和委员参加省基础党建业务学习培训。该校做好党务管理系统及党员信息的日常维护更新管理；加大爱国主义宣传教育力度，以深圳创建全国文明城市为契机，大力弘扬和践行社会主义核心价值观，把社会主义核心价值观贯穿到教育教学各个环节，提升了党员和教职员工“立德树人、廉洁从教”的思想，积极营造了风清气正的育人氛围和良好的校园环境；强化监督责任，落实纪检监察工作深化师德师风建设，加强党员纪律教育监督工作，全体党员及干部在教师节、中秋节、元旦等重要节假日累计收到校党委转发市纪委监委编辑的廉洁提醒短信 300 余次。学校认真做好对口汕尾陆丰大屯村精准扶贫工作，向大屯村小学捐赠办公文体用品；加强与 3 户对口贫困户的日常联系，向贫困户送上慰问金及其他生活必需品。学校继续发挥示范带头作用，推进河源市特殊教育学校和百色市特殊教育学校帮扶工作；积极响应消费扶贫工作，购买扶贫产品共计 63.27 万元。

2020 年 6 月 6 日，深圳市教育学会特殊教育专业委员会成立大会

（深圳元平特殊教育学校　供）

学校强化教学质量，深化“教育、康复、职业训练一体化”办学模式。以“教育、康复、职业训练相结合为特色的”培智学校校本课程体系在深圳市 2017 年学校课程体系优化项目评审中获评优秀，该校也是深圳市基础教育系统唯一一所获评优秀的学校。学校提交的《智障学生职业教育模式》和《融合教育背景下“三维一体”手语培训模式的实践研究》在 2020 年广东省特殊教育案例征集评选活动中，分别获得一等奖和二等奖。为推进学校特殊教育课程教学改革，提高教师的学科教研水平，学校建立学科教研新机制，组建了 15 个学科教研组，做到学科全覆盖、教师齐参与。学校邀请了全国知名的特教专家以及基层专家为各教研团队开展了 6 场系列讲座，为努力打造高质量、高水平、高发展的教研团队奠定了坚实基础。学校以体育节、国庆节、深圳读书月和元旦等节日或活动为契机，根据学生学习特点组织开展了丰富多彩、形式各异的文体活动，积极响应国家提出的“五育”并举的教育方针，让学生在活动中拓宽了视野、增长了知识、展示了自我，提升了自信，进一步落实了全面发展素质教育的新要求。“教育、康复、职业相结合”课程体系不断完善。3 门教育类学科校本教材的统稿工作已完成，学校康复类感知训练学科以及艺术休闲 2 门学科的校本教材初稿已拟定，西式面点、中式厨艺学科课程标准、教师用书已进行修订，校本教材的编写工作也已初步完成。学校首批 8 个精品社团将不同学科领域的内容进行融合和贯通，完成了社团课程纲要初稿的研制，深化了课程体系，发挥了教育、康复、职业训练类课程的功能。学校加强师生的劳动技能培训和校外就业实习基地的合作，有 36 人获得中式烹调师、西式面点师、茶艺师等职业资格证书；组织学生到福鹏喜来登酒店、深圳联招东方万怡酒店、深圳湾万怡 & 万丽酒店、喜憨儿洗车中心等实习，学生表现得到了企业的高度评价。信息技术服务学校教育教学及管理工作效果良好。智慧云课堂教学成果显著。教师信息技术应用整合能力不断提升，参加各级信息技术应用能力教学比赛成绩斐然。人脸识别系统在提高学生安全管理的质量与效率方面发挥了重要的作用。电子班牌投入使用不断推进智慧校园向深层次发展。

教师队伍建设取得新成绩　学校开展了以“讲纪律、守规矩、尊师德、强素质”为主题的“师德建设主题教育月”活动，全体教师进一步树立了“以德立身、以德立学、以德施教”的教育理念，明确了师德师风建设是学校教师队伍建设永恒的主旋律。学校教师课例在参与2020年第二十四届全国教师教育教学信息化交流活动等各级各类技能比赛中获评国家级示范课例1个、典型课例5个、入围课例3个、创新课例1个及研讨课例1个。教师参加市级微课比赛获一等奖2个、二等奖4个、三等奖5个。两位教师公开课在“长、珠三角‘新特教’八校伙伴联盟线上教研活动”中进行展示。教师自制教具获2020深圳市优秀自制教具一等奖。学校在研国家级课题5项、省级课题1项、市级课题15项、校级课题24项。所有课题均在有序开展，稳步推进。学校加强教师培训工作，本学期安排教师赴长春、苏州、广州、湛江等地外出培训70余人次；拓宽青年教师专业成长途径，开展聚焦课堂教学，助力教师专业成长活动；组建“成长支持”团队，加大对青年教师的培养；通过以赛促教，以赛促学方式，形成团体备课、磨课氛围。学校还积极发挥品牌辐射功能，为深圳市乃至全国特殊教育师资培训做贡献，共接待来自甘肃张掖市、河源市、南昌市、长沙市和深圳大鹏新区等地特教学校来校交流43人次，安排展示课9节，跟岗9次。学校还举行了南京特殊教育师范学院、华中师大和重庆师大三所大学实习基地授牌仪式，并完成了华中师大、重庆师大、广州体院和南京特师等院校21名实习生的实习指导工作。该校充分发挥特殊教育指导中心职能，举办了特殊需要学生情绪与行为问题应对提升培训班，培训资源教师、融合教育学校教师、特教教师共计60人，辐射全市各区特校和资源教室，提高了全市特教从业人员的专业素养和专业能力，为提升本市融合教育的深入发展奠定了基础。

各类残疾学生的综合素养明显提升，美术教育取得新突破。在广东省青少年“美好生活，劳动创造”主题绘画比赛活动中，学生工艺美术作品获五个一等奖、一个二等奖。12月1日—8日，该校在深圳市关山月美术馆举办2020年学生美术作品展，展出国画水墨、陶艺、微缩比例模型以及非遗传统文化立体作品300余件，得到了深圳多家主流媒体的广泛宣传，收获了社会各界的广泛赞誉。艺体工作取得新成绩。疫情期间，学生们克服困难，坚持刻苦训练，在舞蹈、打击乐、民族乐器演奏、声乐等方面的素养进一步得到提升。在“第五届珠三角地区特殊教育学校体育联赛”活动中，该校14名特奥运动员参加了田径、乒乓球、旱地冰壶项目比赛，获得9枚金牌、9枚银牌、6枚铜牌。在全国残疾人跳绳线上挑战赛活动中，曾迪翔同学在“个人花样”智力男子组和“个人30秒单摇”智力男子组比赛中分别获得全国第一名和全国第七名；庄培珊同学在“个人30秒单摇”听力女子组比赛中获得全国第八名。潜能开发取得新成果。为进一步加强学生潜能开发工作，学校开设了形象礼仪、乐高、绘本阅读、园艺、鼓圈、跆拳道、水墨画和衍纸等8类精品社团课程。学生书法作品获省级三等奖3个、优秀奖18个。在2020年中国深圳“山海少年杯”海洋文化才艺大赛（2020比例模型公开赛）中，学生取得了四金三银两铜的好成绩。康复教育部非洲鼓队的自闭症孩子还参与了深圳卫视《温暖在身边》节目的拍摄。

管理和服务保障水平不断提高 学校落实安全主体责任，切实做好校园疫情防控等各项安全保障工作，做好全校师生员工的信息统计及上报工作。学校加强校园安全管理及环境卫生整治；加强学生健康管理工作；加强校园法制建设，营造校园和谐氛围认真贯彻市财务管理办法；完善学校财务管理等各项规章制度，明确各部门职能分工；加强学校在物品采购、项目招投标、工程施工及教师职称评聘等涉及学校发展及教师切身利益工作的监督与管理，形成了公开通明的机制。本学期，该校按时保质完成了2021年预算项目的申报工作。2020年度学校资金支出合法合规，在疫情期间保证了资金使用效益，2020年度预算项目经费执行率达到了97%。学校切实推进人事制度改革，顺利完成职称评聘工作，聘任高级教师岗位5人、一级教师岗位4人、二级教师岗位6人，推荐正高级教师1人；该校发挥信息化效能，提升服务效率及时准确完成学校疫情防控的各项数据统计工作；顺利开展各类线上会议、专家讲座。该校OA办文流程简化，效率提升。新媒体宣传效果显著，学校影响力进一步提升，学校公众号关注人数增幅28%，达到4901人，总浏览次数达19.9万次。数字化课堂教学录播、直播、点播系统的使用，丰富了教师在线学习资源，拓宽了学习途径，提升了学习效率。学校不断强化服务质量，努力提升师生家长满意度。家长对该校教学质量、教学管理等方面工作的整体满意度为97.24%。教职员工对学校教学条件、教学管理等方面工作的整体满意度为97.85%。工会、共青团、妇委会工作取得新进展。学校顺利完成了工会换届选举工作，新一届委员会认真履行职责，不断丰富教职工课余生活，组织开展了教工趣味运动会，增强了教职工凝聚力、向心力。

（深圳元平特殊教育学校　供）

福田区

【福田区外国语高级中学】创办于1998年，位于福田区益田村内，是广东省国家级示范性普通公办（全寄宿）高级中学。建筑面积4.5万平方米。该校有教学班45个，在校学生2100余人。专任教师共180多名，其中正高级教师2名，特级教师7名，全国优秀教师5名，国家级骨干教师8名，南粤优秀教师1名，省级优秀教师和省级骨干教师17名，深圳市政府特殊津贴获得者1名。高级教师比例达60%。

该校秉承“为学生一生奠基，对民族未来负责”的办学理念，坚持“创建外语特色鲜明的优质学校，提供适合学生个性的理想教育”的办学目标，全面提升教学质量，2016—2019连续四年荣获深圳市“高考工作超越奖”，2020年荣获深圳教育工作先进单位。作为深圳市中小学“智慧校园”示范校、福田区AI赋能教学实验学校，该校积极促成中国教科院“未来全息教育云+端”、科大讯飞智课平板课堂及深圳移动5G+智慧校园等项目落户学校，以现代信息技术与课堂教学深度融合，促进教与学方式变革，满足学生个性化学习需求，提升课堂教学质量。作为福田区外国语学校联盟中唯一的高中学校，学校与北京外国语大学深度合作，探索集团化办学新模式，借力北外的优质课程资源，成就学生“国际化、多元化、个性化”发展。学校构建了英语、日语、俄语、西班牙语、德语、法语等“六语种教学”体系，并将日语、俄语作为高考外语科目，实现第二外语助力高考与未来发展的梦想。该校先后被评为“广东省一级学校”“广东省普通高中教学水平优秀学校”“广东省国家级示范性普通高中”“2019深圳教育改革创新年度‘STEM教育典范学校’”和“2019全国生态文明教育特色学校”。该校也是深圳市“新高考新课程背景下高中教育教学管理模式”首批实验学校、广东省中小学教师信息技术应用能力提升工程2.0省级试点学校。

（福田区外国语高级中学　供）

【华强职业技术学校】创办于1986年，地处深圳市中心城区，是国家级重点职校、国家中职示范校、全国中职学校德育先进集体、国际生态学校及世界技能大赛深圳集训基地。该校是广东省高水平中职学校建设单位，曾入选中国职业教育百强校。现有学生3600人，教职工300人。该校拥有4个校区和1所附属幼儿园，下设信息部、商贸部、动漫艺术部、财经部、国际部等5个专业部和1个公共基础部，开设有计算机应用、电子商务、美术设计、智能机器人、金融事务等12个专业。2013年，经市教育局批复同意，该校牵头成立了深圳市华强职业教育集团。

学校学生参加高职类高考，成绩在全省遥遥领先。在2020年全省总分前10名中，华强职校占5人；在2021年全省总分前10名中，华强职校占4人。学生推荐就业优势显著，就业率基本保持99%以上。学生参加技能大赛出类拔萃，近年来共有24位同学荣获全国职业院校技能大赛一等奖。

校企合作走向深入，该校与中兴通讯、深圳音乐厅、沃尔玛等数十家知名企事业单位签订了校企合作协议。在大力发展中等职教的同时，学校在南校区开办社区学院，设立成人教育中心，开展技能培训和技能考核认证，培训学员过万人，服务社区，回馈社会。在北校区与深圳职业技术学院合作开办华强高职专业学院，目前有在校大专生200多人，为探索中高职衔接提供新思路。附属幼儿园有在园幼儿400余名，是深圳市一级幼儿园。学校汇集了一群职业教育的追梦人，拥有一支具备现代教育理念、热忱教育情怀、高水平、高素质的优秀教师队伍。学校教师均来自国内外名校，专任教师高级职称占比35%。其中有全国优秀教师2人、南粤优秀教育工作者1人、南粤优秀教师3人、省级优秀教师3人、市、区级名师117人，以及博士1人，师资力量雄厚。

深入开展校企合作，促进产教融合，发展“双元育人”特色教育，推进中高职衔接，把华强职校打造成现代职业教育的示范基地。努力创建国家级优质中职学校，为深圳建设中国特色社会主义先行示范区和福田教育高质量发展贡献力量。（华强职业技术学校　供）

【**福田区实验教育集团**】是由全国知名校长、正高级教师王君健领衔的品牌集团名校，包括九年一贯制的侨香学校和梅香学校、博园小学、梅园小学及附属幼儿园。占地面积7.21万平方米。教学班141个（小学90个、初中40个、幼教11个），在校学生人数达6400多人。教职工共470名，其中博士生学历3人，研究生学历86人；高级职称67人，中级职称210人；特级教师1人，区级以上名师（学科带头人）76人。该校有名师工作室6个。学校教育教学质量连续多年位居深圳市最前列。

集团秉持“向未来求教、为未来育人”的办学思路，以“全纳、开放、多元、卓越”为校训，以“首善立德、远见树人”为育人使命，以“培养走向世界的、完整而有创造力的现代人”为育人目标，勇于实验、敢于实践、志于实现，打造高质量、国际化、有特色的九年一贯制名校和面向未来人才培养的示范校。集团将“学校的价值用课程来表达”作为办学理念，通过“五个一”课程建设路径，创建“创感教育”课程体系，努力培养学生成为面向未来的社会主义的接班人和建设者，为学生迈向世界、拥有幸福人生打下坚实的基础。

近三年来，集团稳步发展，不断前行，取得令人瞩目的成绩，受到上级领导、家长和社会各界的广泛好评，影响力不断扩大。学校先后获评深圳教育工作先进单位、最具未来特色学校、深圳市中小学“智慧校园”示范学校、广东省艺术教育特色学校、广东省课程建设实验基地、广东省校本教研究示范基地、广东省教师发展示范校、广东省教师专业发展示范单位、福田区首批课程建设基地学校、深圳市在线教学先进学校、集团化办学典范化学校、集团化办学创新领跑学校、深圳市首批云端学校实验学校及深圳首批课后服务示范学校等30多项从区级到国家级的荣誉称号。近600人次教师在国家、省、市、区级教学基本功比赛，教学技能大赛，课例比赛，命题比赛及班主任专业能力大赛等各项比赛和评比中获得奖项；2400余人次学生在国家级、省级、市级和区级的体育、科技、艺术和文学等各项赛事中取得佳绩。

值得提及的是，梅香学校秉承集团创感教育理念，传承集团文化，延用集团管理模式，践行“创感教育课程”体系，在短短半年时间取得了不错的成果。在教学教研方面，梅香学校以课堂改革作为突破口，开展系列主题研讨活动，探索具有梅香特色的“创感课堂”，真正实现学科育人的目标。在课程方面，学校积极推行“四修课程”，为每一位学生“量身定制”课程，实现学生的个性化发展。目前，学校朗诵队、足球队、篮球队、无人机队等社团已在市区各类比赛中崭露头角，取得不俗成绩。在德育方面，该校将养成教育与生命教育作为重点，通过系列班队活动、校园活动的开展，让学生养成良好的学习生活习惯，同时，通过生命管理，让学生都成为“我自己”实现的生命价值。经过一学期的努力，学校教育教学质量全面提升，七年级在全区统测中成绩喜人；师生在市区各类比赛中获奖567人次；教育教学质量优异，学校管理规范高效，学生综合素养发展特好，社会反响特好，已成为片区的“标杆学校”。

集团将“做有使命感的基础教育领跑者，提供有完整感、品质感、获得感的教育”作为办学愿景，将“办有远见的教育”作为教育理想，把战略基点放在“未来人才”上，构造“云教育+实践场”的新型学校形态，开辟现代教育的新境界。求真务实，乘势而上，集团将继续为把所有校区打造成有魂有梦、内聚外扬、强本固基、高质量发展的一流学校而不断努力。

（福田区实验教育集团　供）

【**福田区第二实验学校**】位于福田区中心地带，南临滨河路，西靠深圳市中心公园，是福田区属公立九年一贯制学校。占地面积近3万平方米。1991年建校以来，学校先后经历了以南华职校、南华中学、南华实验学校和福田区第二实验学校为名的四个阶段，在传承中发展，在发展中创新，在创新中追求卓越。学校拥有省级标准的实验室、功能室及各类运动场馆等硬件设施。以全国“好校长”“广东省优秀教师”“深圳市十佳校长”“深圳市魅力校长”“深圳市优秀督学”陈智敏同志为核心的领导团队教育理论扎实、治校经验丰富。教师队伍中高级职称41人；硕士研究生

58 人，博士研究生 1 人；本科以上学历达 100%，研究生以上学历占 30.4%；特级教师、省级、市级优秀教师等各级名师占 26%。师资团队朝气蓬勃，博学精进。

该校秉承“崇尚本真，追求幸福”的办学理念，铭记“立德、自强、笃学、创新”的校训，坚持五育并举，创建九年一贯幸福课程体系，重视中小学课程的衔接，规范落实国家课程。同时，学校大力推动毽球、口风琴、流体画进课堂，普及琴棋书画课程，开设包括无人机、3D 打印等科技类课程的近 60 门校本课程，培养德智体美劳全面发展的未来建设者。学校重视学生综合素质的提升，为学生提供午休、午餐和在校课后延时服务，是值得信赖的好学校。

（福田区第二实验学校　供）

【**北环中学**】是隶属于福田区教育局的公办全日制初级中学，为界广东省一级学校，深圳市绿色学校、深圳市教育系统先进单位。该校创办于 1994 年 8 月，从创建开始，经过建设、发展、积蓄、提升四个阶段，现在正处在提升后向现代化优质学校发展的阶段。占地面积 2.27 万平方米，建筑面积 2.65 万平方米。现有教学班 36 个，在校学生 1735 人。教职工共 145 人（专任教师 129 人），其中省优秀教师、省骨干教师 4 人，省、市、区学科带头人和骨干教师共 51 人。廖春风市名师工作室、王红综合材质装饰特色工作坊、陈建生区未来教育工作室和罗伟柱博士工作室在学校挂牌运行。

该校坚持“为学生的可持续发展奠定基础、为学生的终身化学习培养能力”的办学理念，确立了“以学生为本、以大局为先、以事业为重、以发展为荣”的学校精神，坚持“依法治校、质量立校、科研兴校、特色强校”的办学策略，以“文行忠信”为校训，提倡“明礼诚信、居敬持志”的校风，号召教师以“教育有思想，教学有特色，教技有专长，教研有成果”为发展目标，努力建设“和而不同、追求卓越”的品牌学校。该校开设了多达 40 余门丰富多彩的校本课程，为学生提供多元选择，促进学生的个性化发展。学校的桥牌、击剑、编程、航空航天模型、无人车、无人机等社团，在国家、省、市、区竞赛中获得优良成绩，产生较大的社会影响。

该校办学质量不断提升，办学效益赢得了社会的广泛赞誉，2011 年获深圳市办学效益奖，并二次获深圳市教育系统先进单位。2013 年 11 月顺利通过深圳市办学水平评估。该校是一所政府肯定、社会认可、家长信赖、学生向往的现代化优质学校。（北环中学　供）

【**梅林中学**】位于福田区梅华路 166 号，是一所公办全日制高级中学。占地 2.19 万平方米，建筑面积 2.36 万平方米，运动场 6380 平方米。该校为广东省国家示范性高中、广东省一级学校、全国特色教育研究基地。学校有教学班 37 个，在校学生 1709 人。在编教职工共 159 人，其中研究生以上学历 46 人（博士 1 人）；正高级教师 1 人，高级教师 79 人；全国优秀教师 2 人，全国劳动模范 1 人，特级教师 3 人。校内有市、区名师工作室 5 个。

该校秉承“祖国利益高于一切”的校训，落实“立德树人、以美育人、以文化人”的教育思想，以“办有特色的现代化学校，育有特长的创新型学生”为办学目标，秉持“美育引领、多元选择、个性发展”的教育理念，着力建构“适性教育”创新课程体系，使不同层次学生均能发挥所长。在学校独创的“定制式”个性化育人模式培养下，王欣瑜同学夺得 2018 澳网、温网青少年组女双冠军；张甜同学在纽约、米兰等国际时装周 T 台上绽放异彩；吴小龙同学成功考入被誉为“飞行员的摇篮”的空军航空大学。梦响舞蹈团和天际合唱团均是深圳市模范艺术团体，梦响舞蹈团受邀参加中央广播电视总台、广东省委省政府和深圳市委市政府主办的 2021 新年音乐会——扬帆远航大湾区演出；天际合唱团作为全市中小学唯一代表参加“庆祝深圳经济特区建立 40 周年”直播活动。学校田径队获 2020 年广东省中学生田径赛甲组团体总分一等奖，实现市中学生运动会四连冠、区运动会七连冠；美术生作品在福田书院展出。该校先后荣获广东省艺术教育特色学校（首批）、深圳市教育系统先进单位和深圳市高考先进单位等称号，并 3 次荣获“深圳市高考超越奖”、13 次荣获“深圳市高考特色奖”。2020 年，学校荣获“全国健康促进学校（银奖）”“深圳美育典范学校”称号。

（梅林中学　供）

【**福田区贝赛思双语学校**】位于福

田区新沙街2号。学校有80余间标准教室，12间实验、美术、音乐、舞蹈等功能教室，以及图书馆、小剧场、黑匣子、体育中心、足球场等体艺设施，且各场室均配备了国内外最先进的设备。在校学生约500人。教职工195人，其中专职教师93人，含外教53人。学校教学管理岗外教平均教学经验超过18年，幼儿园阶段主班老师平均教学经验超过12年，1–4年级主班外教平均教学经验超过10年，英语语言学习指导（ELL）老师及体育老师平均教学经验超过7.5年，艺术老师更是达到了11年。

学校将贝赛思（BASIS）学校严格、深度学习的课程理念融入国家义务教育课程，通过教师卓越的教学和指导，培养具有广泛知识面、专注精神、国际视野、批判性思维能力及创造性解决问题能力的学生，期望学生成为未来世界的领导者。该校坚持贯彻启发式教育，在教学过程中融入有益于学生德、智、体、美、劳全方面发展的多元活动，强调提高学生的思维能力和动手能力。学校通过成立艺术社团，组织艺术活动，举办绘画展、合唱表演、乐团演奏、戏剧表演、音乐剧表演和冬季音乐会等，为学生们展现自己多方面的艺术才能提供广阔舞台，也为校园营造了浓郁的文化氛围。2020–2021学年，学校开展了六个课后活动季，为学生提供了音乐、美术、编程、各类体育活动等精彩课后体验。该校以“心地善良、待人有礼、尊师重道、互助友爱、活泼开朗”为校训，倡导“勤奋努力、勤学好问、乐于助人、身心健康”的校风。“学习是一件让人兴奋、有回报、值得去做的事情，每一位学生都可以挑战自我并达到卓越”是该校一直强调的教学理念。学校相信，与优秀的教育工作者同行，与家长们一起共同努力，学生必能学有所成，筑梦远航。

（福田区贝赛思双语学校　供）

【**耀华实验学校**】创办于2004年，是十二年一贯制学校。该校为深圳市一级学校、深圳市高考先进单位、深圳市国际课程实验学校，也是国务院侨务办公室批准的“华文教育基地单位”、深圳市教育局和香港教育局批准的“港人子弟班”学校、中国科技大学设立的“中国科技大学少年班预备班”学校。占地面积3.11万平方米，建筑面积4.31万平方米。学校有教学班130个（小班化教学），学生3208人。教职工共512人，其中本科及以上学历296人（硕士52人）；高级职称42人，中级职称54人；特级教师1人，数学、物理、化学、信息技术等科目金牌教练8人。

该校坚持“一体两翼”的办学模式，以中国基础教育为主体，以超常教育、国际教育为两翼，坚持培养“清纯、儒雅、博学、阳光”的耀华学子，培养学生终身探究学习的愿望和能力，培养能够影响未来世界的政治家、科学家、企业家和艺术家。该校坚持致力于创建最具中国特色，并与国际接轨的世界名校。

学校办学特色鲜明。一是基础教育成绩斐然。学校连续九年高考重本率名列全市前茅，2020年重点本科升学率达到60%以上。二是国际教育成效明显。2011—2020年，学校连续10届国际课程实验班A班300余学生，全部被美国排名前五十的大学录取，其中61名学生进入美国大学排名前三十的世界名校。三是超常教育硕果累累。超常班学生曹原、王嘉乐和范紫藜用一年时间学完初中、一年时间学完高中，2010年提前参加高考，分别被中科大少年班和南方科大录取。目前，王嘉乐已从英国牛津大学博士毕业，范紫藜已从加州大学洛杉矶分校博士毕业，曹原为美国麻省理工学院在读博士生。2018年，曹原一天两次登上世界顶级科学杂志《Nature》，以石墨烯超导的重大发现，登顶年度影响世界的十大科学人物榜榜首。2020年曹原再次背靠背连发两篇发表社《Nature》，在魔角石墨烯取得系列新进展。四是华文教育影响深远。2011年经国务院侨务办公室批准，学校设立“中国华文教育基金会耀华奖学金国际班”，旨在世界范围内招收热爱华文教育的华裔青年到学校学习，培养在世界事务中、在所在国事务中和在所在国侨界事务中都能产生重大影响并永远与中国友好的华裔学子。该班学生连续七届100%被中国排名前8位的大学录取，其中52人次被清华大学、北京大学录取。五是健全的德育管理体系。学校创建全方位、重过程、有特色的德育管理体系，采用学分制管理，提高师生参与德育的积极性；强化教师的岗位职责，形成全员育人模式；实行班主任坐班制，提升德育工作成效；引导学生参与学部、班级管理，培养学生自主管理能力；组建校内体艺社团，组织“三三游学”等社会实践活动（每学期省内游学三次，寒暑假出省、出境游学各一次）。六是“以展促学”，提升学生综合素质。该校创新开设了钢琴课、舞蹈课、信息技术课、阅读演讲课、国学课及书法课等富有特色的课程，组织开展英语口语考级、信息技术考级、美术考级、钢琴考级、写字考级和中国文化考级等六项考级。学校通过特色课程和六项考级，积淀文化底蕴，提高学生综合素质，为学生多元化发展奠定基础。七是热心公益助学，勇担社会责任。学校自开办以来，先后捐赠1.98亿元人民币，用于公益办学；先后设立“卢瑞华奖学金班”“中国华文教育奖学金国际班”“中国华杯赛少年数学奖学金班”“全球华人耀华少年数学班”并捐资修缮百年老校城南学堂等。

（耀华实验学校　供）

【福景外国语学校】创办于1999年，是一所部分寄宿的全日制国有民办完全中学。该校被评为广东省一级学校、深圳市首批优质民办学校、中国人才协会“英才教育实验基地”“全国外国语学校工作研究会”会员学校。占地面积近2万平方米，建筑面积1.88万平方米。学校有教学班44个，其中初中21个班，高中23个班。在校学生1881人，其中初中917人，高中964人。教职工190人（专任教师140人），其中本科学历134人，硕士6人；高级职称51人，中级职称35人；特级教师1人。

该校坚持“办具有国际品质、特色鲜明、追求卓越的外国语学校；育具有国际视野、民族情怀、社会责任的高素质人才”的办学理念，提倡“敬业、爱生、博学、善导”的教风和“勤学、善学、好学、乐学”的学风。学校贯彻开放、多元、选择、体验现代课程理念，构建福景全球化课程体系，创立了“优质初中”（开设国内普通课程、学科拓展课程、特色英语课程，STEM课程、AMC数学竞赛课程和CEP美加游学课程）“特色高中”包括（多语种外语课程及美术、传媒、体育艺考课程）品牌。该校德育教育课程系列化，开展了科技创客体育节、英语艺术文化节、新生才艺大赛等活动，形成了校园文化、艺术教育、科技创客和多语种外语教学四大办学特色。学校有管弦乐团、街舞社、古风社、篮球队、赛艇俱乐部和羽毛球队等十几个学生社团。STEM团队荣获“全国信息智能创新大赛”广东省中学组一等奖第一名、全国总决赛二等奖；赛艇俱乐部荣获深圳市“体彩杯”少年儿童室内赛艇锦标赛团体总分第一名。赛艇俱乐部今年将组队代表福田区参加深圳市运动会。

校长徐汉泉先生是一位有四十多年教育教学管理经验的高级物理教师、深圳市优秀校长、中国物理学会会员和中国超常人才专业委员会常务理事。他曾获评深圳教育年度民办教育风云人物、深圳市十大最具影响力校长，并荣获广东省民办教育四十周年“突出贡献人物”奖。该校先后荣获深圳市安全先进学校、深圳市办学效益好学校、深圳教育年度最具影响力教育品牌、深圳市教育创新学校和广东省民办教育四十周年“突出贡献机构”等荣誉称号。（福景外国语学校　供）

罗湖区

【翠园初级中学】为广东省一级学校。占地面积3.14万平方米，建筑面积1.94万平方米，运动场面积1.7万平方米。学校有教职工184人，其中，正高级职称1人，高级职称71人，中级职称78人；特级教师1人，省级以上名师7人，市级名师12人，区级名师工作室3个；本科及以上学历167人，研究生学历18人。学校开设教学班43个，共有在校生2300人。

学校全面落实立德树人根本任务，秉承“师生的健康成长与发展高于一切”的办学理念，践行“传承、开拓、赋能、创新”的管理理念，从“教学质量的翠园高度”“课堂教学的翠园模式”“课程建设的翠园探索”“五大行动的翠园实践”“家庭教育的翠园行动”“教师发展的翠园路径”“文化育人的翠园表达”“学校治理的翠园方案”等八个方向进行探索，全面提升办学水平、促进教育高质量发展。该校先后获评全国校园足球特色学校、全国健康促进学校、全国十佳校园文学示范校、中小学创新教育基地校、广东省现代教育技术实验学校、广东省绿色学校、广东省模范职工之家、广东省中小学教师培训实践基地、深圳市办学效益奖、深圳市先进职工之家、深圳市体育传统项目学校（帆船）和深圳市教育工作先进单位等荣誉称号。

2020年，学校新校名正式揭牌。学校牵头举办青蓝工程暨集团教师发展研讨活动，六校联动，讲述翠园故事，传承翠园智慧；开展“三风”课堂暨思乐课题研究活动，多次面向市、区开展公开课，完成20项市区级课题开题；加强校本课程建设，2项课程入选深圳市“好课程”，3项入选罗湖区“品质课程”；打造“翠园书包”学生荣誉体系，全面培养学习标兵、体艺冠军、阅读之星和科技达人等校园明星。学校游泳队夺得罗湖区四连冠，足球获得全市冠军。学校还承办了粤港澳无人机大赛、罗湖区大创客节等重大活动，并先后被设立为区、市级创客基地。该校获评“2020年度STEM教育典范学校”“2020年度深圳教育创新示范学校”和“深圳人文教育示范学校”。学校推进家校合作，校家委会以中学组第一名的成绩荣获区“2020年度最具价值公益项目奖”并被评为“2020年度优秀家委会”。（翠园初级中学　供）

2020年9月，翠园东晓中学田径队在2020年广东省中学生田径锦标赛中以总分99分的优异成绩勇夺初中组团体冠军　（翠园东晓中学　供）

【翠园东晓中学】是广东省一级学校。学校创办于2007年9月，位于罗湖区春和路8号，北靠求水山，东望梧桐山，一校两区。北校区占地面积21403平方米，建筑面积17196平方米。南校区建筑总面积约3516平方米，为高科技预制学校。学校秉承“晓理·晓我·晓天下”之校训，以“德育为先、质量为本、文化立校、体育强校”为办学思路，用实际行动创造了罗湖教育史上一个又一个传奇。学校连续十年获得罗湖区中考均分冠军，实现了罗湖区中考均分十连冠。

学校目前有49个教学班，近2600名学生。全校共198名教职工，其中正高级教师1人，特级教师3人，全国优秀教师1人，省市优秀教师及名师工作室主持人9人，区功勋园丁1人，罗湖区“年度教师”1人，区优秀班主任、优秀教师、先进工作者共77人，高级教师34人。2020年10月，学校在以特级教师舒军华为校长的学校领导班子带领下，制定了“二次创业再出发、五措并举立新功”的翠园东晓中学提升教育教学质量三年行动方案，提出“领跑罗湖—继续肩负排头兵重任，擦亮罗湖教育品牌；闪耀鹏城—追求学有优教，打造深圳教育标杆学校；辐射湾区—塑造罗湖教育发展特质，争当湾区教育展示窗口”的学校新定位。学校以文化建设为抓手，以“成就每一个人的发展”为办学宗旨与文化理念，让每一个人都“被听见”，让每一个人都“被看见”。学校通过培育学校文化特色，激发师生发展的内生动力；通过实施“纽扣计划”，赋能教师专业成长；通过重构“晓园课程”，拓展学生成长时空；通过下移管理重心，确保“三效”落实落细；通过培养多元素养，奠基学生持续发展。

学校先后获评深圳市“教育系统教育先进单位”和罗湖区“教育系统教育先进单位”；相关部门被授予深圳市“巾帼文明岗”、深圳市“五四红旗”团委、深圳市“四星级校园网站”及深圳市“少先队先进中队”等荣誉称号。学校还获评深圳市“节约用水教育示范”学校。（徐爱华）

【罗湖外语初中学校】校园占地面积20304.01平方米，建筑面积18814.48平方米，运动场占地面积5483.4平方米，有2419.6平方米室内体育馆1个。图书馆藏书72032册。学校拥有计算机410台，

2020 年 11 月，罗湖外语初中学校网球队参加广东省中小学生网球锦标赛获佳绩
（陈 龙 供）

建有完善的校园网络。教职工 180 人，专任教师 174 人，其中高级职称教师 50 人，中级职称教师 87 人；省名优教师 2 人，市区名优教师 7 人；本科及以上学历 179 人。学校有区名师工作室 5 个，深圳市“示范科组”4 个，特色科组 2 个。该校开设 48 个教学班，有在校学生 2464 人。

一年来，学校抓住深圳“双区”建设契机，紧盯办学目标，通过旨在“增强凝聚力、提升战斗力、激活创新力、优化执行力”的科学治理，扎实打造“质量上乘、师生幸福、群众满意”的教育品牌。学校获得“深圳课堂革命示范学校”“深圳德育特色示范学校”等荣誉称号。疫情防控期间，党员率先垂范，全校师生及家长密切配合，做到了“严格规范、万无一失”。学校派出两位教师支援社区防疫工作，获得广泛好评。学校线上课程质量高，线上教学效果好，被评为“深圳市在线教学先进学校”。教师队伍主动创新，自觉进步，在“思维导学”“深度学习”和“数字化思乐课堂”探究方面取得了可喜进展。该校新挂牌成立 4 个区名师工作室，23 位教师被评定或认定为罗湖区名优教师。学校开发德育课程《疫情面前的中国力量》，开展“让青春为祖国绽放”系列团、队活动，举办“中华传统文化嘉年华”，增强学生“修身报国”意识，培养学生热爱祖国和民族文化的情感。

学生个性、多元发展花艳果硕。“仙桐文学社”有 4 位社员分获全国征文大赛二、三等奖和省中小学生书信大赛一、二等奖。网球队在全国比赛中获 2 金 1 银，在省赛中获 3 金 3 银；羽毛球队参加省赛获 2 金，参加市赛获 3 金；篮球队蝉联区冠军。

（丁加礼）

【罗湖高级中学】 占地面积 2.3155 万平方米，建筑面积 3.5594 万平方米，运动场占地面积 0.7630 万平方米。图书馆藏书 3.9341 万册。固定资产值 3761.68 万元，包括教学仪器资产 229.92 万元。学校信息化经费投入 1600 万元，拥有计算机 406 台，校园网出口总带宽 1000Mbps，信息技术课程每周 0.5 个课时。该校有普通教室 32 个，专用功能教室 25 个。教职工 157 人，其中，高级职称 56 人，中级职称 54 人。专任教师 142 人，包括特级教师 1 人，深圳市骨干教师 2 人，深圳市学科教学带头人 2 人；本科及以上学历 152 人。学校开设教学班 32 个，招生 600 人，在校生 1610 人。

学校秉承“成就每个人的成长”的办学理念，坚持“育人为本、多元发展”的办学目标，践行“为者常成、行者常至”八字校训，进一步深化课程改革，广泛开展课堂转型创新实践活动，逐步推广“互联网 +”教学平台运用，实行精准教学全覆盖。该校课堂遵循两个原则：一是追问“湖高中课堂五要素”，做到“教、学、评”的一致性；二是引进先进网络教学平台，开展基于大数据的精准教学。学校强调学生的主体地位，倡导自主、合作、探究的学习方式。增强课堂动力，凝聚课堂活力，提升课堂引力，加速课堂效力。学校前置课堂，先学后教；分层课堂，因材施教；小组课堂，比学赶帮；多师课堂，分点导学；串讲课堂，权威引领；“鹿鸣讲坛”，智慧碰撞。学校以人为本，以学定教，精准定位学生的成长需求，创新性构建了“1+3+1”多元化课程体系，开展校本必修“五个一”行动。学校非常重视各项活动开展，把“活动育人”作为立德树人的重要手段和主要路径。学校通过活动，让全新的课改理念、课程体系落地生根，实实在在转化为师生的成长能力，用活动启迪心灵，见证成长。学校的每一项活动都非常重视“仪式感”，追求活动细节的完美，让仪式走进师生内心深处，让今天和昨天不一样，让师生的成长看得见。2019年，学校被评为罗湖区教育系统先进单位。（周晏斌）

【罗湖区滨河实验中学】原名深圳市滨河中学。学校创建于1984年，历经滨河中学、滨河中学新港分校、滨河中学初中部和罗湖高级中学滨河初中部等发展阶段，2019年7月，更名为罗湖区滨河实验中学，登记为事业单位法人，实行独立办学。学校坐落于罗湖金融中心区，占地面积学校占地面积10927.33平方米，建筑面积9738.3平方米。现有教学班27个，学生1302人。全校教职工97人，专任教师95人，其中高级职称25人，中级职称45人；本科及以上学历95人（硕士24人）。

学校坚持“以人为本，为学生终身发展奠基”的办学理念，以“构建幸福教育，享受教育幸福”作为办学追求，激励每一位学生“勤奋学习、快乐生活、全面发展”。学校切实开展素质教育，积极开展丰富多彩的社团活动，科技节、艺术节、体育节等“六节两周”活动为同学们提供了施展才华的舞台。学校为全国象棋特色学校、全国互联网+教改实验初中联盟学校、广东省一级学校、广东省书香校园、广东省禁毒教育示范校、深圳市跆拳道传统项目学校、深圳市绿色能源基地学校及罗湖区课改实验示范学校，曾培养出篮球运动员易建联和最年轻的象棋特级大师曹岩磊等一批优秀学子。

近年来，学校锐意进取，开拓创新，教育教学质量不断攀升，整体办学水平取得跨越式发展，学生、家长满意度及社会美誉度日益提升，办学声誉鹊起。学校先后获得广东省网络空间应用优秀学校、深圳市教育工作先进单位、深圳市推进现代学校制度建设先进校、深圳市教育系统五四红旗团委、罗湖区教育教学管理先进单位、罗湖区教育系统先进单位、罗湖区办学质量奖和罗湖区德育管理先进单位等一系列荣誉称号。（袁黎明）

【罗湖中学】位于深圳河畔，与香港毗邻相望，创办于1986年7月，是一所有着三十多年办学历史的“老校”。学校占地面积21000平方米，建筑面积29675平方米。学校有38个教学班，在校学生1883人，教职工152人。该校先后被评为广东省一级学校、深圳市德育示范校、深圳市中小学生综合素养培养项目试点学校、深圳市初中生涯教育试点学校、罗湖区首批中小学“好校园示范学校”和全国学校生涯规划教育研究重点科研基地。

坚持“上善若水、厚德载物”的校训，树立“乐学、慎思、笃行”的学风，坚持办社区群众满意的精品学校。学校秉承“师德如水，为学生终身发展奠基”的办学理念，以“立德、启智、修身”的校园风气滋养无数少年的情怀、荡涤无数美好的心灵。学校秉持“善时、善信、善能”的教风，以精良的团队、不变的初心，兢兢业业、满怀人文，培养出一届又一届优秀学子。学校致力于探索“八个一”的育人特色发展之路，在一言一行、一书一画、一体一艺、一网一技“八个一”中落实特色育人目标，让每一个普通家庭的孩子都能够享受到更为优质的教育，全面提升学生综合素养。该校富有特色的数字化“三案”课堂，重构课堂教学，“先学后教”，让学生在探索、创新中碰撞出智慧的火花。学校开设了国学、武术、篮球、轮滑、微电影、国际象棋、创新发明、“英语奇葩说”、文学社及播音主持等50多个社团，“四点半活动”丰富多彩。传统文化、体育运动、素质拓展和技能突破，让“人文”与“智慧”结合，丰富孩子们的校园生活，促进多元发展。学校“蓝汐文学社”曾被评为全国“十佳学生社团”，“土拨鼠动漫社”“三模社团”被评为深圳市优秀科技社团。罗湖中学帆船队在全国帆船赛中收获颇丰，摔跤队在历届深圳市“体彩杯”少年儿童锦标赛中斩获佳绩。（薛雯静）

【笋岗中学】创办于1992年，坐落在市中心凤凰山麓、清水河畔，为广东省一级学校。占地面积2.99万平方米，校园建筑面积1.82万平方米。现有44个教学班，在校学生近2200人。教职工共160多人，其中高级职称43人，中级职称70人。该校有省市区各级名师工作室3个。

学校遵循“为学生的终身发展奠基”的办学宗旨和“绿色、数字、生本、健康”的办学理念，崇

2020 年 12 月 27 日，校长欧阳普全到会代表笋岗中学领取“年度教育改革创新领跑学校”大奖

（笋岗中学　供）

尚“求真至善”的校训。办学 29 年来，学校坚持文化立校，用文化铸造品牌，以文化引领学校发展，逐步铸就了“阳光少年及星级义工榜样教育、绿色义工社会教育、信息技术创新教育、广播操养成教育、书法艺术教育、阅读立学教育”等教育品牌。学校逐步形成了“绿色、数字、生本、书香、健康”的办学特色，逐步建成了以管乐、书法、衍纸、帆船帆板和足球为特色的多彩社团，屡次获得国家省市区各级大奖。该校是一所不断创新、敢为人先的学校、该校是罗湖区第一所全国中小学信息技术创新与实践实验学校；也是第一批开展四点半活动课程的学校；2018 年 9 月，学校积极落实《罗湖教育综改方案》，开展“五四分段”教育改革实验，又成为深圳市第一所开展“五四分段”教育改革的实验学校。

该校一直秉持教育初心，积极探索实践。2020 年 9 月被评为“深圳市教育先进工作单位”，2020 年 12 月，荣获“年度教育改革创新领跑学校”大奖，是罗湖区唯一一所获此殊荣的初中学校。学校先后获得广东省一级学校、国家级绿色学校、广东省现代教育技术实验学校、深圳市智慧校园示范校、健康促进铜牌奖学校、广东省书法名校、深圳市传统广播操标兵学校、深圳市书香校园、深圳市德育示范学校、深圳市文明学校、全国绿色学校校园环境管理项目银奖单位、全国中小学信息技术创新与实践活动教育创新学校以及三星示范校等荣誉称号。（陆敏慧）

【东湖中学】 创建于 2000 年 8 月，是罗湖区属初级中学。该校被评为区新优质学校、广东省一级学校和深圳市教育先进单位。学校位于深圳市罗湖区心安路 1 号，坐落在百仕达花园与新港鸿花园之间。学校占地面积 1.8 万平方米，建筑面积 1.35 万平方米。现有 38 个教学班。学校五次被评为罗湖区教育先进单位，两次荣获深圳市办学效益优秀学校奖，还荣获广东省“书香校园”“广东省巾帼文明示范岗”“广东省优秀家长学校试验基地”“深圳市德育示范学校”“深圳市广播体操标兵学校”“深圳市安全文明小区”“深圳市健康促进金牌奖学校”“深圳市文明单位”“首批广东省中小学中华优秀传统文化传承学校”等称号。

已走过二十一年风雨路的东湖中学，如今以鲜明的办学特色和优良的教学质量赢得了社会的广泛认可，更积聚了卓有特色的校园文化。学校培养了“神奇少年李莱茵”“深圳市作协最年轻的作家张悉妮”“重剑冠军吴森”“少年网球冠军赵玏”“深圳市作文英雄汤泽楠”及“京剧小梅花奖获得者李晓滢”等一大批在深圳市乃至全国有影响的杰出学子。学校积极为学生搭建全面发展的平台，风帆文学社、学生京剧社、皮影社、管弦乐团、合唱团、田径队、篮球队、足球队等一大批学生社团在各级各类比赛中屡获佳绩，声名远播。

二十多年来，该校以优秀传统文化为引领，以人为本，着力构建“成就学生、发展教师、形成东湖特色”的办学格局。在区委区政府的正确领导下，在校领导班子的带领下，全校教职工勤奋务实工作。

该校的教育不仅为学生的三年初中学习生活负责，更着眼于学生未来的三十年，为学生的人生奠基，为国家的未来负责。

（东湖中学　供）

【松泉中学】为首批全国中华文化经典教育先进学校。占地面积20888.6平方米，建筑面积13392平方米。2017年，该校受邀加盟翠园教育集团。现有教学班39个，学生1924人。学校教职工190人，其中正高级教师1人，副高级教师35人，中级教师60人；研究生25人。学校有名师工作室3个。建校19年来，该校为党和国家累计培养了8638名各级各类合格毕业生。松泉学子低进高出、高进优出，每一届学生毕业后均有很好的发展。学校每年都会收到来自各级名校发来的《感谢函》，以北大卓俊秦为代表的一大批优秀毕业生充分彰显了松泉人“俯首甘为孺子牛”的潜心气质和育人情怀。

该校秉承“用智慧和汗水创造适合学生自觉发展的教育”的办学理念，围绕“数据驱动的自觉教育”这一办学特色，以“走好每一步”为校训，以“守正求实”为校风，以培养“身心两健、学养双馨”的现代公民为目标，构建“六力六好”课程图谱。该校既有以课后服务为抓手的一系列“五育并举”的精品社团课程，也有以“古诗新唱”“经典国画”为代表的学校特色文化课程，还有以“上天下海陆上飞”为代表的体育竞技课程及以“爱国主义”和“社会主义核心价值观”为主题的系列晨会展演课程。学校先后荣获“全国攀岩特色学校”“广东省依法治校示范校”“深圳市教育先进单位”“深圳市德育示范学校”“深圳市书香校园”和“深圳市推进现代学校制度建设先进校”等上百个荣誉称号。

（刘素华　曾怡瑞）

2020年1月开始，松泉中学正式成为全国攀岩特色学校（松泉中学　供）

【罗湖教科院附属学校】为公办九年一贯制学校，于2018年9月正式招生。占地面积21 026平方米，室外运动场地8920平方米，室内体育馆948平方米，生均校园占地面积19平方米。学校硬件与软件教学设施一应俱全。该校有教学班33个，学生1546人。教师共103人，其中高级职称2人，中级职称11人；本科及以上学历102人（博士7人，硕士67人），硕士及以上学历占比73%。

学校以办一所家长满意、学生热爱、教师有幸福感的区域性教改

2020年4月9日，深圳市红十字会的志愿者为罗湖教科院附属学校一二三年级孩子传授应急救护知识（罗湖教科院附属学校　供）

实验示范学校为目标，坚持“固本创新、丰富纯真”的办学理念，以创新教育促进学生丰富自由发展，让每位学生拥有获取幸福生活的能力和完善的人格，实现自我价值，盛放各自的美丽。学校扎实推进教育活动课程化，构建起以水文化为核心的清水课程体系，通过开发德育课程（升旗礼课程）、体育课程（攀岩、爬树、柔道和足球等课程）以及科创课程（人工智能 + 创客课程），探索以学生为中心，以问题为导向的 PBL（Problem-Based Learning）教学模式，致力于提升学生的核心素养，培养学生的关键能力，实现自由全面发展。作为深圳市课后服务首批示范校，学校开展了体系化、制度化的课后服务工作，包括二十余门兴趣社团、体育习练、劳动习练、作业习练及甘霖学堂。

办学至今，学校取得了中国登山协会攀岩特色学校、广东省义务教育标准化学校、第一批广东省校园航空飞行营地、深圳市教育工作先进单位、深圳市年度十大最受关注新锐学校、深圳市科普教育培训基地、深圳市 STEM 教育典范学校、深圳市“中小学人工智能教育项目”实验学校、罗湖区教育系统先进单位、罗湖区创客教育基地、罗湖区科技创新教育特色学校（人工智能）、罗湖区人工智能实验室授牌学校及罗湖区校园足球特色学校等荣誉称号，并荣获罗湖区“大创客行动”创客基地建设突出贡献奖。（罗湖教科院附属学校　供）

【翠竹外国语实验学校】为首批广东省一级学校。占地面积 1.56 万平方米，建筑面积 1.76 万平方米，运动场面积 4000 多平方米。2018 年 6 月，该校成为罗湖区翠竹教育集团领航学校。学校有校区 2 个，教学班 52 个，学生 2655 人。全校教职工 172 人，其中本科以上学历 166 人（硕士 28 人），正高级职称 1 人，副高级职称 15 人，中级职称 106 人，特级教师 2 人，区级以上名师（学科带头人）20 人。校内有省市名师工作室 3 个。

学校坚持“创造适合每一个学生的教育”的办学理念，倡导“和美生长”的教育理念，彰显“翠竹·一直在生长”的发展态势，致力让每个孩子梦想成真。学校贯彻开放、多元、选择、体验现代课程理念，构建“梦想花开课程体系”；开展“五节”（读书节、校园文化艺术节、体育文化节、大创客节、双语文化节）“四周”（特长展示周、教学开放周、学科兴趣周、毕业感恩周）活动，形成了校园文化、艺术教育和双语教学三大办学特色。学校还建立了全国首个“阳光心理校园志愿服务 U 站”。该校获评广东省首批艺术特色学校。学校“双语教学实验”获广东省教育科研“黄华奖”。校内有管弦乐团、合唱团、电子琴乐队、舞蹈队、校园足球、羽毛球和三棋等数十个学生体艺社团，以及创意油画、装置艺术等工作室。其中，管弦乐团、儿童歌舞剧团、合唱团等多个学生艺术社团足迹遍及中国北京、中国台湾、中国香港、澳大利亚、法国、德国、西班牙及加拿大等地。学生美术作品分别在深圳市民中心、香港文化中心、深圳少年宫、深圳美术馆等地多次展出。

学校先后获评深圳市教育系统先进单位、深圳市办学效益好学校、深圳市智慧校园示范校，广东省师德师风建设先进单位、广东省中小学教师校本研修示范学校，全国巾帼文明岗、全国少先队红旗大队、国家级健康促进学校（金牌）、全国德育实验学校、全国教育系统

2020 年 12 月 28 日，翠竹外国语实验学校（一校区）拆建工程施工项目举行奠基仪式

（翠竹外国语实验学校　供）

先进集体、全国少先队先进集体以及联合国教科文组织中国可持续发展示范学校。（黄仕琪）

【**大望学校**】2020年，校园占地面积1.26万平方米，建筑面积约8千平方米，室外运动场面积约5千平方米，图书馆藏书3.7万册。学校共有专用教室29个，理化科学实验室3个，功能室4个，计算机室2个。学校现有9个年级，开设教学班29个，共有在校学生1352人。教职工100人，教师学历达标率、资格证持有率均为100%；其中本科及以上学历94人（硕士12人）；高级职称17人，中级职称38人；省级名师1人，市级学科带头人1人，区级名师1人，区级骨干教师2人，区级教坛新秀3人，校级名师2人。

学校坚持以“以人为本，为可持续发展服务”的办学理念，以“努力培养身心健康、善于学习、乐于实践的阳光少年”为育人目标，紧紧围绕立德树人、提升教育教学质量、坚持特色发展三个路径，制定《深圳市大望学校提升教育教学质量（三年）行动方案》，探索线上线下融合教育途径，着力提升学校教育教学质量；同时，学校落实“大阅读”“大创客”“大体育”“大艺术”“英语文化节”五大行动，探索“家-校-社”协同教育下的大德育体系。学校以新冠疫情为契机，构建以生理、心理健康教育为基础的生命教育体系；发挥九年制学校特点以及周边生态、艺术优势，打造“情境美术教育”“生态环保教育”“团队衔接教育”三大特色品牌。学校社团获评全国优秀红领巾小社团。该校先后获评全国健康促进学校（铜牌）、广东省巾帼文明岗、广东省少先队红旗大队，深圳市教育先进单位、深圳市办学效益先进学校、深圳市阳光体育先进学校、深圳市小学广播体操标兵学校、深圳市绿色学校、深圳市节水教育示范学校、深圳市“河长”学校、深圳大学教学实践基地、深圳市家-校-卫联动学生健康教育项目学校以及罗湖区少先队水资源保护宣传基地等。（郑小鑫）

【**罗湖区星园学校**】是罗湖区唯一一所区属九年一贯制公办特殊教育学校，面向罗湖区招收符合条件的适龄特殊学生。目前，学校开设低年段教学班4个，共有39名特殊学生。学生残障类型包括智力残疾、自闭症及多重残疾。学校有专任教师18名（其中特殊教育专业教师14名），全国模范教师、广东省特殊教育名教师工作室主持人、广东省“特支”教学名师1人。学校新校区正在建设中，计划2022年9月正式启用。

为了让每一个特殊儿童绽放生命活力、收获有尊严的生活，学校确立了“星见其美、园融共生”的办学宗旨，“尊重不同、适性发展”的办学理念，“融爱于心、向善而行”的校训，“自信自立、超越自我”的校风，“尊重不同、仁爱尽责”的教风，“悦纳自我、自主自强”的学风以及“培养学生健康身心、开发学生生命潜能、为学生融入主流社会打下基础”的育人目标。

学校根据现有场地条件，认真落实国家培智课程标准，积极开展国家课程校本化实施，进行主题统整下的分科教学，实施包班制下的协同教育，努力探索专注力训练、音乐治疗、感统训练和走班制下的个别化兴趣小组活动等校本特色课程，为每一个特殊学生制订个性化教育计划，促进学生潜能开发，提升学生生活适应能力。与此同时，学校积极开展家校合作育人“六个一”活动：每天与家长通报学生在校学习生活情况、每周一次书面情况反馈、每月一次家长培训、每期一次家长开放日活动、为每个学生举办生日会、每年一次上门家访，让家长充分了解学生、科学教育学生、持续爱护学生。学校根据特殊学校的特点，努力创建“六心”团队：爱心铸就师魂、耐心陪伴成长、信心挖掘潜能、细心呵护童心、慧心创新教学以及恒心创造奇迹。

三年来，学校借址办学虽然条件艰苦，但全体教职工爱岗敬业，齐心协力，各项工作逐步规范，取得了一定的成绩：学校2020年9月被评为罗湖区教育系统先进单位；教师出版个人专著3本，发表论文5篇，其中2篇发表在省级以上刊物；教师参加教育教学省级比赛获奖8人次、市级比赛获奖4人次，区级比赛获奖24人次。学校办学得到社会和家长的认可。（莫跃辉）

南山区

【**南山实验教育集团南海中学**】为广东省一级学校。学校创建于

2007年9月，原名南山实验学校荔林中学部；2014年9月顺利搬迁位于荔海二路的新校区，同时更为现名。占地面积2.37万平方米，建筑面积2.45万平方米，学校有室外运动场面积为8230.7平方米。室内面积为1408平方米的体育馆1个。图书馆藏书75857册，电子图书42410册，电子期刊2000余种。现有44个教学班，在校学生2092人。教职工164人（专任教师145人），其中硕士以上教师47人，本科教师98人；高级教师30人，中级教师56人。校内有名师工作室2个。

该校以“教育要面向现代化、面向世界、面向未来”为指导方针，秉承“教育就是播种爱”的办学理念，以“四会六能”为学生发展的具体目标，培养社会所需要的合格公民和高素质、创新型人才。“四会”即会做人，会处事，会思考，会创造；“六能”即能写一手好字，能做一篇好文章，能说一口流利英语，能演奏一种乐器，能获得一类科学实践方法，能掌握一项体育健身技能。学校通过“品”字图形校徽撬动校园文化，寄予全体师生追求“崇高的品格、优秀的品质和出众的品位”。该校凸显“国际化、信息化、个性化”办学特征，以先进的学校文化、雄厚的科研力量、超前的信息化运用、创新的集团化办学模式，不断提升学校办学内涵；以建设“未来学校示范校”为行动指南，引领学校走上现代化发展之路，争做“互联网+”时代有教育使命感的领跑者。学校不断完善科学的课程体系的建构，加强智慧的教师对课堂主阵地的坚守，使学生的学业成绩和综合素养不断提升。该校荣获全国未来学校创新联盟示范学校、广东省中小学校长培训实践基地、教育部重点规划中小学生心理健康教育实验基地、中国青少年素质教育研究实践基地、深圳市中小学心理健康教育特色学校、深圳市教育工作先进单位、全国生态文明教育特色学校及全国百佳校园电视台学校等荣誉称号。（李　鹤）

【南山实验教育集团前海港湾学校】 位于前海自贸区桂湾片区，是自贸区内开办的第一所九年一贯制公办学校。占地面积约2.84万平方米，建筑面积约3.56万平方米。该校是一所新建学校，于2019年9月开学。现开设一至九年级共51个教学班。学校有专任教师144人，平均年龄30岁；其中研究生学历60人（博士2人），占比42%。学校通过开展“五环节、三融合、三阶段”的团队研修模式，培养出年度十大教育人物、深圳市年度教师、南粤优秀教师、深圳市十佳青年教师、南山区榜样教师、精英教师、先锋计划培养对象、区级名师工作室主持人和百花奖特等奖获得者等多位杰出人才。学校以“育之以爱、学以成人”的办学理念，以“做有根的现代特区小公民”为总目标，通过导入创客文化，打造“智慧、生态、审美”的校园环境。

学校建构了“吾爱”（音同5“I”，即：Informational信息化、International国际化、Integrated综合化、Intelligent智慧型、Innovative创新型）课程体系，着力培养学生面向未来的综合素养与关键能力，力求体现“创新与传统相融、科技与人文互进”的办学特征。

学校坚守“立德树人”的根本任务，重视创新人才培养，以学生发展为本，重构学习生态。学校着力打造“扎根于学科、拓展于活动、浸润于氛围”的九年一贯制的综合化课程体系，该课程体系包括“无极阅读课程”“财商课程”“艺体审美综合课程”等学科

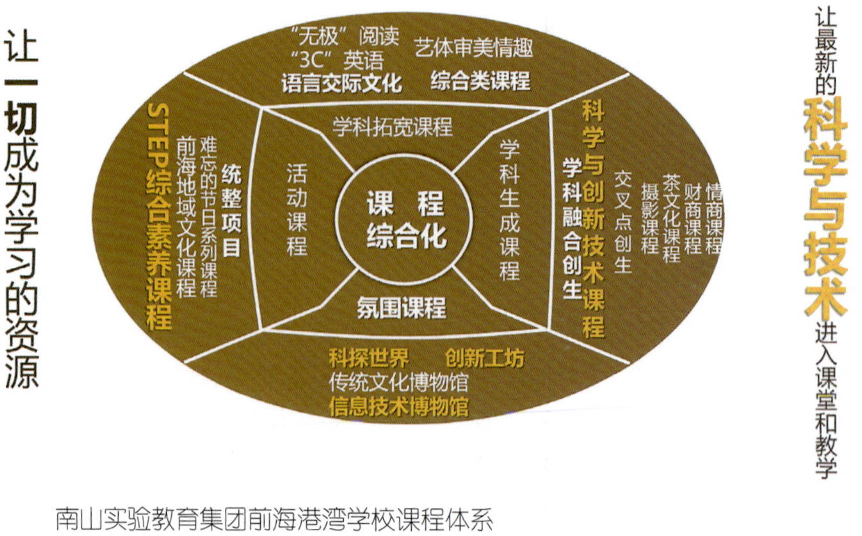

南山实验教育集团前海港湾学校课程体系

（南山实验教育集团前海港湾学校　供）

拓展课程，“5.X+3.Y”中小衔接课程，“开学季STEP综合素养课程”，“难忘的节日”“前海地域文化”等项目统整课程，“创客文化教育课程”、茶文化课程和摄影课程等学科生成课程。学校系统构建活动化、多元化、综合化的学生发展评价指标和体系，促进教学质量稳步提升。该校遵循南山“创建世界一流教育”的目标，在南山教育“办一所优一所”发展战略下，成为南山区重点打造的高起点高标准的新优质学校、全国第一个5G校园，被业界誉为中国未来学校的样板，南山新优质学校的标杆。该校扎根前海，立足中国，对话国际，在传承中创新，力求打造一所具有国际影响力的未来学校，办老百姓满意的教育。

（但　非）

【南山外国语学校（集团）文华学校】是一所九年一贯制公办义务教育学校，创办于1995年。该校是南山外国语学校（集团）的发源地，也是深圳一流、全国知名的基础教育领先名校。学校坐落在深圳高新科技园区，占地面积2.95万平方米，建筑面积5.4万平方米，运动场面积7612平方米。学校有校区1个，教学班56个，学生2562人。教职工共209人，其中硕士及以上学历45人；正高级职称1人，高级职称20人，中级职称96人；区级以上名师（学科带头人）33人。该校有集团及以上名师工作室6个。在集团“精致育人”办学思想及“像树一样成长”办学理念的引领下，该校注重培养学生的八大素养，“两语（英语、法语）、两院（少年创新院、少年艺术学院）、两传统（国学、书法）、一球（足球）、一课（英语电影课）、一平台（智慧校园平台）”特色鲜明。

学校注重培养学生的英语、科技、艺体特长。该校创新和发展彩虹外语教育模式，在全国首创英语电影竞聘校本课程，并率先在全市小学开设法语课；在南山区第一届和第四届中学生英语诵读比赛中均获特等奖。学校少年创新院在第二届深圳学生创客节scratch创意编程大赛中分获一、二等奖，在南山区首届FGF无人机趣味大赛中勇夺冠军，多名学生当选南山区少年创新院士。少年艺术学院管乐团在深圳市举办的“金斑马六超级盛典”活动中荣获“最具团队实力奖”；芭蕾舞团在第十届国际青少年艺术节上获得金奖；少年体育学院成绩显著，学校获评全国青少年校园冰雪体育传统特色学校、全国校园足球特色学校、全国阳光体育班级足球联赛示范校、深圳市传统项目（足球）学校和深圳市校园足球优秀组织学校。

学校先后获评全国基础教育名校、全国电影课示范学校、全国校园足球班级联赛示范学校、广东省绿色学校、广东省红领巾示范校、深圳市中小学在线教学先进单位、深圳市首批教师专业发展基地学校、深圳市2018年度最具影响力学校、深圳市中小学心理健康教育特色学校、深圳市中小学在线教学先进单位、深圳市教育创新示范学校及深圳市科创特色示范学校、南山区国际理解教育特色学校等。

（何传杰）

【蛇口育才教育集团太子湾学校】创办于2017年9月，是一所九年一贯制公办学校。学校位于前海蛇口自贸区、深圳湾区、太子湾邮轮港区三区叠加的核心区位，占地面积2.41万平方米，建筑面积3.5万平方米。现有63个教学班（小学44个、中学19个），学生2774人。教职工共221人（专任教师184人），其中高级职称15人，中级职称61人；南山区精英教师1人，区级以上名师（学科带头人）5人。学校有市区名师工作室5个。

该校秉承“创先未来”的办学理念，着力培养具有“身心和谐、家国情怀、国际视野、创新精神、领袖气质”的未来社会英才，致力于打造“中国根、国际范、创先型”的特色优质品牌学校。学校建立了深圳市首个特级教师工作站，也是南山区首批博物馆基地学校。校内有有校园足球队、藤球队、醒狮社、合唱团和舞蹈团等100多个学生社团。该校先后被评为广东省创建全国文明校园先进学校、2018年度全国青少年毒品预防教育工作先进单位、2018年深圳最具创新力学校和教育创新榜样学校、2018年深圳市红旗大队和深圳市红领巾示范校、2019年度深圳市十大最受关注新锐学校、2019年南山区十大“阅读创新特色学校”、2020深圳课程改革示范学校、南山区禁毒教育示范学校及南山区“智慧德育”先进单位等，并荣获2018深圳关爱行动“百佳市民满意项目”、2019-2020年南山区五四红旗团委、南山区巾帼文明岗、联合国第八届“和平的旗帜”“和平橄榄枝奖”勋章等荣誉。　（谭清扬）

【**南山区第二外国语学校（集团）学府中学**】成立于2003年，坐落在深圳湾畔、后海之滨，占地面积2.2万平方米，建筑面积1.6万平方米。学校将传统文化与现代文明完美融合，形成了和谐独特的校园文化。校园建筑采用素简古典徽派风格，将封闭式教室转变成开放式空间，将连廊贯穿为学府书苑。学校还变"复杂式借阅"为"简单式取阅"，变"个体型阅读"为"分享型阅读"，构建"开放式·无边界"的阅读模式。校内有校园电视台、创客学习中心、数字实验中心、未来教室、地理教室、黑匣子剧场和幸福大讲堂等多功能场所，还有琴韵阁、清心阁、弈趣阁、怡然亭、悠然亭、悦读吧、乐舞台、星光大道、开心农场、女子素养中心、攀岩墙、朗读亭和学府欢乐唱等环境优美的校园"第三空间"。

学校为师生营造了幸福的校园氛围。现有43个教学班，在校生近2100人。教职工共175人，其中博士4人，硕士55人，高学历教师占比36%；高级职称38人，占比23%。学校坚持以"为学生的全人生幸福奠基"为办学目标，开展一系列行之有效的教育教学活动，在国内首次提出"全人生幸福"教育观，倡导"八育八力"教育主张。"八育"即八大特色教育，包括幸福教育、审美教育、天赋教育、情商教育、艺术教育、科技教育、生活教育及健康教育；"八力"即幸福人生所需的八大能力，包括榜样力、同伴力、宝贝力、学习力、改变力、思维力、幸福力及审美力。学校还在国内首创"Talent（天赋）课程"教育体系，学生学业指数与师生幸福指数双提升。

该校荣获"南山区泛在学习示范学校""深圳教育云项目教学应用试点学校""深圳市'最具变革力'学校"和"广东省文明学校"等称号。在2020年疫情防控期间，该校因创新性开展工作被评为"深圳市在线教学先进单位"。

（崔璐璐）

南山区第二外国语学校（集团）学府中学课程体系图谱　（学府中学　供）

【**北大附中深圳南山分校**】创建于2000年5月，是北京大学、香港科技大学和深圳市政府三方合作的深港产学研基地的基础教育发展项目。该校是深圳市南山区教育局和北京为明教育集团联合创办的集小学、初中、高中、国际高中为一体的实行小班化教学的寄宿制国有民办学校，为广东省一级学校。该校也是一所现代化、开放式、文化型、花园式学校。

学校秉承"回归教育本真、对孩子一生负责"的办学理念，全面贯彻党的教育方针，落实立德树人根本任务，深化教育教学改革，因"教学成绩领先，学生素质优异"成为K12基础教育优质学校的典范。小学部、初中部、高中部和国际部共有120个教学班，在校学生4200余人。该校拥有一支由特级教师、北清名师、省市级骨干教师和国内外重点师范院校毕业生组成的教师队伍。学校探索并实施了卓有成效的“目标导向式契约制学生自主学习”的教与学模式，研发了由国家课程基础、国际理解课程和为明特色课程组成的融合型课程体系。国家基础必修课、为明特色选修课和拓展课的开设满足了学生个性化选择与自主性发展的需要，学校也因此培养了一批批具有终身学习力、超强创新力、卓越领导力和高度社会责任感的优秀毕业生。

学校先后获评“广东省一级学校”“广东省教育现代化示范学校”“广东省高中教学水平评估优秀学校”“广东省教育国际化实验学校”及首批“广东省基础教育党建工作示范校”等，并连续多年获得深圳市高考工作“超越奖”。

（武晓玉）

【南山区中国科学院深圳先进技术研究院实验学校】是南山区教育局与中国科学院深圳先进技术研究院联合创办的一所九年一贯制学校，也是深圳市第一家政府与国家科学研究机构合作办学的公立学校。占地面积2.02万平方米，建筑面积2.4万平方米。2016年9月，该校正式招生开学。办学规模36个教学班，共有在籍学生1300余人。学校教职工98人，均为大学本科及以上学历，其中硕士32人，在读博士1人；高级职称15人。省市区级名师、骨干教师占教师队伍的三分之一。

该校首倡“科学+”教育新理念，提倡师生“动脑、动手、动心”，彰显爱科学、爱生活、爱国家的“三爱”科学教育。校内建有国内中小学首个心理梦工厂，还有创客实验室及物理、书法等常规功能室30间。该校拥有一体化40G网络中心、校园双网（有线、无线），教学仪器按国家一类标准配置。在中国科学院深圳先进技术研究院支持下，该校招募组建了一支30余人的博士教师团队，创设“博士课堂”900多节“博士课堂”，30多场“中科讲坛”以及30余次“中科研学”，构建起浸润式“科学+”校本课程体系，有效促进了学生的全面发展。学校倡导开门办学，成立了“科学+”教育联盟。办学以来，学校已开展20余次校际交流活动，600多名师生通过活动互访，一万余名师生受惠。

该校先后被评为“粤港澳大湾区青少年创新科学教育基地”、深圳唯一先导校、“深圳市中小学创客实践室”“深圳市中小学生探究性小课题研究优秀示范校”“深圳市改革创新领跑学校”“深圳市第二批教育科研基地学校”“深圳市十大科技创新教育示范学校”“深圳课堂革命示范学校”“南山区教育系统先进单位”“南山区少年创新院”分院学校和“南山区智慧德育先进单位”，并荣获“广东省第二届中小学特点学校建设成果评选”一等奖和“南山区第四届教育改革创新成果奖”特等奖。学校教师和学生在各级各类评比中屡获佳绩，荣获国家、省、市、区级奖励500余项，成功申报国家及省市区级课题70余项，学生作品连续三年走进深圳高交会，得到与会人员的一致好评。

（刘志清）

【北京师范大学南山附属学校】是北京师范大学和深圳市南山区人民政府于2000年合作创办的一所十二年一贯制的现代化公立学校，为北京师范大学在京外创办的第一所附属学校。学校坐落在深圳湾畔，拥有中、小学部两个独立的校园。占地面积6.7万平方米，建筑面积约5.6万平方米。绿化覆盖率约60%。教职工360余人，其中研究生学历百余人；特级教师3人，正高级教师3人，高级教师61人，一级教师143人；省名师工作室主持人1人，市名师工作室主持人2人，市教科研专家工作室主持人1人及高三名师工作室主持人20余人；省市区学科带头人、精英教师、骨干教师累计66人。北大、清华、北师大等名牌高校毕业生占到60%以上。

学校依托北师大雄厚的教育资源，在办学方向、特色创建、师资培训、人才培养、学生升学等方面与北师大全面接轨，形成了“文理融通、科创引领”的理工办学特色。高中部成立了各种理工与人文特色鲜明的实验班，包括弘毅班、木铎班、钱学森班和树人班，旨在探索理工与人文专长学生的培育与管理。近两年来，学校加大了“专家智库”建设，聘请了傅伯杰院士等十多位专家学者作为学校办学顾问，这些顾问定期到校指导学校的教育教学及科研工作。

该校先后获得“广东省一级学校”“广东省绿色学校”“广东省现代教育技术实验学校”“全国中小学思想道德建设活动先进单位”“中国教科院骨干校长和骨干教师研修基地”“国家级体育传统项目学校”“深圳市先进单位”“深圳市首批智慧校园”“深圳市现代

制度建设先进学校”“南山区教育现代化示范学校”“深圳市首批教育科研基地学校”“粤港澳大湾区青少年创新科学教育基地”“京师优课在线教育，基地学校”“深圳市高考工作超越奖、卓越奖”等六十余项荣誉，并被广东省教育厅评估组专家誉为“一所让政府放心、家长认可、学生热爱、教师向往、同行尊重的现代化学校。”

（陈　芳）

【龙苑学校】是南山区创办的第一所独立的九年一贯制公办特殊教育学校。学校定位为高起点、高标准的特殊教育学校。该校位于塘朗山麓，周边交通便利又闹中取静，大学城辐射区域优势叠加。占地面积1.4万余平方米，建筑面积约4.1万平方米。学校高标准建设了教学楼、综合楼、教师公寓、室外运动场、恒温游泳馆及地下停车场，项目建设总投入高达3亿多元。2019年9月正式开学。办学规模36个教学班。

该校构建了“以沟通为核心”的学校课程体系；先后与华东师范大学、华中师范大学、西南大学、华南师范大学、广州大学等高校签约实习与实践基地；并充分利用高校专业支撑，放眼全球、立足实际，统整资源，优化凸显学校特色课程体系。学校从国内外重点高校引进优秀毕业生近70名，教师本科达标率100%，全日制硕士研究生占比51%。该校十分重视教师队伍建设，构建了教师专业成长平台，开办两年内师生在各级各类比赛中均获取优异成绩。学校秉持“人本、和谐、发展”的办学理念，努力创办“区域示范性特殊教育学校”；同时，努力建设“有温度、有品位”的美丽校园，打造“有情怀、有水平”的教师团队，培养“有品行、有能力”的特殊学生。该校努力营造“和你一起、共同成长”的校园氛围，为区域特殊儿童健康成长营建幸福家园。

（龙苑学校　供）

盐田区

【盐田高级中学】2014年8月，创办于1984年的沙头角中学整体搬迁，更为现名为盐四高级中学。该校是盐田区唯一一所重点普通高中。占地面积9万余平方米，建筑面积8万平方米。学校教学、运动及生活三大区域划分合理，相对独立，实行全寄宿封闭式管理。现有5栋学生宿舍楼，住宿床位3000个；有双层体育馆和400米8道标准田径场，各类体育场地面积共计2.4万平方米；有高端报告厅、音乐厅、会议厅、千人会堂、美术楼、音乐楼和信息楼。图书馆2000平方米，藏书10万余册。校内3个深圳市A类师生食堂，可供3000人同时用餐。教室设备高端、功能先进，学生公寓配套完善，实验室功能齐全，教育教学硬件条件优越。学校有阳光书吧、阅览室及电子阅览室；有全天候开放足球场和18个篮球场、排球场、羽毛球场。学生公寓配备空调、电扇、独立冲凉房、洗手间和储物柜等；公寓楼设洗衣房、医务室和学生服务中心，并有生活老师、校医及保安24小时值班。现有教学班60个，学生2669人。教职工共270名（专任教师229人），其中在职在编教职工206人；特级教师、正高教师14人，高级教师106人；省、市级名师55人，获国家级综合荣誉称号15人，获省级综合荣誉称号70人。校内有广东省名师工作室1个、广东省名班主任工作室1个及市级名工作室3个。学校教师罗诚获评“深圳市教书育人模范”奖，秘文博、俞兴保、林娟和苗春玉老师获深圳市高考先进个人奖，万小亚、王晓辉、吴怡、李高梅、王婉晶、刘琪、杨洪涛和于明获深圳市高考学科先进个人奖。

该校先后被评为国家级示范普通高中、广东省普通高中教学水平优秀学校和中国首批STEM教育领航学校。2020年，学校高考重点上线率为56.1%，本科上线率为97.3%。该校连续五年获深圳市高考卓越奖，并被评为2020年度教育改革创新领跑学校和深圳教育改革示范学校。（刘宏亮）

【田东中学】创办于1996年秋，是广东省一级学校。占地面积2.69万平方米，建筑面积3.37万平方米，运动场面积2.21万平方米。现有41个班。教职工166人，其中本科及以上学历162人（硕士34人）；高级职称74人，中级职称69人；区级以上名师（学科带头人）50人。

学校恪守“人的发展”的价值追求，提出师生发展的十六字方针：学生发展——健全人格、家国情怀、国际视野、创新能力，教师发展——师德高尚、敬业乐业、人生出彩、职业幸福。该校以“质量优异、特色鲜明、师生幸福、家长满意”为愿景，秉承“知雅识礼、崇德尚美”的办学理念和“德性启迪智慧、雅礼奠基人生”的育人理念，构建“和谐奋发”的学校文化。学校每学年举办体育节、科技节、合唱节、社团文化节、艺术节、阳光心理节、法律文化节和读书月等活动，并开设了修身、健体、养性、启智、创新和国际六大板块近50门校本课程。

该校先后获评全国校园文学活动示范单位、全国十佳校园文学示范校、全国青少年校园足球特色学校、全国青少年校园网球特色学校，广东省一级学校、广东省德育示范学校、广东省绿色学校、广东省语言文字规范化示范校、广东省中小学校本培训示范校、广东省现代教育技术实验学校、广东省依法治校示范校、广东省信息化中心校、广东省足球推广学校，深圳市智慧校园示范校、深圳市网络学习空间应用优秀学校、深圳市文明单位、深圳市书香校园、深圳市教育工作先进单位、深圳市桥牌体育特色学校、深圳市足球体育特色学校、深圳市跆拳道传统项目校、深圳市平安校园示范校及深圳市市民身边的好学校。（储媛媛）

宝安区

【宝安中学（集团）】 宝安中学（集团）由高中部、初中部、外国语学校、实验学校、第二外国语学校、塘头学校、小学部（筹）和石岩外国语学校（筹）8个校区组成，目前有6个校区正常运行。集团现有6个校区，占地面积约28.59万平方米，建筑面积约23.17万平方米。图书馆藏书共计58.68万册。集团固定资产16914.46万元，包括教学仪器资产值10970.47万元。学校拥有计算机3371台，校园网出口总带宽1000Mbps，信息技术课程每周1课时。教职工共1210人（专任教师1089人），其中本科及以上学历1075人；高级职称213人，中级职称390人；特级教师9人，县级及以上骨干教师367人。学校开设教学班311个。

2020年，集团抓住“双区”建设背景下教育发展的新机遇，对标先行示范区各项要求，贯彻落实区委、区政府对学校的工作要求，弘扬传承“宝中精神”，梳理总结集团化办学成功经验，把握发展定位，凸显发展特色，全面高质量推进集团各项工作。一是强化一体意识，实施条块管理，移植宝安中学“母体”文化与教师合作文化，输出宝中管理模式，以“宝中精神”和“奋斗精神”凝聚教师团队，提升对宝中文化的认同感；二是推进“个性化+”模式，促进集团各校区内涵发展、共同发展、优质发展，不断扩大集团品牌影响力；三是继续创新激励机制和培养机制，利用社会资源，加大激励力度，不断增强教师队伍活力。

集团各项事业蓬勃发展，成效显著。2020年集团高考成绩继续在高位保持稳定，连续第20年荣获“深圳市高考工作卓越奖”。2020年中考，集团初中部综合成绩继续领跑全区，各高分段人数和比率均列全市前茅。集团获评“深圳集团化办学示范单位”，荣获“年度教育改革创新领跑学校”称号；集团外国语学校获评“深圳市教育工作先进单位”，荣获“深圳教育创新示范学校”称号。教师、学生在各级各类比赛中屡获大奖。在2020年市、区青年教师基本功大赛中，集团教师斩获深圳市

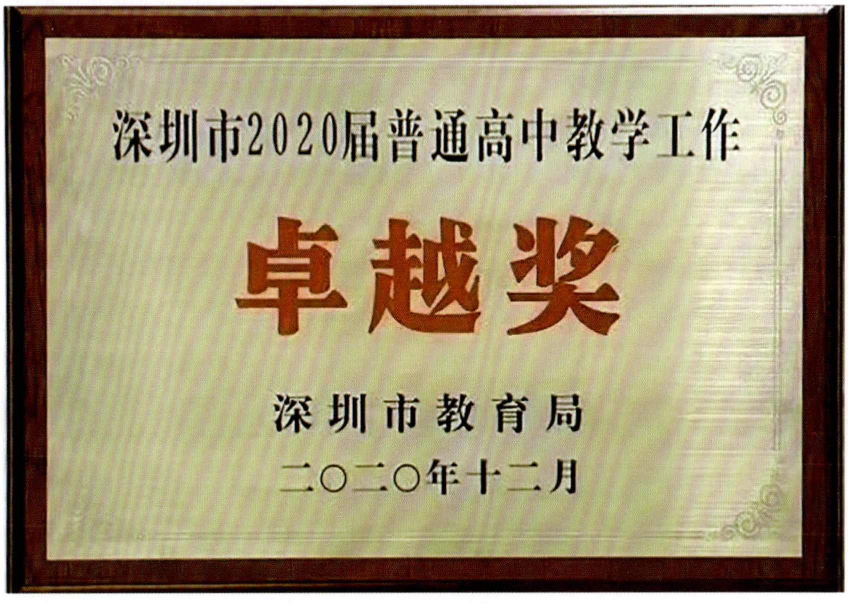

2020年宝安中学（集团）连续第20年荣获“深圳市高考工作卓越奖”

［宝安中学（集团）供］

一等奖7个，其中包括两个第一名（高中数学教师徐兰兰和初中语文教师范国强）。在2020年深圳市高考模拟试题命题比赛中，高中部郭丽丽老师荣获一等奖第一名。在2020深圳市中小学教师微课大赛中，高中部房雪容老师、第二外国语学校张惠敏老师荣获一等奖。学生综合素质进一步提升，多名学生在广东省中小学乒乓球锦标赛、深圳市田径运动会、深港澳中学生读书随笔大赛和粤港澳大湾区青少年科技创新大赛等多项比赛中勇夺桂冠。［宝安中学（集团）供］

【宝安中学（集团）高中部】成立于1984年，是广东省首批国家级示范性普通高中。该校为获得北京大学“中学校长实名推荐制”推荐资质学校，同时入选清华大学“领军人才计划”（深圳市仅有三所同时具备这两项资质的学校）。学校评为全国千所现代教育技术实验学校、全国德育实验学校、全国青少年文明礼仪基地、广东省普通高中新课程实验样本学校、广东省书香校园、联合国教科文组织教师教育教席联席学校、深圳市师德师风先进学校以及深圳市文明单位。学校占地面积8.83万平方米，建筑面积6.6万平方米；教育教学设备设施先进齐全、国内一流。现有62个教学班，3000余名学生。教职工326名，其中中学高级教师、副教授212人，特级教师、中学正高级教师、博士13人，获国家级、省级表彰的教师45人。

2020年，宝安中学（集团）高中部在宝安区委、区政府的关心重视下，在区教育局的正确领导下，在集团领导班子的倾心指导和全体师生的共同努力下，贯彻落实党的教育方针和区委、区政府对学校的工作要求，弘扬传承“宝中精神”，全面高质量推进学校各项工作，做到了“防疫”“学习”两不误，以实际行动彰显名校的示范作用。2020年，学校各项事业蓬勃发展，成效显著。2020年高考再创辉煌：叶子琦、徐菲同学进入广东省理科总分最前列，成绩被屏蔽；高考重点上线率由2015年的67%攀升至2020年的90.3%，五年间增长了23个百分点；全省前1000名人数列全市第三、全省前列；学校连续第20年荣获“深圳市高考工作卓越奖”。教师队伍建设卓有成效，专业竞赛屡获大奖：李晶老师荣获全国数学比赛最高奖项，获评“最优秀选手”，成为广东省高中数学教育多年来唯一获此殊荣的教师；郭丽丽老师获深圳市高考模拟试题命题比赛一等奖第一名；徐兰兰老师获深圳市高中数学基本功比赛一等奖第一名；谢煜民老师获深圳市高中化学基本功比赛一等奖。学生在广东省中小学乒乓球锦标赛、深圳市和宝安区田径运动会、深港澳中学生读书随笔大赛及“名著新编”短剧大赛等多项比赛中喜获大奖。

［宝安中学（集团）高中部　供］

【宝安中学（集团）初中部】位于深圳市宝安区洪浪南路5号。占地面积4.02万平方米，校舍建筑面积2.75万平方米，运动场地面积1.22万平方米。学校有教学班48个，学生2589人。教职工210人，其中专任教师190人；高级职称56人，中级职称85人；本科及以上学历194人（硕士64人）。

学校秉承宝安中学（集团）“育人至上、教师第一”办学思想，建构了以生命教育为核心、以素养课程和活动课程为动力、以各学科优质教学质量为支撑的“一核两翼、多维支持”整体育人课程体系，形成了“以研促教、团队引领”为特色的教师专业发展路径，拓宽了“以学促行、通力合作”为理念的家校共育格局，明确了以“共建经验、共享成果”为发展使命的集团义务教育阶段龙头学校定位。2020年疫情期间，该校领衔集团初中学段五个校区开展“线上课程”，打破校际、地域界限，通过线上方式开展集体备课教研及授课辅导活动，全方位助力学生健康成长。学校教育教学及教师专业发展成果显著，学生素养全面，教师人才辈出。作为生源均为地段生的公办大校，该校中考成绩领跑全区，位居全市前列，连续多年获宝安区“初中教学工作标兵单位”荣誉称号或“卓越奖”最高表彰。在2020年深圳市青年教师基本功大赛中，四名教师分别获得深圳市语文学科第一名，数学、物理、化学学科一等奖，学校也获评“优秀组织单位”称号。在广东省教育厅开展的省级基础教育教研基地项目建设评选中，该校获评校本教研基地，成为深圳市获此殊荣的两所学校之一。

［宝安中学（集团）初中部　供］

【宝安中学（集团）外国语学校】隶属于宝安中学（集团），是宝安区第一所公办九年制外国语学校。前身为龙井学校，创办于2015年8月，2016年2月22日正式挂牌成为宝安中学（集团）外国语学校。学校位于宝安中学旧址（前进一路50号），占地面积3.85万平方米，建筑面积3.84万平方米。2018年1月，宝安区政府投入5.768亿元对学校进行整体提升改造。2018年10月开始，学校借址宝安区城市学院和集团初中部办学，目前全校42个教学班，其中小学34个班借址城市学院，初中8个班借址集团初中部。学校现有学生2108人，教职工149人（专任教师139人）。

学校以创建“服务国际化城区发展的创新型示范性外国语学校”为办学愿景，以“和谐发展、学会生存、做最好的自己”为办学理念，以“个性化＋国际化教育”为办学特色，以培养“中国心、世界眼、未来升任力的国际小公民”为育人目标。同时，该校通过“顺学而教”的教学主张、“顺教而研”的教研策略、“顺势而为”的管理风格，营造充满国际味、人情味、文化味、生活味的校园文化。学校广受社会赞誉，被《人民教育》《中国教师报》等核心报刊多次专题报道；并获广东省中小学教师校本研修示范学校、深圳市教育工作先进单位、深圳市教育创新示范学校、深圳市2020年中小学青年教师教学基本功比赛“小学组优秀组织单位”、宝安区第一批教育国际化特色学校、宝安区初中教学工作卓越奖、宝安区初中教学工作先进单位、宝安区“文明校园”、宝安区小学优秀教学资源建设奖等众多荣誉和奖项。

［宝安中学（集团）外国语学校　供］

【宝安中学（集团）第二外国语学校】地处宝安区新桥街道，占地面积2.59万平方米，建筑面积1.93万平方米。现有学生2724人，共有51个教学班。教职工188人，包括专任教师183人，其中高级教师12人，一级教师77人。目前学校有党员教师67人，成立了宝中二外党总支，分设初中和小学两个党支部。学校教师队伍团结向上，朝气蓬勃，敬业奉献，具有很强的事业心和凝聚力。近几年来，学校接连被评为全国校园足球特色学校、深圳市高水平运动项目学校和深圳市体育传统特色学校。2020年6月，学校成为宝安区第一个女足后备人才训练基地。学校现有男子、女子足球梯队6支，获得过深圳市校园足球U11精英联赛一等奖、宝安区“区长杯”U11组第一名和U11足球赛第一名等优异赛绩。

学校落实美育育人，促进学生全面发展。学校的“春之声”管乐团从小学到初中共有5支梯队，300多名队员，连续两次受邀参加“中华杯”全国优秀管乐团展演，还曾荣获广东省优秀管乐团展演金奖，并实现了深圳市管乐节比赛连续六年摘金的突出成绩，被中国音乐协会评为全国优秀乐团，荣获管乐发展贡献奖。该校深入开展“阅读工程”，提升学生人文素养。在2020年第二届广东中小学生书信征文活动中，该校7位学生获奖，占全区获奖人数的7/8，学校获得“优秀组织奖”。2020年，韩洁鑫同学获得“深圳市校园十佳文学少年”称号。该校加强教师队伍建设，专业成长效果显著。在2020年宝安区初中文化学科模拟试题命题比赛中，学校7位教师获得一等奖，一等奖获奖人数居全区前列。2020年，学校数十位教师参加市、区教师基本功大赛喜获佳绩。该校重视学生素质教育，多措并举促进

2020年，宝安区第一个女足后备人才训练基地落户宝安中学（集团）第二外国语学校

［宝安中学（集团）第二外国语学校　供］

学生全面发展，学校也于2015年和2019年分别荣获“深圳市教育工作先进单位”称号。从2014年至今，学校连续七年荣获宝安区初中教学管理工作最高奖项，深受家长及社会各界的好评和认同。

［宝安中学（集团）第二外国语学校　供］

【宝安中学（集团）塘头学校】原名塘头小学，始建于1927年。学校几经沿革，于2017年4月加入宝安中学（集团），现为深圳市宝安中学（集团）塘头学校，位于深圳市宝安区石岩街道塘头社区英才路8号。学校占地4.36万平方米，校舍建筑面积5.05万平方米，运动场面积1.34万平方米。校园按国家示范性学校标准建设，拥有五栋教学大楼，一栋综合大楼，一栋三层体艺大楼，一栋信息科技大楼，300米标准运动场，1.3万平方米的地下停车场和相关功能室。学校规划办学规模为72个班，现有教学班66个，学生3206人，其中小学部2063人，初中部1143人，平均班额48.58人。教职员工207人，其中专任教师188人，在编教师143人，派遣教师45人；大专及以上学历188人，本科学历130人，研究生学历50人，学历达标率达100%；高级职称8人，中级职称56人。

一直以来，学校全面贯彻落实党的教育方针，紧紧围绕市、区教育局工作思路和学校工作实际，以内涵发展为主线，坚持立德树人的根本任务，坚持以人为本、民主办校、依法治校、科学发展。学校秉承集团“和谐发展、学会生存”的办学理念，依托集团化办学优势，以“成人、成才、成功”为校训，以提升学生综合素养为核心任务，全面落实素质教育。学校依托石岩科技绿谷，坚定办学特色方向，努力打造以“个性化教育＋科技教育＋体育特色”为主体的办学特色，借助科技区位优势，开展无边界课堂，拓展学生视野、开发学生创新实践能力。目前学校空手道、网球、校园足球、田径等项目正在蓬勃发展，多名学生在各级各类赛事中均取得优异成绩，学校也获得“全国青少年校园足球特色学校”“全国青少年校园网球特色学校”等殊荣。

经过历届塘头人的努力拼搏，开拓进取，学校办学条件和办学水平全面提升，先后荣获“广东省现代教育技术实验学校”“广东省绿色学校”“深圳市教育先进单位”“深圳市办学效益先进学校”“深圳市书香校园”“深圳市园林式、花园式单位”“深圳市健康促进学校银奖”“宝安区优质化学校”“宝安区德育工作示范学校”和“宝安区文明校园”等荣誉称号。未来，学校将坚持以习近平新时代中国特色社会主义思想为指导，以促进学校科学发展为己任，以对学生成长高度负责、对家长期待高度负责的态度，带领全体师生站在新的起点上，精心筹划未来发展，励精图治，创新改革，齐心协力，携手共进，努力将学校建设成为一个环境优雅、管理科学、作风严谨、家长放心、人民满意、有良好社会声誉的义务教育标杆品牌示范学校。

［宝安中学（集团）塘头学校　供］

【宝安中学（集团）实验学校】是2018年9月开办的九年制公办学校。学校隶属宝安中学（集团），占地5.5万平方米，建筑面积4万多平方米，由11栋教学楼及功能楼组成。整个校园呈徽派风格，整活优雅，环境清静，办学规模72个班，是宝安区委、区政府重点打造的“高起点定位、高标准设计、高品质发展”的新优质示范学校。目前，该校有小一、小二、小三、初一、初二、初三六个年级，1620多名学生。教职工149人，专任教师133人，平均年龄31岁。其中，正高级教师1人，高级教师6人；211以上大学毕业生72人，占教师总数的54.5%；985毕业人数33人，占教师总数的25%。教师本科率100%，研究生学历占48%。

学校以“和谐发展、学会生存”为理念，以打造师生共同成长的“幸福家园”、学生探寻自然的“科创乐园”、老百姓满意的新优质学校、基础教育科教融合的标杆学校为办学愿景，着力培养有强健体魄、有家国情怀、有公民素养、有合作精神、有创新素养、会思考的终身学习者，为孩子们的终身可持续发展奠基。学校办学特色为“个性化教育＋科技创新教育”，先后与中国科学院深圳先进技术研究院和西南大学教育学部建立了战略合作。该校开办以来，一是实施个性化教育，追求教育的精准与高效，制定了《宝中集团实验学校个性化教育实施方案》，建立了多元智能测评中心，为每个孩子定制了有针对性的《个性化培养方案》，积极实践个性化教育；二是整合中科院深圳先进院的顶尖师资与高端资源，搭建起了学校科技创新教育的课程体系，包括科学普及课程、科学行动课程和科学超能课程三大块；三是探索制定了科技创新教育的“1+3+5”计划。学校已研发9本校本教材，组建科创社团16个，获批国家级课题1个、市区科创课题14个。学校为学生提供了丰富的科创学习平台，学生科学素养得到提升，学校高品质发展，得到了社会的高度认可。目前，学校是“广东省STEAM教育实验学校”“宝安区5G未来教育示范学校”“宝安区科技教育基地学校”“深圳‘科学+’联盟学校”“广东省初中数学学科教研基地学校”及“深圳市少年工程师教育基地”。

［宝安中学（集团）实验学校　供］

【新安中学（集团）】成立于2017年，是宝安区教育局直属的公办基础教育集团，包括高中部、初中部、第一实验学校、外国语学校和第二外国语学校等五个校区。集团总办学规模为240个教学班，约1.2万名学生。集团共有广东省中小学名校长工作室1席，广东省名师工作室1席，深圳市名师工作室1席，宝安区名校长工作室2席、名师工作室10席；还有正高级教师4人，特级教师8人，高级教师近180人，区级以上骨干教师318人。师资力量位居全市前列，为各校区优质高端特色发展提供了强大的师资保障。

集团坚持加强党对集团各项事业的全面领导，不断深化改革创新，加强统筹指导，坚决打赢新冠肺炎疫情防控阻击战，着力提升集团现代治理能力和治理水平，努力办好人民满意的教育，服务深圳“双区”建设大局。集团重视政治学习，提升党建引领水平。集团党委认真贯彻全面从严治党的要求，深入推进校区党组织建设和党风廉政建设，全面落实党的教育方针政策，积极推进党建特色项目建设，促进党建和教育教学双融双促，充分发挥各级党组织和广大党员在集团改革创新发展中的战斗堡垒和先锋模范作用，以高水平的党建工作引领集团高质量发展。学校保障师生安全，打赢疫情防控战斗。新冠肺炎疫情发生以来，集团迅速成立疫情防控指挥部，集团党委书记、校长高妙添担任总指挥，坚持每周召开一次指挥部会议，及时总结、研究和部署集团各校区疫情防控工作。各校区在集团协调指导下，迅速成立疫情防控工作领导小组，制定校园疫情防控工作实施方案、防控工作制度和相关应急预案，明确责任，分工到人，筑起了严密的校园控疫防线。该校实行一班一课表，提高在线教学质量。疫情期间的在线教学工作是2020年教育教学工作的关键。为做好打赢在线教学持久战、攻坚战、质量战的充分准备，确保在线教学高质量开展，集团提出了“一班一课表、一师一课堂”的在线教学策略，得到了各校区教师的积极响应和认真落实，取得了显著的教学成效。高三、初三年级在全市、全区的多次模拟考试中进步明显。该校集团发挥集团优势，促进校区均衡优质发展。2020年，集团继续完善内部治理机制和制度，建立了涵盖党建、决策、人事、教学、德育、后勤和安全等在内的60余项内部管理制度，对各校区的学校管理、教育教学工作进行指导和管理。集团结合各校区现有基础及区域优势明确了各校区办学特色和发展方向，充分发挥校区办学自主权，激发校区办学活力，各校区办学质量和办学效益持续稳步提升。为锻造名师队伍，实现学校可持续发展，学校坚持将加强教师队伍建设作为推动学校优质特色发展的重要举措，通过岗前培训、青蓝工程、名师工程、教学竞赛、“十佳”教师评选、面向高校和市内外引进优秀人才等举措，将内培和外引相结合，不断提高教师队伍整体水平，实现学校可持续发展。集团办学业绩优异，高质量发展步入快车道。集团荣获第六届深圳教育改革创新论坛“年度集团化办学典范学校”；高中部荣获深圳市普通高中教学工作卓越奖，成为深圳市普通高中新课程新教材实施国家级示范区示范校（全市10所）；初中部荣获宝安区初中教学工作超越奖；第一实验学校获评深圳市教育工作先进单位；外国语学校高水平通过深圳市办学水平督导评估；第二外国语学校实现优质快速发展。集团各校区办学成效得到上级领导和社会各界的充分肯定。

［新安中学（集团）供］

【新安中学（集团）高中部】现校区于2011年投入使用，地处宝安中心区，毗邻前海经济开发区。占地面积6万余平方米。该校是广东省国家级示范性普通高中、广东省一级学校、广东省高中教学水平优秀学校、广东省德育示范学校、广东省中小学心理健康特色学校以及全国生涯教育示范校。学校有48个班级，近2500名学生。教职工共260余人，其中特级教师6人。学校各类功能场馆齐全，设施设备完善。2020年，全校师生在各级各类比赛中，成果丰硕，总计获得国家级奖项13人次、省级奖项30人次、市级奖项13人次以及区级奖项70余人次。在2020年青年教师教学基本功大赛中，2人获市一等奖，11人获区一等奖，学校喜获市级及区级优秀组织单位奖。在2020年深圳市高考模拟命题比赛中，3人获一等奖，9人获区一等奖，学校获评市、区级优秀组织单位奖。在2020年宝安区青年教师教学能力大赛中，11人获一等奖，学校获评宝安区优秀组织单位奖。2020年高考取得新的突破，808名考生中，高分优先投档上线470人，上线率达58.2%；本科上线796名，上线率达98.5%；学校第13次荣获深圳高中教学工作最高荣誉——卓越奖。学校围绕新高考方向和新时代人才培养目标不断深化高中办学改革与创新，深入实施“双自”育人模式，构建“轻负担、有特色、高质量”的教育体系，全面推进“卓越高中”建设，并在新课程新教材实施中取得显著成果，被深圳市教育局遴选成为“新课程新教材实施国家级示范区示范校”及“新课程新教材实施国家级示范区学科示范基地（语文）”。

2020年1月，新安中学（集团）高中部，开展“走进职场·撒播梦想”生涯活动　［新安中学（集团）高中部　供］

2020年12月，新安中学（集团）高中部第13次荣获深圳高中教学工作最高荣誉——卓越奖　［新安中学（集团）高中部　供］

学校积极开展生涯教育，增强发展动能，促进学生全面发展。学校采用体验式生涯教育模式，丰富了生涯专业知识传授的渠道，教师在课堂上注重情境的创设，开展有趣的课堂教学活动，激发了学生的学习动力，调动了学生的学习积极性与主动性，提高了生涯课堂的教学效率。学校广泛开展生涯体验活动，如职场成功人士大讲堂、筑梦职场、漫步高校、生涯人物访谈和模拟招聘会等，引导学生走出校园，了解社会环境，探索外部世界，树立职业理想，励志奉献社会。

［新安中学（集团）高中部　供］

【新安中学（集团）初中部】创办于1988年，为广东省一级学校、广东省德育示范学校。占地面积约3.6万平方米。现有42个教学班，2076名学生。教职工184人，其中正高级教师1人，高级教师44人，区级以上骨干教师63人。该校有宝安区名师工作室4席，宝安区美术教研工作室1席。学校荣获宝安区初中教学工作超越奖，这是继2019年学校蝉联宝安区初中教学工作先进单位后，第13次荣获此类荣誉。学校坚持“德育创新+体艺特色”办学，业绩显著。2020年，学校严格落实疫情防控，各项工作稳步推进。学校进行精细化教学教研管理，全面提升教育教学质量。疫情期间开设“空中课堂”，坚持“一师一课表”，保证教学质量；完善“四维一体”教师培训体系，扎实开展“1+N导师”结对活动。2020年，11名教师在宝安区教师教学能力大赛获奖；学校再添名师特色教研工作室——宝安区计萍蜡雕教研工作室；阳柳老师中考命题设计获省级奖励，贺仕铮老师获2020年韩国文化艺术教育总联合会文艺总长官奖国际舞蹈大赛金奖。

2020年11月，新安中学（集团）初中部女足蝉联市足球比赛冠军

［新安中学（集团）初中部　供］

2020年5月，新安中学（集团）初中部张一鸣同学见义勇为获赠锦旗

［新安中学（集团）初中部　供］

学校创新德育工作思路，促进活动育人纵深推进。该校组织“百师访千家”“智慧家长大讲堂”、义工队伍进社区等活动，构建学校、家庭、社会三位一体的德育体系，打造了法制教育、爱国教育、生命教育、文明教育、劳动教育和健康教育六大德育课程群。2020年5月，张一鸣同学见义勇为获赠锦旗，宝安电视台进行了报道。学校深化践行体艺特色，全面提升学生核心素养。学校荣获宝安区体育传统（特色）项目学校多项荣誉；谢男轩等7名学子获19个全国科创比赛金奖；刘芝敏入选全国青少年校园足球夏令营总营；初中部女足蝉联市冠军；张思齐等两名学子入围“深圳市校园十佳文学少年”百强榜。

［新安中学（集团）初中部　供］

【新安中学（集团）第一实验学校】是全国科技体育传统学校、全国机器人奥林匹克实验学校。占地面积2.5万平方米，建筑面积2.4万平方米。图书馆藏书7万册。有专用教室46间。2020年固定资产2815.09万元，教学仪器1889.83万元，学校信息化经费投入136.6万元。该校拥有计算机522台，校园网出口总带宽1000Mbps。开设教学班46个，在校生2240人。教职工187人（专任教师163人），其中具有研究生学历的教师49人；特级教师1人，正高级教师1人，高级教师30人；省级优秀教师7人，市级优秀教师13人。教师学历达标率100%。教师队伍平均年龄35岁，已形成教学体系的良性循环。

该校秉承“文化立校、课程育人、特色发展、质量取胜”的办学思路，立足发展学生核心素养，以

2020 年 2 月，宝安区委书记姚任等一行到新安中学（集团）第一实验学校调研疫情防控工作　　［新安中学（集团）第一实验学校　供］

生命教育为底色，以“科技创客+体艺教育”为特色，以经典教育为成色，构建学校的卓越课程体系。2020 年，疫情突发，学校在全市率先利用线上平台开发出涵盖文学、艺术、科技、健康等领域的选修课程，全体教师迅速响应，积极投入到线上授课中。学校组织力量加强对教师的培训，积极落实上级部门“停课不停学”要求，并按集团统一部署，做到“一班一课表、一师一课堂”，线上教学效果良好。联合新生命教育研究所推出“大疫面前，勇敢成长”系列青少年生命教育公开课 23 节，线上累计播放达百万人次。学校一手抓线上教学，一手抓疫情防控，区领导多次到校调研均对学校防疫工作、线上教学工作给予充分肯定。

学校不断提升校园文化建设，将原有图书馆进行升级改造，打造成集阅读、交流、学术为一体的中心，获得“2020 年深圳市最美图书馆”称号。该校继续开展新教育实验，持续生命教育课程化，承办第十六届中华青少年生命教育论坛。学校办学质量稳步提升，学生学业成绩和综合素质逐年提高，连续三年有学生获得宝安区“阳光少年”称号。2020 年，学校正式成为全国新教育实验校。学校获深圳市教育工作先进单位、全国新教育实验校、宝安区教育系统“阅读推广工作”先进集体、深圳市最美校园图书馆和宝安区十佳最美校园图书馆等荣誉称号。

［新安中学（集团）第一实验学校　供］

【新安中学（集团）外国语学校】 开办于 2017 年秋季，位于西乡街道尖岗山大道与水库路交界处。该校是集团两所新办学校之一，是区委区政府按照高起点、高规格、高标准打造的一所九年一贯制公办学校。占地面积约 3.5 万平方米，建筑面积 4.15 万平方米。学校有配置现代多媒体教学平台的标准教室 72 间、各类功能室（馆）38 间、300 米塑胶跑道和足球运动场 1 个，4 层的体育馆 1 个、报告厅 3 个、标准篮球场 3 个、教工食堂 2 层、教工宿舍 1 栋。图书馆藏书量 46066 册。办学规模 72 个教学班，其中小学 48 个班、初中 24 个班，共有 3360 个学位。教职工 202 人（专任教师 182 人），其中博士研究生学历 1 人，硕士研究生学历 81 人，教师学历达标率达 100%；省市级优秀教师 6 人，区级优秀教师（或先进个人）22 人，区级骨干教师 41 人。该校有广东省中小学名校长工作室 1 个，宝安区名校长工作室 1 个。该校初步形成了一支由专家型教师引领、以市区名师为骨干、青年教师为主体的，有情怀、有远见，结构合理、精诚团结、乐于奉献、善于学习的教师队伍。学校注重教师队伍建设，充分发挥党员先锋模范作用，有 8 人列入区“薪火计划”，2 人列入区“新秀计划”。学校教师在国家学术核心期刊发表论文 6 篇，在教学比赛荣获国家级奖项 6 人次，获省、市、区级奖项 364 人次，获集团、学区级奖项 120 人次。学校主持省市区级课题立项 30 项，其中广东省省级课题 3 项，市级课题 8 项，区级课题 19 项。该校秉承集团“育人为本、和谐发展”的办学理念，发扬新安中学（集团）的先进管理经验和育人文化，以“立德树人、文化立校、质量强校”为核心目标，以课程改革与创新为抓手，渗透积极心理学教育，在教育管理和课程建设方面与国际接轨，彰显“外语国际教育+环境生态教育+幸福生涯教育”三大办学

2020 年 12 月，新安中学（集团）外国语学校葛莹老师斩获深圳市中小学青年教师教学基本功比赛初中历史学科决赛总分第一名

［新安中学（集团）外国语学校　供］

特色。

学校设置基础课程、拓展课程、自选校本课程和统整课程四个维度的课程，围绕读书节、国际文化节、生态节、体育节和课程文化节等五大主题，构建统整课程，为学生提供实践、体验、展示自我的机会，让学生得到最好的发展，全力打造特色鲜明、创新力强、教育质量高的国际化外国语学校。

2020 年 9 月，学校获评“宝安区教学质量先进单位”。2020 年 11 月，学校高质量通过深圳市义务教育阶段学校办学水平评估，获评第六届深圳市教育改革创新年度大奖之年度“国际教育创新典范学校”。学校办学业绩和办学特色被《语言文字报》《中国教师报》和《学校品牌管理》等国家级媒体多次报道。

［新安中学（集团）外国语学校　供］

【新安中学（集团）第二外国语学校】 创办于 2018 年 9 月，坐落于宝安区福永街道。该校是宝安区委、区政府以高规格定位、高标准设计、高起点发展为目标建设的九年一贯制公办学校。占地面积 2.53 万平方米，建筑面积 4.21 万平方米。教学区、生活区、运动区规划合理，设施完备。学校计划办学规模为 48 个教学班，其中小学 24 个班、初中 24 个班。现有 5 个年级 28 个教学班（小学 12 个班，中学 16 个班），在校学生 1418 人（小学 615 人，中学 803 人）。专任教师 95 人，其中本科 43 人，硕士研究生 51 人，博士研究生 1 人。

该校秉承集团“育人为本、和谐发展”的办学理念，遵循教学发展规律，坚持管理规范为先、立德树人为本、提升质量为重、创新评价为导、教师队伍为基、有效教研为擎，办朴素的教育，力图打造一所“在促进学生全面发展基础上，以外语教育接轨国际教育，以国学教育弘扬传统文化”的特色品牌学校。学校始终以立德树人为根本任务，坚持五育并举，在开齐开足国家课程的基础上，重视学生体育艺术综合技能的培养。结合学校发展定位，该校开设了国学演颂、中华武术、南粤醒狮、中华围棋、精粹书法、经典国画、英语戏剧、贵族击剑、国际橄榄球、AI 机器人、电声乐队、高雅弦乐和心灵空间等 39 门各具特色的菜单式素养课；并定期开展科技节、读书节、体育节及艺术节，为学生的成长提供广阔的天地，建构适合学生“全面发展、全体发展”的校本课程体系。

学校关注每一个家庭，以文明礼仪和亲子阅读为抓手，培养学生良好的学习生活习惯，通过每周一次的教师家访、每月一次的家长培训，践行全员、全程、全方位育人的教育理念，让每一个学生都能享受“公平而有质量的教育”。该校通过了广东省义务教育标准化评估，获评宝安区“文明校园”。

［新安中学（集团）第二外国语学校　供］

【西乡中学】 创办于 1969 年，位于宝安中心区，是一所大型寄宿制公办完全中学。现有初、高中两个校区。占地面积 10.4 万平方米。该校是广东省国家级示范性普通高中、广东省一级学校和广东省绿色学校。2020 年，学校因美术学科表现出色，入选首批深圳高中新课程新教材实施国家级示范区学科示范基地，因高中语文、政治、历史、物理、音乐、美术等六门学科表现出色，被遴选为宝安区新课程新教材实施学科示范基地。

学校坚持，适合教育，内涵发展。该校以“创造适合学生发展的教育，让师生成功幸福”为办学理念，坚持以立德树人为根本任务，以“五育并举”提升学生综合素养，构建了“立体化育人、全方位德育”的德育模式和“差异化”高效课堂教学模式。学校通过课程育人、文化育人、活动育人、实践育人、管理育人、协同育人等六大主渠道，不断丰富“适合教育”品牌内涵。该校高中考成绩连年攀升，近年来，高考本科人数连续突破800人大关，优先投档线、本科上线率均超年度目标，并连续9年向清华大学、北京大学输送了12名优秀学子。“左清华，右北大”已然成为学校最耀眼的名片之一。学校荣获“深圳市2020届高中教学工作特色奖”“深圳市宝安区初中教学超越奖”，被评为“深圳市宝安区2020年高考工作先进单位”。卓越的成绩和荣誉肯定了学校2020年的办学成果，也激励着全体西中人不断奋进。学校坚持特色教育，品牌发展。该校科技创新独领风骚，在历届全国青少年科技创新大赛中，师生屡创佳绩，获国家省市各专项奖近30项，并有20多位学生获得国家专利，在深圳市遥遥领先。该校“全国科技体育传统示范学校”“深圳高中新课程新教材实施国家级（美术）学科示范基地”“广东省中小学艺术特色学校”“广东省美术联考考点”“深圳市音乐美术科模拟统考基地”“宝安区高中艺术素养（美术、音乐）示范基地”和深圳市“高中艺术科特色班自主招生”学校。一个个荣誉，都是学校多年在特色领域用辉煌成绩雕刻出来的丰碑，也是社会对该校差异特色办学的高度肯定。

（西乡中学　供）

【**福永中学**】创办于1976年。占地面积4.65万平方米。现设有48个教学班，学生2389人。教职工206人（专任教师179人），其中硕士以上学历61人；高级教师35人；外教7人；深圳市优秀教师、优秀班主任6人，宝安区首席名师1人，区名师、区兼职教研员7人，区优秀教师、优秀班主任、年度教师等66人。学校还成立了名师工作室6个、名班主任工作室2个、国学工作坊1个及创新教育工作坊1个。

该校以立德树人为教育根本，以提效增质为科学举措，以知行合一为检验标准，以依法治校为重要保障，通过改善管理服务、提升师生素养、优化课程教学、弘扬传统文化、拓展国际视野、打造智慧校园等路径，逐渐形成了外语、体育、艺术、科技和中华优秀传统文化“五位一体”的办学特色。

学校秉承“培根铸魂、启智润心”的理念，注重提升学生核心素养，通过创新“求真课堂”教学模式，完善幸福生态校本课程体系，探索国学和国际化教育特色的融合教育之路。该校开设60多项课后服务项目，并开展“五生教育”等一系列项目化、沉浸式的育人活动，构建“五能”综合素养评价体系等举措，致力于培养德智体美劳全面发展的时代新人。机器人、篮球、足球、乒乓球、健美操、跆拳道等多支体育运动队伍在各级各类比赛中频频获奖，共获省级奖项1项、市级13项以及区级38项。学校承办了深圳市、宝安区中小学田径运动会两大赛事；创编的“你笑起来真好看”课间操成为“网红”，被各大媒体争相报道，点击率超过百万。该校获深圳市教育工作先进单位、深圳市年度教育创新领跑学校、深圳市教育学会常务理事单位、宝安区首批文明校园、宝安区首批教育国际化特色学校、宝安区2020年初中教学工作超越奖及宝安区十大最美校园图书馆等荣誉。

（福永中学　供）

【**海旺学校**】创办于2010年，是宝安区教育局直属公办九年一贯制学校。学校位于前海自贸区和宝安新中心区交汇处，坐落于区委区政府旁。占地面积2.8万平方米。该校硬件设备、设施齐全，建有配置电子白板的标准教室50间、教师办公室32间、各类功能室50间、200米塑胶跑道1个、室内羽毛球场3个、室内外篮球场5个及室外足球场1个。现有50个教学班，学生2468人。专任教师164人，其中硕士研究生学历42人；正高级教师2人，高级教师24人，一级教师69人。教师团队由全国名校长张云鹰领衔，由全国创新名师、深圳市中考命题组成员、区名师及区中青年骨干教师组成。

学校以开放的思想引领未来，以创新的姿态打造“学校没有‘围墙’、课程没有‘边界’、教学不是‘灌输’、儿童就是‘儿童’”的教育生态。该校构建“开放式教育”体系，即开放式治理、开放式

2020 年 12 月 25 日，海旺学校十周年庆典演出　　（海旺学校　供）

德育、开放式课程与教学、开放式培训与研究、开放式手段、开放式评价和开放式文化七大体系，努力把学校办成集“开放性、实验性、创新性”为一体的高质量发展的、真正意义上的九年一贯制现代化品牌学校。该校以“开放式教育”思想为指引，探索中小学教育教学衔接，创新九年一贯制办学模式，打造“创新教育标杆学校”。该校通过互联网 +，建立智慧教育大数据平台，通过人工智能技术打造“智慧教育样板学校”，学校实施高品质开放式课程体系，建设高品质的开放式“配方”课程，促进学生全面发展，打造“课程改革先锋学校”。该校以教师专业化发展为突破口，实施教师发展“三・三制”，促进教师全方位立体化发展，打造“教师发展高地学校”。深入推进国际教育交流与合作，共享优质教育资源，打造“国际教育示范学校”；为深圳市基础教育先行示范探索学校的办学模式和发展路径；以课程建设为切入点，深入探究“开放式课程”，通过教学组织方式的开放、学科教学之间的开放、课堂教学方式的开放以及学习空间环境的开放等开放式教学方式，建构特色鲜明、个性显著的“开放式”课程模式。学校确立了各类课程的定位：国家课程校本化——解放学生心灵；配方课程个性化——点燃人生梦想；德育课程活动化——落实立德树人；环境课程多元化——熏染人性情操。

该校每年举办校园“四节”活动。4 月的科创节，重在培养睿智创思的人，落实信息和创新素养；缤纷 5 月艺术节，重在培养情趣雅致的人，落实审美和国际素养；动感 10 月健体节，重在培养勤毅和中正的人，落实身心和品德素养；魔力 11 月阅读节，重在培养仁爱的人，落实学习和生活素养。

（海旺学校　供）

【海韵学校】创办于 2013 年，是隶属于宝安区的一所高标准、高质量、高水平的九年一贯制艺术教育特色学校，也是宝安区“十大民生工程”之一。占地面积 2.7 万平方米，建筑面积 2.4 万平方米。学校建设总投资 1.02 亿元，其中 700 万元兴建足球场和校道。该校拥有计算机 600 台，校园网出口总宽带 1000Mbps。学校图书馆藏书 10.5 万册。学校有普通教室 52 个，专用教室 36 个。教职工 170 人（专任教师 161 人），其中研究生学历

2020 年 11 月，海韵学校管乐团参加高雅艺术进校园活动

（海韵学校　供）

44人，本科学历117人；正高教师1人，特级教师1人，高级教师15人，一级教师50人。

该校大力推进素质教育，构建“博韵”课程体系；坚持立德树人，形成具有海洋文化特色的“博韵”课程体系；学校以立德树人、科技创新、文化传承和生活审美四大模块为多元学习平台，把以美育人融入教育各环节，着力培养全面发展兼具艺术修养的海韵学子。学校通过打造“四个创新”，打响美育特色品牌，秉承“多元包容，厚德博艺”的办学理念，充分挖掘艺术教育在培养学生创新能力的重要作用，打造以艺术创造力为核心的育人模式创新、基于育人目标的艺术教育实施创新、以“韵”为核心的课程与教学创新和“以景育人”的校园文化建设模式创新。该校美育特色在全省、全市享有盛名，先后承办广东省中小学校美育改革发展成果交流活动、深圳市中小学“以美育人、与美同行”美育论坛等高规格、高水平、示范性美育特色活动。作为宝安区课后延时服务示范校，学校创立社团92个，其中艺术社团52个，社团活动全面普及，学生参与率100%，务求人人都能学习和掌握一种乐器。学校开发了“德韵”德育课程、“雅韵”之中华对联赏析课程、“形韵”小学低年级舞蹈课程和“声韵”小学竖笛课程等4个市级“好课程”，并开发了艺术教育综合实践特色系列教材，将书法、形体、竖笛课纳入课程计划，拓宽了学生的视野，提升了学生的综合素养，促进学生个性发展，激发创新活力。该校先后获得“深圳市教育工作先进单位”“深圳市年度美育典范学校”“深圳市艺术特色示范学校”“宝安区初中教学工作超越奖”和宝安区“十佳最美校园图书馆”等荣誉，成为市民心中的好学校。

（海韵学校　供）

【**航瑞中学**】位于深圳市宝安区航城街道后瑞社区，地处深中通道门户片区，紧邻107国道和12号线黄田站，周边是深圳市和宝安区重点打造的国家级临港经济示范区和航港生态产业城。占地面积近1.3万平方米，建筑面积2.6万平方米。2020年8月31日，学校正式投入使用，定位为社区友好型、学术型初级中学，努力培育学术型、书香型、友好型学校气质。各种办学设备实施及功能场室齐全，校园整体环境优美。办学规模为24个教学班，提供1200个学位。学校以“我们”二字为校训，一是希望全校师生与祖国同呼吸共命运，一起成长与建构、热爱我们生活的大环境；二是希望全校上下形成善于沟通与协作的风气，发挥组织与集体的力量来攻坚克难；三是希望全校师生勇于展示个体价值与责任担当。——一言以蔽之，即要全体师生牢固树立“国家意识、家园意识、协作意识、主体意识和责任意识”。师生的共同成长是学校最重要的使命与职责。该校将教师队伍建设作为最重要的工作，致力于培养和引进一支身心健康，专业能力、思维能力与技术能力突出，职业荣誉感强烈的全学科教师队伍。该校创设了学习培训与实践培训相结合的人才培养体系，设立了22个同步开展研究的学校课题，从教师、学生、环境、资源等方面全方位进行专业化探究与实践，力争打造一批专业能力突出的高水平教师团队。学校致力构建高质量课程体系，以高水平的教研文化、高效能的生态课堂，培养具有慎思博学、超越自我、主动担当的优秀学生，为学生成长提供最优价值增量。

（航瑞中学　供）

【**清平实验学校**】是九年一贯制公办学校，创办于2018年1月，2018年9月开始招生（借址新桥小学办学），2019年8月新校启用。占地面积3.4万平方米，建筑面积6.3万平方米。办学规模为72个班（小学48个班、初中24个班），现有一二三七年级共22个班。教师团队中，有高级教师7名，并面向全市选调了区级以上名师、优秀中青年骨干教师20余名，面向国内外知名重点大学如浙江大学、南京大学、香港中文大学、北京师范大学等招聘硕士研究生27人。学校通过专家团队带领年轻教师的方面，让每一位教师更优秀。学校有宝安区“名师工作室”5个、“特级教师工作站”1个。

学校秉承“汇融并蓄、择善求真”的办学理念，遵照校训“源清志平”，全面关注每个学生的个体差异和个性发展，引导其中的精英者，初步树立“治国平天下”的远大志向。教师以“慈爱谨严”为教风，在行为习惯、价值取向等方面严格要求学生，同时，根据他们各自的特点给予个性化的关爱、教育，激发并培养学生身上独特的潜力。该校确立“诗意地成长”课程理念，构建兼具人文与责任的特色课程体系，开发了一系列特色化、精品化的校本课程，促使学生体悟生命的美感、质感和动感，成为有德、有才、有胆、有为、有爱、有趣的人。学校的“核心课程”“拓展课程”和“个性课程”，配之以“学科传授型”“项目研究型”及“活动体验型”教学，实现教为导、学为主的教学特色。该校现开设了7个特色课程、49个拓展课程，其中包括文学、绘画、戏剧表演、健美操、足球、健美操、传统舞龙醒狮、古琴和绘画等等丰富多彩的课程内容；每学年举办“人文读书节”“文化体育节”“科技艺术节”“诗歌戏剧节”诗意四节盛大活动，进一步培养学生的创新精神、实践能力，树立学生自信。该校被评为宝安区“教育工作先进单位”、宝安区“中小学依法治校示范校”“文明校园”；荣获宝安区“国际象棋特色及推广学校”称号；在深圳教育改革创新论坛颁奖典礼上，荣获“年度家校共育典范学校”称号。（清平实验学校　供）

【荣根学校】2020年，是荣根学校正式升级为九年一贯制学校的第三年。学校占地面积5.6万平方米，绿化面积1.7万平方米，运动场占地3万平方米。固定资产总值3477.56万元，包括教学仪器1636.98万元。学校信息化投入887.7万元，拥有计算机395台，多媒体教学设备100套，校园网出口总带宽1000Mbps。学校运用“企业微信网络办公平台”，实现随时随地办公。学校有普通教室81间，专用教室19间。图书馆藏书99478册，电子图书13017册。2019至

荣根学校《荣根人物》荣誉墙　　（荣根学校　供）

2020学年第二学期开设教学班55个，其中初中部8个班，小学部47个班。2020年8月，小学毕业7个班，共383人，学校招收小一、初一新生12个班，共596人。2020—2021学年第一学期开设60个教学班，在校生3063人。专任教师183人，其中研究生33人，高级教师16人。该校传承“文化立校、和谐发展、特色办学”的办学思想，在传承与发展中不断夯实发展根基。学校传承荣根精神，弘扬校园正气：2020年4月，成立“荣根人物”宣传报道组，大力宣传教师队伍中的先进典型，在校园公众号等网络媒体定期推送，还将系列报道制作成《荣根人物》荣誉墙。教师队伍精神面貌焕然一新。

学校重视对外交流，助力教师成长。2020年9月底开始，该校组织九年级科任教师及青年教师研修班教师赴兄弟学校学习交流。以他山之石，助力教师成长。该校落实五育并举，凸显特色优势；借助课后服务课程开设了粤剧、武术、合唱、足球和创客等80多门课程，成立了50多个学生社团。校园特色得到长足发展：粤剧队参加2020年度“中国少儿戏曲小梅花荟萃”活动，其中，陈奕霏同学被授予金奖，集体节目《痴梦》被授予“最佳集体节目”称号；12月17日上午，阳江市江城区教育局“特色学校建设专题培训班”成员一行45人在局长的带领下莅临荣根学校参观交流学习。学校重视活动育人，历练学生成长：通过校园主题节日活动，给学生提供体验锻炼的机会；开展开学礼、体育节、团队活动、校外实践活动、毕业礼和传统文化节等活动促进学生全面发展，引领学生精神生长。

（荣根学校　供）

【上星学校】成立于2019年7月，2020年9月份正式启用。该校是九年一贯制公办学校，由政府出资、万科地产规划设计建设而成。学校位于深圳市宝安区新桥街道上星社区，占地面积2.1万平方米，建筑面积4.8万平方米，为宝安区第一个跨越式、园林式、花园式、多元立体空间布局的校园。“屋顶生态园+空中花园+下沉庭院”的垂直绿化体系充分构建会呼吸的校园，为孩子们创造了一个自主学习、全面发展的崭新生态空间。下沉式、庭院式的设计理念，使建筑空间得到了充分利用。地下停车场、恒温游泳馆、风雨操场及网球

场等配套建设一应俱全。学校校园景观设计以自然、生态为主题，将绿色生态、教育科普、交流互动融为一体，为师生提供了多层次的户外活动平台和多彩趣味空间。

该校办学规模为48个班，目前开设小一6个班。该校有教师23人，其中硕士学历9人，本科学历13人；高级职称2人，中级职称13人。教师队伍配备合理、阵容强大。新教师8人均是来自双一流名校的优秀应届毕业生；另外调动的6人，均是来自全市各区的在编在岗骨干、名师等。学校以“做幸福教师、育快乐学生”为办学理念，着力打造“阳光、勤奋、感恩”的校园文化。2020年8月，宝安区新校启用暨学校建设项目集中开工仪式举行，学校的建筑设计、校容校貌、校园文化建设均得到市区领导高度认可。未来，全体上星人将不负重望，将学校全力打造成市民家门口的好学校。

（上星学校　供）

【宝安区实验学校】创建于2005年9月。学校占地面积5.7万平方米，建筑面积5.2万平方米，绿化覆盖率88%，被誉为“中心区最美校园”。现有91个教学班（其中小学61个，初中30个），学生4788人，正编教师249人，非编教师70人。学校促进德育品牌建设，加强心理健康教育。“家长进课堂，携手育英才”的德育课程获评深圳市中小学德育特色项目。该校依托宝安区“李雪静名班主任工作室”的优质条件，对新老班主任开展师徒结对活动，推进班主任专业化发展。在2020年宝安区班主任技能大赛中，丘晨、李博姿两位教师荣获区一等奖。学校注重心理教育，设置了“校园欺凌与教育应对”等课程，对特殊学生专门建立了个人档案并跟踪管理。学校紧抓教研课程开发，增强学校发展动力，以教科研为抓手推动教师专业成长，组织教师积极开展课题研究，2020年成功申报1个市级课题、3个区级课题，结题3个市级课题。陈伟明获评宝安区名校长，袁婷获评宝安区教科研专家，张彩静、王晓静和郑玉琴获评宝安区名师。截至2020年底，该校共有特级教师刘竹茹名师工作室等七个名师工作室。学校开发的“奋斗幸福”校本课程体系，成为全区唯一获评“深圳市学校课程体系优化项目”的课程，包括特色课程、拓展课程、社团课程和实践课程等六大课程体系，该课程体系在学科形态课程和活动形态课程两大类型方面特色常新，发展喜人。学校创新体育艺术形式，突破业绩，突显特色，积极开展“特色星期五”等特色活动，开设了包括校园高尔夫、马晓春围棋等在内的多门特色课程，供学生自主选择。学校武术队在广东省中学生武术套路锦标赛共获得7块金牌，取得初中组金牌总数和团体总分第一名。陆柏豪同学在100米项目上达国家二级运动员标准，获一银两铜。邹浩骏等五位教师在宝安区中小学体育教师技能大赛总决赛获一等奖。该校荣获“广东省中小学艺术教育特色学校”“宝安区初中教学工作卓越奖”“宝安区中小学在线教学工作先进学校”“宝安区小学优秀教学资源建设奖”“宝安区围棋特色学校”等荣誉，办学成绩深受社会各界赞誉。

（宝安区实验学校　供）

【松岗实验学校】为一所公办九年一贯制学校，占地面积3.9万平方米，建筑面积2.7万平方米。学校有250米塑胶跑道运动场、面积4932.2平方米的科学实验楼以及能容纳200多人的多功能报告厅、容纳1000多人的室内大礼堂，还有卡魅实验室、创客实验室和数字化探究实验室等功能室，基本能满足学生全面发展需要。学校建有师生阅览室2间，现有教学参考书、工具书及音像资料等65777册，生均册数23.55，达到标准要求。学生对所有图书均实行开放式借阅，并通过校园一卡通系统进行综合化管理。该校有教学班48个，学生2453人（小学1563人，初中890人）。教职工共165人（专任教师157人），其中本科学历率达100%；研究生学历57人，约占教师总人数的36.3%；副高级以上职称8人；区高层次人才1人，宝安区名班主任2人，区级骨干教师44人。教师队伍平均年龄30.6岁，35岁周岁以下119人，占比81.15%。

该校以“培养蕙心善品的现代城市人”为育人目标，将“至诚至善，唯实唯新”确立为校训，建设“至诚”文化，实施“至善”教育。2020年，学校第一届中考成绩实现开门红，且初中教育质量呈逐年向好的正态发展趋势。学校始终坚持以“诚善”为引领，紧紧围绕学生品德、身心、学习、创新等素养，探索构建包括基础必修课程、拓展必选课程和特色自选课程的“至善教育”课程体系，通过课堂渗透，专注培育个性、全面、和谐发展的人。学校坚持五育并举的教育理念，英式橄榄球和劳动教育成为学校的两张靓丽名片。该校开展各层级的常规校园文化活动，举办4月科技文化艺术节、11月体育节、相约校长早餐会、注重国学经典与传统节日教育相结合的国旗下展示等系列活动，实现诚善文化的校园渗透。学校还积极推进家校共育，通过新生家长见面会、家长会、蕙心家长主题培训和相约校长下午茶等活动形式，在家庭教育中根植诚善文化，助力学生健康成长。

（宝安区实验学校　供）

【华中师范大学宝安附属学校】开办于2017年9月，是由深圳市宝安区人民政府、华中师范大学和深圳市康达尔（集团）股份有限公司三方合作创办的一所九年一贯制公办学校。学校位于宝安区西乡街道共和工业路320号，占地面积2.17万平方米，建筑面积3.17万平方米。该校设计办学规模为48个教学班，其中小学36个班，初中12个班。现有小学24个班，初中12个班，在校学生1725人。教职工共124人（专任教师117人），其中硕士研究生学历47人，博士研究生学历1人，学历全部达到本科以上；中高级职称教师27人。根据合作办学协议，该校设立有“教师激励基金”“教育发展基金”，助力学校高质量发展。学校以“深度教育、智慧发展”作为办学理念，以“厚德、博雅、坚毅、自信”为校训，秉持“和合”的文化理念（“和”即“和善”“和美”“和谐”，“合”即“合作”“合力”“合适”），积极营造合作、和谐的文化氛围。学校把具备“完善人格、健康身心、关键能力、知行合一、情怀天下”的阳光少年作为学生培养目标，使学生具备“爱阅读、会观察、善思考、勤动手、敢创新、有个性”等关键素质。

学校贯彻执行党的教育方针，把落实“立德树人”作为根本任务，着手开展“德育高地”建设，持续推进“五育并举”落地，以“高质量发展”为目标来开展教学工作。该校获评宝安区教育工作先进单位、宝安区书法教育示范学校、宝安区教育系统工会工作先进集体和宝安区教育系统“阅读推广工作”先进集体。《中国教育报》《宝安日报》等媒体对学校办学进行了深度报道。该校正努力建设成为“学生向往、家长放心、教师舒心，社会信赖”的深圳名校。

（华中师范大学宝安附属学校　供）

【星光学校】原为宝安区特殊教育学校，创办于2016年8月（借宝安残联地址办学至2020年秋）。该校是宝安区教育局直属公办特殊教育学校，也是深圳市第一个区属特殊教育学校。2020年9月新校区（燕罗校区）启用，学校开启了办学新征程，实现一校三址（燕罗校区、区福利中心分教点、区残联学前部）办学。

学校现有28个教学班，250名学生。教职工155人（专任教师115人），其中研究生学历25人，本科学历90人。老师学历达标率100%。新校区是2020年宝安区“十大民心工程”之一，占地面积1.61万平方米，建筑面积4.78万平方米，建有综合办公楼（康复楼）、教学楼和生活宿舍楼；各种功能室配套齐全。学校设有资源中心、评估中心、康复中心、职教中心和无障碍体验馆等，设计体现“生态、无障碍、社区式”理念，与深圳无障碍城市建设接轨。学校以“高标准、高质量、有温度、有故事、有口碑”为办学目标，以“办适宜教育、创幸福校园”为办

2020年8月28日，星光学校福利中心分教点暨学前教育部揭牌仪式

（星光学校　供）

2020年9月1日，开学典礼全体教职工合影　　（星光学校　供）

学宗旨，以“让每一个生命成为更好自己”为办学理念。学校秉承“立德为宝、启智为安”的校训，构建“个性化、生活化、融合性、医教结合”的课程体系；坚持“立德树人”，引领德育教育。该校编著了《培智学校青少年性教育实践研究丛书——低年级学生性教育家长指导手册》，学校坚持与普校、社区和家庭共建融合教育。坚持“以生为本，教学相适”的教学原则，以国家课程引领，立足特殊学生的多元化发展，建构特色课程体系，开展个别化教育计划（IEP），形成学生“一人一案”，进行“一对一”康复训练服务，确保每一个学生都能够适性发展。该校坚持依靠教师办学的原则，着力打造一支忠诚、有爱、专业的师资队伍；坚持“依法治校、以德立校、科研兴校、质量强校”的治校方略；坚持科研引领学校高质量发展，现有国家级课题1个、省级课题3个、市级课题1个及区级课题10个。教师荣获省级奖9项、市级奖27项、区级奖80项。学校荣获“宝安区教育工作先进单位”称号，并获广东省优秀特殊教育教学成果奖。

（星光学校　供）

【宝安职业技术学校】是“国家级重点中等职业技术学校”、首批“国家中等职业教育改革发展示范学校”，荣获2020年深圳市“年度教育改革创新领跑学校”称号。牵头组建该校的宝安职教集团被教育部纳入“全国首批示范性职教集团培育名单”。

学校重视德育，2020年秋季第一堂思想政治课由校长亲自执教。

学校致力于培养可持续发展技能人才，开设省“双精准”示范专业3个、省重点建设专业6个及国家精品课程4门。该校全面加强教师队伍建设，培养“全国技术能手”2名、“省技术能手”6名、市高层次人才5名及区高层次人才43名；建设省名师、名班主任工作室各1个、市教科研专家工作室1个和市名师工作室3个。

学校的案例《中职学校“多面手”“双师型”教师培养培训模式的探索与实践》被列入首批中等职业学校“双师型”教师队伍建设典型案例名单。学校深化产教融合校企合作，共有合作企业42家，建设区级实训实习基地8个，以“引企入校”方式与7家企业及1个行业协会合作。学校以中高职三二分段办学为纽带，强化中职学校、高职院校、产教融合型企业合作，其中数控、模具、服装等3个专业与高职、企业签署三方合作办学协议，打造“中职＋高职＋企业”产教联合体。学校注重对外交流合作与社会服务，与澳大利亚埃迪斯科文大学（本科院校）合作组建国际班2个，7名学生赴韩国永进专门大学留学；对口帮扶广东龙川、广西都安、大化巴马等地职校，派遣2名教师到大化职校支教。

（宝安职业技术学校　供）

【深圳东方英文书院】创办于1994年，是一所寄宿制民办学校，由胜利油田大明集团有限公司全资举办。下设小学部、初中部、高中部、港台校和IB国际学校。占地面积15.5万平方米，建筑面积12万平方米。现有119个教学班，在校师生近5000人。

该校坚定实施“质量立校、特色强校”战略，秉承“多元、优质、现代、特色”的办学宗旨，坚持“修身立德、笃学成才”的校训，践行“为每个孩子的幸福人生奠基”的办学理念，凭借创新开放的教育思维、省级标准的教学设施、素质精良的师资队伍、科学规范的管理模式和团结拼搏的团队精神，取得了令人瞩目的教学成绩。该校是中国民办教育名牌学校、广东省一级学校，2020年获“深圳优质特色民办学校”“深圳高考超越奖”“宝安区高考先进单位”“宝安区民办教育质量奖”等荣誉。

2020年，高中部毕业生参加高考，综合上线率达100%，192人考入本科院校，实现了低进高出、高进优出的目标；港台部毕业生参加全国港澳台联考，本科上线率达94.74%；IB国际学校顺利通过了DP五年评估，DP全球统考平均分达到35分，全球前100大学录取率达70%。2020年中考，该校普高上线率93.4%，远高于深圳市63%的普高升学率。小学部在宝安区统一组织的质量调研考试中成绩优异，一直名列前茅，稳居第一方阵。

该校工作思路紧紧围绕一个核心，即以培养“全面发展、学有特长”的东英学子为目标，关注学生强健的体魄、健全的人格和关键的能力三方面素养的形成。学校坚持因材施教、不放过每一名学生，精准分析学情，重视差异化教学和个别化指导。该校全面提升教育教学质量，打造作风优良、业务精湛、境界高远的教师队伍；重点规范学部管理、注重安全防范、构建有效课堂、凸显活动内涵，落实平安校园工程、书香校园工程、教师专业素养提升工程和身心健康工程，逐步形成教师乐教、学生乐学、高效低负的教学氛围。

（深圳东方英文书院　供）

【富源学校】秉承“创造适合每一个学生的教育，让每一个学生成为最佳的我”的办学理念，以“培养具有领袖气质和国际竞争力的现代中国人”为育人目标，坚持“质量高、特色明、服务优”的办学定位和“高分、高能、高德”的培养目标，不忘初心、牢记使命，践行“激情教育”，实行“六大作风”建设，提倡“君子文化”，着力打造“纪律最严、校风最好”的学校，取得了办学效益和社会效益的双丰收。

2020年，该校教育教学质量得到持续攀升，学生综合素养得到全面发展，办学成绩斐然。2020年高考，学校成绩再度大步跃升。有一位同学进入广东理科前50名，高考成绩被屏蔽，成为深圳11位屏蔽生之一。高考总分达到600分以上55人，达到重点本科分数线人数235人，达到本科分数线人数655人。2020年中考，学校再度跃进、再续辉煌。中考参考391人，总分平均分高达402.12分，其中最高分449分，为深圳市第二名、宝安区第一名。在第二学区组织的各学科调考中，该校排名均居学区公民办学校第一。在2019年秋季学期期末五年级调研考试中，该校荣获宝安区公民办学校综合排名第一的优异成绩。在国家、省、市举行的语文、数学、英语、信息技术、创客、武术、美术等各类学科、才艺比赛中，该校有1374人次获奖，教师有199人次在征文、命题、课例、视频教学等各级各类教学比赛中获奖。学校高分通过了“提质促优”专项工作检查、区党建工作督查、创文工作督查、国防教育工作检查、深圳市民办学校年度检查及义务教育管理标准核查等。2020年6月，经过学校申请和努力，市教育局重新核定了学校办学规模，该校成为全市唯一一个办学规模超万人的学校。

2020年，学校被评为“宝安区2019—2020学年度教育工作先进单位”“2020年宝安区高考工作先进单位”；荣获“深圳市2020届高中教学工作超越奖”“2019—2020学年宝安区初中教学工作卓越奖”“联合国教科文组织‘青年眼’项目卓越组织奖”和“2019粤港澳青少年写作大赛优秀组织奖”；荣获“第2学区中小学体育教师技能大赛初中组一等奖、小学组一等奖”及“2020年宝安区教职工篮球比赛高中男子组团体第二名”；荣获“2020年宝安区优秀志愿服务组织奖”“宝安区美好生活劳动创造主题教育活动征文比赛最佳组织奖”。（富源学校　供）

【石岩公学】成立于1995年，前身是宝安县石岩中学。该校是经市、区教育主管部门批准设立，从事学前教育、小学教育、初中教育、高中教育和国际教育的十二年一贯制政府控股的民办学校。学校设有400米田径运动场、游泳中心、篮球场、网球场、体育馆、中华文化墙、生态地理园、教育信息中心、校园电视台和卓越教学中心等一流的设施设备。图书馆藏书238424册。各功能室的常规教学设备器材、体育卫生器材等均达到省一级学校标准要求，满足教学需要。2020年，学校党总支部升格为党委，进一步强化党对一切工作的领导，强化基层党组织建设。学校扎实落实立德树人的根本任务，进一步推进课堂教学3.0深化改革，广泛开展学生社会实践、劳动教育和社团活动，目前已实现疫情防控"零疫情"、学校安全"零事故"、教学质量稳步提高、学生综合素质再提升的目标。

学校"条块并举、学部扁平"的行政管理特色更加鲜明，集中统一领导更加突显。在"善本教育"体系的指导下，该校持续开展教学、德育、行政服务、党建工作"四线督导"工作；持续努力打造学部特色课程，强化学部优势，推动学校内涵式发展；持续培育小学部"十大滋养课程"、初中部"阳光体育课程"、双语部"国际教育"、高中部"多元备考、智慧备考"课程、IB国际部"IB课程"和幼儿园"自然课程"，为学生在未来的生活中都能得到幸福奠基。2020年11月3日，由宝安区科学技术协会指导，石岩街道科学技术协会、深圳市石岩公学共同主办的2020石岩街道全国科普日暨石岩公学第二届科技节在该校开幕。该校连续三年获得深圳市高考工作超越奖、宝安区初中教学工作进步奖（2020年超越奖）。该校被评为广东省国家级示范性普通高中、全国优秀民办学校、国家级绿色学校、IB国际文凭组织成员学校、广东省一级学校、广东省十佳民办学校、广东省一级幼儿园、广东省安全文明校园、深圳市依法办学示范学校、广东民办教育四十周年突出贡献机构、深圳市优质特色民办学校、2020年度STEM教育典范学校及深圳教育创新示范学校称号。学校还荣获2020年宝安区民办教育质量奖。（*石岩公学　供*）

石岩公学师生在2020年深圳市中小学生艺术节班级合唱及戏剧节展演中，获深圳市高中组班级合唱一等奖（石岩公学　供）

【桃源居中澳实验学校】成立于2002年，是一所十二年一贯制的现代化、国际化民办学校。该校为深圳市优质特色民办学校、广东省一级学校。学校积极响应新版《民办教育促进法》和随后出台的一系列教育新政，在办学主体、办学性质、办学特色、办学资源、治理体系和管理体系等方面，坚持民办教育本位，聚焦优质与特色发展，抓住改革与创新关键，赋能管理与师资队伍，进行全方位的教育教学改革。该校立足效能提升，探索改革突破，取得初步效果。学校坚持"智慧学校、生命教育"的办学理念和"发现每个孩子身上的亮点，将其培养成人生最闪光的价值"的办学使命，进行全面的教育教学综合改革。在桃源居教育基金会的支持下，学校以女子素养中心、男子素养中心、艺术中心、体育中心、美术与书法中心和科创中心等九大素质中心为载体，实施公益素质教育，培养中澳公益精神，打造学校教育品牌。学校构建"三部九级"课程体系，已实现"国家课程（国际课程）校本化改造，校本活动、校本研究课程化体现，校本课程精品化、规范化实施"的目标。学校实行"三网合一"精准教育，把学生信息网、学生素质评价网和学生生涯规划网统筹使用，实现精准教育实施；实施"三师一母"教育服务理念，即班主任是孩子的导师，学科教师是孩子的业师，各类名师是孩子的心师，生活教师则是孩子的"母亲"，营造了教师爱生如子、爱校如家的氛围。该校获得一系列的荣誉，包括宝安区首批教育国际化特色学校、2020年全国生态文明教育特色学校、2020年度深圳市优质特色民办学校、广东民办教育四十周年突出贡献机构（李爱君董事长获评"广东民办教育四十周年突出贡献人物"）、"深圳市教育改革创新大奖"教育改革创新领跑学校等荣誉称号以及2020年深圳市中高考工作先进单位"超越奖"、深圳市2020年普通高中教学工作超越奖和宝安区2020年初中教学工作超越奖等奖项。2020年5月，中澳“劳动教育+X”融创课程建设研究项目入选中国教育学会重点课题，并获5万元经费支持。

（桃源居中澳实验学校　供）

【深圳市中英公学】具有浓郁的中英文化风格。体育馆、游泳馆及其他功能室均体现英国一流学校设计特色。学校设有网络管理中心、教师阅览室、多媒体功能厅、舞蹈排练厅、音乐室、美术室、图书馆、体育馆、游泳馆、学生电脑室、学校餐厅和家居设施齐全的学生公寓等等，功能室众多，配套齐全。占地面积3.3万平方米，建筑面积4.7万平方米，运动场地面积1.11万平方米。图书馆现有藏书53637册，报纸、刊物有150多种。该校开设教学班55个（小学36个、初中19个），共有学生2053人，其中小学生1365人，初中学生688人。教职工218人（不含外教），其中中小学专任教师117人，本科及以上学历92人。

该校坚持以建设“具备国际化特色的中国名校”为办学目标，以“成就未来杰出国际公民”为培养目标，以“这里没有差生”为校训，以“干净、安静、尊敬、节俭、有序”为校风准则，以“生命如水、赏识人生”为德育理念，以“珍惜所托、责任使然”为服务理念。作为全国第一所赏识教育实践学校、国际赏识教育实践基地，学校注重赏识教育开展。小学每周一节感恩课，以感恩朋友、父母、老师、自然、社会、母校为主题，六个年级形成系列化感恩课程；中学以生命、生活、生存为各年级主题，每周一次德育大课堂。作为全国电影课优秀实验学校、获得全国电影课教学一等奖的学校，学校坚持电影课教学，寓教于乐，每周五下午为电影课，每周两个小时；每周一节的英语电影配音课，还提供了支持各学科和德育活动的电影资源。学校家庭工作室推出了家庭教育主题系列慕课。学校还有管弦乐团、合唱团、舞蹈队、校园足球、校园篮球、国画、书法和智能机器人等数十个学生体艺社团。

该校先后获评深圳市优质特色民办学校、宝安区教育国际化特色学校、宝安区书法教育示范学校及宝安区慈善文化进校园工程学校，并荣获宝安区初中教学工作超越奖和宝安区民办教育质量奖。

（深圳市中英公学　供）

龙岗区

【布吉中学】为省一级完全中学。占地面积4.65万平方米，运动场地面积1.47万平方米。学校初中部和高中部同处一个校区，但初、高中教学区和办公区相对独立。该校共有66个教学班，其中高中部每个年级8个班，共24个教学班；初中部每个年级14个班，共42个教学班。2020年，学生在校人数2974人，其中初中学生人数1913人，高中学生人数1064人。教职工363人，其中博士后1人，博士在读1人，研究生学历26人；正高级教师1人，高级教师79人；省市区级名师、骨干教师共36人。该校有名师工作室3间。教师队伍结构合理，师德高尚，业务能力强。学校有综合教学楼2栋，教辅用房6350平方米。初中学部设有物理实验室4间，仪器室（准备室）2间；化学实验室3间，仪器室（准备室）2间；生物实验室2间，仪器室（准备室）2间。高中学部设有物理实验室3间，仪器室（准备室）2间；化学实验室3间，仪器室（准备室）2间；生物实验室3间，仪器室（准备室）2间，标本室1间。学校建有完善的校园网络，智能广播，中考、高考监控系统，配有现代化教学设备，教师办公实现自动化、信息化。校内有计算机教室6间、图书室（馆）2间、教师阅览室1间、学生阅览室2间、电子阅览室1间、音乐教室（舞蹈教室）6间、美术教室（书法教室）5间、地理教室（初中设）2间、综合实践活动室1间、综合实践活动器材室1间、体育活动室1间、体育器材室2间、心理咨询室2间、卫生室2间、团（队）室1间、广播室2间、综合档案室1间、生物园1个及地理园1个。

该校以“面向全体学生、面向学生的全面素质发展”为理念，以办“一流学校，育优秀人才”为办学目标，坚持“以德育为核心，以培养学生的创新精神和实践能力为基本点，着眼于学生的可持续发展”的育人模式。学校注重人文管理，以共同事业激励人，运用制度管理人，创设环境吸引人，投入情感温暖人，形成机制培养人，良好人格影响人，形成了自己的办学特色，即“制度+情感”的管理特色和“以美促德”的美育教

育教学特色。（严运龙）

【福安学校】是龙岗区教育局直属九年一贯制学校。占地面积4.58万平方米，建筑面积5.83万平方米。现有教学班60个，学生2937人。教职工255人（专任教师202人），其中特级教师2人，高级教师40人；研究生学历20人；区级以上学科带头人、骨干教师23人。

该校秉承“让我们一起成长”的办学理念，以创办“一所有教育成长力的学校”为办学目标，以学生发展为中心，构建学校的教育教学体系。该校致力于开发丰富而优质的课程，赋予学生多元舞台，让学生根据自身实际实现个性化发展和全面发展。科技项目继续保持一流水平，原有的装饰画、足球、网球和射箭等特色项目得以传承发展，新崛起的管乐、合唱、舞蹈和体操项目蓬勃发展。在第36届广东省青少年科技创新大赛系列赛中，学校少年科学院创新实验室项目组（中学）、小院士项目组（小学）和水池研究项目组申报的七件发明类作品和一个活动方案，在省赛中获一等奖第一名，晋级全国总决赛。在山东日照举办的第18届全国中小学信息技术创新与实践大赛全国总决赛中，该校小学组队伍参赛，取得了一、二、三等奖各1个的优异成绩。在深圳市体育中心首届“希望之星”青少年足球俱乐部邀请赛和“星动力第三节全民健身运动会”中，学校足球队均获小学组别冠军。学校网球小将陈宁帆在中国网球协会认证的国家级青少年排名赛中，获双打亚军好成绩。学校是龙岗区首批中小学教师专业发展基地学校。该校加大教师培训和教研创新力度，提高教师业务水平，提高课堂教学效果。在龙岗区青年教师基本功大赛中，该校共有9位老师荣获各学科一等奖；学校申报的《“家校共筑梦、亲子共成长”德育模式的探索》课题被评为龙岗区优秀课题；邓尚尚等4位老师的课题被龙岗区教师发展中心确定为区教育科学“十三五”规划2020年度立项课题；江红老师的课题《中小学美术“设计应用”校本课程的开发与实践》被龙岗区教师发展中心确定为龙岗区教育科学“十三五”规划2020年度学校特色发展课题。（李芳芳）

【龙岗区华中师范大学附属龙园学校】是2018年深圳市龙岗区政府与华中师范大学合作开办的九年一贯制公办学校。占地面积3.15万平方米，建筑面积5.24万平方米。该校规划72个教学班，其中小学48班，初中24班；截至2020年9月，招收43个班，其中小学21个教学班，初中22个教学班，共2063人。该校有专任教师138人，其中研究生学历26人，高级职称10人。

学校秉承“忠诚博雅、朴实刚毅”的华师精神，在“博雅教育”办学理念指导下，坚持“创新机制、整合资源、优化队伍、提升质量”的发展战略。学校发挥合作办学的优势，整合深圳市优秀的专家资源：与华师一附中、华师附小、华中师大龙岗附中以及华中师大合作办学平台学校密切联系；省市区优秀的名师资源为学校干部教师发展建言献策，引领干部教师专业成长。学校成立了由社会各界知名人士组成的发展咨询委员会、由学科专家组成的学校学科发展学术委员会以及由多方名师组成的名师工作室，开展多种形式的讲座、咨询、研讨活动。2020年，学校严守疫情防控底线，线上教学播洒师爱；开展“四节”（艺术节、科技节、体育节、教学节）“三周”（党员示范课周、学科周、悦读周）活动了开设篮球、管弦乐、啦啦操等十二个校级社团，社团屡获佳绩。学校落实立德树人，五育并举，师生、家校和谐发展，博雅文化深入人心。

学校建设融入了现代教育理念。主楼外立面“金木水火土”色彩斑斓，象征学校多彩、开放、自然的校园生活。田径场、体育馆、图书馆、功能教室、综合实践活动室、社团活动室、舞蹈室、音乐教室、器乐排练室和美术室等充足的功能场室为学校开设多样化的课程和活动提供了坚实的保障。数字教室、未来教室、学校大型报告厅、实验室也在紧锣密鼓地建设中。该校被确定为龙岗区数字化校园示范学校。（张文斌）

【科技城外国语学校】是2015年龙岗区教育局与深圳外国语学校合作共建的九年一贯制公办学校。占地面积3.6万平方米，建筑面积3.2万平方米。学校有教学班61个（小学40个，初中21个），学生3008人。教职工245人，其中本科以上学历教师达100%，研究生以上学历教师达21%；高级职称16人，中级职称66人；特级教师1人；外籍教师3名；德语、日语、西班牙、法语、俄语等小语种教师5名。学校有名师工作室1个。

该校以“培养具有中国情怀、国际视野的现代中国人”为己任，坚持“科学人文相长、中学西学相融”的办学理念，为莘莘学子提供现代化、多元化、特色化、国际化的教育服务。针对基础教育发展需要，根据学生个性化、多元化需求，该校精心打造出“外语特色”“体育特色”“阅读特色”“家校共育”四大办学特色；定期开展“艺术节”“体育节”“读书节”“科技节”“外语节”五大节活动。多元课程与社会实践并举，为学生提供丰富多彩的活动舞台。学校在普惠性外语教学方面卓有成效，小学、初中阶段全面铺开德、法、西、俄、日五种小语种教学，学生参加精英班欧标考试和多语种等级考试的通过率达100%。该校与多个外国学校建立友好合作关系，并多次组织学生赴他国进行研学活动。体育方面，该校以“跳绳”和“健美操”为特色，其中健美操队连续两年荣获全国啦啦操冠军。学校办学成果显著，在初中中考及统考、小学全区抽考、区中小学生运动会、学科竞赛等考试及比赛中的各项成绩均在龙岗区名列前茅。学校先后获得“深圳市教育工作先进单位”“深圳市龙岗区教育系统先进单位”“初中教学质量卓越奖”“促进市区高中教育均衡发展先进单位”“小学综合学业质量优秀奖”“学生体质健康水平优秀奖”等荣誉。学校师生在各种教育教学比赛中纷纷斩获优异成绩，其中国家级576人次、省级1494人次、市级1519人次、区级1017人次，合计4606人次。（章霞艳）

【兰陵学校】是九年一贯制公办学校，2005年被评为广东省一级学校。占地面积3.55万平方米，建筑面积2.46万平方米。该校有教学班54个（拟扩建18个班，方案已确定，即将开工），学生2658人。教职工共205人（专任教师178人），其中本科及以上学历148人；高级职称31人，中级职称78人；特级教师1人，区级以上骨干教师28人。学校有名师工作室1个。学校功能场室均按照标准化学校的要求配备，能满足各类教学活动的需要。现有20米高的体育馆、300米跑道运动场和2个操场、2个室内体育场馆（篮球馆和摔跤馆）、7个篮球场、3个排球场、4个羽毛球场和多个乒乓球场，各种功能场室均达到省级规范化办学的标准。

该校以“为学生全面发展奠定基础”为办学理念，以“培养合格的小公民”为办学目标，以“面向全体、全面发展、突出个性、培养能力”为办学宗旨，以“兰的品质”为学校的核心文化，以“脚踏实地、蕴香惠人”为学校核心价值观，建设兰质教师队伍，齐心协力培养兰质学子。该校建校23年来坚持打造“书法艺术教育”特色，并取得了显著成效，先后获得“全国书法教育示范学校”“全国书法艺术教育实验学校”“全国书法教育先进单位”“省书法教育名校”“省规范汉字书写教育特色学校”“市书法教育名校”“市美术书法特色学校”“市硬笔书法教育示范校”和“市规范汉字书写教育特色学校”等荣誉称号。

2020年，该校在全面做好新冠肺炎疫情防控的基础上，教育教学质量稳步提升。同时，学校继续打造书法教育特色，增强师资力量和学生练字的时间，通过各类比赛

2020年1月，兰陵学校合唱队参加中国童话节之粤港澳大湾区“童话之声”少儿歌唱汇演（合唱）比赛获得金奖（兰陵学校 供）

促进师生的书写水平，并且特别强调、要求学生把良好的写字习惯用于各科的作业上，把写好汉字养成伴随一生的好习惯。学校书法艺术教育得到广东省教育厅的认可，被评为“第二批广东省中小学中华优秀文化传承学校”。（罗美珍）

【龙岗区兰著学校】创办于1930年，由当时的牙买加华侨捐资修建。该校是中国第一批新式学堂，至今已走过九十多年的光辉历程。占地面积5万平方米，建筑面积2.5万平方米，学校改扩建工程已于2019年7月正式动工，新校区竣工后校园总体建筑面积将达7.8万平方米，新增游泳馆、篮球馆、羽毛球馆和立体式运动场等功能场所。学校设计办学规模为90个班，能提供四千多个优质公办学位。目前有教学班67个，共3201人。其中小学42个班，2021人；初中25个班，1180人。教职工245人。

在课程建设方面，学校逐渐发展出独具特色的“一个总课程体系和一大模式”——君子课程总体系和自然分材模式。该校科创艺体办学特色全面开花，2020年11月获深圳市中小学生艺术展演班级合唱比赛一等奖。学校历来重视教师的专业发展。种子教师成长训练营、“青蓝工程”为青年教师的成长搭建了平台。2019年，小学数学教师代志娟作为深圳市唯一受邀教师，参加“相约名师”全国小学数学教研峰会，登上国家级舞台，传播深圳教育美名。小学体育教师袁帅获2020年市青功赛一等奖第一名。近三年来，学校共有17位教师获区青功赛一等奖，10人冲入市赛。校园风景如画，中国传统文化与现代艺术交相辉映，古朴典雅、佳木成荫，兰亭、兰湖传承办学文化，吉祥亭、回澜阁寄托美好愿景，润泽园、红色基因文化广场打造先进育人基地。

学校于2015年获评广东省“书香校园”基地，2016年获评“全国中青创奥”基地学校、深圳市首批“素养基地”试点学校、龙岗区首批创客实践室（2间）以及龙岗区航空模型基地，2017年获评深圳市“足球特色”学校，2018年获评广东省“校园足球推广”学校、深圳市依法治校示范校，2019年获评深圳市“科普教育基地”、龙岗区第一批“智慧校园”示范校。近年来，学校办学水平逐年攀升，连续四年获龙岗区初中教学质量进步奖，并在2018年喜获龙岗区初中教学质量卓越奖、小学综合学业质量优秀奖等八大奖项。

（邓锦顺）

【六约学校】位于龙岗区横岗街道六约社区，始建于1923年，是一所办学底蕴深厚、品牌特色鲜明的九年一贯制公办学校。占地面积4.8万平方米，建筑面积2.4万多平方米。校内功能场室齐备，配套设施完善。现有9个年级59个教学班，在校学生2931人。教职工共219人，其中特级教师1人，区级以上骨干教师28人。建于1931年的教学楼是龙岗区现今保存得最完整、历史最悠久的一栋旧校舍，2020年12月被批准为龙岗区红色文化保护基地。在近百年的办学历程中，学校为深圳发展输送了大批高素质人才。1997年，该校被评为深圳市一级学校，2010年9月升格为九年一贯制学校。特色教育发展百花齐放，教学成绩多年来稳居街道前列。2020年学校中考再创佳绩。该校被评为“篮球特色学校”“足球特色学校”；学校的“梦幻科技创客室”被评为“深圳市百佳创客社团”。“梦幻科技创客室”指导老师及社员参加第71届德国纽伦堡国际发明展，作

龙岗区红色文化保护基地——六约学校1931年兴建的教学楼

（六约学校 供）

品分别获得金、银奖，并被《人民日报》报道。这是该校乃至龙岗片区在世界科技比赛舞台上的突破。学校舞蹈《白云红太阳》曾获广东省中小学舞蹈艺展二等奖、深圳市第十二届少儿艺术花会少儿晒艺赛金奖及深圳市中小学艺术展演舞蹈大赛金奖。书法篆刻社团作品参展深圳市创意十二月创客月系列活动，被深圳市广电集团《第一现场》《深圳晶报》《深圳晚报》等媒体报道，享誉鹏城。2021年3月，《南方教育时报》以《在“博物馆”中感受篆刻魅力》一文，从社团师资、教学特色、成果介绍多维度对学校书法篆刻社团进行报道。学校一直坚持走品牌发展之路。目前，区政府已批准学校改扩建项目，该校将建设成为108个班的超大型九年一贯制学校。（曾功熙）

【龙城初级中学】以“构建良好教育生态，促进学校高质量发展，建设先行示范的未来学校”为工作目标，以发展好每一位教师、培养好每一个学生为支撑，抓好党建引领、课程建设、质量提升三个关键，凝心聚力、务实奋进，促进学校内涵、特色的高品质发展。学校坚持五育并举，大胆改革创新，充分考虑学生的个性化、多元化需求，科学设置学科课程内容，形成了较为完善的主题式综合课程模块群——“FEC”课程体系（“五育”课程体系 Five Education Curriculum，简称 FEC）。FEC 包括厚德课程群（德）、启智课程群（智）、健体课程群（体）、塑美课程群（美）和强能课程群（劳）。学校通过变革教师育人方式，优化学生学习方式，推动“云教研”“人工智能教育”“智慧课堂”“数字阅读”，形成“互动式、启发式、探究式、体验式”课堂教学模式。该校倡导关爱、尊重、赏识、激励的教育评价，以评价促成长，制定并实施“基于多元智能理论的学生发展性评价”制度；面向全体学生，以加德纳（Howard Gardner）的多元智能理论为依据，应用心理学“代币制”原理，形成独有的游戏升级奖励系统。

学校先后获得省校园生活垃圾分类教育基地、省信息化中心学校、省创建全国文明校园先进校园、省中学生志愿服务示范校及省初中教育发展联盟会员单位等省级荣誉5项，市教育先进单位、市第二批心理健康教育特色学校、市首批生涯教育试点初中、市绿色学校、市第二批教育科研基地学校、市“中小学人工智能教育项目”实验工作学校、市在线教学先进单位、市年度教育改革创新领跑学校、市课后延时服务示范学校及市高水平运动项目学校等市级荣誉11项。（欧阳海红）

【龙岗区外国语学校】是龙岗区教育局直属九年一贯制学校，也是龙岗区第一所公办外国语学校。2019年6月，龙岗区教育局在龙岗区外国语学校的基础上，成立了龙岗区首个学区制、义务教育阶段公办教育集团。目前，龙岗区外国语学校（集团）已发展为“一本部六校区”的格局。集团占地面积3.64万平方米，建筑面积2.24万平方米。现有教学班56个，学生2800多人。教职工共240余人；其中本科及以上学历214人（研究生38人）；副高职称31人，中级职称110人。学校有市区名校长、名师工作室4个。

该校以“引领师生走向美好”为办学使命，致力于打造“一所让学生有美好记忆的学校”。学校大力推进课改教改，“玉兰花”课程体系获深圳市课程体系评比第一名，“五I”美好教学实践成果获广东省教育教学成果奖（基础教育）一等奖。学校办学特色鲜明，是全国青少年校园足球特色校、广东省教育国际化实验学校、深圳市首批科研基地学校、深圳市体育传统项目（健美操、游泳、足球）学校以及龙岗区教师专业发展基地校。该校先后荣获全国科教先进单位、教育部课题研究先进单位、广东省文明校园、深圳市首个儿童友好学校、深圳市教育工作先进单位、深圳市课程改革示范校、深圳市年度教育改革创新领跑学校和龙岗区教育工作先进单位等荣誉称号，获得广东省艺术展演管乐一等奖、深圳市管乐节金奖及深圳市表演唱比赛一等奖，并多次获龙岗区初中教育和小学学业质量卓越奖和优秀奖等重量级奖励。（曾崇州）

【龙岗中学】为广东省一级学校。占地面积6.03万平方米，绿化覆盖率为64%，是龙岗区占地面积最大的、人文底蕴深厚的初级中学。该校现有教学班48个，学生2276人。教职工共168人，其中硕士学历教师12人；高级教师占比高达30%，中级以上教师占比30%。学校有省市区名班主任、名师工作室5个。

该校秉持“让师生和学校共同发展”的办学理念，贯彻“心自由、行致远”的教育理念，围绕“立德树人、提高质量”的工作主线，以质量立校，以特色兴校，办好人民满意的教育。教育教学特色显著，已形成特色鲜明、成效显著的教学模式，包括语文科组的“一分钟口语训练”、英语科组的“交际法”和政治科组的“四步教学法”等。学校还形成了“集中培优、分散补差”“日日清、堂堂清、课课清”“每日一题”等的教学策略。该校连续四次被评为深圳市“先进单位”和“教育先进单位”，并被评为“园林式、花园式”学校，并荣获深圳市德育先进学校、深圳书香校园和龙岗区首届教育科研示范校等荣誉称号。学校坚持德育、教学、科研和文化四轮驱动发展战略，在内部管理、教育教学、教改教研、艺体发展等方面矢志打造自己的品牌。艺体教育蜚声国内，获评深圳市阳光体育标兵学校、全国中小学舞龙舞狮教育示范学校等称号；学校有歌社团、表演唱社团、无人机社团、乐高机器人社团、墨香园书法社和啦啦操社团等 14 个学生社团，百花齐放，成绩斐然，其中舞龙舞狮社团和啦啦操社团曾多次荣获全国一等奖，得到了市、区的高度好评。龙岗区政府以该校的舞龙舞狮社团为主要素材，专门拍摄了电影《龙少年》，充分展现了学校传统文化的教育成绩。学生中考成绩连年攀升，连续三年获得龙岗区公办初中学校促进市区高中教育均衡发展“先进单位”、学生体质健康水平“进步奖”和初中教学质量“进步奖”等荣誉。（曾启帆）

【平湖实验学校】是龙岗区教育局下属九年一贯制学校，开办于 2014 年。占地面积约 2.8 万平方米，建筑面积约 1.6 万平方米。学校有教学班 36 个，学生 1815 人。教职工 135 人（专职教师 114 人），其中本科及以上学历 112 人（硕士 20 人）；高级职称 5 人，中级职称 49 人；特级教师 2 人。校内有名师工作室 2 个。

学校在“打造阳光校园，引领幸福人生”办学理念的引领下，大力推行“阳光教育”，倡导“以阳光之心育阳光之人”，着力培养“大气、大智、大爱”的阳光教师和“快乐、幸福、卓越”的阳光学生。该校全力实施“一二五办学规划”，一个核心即，面向全体师生的全面发展；两个目标即，深化课堂教学改革、促进教师专业发展；五项实践工程即，阳光课堂打造工程、阳光教师成长工程、阳光学生成长工程、阳光课程体系构建工程和阳光管理团队培养工程。学校坚持以打造“研究型教师团队”为抓手，积极推进课堂教学改革，探索出了独具学校特色的“多元智慧互助课堂”教学模式。该校通过建立师生“成长共同体”，全面培养师生自主探究、合作共生的创新意识和实践能力，实现课堂教学和教师成长的多元化、智慧化发展；同时，立足学生个性发展，积极开展分项选修、走班教学，全力构建阳光校本课程体系。目前，集“阳光润德课程”“阳光毓智课程”“阳光砺能课程”为一体的阳光课程百花齐放、独具特色，教育教学管理务实高效，教学质量逐年提升，学校已进入快速发展的良好格局。

该校先后获得“全国教育科学‘十二五’规划教育部规划课题先进实验学校”“广东省安全文明校园”“深圳市现代学校制度建设先进校”“深圳市巾帼文明岗”“深圳市年度美育典范学校”“深圳市中小学优质课例视频资源建设学校组织奖”“深圳市平安校园示范校”“深圳市垃圾分类示范校”“深圳市防震减灾科普示范学校”“龙岗区教育系统先进单位”“龙岗区家长幸福学校”“龙岗区教师专业发展基地学校”“龙岗区五四红旗团委”“龙岗区少先队先进中队”和“龙岗区科技创新教育先进单位”等荣誉。（彭铭誉）

【新梓学校】是公办九年一贯制学校。占地面积 2.92 万平方米，建筑面积 1.46 万平方米。学校现有教学班 36 个，学生 1735 人。教职工共 144 人。其中本科及以上学历 99 人（硕士 9 人）；高级职称 17 人，中级职称 70 人；区级名师（骨干教师、学科带头人等）15 人，市骨干教师 2 人，市优秀教师等 6 人，南粤优秀教师 1 人。

学校坚持“为学生的和谐发展服务”的办学宗旨，确立“奋斗新梓，为国育才”的办学目标，立德树人，五育并举，打造特色品牌，实现高质量发展。学校在“五育并举”为核心的“树人课程”引领下，构建多元评价体系。该校还组织编写《安全教育读本》《国防教育读本》《文明礼仪读本》三本学校特色教材。学校坚持“目标导向、数据说话”，连续两年荣获区初中教学质量卓越奖和进步奖，连续三年中考取得优异成绩，荣获“深圳市教育工作先进单位”。学校还开展“四节”（科技节、体育节、艺术节和心理节）、“空气吉他”“新梓达人秀”和“新梓之光”等特色活动，形成了阳光德育的办学特色。学校还有新梓讲堂、书法公社、零点摄影社、草色文学社、铿锵玫瑰足球队和阳光新社等数十个学生体艺社团。该校先后获评深圳市教育系统先进单位、深圳市教育工作先进单位、深圳市德育示范学校、深圳市绿色学校、深圳市中小学广播体操标兵学校、深圳市安全文明校园、深圳市广播操标兵（传统）学校、深圳市阳光体育活动先进学校、深圳市防震减灾示范学校、广东省安全文明校园和全国国防教育特色学校。（杨万里）

【怡翠实验学校】是公办九年一贯制学校。该校为首批全国国际象棋特色名校，曾荣获全国国际象棋锦标赛男子团体第一名。占地面积9002.53平方米，建筑面积8846.24平方米。图书馆藏书4.9万余册。学校有教学班34个，学生1629人。教职工135人，其中本科以上学历97人（硕士15人）；高级职称9人，中级职称41人；区级骨干教师培养对象19位，教坛新秀培养对象2名。2020年全校教师获省级奖3个，市级奖2个，区级奖8个，街道奖项24个；获省级荣誉2个，区级荣誉16个，街道荣誉14个。学生获省级奖项1个，区级奖项55个，街道奖项44个。

该校的办学宗旨是为学生的全面发展和终身幸福奠基；办学目标是办有国际视野的优质学校。2020年疫情期间，学校积极筹备线上直播课堂，全校教师共线上直播2580节课。学校注重学生全面发展，每年定期开展珠三角国际象棋比赛、校园艺术节、体育节、美术节、科技节、读书月、英语文化周和数学周等活动。校内有合唱团、舞蹈社团、小提琴社团、陶艺社团、美术岩彩画社团、朗诵社团、主持社团、分层篮球队和田径队等二十多个学生社团。先后获中国童话节少儿书画大赛团体一等奖、龙岗区学生体质健康水平优秀奖和龙岗区中小学艺术展演一等奖，并被评为深圳市创意文化示范校、深圳市教育工作先进单位和龙岗区智慧校园建设示范校。（柴　琳）

2020年11月，怡翠实验学校校园艺术节文艺汇演　（怡翠实验学校　供）

【龙岗区特殊教育学校】为龙岗区直属九年一贯制义务教育培智类公办学校，同时为深圳市龙岗区特殊教育指导中心，承担全区特殊教育教师的专业培训和指导工作。该校于2017年9月在龙岗区残疾人联合会综合服务中心借址办学。独立校区正在建设，设计规模为36个班。独立校区设计标准为校舍用房使用面积1.12万平方米，建筑面积1.87万平方米，班均建筑面积519平方米。学校现有教学班7个，学生87人。教职工56人，其中本科及以上学历32人（硕士6人）；高级职称6人，中级职称10人。

学校以“让每一个生命向阳而生”为办学理念，精心规划课程模块，以生命课程为基础，构建真、善、美、健课程体系；同时，开展“两节”（绘本艺术节、体育节）“两活动”（自闭症日活动、助残日活动）“一比赛”（生活技能大赛），为特殊需要儿童提供多元学习、锻炼、提升的平台和机会。学校有旱地冰壶球社团、美术创作社团、绘本剧社团、非洲鼓社团和手工皂社团等有助于特殊需要孩子成长的社团。该校全面实施IEP计划，落实一生一档工作要求，有知动康复、蒙氏教学、绘本画创作、钢琴、言语治疗、情绪疏导等个别化训练项目。学校还充分发挥特殊教育学校在特殊教育发展中的骨干作用，开发融合教育课程，推进普特融合工作，构建龙岗区特殊教育大融合、大发展格局。该校获评龙岗区教育先进单位，是龙岗区中小学教师专业发展基地学校、深圳市儿童圆梦公益行动“公益合作伙伴”、中国特殊儿童阅读教育“优秀学校”以及北京联合大学特殊教育学院研究生实践基地。（储　铁）

龙华区

【龙华高级中学教育集团】创建于2018年，下设高中部、观澜校区、大浪校区（筹建）和民治校区（筹建）等四个校区。办学规模为102个教学班，可提供5100个学位。高中部位于龙华区民治街道华玺路9号，占地面积2.91万平方米，建筑面积6.97万平方米，毗邻深圳北站，紧邻三大主题公园，交通便利，环境幽雅，可面向全市提供1800个优质学位。观澜校区是一所全寄宿制初中，位于龙华区观澜街道观光路1222号，占地面积1.62万平方米，建筑面积3.26万平方米，2020年9月正式办学，规划为30个教学班。集团现有教职工175人，其中硕士及博士研究生87人；正高级教师12人，特级教师11人；国务院特殊津贴、全国优秀教师、全国先进工作者等国家级荣誉称号获得者8人，省级以上名师、名班主任23人，市级以上优秀教师、先进个人40人。

该校秉持“怀天下、行仁爱、向未来”的校训，发扬“荣誉、责任、创新、奋斗”的精神，以创建高质量、有特色、研究型的一流名校为目标，以培养有理想、有本领、有担当的未来英才为使命，聚力锻造一颗镶嵌在深圳教育版图上的“璀璨明珠”。学校实施“12345”质量强校战略，以办学质量为中心，推进办学层次、中招高考两个跨越，打造教师发展、学生发展、教育创新的三大高地，推动课程、课堂、学习和管理的四个重构，落实“党建领航·以德铸魂”“烛光”“学制贯通培养”“数字校园创建”和“文化引领”五大行动计划。学校建构“一体两翼五素养”的课程体系，培养学生的“人文情怀”“科学精神”“艺体健康”“人际交往”和“国际视野”等五大素养。该校创设“仁爱书院”“文理书院”和“未来书院”，打造书院课程体系，营造书院育人环境，逐步构建并完善龙高书院制未来教育体系。

学校创办三年来，先后获评“深圳市教育工作先进单位”“深圳教育创新示范学校”“年度STEM教育典范学校”“《广东教育》理事单位”“广东省物理学会理事单位”“广东教育学会生涯教育专业委员会常务理事单位”“广东教育学会研学旅行教育专业委员会理事单位”及“广东省中小学研学旅行教改实验联盟单位”。（芮明超）

【民治中学教育集团】是龙华区首个公办教育集团，地处深圳高铁站商务中心区，占地总面积8万平方米。集团下属三个校区：民治中学、民顺小学和民新学校。集团共有140个班，学生人数7000人。民治中学创办于2006年9月，占地面积约3.2万平方米，建筑面积约3.8万平方米；现有51个教学班，学生2166人，教师196人。民顺小学创办于2014年9月，占地面积2.75万平方米，建筑面积1.92万平方米。现有50个教学班，学生2477人，教师137人。民新学校创办于2020年9月，占地面积2.12万平方米，建筑面积4.45万平方米；现有一年级8个班，学生392人，教师25人。集团专职教师中，本科及以上学历279人（硕士93人）；高级职称44人（含1名正高级），中级职称133人；特级教师1人，区级以上名师（学科带头人）7人，龙华区三名工程及后备干部21人。集团有区级名师工作室2个。

集团以“成就开放胸襟和思维的未来人才”为育人目标，以“卓然独立，越而胜己”为价值追求。集团努力构建突出关键能力的学科课程体系，突出核心品格的德育课程体系和突显校区特色的品牌课程；开展“四节”（诗歌节、音乐节、体育节、社团科技节）“四礼”（入学礼、青春礼、毕业礼、散学礼）活动，形成“开放、精品、特色、创新”的深圳模式教育集团。学校有陶艺社团、鼓之韵社团、麒麟社团、快乐动漫空间、吉他社团、跆拳道社团、中国舞社团和街舞社团等35个社团。

学校先后获评全国青少年文明礼仪教育示范基地、中国教育学会“十二五”科研规划重点课题实验基地、中国童话节艺术教育特色示范学校、广东省健康促进示范学校、广东省安全文明学校、第五届深圳教育改革创新年度集团化办学典范学校、深圳市依法治校示范校、深圳市创客实践基地、深圳市安全文明校园、深圳市书香校园、深圳市德育绩效示范学校、深圳市绿色学校、深圳市平安校园。

（任新宇）

【深圳市艺术高中】是由深圳市教育局批复成立的、深圳市第一所以“艺术”命名的、高起点高规格建设的公办全寄宿普通高中。该校于2020年9月开办，占地面积2.65万平方米，建筑面积5.52万平方米。学校办学规模为24个高中教学班，可提供1200个学位。该校从全国选聘正高级、特级教师2人，从全市选调优秀骨干教师近20人，从全球QS前100名校、全国双一流、985等重点院校招聘优秀毕业生26人，搭建了专家型、骨干型、成长型学科教师队伍。学校还聘请了多名国内名校专家担任学校艺术顾问。学校开办仅半年，就有2位老师分别承担了省级和市级公开课，5位老师承担了区级公开课，学校也承办了10个学科的市级、区级教学比赛。校内开设有管乐、舞蹈、美术、声乐、戏剧表演、播音摄影和街舞等方向的社团，社团参加学生比赛荣获市级一等奖3项、区级奖项十余项。该校先后举办了外语节、科技节、体育节和艺术节，开展了辩论赛、诗歌创作大赛、校园十大歌手比赛、器乐大赛和“班班有歌声”活动。课程体系分为“科学文化素养课程、国际艺术素养课程和家国情怀课程”三类，实行科学文化与美育艺术双轨并行、博学精艺的培养模式。

该校贯彻实施“同心教育”办学模式，坚持“宽容、激励、合作、发展”的同心原则，确立“因材施教，教学相长”的教学理念，注重“依法治校的刚性管理与以人为本的弹性管理相结合”。学校硬件设施一应俱全，拥有链接全球的艺术资源库，并联合一流名校作为实践基地，旨在培养具有家国情怀、具备一流科学文化素养和一流艺术素养的复合型人才。

（徐　军）

【龙华区创新实验学校】为龙华区教育局下属九年一贯制公办学校，位于龙华区龙华街道鸿创路，占地面积2.3万平方米。现有29个教学班，其中初中6个，小学23个。该校有教师83人，其中博士1人，硕士40人；正高级职称1人，高级职称5人；特级教师1人，区级以上名师4人。学校有名师工作室1个。校长叶志青是香港教育大学全日制教育硕士研究生、湖南大学公共管理硕士、南粤优秀教育工作者以及深圳市十佳校长。

该校以“学养课堂、素养课程、学本治理”为主题全面深化课程改革，以学科素养课程、学习素养课程和创新素养课程为抓手，构建以自主、高效、创新为主要特征的高新教育，实现对传统学校教育的超越性创新。学校从小学二年级开始实行“选课走班制”，鼓励学生自主选择课程学习；同时，语文和科学实行“分组教学”，数学和英语实行“分层教学”，音乐、美术和体育实行“分类教学”，满足学生多元发展和个性发展需要。该校还创新地采用导师式“双班主任”工作机制，每班配两名班主任统管教学与管理工作，以最大限度地给每个孩子足够的关注度。学校采用“双师授课”制，每节课除主讲教师之外，配一名助教协助管理，有效提升学生课堂学习效率。同时，大力构建“创新素养活动课

2020年12月10日，龙华区创新实验学校第三届“语·创未来”系列活动开幕式

（龙华区创新实验学校　供）

程评价体系”，开展“创未来”主题系列活动（语·创未来、E·创未来、数·创未来、E·创未来、动·创未来和艺·创未来），始终坚持打造以提高学生学养为本的课堂，以创造、创作、创编、创设、创意等实践活动培育学生创新思维。

学校深入推进教育创新举措，建校一年来，全校教师在国家级、省级等重要教育期刊发表专业论文多达23篇。2020年《人民教育》发文《构建学养课堂·实施学本治理》报道该校改革。推创出新，实事验理，将学校打造成一所适合创新人才成长的创新型未来学校。该校通过改革创新，探索提高教育质量的新路径，努力成为一所中国特色社会主义教育先行示范学校。

（熊欣璇）

2020年10月，初中生龙华区教育科学研究院附属实验学校开展综合实践活动（国防教育）　　（龙华区教育科学研究院附属实验学校　供）

【龙华区教育科学研究院附属实验学校】为龙华区教育局以高标准规划打造的一所教科院附属系列九年一贯制公办学校。学校于2018年9月借址创办，2020年9月迁入新校。占地面积2.04万平方米，建筑面积4.81万平方米。现有教学班29个，学生1295人。专任教师共81人，其中本科及以上学历81人（硕士30人）；高级教师10人，中级教师25人；龙华区高层次人才1人，区“三名”工程教师12人，区未来教育家工程成员9人，区“名师领雁工程”教师2人。学校坚持“让每个生命成就完美自己”的办学理念，坚守“全科育人”“全员育人”“全方位育人”的“三全育人”理念，以“共美教育”为特色，致力于将学校打造成为一所特色鲜明、质量卓越、德能共生、德业共进、人境共美的现代化学校。

学校秉持“尊重差异、多元选择、自我发展、各美其美”的课程理念，采用“学科基础课程＋特色拓展课程＋活动体验课程”的课程结构模式，将国家课程校本化，构建“共美课程”体系。学校开设“人文与艺术课程”“科学与技术课程”“运动与健康课程”和“学科拓展课程”；开设播音主持、英语戏剧、葡萄牙语、数学思维拓展、趣味数独、编程和科技小发明等特色社团；开展读书节、体育节、劳动节和艺术节等主题校园活动。学校坚守课程育人领地，立足课堂育人阵地，拓宽课外育人基地，坚持五育并举，让学生在课程中习得知识和能力，在特色社团中发展特长和技能，在校园节庆活动中涵养传统素养和生活技能。学校厚植学生成长底色，促进学生德能共生，致力于培养有完整人格、有责任担当、有家国情怀、有国际视野，学习力强、思辨力强、创造力强、生活力强的“四有四强”现代公民，助力每个学生成就完美自己。（彭淑芳）

【华南实验学校】于2018年9月开办，占地面积2.87万平方米，建筑面积3.54万平方米。学校基础建设基本完成，功能场馆正逐步完善。现有44个教学班，学生2008人，其中小学30个班1422人，初中14个班586人。学校有教职工135人（专任教师126人）其中省级学科带头人2人，市级名师3人，区级名师6人，区“未来教育家”培养工程成员11人，区级骨干教师9人。近三年，该校招聘应届毕业生38人，平均年龄29.6岁。

学校以“让每位孩子都有对话

世界的能力”为办学理念，打造无边界、生活化的学习场景，构建面向全体的课程体系，对标国际将学校建成高品质、示范性的未来创新学校，培养会学习、会生活、会创新，有担当、有底蕴、有境界的世界公民。学校通过基础课程校本化、拓展课程系列化，开发了丰富的个性课程，最大限度地满足学生个性需求；现有53门选修课，其中国学、思维导图、岭南非遗舞种、戏剧、民间手作、游戏体育和足球等课程特色初现，在各级舞台展示，广受欢迎。

学校课堂、科研、校园文化等有了很大的变化和发展。学校围绕办学理念及课程体系，狠抓教师专业发展。两年多来，全校师生在各级各类评选比赛中取得了优异成绩，获区级以上奖项（荣誉）近1500项，展现了华南实验师生最美的风采，得到社会各界广泛认可。该校现有国家社科基金课题1项，市级立项课题3项，区级立项课题7项，校级课题10余项，参与研究教师人数占比达70%。

（沈祥忠）

2020年3月，开学第一课由高峰学校党总支书记执教思想政治课

（高峰学校 供）

【高峰学校】为九年一贯制公办学校。占地面积3.15万平方米，运动场面积9526.41平方米。学校现有教学班64个，学生3314人。教职工共211人，其中本科及以上学历200人（硕士61人）；高级教师20人，一级教师75人；名校长1人，省级骨干5人。校内有名师工作室2个。该校从区域角度围绕学校“厚文、重义、笃学、创新”的校训，高位驾驭，品味发展。学校坚持“相信每个人存在的价值，帮助每位师生成就更好的自己”的办学理念，积极践行种子教师培养路线图，完善教师发展立体研训体系，打造了一支勇于担当、乐于创造、和合共生、锐意进取的学术型教师队伍。近年来，通过素养本位的学科教学，真实情境的问题探究，取得了出色的教学效果。

学校开展“四节”（阅读节、科技节、艺术节、体育节）活动丰盈学生素养。基于“家—校—社”三位一体的融合教育格局，通过“馆—校—区”合作的课程开发路径，在艺术素养、小语种（日、西、法）、航天、AI人工智能、STEAM、劳技、中草药、SEL社会情感学习等领域积极探索实践开发多元课程。立足中华传统文化与学校传统，兼收并蓄，培育学生文化自信、自觉，涵养高峰学子生命质量。先后获得“广东省一级学校”“广东省艺术教育特色学校”“广东省第四批现代信息技术实验学校”“深圳市德育绩效示范学校”“深圳市绿色学校”“深圳市文明单位”“深圳市教育系统先进单位”“深圳市红旗团委”“区优质化学校”等200多项区级以上荣誉称号。

（刘 珊）

【振能学校】为广东省一级学校。占地面积3.28万平方米，建筑面积3.36万平方米。总办学规模为72个教学班，是深圳市同级同类学校中办学规模最大的学校之一。现有56个教学班，在校学生2882人。专任教师171人。其中：博士1人，硕士28人；拥有“双一流”院校或全球排名100内院校毕业青年教师41人，5人毕业于清华大学、北京大学；区级以上名优教师53人，区名校长1人；区“未来教育家工程”航标班成员1人，铸将班成员4人，擷英班成员2人，区“领雁工程”学员3人，区“年度教师”1人，区“卓越教师”培养对象1人，区学科带头人6人。在教师专业能力竞赛中，学校获龙华区首届中小学教师综合素养大赛团体一等奖第一名。践行“教育即唤醒”的办学思想。在深入研究“六三”学制和“五四”学制精髓的基础上，探索出适切学生年龄特征和认知水平的新型育人模式——“二三四”型九年制育人模式。一、二年级（2年）实施“全课程包班制”，培养高水平的“全科教师”，增设“主题综合课程”；三至五年级（3年）以当前的行政班为教学班，重在培养学生良好“学习习惯和学习方法”；六至九年级（4年）在原行政班的基础上，进行部分学科分层走班教学。教学班根据实际需要有的混合上“大课”，有的实施“小班化”。创新构建了“6（六项道德修炼）+6（六项基础技能）”全课程体系。“6+6”课程体系下的校本课程目前达到70门，涵盖学科拓展、乐器演奏、生活技能、体育竞技四个方向，充分展示学生活力自信、全面发展的良好形象。先后获得全国基础教育科研试验基地、广东省绿色学校、广东省艺术特色学校、深圳市书香校园、深圳市群众体育先进单位、深圳市体育传统特色项目（跆拳道）学校、深圳市体工大队田径训练基地校、深圳市办学质量效益奖等荣誉称号。

（黄　洁）

2020年12月18日，博恒实验学校学生大课间练习太极功夫扇

（博恒实验学校　供）

【博恒实验学校】创办于2005年。是九年一贯制寄宿民办学校。为深圳市一级学校。栖居于风景秀丽的羊台山下。占地面积2.8万平方米，建筑面积4.65万平方米。教学班96个，学生4743人。教职工334人，其中本科及以上学历136人（硕士8人）。按照新型民办学校标准，以全新型智慧校园为起点，在高标准建设教学设施的基础上，另建有50米室内恒温游泳馆、图书馆、大型演艺舞台、高标准篮球场、足球场、网球场、排球场、羽毛球场、高尔夫训练场等多种综合素质发展设施及高标准学生宿舍、千人餐厅等功能场所。硬件水平在深圳市民办学校中走在前列。本着“目标引领、重点突破、质量提升、特色发展”的思路，构建内涵式发展、人力资源建设、制度化管理、学生为中心、智慧课堂的“五维”支柱，提高学校综合办学质量和社会效益，实现学校“特色＋品牌”办学转型升级目标。始终立足于对学生思维品质、创新意识和实践能力的培养，秉承“惟真惟实，化育天工”的育才使命，努力打造“文化育人，幸福教育”的办学特色。“为每位孩子的幸福人生奠基”是学校的办学理念，“厚德博学，恒志创新”是凝练学校人文精神的校训。努力让每一位学生都能够德才兼备、学业有成，成为祖国的栋梁之才。开设太极功夫扇、游泳、轮滑、跆拳道、硬软笔书法、版画等第二课堂系列课程，打造艺体特色；以1—9年级系列读书及分享清单为主的“悦”读特色，打造书香校园。

学校先后获评深圳市绿色学校、深圳市一级学校、深圳市青年文明号、广东省义务教育规范化学校、广东省健康促进示范学校、全国健康促进学校先进单位等荣誉称号。

（谭　鹏）

【博文学校】创建于2000年5月。是深圳市一级学校。占地面积2.3万平方米。现有45个教学班，在校学生2300余人，教职工180多人。秉持“让每一个孩子成为最好的自己”的办学理念，以“会生活、会学习、会创新，有视野、有情操、有担当的未来公民”为培养目标，致力于创建一个“适宜孩子生命成长的教育生态”，努力为学生的素养发展打造“阅读”“学习”“发展”“成长”四大特色生态。重视学生的个性发展，开设了高尔夫、跳绳、游泳、足球及竖笛等特色艺体拓展课程，并开设了舞蹈、跆拳道、葫芦丝、钢琴、国画等27项社团课程供学生自由选择，形成“N+1”结构的艺体课程，力争让每个孩子学会多项技能，并发展至少一项兴趣特长，在强健体魄、丰盈心灵的同时，让个性禀赋自由生长。近年修建了标准化游泳馆，率先普及了初中游泳课程。

2020年12月30日，博文学校与中国音乐家协会、中国舞蹈家协会、中国美术家协会、中国书法家协会、中国国际标准舞竞技舞蹈联合总会拉丁舞教师培训中心等5家国家级协会及李和平跆拳道运动管理团队跆拳道正道馆、全国影视校园春节联欢晚会组委会2家机构达成合作，举行了授牌仪式。未来，将汇集整合7家友好单位在艺体教育和文化建设方面的优势资源，在资源共享、合作共赢的基础上，多层面多维度开展合作。先后多次获得民办学校综合管理质量奖，连续多年获得龙华区初中部教学管理质量奖，2017、2019年度两次获评深圳市龙华区教育工作先进单位，2020年被评为深圳市优质特色民办学校。（陈昌明）

【格睿特高级中学】深圳市教育局于2017年8月批准设立，为深圳市第一所营利性民办高级中学。占地面积2.51万平方米，建筑面积2.34万平方米，运动场面积1.14万平方米。教学班36个，学生1260名，平均每班容量35名。教职工120名。教师100%为本科以上学历，研究生学历占教师人数的30%。遵循“坚毅成就伟大”的校训；贯彻“办一所优质、有特色、国际化的精品学校”的办学宗旨；坚持“培养胸怀祖国、放眼世界、坚韧不拔的精英人才”的育人目标。党建引领学校特色化发展。办学以来，逐渐形成了“一建六化”的办学特色：“一建”指的是党的建设，“六化”指的是“学清制度化、生活军事化、后勤集团化、奖金多元化、升学多样化、服务标准化”。深圳都市频道以《第一书记于艳：一建六化助力办学提质增效》做了专题报道。多一把衡量学生的尺子，就多一批好学生。学校每学期都要为学生颁奖，奖金多元化让每一个学生都能够发现自己身上的闪光点。学校设有成绩奖、争章奖、争星奖、助学奖、贡献奖等，每学期奖金达20万元。学生获奖率达50%。

多样化的升学体系架起了学生通往成功的立交桥，学生可选择适合自己的班级读书。国内升学方向开设了励志班、港澳台联考班、日语班、传媒班、美术班、音乐班、体育班、书法班、电竞班等。国际升学方向开设了英美班、加拿大班、香港班、日本班等。德育工作以“理想教育”为重点。通过一系列的理想教育活动，引导学生树立远大理想，激发学生成人成才的内动力。（李文军）

【厚德书院】2016年5月22日正式成立。占地面积1.68万平方米，建筑面积2.49万平方米。是国内第一所定制教育特色高中。拥有一支学历高、资历深、教学经验丰富的优秀中外教师团队。高考方向拥有众多特级、高级教师亲自坐镇把关。学科奥林匹克教练多名，中青年骨干教师近百名。各学科组长均来自全国各大高中名校学科带头人。高考方向的老师主要毕业于清华大学、浙江大学、武汉大学、华中科技大学等名校。出国方向的老师主要毕业于宾夕法尼亚大学、布朗大学、北京大学、香港中文大学、格赖夫斯瓦尔德大学等世界名校。把全球性的教学资源与创造性的教育实践相结合，创办丰富多元、可供选择的课程，为每个学生定制适合其学习与发展的成长方案。在“德智体群美”及“孝仁信和”的育人理念上，构建“因材施教”“中西合璧”（学生既可以选择参加高考，也可以选择出国留学）的分层分类、自主选课的小班化立体课程体系，充分满足学生的个性化、多样化的发展需求。以办适合每个学生个性发展的优质教育为办学理念，厚德书院教育模式既规范又多元。

学校立足本土，放眼世界，重视塑造学生的规则意识、自主意识和创新意识，致力于打造具有民族情怀、国际视野、社会担当、竞争力强的创新人才。高考方向升学指导校本课程及出国方向ELP体验式特色学习课程，都已入选龙华区教育科研创新项目。被评选为2020年度国际教育创新典范学校；被深圳市教育局评选为“2020年深圳市优质特色民办学校”。近年来，学校在深圳市教育界已初露头角，无论是高考方向还是出国方向的毕业生成绩都十分优秀，真正实现了低进高出、高进优出的办学成效。2020 年高考，龙华区文、理科高考第一名均出自厚德书院；出国方向有一位应届毕业生在大学申请中斩获常春藤盟校康奈尔大学的录取通知书。（袁庆峰）

【锦华实验学校】位于龙华区大浪街道陶吓新村 1 号。由青年企业家林锦乙先生于 2002 年独资创办。是九年一贯制民办学校。2008 年被评为广东省一级学校。从小学到初中共有 120 多个教学班级。先后荣获“广东省义务教育标准化学校”“深圳市办学效益奖”“深圳市民办中小学规范优质办学奖”“深圳市优质民办学校（两次）”“深圳市优秀基层党组织”“深圳市红旗大队”“深圳市示范团校”“广东省红旗团委”“广东省绿色学校”“深圳市健康促进学校”等称号。自办学以来，各项获奖成果达 5000 多项。中学生篮球队曾获得龙华区冠军，并两次代表龙华区参加深圳市级比赛获第三名；学校田径队在 2017 年、2018 年连续两年共获得 7 个团体冠军、5 个团体亚军，连续两年代表龙华区参加深圳市级田径运动会。学校创客教育正在兴起，广东省教育“双融双创”智慧共享社区项目专业社团（动漫社）获省级立项，学生社团在深圳市学生创客节无人车项目决赛中曾荣获一等奖，在深圳市校园科创节暨青少年科技创新大赛中获创意类一等奖、软件制作二等奖。在学校管理及全面推进素质教育过程中取得了优异成绩，在深圳市教育局主办的“市民走进身边的好学校”活动中，得到广大市民及家长代表的到场观摩支持，并被评为“市民身边的好学校”。（但功兵）

【龙华中英文实验学校】占地面积 2.9 万平方米，建筑面积 2.81 万平方米。为广东省一级学校。是集走读、接送、住宿为一体的十二年制学校。是深圳市远恒佳教育集团辖属 43 个办学实体之一。现有 83 个教学班，师生 3000 多人。以“四个美好”为办学愿景，以“为每一位学生的美好人生奠基”为办学理念，以“习惯好、能力强、成绩优”为培养目标，突出“小班化、个性化、国际化”三大特色，全面实施素质教育。与华南师大联办培养美术研究生基地，与美国多所学校开展合作交流活动。坚持立德树人，全面落实“两个常规”，打造“小班化精品课堂”和“一体两翼”（国际理解教育、艺体教育、创客教育）三大校本特色，致力推进教育教学质量全面创优，努力追求办人民满意的教育。

学校以一流设施、一流师资、一流课程，培养“习惯好、能力强、成绩优”的优秀学生，是一所质量过硬、特色鲜明、品质一流的现代化优质学校，是龙华民办教育的一面旗帜。先后获得“中国民办教育百强学校”“广东省标准化学校”“深圳市规范优质办学奖”“深圳市优质特色民办学校”“深圳市绿色学校”“龙华区教育工作先进单位”，多次获评区中、高考优秀单位和区“民办教育质量奖”，是龙华区教育国际化特色学校。

（孙家祥）

【万科双语学校】2018 年 9 月 3 日正式开学。占地面积 2 万平方米，校舍地上七层，地下两层，地上建筑面积 1.97 万平方米，总建筑面积 5.1 万平方米，运动场面积 1.11 万平方米。图书馆藏书 3.6 万册。拥有计算机 455 台，校园网出口总带宽 600Mbps。普通教室 61 间，专用教室 28 间。开设教学班 41 个。其中小学 30 个班，初中 11 个班，在校学生 941 人。教职工 190 人（专任教师 129 人）。其中：本科及以上学历 129 人（其中本科 80

2020 年 12 月 9 日，深圳市龙华中英文实验学校举行第十六届体育节

（龙华中英文实验学校　供）

2020 年 9 月 22 日，万科双语学校成为深圳市儿童青少年近视防控试点学校。杨帆校长（左四）参与了授牌仪式　　（万科双语学校　供）

人，硕士 47 人，博士 2 人）；初级职称 21 人，中级职称 8 人，副高级职称 2 人；外籍教师 19 人，有海外留学经历的教职员工 33 人。秉承“为未知而教，为未来而学”的办学理念，采取小班模式（小学 25 人 / 班；初中 32 人 / 班），致力于培养人格健全、学力卓越，具有国际视野和家国情怀，勇于创造美好未来的中国公民。

学校独创国际化的中西融合的课程体系。体系中源动力课程保障国家基础课程的实施，加力课程采用双语教学，推力课程满足学生个性发展。有 100 多个学生社团，40 多门选修课，同时开设“人生规划”“建筑课程”“人工智能”“万双云课”等特色课程。

学校积极推进“零废弃校园”建设，培养师生环保意识。以“成长型思维模式”构建学习型学校，以终身成长作为核心价值观。

学生通过“人生规划”必修课为主线的课程学习，教师通过“教师职业发展学院”学习，家长通过“家长成长学院”学习，从而让学校成为学生、教师、家长共同成长的学园、家园。先后获评第四届南方都市报教育改革创新大奖之最具未来特色学校奖、梅沙教育年度优秀学校奖、广东省教育国际化实验学校、广东省国际象棋特色学校、中国登山协会攀岩特色学校、深圳市首批四所预防近视试点校，成为龙华区十个首批示范校之一先行部署 5G 网络，杨帆校长被深圳市政府聘为第六届市督学。

（刘　燕）

坪山区

【坪山高级中学】 创办于 2006 年 9 月。占地面积 9.14 万平方米，建筑面积 8.6 万平方米。功能场所齐全，结构布局合理，宜教宜学。现有教学班 60 个，在校学生 2961 人。专任教师 294 人。其中：正高级教师和特级教师 2 人，高级教师 61 人，获博士学位教师 2 人；省级学科带头人、省级优秀教师 6 人，市、区级名师 48 人。在“求真、向善、尚美”校训和“培养创新型学生、打造学术型教师、建设智慧型校园”的办学目标引领下，秉承“你就是奇迹”的教育信念，成就师生的精彩教育人生。铸牢中华民族共同体意识教育工作卓有成效。2012 年 9 月开始承办内地新疆高中班，现已经实行全员融班融宿管理模式。管理模式及办班成效在广东省乃至全国形成比较良好的影响力。2016 年 12 月，学校获得国家民族事务委员会颁发的“全国民族团结进步创建活动示范单位”称号。2020 年 12 月，国家民族事务委员会和省、市民宗部门来校调研并给予充分肯定、高度评价。2020 年，特级教师王焱坤被评为正高级教师，胡小盈老师教学成果获广东省二等奖，万磊等 10 名老师获深圳市中小学教师教学能力大赛奖项，汪亚运等 15 人获深圳市高考模拟命题比赛奖项，48 名教师获评“坪山区名师”称号。学校开设有传统项目舞龙舞狮，新兴体育项目定向越野、体育舞蹈等，为学生发展提供多元化路径。科技方面，开设有航空、航海、车辆模型、机器人和科技创新等，学生在世界、国家级各级各类大赛中屡获佳绩。音乐方面，音乐高考成绩卓越，多名学生被中国音乐学院、上海音乐学院、美国伯克利音乐学院等国内外著名的音乐学府录取。2013 年成立管乐团，并多次在深圳市校际管乐节、广东省管乐比赛中荣获金奖，在全国管乐赛中荣获银奖。美术方面，阳光画室一路高歌，自2012年至今，在省美术联考中，本科合格率、过线率在深圳市美术联考学生20人以上规模学校中连续多年蝉联第一名，连续两年多名美术学生考入清华大学。获评国家级国防特色教育学校、广东省中小学艺术教育特色学校、广东省中学生志愿服务示范校和广东省绿色学校。通过深圳市、坪山区“文明校园”复评。（柯昂 刘天佑）

【坪山实验学校】分北、南、东三个校区。总占地面积近9万平方米，总建筑面积18.1万平方米。创建于2010年9月，诞生在人文自然丰富、发展潜力巨大的坪山中心区，是为满足全区人民对优质教育的需求，高标准设计、高质量建设的一所现代化九年一贯制公办学校。图书馆藏书25万册，计算机2000余台。2020年秋季开设教学班129个，在校生6100多人。教职工442人。其中：中高级职称160余人，特级教师1人，正高级教师1人，市年度教师1人。市名师工作室1个。教学区、运动区、生活区布局合理。设有梦开始的地方、笑脸墙、平实书院、室内体育馆、舞蹈室、美术工作坊、未来小镇、创客实验室、风雅音乐厅、致蕙小剧场、配套师生餐厅、微格录播教室、校园电视台、全国首家校园汉字博物馆、日新科技博物馆、美术馆、党组织生活馆、档案室、恒温游泳馆、篮球馆、乒乓球馆、射箭场等功能场室。校园典雅秀丽，人文和谐至善，文化氛围浓郁，功能设施齐全，是广大师生的精神家园。

学校凝练出具有国际视野、中国本色的学校理念文化体系，着力开创办学新境界。秉承“适性扬才，为大器人生奠基”的办学理念，以培养“麒麟少年、品质公民、大气中国人”为育人目标。校训“含仁怀义日日新”，寄寓学校师生传承麒麟精神，养仁厚之爱心，修仁义之品德，保持学习热忱，日有所得，日有所成，适应未来。坚持无围墙办学理念，在开好国家课程的同时，开设普及发展类课程和社团特长类课程，形成主干课、特色课、长短课相结合的优才课程套餐。充分利用周边文化聚落的资源优势，把课堂延伸到区图书馆、美术馆、展览馆等。增加课外文体活动时间，让孩子们快乐学习、阳光成长。先后获评全国教育科研工作先进单位、全国优秀家长学校、广东省书香校园、广东省五四红旗团委、深圳市教育系统先进单位等200余项国家、省、市、区级荣誉称号。（林柳东）

【同心外国语学校】开办于2014年9月。位于坪山区锦绣中路南侧，毗邻美丽的聚龙山公园。为九年一贯制公办学校。占地面积7.17万平方米，建筑面积约8.6万平方米。目前有教学班90个，在校学生4323人。任课教师295人。其中：博士生1人，研究生75人；高级教师22人，正高级教师1人；留学英美并获得本硕学位的海外归国教师9人，外籍教师2人，特级教师3人，南粤优秀教师3人，省市级以上骨干教师8人，全国优秀教师、优秀班主任1人。学校名下人才保障房104套。致力于培养悦纳自我、关爱他人、热爱劳动、理解世界、勇于行动、有一艺之长的社会主义建设者和接班人。实施小班化、多语种特色教学，构建着眼于学生的国际化、现代化和个性化发展并具备八大素养的基础课程体系、特色校本课程体系、国际化精品课程体系。实施“人才先导”“制度治校”“文化育人”“课程引领”“质量提升”战略，以课程建设和课堂革命为核心，以现代学校制度建设和队伍建设为重点，致力于把同心外国语学校建设成为区域一流的国际化学校。硬件设备达市一流水平。常青藤图书馆、高端实验室等相继投入使用。学校通过国家级考点验收，成为“国家教育统一考试标准化考点”，高标准完成考点任务。先后获评“深圳市禁毒示范学校”“广东省STEM教育实践学校研究课题学校”“深圳市首批生涯教育试点初中”“深圳市中小学心理健康教育特色学校”“全国青少年校园足球特色学校”“全国青少年校园篮球特色学校”等。（李函）

【坪山区第二外国语学校】区属九年一贯制公办学校，广东省义务教育标准化学校，粤港澳大湾区青少年创新科学教育基地成员校，区戏剧教育试点校。占地面积2.46万平方米，建筑面积5.1万平方米，硬件设施完备。拥有空中田径运动场、室内篮球场、体育馆、“中式园林”风教学楼；建有2000平方米室内体育馆、1200平方米艺术功能室、1600平方米超大型现代化图书馆（藏书约4万册）与500座位多功能学术场馆、可同时满足

1300名学生就餐的A级食堂，配置约200个停车位的接送疏导中心。核定班级54个，现有班级24个，在校生1105人。现有在编教师71人。其中，研究生以上学历占比55%；80%毕业于“双一流”A类院校、部属师范院校、特殊类院校、“211”院校等知名院校，其中4人毕业于世界排名前100的海外高校。全国选聘名校长1人，名师3人。以“创建可传承百年的湾区一流学校，培育有国族灵魂的未来建设人才”为办学目标，坚持“每一个孩子都是独特的鲜活生命，教育的真谛是尊重生命，长养生命”的办学理念，秉持“国家 未来”校训，“尊重、包容、创造、担当”校风，“好学、日进”学风，持续推进课程建设，构建“五育融合”的“生命之树”课程体系。开设32个特色社团，涵盖外语原著阅读、戏剧表演、同声口译、外语影视配音特色课程，开发3D影视学习、圆桌论坛、同声传译、远程同课等多元学习平台。注重青少年科学创新教育发展，与中科院深圳先进技术研究院和中科院创客学院合作共建粤港澳大湾区青少年创新科学教育基地，开发创造力、机器人等课程，开设科学家讲堂，不断丰富办学内涵和推进学校的可持续发展。

（王川元）

【坪山区新合实验学校】位于坪山区文合路1号。占地面积4.1万平方米，建筑面积约11.2万平方米，整体将建成标准的72班九年一贯制学校。按照“深圳市中小学校建设标准”配备设施设备。科技、创新、多彩，充满现代气息的设备设施，为素质教育的全面实施提供了保障。在空间设计方面，特别注重学生运动、学习、实践、个性化需求，深度考量空间、文化、交流、生态、科技五个维度，以人为本，因地制宜，力求建设开放、活力、自然、创意和多彩的现代立体式花园学校。学校项目分两期建设，第一期工程已完工，并于2020年9月开学。首批招收学生共计488人，其中一年级349人，二年级90人，初一年级49人。教职工63人，其中本科及以上学历59人（硕士33人）。初步形成了特级高级教师来引领，各级各类名师来把关，优秀青年教师为中坚的星辉师资团队。教师主要毕业于国家“双一流”重点院校以及海外著名高等院校，组成了一支有激情、有内涵、有颜值的高素质年轻队伍。践行“星彩教育”的核心理念，秉承“让每一颗星星都绽放光彩”的育人理念，“心中有光彩，人生有华章”的校训和“每天进步一点点”的学风，孕育了“点亮、辉映、添彩”的学校精神，培养“敢于创新、乐于合作的星彩少年”。让学生日进日新，适应未来。坚持无围墙办学和融合课程的教学。自开办以来，一直探索和践行星彩品质课程。星彩品质课程包括基于人文基础和数理基础的星基课程、基于身心健康和道德行为的星德课程、基于审美志趣和生活追求的星美课程以及基于科创思维和创新实践的星创课程。星彩品质课程辐射到全校学生，确保了每位孩子都可以选择一至两门。在短短几个月的办学实践中，学校共取得区级以上荣誉113项，其中包含2项区级集体荣誉、1项市级教师荣誉、75项区级教师荣誉以及35项区级学生荣誉。

（金文婧）

【坪山中学】为广东省一级学校。占地面积4万平方米，建筑面积2.6万平方米，绿化面积1.4万平方米。有主教学楼1幢、华侨教学楼1幢、实验大楼1幢、行政办公楼1幢、300米塑胶跑道运动场1个、1200人体育馆1座、室外塑胶篮球场5个、普通教室38间、各种功能室23间，相关仪器贮藏室及库房25间。藏书55 474册，生均30.8册。现有36个教学班，约1800名学生。教职工167人。其中：特级

坪山中学谌沐羲（右二）入选全国U15女足精英训练营 （坪山中学 供）

教师 1 人，高级教师 40 人，省市区级名师 27 人。省市区工作室 8 个。努力践行“基于核心素养的‘和实’课程实践探索”，并逐渐形成了“德育领先，艺体见长”的办学特色。

创新德育工作思路，开展德育主题活动，成功举办学校四大节日（科技节、艺术节、体育节、文学节），同时积极组织参加各项比赛和德育主题活动；并通过建设幸福班级文化，促进班风学风转变。深化课程改革，提升教学质量。践行“和实”课程体系，先后开发了职业生涯教育课程，开展了 STREAM 课程和基于核心素养下的课堂形态研究。积极进行科研教研实践探究，2019 年 5 月成功申报深圳市第二批科研基地校；积极推动市级、区级和校级课题的申报立项，开展课题研究；发展名师工作室，举行基于核心素养的课堂形态研究之新教师教学研究课竞赛活动，开展青蓝工程等。在业务培训方面，从“请进来之专家引领”和“送出去之开阔视野”两个方面进行教师培训。开放办学谋求共同发展，举办教学开放日活动，家长学子共参与；参与省、市及区内对口帮扶，促进教学交流。

获评全国“国防教育”特色学校、全国青少年校园篮球特色学校、全国优秀家长学校、全国青少年“五好小公民”主题教育活动示范学校、广东省一级学校、广东省德育示范学校、广东省规范汉字书写教育特色学校、广东省青少年校园足球推广学校、广东省依法治校示范学校、广东省中小学教师培训实践基地、广东省绿色学校、广东省现代教育技术优秀实验学校、深圳市教育系统先进单位、深圳市书香校园、深圳市阳光体育先进学校、深圳市年度体育典范学校等。

（柳汝军）

【光祖中学】前身为“光祖学堂”，始建于 1906 年，系由南洋爱国华侨捐资兴建。首任校长是康有为嫡系弟子欧榘甲先生，他提出“家国之光”办学理念，矢志兴学育才，为国争光，传承至今已届 114 年。是深圳市办学历史最悠久的学校之一。为广东省一级学校。现任校长温安武，湖南邵阳人，是光祖中学第 36 任校长。占地面积约 6.2 万平方米，建筑面积约 1.8 万平方米。有 32 个教学班，在校学生 1543 人。教职工 166 人，其中硕士研究生学历 30 人。秉承“家国之光”办学理念，致力于培育“爱国创新，自主成长”的现代中国人。2020 年，师生共获区级以上奖励达 600 多项，其中张新婷老师荣获 2020 年深圳市“三八红旗手”称号，邓小静老师荣获坪山区“三八红旗手”称号。2020 年中考取得新的突破，赢得社会各界广泛赞誉。姚娴婧同学以总分 445 分摘得坪山区中考状元桂冠。学校抓住 2020 年首届深圳（坪山）科普月的契机，开展了生动丰富实践活动课程，并承办了 2020 年坪山区首届“深空输送机器人场地挑战赛”。在挑战赛中累计荣获一、二、三等奖共 10 项。参加共青团深圳市委、深圳市科协举办第二届深港澳人工智能大赛暨 AI 科普嘉年华累计获得一、二等奖 30 人次。深入推进“自主互助”教学文化研究，抓自主互助成长共同体建设，成果显著。教师在教育科研方面获得 2 项省级、20 项区级奖励，共有 22 项区级以上课题已结题。在新一轮的区名师评审过程中，有 7 名教师分获区级名师、骨干、新秀称号。先后被评为“广东省绿色学校”“深圳市书香校园”“深圳市党史教育基地”“深圳市教育系统先进单位”“坪山新区十大人文风景学校”。（刘明勇）

至 2020 年，114 岁的光祖中学正门　（光祖中学　供）

【中山中学】为区属公办初级中学。占地面积2.4万平方米，建筑面积3.1万平方米。在校学生1823名。专任教师159人。其中：高级职称9人，硕士研究生学历50人，全国优秀教师、优秀班主任1人，正高级教师1人，全国优秀共青团员1人，广东省优秀共青团员1人，省、市、区级名师27人。以玉文化为中心，坚持玉美教育办学理念。以“匠心独运，返璞归真”为核心价值（校训），创新思维求发展，尊重规律办教育；以“玉德之学，未来之门”为办学定位，比德于玉，立足传统之道，探究学习，把握未来智慧；以“少年养志，玉汝于成”为育人目标，将树立远大志向当作初中阶段学习的根本任务，在艰难困苦中砥砺磨炼，琢玉成器。以“大家风范，匠心慧眼，精益求精，专业师承，艺术创新”为玉匠精神（教师），以“博爱成仁，明理是义，温润尚礼，开器启智，天下公信”为玉德精神（学生）。

构建玉美四维课程体系（玉德课程、璞玉课程、养玉课程、琢玉课程）；开办八大少年院系（少年先锋院、国学院、文学院、科学院、艺术院、生态院、体学院、国际院）。成立1个区级名校长工作室、8个区级名师工作室、6个学科党支部。开展校园三节（体育节、科技节、艺术节）、青春三礼等活动。打造党团队一体化建设，召开中国少年先锋队深圳市坪山区中山中学第一次代表大会，举办“百校”庆“百年”红领巾火炬接力跑活动。宣传报道登上“学习强国”平台，获评深圳市少先队红旗大队。海洋剧《尼莫海洋见闻录》获深圳市首届科普月成果展示大赛一等奖第一名，七（15）中队获评坪山区少先队先进中队。2020年1月起，全校师生团结一致，严防死守，共战新型冠状病毒，开展在线教学。五育并举，保障全体学生学习权利。先后获得醍魔豆AI智慧学校、广东省信息化建设中心校、全国STAM教育种子学校、坪山区中小学综合实践暑假特色作业评比一等奖、广东省工会女职工工作先进集体、深圳市2020年度阅读典范学校、坪山区教育工作先进单位等集体荣誉15项。师生参加各级各类比赛获区级以上奖励突破300项。（张　莲）

光明区

【光明区高级中学】为广东省国家级示范性普通高中。占地面积15.2万平方米，建筑面积15万平方米。教学班110个，在校学生5740人。教职工525人（专任教师472人）。其中：博士研究生3人，硕士研究生162人；特级教师4人，正高级教师2人，高级教师114人；全国优秀教师1人，南粤优秀教师3人，省级骨干教师12人，市、区级名师46人。遵循“有光自明，成全大家”的办学理念，致力于培养“高贵、智慧、健美”的学子。学校狠抓常规管理。组建“光高红”家长义工队；推动领导力培训，组建“精英青年教师成长营”，成立国际课程中心；提高教育教学质量赋能，首推学科组长公开竞聘，成立青年教师专业发展指导中心。学校创建艺术、体育、国际、科学四大特色项目，并成立20多个学生社团，涵盖体育、艺术、科技等各个方面。获评“全国语文特色学校”“广东省一级学校”“广东省绿色学校”“广东省德育示范学校”“广东省普通高中教学水平评估优秀单位”“广东省国家级示范性普通高中”“广东省中小学艺术教育特色学校”“深圳市高考超越奖”“深圳市高考特色奖”等荣誉称号。（刘小飞）

【光明中学】为光明区直属公办完全中学。占地面积5.57万平方米，建筑面积4.46万平方米。开设66个教学班，其中初中30个、高中36个。毕业学生1076人（初中490人，高中586人），招生1091人（初中491人，高中600人），在校生3305名（初中部1483人，高中部1822人）。教职工316人（专任教师281人）。其中：高级职称84人，中级职称108人；全国优秀教师1人，市级名班主任1人，市级名教师2人，深圳市高层次人才2人（后备级2人），南粤优秀教师1人，区级名师及工作室主持人16人。坚持“培养具有健康、主动发展的意识和能力的学生，成就德才兼备、专业精进地教师，兴办质量一流、特色鲜明的完全中学”的办学理念。共开设了102门多样化的校本课程，满足学生全面发展、多元发展、特长发展的需求。学生社团蓬勃发展，共建立有23个社团，供学生自主管理与发展，学校柔道队、跳绳队、田径队、舞蹈队多次在市、区级比赛中取得优异成绩。2020年8月，学校获评第七届全国青少年美术书法大赛一等奖。坚持以“优化教学、提高质效”为重点，以“导学案教学”为抓手，在探究实践中提升教学质量。凭着逐年上升的高考升学率和“低进高出”的高考成绩，获得了2020年的深圳市高考超越奖。与广东工业大学、广东中医药大学、广东第二师范学院、韩国永进大学等高校合作，成为其生源培养基地和实习生研训基地。

（黄　浩）

【**光明区实验学校**】为光明区直属九年一贯制公办学校，占地面积7.05万平方米，建筑面积4.86万平方米。开设90个教学班，在校生4608人。教职工315人。其中：本科及以上学历260人（硕士46人）；高级职称43人，中级职称140人；区级以上名师18人。名师工作室6个。以“弘公养正、开明启智”为校训，秉承“寻找最适合自己的路线，共筑师生成长的幸福”办学理念，坚持“人心向学”教育主张，贯彻国家课程校本化、校本课程特色化，努力让特色教育惠及全体学生。坚持以党建引领学校各项工作，全面贯彻党的教育方针，形成学校改革发展的“光实动力”；探索出一条高效的管理模式，学校管理实现质的飞跃，形成学校科学管理的“光实模式”；系统实施教学改革，形成教学品质提升的“光实样板”；构建特色教育课程体系，开设58门类147课次个性拓展课程，形成学生个性发展的“光实品牌”。在光明区率先探索学生综合评价改革，以评助学，形成学生素养测评的“光实体系”；实施“三级梯度工程”，形成教师专业培养的“光实范式”。

先后获评“中国学生定向运动突出贡献单位”“全国文明生态教育特色学校”“广东省书香校园”“广东省德育示范学校”“广东省体育特色学校”“广东省语言文字规范化示范学校”“广东省党建示范校”“深圳市办学效益奖”“深圳市文明单位”“深圳市教育改革创新领跑学校”“深圳教育改革示范学校”等荣誉称号。（卢西宽）

【**李松蓢学校**】为光明区直属九年一贯制公办学校。占地面积3.27万平方米，建筑面积3.22万平方米。共开设50个教学班，在校学生2423人。教职工175人。其中：本科及以上学历174人（硕士33人）；高级职称16人，中级职称35人；区级以上名师（学科带头人）11人。名师工作室1个。以“博雅”为校训，以“桃李品质，青松风格”为办学精神，以培养“博雅少年”为目标，开展“三礼”（开笔礼、成长礼、成童礼）、“六节”（“博智”数学节、“雅韵”国际文化节、“博志”体育节、“博韵”艺术节、“博思”科技节、“博雅”传统文化节）活动，形成了富含中国传统文化内涵的“博雅文化”办学特色。设施配备齐全。其中，博雅书院藏书达7万余册，被评选为光明区图书馆分馆和区儿童友好型图书馆。先后获评“广东省绿色学校”“广东省中小学生劳动教育特色学校”“广东省象棋特色学校”“深圳市教育教学先进单位”“深圳市文明校园”“深圳市德育示范学校”“深圳市安全文明校园”“光明区最美文明校园”等荣誉称号。（黄　伟）

【**百花实验学校**】为光明区直属九年一贯制公办学校。原名白花学校，创办于2019年9月。占地面积3.06万平方米，建筑面积4.3万平方米。共有8个年级，开设26个教学班，在校学生1180人。教职工97人。其中：高级职称7人，中级职称14人；区级以上名师（名德育干部工作室主持人、名德育干部）2人。秉承“百花齐放，人人出彩”的办学理念，以培养“求真、崇善、尚美、知雅、至博的时代担当少年”为目标，构建兼具优秀传统文化和现代科学智慧的文化体系；坚持建设特色文化校园，形成“百花节、思享节、泼水节、创客节、心理节、体育节”六大校园传统节日，将思政教育与学生活动结合起来、寓教于乐；打造活力课堂、智慧课堂，开设35门特色校本必修类课程。设有探秘科学、智慧数独、玩转物理小实验、无人机、京剧、啦啦操、武术、民乐、绘画、书法、葫芦丝社团等多彩精品社团，充分发挥教师教育教学的“花匠精神”，让每一位学生都能精彩绽放。（项志兴）

【**深圳实验光明学校**】为光明区直属九年一贯制学校。校园占地面积2.8万平方米，设计办学规模为48个教学班。目前开设小一、小二、初一、初二4个年级，共14个教学班，在校学生660人。教职工68人。秉承“人格健全、学业进步、特长明显、和谐发展”的育人目标，实施以人为本，教育、教学双轮驱动，精细服务、有效管理。通过“教育质量提升月”“名师送课”“青年教师循环课”等活动提升教学质量；打造“家长课堂”“家长委员会”“家长义工”等家校联动活动，构筑学校与家庭双向交流的桥梁。有特色图书馆、舞蹈室、音乐室、美术室以及运动功能场馆，开设包括传统文化、科技探索、艺术生活、体育竞技、表演艺术、设计创新等开放多元的社团共26个，打造“三节一周”的校园文化特色，培养学生的健全人格，陶冶学生的审美情趣。在2020年青年教师基本功大赛中，该校5名老师获得光明区第一名，并代表光明区参加市决赛。（张慧莎）

【中山大学深圳附属学校】为光明区直属九年一贯制公办学校。开办于2020年9月，总投资近10亿元。占地面积约6.74万平方米，建筑面积约16.1万平方米。设计办学规模为132个班，可提供6180个优质学位，是深圳市最大的公办九年一贯制学校。开设45个教学班，在校学生1943人。教职工162人。教师学历达标率100%，硕、博士研究生学历43人。建有全光网、恒温游泳池、高尔夫球馆、击剑馆等高端设施。

秉承中山大学“博学、审问、慎思、明辨、笃行”的校训，兼具“中大基因、深圳精神、光明气质”，坚守“光德明理、守正创新”的教育哲学，以“健康、乐学、发展”为质量目标，致力于培养“德才兼备、国际视野、家国情怀”的社会主义合格建设者和可靠接班人。围绕核心素养，构建学校现代课程谱系，拓展课程涵盖科学、人文、艺术和体育等领域，实现“一学生一课表”，将课程谱系建设成为鲜亮品牌。依托中山大学学术背景和资源优势，与中山大学多个院系深度对接，携手大学教授，开设“博士课堂”“院士课堂”和“大家讲坛”等研究课程。通过“一学生四导师”促进学生的全面发展。“一学生四导师”，即每个学生配有四方面导师：学校导师、医生导师、大学导师和学长导师。提出“大科学”理念，打造科技特色学校，创建大学生实习基地，创新未来人才培养方式，打造基础教育和高等教育深度融合的样本。先后获得“深圳市2020年度最受关注新锐学校”“深圳教育创新示范学校”。人民日报、央视新闻、新华社、人民教育、学习强国、共青团中央先后报道学校教育改革方案，学校午休床登上热搜。（马运程）

【玉律学校】为光明区直属九年一贯制公办学校。前身是创办于1937年的玉律学堂，1949年更名为玉律小学。2020年3月成为九年一贯制学校，正式更为现名。占地面积约3.3万平方米，建筑面积约6.8万平方米。开设34个教学班，在校学生1713人。教师112名。其中：高级教师10人，中级教师38人，初级教师25人；深圳市高层次专业人才后备级人才1人，区级以上学科带头人和骨干教师4人，区“卓越百人计划”人才4人。是教育部直属重点师范大学——华东师范大学“全国新基础教育基地学校”。以“玉汝于成，律己达人”为校训，在“为了每一个学生主动发展的快乐，为了每一位教师自我超越的幸福”的办学理念指引下，发挥区域骨干带头示范作用。日常教学课堂注重开放互动，形成以遵循四季自然发展规律的以“校园生活四季”为主题、立足学生立场、着眼学生自觉成长的学生校园系列活动。聚焦“学生成长、教师发展、课程再造、魅力校园、新型工具、创新管理”等六个重点工程，以“管乐、舞蹈、合唱、水墨、书法、手球、篮球、足球”等为学生特色发展项目。获评“全国中小学舞蹈教育传统校”“全国青少年校园足球特色学校”“中国财经素养教育协同创新中心实验基地”“广东省红领巾示范校”“广东省首批艺术教育特色学校”“首批广东省中小学中华优秀传统文化传承学校”“广东省水墨教学与创作基地”“广东省校园足球推广学校”“广东省安全文明校园”“广东省少先队红旗大队”“广东省信息化中心校”“深圳市教育工作先进单位”“深圳市科创特色示范校”“深圳市年度教育改革创新领跑学校”“深圳市平安校园示范校”“深圳市中小学智慧校园”“深圳市青年文明号和巾帼文明岗”“深圳市最具变革力学校”“深圳市高水平运动项目（手球）学校”等。（肖晓艺）

【公明中英文学校】为光明区九年一贯制民办学校。深圳市一级学校，深圳市远恒佳教育集团辖属学校。占地2.39万平方米，建筑面积2.39万平方米，运动场面积1.08万平方米。开设57个教学班（中学12个，小学45个），在校学生1772人。教职工203人（专任教师 143 人）。秉承“焕发美好的人性，培养美好的人格，拥有美好的人生，建设美好的教育”的美好教育理念，实施高端化、差异化办学。以“小班化、个性化、国际化、智能化”为导向，以“培养具有国际视野和民族情怀的优秀公民”为目标，让每一位孩子享受优质、精致的小班化精品教育。自主开发学以致用英语课程、德育课程、阶梯分级阅读课程和全艺学艺课程，构建普及、社团、特色、特长四级体育课程体系。先后获评“全国校园文化优秀学校”“广东省义务教育标准化学校”“广东省绿色学校”“深圳市优质民办学校”“深圳市德育示范校”“深圳市平安校园示范校”“光明区幸福校园示范校”“光明区教育先进单位”“光明区初中教育特色学校”等称号。（程　俊）

【培英文武实验学校】占地面积 1.6 万平方米、建筑面积 1.86 万平方米，运动场面积 8000 平方米。开设 77 个教学班，在校学生 3576 人。教职工 263 人（专任教师 191 人）。中考成绩 400 分以上总人数占光明区民办学校 50%。以“精培厚植，含英咀华”为办学理念，以“崇文修身，尚武健体”为校训，以“乐学善建，行知双致”为校风，以“博学善导，德艺双馨”为教风，以“勤学善思，文武双修”为学风，坚持走“依法治校、以德立校、特色强校、质量兴校”之路。获评“广东省绿色学校”“广东民办教育四十周年突出教育机构”“北大附中远程教育示范学校”“深圳市一级学校”“深圳市优质民办中小学校”“深圳市基础教育改革先进单位”“深圳市武协光明区培英训练基地”“深圳市体育传统项目学校（武术）”“深圳市绿色学校”“深圳市中小学创客实践室”“光明区一级学校”“光明区体育特色项目学校”“光明区中小学创客实践室”“光明区教育科研先进单位”“光明区教育先进单位”“光明区体育特色项目学校”。（兰娇丽）

大鹏新区

【人大附中深圳学校】是大鹏新区管委会所属、人大附中承办的全日制公办学校，是人大附中联合学校总校的成员校。2016 年 1 月 15 日，人大附中联合学校总校、人大附中与深圳市大鹏新区管委会在深圳签订了合作办学框架协议；2016 年 9 月 5 日，大鹏新区管委会与人大附中联合学校总校、人大附中在北京签订正式合作办学协议；2017 年 8 月 31 日，人大附中深圳学校正式启用。

学校包含九年一贯制部和高中部两个校区，占地面积约 14 万平方米，建筑总面积 12 万平方米以上。配备理化生等高端实验室、视听教室等功能教室 90 间；建有 4480 平方米面朝大海的现代化图书馆、能容纳 1200 人的 2000 平方米专业剧场、4620 平方米的现代化食堂。班级 90 个。学生 3731 人。其中：小学部 669 人，初中部 489 人，高中部 2573 人。教师 313 人。其中：博士及博士后近 30 人；特级教师 7 人，全国模范教师 4 人，省级以上骨干教师、学科带头人 26 人，“孔雀计划”海外高层次人才 5 人。名师工作室 6 个。从首届招生开始，高中部招生规模逐年扩大，录取分数线稳中有进。继承和发扬人大附中“爱和尊重”的核心理念，以“崇德、博学、求实、创新”为校训，致力于培养“全面发

2020 届人大附中深圳学校第一届毕业生　（人大附中深圳学校　供）

展＋突出特长＋创新精神＋高尚品德”的鹏程英才，创办具有人大附中特色、深圳领先、全国一流的生态型、智慧型、创新型学校。所设课程涵盖语言与文学、数学与思维、人文与社会、科学与技术、艺术与鉴赏、体育与健康、实践与创新、生命与生长等8个领域。近百门选修课和几十个不同类别的社团，成为学生突出个性和特长的自由田。（人大附中深圳学校 供）

深汕特别合作区

【深圳市南山外国语学校（集团）深汕西中心学校】 2020年9月正式创立。是一所由深圳市南山区和深圳市深汕特别合作区合作共建的新建公办学校，属于深圳市南山区教育局下属南山外国语学校（集团）成员学校。是深汕特别合作区首个以深圳标准、深圳质量建设的九年一贯制学校。占地面积5万平方米，建筑面积8.12万平方米。有体育馆、图书馆、天文馆、海洋馆、科技馆及国学馆。其中图书馆共4层，包含外文期刊阅读区等系列特色阅读区域。还开设了创客室、木工坊、无人机空间、VR空间、3D打印室、实体机器人室、海洋生物标本室等多个科学活动室，以及书画馆、礼乐馆、棋茶室等中华传统文化馆。体育馆内还建有合作区首个按深圳标准建设的恒温游泳池。现有教学班6个，学生159人。教职工42人，其中高级职称2人，中级职称1人。教师队伍硕士率达60%。有爱丁堡大学、韩国檀国大学等海外留学经历的毕业生和清华大学、北京师范大学等高校毕业生。致力于推动教师专业发展，依靠集团雄厚教学力量开展“精准教研周”“笃行大讲堂——聘请市区、集团专家、名班主任、骨干教师进行分享”“南门河畔读书会——校内教师读书交流分享”等系列教研活动。积极组织教师参加各类各级比赛。在2020年深圳市青年教师基本功大赛中，初中数学老师苏畅、初中美术老师祝伟唯和小学语文老师林明燕最终分别斩获市级二等奖、二等奖、三等奖的优异成绩。教师团队专业素质不断提高。2020—2021学年度第一学期的中期督导数据显示，学生对教师满意度高达98.85%。

2020年11月8日，深圳市南山外国语学校（集团）深汕西中心学校举办体育节 ［深圳市南山外国语学校（集团）深汕西中心学校 供］

树立“像树一样成长”的南外办学理念，贯彻“精致育人”的办学思想，秉承“厚德 博学 笃行 健美”的校训，致力于开发丰富而优质的课程，构建学生多元发展平台。现已开设英语配音、英语戏剧、英语绘本阅读、国学吟诵、泛阅读、啦啦操、民族舞、韵律操、流行舞等14门特色拓展课程，逐步打造学校的外语、科创、人文和健美四大特色课程体系。致力于打造丰富多彩的校园文化活动，推出“五大校园文化节”，即科技节、体育节、英语文化节、汉语文化节、艺术节，营造浓厚校园文化氛围。致力于推动学生综合发展，是合作区首个开展国防教育的学校。2021年2月，学校课后服务正式启动，是深圳市首批、合作区首个课后服务示范校，得到了家长们的高度赞誉。致力于家校合作，借助“义方”家长学校促进家校沟通，构建学校、家庭愉快合作的平台，真正为每一个孩子的健康成长保驾护航。（刘曙昌）

【松正（民办）鹅埠松正学校】 创办于2003年。是经汕尾市教育局审批的九年一贯制民办学校。位于深汕特别合作区松正教育园区。占地面积23 000平方米，建筑面积17 944平方米。有200米塑胶跑道。图书室、阅览室、音乐室、舞蹈室、美术室、书法室、电脑室、物理实验室、化学实验室、生物实验室等教学设施配套齐全。有孔子像、文人塑像、宣传橱窗等人文景观。有一至九年级共36个教学班，能提供学位1860个，现有学生1620人。教职工共107人，平均年龄为30岁，其中学历本科及以上32人。坚持"服务社会，为国育才"办学理念，以"博学宏志、实干创新"为校训，致力于培养德、智、体、美、劳全面发展的创新型人才。教育教学质量不断攀升。2011、2012、2013、2015四年中考实考成绩全县第一名；2014、2018两年中考实考成绩全县第二名；2008—2019年连续11年小考成绩全镇第一名；2012、2013、2015年均荣获义务教育教学质量综合评价三类地区一等奖；2009、2010、2017年荣获义务教育教学质量综合评价三类地区二等奖；2012年生物科、化学科、数学科、体育科和2018年体育科中考均被评为优秀学科组。2015年荣获海崇杯教职工篮球赛冠军，2017年荣获深汕特别合作区第三届运动会教师三人组篮球赛冠军。

［松正（民办）鹅埠松正学校　供］

【鹅埠中学】创办于1960年。位于海丰县西部，是深圳市深汕特别合作区管委会所在地，在地缘上是珠三角进入粤东地区第一站。是一所有汉、畲族学生就读的农村初级中学。占地面积1.22万平方米，建筑面积6488平方米。校园分为教学区、运动区、生活区三大片区。学生来源于鹅埠镇和部分外来务工人员家庭。现有教学班11个，学生469人。教职工48人。其中：本科及以上学历41人，大专学历7人；高级职称6人，中级职称21人。坚持以"团结、守纪、勤奋、创新"为校风，以"以人为本，一切为了每一位学生的可持续发展奠定基础"为办学理念，以"崇德、敬业、求实、进取"为校训，以"合格+特长"为办学目标，形成了"勤学、好问、竞争、合作"的学风和"乐教、善导、开拓、奉献"的教风，凸显了"德育工作人性化，教学手段现代化，学校管理制度化"的办学特色。在生源水平较差的情况下，知难而上，勇挑重担。在教学中，坚持以辅差培优带动全面教学质量提高的原则，坚持"课内打基础、课外求发展"。重视课堂效益，实行课堂开放。抓好备课、听课、评课，积极开展微课题研究和"一人一课"评比，取长补短、改进教法、优化课堂。不断完善教师评价体系和奖惩制度，凝成较强的打造能力。在县教研会上，得到教研室的充分肯定，2019、2020年中考，均实现"低进高出"的目标，多项升学指标居深汕区公立中学首位。在抓课堂教学和教改的同时，坚持思政、安全教育早做做细，不拘形式，效果显著。无违法事例和安全事故发生。结合实际情况，充分利用现有资源，开设道德讲堂，开展国学教育，举行校运会、禁毒演讲、游学、安全和礼仪知识竞赛以及各学科竞赛等第二课堂活动，组织"篮球""音乐""美术""象棋"等兴趣小组，活跃校园氛围，丰富课余生活，提升学生能力，增强学校的内吸力，"勤学、好问、竞争、合作"蔚然成风。2019—2020年度，被评为深圳市教育系统先进单位。

（鹅埠中学　供）

【赤石中学】创办于1964年。前身为赤石农中，原址位于赤石石龙头。1981年迁至现址——赤石镇赤石墟米街。现已发展成为一所颇具特色、初具规模的初级中学，被评为"规范化学校"和"标准化学校"。占地面积2.86万平方米，建筑面积1.36万平方米。建有1栋主教学楼，2栋实验楼，1栋办公楼，2栋教师宿舍楼，校旁建有教师之家集体住宿区。拥有200米环形三合土跑道运动场、排球场、羽毛球场、乒乓球场等运动场地。配有独立仪器室、理化生实验室、电脑室、图书馆、综合档案室、团队室、教师办公室等。现有初中部七至九年级共11个教学班，能提供的学位共有600个，现在校学生461人。生源均来自深圳市深汕特别合作区赤石镇13个村、社区。外地学生占4.3%。教职工67人（专任教师59人，在编60人），平均年龄为39岁。其中：教师本科及以上学历52人，大专7人，本科率达88%；中学高级教师8人，中学一级教师46人；聘用编外职工7人，聘请法制副校长1人，工勤人员1人。坚持以"以人为本，管理先行，全面发展"为指导思想，以"立德树人，立教圆梦，因材施教，共同发展"为办学理念，励精图治，薪火相传，提升办学品位。以“厚德、博学、励志、笃行”为校训，致力于培养博学多才、矢志报国的社会主义建设人才。自2013年起至2020年通过“三率”考核全面达标；学校规模不断壮大、发展，办学条件日臻完善，管理不断加强，教学质量不断提升，中考成绩屡创历史新高，考上重点高中分数线的学生每年均超40人。校园文化建设生机勃勃，文体活动丰富多彩，业绩显著。其中：2012年获得海丰县第十二届中学生运动会团体总分第二名；2013年获得广东省中学生地理奥林匹克竞赛团体第一名。2013—2020年年度教育教学“两个常规”工作全面通过了教育局的评估并获得高分，2010—2020年学校团总支部连续被赤石镇、海丰县、汕尾市等各级部门分别评为“先进团总支部”和“红旗团总支部”；2013年以来学校党支部多次被赤石镇党委评为“先进党支部”。多次接受县、区、市、省等各级领导的督导评估，均获得高度的评价，优秀事例和典型事迹曾多次在县、区、市报刊及在电视台报道、表彰。

（赤石中学　供）

高校

深圳大学

【概况】2020年，深圳大学筑牢学校疫情防控安全防线，全力克服疫情带来的各种困难，以文化创新发展为引领，以学科建设为基础，以质量发展和服务创新驱动发展战略为导向，以争取落实高等学校办学自主权为突破点，深入推进高水平大学二期建设，各项事业取得长足进展。在软科等界大学排名（ARWU）、U.S. News等界大学排名、QS等界大学排名和泰晤士高等教育（THE）等界大学排名等国际公认四大权威世界大学排名榜上，学校分列国内高校第31、32、33和16位，综合排位28位，位列国际高校约第400—500位。是年，学校有粤海、沧海、丽湖、罗湖四个校区，校园总面积272万平方米，总建筑面积147.44万平方米。图书馆馆舍51 202平方米（含丽湖校区图书馆一期），全校共拥有纸质图书432.6万册，报刊2550种；电子资源数据库411种，含电子图书282万册，全文电子期刊13.2万种，多媒体数据库16种。有教学学院24个、本科专业100个；一级学科硕士点38个，专业硕士学位授权类别22个；一级学科博士点10个；博士后科研流动站9个，博士后工作站1个。有国家级特色专业5个，省级特色专业15个；有省级重点学科15个。有国家级一流本科专业建设点15个，省级一流本科专业建设点4个。工程学、临床医学、材料科学、生物学与生物化学、计算机科学、化学、物理学、社会科学总论、环境科学/生态学进入ESI学科世界排名前1%。完成学生宿舍拆建工程、幼儿园、校友广场等3个基建工程，推进吴玉章楼项目、艺术综合楼项目、丽湖校区建设工程（二期）和深圳大学总医院功能完善配套改造项目等8个在建工程。校友广场启用；深圳大学博物馆（筹）揭牌；校史馆正式开馆运营。开办附属外国语中学、附属外国语小学，吸纳并建设附属实验中学。总医院开设50个专科门诊、92个专病门诊、42个临床医技科室、22个病区，医疗收入逾5.63亿元。平湖医院录用专家和医护人员351人，开始试运营。

【党建工作】2020年，学校深入学习贯彻习近平新时代中国特色社会主义思想，扎实推进党建工作。全

2020年12月25日，深圳大学校友广场揭牌　（庞　审　摄）

年组织常委会第一议题学习21次、校党委理论学习中心组学习会28次，巩固拓展“不忘初心、牢记使命”主题教育成果，持续推进“两学一做”学习教育常态化制度化。采取为全校党员购置6971册学习读本、集中学习研讨、中层干部专题培训班、组建校党委讲师团集中宣讲、“三会一课”等举措，多形式、分层次、全覆盖抓好《习近平谈治国理政》第三卷及习近平总书记重要讲话精神的学习领会。制订党委和领导班子成员全面从严治党主体责任清单；出台《深圳大学关于考准考实干部政治表现的办法》，健全领导干部政治素质识别和评价机制。外派22名党员干部参与企业复工复产和街道疫情防控，火线发展1名预备党员，发动全校党员为疫情防控捐款捐物合计111.6万元。增派教师作为汕尾理工学院（筹）和韩山师范学院帮扶组成员。投入150余万元继续做好河源曲潭村对口扶贫，各基层党组织开展结对帮扶活动29次，捐赠图书7000余册，助力脱贫攻坚任务高质量完成。出台《党建工作示范高校建设方案（2020—2021年）》，持续推进党建示范创建和质量创优，1个学院党委、4个党支部获第三批省级双创“标杆院系”“样板支部”立项。推动党建理论创新，1个课题获中组部年度全国组织工作重点课题调研成果二等奖，7个课题获省级立项，2篇论文在省级评选获奖，设立校级课题45项。发展党员898名，含3名高层次人才、29名高知识群体。在深圳党史馆、方志馆挂牌设立学校党员干部现场教学基地；开展“党课开讲啦”活动，组织全校各级党组织书记讲党课519场；全年组织2743人次参加校内外培训，分党校开展299场培训，参训25 342人次。严格落实意识形态工作责任制，组织“校党委—基层党委（总支）—教工党支部”三级逐级签订责任书；开展基层党委（总支）贯彻落实意识形态工作责任制年度督查考核。推进纪检监察体制改革，深化纪检监察工作，挂牌成立监察专员办公室，设立纪检（监察）室。

【师资建设】2020年，深圳大学加大人才引育力度，巩固人事制度改革成果。2020年共审议通过引进全职特聘教授33人，其中两院院士3人、国家“万人计划”1人、国家特聘专家（青年项目）1人、国家“杰青”1人、国家“优青”2人、国家百千万人才工程入选者1人。持续做好教职工招聘工作。全年审议通过引进预聘-长聘制教师180名（包括教授11名、副教授26名、助理教授143名）、全职授课教师14名，选聘管理人员5名、技术人员8名，公开招聘辅导员18名、管理人员46名、技术人员36名。新入职教师中具有博士学位人员179人，具有境外留学归国背景人员118人。采用灵活用人方式补充教师队伍，全年聘请访问教授23人、客座教授6人、兼职授课教师48人。加强博士后和专职研究人员管理，修订《深圳大学博士后管理规定》。招收博士后470人，引进专职研究人员738人。加大学术骨干和领军人才培育力度，连续五年获深圳市人才伯乐奖；推进各级各类人才项目的认定及申报，36人认定为深圳市高层次专业人才，94人认定为深圳市海外高层次人才，94人获得深圳市“孔雀计划”证书；持续推进“3+1”工程，2020年新增优秀学者9人，领军学者5人。出台《深圳大学冠名教授实施办法（试行）》，完成首批深圳大学“腾讯创始人校友团队”冠名教授的遴选；实施青年教师支持计划，全年合计资助71人共1160.5万元；4人获得国家留学基金委公派访问学者资格，2人获得地方公派；组织123名新引进教师及140名外籍教职工开展专题培训。完成255名预聘-长聘制教师三年聘期考核；完成4184名教职工年度考核工作；启动年度教师职称评聘工作和预聘-长聘制教师岗位晋升工作；启动专职研究人员聘期考核工作；开展师德建设主题教育月活动。加大教师节表彰力度，教师节共表彰国家、省、市优秀教师48人，从教30年教育工作者80人，荣休奖63人，校级教学、科研工作突出贡献团队92个，校级先进个人677人。

截至年底，全校有教职工3886人（专任教师2481人）。其中：教授575人、副教授694人、技术人员586人、管理人员819人。有博士后1558人，专职研究人员761人，访问教授113人。有中国科学院、工程院院士24人（含短聘10人），美国医学与生物工程院院士2人，英国皇家工程院院士1人，加拿大工程院院士2人，日本工程院院士3人，俄罗斯工程院院士1人，俄罗斯自然科学院院士1人，欧亚科学院院士3人，美国科学院、工程院、医学院院士2人（短聘），欧洲科学院院士2人（短聘），加拿大工程院院士2人（短聘），新加坡科学院院士 1 人（短聘），加拿大皇家科学院院士 1 人（短聘），荷兰皇家科学院院士 1 人（短聘），澳大利亚科学院院士 1 人（短聘），诺贝尔奖（生理和医学）获得者 1 人（短聘）。全职高层次人才队伍包括国家“973 计划”首席科学家 5 人，长江学者 9 人，国家杰出青年科学基金获得者 19 人，“万人计划”5 人，国家优秀青年科学基金获得者 21 人，教育部“新世纪优秀人才”10 人，国家百千万人才 14 人。

【教育教学】2020 年，深圳大学启动第五轮学科评估。材料科学成为学校继工程学和计算机科学后第三个跻身 ESI 全球排名前千分之三行列的学科。物理学与天文学首次上榜 QS 世界大学学科排名榜并居国内第 30 位，计算机科学与信息系统排名第 31 位。22 个学科上榜软科世界一流学科排名，位列中国内地高校第 26 位；其中通信工程和交通运输工程分列世界第 28 位和 40 位。推进研究生教育改革和创新。获批广东省研究生教育创新计划项目 15 项，获广东省学位与研究生教育优秀研究成果奖 4 项；新立项校级研究生教育改革研究项目 13 项、Seminar 课程 5 项、案例教学课程 6 项；根据学位点布局谋划和内涵建设，制定校内遴选规则，申报 18 个博士点、6 个硕士点，申报数量全省第一；经广东省教育厅批复，拟新增 13 个博士一级学科、5 个博士专业学位和 5 个硕士专业学位。获批深圳华大基因科技有限公司等 6 个省级研究生联合培养示范基地，遴选新增深圳报业集团等 6 个校级专业学位研究生校外实践基地。加强产教融合，与华为技术有限公司联合培养硕士研究生，推动研究生培养模式整体创新。严格实行导师招生资格年审和动态调整机制，被《中国教育报》报道，《泰晤士高等教育》给予积极评价。加强本科专业和课程建设。深入实施《深圳大学一流本科教育行动方案（2020—2025）》；推进本科专业内涵建设，推荐 19 个本科专业参评国家级一流专业建设点，14 个专业获评广东省一流专业建设点。

深化跨学科交叉课程体系和教学内容改革，打造适应新技术、新经济、新业态的跨学科应用型微专业，首批立项建设 13 个“微专业”。加强优质课程建设，打造高水平“一流金课”，17 门课程被评选认定为首批国家级一流本科课程，27 门课程获评广东省 2020 年度一流本科课程。出台《深圳大学关于加强课程考核方式改革的意见》，将课程考核方式改革纳入高水平大学二期建设绩效指标。谢和平院士主编的《自然科学经典文选导读》和人文学院高建平院长（人文学院）主编的《人文社科经典文选导读》引起社会巨大反响，并纳入本科生培养计划必修课程。加强拔尖创新人才培养模式改革和精英人才培养，开设各类特色班 25 个。微众金融科技学院、腾讯云人工智能学院获评为广东省第二批示范性产业学院。

创新疫情下的教育教学模式。上半年疫情期间，遵循“开学不返校、停课不停学”原则开展线上教学。其中，本科开设线上课程 1873 门，开课率为 98.56%；研究生开设线上课程 618 门，开课率为 95%；留学生课程开课率达 100%；超过 95% 的学生肯定线上教学效果；依托 UOOC 联盟，为 517 所高校 34.92 万人次提供 1537 门次在线课程，为全国高校提供教学资源。获广东省疫情阶段在线教学优秀案例 43 项。

2020 年 12 月 30 日，深圳大学在 2020 乒超联赛上夺得女团冠军

（庞 审 摄）

继续教育学院稳步推进学历教育、自考助学、培训教育等，完成干部培训 110 期，参训 6000 余人；连续第四年获评为“中国最具社会影响力高校网络与继续教育学院”。

【人才培养】2020 年，深圳大学有全日制在校生 39 254 人，其中全日制本科生 28 392 人，硕士研究生 9990 人，博士研究生 420 人，留学生（学位生）452 人；成人教育本科生 14 405 人，成人教育专科生 10 079 人。招生 19377 人，其中普通本科生 6733 人，录取分数线位居省内高校第五；硕士研究生 4125 人，博士研究生 176 人；留学生（学位生）107 人；成人教育本科生 4979 人，成人教育专科生 3257 人。毕业生 16 004 人，其中普通本科生 6581 人；硕士研究生 2494 人，博士研究生 54 人；留学生（学位生）51 人；成人教育本科生 2360 人，成人教育专科生 4293 人；在职硕士研究生 171 人。融通人才培养、课程建设、实践教育、教师培训、特色发展等五大体系，逐步实现从“思政课程”主渠道向“课程思政”立体化育人扩展；开创思政课“实验教学”“虚拟实践”先河，获广东省优秀教学成果二等奖；跨学科建设思政课程群，开好 65 门思政课；依托涵盖 131 所高校 360 万学生的 UOOC 联盟，建设网络思政理论课 MOOC 群，上线优秀传统文化、科学文明素养、全球时事政治等通识课程 468 门。采取思政课教师分类管理、科研奖励、同行听课，辅导员思政工作专项考评等制度，强化思政工作评价与引导。立足深圳特区建设成就，遴选 50 个校外实践教学基地作为思政教育基地；实施“荔园树人”“青马”工程，开展“我和我的祖国”主题教育活动，近万名学生在实践中“受教育”“做贡献”“长才干”。深入推进“荔园树人”工程。把党建和思政工作贯彻人才培养全过程，落实“思政第一课”制度，85 位校院党政领导上思政“第一课”，听课学生达 65 631 人次；举办“书记下午茶”、“校长午餐会”等活动，落实全员育人。将思政教育与主题实践、志愿服务和创新创业等有机结合，开展“易班”建设、书院制改革试点，将全过程育人融入学生发展，全校注册志愿者 1.88 万人，志愿服务项目 463 个，累计参与人次 4.8 万，义工时达 26.15 万个。

加强创新创业教育。成立深圳大学深化创新创业教育改革领导小组和深圳大学创新创业教育中心，加强双创教育顶层设计；制定《深圳大学关于全面加强新时代创新创业教育的实施意见》，丰富双创实践内容，提升双创竞赛水平。全年本科生学科竞赛项目立项资助 52 项；本科生创新创业训练计划项目申报立项国家级项目 40 项、省级项目 80 项，结题验收国家级、省级项目 106 项。研究生资助“全国研究生数学建模竞赛”等 12 个学科竞赛项目，资助“科技战疫·大数据公益挑战赛”等 5 个项目。在第六届中国国际“互联网+”大学生创新创业大赛中取得历史性突破，在高教主赛道成长组（大陆项目）和国际组中各获一枚银奖。学生获奖项目丰富。本科生获奖 724 项，含学科竞赛获奖 493 项，其中国际级 83 项、国家级 153 项；文艺、体育竞赛获奖 204 项，其中国际级 25 项，国家级 91 项；创新创业活动，技能竞赛获奖 27 项，其中国家级 11 项。研究生获奖 68 项，含国家一等奖 3

2020 年 12 月 14 日，深大-华为产教融合基地揭牌　　（庞　审　摄）

个、国家二等奖5个、国家三等奖6个、国家优秀奖1个。

【科技研发】2020年，深圳大学科研经费稳步增长。全年学校科研总经费收入14.61亿元，同比增长0.56亿元，增长率3.98%；其中自然科学类科研经费收入14.04亿元，人文社科类科研经费收入0.57亿元。自然科学方面，新增各类科技项目共1241项，其中纵向项目936项，合同经费10.11亿元；横向项目305项，合同经费1.14亿元。国家自然科学基金项目373项，总经费2.6亿元，同比增长52%；立项数居全国第18位，连续四年居广东省第2位。有省部级项目239项，直接经费1.03亿元；市级项目311项，合同经费2.6亿元。人文社科方面，国家社科基金项目立项39项，同比增长30%，位居广东省第2位，其中重大项目4项；有教育部人文社会科学研究一般项目17项，全国人大常委会港澳基本法委员会基本法研究项目4项，广东省哲学社会科学“十三五”规划2020年度项目29项，广东省教育科学“十三五”规划2020年度课题17项，深圳市各类项目和课题68项，各类横向项目175项。

科研论文质量稳步提升。SCI论文收录5261篇，同比增长38.8%；全年共申请专利1089项，获授权727项；PCT专利申请公开244项，位居全国高校第二、全球第三；获第二届全国创新争先奖1项；获吴文俊人工智能科学技术奖专项芯片项目三等奖1项；获深圳市科学技术奖12项，其中科技进步奖7项、自然科学奖4项、标准奖1项；7人次入选2020全球高被引科学家（全深圳市共15人），位列中国内地高校第23位。SSCI论文收录593篇，同比增长55.6%；获教育部第八届高等学校科学研究优秀成果奖7项，其中二等奖4项，三等奖3项；获广东省高等教育学会第一届优秀高等教育研究成果奖6项，其中一等奖3项，二等奖3项；文化产业研究院发起的《深圳大学艺术学理论丛书》首批成果出版；城市治理研究院研究员参编的《新中国政治学研究70年》出版。

高水平科研平台建设持续提升。成立创新技术研究院等7个校级科研机构；新增省部级以上实验室8个、市级重点实验室5个，筹建启动市级重点实验室3个；通过军工二级保密资格认证；出台《深圳大学校地合作研究机构管理办法（试行）》，加强校地研究院管理；推进深圳大学十大湾区研究院建设，在深圳南山等地建成5家，在中山等地筹建5家。智库建设与咨政服务不断加强。成立合规研究院等3个校级科研机构；中国特色社会主义先行示范区残疾人事业发展研究中心（基地）落户学校；印度研究中心获批国家民族事务委员会“一带一路”国别和区域研究中心；故宫学研究院作为“普通高校特色新型智库”获2020年广东省教育厅普通高校科研平台立项。

提出“创新人才培养→创新源头保护→创新成果孵化→创新产品产业化”全链条知识产权管理及运营服务体系；入选首批国家知识产权试点高校；获国家知识产权局和教育部授牌“高校国家知识产权信息服务中心”，承建深圳高校知识产权大数据平台。推进科技成果转化工作。制定《深圳大学科技成果转化办法》；全年办理知识产权转让、授权许可57项，累计收入161.7万元；办理科技成果作价入股项目3项，合同金额455万元；成立深圳市

2020年11月24日，深圳大学微众金融科技学院成立一周年，金融科技实验室揭牌
（庞　审　摄）

首家高校创新验证中心；组织高交会参展科技成果105项，为历届最多。

【交流合作】2020年，深圳大学完善国际化行动方案，提升学校国际化水平。召开国际化工作会议暨涉外工作培训。筹建深圳大学国际化发展战略咨询委员会和专家顾问团。推进学校英文网站改版工作。遴选并立项资助首批国际化专业和课程。12个专业认定为首批国际化专业，配套认定34门课程为国际化课程，11个硕士和博士研究生专业认定为首批国际化培育专业，共资助300余万元。推进境外合作办学项目，深化港澳台交流合作。南特商学院的金融科技与风险控制理学硕士获教育部中外合作办学项目批准，成为学校首个教育部批准的中外合作办学项目；积极推进深圳大学帕森斯设计学院、深圳大学-南洋理工大学联合学院等合作项目，其中帕森斯设计学院筹建方案已获市政府常务会通过。承担疫情期间美国帕森斯设计学院117名中国籍学生在深圳大学的教学和管理工作。成功举办教育部“港澳与内地高校师生交流计划”，并作为先进典型在教育部港澳工作会议交流发言。设立并资助深圳大学与港澳台高校师生交流计划项目。积极筹集并向海外合作高校捐赠口罩等物资，用实际行动支持合作伙伴的抗疫工作。

【疫情防控】2020年，深圳大学高度重视、压实责任、全面部署、科学谋划、统筹推进疫情防控相关工作。1月23日，在深圳高校中第一时间成立新冠肺炎疫情防控指挥部，党委书记、校长担任总指挥，指挥部下设11个工作组，职能部门和学院（部）分别成立工作小组，形成疫情防控强大合力。建立各级疫情防控工作机制，组织疫情防控演练，落实落细各项具体措施。先后组织召开8次疫情防控工作领导小组会议、15次校长办公会、14次党委常委会、45次专题会议讨论疫情防控工作，印发有关工作方案和通知70份、工作简报334份。

创新疫情下的教育教学模式。上半年98%的本科课程、95%的研究生课程实现线上教学；科学合理安排师生返校，全年学生共分4批18期返校；加强学生社区管理，严格执行校园疫情“日报告”“零报告”制度；利用二维码等大数据手段，完善师生健康信息排查和报备；重点人员做到一人一策一台账；严格校园管理，校外无关人员不能进入校门；加强校内食堂、商铺保供稳价，满足师生需求。开展对疫区师生和重点人员的关心关爱，加强学生心理辅导和援助；协助滞留境外的本国师生回校，向境外师生和友好学校寄送口罩等物资。利用医学部、总医院、平湖医院和其他附属医院的医学资源，在防疫指导、医学救治和病毒防疫研究攻关等方面作出贡献；利用媒体宣传、心理干预、大数据分析等综合优势助力抗疫。

【校史馆正式开馆】2020年10月23日，深圳大学校史馆正式开馆。校史馆位于档案馆一楼，总面积1279平方米。展馆以蓝色、白色、荔枝红为主题色，并搭配相近色调，在体现科技感的同时，彰显出深圳大学的“荔园”文化特色。展馆以纵横交错的时间为轴，以办学精神为主线，共设有11个展区，开篇以“发展沿革”为主题完整呈现深圳大学的创办发展历程，进而通过人才培养、科学研究、学科建设、师资队伍、党的建设、校园文化、国际合作、办学条件、校友风采、发展展望等十个主题展区从不同侧面全方位展示深圳大学的办学成果，并设置影视厅播放宣传视频。展馆共展出学校珍贵的历史照片千余幅以及档案史料、实物等百余件，生动展示了深圳大学作为深圳经济特区第一所综合性大学的成长足迹。从正式开馆至2020年底，校史馆共接待参观3856人次。

【深圳大学博物馆（筹）揭牌】12月7日，深圳大学博物馆（筹）揭牌，开启深圳高校博物馆建设的先河。博物馆（筹）位于深圳大学粤海校区校友广场，自2019年5月启动筹建，2020年11月成立深圳大学博物馆（筹）学术委员会和管理委员会，聘任文化部原副部长、故宫博物院原院长郑欣淼等业内知名专家担任学术委员会和管理委员会成员。博物馆（筹）设5个展厅，首展为本校43位艺术家首批捐赠的74件艺术作品专场展览。以深大建校以来在一线从事美术及相关学科教学工作、在社会上享有较高知名度的教师和艺术家为主要捐赠人，作品涵盖国画、书法、版画、油画、水彩、综合材料、雕塑等。博物馆（筹）将秉承特区改革基因，彰显特区大学优势和特色，在“互联网＋”的时代背景下，发挥大学育人和服务社会功能，运用文化＋科技的理念技术，展现“特区大学、窗口大学、实验大学”的办学理念和独特文化魅力，成为深圳未来新的艺术坐标和文化名片，为全面提升深圳大学文化内涵、打造一所“有灵魂的大学”提供精神滋养和智力支撑。

（拟稿：江婷，审稿：左英姿）

南方科技大学

【概况】南方科技大学（以下简称南科大）于2012年4月由教育部正式批准建立，赋予探索具有中国特色现代大学制度、创新人才培养模式的重大使命。南科大以理、工、医科为主，兼具商科及特色人文社会学科，在本科、硕士、博士层次办学。学校占地面积198万平方米，截止至2020年已投入使用建筑面积总计70.85万平方米，其中，2020年新增17.44万平方米。固定资产总值619 306.9万元，其中，科研仪器设备资产值274 047.83万元，占比44.26%。图书馆建筑面积18 210平方米，藏有纸质图书254 698册、电子图书566 011种、电子数据库130种。拥有计算机9188台，多媒体教室48间，总带宽8GB，电子邮件系统用户28 000个，管理信息系统数据总量0.185T。网址：https：//www.sustech.edu.cn/。截至2020年，南科大正式成立学院8个，系（院）中心30个。博士学位授权一级学科4个，硕士学位授权一级学科6个，硕士专业学位授权类别2个。本科专业30个，其中，2020年新获批备案大数据管理与应用本科专业；具有学士学位授予权专业26个，其中，年内新增4个。理论与应用力学、生物医学工程，共2个专业入选2020年度国家级一流本科专业建设点；生物科学、微电子科学与工程，共2个专业入选省级一流本科专业建设点。化学、材料科学2个学科保持ESI全球前1%，工程学、临床医学首次进入ESI全球前1%。2020年发布的泰晤士高等教育世界大学排名中位列中国内地高校第8位；泰晤士高等教育年轻大学排名蝉联中国内地第1位，位列世界第47位；QS世界大学排名2020中，位列中国内地第14位；U.S. News全球最好大学排名2020中，位列中国内地第36位；软科2020中国最好大学排名中，位列中国内地高校第46位。

【人才培养】2020年在籍本科生4313人，授予学士学位957人。年内，在读研究生3118人，其中，硕士生1591人，博士生1527人。目前已与境内外21所国际知名大学进行博士硕士联合培养，联合培养研究生在读人数为939人，其中，硕士生19人，博士生920人。2020届本科生升学就业率98.13%，其中，境内外升学深造比例65.9%、直接就业比例32.23%。本科招生继续实行“631”综合评价录取选拔模式，2020年南科大面向22个省（市、自治区）连续第九年采用基于高考的综合评价录取模式，并继续试点提前批普通高考录取模式招

2020年3月，南方科技大学冷冻电镜中心科研团队联合二附院团队观察到了新冠病毒经灭活后的真实形貌

（南科大宣传与公共关系部及学生新闻社　供）

2020 年 11 月 21 日，南方科技大学公共卫生及应急管理学院揭牌仪式
（南方科技大学宣传与公共关系部及学生新闻社　供）

收本科新生，录取 1097 人。本科留学生总人数 42 人，其中，2020 年招生 6 人（推迟至 2021 年秋季入学）。教学方面，在 2019 年广东省教育教学成果奖中，"不唯高考、聚焦能力、关注过程——南方科技大学综合评价录取模式的探索与实践"项目获一等奖，"'以生为本、因材施教'——通信专业创新型人才培养的探索与实践"获二等奖。

【师资建设】截至 2020 年，南方科技大学专任教师 1076 人。其中：教研系列教师 484 人、研究系列教师 498 人、教学系列教师 94 人；教研系列教师中讲席教授 95 人，教授 86 人，副教授 157 人，助理教授 146 人。学校共有博士生导师 531 人，硕士生导师 865 人。2020 年，有正式入职的中国科学院院士、中国工程院院士及国际院士 43 人（全职 23 人），国家高层次人才特殊支持计划 14 人，"国家自然科学基金杰出青年科学基金"获得者 33 人，"国家自然科学基金优秀青年科学基金"获得者 14 人、广东省"珠江人才"61 人，广东省特支计划入选者 23 人，深圳市"孔雀计划"645 人，深圳市高层次人才 223 人。

【科技研发】2020 年，南科大获得各级各类科技项目 993 项，总经费 18.234 亿元，其中，纵向科技项目获批 787 项，总经费 15.244 亿元，经费数较 2019 年增长 19%。年内，国家自然科学基金项目立项 206 项，获批经费逾 1.4 亿元。科技部项目立项 29 项，其他部委项目立项 19 项。平台建设项目 34 项，获批经费 5.2693 亿元，其中国家级平台 1 项，省部级平台 6 项，市级平台 5 项。学校共计发表论文 4566 篇，其中 SCI 收录 3387 篇。2020 年南科大自然指数加权论文值为 218.85，在世界大学自然指数排名第 44 位，在中国大学自然指数排名第 12 位。2020 年学校签订横向技术合同 206 项，合同总金额为 29 874.75 万元。专利申请总数 2369 件，专利授权总数 629 件，其中，2020 年专利申请新增 735 件，授权新增 276 件。年内，学校成立联合科技机构共 14 家。

【合作交流】2020 年，南科大新增 6 个交换生项目，包括与美国圣母大学、加拿大多伦多大学、加拿大女王大学、韩国高丽大学、香港理工大学、德国莱茵瓦尔应用技术大学交换生项目。全球联动抗击疫情，与国际合作伙伴密切联络，积极帮助海外学子归国，成立国际生疫情防控小组，建立疫情期间学生管理机制。同时，为无法赴美学习的友好高校学子提供到南科大开展学习和科研的机会。年内，学校共有 97 名学生出境前往美国、英国、加拿大、新加坡等 9 个国家和地区的 20 所院校进行交流学习。

单位名称	获奖称号	颁奖机关	获奖时间
南方科技大学	2020年度深圳市"人才伯乐奖"	深圳市委、市政府	2020年11月1日

【疫情防控】2020 年 3 月 10 日，市委书记、市新冠肺炎防控领导小组（指挥部）组长（总指挥）王伟中等领导带队到南科大调研新冠肺炎防控科研攻关工作。作为全市最早推进复工返岗的高校，

以及全国最早开课的高校之一，南科大将师生生命健康放在首位，保证教学科研有条不紊地开展的同时，大力发挥专业优势，着力实现疫情防控和事业发展“两手抓、两手硬、两战赢”，将科研教学事业“书写”在抗疫一线。

在基础理论研究方面，南科大与深圳国家感染性疾病临床医学研究中心/南方科技大学第二附属医院等联合，从临床新冠肺炎病例获取生物样本，首次使用冷冻电子显微镜观察到了新冠病毒经灭活后的真实形貌，为新冠病毒的识别、鉴定和临床相关研究提供重要的超微影像基础，并于当地时间3月5日发布在生物领域最大的预印本发行服务 BioRxiv 上；3月27日，二附院以独立第一单位和独立通讯单位在国际顶级医学期刊 *JAMA* 在线发表题研究论文，描述对危重症患者 COVID-19 进行恢复期血浆输注的初步临床经验；5月26日，《自然》杂志（*Nature*）报道了二附院张政课题组与清华大学结构生物学高精尖创新中心张林琦、王新泉课题组的最新合作研究成果，该研究分离得到的高活性中和抗体为开发新冠病毒临床干预抗体打下了坚实的基础。

在高科技产品研发生产方面，材料科学与工程系副教授孙大陟和南科大首届毕业生张至团队改良研制出适用于护目镜的防雾消毒湿巾，支援深圳、武汉、黄冈等地新冠肺炎战“疫”一线单位；材料科学与工程系主任程鑫带领团队研发桌面型高效灭菌消毒设备；未来网络研究院院长、中国工程院院士刘韵洁牵头研发新冠病毒传播示踪与预警系统，建立人与人、人与物接触的时序记录库；机械与能源工程系助理教授王宏强课题组研制出首款便携式咽拭子采集智能机器人。

在公共卫生与应急管理方面，11月21日，南方科技大学公共卫生及应急管理学院揭牌仪式暨大湾区公共卫生与健康中国论坛在深圳举行。深圳市副市长吴以环，南方科技大学党委书记郭雨蓉，深圳市卫生健康委员会巡视员孙美华，南科大代理副校长、中国科学院院士顾东风，以及200余位专家学者等出席活动。南科大公共卫生及应急管理学院由南科大和南科大第二附属医院、深圳市疾控中心共同合作建设，其目标是高定位、高标准、高质量建设国际一流的公共卫生及应急管理学院。学院由南科大代理副校长、中科院院士顾东风牵头，将围绕新时期公共卫生健康与应急管理目标，探索“医教研用”共建和融合的创新机制，促进新型公共卫生体系建立，引进和培养一批具有国际水平的公共卫生领域人才和高水平创新团队，助力健康深圳、健康中国建设。

【党建和现代大学治理】2020年3月20日，中共南方科技大学委员会2020年度党建工作研讨会以线上线下相结合的方式召开。会议系统总结回顾了学校一年多来的党建工作，研究部署新阶段党建工作任务，动员全校各级党组织和广大党员干部进一步解放思想、凝心聚力，为南科大“扎根中国大地建设世界一流研究型大学”提供坚强的政治保障。学校党委书记郭雨蓉指出，要坚持和完善党的全面领导，加强顶层设计，推动党建与办学双融双促、同频共振，牢筑基层党建根基，充分发挥党员的先锋模范作用，打造有影响力、凝聚力、号召力、战斗力的基层党组织。

南科大党委以《广东省加强党的基层组织建设三年行动计划（2018—2020年）》（下简称“三年行动计划”）为指引，从“基层组织建设年”夯基，到“基层党建质量年”提速，再到2020年“基层党建创优年”全面进步、全面过硬，努力在党建和现代大学治理双融双促的模式上先行示范。2020年，学校基层党建工作成效突出。学校全年新建党支部20个。截至2020年底，全校共有112个党组织，学校在册党员总数2284名，数量为2017年的3.5倍，搭建起校院系三级联动，学校党委、二级党委、党总支、党支部组织完备的架构体系。南科大牢牢把握政治学习这个理论学习的根本，不断健全学习制度、丰富学习内容、创新学习形式，各级党组织开展相关专题学习活动584场次，共14 922人参与。

【薛其坤院士任南科大校长】2020年11月，中国科学院院士、清华大学原副校长薛其坤出任南方科技大学校长。2020年12月19日，南方科技大学第二届理事会第四次会议召开，会上举行了南科大新任校长聘任仪式。

【深圳国家应用数学中心揭牌仪式举行】2020年12月20日，深圳国家应用数学中心启动建设工作会议暨数学中心揭牌仪式在南方科技大学中心多功能厅召开。深圳国家应用数学中心是首批十三个国家应用数学中心之一，也是深圳市第一个国家级数学中心。中心负责人是南科大代理副校长、中科院院士方复全。中心以攻坚国家重大需求为主要宗旨，瞄准深圳市建设中国特色社会主义先行示范区及粤港澳大湾区产业创新卡脖子问题，集中突破数学学科的应用与共性关键技术问题，着力打造集人才培养、科学研究、产业服务相互衔接的应用科学技术中心。

【十周年校庆】2020年12月20日，南方科技大学建校十周年庆祝大会在南科大润杨体育馆举行。广东省委副书记、深圳市委书记王伟中，广东省副省长王曦，全国政协常委、致公党中央专职副主席、全国政协港澳台侨委员会副主任闫小培，中国职业技术教育学会会长、教育部原副部长鲁昕，深圳市人大常委会主任骆文智，深圳市政协主席林洁等深圳市领导，以及社会各界各部门、兄弟院校、学校师生代表近千人参加大会。

王伟中在致辞中表示，南科大十年时间从无到有、从弱到强，是深圳历史性跨越的生动例证，是深圳奇迹的精彩演绎。十年来，南方科技大学大力弘扬特区精神，在自主招生、人事改革、科研制度、育人体系、治理模式等方面先行先试，走出了一条具有中国特色、时代特征、深圳特质的高等教育办学之路，跑出了教育跨越发展的深圳速度。他寄望南科大在新起点上，立足“双区”，面向全球，加快建设世界一流研究型大学，培养能担当民族复兴大任的时代接班人，努力打造全国高等教育改革创新的样板。

广东省副省长王曦表示，创校十年来，南科大成为广东乃至全国高等教育改革创新的一面旗帜。王曦说，广东将一如既往地大力支持南科大改革发展，持续加大政策的供给、要素保障和体制创新支持力度，希望南科大进一步提高办学质量，为促进广东乃至全国的高等教育高质量发展、培养更多担当时代重任的创新拔尖人才做出新的更大贡献。

南方科技大学校长、中国科学院院士薛其坤作题为“新益求新创领未来”的讲话。他表示，集国家倾力发展高等教育的天时、深圳经济特区改革开放热土的地利、海内外高层次人才聚集的人和，南科大突出“创知、创新、创业”的办学特色，探索了具有中国特色的现代大学制度、具有南科大特色的拔尖创新人才培养模式，构建了理、工、医为主，兼具商科和特色人文社科的学科体系，以及具有深圳特色的产学研和技术转移体系。“敢闯敢试是南科大快速发展的长效机制”，薛其坤表示，面向未来，南科大将始终坚持改革创新，瞄准卡脖子技术持续发力，加强关键核心技术攻关，强化基础研究、原始创新，实现更多“从0到1”的突破。

大会现场向为学校建设发展付出过心血和汗水的领导、师生、校友及社会各界嘉宾致敬、致谢。鲁昕、罗伟其、朱清时、李铭、陈十一、梁北汉、王东、汤涛、陆为、张至、叶未亮、谢旭洪上台，接受献花。

（撰稿人：李思诺）

深圳技术大学

【概况】2020年，深圳技术大学围绕建设国际化、高水平、示范性一流应用技术大学的目标，抢抓“双区”建设重大历史机遇，坚持开放办学、融合发展、实践育人，奋力夺取疫情防控和事业发展双胜利。学校总占地面积59.4万平方米、总建筑面积108.71万平方米。拥有14个学院、18个专业，在校本科生3389人，专任教师327人。馆藏图书49.4万册，可访问电子图书162.06万册，电子期刊165.54万册，学位论文963.76万册。建有光电创新、先进材料、材料测试等70个实验室，包括广东省教育厅重点实验室1个、联合共建广东省科技厅重点实验室1个、广东省普通高校工程技术研究（开发）中心2个。建有4810平方米的学生工程实训中心及3.3万平方米的实验实训实习基地。建成附属幼儿园，推进附属高中建设。

2020年10月10日，深圳技术大学与富士康工业互联网股份有限公司签署战略合作框架协议　　（深圳技术大学　供）

【疫情防控】2020年，深圳技术大学全力以赴做好开放式校园疫情防控工作。校党委、行政切实把疫情防控作为首要政治任务，措施得力、保障充分、关爱有加。完成26万副医用口罩、洗手液、消毒液等批量防疫物资集中采购和发放。开展4项疫情防控科研攻关，迅速研发生产100余台红外测温仪，支援坪山42所大中小学使用。向国际合作伙伴提供力所能及的帮助。在线教学从3月2日正式开启，至5月15日结束，教学时间总计11个教学周，开设144门课程（420门次）。学校基于实验课占比高和防疫措施到位的实际情况，在全省高校中率先全员返校复课。

【扶贫攻坚】2020年，深圳技术大学扎实做好扶贫工作，累计投入帮扶资金907万元，落地扶贫项目2个，帮助镇山村解决了农产品销售、农村环境整治、危房改造等方面的实际困难，实现36户贫困家庭130人全部脱贫，圆满完成脱贫攻坚任务。

【教育教学】基于学校学科发展、体系构建需要，紧密对接新产业、新需求，新设药学院、外国语学院、聚龙学院；将基础教学部更名为马克思主义学院（人文社科学院），体育学院更名为体育与艺术学院。获批12个新增专业。申请新设的药学、材料科学与工程、数据科学与大数据技术、智能医学工程、艺术与科技、光电信息科学与工程、微电子科学与工程、网络空间安全和英语等9个专业上报教育部审批。成功申请全国大学英语四、六级考点。

【人才培养】2020年，深圳技术大学本科招生1596人，较去年扩招一倍。2020年，依托深圳大学应用技术学院，独立招收和培养研究生179人，其中硕士169人，博士10人；与深圳大学、北京大学、吉林大学、中国工程物理研究院研究生院等高校和科研单位联合培养研究生106人。获2020年省教育厅新建大学联合培养招生指标40名，最终录取硕士生103人，较去年增长189%。

实践育人体系初具特色。立足高层次应用型人才培养目标，坚持以能力培养为主线，积极开展校内外实践协同育人，逐步构建“专业实践、社会实践、科学研究、创新创业实践”有机结合的实践育人体系。问题导向、多学科支撑的“项目式学习”开花结果。年内，开设教授负责制下项目工作课程25门次，开展项目174项，参与学生1740人次，大幅提升学生的创新能力、综合素养。参与国际、国家、省级学科竞赛获大奖55项，其中，包括7大国际奖项、7项全国大奖。创业园孵化项目49个，资助经费725万元，参与学生近500人，申请专利23项，注册成立公司9家。设立专项资金、开放实验室，“驱动”本科生通过项目形式参与科技创新。“自制实验仪器设备”专项项目，鼓励老师带领学生自研自制实验仪器设备，并从高中低三个维度进行全方位支持。2020年首批项目立项11项，资助金额215万元，参与学生44人次。2021年新批项目数量翻一番，有25项初步达到立项要求，预期参与学生达153人次，总资助额度超过500万元。“学生创新发展研究专项”，鼓励学生自主进入实验室开展课题研究，成果丰硕。2020年申请专利6项，其中，发明专利2项，实用新型专利3项，外观专利1项；获得华为中国大学生ICT创新赛二等奖1项、全国大学生物联网设计竞赛（华为杯）华东赛区一等奖1项。

2020 年 11 月 7 日，深圳技术大学举行药学院成立仪式

（深圳技术大学　供）

【师资建设】2020 年，深圳技术大学高层次人才队伍不断壮大。有国家级人才 1 人、地方级领军人才 2 人、后备级人才 8 人、海外高层次人才“孔雀计划”人才 27 人，市级以上高层次人才数量比 2019 年增长 43.5%，在专业教师中占比 58%，连续三年获得“深圳市人才伯乐奖”。教职工数量大幅增加。教职工 761 人，与 2019 年底相比，增加 30.3%，其中，专任教师 327 人，增加 35.7%；实验技术人员 103 人，增加 25.6%；专职研究人员及博士后 42 人，增加 82.6%；管理教辅人员 289 人，增加 21.4%。师资队伍结构逐步优化。专任教师队伍中，教授 88 人（含 22 名全职特聘教授），占比 27%；副教授 100 人，占比 30.6%；助理教授及讲师 114 人，占比 34.9%；45 岁以下中青年教师 244 人，占比 74.6%。博士后培养体系日臻完善。在站博导教师 13 人，在站博士后人员 15 名，比去年新增 7 人。

【校企合作】2020 年，深圳技术大学与中国移动深圳分公司、深圳湾实验室坪山生物医药研发转化中心、大族电机、广田集团、深圳高新投等 25 家知名企业签约合作。截至年底，深度合作企业达 186 家。开办 1 个企业定制班，打造 3 门校企联合课程，共建 4 个校企联合实验室。与深圳市计量质量检测研究院、深圳市城市公共安全技术研究院有限公司、深圳市捷佳伟创新能源装备股份有限公司等 14 家企业签订校外实习实训基地协议，挂牌全国首家“深圳产品学校教育基地”。与龙头企业共建二级学院特色班项目 5 个。克服疫情影响，召开实习双选会 8 场，本科生到合作企业实习 300 人次，到企业参观认知 2 批次。

【国际合作】2020 年，深圳技术大学国际合作逆势深耕。与奥地利因斯布鲁克管理中心、新加坡科技设计大学通过云视频缔结合作关系。国际合作伙伴扩展至全球 15 个国家 59 所海外高校、机构。设立海外实验室。聚焦国际科技实质性合作，与德国维尔茨堡-施韦因富特应用技术大学签署成立“工业 4.0”海外实验室合作协议，将为两校师生科研合作、技术转化和学术交流提供坚实基础。成立驻德国维尔茨堡-施韦因富特市海外办公室。以点带面，深耕厚植，开设学校国际合作推介窗口，对接当地本土产业发展需求，与国外高校、科研院所和跨国企业围绕教育互联互通、教职工培训、实习实训等展开合作。研究生教育国际化进程取得突破性进展。与德国维尔茨堡-施韦因富特应用技术大学合作开办“伦琴人工智能实验班”，将通过“3+2”模式联合培养本硕生，培育人工智能应用研究等高端应用技术型人才。与法国南特大西洋设计学院签署合作备忘录及“3+1+2”本硕联合培养协议。与法国雷恩第一大学签署合作协议，开展联合培养博士研究生项目。

【科技研发】2020 年，深圳技术大学聚焦应用，科学研究展现新气象。首次自主申报国家自然科学基金项目，获批 17 项，其中，面上项目 3 项、联合基金 1 项、青年科学基金 13 项，平均资助率达到 18.5%。国家社科基金项目立项 1 项，实现零的突破。省级项目立项 44 项，科研经费达 717 万元（含学校自筹经费），其中，4 项为响应疫情防控需求开展的新冠肺炎疫情防控科研专项；市级项目立项 22 项，科研经费达 1918 万元；校级项目 129 项，其中，高端人才资助项目 11 项，经费总计 3330 万元，出站博士后资助项目 14 项，经费总计

340万元，鹏程学者项目2项，经费总计75万元。一批高水平科研论文相继发表。阮双琛教授和胡俊青教授（共同通讯作者）受邀在国际材料科学领域顶级期刊 *Progress in Materials Science*（5年影响因子为33.018）在线发表长篇综述论文。安红雨副教授作为第一作者和共同通讯作者在国际重要期刊 *Advanced Functional Materials*（最新影响因子为15.621）发表研究论文。两位2018级学生陈锦潮、陈志仁分别在国际期刊发表英文论文。2020年，授权专利81项，其中，发明专利16项，实用新型专利32项，外观专利31项，国外专利2项。已登记软件著作权8项、集成电路布图设计5项、作品著作权2项。携68项成果（含实物成果展示49项）参展第二十二届高交会，涵盖新一代信息技术、先进装备与智能制造等行业领域。作为唯一参展高校，携25类88件作品，参加2020年第八届深圳国际工业设计大展。聚力平台建设，夯实创新基础。新立项省级科研平台广东省普通高校工程技术研究（开发）中心2个："广东省高校轨道交通智慧运维工程技术开发中心""广东省高校晶体生长与应用工程技术研究中心"。完成"微纳光机电实验室""先进裸眼3D显示及芯片设计中心""生物医疗器械创新研究中心""表面与界面前沿科学与应用工程中心""紫外激光实验平台"等校级科研平台或研究中心立项工作。深化校企合作，激活科研新动能。完成第四批校企合作研发项目征集立项工作，向企业征集20余项技术课题，审批立项6项，学校研发经费241.2万元，企业配套研发经费116.8万元。横向项目立项42项，企业经费达974.3万元，收到共建实验室申请3项。

【"伦琴AI班"第一届启动】6月9日，深圳技术大学第一届"伦琴AI班"启动仪式举行。校长阮双琛、相关部门负责人、伦琴AI班指导教师及30名学生参加启动仪式。"伦琴AI班"是由深圳技术大学与德国维尔茨堡-施韦因富特应用技术大学联合建立的高端AI人才培养基地，采用国际化的"3+2"人才培养模式，学生按相关考核要求完成5年课程，可获深圳技术大学本科毕业证书、工学学士学位及德国维尔茨堡－施韦因富特应用技术大学硕士学位。

2020年12月10日，深圳技术大学与比瑞科技（深圳）有限公司正式签署校企合作协议

（深圳技术大学　供）

【国际期刊英文论文】2020年6月，深圳技术大学中德智能制造学院18级学生陈锦潮在国际期刊 *IEEE Sensors* 杂志上在线发表研究论文《基于柔性力传感器的下肢压力治疗软气动执行系统研发》，论文指导教师为我校中德智能制造学院助理教授龚子丹。*IEEE Sensors* 杂志近五年影响因子为3.115，在INSTRUMENTS & INSTRUMENTATION领域为JCR一区。

【技术成果产业化中心揭牌】7月11日，深圳技术大学技术成果产业化中心暨新材料与新能源学院研究设计中心揭牌仪式在坪山区生物医药创新产业园举行。坪山区委副书记、区长李勇，副区长陈华平，区科技创新局局长黄鸣，深圳技术大学校长阮双琛和副主任徐刚出席活动。该中心以学校有重大突破的原创性科研成果为基础，围绕新能源新材料、生物医药等深圳重点发展领域的科技需求，建立"突破性实验室体系"，开展专利运营管理、大学科技园区及孵化器管理等工作，形成"基础研究＋技术开发＋成果转化＋金融支持"的创新成果转化链条。目前，中心建筑面积约 2700 平方米，已有各类研究所、研发中心、工作室 14 间。

【2020 高考理科投档线稳居全省前十】 2020 年是深圳技术大学独立招生的第二年，面向全国 10 省（区）招收本科生 1596 人，较去年扩招一倍，其中广东省录取 1367 人，理科高于高优线 29 分一次性满额投档，录取分 553 分，较去年提高 32 分，录取线超过广东工业大学、华南农业大学等分数线，位列广东高校第 9 位。学校 2020 年首招文科生和艺术生，文科录取线 532 分，列广东高校第 16 位；艺术类录取线 508 分，列广东高校第 11 位。省外原有招生省份录取线稳中有升，在陕西、河南和辽宁，分别高于一本线 70、68 和 66 分，其中，河南理科投档线达 612 分，最高分达 625 分。省外新增招生省份录取情况表现出色，在甘肃、宁夏、贵州，分别高于一本线 44、39、37 分，黑龙江录取线高于一本线 94 分。

【全国大学生物联网设计竞赛（华为杯）获全国总决赛一等奖】 8 月 30 日，2020 年全国大学生物联网设计竞赛（华为杯）全国总决赛在上海闭幕。此次比赛吸引了来自上海交通大学、浙江大学等 560 多所高校的 1360 支参赛队。深圳技术大学学生团队“智慧云梯队”凭“基于 NB-IoT 的远程电梯控制系统”项目，获全国总决赛一等奖。另一支队伍“智子队”获华东赛区一等奖暨全国优胜奖。该比赛是由教育部高等学校计算机类专业教学指导委员会主办的，物联网领域唯一的学科竞赛，旨在通过以物联网技术为核心的应用创新型科技竞赛，培养学生的创新思维、协作精神、实践能力。

【与法国雷恩第一大学签约启动联合培养博士研究生项目】 2020 年 10 月 1 日，深圳技术大学与法国雷恩第一大学通过线上平台举行签约仪式，正式启动联合培养博士研究生合作项目。深圳技术大学校长阮双琛，法国雷恩第一大学校长 David ALIS 出席仪式。该联合培养博士研究生项目于年内开始招生，主要招收材料科学及化学科学等学科领域的学生。通过该项目考核选拔的同学，入学后可获得一定金额的奖学金补助。法国雷恩第一大学是法国著名的公立综合性大学，包括 17 个教学研究单位，共有在校学生 3 万多人，教师、研究员近 1500 名，开设工程技术、医学和人文科学三大部分近百个专业，在法国高校中有着良好声誉。

【与富士康工业互联网股份有限公司签署战略合作框架协议】 2020 年 10 月 10 日，深圳技术大学与富士康工业互联网股份有限公司签署战略合作框架协议，双方将聚焦“5G + 智能制造 + 工业互联网”，在人才培养、科研、实习实训、共建产业学院等方面开展全方位合作。深圳技术大学校长阮双琛、富士康工业互联网股份有限公司董事长李军旗见证协议签署。双方的合作项目将成为深圳培养技术型人才、复合型研发人才以及经营型人才的有利平台。

【连续三年获深圳市“人才伯乐奖”】 2020 年 11 月 1 日，深圳全球创新人才论坛暨深圳市人才伯乐奖颁奖仪式在五洲宾馆举行。深圳市委书记王伟中等市领导出席仪式。我校凭借在高层次人才引进方面的突出成果，荣获 2020 年度深圳市“人才伯乐奖”，校长阮双琛代表学校参加活动并领奖。自深圳市“人才伯乐奖”设立以来，我校已连续三年荣获该奖。

【第九届中国国际光纤传感技术及应用大会圆满举办】 2020 年 11 月 1 日至 2 日，第九届中国国际光纤传感技术及应用大会在深圳举行。本次大会由中国光学工程学会（CSOE）主办，深圳技术大学等单位承办，深圳技术大学校长阮双琛等 5 位专家担任大会主席。全国各大高校、科研院所及企业的专家和代表 300 余人参会，围绕光纤传感、智能电网、轨道交通等应用领域展开研讨和需求对接。大会设有 7 个分论坛，开展 60 余场讲座。大会开始前，中国光学工程学会光纤传感技术专家工作委员会、中国光纤传感技术及产业创新联盟召开了换届会暨第二届第一次常务理事会，深圳技术大学校长阮双琛教授获聘副理事长，陈志超教授获聘常务理事。深圳技术大学副主任徐刚教授代表学校在开幕式上致欢迎辞，陈志超教授在大会上发表题为《光纤化学传感技术最新研究进展》的主题报告。中国国际光纤传感技术及应用大会每年一届，在学界具有广泛影响，这是大会首次在北京以外地区举办。

【80 余件设计作品亮相第八届深圳国际工业设计大展】 11 月 2 日至 4 日，2020 年第八届深圳国际工业设计大展在深圳会展中心举办。深圳技术大学作为唯一的高校参展单位，携 80 多件作品参展，所有展品均由创意设计学院教师设计、师生协作设计或校企合作研发，吸引了省市领导、行业专家、企业及媒体的广泛关注。

【师生团队获中国大学生机械工程创新创意大赛全国一等奖】 11 月 3 日至 6 日，由中国机械工程学会主办的中国大学生机械工程创新创意大赛——2020 智能制造大赛全国总决赛在上海举行，同济大学、哈尔滨工业大学、武汉大学等全国 80 余所高校 140 余支队伍参赛。深圳技术大学参赛队伍“Technokrat”斩获全国一等奖，“聚龙山技工队”获全国三等奖，中德智能制造学院李文贤教授等三位老师获优秀指导教师奖。该赛事是与“挑战杯”全国大学生系列科技学术竞赛同级别的国家级专业学科赛事，旨在加快培养和选拔符合产业需求的创新型复合人才及系统型人才，推动中国智能制造的可持续发展。

【粤港澳大湾区第一所应用型药学院揭牌成立】 2020 年 11 月 7 日，深圳技术大学举行药学院成立仪式。中国科学院院士孙汉董、郝小江，中国工程院院士陈芬儿，法国药学科学院、医学科学院外籍院士苏定冯，深圳市人大常委会副主任、市科协主席蒋宇扬，坪山区委书记陶永欣，坪山区委副书记、区长李勇，暨南大学副校长叶文才，中国药科大学副校长孔令义，华润三九医药股份有限公司党委书记、总裁邱华伟，深圳技术大学校长阮双琛，药学院院长贺震旦出席仪式并为药学院揭牌。深圳技术大学药学院于 2020 年 3 月设立，首年开设生物医学工程（生物医药）专业，招生 60 人，培养从事药物研发、药物制剂和管理、生产、流通工作的创新型科学技术人才。未来 5 年内，学院将陆续开设药学、生物制药学、中药学和临床药学等本科专业。

【68 项科研成果亮相第二十二届高交会】 2020 年 11 月 11 日至 15 日，第二十二届中国国际高新技术成果交易会在深圳会展中心及相关分会场举行，深圳技术大学组织 68 项科研成果参展，并荣获“优秀组织奖”和“优秀展示奖”，创意设计学院教师李立全作品“多模态智能防撞轮毂系统”获得“优秀产品奖”。

【师生团队“内秀”品牌作品获德国红点奖】 2020 年 11 月，深圳技术大学创意设计学院教师施明鸿、学生吴晓鑫等组成的师生团队共同完成的“内秀”品牌作品，获 2020 德国红点品牌与传达设计大奖。“内秀”作为中国首个高端银饰眼镜品牌，在来自 50 个国家或地区的近 7000 个创意项目和品牌中脱颖而出，同期获得该奖项的品牌还有知名国际品牌宝马、彪马等。“内秀”目前已经有两代较为成熟的产品，市场反响良好。红点奖与德国“IF 奖”、美国“IDEA 奖”一起并称为世界三大设计奖，自 1955 年设立以来，被公认为国际性创意和设计的认可标志。

【与德企比瑞科技签署合作协议】 2020 年 12 月 10 日，深圳技术大学与比瑞科技（深圳）有限公司正式签署校企合作协议，开展共建实验室、搭建实习实训基地、开设特色实验班等合作。协议由深圳技术大学校长阮双琛与比瑞科技（深圳）有限公司总经理于述代表双方签署。比瑞科技（深圳）有限公司为 BMZ 集团的全资子公司。BMZ 集团成立于 1994 年，是全球电池系统提供商和智能供电方案的领军企业之一，集团总部位于德国法兰克福卡尔斯坦，在中国、波兰和美国拥有生产基地。（深圳技术大学　供）

香港中文大学（深圳）

【概况】 香港中文大学（深圳）是一所经国家教育部批准，按中外合作办学条例设立的大学。大学以创建一所立足中国、面向世界的一流研究型大学为己任，致力于培养具有国际视野、中华传统和社会担当的创新型高层次人才。大学的办学特色是国际化的氛围、中英并重的教学环境、书院制传统、通识教育、新型交叉学科设置和以学生为本的育人理念。2020 年，来自世界各地的 7000 多名优秀学子在港中大（深圳）求学。经过六年多的发展，大学学科建设已逐步完善，现有经管学院、理工学院、人文社科学院、生命与健康科学学院和数据科学学院五个学院和一个研究生院，开设 17 个本科专业和 18 个研

2020 年 9 月 18 日，深圳市卫生健康委员会、香港中文大学（深圳）、香港中文大学三方合作举办香港中文大学（深圳）医院的签约仪式如期举行。深圳市政府副市长吴以环、深圳市政府副秘书长刘昂、市卫健委副主任吴兵、市工务署副署长黄旭、龙岗区副区长初庆、香港中文大学（深圳）副校长阮健骢作为见证人出席了签约仪式，深圳市工务署、龙岗区政府及区卫生健康局等单位参与仪式　　　　［香港中文大学（深圳）　供］

香港中文大学（深圳）红十字会揭牌仪式暨红十字青年领袖培育计划启动仪式于 2020 年 11 月 18 日在香港中文大学（深圳）举行。它是深圳市成立的首个高校红十字会团体。深圳市政府副市长、深圳市红十字会会长吴以环，深圳市红十字会常务副会长兼秘书长张英姬，中国红十字会第十一届主席团成员东亚地区红十字青年网络主席任艺，香港中文大学（深圳）副校长罗智泉、朱世平、阮健骢等大学主管人员和校红十字会教师、志愿者及会员代表们出席了仪式。深圳市红十字会副秘书长王元彬主持仪式　［香港中文大学（深圳）　供］

究生（硕士、博士）项目。医学院和深圳音乐学院也已经开始筹建。

【交流与合作】大学注重国际交流和学生国际视野的培养，截至 2020 年 12 月底，港中大（深圳）开展实质性交流与合作的境外名校伙伴已超过 110 所。遍布世界 29 个国家和地区，各类国际合作项目近 200 个。在校学生中具有境外学习经历的比例超过 60%，在国内高校中名列前茅。

【师资队伍建设】大学面向全球招聘，已建立一支具国际水准的师资队伍，截至 2020 年底，大学已引进世界知名教师 380 多位，包括诺贝尔奖得主 5 位、图灵奖得主 2 位、菲尔兹奖获得者 1 位、国内外院士 17 位、IEEE 会士 19 位、国家级专家人才 50 余人、省市区各类高层次人才项目入选者 260 余人。引进的教师 100% 具有在国际一流高校执教或研究工作经验，是一批具有国际视野、富有创新精神和教书育人热忱的优秀教师。

【科学研究】2020 年，香港中文大学（深圳）以创新驱动为指引，以粤港澳大湾区需求为导向，研究领域契合了国家战略发展需求，涵盖了地方新兴产业和未来产业发展方向，包括人工智能与机器人、大数据与数据科学、信号与信息处理、类脑研究、生物医药、生物信息、先进材料、新型电子元器件、智能电网、新型网络、金融物流等。

梧桐树下听凤鸣，神仙湖畔论古今，香港中文大学（深圳）将立定脚跟，砥砺前行，继续追求卓越

2020 年 9 月 21 日上午，香港中文大学（深圳）、深圳市大数据研究院、华为技术有限公司共同建立的未来网络系统优化创新实验室揭牌仪式在港中大（深圳）隆重举行 ［香港中文大学（深圳） 供］

的教学与研究水平，为中国培养国际化的创新型领袖人才，致力于发展成为享誉世界的中国一流学府。

［香港中文大学（深圳）］

天津大学佐治亚理工深圳学院

【概况】天津大学佐治亚理工深圳学院（Georgia Tech Shenzhen Institute，Tianjin University）是深圳市人民政府和天津大学、佐治亚理工学院共同举办的中外合作办学机构。2020 年 3 月 25 日，教育部下发《关于同意设立天津大学佐治亚理工深圳学院的函》（教外函〔2020〕9 号），正式批准设立天津大学佐治亚理工深圳学院。学院紧密围绕国家、粤港澳大湾区和深圳市经济社会发展需要，依托天津大学和佐治亚理工学院优势学科，先期开设电子与计算机工程、分析学（大数据分析）、计算机科学、环境工程、工业设计等 5 个全日制硕士专业，电子与计算机工程 1 个全日制博士专业，办学规模 1150 人，颁发与佐治亚理工学院亚特兰大本部完全一致学位和天津大学学历学位。同时，在高端电力电子芯片、合成生物学、绿色建筑与海绵城市、智能信号处理与数据分析、可穿戴技术与先进通信等领域建设世界一流水平科研平台。学院远期办学规模为 3000 人，构建全日制本、硕、博完整人才培养体系。学院融汇中美、扎根深圳、引领未来，以建设成为中国特色、世界一流的“新工科”示范学院为目标，坚持以立德树人为根本，以谋求人类福祉与社会进步为己任，致力于创办引领未来的创新教育，成为世界工程教育与科学技术发展的领航者。学院过渡校区位于深圳市南山区桃源街道集悦城 B48、B51、B53 三栋楼宇，建筑面积约 1.93 万平方米，于 2019 年 1 月正式投入使用。永久校区选址深圳市南山区白石岭片区，占地面积约 16.21 万平方米。学院已开设电子与计算机工程全日制硕士专业，截至 2020 年底，在校学生 128 人；教职工 38 人。其中：教学科研人员 23 人，行政管理人员 15 人；正高级职称 15 人，副高级职称 8 人。2020 年 11 月，教育部、广东省人民政府共同印发《推进粤港澳大湾区高等教育合作发展规划》，学院被列为合作发展规划九个重点项目之一，并作为西丽湖国际科教城重大项目在深圳市“双区”建设中予以重点支持。

【联合管理委员会】学院联合管理委员会是学院重大事项决策机构，由深圳市政府和天津大学、佐治亚理工学院三方共同组建。联合管理委员会委员共8名，深圳市政府推荐2名，天津大学和佐治亚理工学院各推荐3名。2020年11月，联合管理委员会成员进行调整，天津大学校长金东寒任管委会主任，佐治亚理工学院学术事务执行副校长、教务长史蒂文·麦克劳林和深圳市教育科学研究院副院长潘希武任管委会副主任。12月，学院联合管委会召开视频会议，审议学院筹备办2019年度财务决算、学院2020年度和2021年度财务预算等重大事项。

【党建工作】学院坚持党的建设同步谋划、党的组织同步设置、党的工作同步开展。2020年4月21日，经天津大学党委批准，设立学院直属党支部，选派天津大学校长助理肖松山同志为学院直属党支部书记，全面开展党的工作。党支部有正式党员9名，预备党员1名。在天津大学党委的领导下，学院党组织充分发挥政治核心作用，探索建立了学院联合管理委员会与党组织“协同治理”模式，落实中外合作办学机构党组织对重大事项的“会前建议权”“会中参与决策权”“会后监督保障权”，对重大决策事项进行“政治把关”，把握学院正确办学方向。2020年，学院党支部按照天津大学党委和深圳市教育工委的要求开展党建工作，完善党组织工作机制，坚持“三会一课”，定期开展党组织活动，规范党内政治生活；实行意识形态工作责任制，建立党支部书记带头讲党课制度、人才招聘与引进政治审查制度、学生社团活动管理制度、教材图书宣传册审查制度等；创新开展学生思想政治工作，结合深圳市地缘优势，面向学生以“深圳改革开放创新创业案例”为主题讲党课，让深圳这本鲜活教材进课堂、进实践、进头脑。

【人才培养】2020年，学院引入佐治亚理工学院国际化工程教育资源，借鉴天津大学新工科建设模式，建立“天津大学+佐治亚理工学院+在深高新企业”交叉融合的新工科共同体，构建“通识（思政）教育模块+专业教育模块+创新创业教育模块”的课程体系，打造新工科建设的“深圳模式”，培养具备人文情怀、全球视野、创新精神和实践能力的新工科人才。一是完整引进佐治亚理工专业教育体系，录取标准、专业课程设置、授课方式、考核模式等均与佐治亚理工学院美国本部保持一致，学生培养过程完全在深圳完成；二是践行“兴趣即老师、生活即教育、社会即大学、深圳即校园、习惯成优秀”的新通识教育理念，突出对学生的人格塑造、习惯养成和能力培养，实现人的全面可持续发展；三是结合深圳活跃的创新创业要素，引入佐治亚理工学院和天津大学创新创业课程，从创新创业精神培养、知识掌握、实战实操等方面构建创新创业教育体系。2020年，学院录取学生70人，在校学生128人。因受疫情影响，学院承接了102名佐治亚理工学院亚特兰大本部录取的中国籍（含港澳台）一年级本科生的培养任务。2020年，学院作为发起单位与深圳多所高校联合成立“深圳高校创新创业教育联盟”，承办首届创客马拉松邀请赛，来自清华大学、哈尔滨工业大学（深圳）、香港中文大学（深圳）等10余所高校近百位选手参赛。

【师资队伍】2020年，学院以建设高水平、国际化、具有全球竞争力的师资队伍为目标，探索建立符合现代大学制度的人事管理体制机制，形成有利于学院人才聚集、学术大师脱颖而出的制度优势。学院教师一部分由天津大学和佐治亚理工学院择优选派，一部分面向全球招聘具有较高学术造诣或学术潜力的人才。年内，学院制定院长选聘工作方案，面向全球选聘世界一流水平教育家、科学家全职出任学院院长；积极应对新冠疫情给办学带来的困难，在开展线上教学的同时，争取佐治亚理工学院6名教授来深授课，保障学生学习体验与人才培养质量；研究制定具有市场竞争力的薪酬体系，按照佐治亚理工学院学术标准和学院办学需求，面向全球引进高水平人才，组建高水平师资队伍。

【科学研究】学院瞄准世界科技前沿，聚焦深圳市未来产业和战略性新兴产业，致力于开展具有重大引领作用的跨学科、大协同科学研究，为深圳建成具有全球影响力的科技和产业创新高地提供有力保障。2020年，学院高水平科研开局良好。“合成生物学创新团队”获批省重点领域研发计划1项，“超快激光创新团队”参与获批省重点领域研发计划重大科技专项1项，“基于组分间交互作用解析的生物油电催化提质机理研究”课题和“快速超分辨太赫兹单像素成像技术研究”课题获批深圳市基础研究重点项目，到账合同经费2485万元。

【校园建设】学院永久校区建设项目已立项纳入深圳市政府投资计划。2020年，深圳市政府、南山区政府对永久校区建设用地进行了优化调整，占地面积约16.21万平方米，按照3000人办学规模规划设计。在佐治亚理工学院和天津大学的倡导和技术支持下，学院以“近零碳校园示范工程”为建设目标，引入全新的绿色建筑评价标准（Living Building Challenge），力争创建校园建设及运行全生命周期的近零碳运行模式，探索建筑行业实现碳达峰目标的深圳方案。2020年，学院已开展项目可行性研究报告编制、环境影响评价报告编制与场地初步勘察等前期工作。

（撰稿人：杨真；审稿人：袁源）

哈尔滨工业大学（深圳）

【概况】哈尔滨工业大学（深圳）是哈尔滨工业大学和深圳市人民政府共同举办的办学实体。学校在办学过程中始终坚持面向国家重大需求，立足国际学术前沿，紧密结合广东省、深圳市经济社会发展战略目标，开展人才培养、师资队伍建设、科学研究、合作交流等工作。2020年，学校设有10所学院和4家研究院，以及55个各级创新载体，涵盖理、工、管、经、文、艺6个学科门类，形成了24个一级学科、9个硕士专业学位类别与5个博士专业学位类别的学科专业布局。

【人才培养】学校积极响应国家高等教育领域系列改革措施，全面落实立德树人根本任务，完善拔尖创新人才培养体系，打造一流本科教育，建设一流专业，着力培养德智体美劳全面发展的社会主义建设者和接班人。2020年共有在校生7854人，其中本科生3713人，硕士研究生3140人，博士研究生1001人；在全国20个省（市、自治区）共录取13个专业类的优秀本科生1375人，其中17个省份录取最低分的省排名绝对位次在1%以内，9个省份进入前0.5%，广东省内招生蝉联理科统考一批次录取分第一名；硕士研究生报考热度再创新高，2020年招生1244人，报名人数近万人；博士研究生招生规模与生源质量明显提高，录取306人，其中“双一流”高校生源占比近53%，同比增长9.5%。

哈尔滨工业大学（深圳）赵维巍教授荣获2020年“十大深圳好青年”称号，为本次评选中教育领域的唯一入选者

［哈尔滨工业大学（深圳） 供］

全面推进思政课程与课程思政建设，立项建设34门课程，获批广东省课程思政教学优秀案例7项，获评广东省课程思政建设改革示范项目2项。进一步完善培养体系，开展以“课程群”为单元的基础核心课程和专业核心课程建设工作，推进本研贯通人才培养模式改革，统一本研课程编码规则，实现本研课程贯通。扎实推进课程建设，教学改革成果斐然，立项建设创新研修课5门、创新实验课13门，获批广东省本科教育教学改革项目2项、教学质量工程项目2项、深圳市教育局2020年度课题12项，获批广东省学位与研究生教育学会优秀成果奖3项。校企联合培养实现新突破，分别与华为技术有限公

2020年11月22日，哈尔滨工业大学（深圳）深圳高质量发展与新结构研究院正式成立
［哈尔滨工业大学（深圳） 供］

司、乐聚（深圳）机器人技术有限公司共建联合培养基地，与深圳市越疆科技有限公司、深圳市城市规划设计研究院等10所企业签订了校外实习基地共建协议，探索产教融合发展、创新创业人才培养的新路径。营造教学争先文化氛围，开展立德树人先进导师评选工作，组织“第一届青年教师教学竞赛”，提高教书育人质量。持续打造高水平实验教学平台，实验与创新实践教育中心完成一期项目招标采购，目前已开课实验室125间，购置设备台套数近9000套，为实验教学提供了有力支撑。教学信息化建设取得显著进展，本研一体化教学管理与服务平台全面进入试运行阶段，已完成91间智慧教室录播系统建设，新增研讨型教室9间，为推进教师教学改革和提升学生学习成效提供优质环境。

人才培养成效获得社会充分认可。首届本科毕业生354人，其中境外留学62人，前往2020年QS世界大学排名前100位高校就读56人，国内升学127人，前往“双一流”高校就读109人，直接就业141人。123名毕业生被国防航天单位录取，人数达到2019年的1.6倍，346人到世界500强企业就业，占签约就业总人数的38.79%，551名毕业生在粤港澳大湾区就业，占签约就业的63%。

学生在多项国际国内赛事上获得奖励，其中国家级奖项54项、省部级奖项291项，包括全国大学生机械创新设计大赛、“高教社杯”全国大学生数学建模竞赛等比赛国家一等奖，2020RoboCom世界机器人开发者大赛“夺宝奇兵自动对抗赛”总冠军、国际大学生工程力学竞赛（亚洲赛区）特等奖、国际设计竞赛全球唯一大奖等。

【教师队伍】2020年是哈工大（深圳）人才工作质量年。学校积极抢抓深圳“双区”建设和哈工大百年校庆的重大机遇，坚持引培并举，努力打造一支师德高尚、规模适中、特色鲜明、高水平成果不断涌现的师资队伍。截至年底，共有教职工1033人（专任教师540人）。其中：95%以上具有博士学位，80%具有海外经历；实验技术人员79人，在站博士后126人。高层次人才持续汇聚，通过“一人一策”“以才引才”等模式，依托高水平学科、国家级实验平台、大科学工程等学术平台精准引进高端人才，荣获2020年度深圳市“人才伯乐奖”（已连续

2020年7月30日，哈尔滨工业大学（深圳）— 华为联合培养基地揭牌
［哈尔滨工业大学（深圳） 供］

五年获奖）。现共有全职院士 8 人（年内新增 2 人），国家级特聘专家 13 人（年内新增 4 人），“长江学者”特聘教授 4 人（年内新增 1 人），国家自然科学基金杰出青年科学基金获得者 11 人（年内新增 3 人），国家级青年特聘专家 22 人（年内新增 1 人），“青年长江学者”2 人（年内新增 1 人），教育部“新世纪优秀人才支持计划”入选者 20 人（年内新增 1 人），国务院政府特殊津贴 7 人（年内新增 1 人），百千万人才工程入选者 5 人，国家自然科学基金委优秀青年科学基金获得者 4 人，科技创新领军人才 2 人，“马工程”首席科学家 2 人，“万人计划”青年拔尖人才 1 人，广东省杰出青年科学基金获得者 5 人（年内新增 1 人），广东省珠江人才 22 人，广东省特支计划入选者 5 人。

加强拔尖后备人才引育工作力度，举办 2020 年国际青年学者神舟论坛，吸引海内外优秀青年学者，打造人才引进品牌。继续推进人才分类评价机制，坚决破除“五唯”，建立了人才评价外审专家库，落实小同行评审要求，以代表性成果评价为核心，调整人才培养权重，引导教师开展高质量的公共服务。

多位教师获得省市级荣誉称号，其中，马星教授获得第二十二届“广东青年五四奖章”，张嘉恒教授被评为 2020 年广东“争做新时代向上向善好青年”，赵维巍教授被评为 2020 年“十大深圳好青年”，徐睿峰教授与徐文福教授被评为 2020 年深圳市优秀教师。

【**科学研究**】2020 年，学校科研规模与质量显著提升。年度累计科研合同经费 10.09 亿元，相较 2019 年增加了 94%，其中纵向科研经费 8.69 亿元，横向科研经费 1.4 亿元。年内新增纵向项目 278 项，其中，国家级项目数 110 项，合同经费近 6 亿元。与行业领军企业的合作更加紧密，新增横向项目 262 项，与平安科技、招商证券等企业成立联合实验室 7 个，与华为、中广核集团、深圳市妇幼保健院签约建立了战略合作伙伴关系。年内发表 SCI 检索论文 1361 篇，EI 检索论文 2136 篇。宋清海教授团队在全光开关新原理研究方面取得重要突破，相关研究发表在 *Science* 杂志上，是学校首次作为第一完成单位在该期刊上发表论文，并入选美国光学学会评选的 Optics in 2020。本年度出版专（编）著 6 部，申请专利 455 件，授权专利 240 件，其中发明专利授权数 180 件。教师共获得省部级科技奖励 11 项、地市级科技奖励 2 项。其中，张东来课题组研究成果获工信部国防技术发明奖一等奖，李锦辉课题组成果《边坡内生裂隙形成与优势流孕灾滑坡机制》获广东省自然科学奖一等奖，滕军课题组成果《面向大型复杂结构健康服役性能的工程验证技术方法及工程应用》获广东省科技进步奖一等奖。年内举办了多场重要学术会议，包括第十六届中国智能系统会议、第十二届全国金属材料优秀青年学者论坛、第十四届中华发展经济学年会等。

高水平科研平台建设成果显著，重点实验室集群项目奠基启动，“特殊环境材料科学与应用研究装置”纳入深圳光明科学城六大重大科技基础设施建设范畴；成立了绿色制药工程研究院、特殊环境与物质科学研究院、智能海洋工程研究院，为学科深度交叉融合提供了新平台；组建了哈工大（深圳）深圳高质量发展与新结构研究院、区块链发展研究院，搭建为政府、社会和企业提供决策咨询服务的高端新型智库。

【**交流合作**】2020 年，学校克服疫情不利影响，通过线上形式持续开展对外交流活动，拓宽合作交流渠道。先后举办了瑞典皇家理工学院、鲁汶大学、伯明翰大学、布里斯托大学、英属哥伦比亚大学、法国南特中央理工等十余个合作高校的线上宣讲活动；与西班牙智者阿方索十世大学、丹麦奥尔堡大学、韩国科学技术院、英国伯明翰大学、伊利诺伊大学香槟分校、爱丁堡大学、多伦多大学、滑铁卢大学、苏黎世联邦理工学院、意大利米兰理工学院等高校交流座谈，并在学生交流交换、联合培养等方面达成合作意向。与网易公司达成国际学生实习合作共识，筹备第二期国际暑期营，加入中国–中东欧高校联合会，扩大国际学生招生影响力。发起成立了“粤港澳高校工科联盟”“粤港澳高校会计联盟”和“粤港澳高校材料科学与工程专业联盟”，为粤港澳实质性合作搭建优质平台。年内，教育部正式发文同意哈尔滨工业大学（深圳）与瑞士苏黎世艺术大学合作设立中外合作办学机构——哈尔滨工业大学深圳国际设计学院。学院建设项目已于年内正式开工，预计2023年交付使用。

【疫情防控】2020年初，面对突如其来的疫情，学校以保障师生健康为根本遵循，迅速投入疫情防控阻击战，紧锣密鼓地制定各项防控措施，844名基层员工、志愿者参与一线疫情防控工作，保证了校园安全稳定、教学秩序正常和师生身体健康。严格落实“停课不停教、停课不停学”相关要求，以“成熟一门、开出一门、确保质量”为原则，分批启动在线教学工作，共有206位教师在线开设186门本科生课程，204位教师在线开设155门研究生课程，圆满完成全年教学任务；在广东省在线教学优秀案例评选中，获得11项奖项，其中学校“2019—2020学年春季学期在线教学组织与实施方案”获高校类优秀案例。

在做好疫情防控的同时，主动承担社会责任，集中力量实施疫情防控科研攻关。电信学院马婷团队分析了新冠病毒的传播机制，把追踪潜伏期密接者的时间从5天左右缩短到了2天，成为显著阻断传播的一种方式，该研究成果发表于英国权威医学杂志《柳叶刀》传染病月刊，中央电视台“中国新闻”栏目以“《柳叶刀》披露深圳抗疫关键密码，全球媒体竞相聚焦深圳经验”为题进行了报道；计算机学院方滨兴院士团队研发的“疫情大数据安全融合开放平台”为企业复工复产保驾护航；材料学院张嘉恒课题组研发的苦参碱椰子油酸离子液体材料，使得医护人员免受“酒精手”困扰；经管学院周豫课题组完成的《南山区2020年第一、第二季度经济形势受疫情影响分析和应对措施建议》，为防控疫情、企业复工复产提供了“智库意见”。

【建校100周年】2020年是哈工大建校100周年。习总书记致信祝贺，对哈工大百年来的办学成就给予了高度肯定，并希望学校在新的起点上坚持社会主义办学方向，紧扣立德树人根本任务，在教书育人、科研攻关等工作中，不断改革创新、奋发作为、追求卓越，努力为实现“两个一百年”奋斗目标和中华民族伟大复兴的中国梦作出新的更大贡献。哈工大（深圳）掀起了学习贯彻习近平总书记贺信精神的热潮，组织了丰富多彩的纪念活动，形成了浓厚的校庆氛围：举行校训石落成揭幕仪式，与哈尔滨、威海校训石遥相呼应，共同见证哈工大百年新辉煌；举行重点实验室集群项目奠基，打造布局完善、技术先进，与校本部交叉互促、协同催化的科技创新平台；举行时光胶囊落成仪式，一份致未来的“时光礼物”被放入时光胶囊中封存，为师生寄存希望；举行取土入太空、航天搭载土壤培育“问天树”活动，彰显着哈工大与中国载人航天血脉相融，与国家和民族同呼吸、共命运；组织“点亮深圳湾”活动，近百名校友齐聚深圳湾点亮灯光，为母校百年华诞献上祝福。

【哈尔滨工业大学深圳国际设计学院正式获批】2020年，教育部正式发文同意哈尔滨工业大学（深圳）与瑞士苏黎世艺术大学合作设立中外合作办学机构——哈尔滨工业大学深圳国际设计学院（Shenzhen International School of Design, Harbin Institute of Technology）。学院是《深圳建设中国特色社会主义先行示范区综合改革试点实施方案（2020—2025年）》实施之后第一个在粤港澳大湾区和深圳先行示范区落地的国际化办学项目，也是深圳首个获教育部批准设立的不具有法人资格的中外合作办学机构。该学院计划开设工业设计、数字媒体艺术、建筑学3个本科专业以及设计学、建筑学、城乡规划学3个硕士专业，建成后办学规模将达到全日制在校生1200人，国际留学生占比20%。该学院将打造“科技+艺术”相结合的全球化教育平台，形成人文、社会与工程多学科交叉，艺术与科技高度融合的办学体系，为粤港澳大湾区和深圳设计之都建设培养具有国际视野和竞争力的高层次创新创意人才。学院建设项目已于年内正式开工，预计2023年交付使用。

【哈工大（深圳）重点实验室集群项目奠基】2020年6月2日，哈工大（深圳）重点实验室集群项目正式奠基。该重点实验室集群项目包括“城市水资源与水环境国家重点实验室”等5个以“一室两区”模式在深圳拓展建设的国家级实验室平台，以及以刘永坦院士为核心筹建的“空间信息网络及应用重点实验室”等3个以院士为核心的重点实验室。项目用地面积3.37万平方米，建筑面积18.7万平方米，投资匡算15.35亿元。重点实验室的研究方向涵盖网络空间安全、机器人技术、复合材料、激光技术、城市水资源等前沿领域，建成后将形成布局完善、技术先进、运行高效、支撑有力、交叉互促、协同催化的科技创新平台，为深圳建设综合性国家科学中心做出积极贡献。

【首届354名本科毕业生圆满完成学业】自2016年首次招收本科生以来，学校坚守哈工大统一规格、统一标准、统一要求，贯彻落实“厚基础、强实践、严过程、求创新”的人才培养理念，坚持“以本为本”，构建一流拔尖创新人才培养体系，于2020年迎来了首届本科毕业生。首届本科毕业生共354人，总体就业率为93.79%。升学189人，占毕业生总人数的53.39%，其中境内升学127人，主要升入清华、北大、哈工大、南大、上交大、浙大等知名院校；出国（境）留学62人，前往世界排名前100的高校留学的人数占比90.32%。签约就业141人，占毕业生总人数的39.83%，其中在粤港澳大湾区就业的毕业生100人，占签约就业人数的70.92%。就业行业遍布党政机关、科研设计单位、企事业单位，以领军重点单位居多，在世界500强企业就业人数占比31.21%，更有一批优秀学子把国家与人民的需要放在首位，到国防航天单位就业，成为选调生、乡村教师，扎根基层，服务人民。

【发起成立粤港澳高校联盟下设三个专业联盟】自2019年加入粤港澳高校联盟后，哈工大（深圳）积极履行联盟成员责任，不断加强与联盟高校的交流合作。2020年，哈工大（深圳）结合自身学科优势，在工科、会计和材料等3个领域主动发起成立了3个高校专业联盟。9月23日，粤港澳高校会计专业联盟成立仪式暨常任委员会第一次会议在哈工大（深圳）举行，该联盟由哈工大（深圳）联合中山大学、香港中文大学、澳门大学和澳门科技大学共同发起组建，三地高校将深度融合，携手共筑大湾区会计学科新高地。11月27日，在粤港澳高校联盟2020年青年学者论坛开幕式上，由哈工大（深圳）发起并与其他湾区高校共创的粤港澳高校工科联盟和材料科学与工程专业联盟正式成立，联盟成员高校未来将共享资源，深化合作，加快培养适应和引领新一轮科技革命的卓越工程人才，为粤港澳大湾区的工程科技创新发挥主体作用。

【深圳高质量发展与新结构研究院正式成立】2020年11月22日，哈工大（深圳）深圳高质量发展与新结构研究院（以下简称“高新院”）成立仪式暨深圳高质量发展与结构创新研讨会在活动中心举行。高新院以哈工大（深圳）经济管理、人文与社会科学、马克思主义等学院的政策研究、教育培训力量为基础，链接国内外政产学研资源，以学术研究为支撑，以决策研究为重点，致力打造推动深圳“五位一体”高质量发展的新型智库。第十三届全国政协常委、经济委员会副主任、北京大学新结构经济学研究院院长林毅夫，深圳市副市长聂新平，深圳市科技创新委员会主任梁永生等嘉宾出席。仪式上，深圳市政府发展研究中心主任吴思康、哈工大（深圳）常务副校长甄良分别代表深圳市政府发展研究中心、哈工大（深圳）签署战略合作协议书，北京大学新结构经济学研究院院长林毅夫、哈工大（深圳）党委书记吴德林分别代表北京大学新结构经济学研究院、哈工大（深圳）深圳高质量发展与新结构研究院签署合作备忘录。

【哈工大（深圳）与华为建立全面战略合作关系】2020年7月30日，哈工大（深圳）—华为技术有限公司联合培养基地深化合作签约及揭牌仪式在华为松山湖研究所举行。联合培养基地建立后，校企双方将在人才培养、实践教学、AI生态建设、科技创新、学术交流等方面建立长期、深入、全面的战略合作关系，搭建互利共赢新平台，形成资源共享新格局。双方围绕数字能源、电力电子、新材料等领域进行了“精准”技术对接，为校企间进一步增强务实合作奠定了基础。

【一篇论文入选“2019年中国百篇最具影响国际学术论文”】2020年12月29日，中国科学技术信息研究所发布《中国卓越论文统计报告》，评选出“2019 年中国百篇最具影响国际学术论文”。哈工大（深圳）计算机科学与技术学院花忠云副教授任第一作者及通讯作者，黄荷姣教授任合作作者的论文入选“2019 年中国百篇最具影响国际学术论文”。入选论文以“Cosine-transform-based chaotic system for image encryption”为题发表在 Information Sciences 上。该研究论文提出了一种新颖的混沌系统，克服了现有混沌系统不具有鲁棒性、混沌区间不连续等缺点，使用新混沌系统设计安全高效的数字图像加密算法，具有较大的创新性，引起了国内外专家学者的高度关注。

［哈尔滨工业大学（深圳）供］

中山大学（深圳校区）

【概况】中山大学由孙中山先生创办，有着一百多年的办学传统。学校坚持以习近平新时代中国特色社会主义思想为指导，坚持和加强党的全面领导，坚持社会主义办学方向，坚持“四个服务”，增强“四个意识”，坚定“四个自信”，做到“两个维护”，全面贯彻党的教育方针，贯彻落实立德树人根本任务，努力培养德智体美劳全面发展的社会主义建设者和接班人。学校在广州、珠海、深圳三地扎根办学，形成“三校区五校园”办学格局。中山大学深圳校区是中山大学的主体校区之一，位于深圳市光明区，占地面积约为 3.14 平方公里，建筑面积约 130 万平方米。截至 2020 年底，中山大学（深圳校区）有 10 个院系；支撑了基础医学等 11 个一级学科博士点，计算机科学与技术（智能交通）等 3 个二级学科博士点，生物与医药等 2 个专业学位博士点；博士后科研流动站 44 个，有 8 个学科进入“双一流”建设学科名单。中山大学（深圳校区）有 2 家附属医院，为广东乃至全国人民提供高水平的医疗服务。

【学习宣传贯彻党的十九届五中全会精神】2020 年 11 月 10 日，中山大学（深圳校区）根据中央统一部署，学习贯彻党的十九届五中全会精神宣讲报告会在广州举行，中央宣讲团成员、十九届中央委员、广东省委副书记、省长马兴瑞在中山大学作宣讲报告。马兴瑞指出，党的十九届五中全会是我们党在全面建成小康社会胜利在望、全面建设社会主义现代化国家新征程即将开启的重要历史时刻召开的一次十分重要的会议，是在我国将进入新发展阶段、实现中华民族伟大复兴正处于关键时期召开的一次具有全局性、历史性意义的会议。马兴瑞强调，要深刻认识我国进入新发展阶段的重大意义、有利条件和重要特征，全面把握社会主要矛盾变化、人民对美好生活的向往和经济长期向好的基本面，增强解决发展不平衡不充分问题的系统性、针对性和信心。报告会后，马兴瑞主持召开座谈交流会，与高校主要负责人代表及师生代表等互动交流，了解他们学习贯彻党的十九届五中全会精神情况，共同分享学习体会，并回答了粤港澳大湾区建设、科技创新发展等师生关注的问题。宣讲报告会以电视电话会议形式开至全省 150 多个高校等分会场，共约 1.6 万人参加报告会。

【新冠肺炎疫情抗击】2020 年新年伊始，一场突如其来的新冠肺炎疫情牵动着全国人民的心。面对这场没有硝烟的战争，中山大学党委积极响应中央号召，把做好疫情防控工作作为检验“不忘初心、牢记使

2020 年 8 月 20 日上午，中山大学附属第七医院深圳校区社区健康服务站正式开业

［中山大学（深圳校区）供］

命”主题教育成果的“试金石”，充分发挥了党组织的战斗堡垒作用，把临时党组织建在最前线的“战场”上，撑起前方医护的“安全伞”，确保医护人员“零感染”，让党旗在疫情防控斗争第一线高高飘扬。在本次抗疫工作中，中山大学取得了治愈率高、医护人员零感染的卓越成效。

2020 年 8 月 25 日，中山大学（深圳校区）正式启用，迎来电子与通信工程学院和航空航天学院 1112 名学生。26 日，智能工程学院、生物医学工程学院和材料学院共 1234 名学生入驻　　［中山大学（深圳校区）供］

【师资队伍建设】截至 2020 年 12 月 31 日，学校共引进各类人才 8204 人，目前在岗 5932 人。其中，“百人计划”引进人才到校 1403 人，专职科研系列（含博士后）4849 人；专任教师 4416 人，其中正高级职称 1752 人，副高职称 1970 人。现有院士（含双聘）22 人，国家自然科学基金杰出青年科学基金获得者 85 人，国家自然科学基金优秀青年科学基金获得者 87 人，高层次人才数量居国内高校前列。

【人才培养】2020 年，中山大学（深圳校区）各学院紧紧围绕学校“德才兼备、领袖气质、家国情怀”人才培养目标，深入落实德育与智育融合，学科与专业融合，科研与教学融合，本科生培养与研究生培养融合，第二课堂与第一课堂融合，打造卓越人才培养体系。2016 年以来，中山大学（深圳校区）办学规模逐步扩大，依托优秀师资与研究生培养经验，积极开展学科建设，推进课程体系建设，科学制订研究生培养方案。目前在办本科专业 15 个，本科在校生共 6081 人，已毕业学生 384 人；截至 2020 年 12 月，深圳校区各学院已有 325 名（含附属七、八院）研究生毕业，其中 2020 年全年毕业研究生 199 名（含附属七、八院）。学校本科生课程体系紧扣人才培养目标，公共基础课拓展思维视野，专业基础课知识扎实深厚、专业核心课（脸谱课）特征鲜明、专业提升课复合交叉，本科生与研究生课程体系有效衔接。2016—2020 学年，中山大学（深圳校区）共开设公共必修课 2765 门次、专业必修课 1603 门次、专业选修课 777 门次。截至 2020 年，中山大学深圳校区各学院共获省级教学成果一等奖 1 项，省级一流本科课程认定 1 门，校级教学名师 1 人；深圳校区 15 个本科专业中，7 个入选国家级一流本科专业建设点，4 个入选省级一流本科专业建设点。在教学改革项目方面，共获国家级新工科研究与实践项目立项 3 项，省级质量工程及教改项目立项 7 项，市级教育科学研究课题立项 1 项；获校级质量工程与教改项目立项 173 项。中山大学（深圳校区）学生积极参加“挑战杯”全国大学生课外学术科技作品竞赛、中国高校计算机大赛 · 华为云大数据挑战赛、全国大学生数学竞赛、中国互联网 + 大学生创新创业大赛广东省分赛、美国大学生数学建模比赛等各种课外学术竞赛活动，截至 2020 年共 218 人获得国家级竞赛奖励，78 人获得省部级竞赛奖励。

【科学研究】2020 年，中山大学（深圳校区）各学院在科研经费、科研平台建设等方面取得突破性进展。科研总体规模大幅跃升。2020 年中山大学（深圳校区）到账科研经费总额达 32 947.98 万元，比 2019 年增长 56.1%。其中获批深圳科创委项目 124 项，经费总额达 13 151.75 万元，比 2019 年增加 86 项，增长 226.3%；在国家重点研发计划绝大部分专项集中在 2016 年至 2019 年发布的情况下，获批国家重点研发计划项目 1 项，批准经费 1770 万元；获批国家自然科学基金项目 117 项，批准经费 6093 万元，比 2019 年增加 31 项，增长 36%。重大科技创新平台建设进展顺利。2020 年，中山大学（深圳校区）新增厅局级科研平台 2 个，分别为依托电子与通信工程

2020 年 10 月 8 日晚 7 时，中山大学深圳校区西教学楼 101 课室，校长、中国科学院院士罗俊给航天航空学院和生物医学工程学院的 300 多位 2020 级本科学生执教“思政第一课”：“弘扬抗战精神 厚植爱国情怀 争做担当民族复兴大任的时代新人”
［中山大学（深圳校区）供］

学院的广东省智能化全息雷达工程技术研究中心，依托附属第八医院的深圳市强直性脊柱炎研究重点实验室。2020 年，在中山大学（深圳校区）布局的五家广东省工程技术研究中心 100% 通过评估，高于全省平均通过率约 10 个点。2020 年综合粒子设施项目同步辐射光源和自由电子激光立项，总投资 187 亿元，现阶段正在推进项目可行性研究报告编制。同时，实现首批 2 个预研项目成功立项，投资约 3000 万元 / 项，第二批拟立项预研项目正在有序推进中，预计总投资达 5 亿元。

【合作交流】截至 2020 年，中山大学已与全球 40 个国家和地区的 200 余所院校签署了校级合作协议，开展与高水平大学多层次、宽领域的务实合作。面对疫情影响，中山大学积极探索新路径，建立常态化交流机制，维护与国外合作伙伴友好关系，并以世界一流大学、一流学科、区域重点为目标，进一步深化和拓展高水平合作。年内，共签署校级合作协议 18 份，其中世界百强大学 10 所，世界学科 50 强大学 3 所，区域国家重点伙伴 5 个。继续推进与香港中文大学和香港岭南大学的战略合作。依托粤港澳高校联盟，引领粤港澳三地高校学术互联、科教合作。2020 年 7 月召开联盟理事会暨校长论坛，凝聚合作共识、统一发展目标，推动高等教育一体化融合发展；联盟成员院校扩至 40 所，成员院校多样性优势特征更为凸显；专业联盟增至 26 个，各专业联盟结合国家战略发展需求开展纵深合作，申报大项目，组建大团队，搭建大平台；举办联盟夏日学院系列课程，推进教学合作；11 月举办青年学者论坛，9 个专业联盟分别举办学术分论坛，线上线下 500 多名代表参会。2020 年 10 月，罗俊校长参加中美大学校长线上论坛并做题为《加强国际科技合作，建设更开放的大学》的主旨发言，来自 20 所中美大学的校长共同探讨在新形势下推进两国高等教育发展与合作。10 月，肖海鹏常务副校长出席美国学术健康中心学会（AAHC）年会，分享医院抗疫经验。11 月，罗俊校长出席 2020 高等教育国际论坛年会，并做题为《坚持“五个融合”构建一流人才培养体系》的演讲主题报告。11 月，罗俊校长参加慕尼黑大学-中国学术网络论坛并做主旨发言，阐述学校国际化发展理念。

【首批师生进驻】2020 年 8 月 29 日晚，中山大学在深圳校区举行亮灯仪式。教育部思想政治工作司司长魏士强，学校党委书记陈春声，党委常务副书记、副校长马骏，副校长兰平，学校相关职能部门负责人以及入驻深圳校区师生参加。2020 年是深圳经济特区建立 40 周年，中山大学师生举行深圳校区亮灯仪式，表达他们扎根中国大地、建设世界一流的信心和决心。学校师生展现出朝气蓬勃的精神风貌，他们将牢记“德才兼备、领袖气质、家国情怀”的人才培养目标，把爱国情、报国志转化为强国行，为粤港澳大湾区和深圳建设中国特色社会主义先行示范区贡献力量。

【“天琴一号”六大技术在轨验证全部通过】经过多方评估，学校于 2019 年底发射的“天琴一号”卫星六大技术在轨验证全部通过，且所有性能均好于任务指标。“天琴一号”的核心任务是验证空间惯性基准技术，好比引力波“探头”，这是空间引力波探测技术体系中的核心技术之一。它包括高精度惯性传感、微牛级连续可调微推进和无拖曳控制三大关键技术。其余三大技术分别为高精度激光干涉测量技术、高稳定度温度控制技术和高精度质心控制技术。

［中山大学（深圳校区） 供］

深圳职业技术学院

【概况】2020年，深圳职业技术学院（简称“深职院”）有留仙洞、西丽湖、官龙山、华侨城、凤凰山五个校区，校园总面积212万平方米，校舍建筑面积62.17万平方米。现有固定资产总值24.39亿元，其中教学仪器设备总值10.39亿元，教学用计算机14 750台。图书馆藏有纸质图书275.8万册，电子图书135.9万册，电子期刊74.64万册，音视频18.23万小时。深职院现有教职员工近2000人（专任教师1434人）。其中：正高227人，副高671人；博士447人；享受国务院特殊津贴专家2人，珠江学者7人，海外高层次人才28人，国家“万人计划”教学名师1人，国家级教学名师3人，省级教学名师8人，国家特支计划教师1人，广东特支计划教学名师4人。学校拥有教育部首批黄大年式教师团队1个；引进美国霍夫曼诺奖团队等一批重量级团队，成立霍夫曼先进材料研究院、智能科学与工程研究院、智能制造研究院、新时代中国职业教育研究院、社会与经济发展研究院等高端平台，为珠三角产业发展提供有力支撑。深职院设有电子与通信工程学院等14个二级学院和体育部、工业中心等教学单位，招生专业80个。全校普通全日制在校生32 170人，外国留学生120人。自办专科教育在校生3982人。国家级教学成果奖14项，国家职业教育专业教学资源库3项，国家级重点建设示范专业14个，中央财政支持实训基地9个，国家级精品教材12部，国家精品课程53门，国家级精品资源共享课43门。深职院办学成绩显著。2001年首家通过国家示范性高职院校实践教学基地优秀评估，2009年通过国家示范性高等职业院校建设项目验收，成为我国高等职业教育领域首批国家级示范校。近年来，深职院先后荣获“全国文明单位”“全国职业教育先进单位”“全国一流高职院校建设单位”“首批全国创新创业典型经验高校”“全国高校毕业生就业工作先进集体”“中国十大最具就业力高职院校”“全国毕业生就业工作典型经验高校”“全国职业院校就业竞争力示范校”“中国十大创新型高职院校”“黄炎培优秀学校奖”“全国高校实践育人创新创业基地”“广东省文明单位”“广东省职业技术教育工作先进集体”“广东省首批大学生创新创业教育示范学校”“广东省一流高职院校建设单位”“深圳市创新创业基地”等荣誉称号。

【党建和思想政治】2020年，深职院开展“第一议题”学习44次、中心组学习10次，系统学习习近平总书记在深圳经济特区建立40周年庆祝大会上的讲话等系列讲话精神、党的十九届五中全会精神以及《习近平谈治国理政》第三卷等重要论述，邀请李慎明、韩望喜等

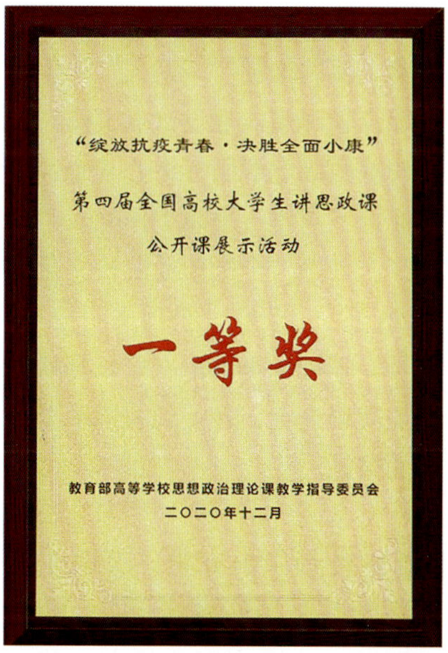

2020年12月27日，“绽放抗疫青春·决胜全面小康”——第四届全国高校大学生讲思政课公开课展示活动结果出炉，深圳职业技术学院选送的《建设“西部深圳”共赴幸福小康》喜获全国一等奖，是12个一等奖中唯一一个来自高职院校的作品

（张 雷 摄）

专家解读全会与讲话精神，组织开展全校宣讲20余场。学习强国实现全校师生党员100%全覆盖，荣获深圳市“学习强国”先进单位。大力推进党建双创示范建设，顺利通过教育部、广东省第二批党建“双创”工作中期检查，2个教师党支部获批全省第三批党建双创样板支部。深入推进校企党建共建，与25家企业签订党建合作备忘录，共同培养高素质产业工人。用好深圳改革开放“活教材”，编写出版《深圳的光荣与使命》，选编100个深圳案例，融入思政课教学，增强学生的道路自信。荣获全省习近平新时代中国特色社会主义思想大学生引领计划系列主题活动“我心中的思政课”微电影一等奖1项，“大学生讲思政课”一等奖1

项，全国职业院校红色故事大赛一等奖1项。推进"一站式"学生社区综合管理模式建设试点工作，建立校院两级党群服务中心6个，有效促进了党建、思政工作融入学生社区。入选"全国职业院校文化建设50强"，荣获"全国文明校园"称号，学校党委书记、校长杨欣斌参加表彰大会，并受到习近平总书记的接见。

【教育教学】2020年，深圳职业技术学院坚持新发展理念，深入贯彻落实《国家职业教育改革方案》《职业教育提质培优行动计划（2020—2023年）》，扎实推进"双高"和"一流院校"建设。出台《专业转型升级行动方案》，完成80个专业教学标准的制定与汇编。推进"1+X"证书制度试点工作，27个专业承担试点任务。新增"水贝珠宝首饰设计学院""招商局港口国际学院-深职海丝分院"等特色产业学院2个，特色产业学院达12个；"华为云学院鲲鹏中心""腾讯云校企合作基地"等落户学校。

学校积极开展本科层次职业教育筹备工作，"支持深圳职业技术学院开展本科层次职业教育"写入《教育部 广东省人民政府关于推进深圳职业教育高端发展 争创世界一流的实施意见》，分2批遴选14个拟建本科专业，完成专业建设方案首轮编制工作。设立校长教学质量奖并开展首次评选，5位老师获得首届校长教学质量奖，激励广大教师提升教学能力和教学水平。44部教材入选"十三五"职业教育国家规划教材。教师在2020年全国职业院校教学能力比赛获二等奖4项。

【人才培养】2020年，深职院共录取新生8997人（不含高职扩招），市外省内录取分数和高分考生人数再创历史新高，其中文、理科投档分数分别为448分和444分，超专科录取最低控制分数线288分和284分，高出本科录取最低控制分数线18分和34分。学校以培养适应智能时代需要的复合式创新型高素质技术技能人才为目标，更新教育教学理念，探索实施以学生学习成效为导向的OBE（Outcome Based Education）人才培养模式改革，深入推进产教融合、职普融合、理实融合、技术与文化融合、教育与生活融合、现代信息技术与教学融合等"六个融合"，提升学生的就业能力、职业生涯拓展能力和幸福生活创造能力。学校已累计培养13.5万余名全日制专科毕业生，毕业生初次就业率始终保持在96%以上，多项人才培养质量指标位居全国高职院校前列，深受用人单位欢迎。其中，238人次获CCIE证书，31人获RHCA证书，57人获OCM证书，221人获HCIE证书，22人获RHCE证书。

2020年，学生参与各级大赛成绩获得突破，获得第六届中国国际"互联网+"大学生创新创业大赛金奖2项；全国职业院校技能大赛改革试点赛获一等奖4项；首届全国职业技能大赛获1银、1铜；获华为ICT大赛全球总决赛网络赛道特等奖和云赛道一等奖；在广东省职业院校技能大赛获得一等奖52个，二等奖26个，三等奖8个，总计86个，在全省高职院校遥遥领先。

学校落实"六稳六保"，克服疫情影响，综合施策抓就业，2020届毕业生就业率达95.92%。学校在广东省高职院校2020年"创新强校工程"考核中，以总分92.66分位居全省第一。2020年12月，中共中央政治局委员、广东省委书记李希、省长马兴瑞来校视察，充

2020年10月21日，深圳职业技术学院与招商局港口集团股份有限公司合作共建的招商局港口国际学院—深职海丝分院正式揭牌成立，探索港航专业高水平技术技能型人才的"双元制"培养模式，打造港航领域产教融合样板

（张 雷 摄）

分肯定了学校的办学成绩。

【师资队伍建设】2020年，深职院出台《深圳职业技术学院师资队伍建设实施方案》、丽湖系列人才选拔与培养办法1+4系列文件等文件8个，系统构建人才招聘、教职工培训、教师发展、考核评价、评优奖励、薪酬福利六大体系。提拔学校中层管理干部7名，其中80后干部有4人；完成了32名七、八级管理人员的选拔工作；完成了45名专业（教研室、实训室）主任、综管办主任、学工办主任的聘免职工作；选派7名中层管理干部参加任职培训班等专题培训班等；选派21名干部参与全市疫情防控和复工复产工作；选派2名干部为深圳市第十批援疆干部，赴新疆喀什开展对口援疆工作。开展2020年职称评聘工作，其中拟评聘正高级职称6人，副高级职称50人；招聘预聘-长聘制人员73人，聘任制人员24人；引进各类高层次、高技能人才95人，其中全职引进海内外高层次人才75人，应用研发领军人才8人，特聘讲座教授32人。马晓明获评为国务院特殊津贴专家，李永红等3人获评深圳市政府特殊津贴专家；黄文胜团队获得市级技能大师工作室称号；认定地方级领军人才1人，后备级人才3人，海外高层次C类人才7人；引进博士后17名，博士后达60人；遴选丽湖学者5人、名师6人、技能大师5人、丽湖菁英5人。

【科技研发】2020年，深职院科研管理制度日趋完善，全年完成《深职院科研业绩成果奖励办法》《深职院科研经费管理办法》等8个科研管理制度文件修订工作，起草《深圳职业技术学院专利管理办法》。新增中德智能制造数字化工程创新中心等重点实验室和工程技术中心4个、社科研究中心1个、市级平台2个、省科研创新团队7个，市区级以上科研平台和科研团队达55个。深入23个科研和公共技术服务平台共同商议各平台制度和体制机制建设，进展良好。全年招收联合培养研究生50名，在校联合培养研究生达81名。与辽宁科技大学合作设立研究生联合培养基地和法律硕士联合培养基地，26名教师被聘为辽宁科技大学硕士生导师。获得各类科研项目立项430项，其中获国家级项目20项，含国家自然科学基金项目11项，省部级项目立项32项，市区级项目93项，技术转移（横向）项目246项，科研项目到账经费为1.27亿元。发表学术论文549篇，其中核心期刊以上论文330篇，出版专著、编著等17部，取得各类专利授权148件。学校五大科研平台、14个项目亮相第二十二届中国国际高新技术成果交易会，2个项目分获广东省科技进步奖一等奖、二等奖。

【合作交流】2020年，深职院推进与联合国教科文组织职业教育中心、联合国教科文组织全国委员会合作，与联合国教科文组织高等教育创新中心及相关高校、企业合作发起成立“国际网络教育学院”（IIOE）。获世界职技院校联盟（WFCP）授权设立WFCP教师发展中心，成为全球职教领域教师专业发展的重要力量，积极参与WFCP活动，深职院电信学院获“WFCP 2020卓越奖。发布全国高职院校2020年度国际化发展报告，承办2020年“一带一路”职业教育国际研讨会，擦亮中国职业教育的金字招牌。与中国人民大学等院校作为

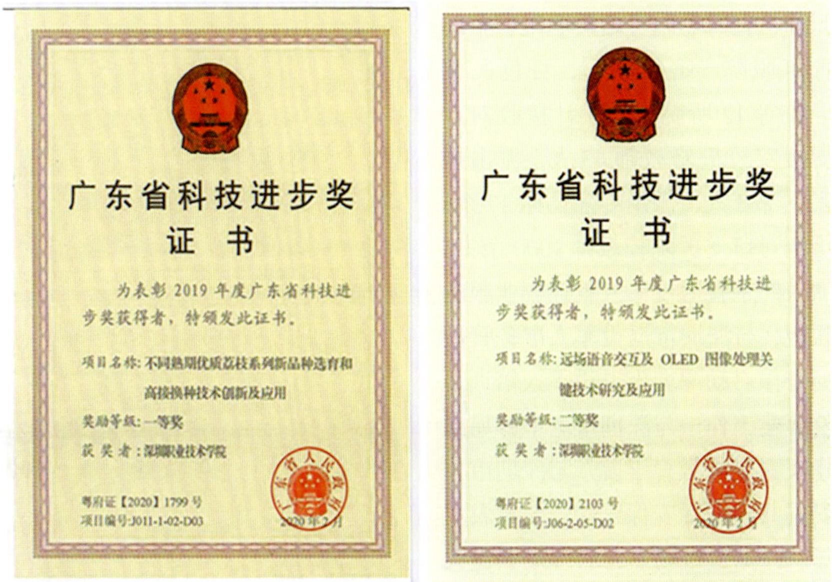

3月25日，2020年全省科技创新大会颁发了2019年度广东省科学技术奖，深圳职业技术学院喜获科技进步奖一等奖和二等奖各一项，成为本次获奖中唯一上榜的省内高职院校 （张 雷 摄）

9家“中国—中东欧”国家教育合作牵头单位，负责牵头国内应用型技术大学与中国—中东欧国家应用型技术大学的合作。继续推进粤港澳大湾区特色职业教育园区建设，商讨形成香港职业训练局联合学院申办方案。继续与香港职业训练局合作办学，“深港‘电气服务工程’高级文凭人才跨境联合培养模式的探索与实践”荣获2020年广东省教育教学成果奖（职业教育）一等奖。

【社会服务】2020年，深职院助力脱贫攻坚，大力开展消费扶贫，全年消费扶贫金额超过250万元；举办对口帮扶和平县第三期职业技能培训班，帮助对口扶贫村建立多元产业结构，贫困户人均收入从2016年的不足5000元，到现在突破19 300元，成为远近闻名的“富裕村”。重点帮扶喀什大学、西藏职院、吉安职院、广西现代职学院、哈尔滨职院、河源职院、毕节职院、宜宾职院、培黎职院、重庆青年职院、喀什职校、百色民族卫校等12所院校，累计接收对口支援院校进修教师43人，派出挂职干部3人，派出专家团队17个，培训对口支援院校教师1000余人。加入广东省退役军人就业创业服务联盟，与深圳市退役军人事务管理局合作启动深圳市退役军人培训学院筹建工作；与深圳市老干部局共建长青老龄教育学院，与深圳市公安局共建国际安保学院，与省农业厅、深圳市市场监督管理局共建大湾区数字农业学院。全年累计开展技能培训1.1万人，组织技能鉴定与资格认证考试5.7万人次。

【疫情防控】2020年，深职院抢抓“第一时间”，成立防控指挥部，制定《新冠肺炎疫情防控工作方案》等10余个专项方案和制度，召开防疫指挥相关会议70次；实行网格化管理，构建严控网络；迅速储备各类防疫物资，强化防疫物资保障；坚持日报告制度，编辑发布《防疫简报》320篇、专报46期；有序组织开展“线上教学”和复工复学，确保了全校3万余名师生员工的身体健康与生命安全。开展“云上思政”，推出“战疫情微课程”40余期，发布抗疫主题推文400多篇；师生创作抗疫歌曲《呼唤》，敬献一线医务工作者，在网络上广泛传播。微党课《送瘟神——党领导人民进行的抗疫斗争史》被省委组织部选送到中央。

【获广东省科技进步奖一等奖和二等奖】3月25日，全省科技创新大会在广州召开。会上颁发了2019年度广东省科学技术奖，深职院作为完成单位，喜获科技进步奖一等奖和二等奖各一项，成为本次获奖中唯一上榜的省内高职院校。获得2019年度广东省科学技术奖科技进步一等奖的项目是“不同熟期优质荔枝系列新品种选育和高接换种技术创新及应用”。该项目由华南农业大学、中国热带农业科学院南亚热带作物研究所、深圳职业技术学院（排名第三）等七家单位共同完成。深职院化生学院教授、国家荔枝龙眼产业技术体系深圳综合试验站站长乔方参与完成。获得科技进步二等奖的项目是“远场语音交互及OLED图像处理关键技术研究及应用”。该项目由深圳创维-RGB电子有限公司和深圳职业技术学院（排名第二）共同完成，深职院人工智能学院副教授陈球霞参与完成。以上两个

2020年11月20日，全国精神文明建设表彰大会在京召开，深圳职业技术学院获评“全国文明校园”荣誉称号，是今年广东省37所获评学校中唯一一所高校（张雷 摄）

项目的获奖，是深职院近年来在科学技术奖方面的重要突破，其中省科技进步奖一等奖是深职院建校以来首次获得。这两个项目是深职院多年来产学研深入合作的典型代表，也是学校建设“中国特色世界一流”职业院校的优秀成果。

【深汕特别合作区管委会与深职院签订战略合作框架协议】2020年4月10日，深圳市深汕特别合作区管理委员会与深圳职业技术学院签订战略合作框架协议，共建深圳职业技术学院深汕校区，打造粤东职业教育高地，为合作区和老区建设提供强有力的人才智力支撑。根据协议，双方将秉承互利双赢、优势互补的原则，按照深圳标准，高质量打造一所服务本地、辐射粤东的应用型高等院校。预计分两期建设，初步计划一期办学规模1万人，二期至2035年办学规模达到1.5万人。按照计划，到2022年，深职院深汕校区基本建成。未来，双方还将根据实际需要建设特色产业学院、应用技术研发与服务中心、行业培训学院和社区学院，在人才培养、应用研发、技术支持、社会培训、技能鉴定等方面开展合作，提升合作区人才素质和就业质量，探索具有深圳质量、深汕特色的产学研融合模式。

【历史性零的突破：深职院在第六届中国国际“互联网+”大赛总决赛中斩获2项金奖】2020年11月17—19日，第六届中国国际“互联网+”大学生创新创业大赛总决赛在华南理工大学圆满落幕，在职教赛道金奖争夺赛中，深圳职业技术学院的2个参赛项目从激烈的竞争中脱颖而出，建筑与环境工程学院代表队的“绿水卫士”项目斩获创业组金奖，应用化学与生物技术学院代表队的“靶向降压肽”项目斩获创意组金奖，实现了深职院在此项大赛总决赛中金奖零的突破！深职院也成为今年广东省内高职院校中唯一一所获得此项大赛总决赛双金奖的高职院校。第六届中国国际“互联网+”大学生创新创业大赛由十二部委和广东省人民政府共同主办，华南理工大学、广州市政府、深圳市政府联合承办，以“我敢闯、我会创”为主题，吸引了来自117个国家和地区、4186所学校的147万个项目、631万人报名参赛，其中国外有1158所学校参赛，报名项目3291个，报名人数8981人，牛津大学、剑桥大学、哈佛大学、耶鲁大学和麻省理工学院等全球百强高校均派出高水平队伍参赛。大赛采取线上线下相融合的方式，打造了一个汇聚世界“双创”青年同场竞技、互相促进、人文交流的国际大平台，可谓是世界青年创新创业的“奥斯卡”盛典。为充分备赛，学校创新创业学院特别设立了“丽湖菁创营”，立足于“互联网+”大学生创新创业大赛，以培养优秀创业者和孵化高成长型企业为使命，将备赛与育人相结合，将备赛与孵化相结合；对入围省赛的团队授以系统的商科知识，辅以关键的领导能力，推以精准的产业资源。“丽湖菁创营”以各赛段为时间节点，分四个阶段进行集中训练，专家对项目和选手的全方位深度打磨。创新创业学院充分配合各代表队所在学院，联合组成高水平集训专家团队，助力选手们实现大赛中的优异成绩和竞争中的成长发展。今年校内共有1404个项目、5486名同学报名参赛，校内报名总数创历史新高。经过初审、复赛、决赛环节，共有17个项目脱颖而出代表学校参加省赛，与来自全省155所学校共1550个项目同台竞技。在淘汰率将近90%的残酷竞争下，学校9支队伍晋级省决赛，在广东省决赛中拿下5金4银的优异成绩，列全省高校前列、高职第一，创学校历史记录。深职院代表队以过硬的专业素养及流畅的展示答辩，最终“绿水卫士”项目从37个项目中脱颖而出，斩获创业组金奖；“靶向降压肽”项目从41个项目中脱颖而出，斩获创意组金奖！

【获评第二届“全国文明校园”】2020年11月20日，全国精神文明建设表彰大会在京召开，深职院获评“全国文明校园”荣誉称号，是今年广东省37所获评学校中唯一一所高校，这是继2009年1月深职院获评“全国文明单位”，2011年、2014年及2017年三次通过中央文明委复查，蝉联“全国文明单位”之后，深职院在精神文明建设方面取得的又一项国家级荣誉。党委书记、校长杨欣斌代表学校参加大会并接受表彰。近年来，学校党委高度重视精神文明建设工作，认真落实中央文明委、教育部、省文明委和省教育厅的工作部署，在前期工作基础上，深入开展文明校园创建活动，取得显著成绩。学校于2020年7月开始申报工作，认真对照文明校园“六个好”创建标准，形成几万字的自评报告和支撑材料。经中央文明办会同教育部严格审核、优中选优，经过评审、公示，学校获评第二届“全国文明校园”。

【“更高水平的创新驱动与先行示范区建设”高端学术沙龙】2020年11月27日，第十二届深圳学术年会“更高水平的创新驱动与先行示范区建设”高端学术沙龙在深职院举办。本次学术沙龙由深圳市委宣传部、深圳市社会科学联合会、深圳报业集团主办，深圳职业技术学院管理学院、广东现代产业与中小企业创新发展研究中心联合承办。沙龙的第一环节由深职院管理学院院长窦志铭主持，邀请深圳市委政研室（改革办）副主任王汝津作专题报告。王汝津为师生深度解读了深圳建设中国特色社会主义先行示范区的意义和路径。随后，在深圳市小微企业发展促进会执行会长高小杰的主持下，深圳市委政研室（改革办）原副主任、正局级巡视员肖中舟，广东省社科联决策咨询研究中心主任郑红军，深圳市社会科学联合会科研处处长莫大喜，深圳市建筑设计研究总院总监、总经济师黄吉乔等五位专家围绕创新发展战略与先行示范区的建设进行了热烈的研讨。（深圳职业技术学院　供）

深圳信息职业技术学院

【概述】深圳信息职业技术学院创办于2002年4月，是经广东省人民政府批准、教育部备案，由深圳市人民政府举办的公办全日制高等院校。学校坚持始终与党的教育方针同心同向，始终与特区改革开放事业同呼吸共命运，始终与信息技术发展同频共振的“三同”办学理念，生动体现了特区办高校的根本遵循、根本动力和根本规律。2020年，学校为中国特色高水平高职学校和专业建设计划（简称“双高计划”）第一轮建设单位（B档）、国家示范（骨干）高职院校、国家示范性软件职业技术学院、教育部“中德职教汽车机电合作项目”试点院校，拥有3个国家级高等职业教育专业教学资源库（含1个备选项目）。深圳信息职业技术学院校园占地92.5万平方米，建筑面积58.48万平方米。有教职工1358人，其中专任教师714人。有全日制在校生超2万人。开设信息类为主的专业47个，学校70%以上的专业都紧密契合信息产业的研发、应用和服务，是面向新一代信息技术和国家安全战略专业体系比较完备的高职院校之一。学校作为发起人成立了首个国家级“中国职教技术教育学会微电子技术专业委员会”，成立了首个全国高职院校微电子二级学院。学校有国家级教学团队1个，全国职业院校教师教学创新团队1个；国家万人计划教学名师1人；全国先进工作者1人；全国优秀教师1人，全国技能大赛金牌选手1人；现有广东省教学名师4人，“特支计划”教学名师3人，“珠江学者”9人，珠江学者岗位数和人数位居全省高职院校第一位；现有“鹏城学者”9人，深圳市高层次专业人才73人；现有博士教师342人，教师博士化率47%，居全国同类院校首位；“双师素质”教师比例89%，现有广东省技术能手2人，高层次技能兼职教师12人。学校构建了“1+15”科技创新改革制度体系和比较完善的省市校三级科技创新平台体系，校企协同创新、技术服务与成果转化扎实推进，对区域产业发展的支撑力和贡献度大。建有广东省工程技术研究中心等省级科研平台4个，深圳市重点实验室、工程实验室、公共技术服务平台等市级科研平台11个，深圳市博士后创新实践基地1个。

近年来，共获省级科技进步二等奖2项，三等奖3项，国家教师科研基金“十一五”规划重点课题

2020年12月7日，《深圳市深汕特别合作区管理委员会—深圳信息职业技术学院战略合作框架协议》签约仪式在深汕特别合作区管委会多功能会议厅举行

（深圳信息职业技术学院　供）

科研成果一等奖1项，市级科技进步奖3项，科技创新奖2项，自然科学奖2项，深圳市哲学社会科学优秀成果奖7项，中国人工智能学会进步奖二等奖。在前沿性应用基础研究方面优势明显，连续12年获国家自然科学基金项目立项，总数达30项，2018年立项数居全国高职院校第一；2018年获教育部人文社会科学研究项目立项4项，立项总数名列全国高职第二。全国高职校“十三五”期间社科基金立项排行榜中，我校以3项规划基金项目，4项青年基金项目，立项总数7项的成绩位列全国第4。连续三年获评全国高职院校服务贡献50强。

学校形成了办学治校“1+6”工作体系，实施了以绩效考核为主线的教学、科研、人事等系列改革，强化了教职工教书育人、服务社会的使命感。党建领航五育并举，获首批“全国党建工作标杆院系”培育创建单位（高职唯一），“风雅颂诗经艺术传承基地”入选教育部普通高校中华优秀传统文化传承基地校。

匠心育人成绩喜人，毕业生就业率超过98%，学生技能竞赛获奖数量、高端证书获取率、就业薪酬水平均居全国前列。近五年学生在国家级及以上竞赛中获得奖励36个。2018年，获全国职业院校技能大赛一等奖总数位居全省第一，首次参加“华为大学生ICT大赛2018全球总决赛”即荣获网络赛道唯一的一等奖。学校与德国巴伐利亚州政府合作举办中德学院，培养可在欧盟就业的国际通用技术技能人才；与宝安区政府、德国史太白经济促进基金会、德国乌尔姆市政府四方共建“湾区中德教育与经济协同发展示范基地”（以下简称基地），该基地以国际先进技术转移为纽带，以校企合作育人为载体，创建中德双边“政府、高校、行业、企业、资本”多方联动的教育与经济协同发展合作模式与体系；面向“一带一路”国家招收了留学生，实施了“留学深信”计划；与海外87所院校及机构开展深度合作。

2020年5月26日，深圳信息职业技术学院与武汉交通学院双方校长孙湧、王进思共同签署了《深圳信息职业技术学院与武汉交通职业学院毕业生就业创业工作“一帮一”行动协议》（深圳信息职业技术学院 供）

【疫情防控】2020年，深圳信息职业技术学院成立疫情防控领导小组，构建“1+13+N”联防联控工作体系，形成“三案九制”开学工作系列举措，党委有效落实主体责任，行政严格推进各项措施，纪委全力扛起监督责任。严格落实“四精准”工作要求，做到疫情防控全覆盖、无遗漏。落实“五个一律”要求，做到校园管控无盲点、无死角。学校疑似病例和确诊人数均为0。线上复课，629门网课开课率99%，教与学云端交汇精彩，创新性地开展“五朵祥云助教学”的“云思政”活动。

【综合发展】2020年，深圳信息职业技术学院完成“双高计划项目管理平台”信息申报，将“双高校”建设工作纳入学校绩效考核工作。省一流校建设项目完成验收。正式成立深汕校区筹建工作领导小组，挂牌深汕校区筹建办公室，并与深汕特别合作区管理委员会签订战略合作框架协议。“粤港澳大湾区职业教育产教联盟”成功进入教育部广东省人民政府共同工作备忘（2019—2020年）。

【教育教学】2020年，深圳信息职业技术学院成功入选全省“八个相统一”高校思政课建设示范点培育单位名单。获广东省青年教师基本功大赛心理学教学基本功大赛二等奖和思政课教师省赛二等奖。立项建设62项校级校企“双元”合作开发教材和47项校级高水平立体化教材建设项目，获批8项省级教育教学改革研究与实践项目高职扩招专项和1项委托项目，立项建设10项校级信息化与教育教学改革融合项目。立项建设107门校级线上线下混合式“金课”备选项目和42门校级课程思政示范课备选项目，制定实施人工智能基础课程教学改革方案，25项教材入选“十三五”职业教育国家规划教材，彰显信息技术特色的4+0协同育人本科专业增至7个。建设“校内＋校外＋网络”诗经课程体系，开展三门专业课程、四门校外课程及系列公选课程，获“广东省第六届大学生艺术展演高校美育改革案例”，获“第六届广东省高校大学生艺术实践工作坊奖”。

【学生培养】2020年，深圳信息职业技术学院连续第四年获评暑期“三下乡”社会实践活动先进单位。获第一届全国职业技能大赛“光电技术”项目金牌，实现广东高职院校金牌零的突破。夺冠全国职业院校技能大赛“集成电路开发及应用”赛项。获第六届中国国际“互联网＋”大学生创新创业大赛国赛1银，省赛1金4银2铜。获2020年全国移动互联创新大赛（华南赛区）一等奖1项，二等奖3项。揽获全国大学生数学建模竞赛一等奖2项、二等奖2项。获2019—2020年度广东省职业院校学生专业技能大赛一等奖28个、二等奖19个、三等奖15个，位居全省第二。

【师资队伍建设】2020年，深圳信息职业技术学院柔性引进国家级领军人才领衔的高层次人才团队1个。出台“深信学者”和“深信名师”培养方案，启动认定和培养工作。新建技能大师工作室5个，聘任国务院政府津贴专家1人，深圳市政府特殊津贴1人，深圳市示范性劳模和工匠人才创新工作室主持人1人。聘请权威专家围绕双高建设、产教融合、模块化教学等开展专题讲座3场；瞄准技术前沿、人工智能、“1+X”证书制度试点、双师型教师专业技能提升等，组织教师参加培训139人次。

【应用研发】2020年，深圳信息职业技术学院统筹推进“两院一会”（微电子学院、电产院、部级微电子专委会）工作体系建设。挂牌成立微电子专委会，设立全国首个高职院校的微电子二级学院，携手电子科技大学签约共建“深圳市电子信息产业技术研究院”。共获各级各类项目立项138项，其中国家级5项，省部级18项，市厅级80项，立项经费1090万元；横向项目立项24项。获龙岗区高校科技创新专项扶持资金计划支持校企合作项目22项，总经费近1000万元。社科基金立项总数位列全国高职院校“十三五”期间排行榜第四。

【招生就业】2020年，深圳信息职业技术学院本、专科共录取6878名学生，专科招生共录取6005人，本科批次招生共录取873人。2020届毕业生共4736人，整体就业率为98.02%，专业对口率82.75%，升学率为14.74%，专插本上线率65%，平均起薪4145.26元。从用人单位的数量和质量上看，我校今年就业质量有进一步的提升。

【社会服务】2020年，审议通过《深圳信息职业技术学院社会培训工作管理办法》，填补学校制度体系的空白。以总分第一入选广东省职业院校“双师型”教师培训基地，组织申报“广东省2021年强师工程培训项目”和“广东省2021年职业院校教师素质提高计划培训项目”。编制高技能人才学历提升计划、幼师学历提升计划8个专业人才培养方案，同步完善确定集中教学与分散教学相结合、校内教学与校外教学相结合、线上教学与线下教学相结合的教学组织形式。参与“教育部华中师范大学心理援助热线平台”援助热线，为全国疫情防控心理干预工作贡献力量。与富士康、比亚迪等知名企业建立战略合作关系，联合举办服务产业工人的系列职业技能培训活动，助推深圳产业发展和经济转型升级。

【国际交流与合作】2020年，深圳信息职业技术学院首次参加“一带一路”国际教育交流合作俄罗斯线上高校国际教育展。留学生招生规模在广东省所有高校中排名第18。推动完成联合国教科文组织（深圳）高等教育创新中心国际网络课程30门建设，课程已陆续交付IIOE上线并获得广泛好评。1名教师成为中国大陆入选World Skill赛项经理第一人。“中老2+1学历教育暨深圳产业技术学院海外模式”入围由教育部、外交部亚洲区域合作专项支持的“中国-东盟高职院校特色合作项目”。与老挝巴巴萨技术学院共建的“深圳产业技术学院（万象）”成为产教融合实训基地，“一带一路”项目合作进一步深化。与牙买加国家服务和培训局、广东唯康教育公司线上签约，共同探索国际化高技能人才培养和输出合作新模式。协同华为等高科技企业设立海外深圳产业技术学院，构建具有深圳产业特色的教育援外新“鲁班工坊”模式，首批完成产业技术人才培养356人。

【内部治理效能】2020年，深圳信息职业技术学院正式启用国有资产管理系统，录入无形资产865条，价值原值3586.17万元；调研制定国有资产管理系统Ⅱ期需求并完成采购验收工作。监督多类别招生及考察招聘工作共76人次；严把廉政意见回复关，出具廉政意见70人次；组织开展17个部门“一把手”任中经济责任审计，运用高校审计软件进行审计数据处理。共启动、完成349个项目的招标采购工作，预算金额约3.27亿元。获评“职业院校数字校园建设样板校”。完成智能网络基础顶层设计，超前布局下一代校园网；建构“3+5”在线教学平台体系；完成网络教学平台数据库备份扩容；完成2万余师生账户、610多个教学班、900余门课程在三个教学平台的基础数据建设；完成校情分析与预警平台项目的建设；完成疫情期间信息化服务工作。扎实做好学校保密自查工作，加强学校涉密人员的队伍建设。

（深圳信息职业技术学院　供）

清华大学深圳国际研究生院

【概况】清华大学深圳国际研究生院（简称“国际研究生院”）是在国家深化高等教育改革和推进粤港澳大湾区建设的时代背景下，由清华大学与深圳市合作共建的公立研究生教育机构，在清华大学深圳研究生院和清华-伯克利深圳学院的基础上拓展建立。2016年11月4日，清华大学与深圳市人民政府签署协议，共建清华大学深圳国际研究生院。2018年11月6日，教育部批复成立清华大学深圳国际研究生院，并赋予国际研究生院充分利用深圳的区位优势和科技创新理念，不断提高人才培养质量和科学研究水平，为深化高等教育改革、服务国家和地区经济社会发展做出更大贡献的使命。2018年12月1日，深圳市人民政府和清华大学签署全面战略合作框架协议，开启新篇章。2019年3月29日，清华大学深圳国际研究生院正式揭牌。国际研究生院坚持国际化、开放式、创新型办学特色，根据清华大学的发展战略和深圳市的产业需求，优先布局清华大学一流的工科学科并辅以创新管理，形成材料科学、信息科技、医药健康、海洋工程、未来人居、环境生态和创新管理“6+1”个主题领域，开展学术博士和专业学位研究生教育，拓展与世界一流高校的战略性合作，探索产学研互动合作的新模式，促进原创性、颠覆性的重大技术创新成果产出，快速响应和引领新兴产业发展需求的变革，为深圳产业转型提供动力，为大湾区的社会创新发展助力。

国际研究生院位于西丽湖国际科教城中部，校园占地面积约50公顷，由大学城西院区（原清华大学深圳研究生院院区，已建成）、西丽湖院区（原西丽湖度假村及周边区域，规划建设中）和大学城东院区（大学城体育场东侧，规划建设中）组成“一院三区”的整体空间布局，并共享深圳大学城公共配套设施及生态绿地。作为清华大学国际化办学的重要基地，2020年国际研究生院充分发挥国际化办学资源优势、深圳市以及粤港澳大湾区科技和产业创新优势，积极探索现代大学治理制度、高水平开放式国际化办学的新机制，建立以国际化创新人才培养为驱动力的创新生态系统，在党建工作、学科建设、人才培养、科学研究、国际合作等方面取得新的进展。

【党建工作】2020年，清华大学深圳国际研究生院始终以习近平新时代中国特色社会主义思想为指导，坚持社会主义办学方向，以培育和践行社会主义核心价值观为主线，坚持和加强党的全面领导。落实全面从严治党责任，带头严守政治纪律和政治规矩。院党委始终自觉担负起执行和维护政治纪律和政治规矩的重要职责，认真组织党风廉政宣传教育活动月和全面从严治党集中教育月活动，加强对党员干部遵守政治纪律和政治规矩的教育。与学校同步开展3项与作风相关的工作自查，并组织党员领导干部对照廉洁自律准则及纪律处分条例查摆问题。

创新学习形式，推动理论学习全覆盖工作。2020年召开党委会17次，理论中心组学习15次。为进一步加强思想建设，推动理论学习全覆盖，为全院教职工建立理论学习台账，并设立常态化理论学习平台——“求是”讲坛，邀请院领导及不同领域的专家学者作专题报告。截至2020年底，已开展8场专题讲座，参加师生超过 3100 人。党委书记全年讲党课 30 多次，同时，参加深圳市的理论宣讲团，为深圳市相关部门宣讲十九届五中全会精神 7 场。党委、纪委换届顺利完成，对基层党组织进行重构。2020 年，召开中国共产党清华大学深圳国际研究生院第一次党员代表大会，选举产生国际研究生院第一届党的委员会和纪律检查委员会。年内，院党委获评“清华大学第二批党建标杆创建单位”。学院教职工党支部共获得基层党建立项 12 个，在全校院系中位居前列，并连续 3 年获评“优秀组织奖”，党建工作获得学校充分肯定。

重视骨干队伍建设，完善干部任免流程。2020 年，完成机关干部选聘，召开 1 次院机关职工聘岗动员大会、2 次机关干部民主评议会，200 多名教职工对近 50 位机关干部进行民主评议。与学校同步组织学院二级单位副职以上干部参加学校干部培训 11 场。关注基层，深入开展师生思想政治工作。2020 年，院党委以政治引领为核心，围绕“国际化、复合式、创新创业型”人才培养特色，构建三个层次的研究生思政工作体系：面向全体研究生的思政课必修课程；针对不同群体搭建不同的思政教育平台；发挥好学生工作体系的作用，以党团班一体化建设为抓手，发挥集体育人的作用。同时，扎实推进教职工思政工作，组织教职工政治理论学习，尤其是青年教师、海外归国人员对党的方针政策的理解，提高思想政治素质。建立午餐会交流机制，虚心听取师生建议，切实关心了解师生生活。

【疫情防控】2020 年，新冠疫情发生后，清华大学深圳国际研究生院坚决贯彻落实清华大学和广东省、深圳市的决策部署，统筹推进疫情防控和教育事业发展各项工作，带领各级党组织、党员同志奋战在一线，充分发挥战斗堡垒和先锋模范作用。确保全院师生员工严格按照学校和省市的要求严格做好抗疫防疫工作，多措并举严防疫情，切实保障师生的人身安全，坚决把疫情阻击在校园之外。统筹做好新冠疫情防控和单位改革发展工作。在疫情期间，学院成立由党委书记和执行院长任组长、其他院领导班子为成员的疫情防控工作领导小组，下设校园防控、教学等 12 个专项工作组，全面推进疫情防控工作。同时，学院在湖北的教职工中成立疫情期间清华大学第一个临时党支部，服务在鄂教职工。迅速组织学院教师投入抗疫科研攻关，做好师生抗疫先进事迹宣传等工作。学院相关部门及个人获多项校级抗疫优秀奖项。建立多级防控机制，建立健全各项工作方案。国际研究生院建立学院—学部、处室—教职工、学生三级疫情防控管理机制，以及校园网格化管理机制。先后制订《实施新冠肺炎疫情应急预案》《传染病防控八项制度》等一系列工作方案、预案和工作制度文件，制定师生健康信息申报卡。对学生进行防疫心理疏导，时刻关注学生因疫情导致的心理变化。加强校园管控，开展环境整治和卫生消毒，落实抗疫物资保障。

组织错峰返校，开展在线教学。疫情期间，学生春季学期返校复学按省市部署有计划、分步骤推进。在线教学有序开展，到课率超过 99%。学生答辩、毕业离院工作有序开展。秋季学期，4085 名学生精准分批返校，其中 1648 名 2020 级新生按时报到。全院如期开课，231 门次课程线下正常开课，45 门次课程线上线下融合式授课，26 门次课程在线教学，教学工作进展顺利有序。疫情期间，在线教育工作得到清华大学表彰，荣获两个优秀集体奖，多位老师获优秀教师优秀奖、管理服务先进个人等荣誉。在清华大学抗击新冠肺炎疫情工作表彰会上，国际研究生院研究生工作办公室获清华大学抗击新冠肺炎疫情先进集体称号，3 人获清华大学抗击新冠肺炎疫情先进个人称号。

【学科建设】2020 年，清华大学深圳国际研究生院进一步完善《学科发展总体规划（2020—2025）》，学术指导委员会的“6+1”学科领域委员全部到位，各学科领域第一轮发展规划完成编制、学科审议及外部论证。国际研究生院已初步构建创新型研究生培养体系和面向前沿的交叉学科体系。基于“6+1”学科领域已建立 5 个二级研究院：生物医药与健康工程研究院、环境与生态研究院、海洋工程研究院、材料研究院和未来人居研究院。正筹建创新管理研究院、数据科学与信息技术研究院。德国亚琛工业大学建筑学院原院长彼得·罗素（Peter Russell）教授、清华大学土木水利学院原院长张建民院士、清华大学环境学院原院长贺克斌院士、清华-伯克利深圳学院成会明院士等分别担任新成立的各研究院院长，

2020年10月30日，清华大学深圳国际研究生院学生创新创业项目“AI+穆勒显微镜高效精准早期癌变诊断系统”获2020深圳“逐梦杯”大学生创新创业大赛“逐梦杯”大赛冠军 （清华大学深圳国际研究生院 供）

负责学科布局及规划建设。科研机构建设方面，诺奖实验室——深圳盖姆石墨烯研究中心和图灵奖实验室——帕特森RIOS实验室依托清华-伯克利深圳学院（TBSI）和国际研究生院进行建设。学院正在筹建海洋工程和环境生态两个深圳市研究机构，为深圳市建设先行示范区以及海洋中心城市和国家海洋科考中心提供技术支撑。国际研究生院积极规划建设开放共享科研条件平台和服务专业学位教育项目的教学实践平台。制定仪器共享管理规定及鼓励设备共享有关政策，多数大型设备已纳入仪器设备共享体系。其中，工业生态检测中心及材料与器件检测中心取得CNAS认证，工业生态检测中心取得CMA认证。同时开展科研平台的重整和布局，计划建设科研条件公共平台，服务“6+1”学科建设及发展。

【科学研究】2020年，清华大学深圳国际研究生院科研经费到账超过2.54亿元，其中包括横向经费5300多万元，纵向2亿元。13项科研成果获奖，包括国家级奖励1项、省部级奖励5项、其他奖励7项。吴乾元副教授、吕伟副研究员获2020年国家自然科学基金优秀青年科学基金项目；张永兵副研究员参与完成的项目“编码摄像关键技术及应用”获2019年度国家科技进步二等奖（清华大学为第一完成单位）；康飞宇教授团队项目“高安全性二次电池关键材料研究”获2019年度广东省自然科学一等奖；吴耀炯教授团队项目“干细胞皮肤再生研究”获2019年度广东省自然科学二等奖。2020年，国际研究生院发表的学术论文中，有730篇被SCI收录，1100篇被EI收录，其中5篇发表在*Nature Communications*。建院至今，在Science、Nature期刊和*Nature*子刊上累计发表论文20余篇。国内专利申请387项（发明专利346项、实用新型41项），获得授权250项。申请PCT专利10项，申请国外专利9项，获得授权7项。横向合同141项，已完成技术转移交易5项，在办技术作价入股项目2项。学院积极拓展与区域和机构的合作，与茂名市茂南区签订产学研合作协议，与广东高校科技成果转化中心联合举办“2020年广东高校科技成果转化技术经理人高级研修班”。突破性重要成果方面，方璐团队在《自然·机器智能》上发表研究论文，率先揭示跨物种器官血管的固有拓扑属性，突破对大数据与强标注的双重限制，有望提高医疗诊断水平，并为血管疾病智能诊断发展探索新路径。成会明、康飞宇、李宝华、周光敏、吕伟等5位教师入选2020全球高被引科学家名单，全球仅6167人入选该名单。

【师资队伍建设】2020年，清华大学深圳国际研究生院借鉴世界顶尖大学教师聘用及管理模式，清华大学深圳国际研究生院建立“准聘-长聘”机制，在全球范围内甄选高层次人才，已建立近60人的高层次教研队伍规模。2020年新引进全职教研系列教师共计15人（教授2人、副教授5人、助理教授8人）。现在册教研系列全职教师共计40人（教授5人、副教授12人、助理教授23人），其中院士2名，深圳市高层次人才8名（杰出人才2名、地方领军人才1名、后备级人才5名），深圳市海外高层次人才21名（B类7名、C类14名），国家级“优青”2名，广东省“杰青”2名，珠江人才5名。2020年引进外聘教师共计7人，其中访问教授1人（中科院院士），访问副教授1人，访问学者2人，杰出实践教授1人（美国工程院院士），长驻教授1人，兼职副教授1人。另有客座教授2人，来自产业界的兼职教授3人，研究科学家及访问学者1人，伯克利兼职教授20人（美国工程院院士2人）。年内，国际研究生院重点开展职工队伍建设工作，计划通过组织重塑、流程优化，完成岗位体系、激励体系、评价体系、发展体系的设计，着力打造一支专业化、职业化、适应国际化办学要求的职工队伍，用行政支持促进学术卓越，实现职工与学院共同成长。

【人才培养】2020年，清华大学深圳国际研究生院首次完成在深圳的独立招生。在深圳校区开展全日制研究生招生复试，2020年招生规模达1648人，较上年扩招400余人。TBSI本年度共录取154人，其中博士项目55人，“985”和“211”高校生源高达87%，国际生占比接近四分之一。推动培育精品课程，带动整体课程质量提升。2020年，申报校级精品课3门（评审中），院精品课结题2门，复审1门，中期检查8门，立项4门。全年课程增长82门次，课程门数超额完成增长5%—10%的绩效目标。引进清华大学本部课程资源12门次，引进哈尔滨工业大学（深圳）5门次课程。与腾讯公司合作开设“互动媒体设计与技术”新培养项目。《大数据机器学习》《高级大数据系统》2门慕课被认定为首批国家级线上一流课程。课程评估成绩良好，多位教师获教学优秀奖。2020年春季教学评估（教评）中，国际研究生院理论类参评教师平均分连续10个学期高于全校平均分。学院整体教评成绩在全校34个院（系、所）中位于第16名，与上年同期相比，排名提升至全校前1/2。各单项指标得分与全校对应单项指标相比，教师评分均高于全校平均值。唐仙副教授获清华大学2019年度“青年教师教学优秀奖”。王晓浩研究员、谭春燕教授、张雅鸥教授、黄维教授、翟登云副教授等5名教师获2019年度“清华大学年度教学优秀奖”。李向明老师获深圳市优秀教师称号，孙春柳老师获深圳市先进教育工作者称号。培养处获评深圳市教育先进单位。推进全球胜任力培养。设立深港创新创业研究中心等专门机构，开设国际及港澳台学生发展中心、全球胜任力中心等学生平台，为港澳台地区学生提供学习、科研、生活、就业等全线全面支持。开展工作坊、交流访问、实习参访等多维度全方位工作，引导学生主动关注全球议题，为学生提供多元化背景的舞台，提升全球胜任力。

加强企业合作，开拓实践渠道。2020年，组织学生参观华为、腾讯、商汤科技、平安科技、顺丰科技、OPPO、富士康、深信服等知名企业。聘请12位优秀校友作为职业导师，邀请25位企业高管、校友、人力资源专家、心理专家担任学生教练，开展科学生涯规划和职业能力提升等系列活动。积极组织寒暑假社会实践，充分发挥研究生专业特色，支撑就业引导工作开展。

人才培养成效逐渐显现。2020届毕业生共计993人，整体就业率为98.7%，硕士和博士就业率分别为98.6%和100%。71名毕业生通过“定向选调”的方式到基层公共部门就业，奔赴全国16个省（区、市）。学生体现出优秀的创新意识和科研能力：年内有多位博士生和硕士生的学术成果在国际会议上获奖，创新创业项目“AI+肿瘤精准免疫治疗”获第十二届中国深圳创新创业大赛坪山赛区冠军。

【国际合作】2020年，清华大学与加州伯克利大学续展清华-伯克利深圳学院（TBSI）二期合作，明确TBSI二期合作方向，伯克利电子、计算机、制造、土木、工业工程等方向教师约20人参与二期合作研究。本年度，国际研究生院通过学分互认、学位互授、联合培养、科研合作等形式与世界一流大学开展广泛合作：与慕尼黑工业大学的战略合作协议已签约，与南安普敦大学合作项目已通过研究生院立项审批。年内，以“大变局与新动能——科技革命与社会进步”为主题的第三届清华会讲在深圳召开，邀请海内外数十位著名专家学者，展开多领域交叉的高层次精彩发言和研讨。国际研究生院和清华大学港澳研究中心联合在线举办“清华港澳会讲”，以“港澳在新时代国家改革开放中的独特优势”为主题，搭建激发学术生机、碰撞思想火花的交流平台，支持香港和澳门抓住“一带一路”、粤港澳大湾区建设以及深圳建设中国特色社会主义先行示范区的机遇，促进粤港澳大湾区更好发展。

【深圳市科学技术奖】2020年1月2日，深圳市委市政府召开全市科学技术奖励大会，颁发2018年度和2019年度市科学技术奖。市委书记王伟中、市人大常委会主任骆文智、市政协主席戴北方出席会议。清华大学深圳国际研究生院多位教师荣获奖励。康飞宇荣获2019年度深圳市市长奖，刘厚德和王智分别荣获2018年度和2019年度的深圳市青年科技奖，朱小山"人工纳米颗粒物的水生环境行为及生物响应"项目荣获2019年度深圳市科技奖（自然科学奖）二等奖，王黎明团队荣获2018年度深圳市标准奖。

【项目荣获2019年广东省自然科学奖】2020年3月25日，广东省科技创新大会召开，大会颁发2019年度广东省科学技术奖。清华大学深圳国际研究生院康飞宇教授团队"高安全性二次电池关键材料研究"项目荣获自然科学奖一等奖，吴耀炯教授团队"干细胞皮肤再生研究"项目荣获自然科学奖二等奖。

【2位教师圆满完成南海科考航次任务】2020年3月10日—4月2日，清华大学深圳国际研究生院马辉教授、廖然副研究员参加"探索一号"TS16航次，并分别完成下潜，于4月3日返回深圳。在本航次中，中科院深海所"探索一号"船带着"深海勇士"号载人潜水器，在我国南海海域针对海底垃圾、冷水珊瑚、海山生态、沉积物和岩石等有关科学问题展开实地考察和样本收集。此次南海科考是近年来清华大学深圳国际研究生院参加的第六次大洋科考活动。

【研究生论文"云答辩"顺利进行】2020年5月4日，清华大学深圳国际研究生院开启2020年研究生论文答辩，答辩会均采用学生远程、委员集中的"云答辩"形式。为加强研究生学术指导工作，支持毕业研究生按期毕业，清华大学深圳国际研究生院提前部署制订了《因应疫情防控工作的研究生指导及毕业生工作方案》，动员全院各学部（学科）、职能部门、全体导师齐心协力，做实做细研究生毕业支持工作，实行一生一策，确保学位论文答辩工作正常进行，全方位力保毕业生按期毕业。

【首次在深圳校区开展统考招生复试工作】5月7日—5月17日，清华大学深圳国际研究生院开展2020年硕士研究生统考招生复试工作。2020年是清华大学深圳国际研究生院独立招生的第一年，首次在深圳校区开展统考招生复试工作，并首次全面采用"网络复试"形式，顺利完成招生复试工作。

【苏光村智慧农业示范基地揭牌】2020年7月4日，清华大学深圳国际研究生院对口帮扶的河源市和平县长塘镇苏光村举行"智慧农业示范基地"揭牌仪式，依托清华大学深圳国际研究生院引荐的社会资源，利用现代化农业技术手段，开展绿色立体循环种养项目。

【发起成立深圳高校创新创业教育联盟】2020年7月14日，清华大学深圳国际研究生院通过线上直播的方式举行深圳高校创新创业教育联盟启动仪式。130余位来自粤港澳大湾区17所高校的创新创业教育主管领导、教师、学生及联盟支持单位代表共同见证了深圳高校创新创业教育迈入深入合作的新阶段。作为发起单位，清华大学深圳国际研究生院担任联盟的理事长单位，目前共有12家单位加入联盟。

【清华-伯克利深圳学院二期合作协议签署】2020年8月5日，清华-伯克利深圳学院（TBSI）二期合作协议完成电子签署。清华大学副校长、教务长杨斌与美国伯克利加州大学副校长兰迪·卡兹（Randy Katz）代表双方签约。协议的签订标志着清华-伯克利深圳学院最新合作阶段的启动。清华-伯克利深圳学院将依托清华大学深圳国际研究生院继续运行，在一期合作取得的成果和经验基础上，坚持国际化、跨学科、高水平办学原则，努力培养国际化高水平人才，以科技创新助力解决国家和全球性挑战问题。

【环境与生态研究院揭牌】2020年10月25日，清华大学深圳国际研究生院环境与生态研究院（iEE）举行揭牌仪式。清华大学环境学院教授郝吉明院士、环境与生态研究院院长贺克斌院士，清华大学深圳国际研究生院执行院长高虹、党委书记武晓峰、副院长左剑恶、副院长马岚等出席揭牌仪式。揭牌仪式由左剑恶主持。

【学生创新创业项目获2020"逐梦杯"大赛冠军】10月30日，清华大学深圳国际研究生院学生创新创业项目"AI+穆勒显微镜高效精准早期癌变诊断系统"获2020深圳"逐梦杯"大学生创新创业大赛冠军，清华大学深圳国际研究生院学生项目连续两年获此荣誉。

【材料研究院揭牌】2020年11月12日，清华大学深圳国际研究生院材料研究院（iMR）举行成立大会并正式揭牌。中国工程院院士、清华大学材料学院周济教授，中科院院士、清华大学深圳国际研究生院材料研究院院长成会明教授，清华大学材料学院党委书记杨志刚教授，清华大学深圳国际研究生院执行院长高虹、党委书记武晓峰等，以及材料研究院全体教职工和部分学生代表参加成立大会和揭牌仪式。中科院院士、清华大学材料学院南策文教授，中科院院士、清华大学物理系段文晖教授远程出席。清华大学深圳国际研究生院副院长、材料研究院常务副院长康飞宇教授主持大会和揭牌仪式。

【深圳市人文社会科学重点研究基地获批】2020年11月24日，第十二届深圳学术年会主题学术研讨会举行，会上公布"深圳市人文社会科学重点研究基地（2021—2023年）"名单，清华大学深圳国际研究生院民生幸福标杆研究中心（Center of Shenzhen Positive Well-being Policy，CSPWP）入选。

【第三届清华会讲举办】2020年12月12日，第三届清华会讲在深圳大学城会议中心召开。来自海内外的数十位著名专家学者齐聚一堂，围绕"大变局与新动能——科技革命与社会进步"的主题展开多领域交叉的高层次精彩发言和研讨，全国人大常委会原副委员长、全国政协原副主席韩启德等7名院士与资深教授，多个领域的学科带头人，来自SK集团、腾讯、华为、比亚迪等行业领军企业代表与会。清华大学校长邱勇，深圳市副市长聂新平，SK集团首席副会长崔再源，教育部科学技术委员会主任、教育部原副部长赵沁平在开幕式中致辞，清华大学党委副书记、国家治理与全球治理研究院执行院长向波涛主持开幕式。

【第一次党员代表大会召开】2020年12月23日，中国共产党清华大学深圳国际研究生院第一次党员代表大会召开。本次大会深入总结本届院党委的工作，选举产生出新一届党的委员会和纪律检查委员会，并明确下一阶段学院党的建设的工作目标和重点。133名党员代表参加大会，院行政班子、新发展的教师党员，各民主党派，学生代表等列席本次大会。（南玉洁）

北京大学深圳研究生院

【发展规划】2016年8月29日，北京大学与深圳市人民政府签订合作举办北京大学深圳校区备忘录。北京大学决定以深圳研究生院为基础，与深圳市合作共建北京大学深圳校区，这是实现北京大学创建中国特色世界一流大学目标的重要战略部署。北京大学深圳研究生院在北京大学的统一领导下，积极配合校区推进与建设等各项工作。北大深圳国际校区拟在北京大学深圳研究生院基础上升级扩建，结合深圳区位优势、产业特色和经济社会发展需求，进一步发挥北京大学人才、学科与科研等优势，建设成为具有现代大学治理结构、合理学科布局、鲜明国际特色、世界一流水准的教育、学术研究机构和医疗机构。北大深圳国际校区是北京大学"双一流"建设的重要组成部分，同时将成为粤港澳大湾区打造国际科技创新中心与教育人才高地的重要引领者，以及深圳市实现高等教育和医疗卫生事业跨越式发展的关键推动者。北大深圳国际校区发展内容包括整合发展现有学院，开展国际本科教育和国际化研究生教育，打造一流的科技创新中心和国际医学中心。

【学科建设】2020年，北京大学深圳研究生院为贯彻落实国家建设世界一流大学和一流学科的战略部署，对接粤港澳大湾区发展规划，深圳研究生院加强顶层设计，布局和建设世界一流学科领域，培植基础学科的原始创新，激励交叉学科、新兴学科的不断涌现，建设围绕生物医药、先进材料、电子科技、绿色生态、跨国法律、经济管理、人文社科七个领域的学科体系。深圳研究生院将针对现有相关理工院系与汇丰商学院、国际法学院及人文社会科学学院，在保持现有学科生态体系稳定与平衡的基础上，实现传统研究方向深入稳定探究与前沿新兴方向开拓探索并举，创新学科发展范式；在提升学科水平建设方面，根据第一轮"双一流"动态监测指标体系填报结果，完成深圳研究生院各学院在化学、材料科学与工程、计算机科学与技术、电子科学与技术、环境科学与工程、地理学、生态学、理论经济学、应用经济学、商业与管理、社会政策与管理、法学等12个“一流学科”对学校相应一流学科的贡献度分析。重点支持能够服务于深圳市科技与产业发展的学科专业，构建融入东方智慧与创新基因的人才培养体系，为粤港澳大湾区、深圳先行示范区双区建设和国家发展提供强有力的人才和技术支撑，建设成为世界一流、引领中国高等教育发展的学术高地。

【队伍建设】2020年，北京大学深圳研究生院共引进教师11人，其中教授1人，副教授1人，助理教授9人。截至2020年底，共有教职工758人。其中：教师270人（含专职科研），实验技术137人，行政221人，博士后113人，工勤17人。人才认定方面，2020年申报各类人才计划保持平稳，新认定的深圳市、国内及海外高层次人才达22人，其中国家领军人才2人。高层次人才奖励补贴申请90人次，高层次人才医疗保健申请19人次。人才项目方面，2020年国家海外高层次人才创新长期项目新入选者2人；广东省珠江人才计划入选者2人；广东省特支计划入选者2人；深圳市杰出人才培养计划入选者2人；申报深圳市创新人才奖共6人。2020年，博士后进站67人，新增深圳市人才安居集团、深圳市深港产学研环保工程技术股份有限公司为联合招收单位并完成相应博士后招收工作；组织在站博士后申报第67、68批中国博士后科学基金面上资助，共获资助16项；申报获批第13批特别资助（站中）1项；博士后申报入选国际交流引进计划项目2人；申报入选中德博士后交流项目1人（首次入选）。

【疫情防控工作】2020年，新冠肺炎疫情席卷全球。面对突如其来的疫情，北京大学深圳研究生院严格落实“生命重于泰山，疫情就是命令，防控就是责任”的工作要求，研究制定了《北京大学深圳研究生院新型冠状病毒感染的肺炎疫情防控工作方案》《北京大学深圳研究生院新型冠状病毒感染的肺炎疫情应急处置预案》等，建立“一个领导小组+七个工作小组”的疫情防控工作体系，建立起与省、市、区、街道、社区、医院、大学之间的七维联防联控沟通机制，确定成立了以院长、党委书记为主的深圳研究生院疫情防控工作领导小组，并根据疫情防控工作实际需要，以各学院、各职能部门中心为依托，成立了综合协调、宣传信息、学生防控、教职工防控、教务教学、后勤保障、监督检查七个工作小组，构建深圳研究生院疫情防控工作体系。七个工作小组分别制定了详细的工作预案，梳理出五种突发疫情情景下的应急处置流程，每日排摸所有来自重点地区或途径重点地区或与重点区域亲友接触的师生信息，掌握每天所在地、身体状况、计划返校时间等情况，实行每日“零报告”制度。在全院师生的共同努力下，深圳研究生院疫情防控取得积极成效，形势整体平稳有序。2020年春季学期、秋季学期，深圳研究生院共有3178名学生分9个批次错峰、平稳、有序、安全返校。

【北京大学深圳国际校区建设工作】北京大学深圳研究生院2020年的重点工作之一是配合学校积极推动北京大学深圳国际校区建设。2019年10—11月，北京大学党委书记邱水平、北京大学校长郝平会见广东省委副书记、深圳市市委书记王伟中等领导，对于尽快推进市校共建北京大学深圳国际校区签约落地达成一致共识。2020年7月，深圳研究生院向本部报送《关于深圳研究生院启动国际本科的请示》，邱水平书记、郝平校长做出批示，提出建议与方案；9月，常务副校长詹启敏与深圳市副市长聂新平先后两次会谈，深圳市政府已专题讨论、通过最新校区协议，表示希望在深圳特区成立40周年之际实现市校签约；9月，张平文副校长主持北京大学与深圳合作办学事宜讨论会，各职能部门围绕校区协议进行研讨，并提出修订意见；北京大学校长办公会讨论校区协议议题，郝平校长做出重要指示；11月，聂新平副市长召开市府办会议对协议修订内容进行再次讨论，市校双方领导表示非常重视北大在深圳的发展，将全力支持、推动北大深圳国际校区早日落地。

【巡察整改、审计整改专项工作】2019年末，北京大学对深圳研究生院依次开展审计和巡察，进行“政治体检”和“综合会诊”。在院党委、行政统一部署下，落实整改工作，做好后半篇文章，切实将整改转化为治理效能。根据工作实际，坚持审计整改、巡察整改和“不忘初心、牢记使命”检视整改一体部署，将整改工作与完善治理能力和治理体系的重大部署相结合，与完善和细化单位层面和业务层面内部控制工作相结合。既注重整改工作的时效性，也注重全局性、系统性、协调性；既整改具体问题，也建立长效机制。审计报告共列出11大类问题和3类专项问题，涉及收支、预算、资产、合同、采购、基建等经济领域，也涵盖科研项目、科研经费、研究机构管理等重点业务领域以及重大决策、执行监督等关键环节。至2020年6月已基本整改完成。根据巡察整改反馈，深圳研究生院共梳理汇总出整改问题57项，对应整改任务67项，明确整改责任单位11个，共提出整改措施102条。同时，从战略需求导向和资源约束紧迫性等方面，在67项整改任务中提取了事关全局、根本和长远，广大师生高度关切，需要全院统一思想、凝聚共识、统筹推进的重点任务14项、专项工作3项。目前，集中整改期限内已完成立行立改事项20余项，下一步将聚焦巡察整改任务，结合十四五发展规划，分专题召开进度协调督导会，推进重点整改任务。

【“十四五”改革和发展规划编制工作】2020年4月，北京大学深圳研究生院启动开展“十四五”改革和发展规划编制工作，围绕“面向国家战略、瞄准国际前沿、对接湾区需求、明确发展定位、创新发展模式、强化发展内涵、理顺发展关系、提高发展质量”的总体思路，以“坚持目标导向与问题导向相结合、坚持守正创新与突出特色相结合、坚持全局视野和重点突破相结合、坚持战略指导和实施操作相结合”为基本原则，回顾办学成绩，审视问题困难，研判发展机遇，明确目标思路。围绕基本形势、思路与发展、战略举措、重点事项等维度，进一步明确发展定位及今后五年的发展目标，把握战略方向，明确战略任务，擘画战略蓝图，破解制约深圳研究生院发展的核心问题，推动全院在新发展格局下确立新的发展坐标、输入新的发展动能。

【“两委”换届、行政领导班子换届、管理服务部门领导班子换届工作】为进一步强化基层组织凝聚力、提升基层组织战斗力，按照上级组织部署，2020年6月，根据北京大学深圳研究生院改革发展需要和领导班子建设实际，为进一步促进深圳研究生院未来更好更快发展，经请示上级组织，深圳研究生院启动行政领导班子换届工作。经无记名推荐、调研谈话等一系列环节，7月17日，校党委组织部常务副部长霍晓丹同志代表学校党委宣布深圳研究生院新一届行政领导班子的任命。深圳研究生院新一届行政领导班子能于开拓、敢于担当、新老搭配、配合得力，将带领全体教职工凝心聚力、强基固本、开拓创新，开创深圳研究生院发展的新局面。9月，深圳研究生院启动管理服务部门领导班子整体换届工作。经过民主推荐、自荐、述职答辩、考察谈话等一系列环节，历时3个月，选拔出一支忠诚干净担当的高素质专业化干部队伍，进一步强化了深圳研究生院管理服务部门领导班子建设，激发队伍活力，促进履职担当，改进工作作风，为事业发展提供坚强有力的组织保证。12月，深圳研究生院启动“两委”换届工作。截至目前，已完成“二下二上”及对“两委”委员候选人初步人选的考察工作。

【教学工作】2020年，北京大学深圳研究生院顺利完成招生计划。2020年深圳研究生院共计录取研究生1254人，其中硕士1159人，博士95人。受疫情防控、上线人数、专项计划配给等多重因素影响，与2019年相比，深圳研究生院硕士留学生录取人数略有增加，内地博士、内地硕士及港澳台硕士录取人数略有下降。2021年深圳研究生院硕士招生计划较2020年减少21人，博士招生计划较2020年增加18人。

课程数量和质量稳中求进。2020年深圳研究生院共开设课程646门。尽管在2019—2020第二学期，疫情给教学带来了诸多不便，但全年开课总数基本与往年持平，各学院顺利完成了在线教学任务。2020年新开设课程共计49门，其中补充上学期开课6门。本年的新开课程进一步规范了申请流程，各学院在保障新课程质量的前提下，高效地完成了新开课程的申报。2020年，深圳研究生院组织教师参加“北京大学教学优秀奖”的评选和校本部青年教师基本功比赛。深圳研究生院共有3名老师参加校本部青年教师基本功比赛，分别获得理科组第二名、第三名和文科组优秀奖，新材料学院孟鸿教师获得北京大学教学优秀奖，汇丰商学院魏炜教授的教材《商业模式学原理》获批北京大学教材建设项目。

妥善安排学生出访相关事宜。受新冠疫情影响和防控整体要求，2020年出访学生人数相应减少，全年共计出访106人。新型冠状病毒疫情期间，深圳研究生院执行学校《新型冠状病毒疫情期间北京大学研究生参加国（境）外学术交流活动的指导意见》和《关于新冠肺炎疫情期间进一步加强因公临时出国（境）管理的通知》，为学生安全考虑，妥善安排相关出访工作。为推迟或取消原定出访行程、已在境外需延长出访期限的学生，协调办理其相应的延期出访、疫情期间延长出访手续等事宜。对于选择提前结束出访任务归国的同学，与学生本人及其所在院系教务保持消息互通，妥善安排学生返校后的相关事宜。

顺利完成答辩和学位申请工作。2020年，深圳研究生院共有1037名学生顺利完成答辩并取得学位。其中，硕士969人，博士68人。化学生物学与生物技术学院薛刚同学博士学位论文被评为2020年度北京大学优秀博士学位论文。

通识教育。随着校区转型工作的逐步深入，结合当前培养层次中素质教育存在的问题，“将深圳研究生院通识教育结构和内容进行更加科学化更新和换代，以满足未来国际化校区建设的需要”是通识教育中心在2020年度的核心工作；积极主动地促成深圳研究生院素质类课程的国际化转型，修正了原有素质课程建设“以满足中国学生成长为目标”的课程建设指导思想，并以“同时兼顾‘海外留学生东方文明和中国文化及语言认知和技能提升需求’”作为未来通识课程建设的新方向。

继续教育。2020年度，受新冠疫情的影响，继续教育工作基本处于停滞状态，遇到了成立以来最大的困难。培训中心上半年通过开办线上公益课程、积极保持与客户的沟通以维系业务渠道，下半年在校园有限开放的情况下，尽力举办线下培训以维系基本业务。在各种困境下，培训学员666人次，总计授课1093学时。2020年度，培训中心学位教育项目仍有在校的三个年级四个专业的1160名学员，继续为学员提供补课、讲座、校考、国考、论文写作及答辩、学员活动等多种服务；共举办短期培训班10个，培训666人次。共开展线上公益讲座71次，利用多种渠道和各方资源邀请了众多专家名家进行线上授课，涉及金融、管理、艺术等多方面的前沿知识与实战经验。

【科研工作】2020年度，北京大学深圳研究生院科研项目经费、高水平论文发表和科研创新载体建设等方面都取得了重要进展，2020年新增纵向科研项目131项，合同金额4.04亿元，横向项目80项，合同金额0.32亿元，合计4.36亿元，纵向项目较去年大幅增长，横向项目较去年略有降低。实际到账1.96亿元，其中纵向到账1.52亿元，横向到账0.44亿元。深圳研究生院师生共发表学术论文737篇，其中SCI、EI、ISTP和SSCI收录的高水平论文共621篇；申请专利135项，授权专利69项；出版专著22部。

加强科研项目管理，重大项目有所突破。认真做好各类科研项目的管理工作，对于横向课题，做好合同审核、登记归档，力争做到统计数据完整，便于随时掌握深圳研究生院承担项目情况。对于纵向课题，按照项目下达部门的有关规定，按时向相关部门报送科研项目的实施进展报告。其中杨世和教授的国家自然联合基金重点项目获批，财政资金支持259万元，信息工程学院黄罡教授、雷凯副研究员的省重点研发计划获批，财政支持资金4000万元；肖荫果副教授作为课题负责人参与国家重点研发计划1项，卢海龙教授参与广东省基础研究与应用基础研究重大项目1项。深圳市拟对高等院校实行稳定支持，按照科创委的要求，起草制定稳定支持计划管理办法。组织完成稳定支持项目申报，本年度深圳研究生院稳定支持额度2500万元。

完善实验室安全组织架构，夯实安全管理基础。深圳研究生院调整了原来深圳研究生院直接管实验室安全的管理体系，组建深圳研究生院实验室安全管理领导工作小组—学院安全管理领导工作小组—所属课题组实验室安全管理三级监督管理体系，充分调动各级资源提高深圳研究生院安全管理能力。院级领导小组由常务副院长担任组长，各学院院长或主管安全的副院长及有关行政部门领导担任成员，同时要求涉及到安全的理工学院组建学院实验室安全小组，作为本学院安全管理的工作机构。

升级安全管理软硬件条件，降低实验室安全隐患。根据各个实验室的研究领域、所从事课题以及开展的实验等对深圳研究生院理工科所有实验室进行分级，并根据分级情况制定了巡查制度。同时，制定了适合深圳研究生院实验室危险源统计表，并依据各实验室的危险源情况，明确了实验室的等级，经过初步梳理、评估，划分了一、二级危险实验室。化学品废弃物暂存柜安装完成并投入使用，将废弃物从室内转移到室外过渡到回收公司，缩短了实验室内部废弃物的滞留时间，降低了室内风险。推行生活垃圾与实验室废弃物分类处置准则，依据深圳研究生院废弃物种类，制作深圳研究生院废弃物分类标签并发放至每个学院，指导实验室废弃物按照物化性质进行分类收集和包装。2020 年度，深圳研究生院处置实验室废弃物 20 种，共计 58 吨，上线我校化学品网上采购平台 V1.0，初步实现化学品信息化管理，实现全流程闭环管理，政府管制类化学品实行 100% 审批购买。

积极开展知识产权管理与服务，获取科技成果转化空间。深圳研究生院在有限资源下，聚焦构建和完善知识产权管理体系并进行实践，颁布实施《北京大学深圳研究生院知识产权管理办法》；突破科技成果转化传统的专利转让模式，试水技术入股、专利许可等成果转化新模式，实施了首例技术许可及技术入股项目的模式探索和方法实践。

【党建工作】 2020 年，北京大学深圳研究生院党委共有 63 个党支部，其中教工党支部 8 个，学生党支部 55 个，合计 1356 名党员。2020 年，深圳研究生院党委制定《北京大学深圳研究生院党委会工作细则》《北京大学深圳研究生院党委主体责任清单（试行）》，进一步强化党委管党治党、办学治校的主体责任，切实发挥领导核心作用。深圳研究生院党委深入学习贯彻习近平新时代中国特色社会主义思想，邀请深圳市委常委、秘书长高自民作“牢记习近平总书记嘱托，在建设中国特色社会主义先行示范区新征程上追梦前行”专题报告；“《习近平谈治国理政》第三卷学习有感”主题征文收到稿件 120 篇，落实党委理论中心组学习机制，及时跟进学习习近平总书记重要讲话和指示批示精神。深圳研究生院有 344 人（教师 3 人，学生 341 人）报名第 33 期初级党课。128 人（教师 3 人，学生 125 人）报名参加深圳研究生院第二期党性教育读书班（高级党课），123 人通过高级党课结业考试。深圳研究生院党委继续贯彻落实深圳市的相关文件精神，从严从实从细抓好维护政治安全工作；继续按照教育部、北京市委及北京大学组织部相关要求，完成 2020 年党内统计工作，完成 2020 年党费收缴工作。

【纪检内控工作】 2020 年，北京大学深圳研究生院基于深圳研究生院治理特点和纪检监察工作职能定位，坚持“守护底线、涵养生态、激励担当、促进发展”，协助院党委、行政推进学校完善治理体系和治理能力，实现战略目标。落实 2020 年深圳市教育系统纪律教育工作要求，于 2020 年秋季面向全院党员领导干部、重点岗位人员组织开展“开拓进取、勇于担当——北京大学深圳研究生院 2020 年纪律教育学习月”活动，通过开展分类专题教育、督促落实主体责任、发扬抗疫精神、提升服务协同、开展勤廉典型示范教育和警示教育等方式，增强深圳研究生院广大党员干部和师生的纪律意识，推进校园廉洁教育和廉洁文化建设。强化疫情防控责任落实监督检查，组织对重点部位和关键环节开展定期和不定期走访，对于可能存在的问题或风险及时提示预警。按照学院党委工作安排，牵头落实上级转办有关问题线索核查工作，在权责范围内，对相关职能部门办理督查信访核查、师生违规处理、人事法务纠纷等工作予以程序协助和风险把控。2020 年 5 月，牵头启动深圳研究生院 2020 年内部控制体系建设工作，着眼学院“十四五”战略目标，构建“于法周延、于事简便、有效管用”的内部控制体系，服务学院战略、规范权力运行、改进业务管理、优化资源配置，推动各部门担当履职、提升服务、防范风险、完善治理，推进学院事业发展。以内部控制体系为工具，运用其逻辑架构把近期各项整改以及发展改革的重点任务系统穿插整合，在理顺治理关系上做到有章有法，一体部署，统筹推进，进度协调，成果共享。具体从单位管理和业务运行两个层面推进。单位管理层面，划分发展定位、战略目标、机构设置、岗位职责、制度体系建设、运行机制、信息沟通机制和监督保障体系等八大任务；业务层面从经济领域（预算、收支、采购、资产、工程、合同等）、高校重点行业领域（学科、人事、教学、科研、合作办学、招生等）和综合管理领域（两办、党群、学工、纪检等）分类分步推进，其中第一轮的梳理摸底和建设工作于2020年6开始实施，第二轮的调研沟通和审核优化于2020年管理服务部门整体换届完成后进行。

【行政工作】随着北大深圳国际校区协议深入推进，2020年度，深圳研究生院积极与学校本部、深圳市沟通，深度参与协助校区推进相关的工作：参与关于国际本科、申请新增博士生名额等相关材料准备工作。2020年，围绕学校中心主线，深圳研究生院行政管理工作有序开展，以“建设国际化一流校区”为目标，以“规范、发展、创新”为重点，做到“运转有序、协调有力、服务到位”，围绕文书工作、秘书工作、督办工作、党务工作、档案工作、宣传工作、信息工作、外事及国际事务工作，重要会议、活动的组织和印信管理等综合工作，做好各项基础事务，参与校区发展规划，并主动思考、创新工作。继续深化全院层面的工作制度，将多项制度实施向纵深推进，逐步形成了长效机制，以制度创新，固化改革成果，进一步完善治理体系、提高治理能力。完成学年新春团拜会、毕业典礼、开学典礼等工作任务，有效发挥了领导的参谋助手、综合协调、服务基层的职能。

【学生工作】2020年，面对新冠疫情形势，北京大学深圳研究生院开展了一系列围绕思政教育、队伍建设、校园文化、专业支持等方面的学生工作。深圳研究生院共有专职辅导员19人，其中学工处10人，各学院学工老师9人；学生兼职辅导员15人；班主任60人。2020年，为加强疫情防控，科学管理，确保学生安全，自疫情暴发以来严格落实疫情防控数据日报工作制，深圳研究生院建立“学工处成员一对一联系各学院辅导员”制度，做好学生精准摸排与每日零报告，及时掌握学生的行程、体温等信息，每日零报告工作持续进行9个月，目前实行周报告制度，切实加强了疫情防控监督保障工作。有序进行返校现场组织工作，2020年春季学期，深圳研究生院共有1405名学生分6个批次错峰、平稳、有序、安全返校；2020年秋季学期，共有903名新生、870名老生分3个批次共5天报道返校。结合疫情实际，学工处高度重视学生心理健康教育工作，个体咨询共计2023人次，团体咨询436人次。心理咨询中心增设线上视频咨询途径与线上团体，并保持暑假运转、开放预约。向全体同学陆续推送线上心理健康慕课及讲座，开展心理健康讲座及沙龙，线上和线下全年累计20场。在学生就业工作方面，依托平台丰富就业信息获取渠道，启用“南燕就业”，持续推送高质量就业资讯，开展2020届毕业生就业重点人群追踪调查工作；针对疫情期间的就业签约手续“云办理”及就业办公室提供线上答疑服务；重点对学生所需的选调工作进行了指导和帮助；成立南燕职业发展中心，开展一对一职业咨询、职业规划团体咨询、行业导师工作坊等工作，构建就业指导工作体系，全面支持和指导学生职业发展。在评优评奖工作方面，2020年度深圳研究生院获得校级奖励661名，其中获得奖学金157名，三好学生标兵43名，三好学生255名，优秀学生干部21名，学习优秀奖、社会工作奖、优秀科研奖等340人，学术创新奖21名。另外，经答辩评选出校级集体奖励，包括北京大学先进班集体5个，其中示范班集体2个。在学生资助工作方面，深圳研究生院共完成助学贷款放款882人，放款金额合共2360.9万元；发放大学城临时困难补助（50人次）、退役士兵学费资助（2人次）、服役士兵学费补偿（1人）、基层就业学费补偿和国助代偿（2人）等。另外，深圳研究生院强调做品牌促创新，发挥活动育人作用。开展“迎新杯”系列比赛、趣味运动会、新生开学营、迎新晚会、校园十佳歌手大赛；开展五四青春“云”诗会；举行防“疫”知识竞赛。2020年深圳研究生院承办深圳大学城第十五届综合运动会暨2020年趣味运动会，并成功夺得团体总冠军，入场式方阵表演第一名。深圳研究生院学生辩论队取得深圳市高校辩论赛等5个冠军。

【学生创新创业工作】2020年，北京大学深圳研究生院积极选拔推荐项目参加全国各类各级创新创业比赛活动，其中谈国禹的砥脊科技项目入选2020年中国全国科普日展览、全国双创周主题展、第二届世界科技与发展论坛科创中国技术展，获得第六届中国国际“互联网+”大学生创新创业大赛全国银奖；李柄桦的Drug Target Space项目，获得第二届首都高校创新创业大赛创意组冠军，第六届中国国际

"互联网+"大学生创新创业大赛北京赛区二等奖，北京大学第二十届创业大赛二等奖，第九届"赢在广州"暨粤港澳大湾区大学生创业大赛二等奖，赢在东莞科技创新创业大赛大学生决赛二等奖；张一帆的外墙清洁机器人项目，获得"挑战杯"北京市铜奖，北京大学第二十届创业大赛三等奖，深圳"逐梦杯"大学生创新创业大赛在校生组一等奖；周林的高频覆铜板绿色高效制备技术项目，获得深圳"逐梦杯"大学生创新创业大赛毕业生组一等奖；张甲全的面向复杂环境基于立体视觉语义 SLAM 技术项目，获得深圳"逐梦杯"大学生创新创业大赛在校生组二等奖；筑底空间获得深圳"逐梦杯"大学生创新创业大赛优秀组织奖。

【宣传工作】2020 年，疫情防控大局当前，北京大学深圳研究生院通过院网、官方微信、抖音、报纸等全媒体平台，及时面向学院师生发布学院有关疫情防控的最新消息以及科学防疫措施，累计阅读量超过 2 万，鼓励师生共克时艰。重点围绕教学科研工作，及时报道、对外传递科研成果，营造良好学术氛围，北大新闻网共转载 35 篇深圳研究生院科研新闻。在深圳特区建立 40 周年之际，深圳研究生院通过系列报道、专题通讯，在北大新闻网开设"深圳四十年·北大人在深圳"专栏，回顾北大与深圳合作办学历程，总结深圳研究生院办学经验成果，凸显"北大深圳"品牌。

【工会工作】2020 年，北京大学深圳研究生院工会在院党委和行政的关心支持下，积极发挥联系群众桥梁纽带作用，围绕中心工作，服务发展大局，为学校稳定发展积极贡献力量。2020 年新冠肺炎来袭，疫情防控期间，积极组织各类教职工线上活动，包括线上居家运动打卡活动、三八线上瑜伽、六一亲子线上瑜伽、线上迎新跑等，编制教职工心理防疫指南，疏解防控疫情的各种压力。以青年教师教学基本功比赛为抓手，提升青年教师素质，服务青年教师发展。继续开展好教职工游泳俱乐部、羽毛球、瑜伽、舞蹈等社团工作，通过各种措施，激励教职工积极参与体育锻炼，提升身体素质。多方拓展利用资源，开设兴趣午间课堂，包括尤克里里、宋人小品工笔画、油画等，丰富了教职工校园文化生活。工会的各项活动贴近教职工，内容形式新颖，受到老师们的广泛欢迎，"非遗文化大闯关"教职工亲子嘉年华活动获得"北京大学工会精品活动"荣誉称号。

【基础建设工作】2020 年，北京大学深圳研究生院完成了多项基础设施建设，提高学校办学条件。扎实推进燕园 6 号楼建设工程，主体结构已基本完成，正在进行 A、B 两栋的油漆、土建和机电安装及地砖铺装工作，并逐步进行外架拆除；校舍整体修缮工程项目完成项目竣工结算；修缮改造工程项目建议书获深圳市发改委批复。组织编制新兴交叉学科教学与科研大楼项目建议书，积极推动项目落地。

【校友及教育基金会工作】2020 年，适应疫情下的新形势，北京大学深圳研究生院校友工作与全球校友会保持紧密联系并积极开展互助联络，同时校友活动形式启动线上线下并举。首次召开院系校友工作研讨会，初步通过《北京大学深圳研究生院校友会理事产生办法》(初稿)，完善校友会组织架构。筹办校友会换届，并完成理事第一轮招募工作。2020 年，累计办理校友卡实体卡 30 张，电子卡 212 张，累积开展校友活动 19 场，完成南燕之家第五届理事会换届和招新工作，共招募 46 名新生加入南燕之家，暑期组织 7 名学生前往衡阳跟班学习。2020 年，基金会取得五年有效免税资格，发布《印章管理规定》，并刻制了基金会公章、财务章和法人私章，完成基金会基本户开户。完成"平安银行 AI Bank 奖学金"100 万元捐赠项目；完成"铁汉生态 1000 万捐赠项目"；完成 2019—2020 年度向北京大学教育基金会的年报报送工作；完成深圳市捐赠配比申请工作，申请配比总额 300 万元；汇丰商学院在基金会设立"北京大学汇丰商学院发展基金"，优格微度公关顾问（北京）有限公司向该项目捐赠 5 万元；接受国际法学院 2012 届校友集体捐赠 82840.72 元；平安银行深圳分行向深圳研究生院捐赠 800 万元，设立"北京大学深圳研究生院智慧校园项目"。

【学习贯彻习近平总书记系列重要讲话精神】2020 年，北京大学深圳研究生院深入学习贯彻党的十八大、十九大和历次中央全会精神。深圳研究生院党委带领全体党员和广大师生员工深入学习贯彻落实党的十八大、十九大和历次中央全会精神，增强"四个意识"，坚定"四个自信"，坚决做到"两个维护"。通过召开宣讲会、研讨会等多种形式，扎实开展“学习十九大精神”、“不忘初心、牢记使命”等专题学习教育活动和实践教育活动，切实把教育成果转化为全院师生党员坚定理想信念、砥砺党性心性、忠诚履职尽责的思想自觉和实际行动，转化为加快建设世界一流国际校区的强大动力。

深入贯彻习近平总书记两次视察广东时的重要讲话精神。2020年10月14日，习近平总书记出席深圳经济特区建立40周年庆祝大会并发表重要讲话。深圳研究生院根据广东省教育工委有关文件精神，对学习贯彻工作进行全面动员部署。2020年10月27日，深圳研究生院邀请深圳市委常委、秘书长高自民作“牢记习近平总书记嘱托，在建设中国特色社会主义先行示范区新征程上追梦前行”专题报告，进一步学习领会习近平总书记讲话精神，激励全院师生继续发扬“闯”的精神、“创”的劲头、“干”的作风，不断提高办学质量，为粤港澳大湾区和深圳先行示范区建设贡献北大力量。

【**校区国际化建设**】2020年，北京大学深圳研究生院继续致力于创建世界一流国际化校区，加强与世界一流院校合作办学，国际化程度进一步提升。2020年北京大学深圳研究生院共有来自47个国家和地区的150名留学生和交换生。3月，汇丰商学院、剑桥大学嘉治商学院和深圳市前海深港现代服务业合作区管理局三方通过视频连线形式，签署了《合作意向备忘录》以联合推进商科管理领域长期合作，标志着两校在深圳前海合作项目的正式启动。9月，汇丰商学院英国校区首座学生宿舍正式落成启用；12月，汇丰商学院经济学硕士项目再次通过欧洲管理发展专业认证体系EFMD认证，获得5年的认证期限；国际法学院助理教授Stephen Minas当选为《联合国气候变化框架公约》技术执行委员会副主席。

【**科研成果丰硕，创新载体建设稳步推进**】2020年度，北京大学深圳研究生院科研项目经费、高水平论文发表和科研创新载体建设等方面都取得了重要进展，2020年新增纵向科研项目131项，横向项目80项，经费合计4.36亿元；深圳研究生院师生共发表学术论文737篇，其中SCI、EI、ISTP和SSCI收录的高水平论文共621篇；申请专利135项，授权专利69项；出版专著22部。北京大学深圳研究生院正式获批深圳市双创示范基地，获深圳市科创委“技术转移服务机构”培育支持，获深圳市科学技术协会“优秀合作机构”。

北京大学深圳研究生院参与的天然气水合物勘查开发国家工程研究中心获批，于明年开工建设。精准医学影像大设施预研项目获批立项，目前正在编写大设施的可研报告。城市规划与设计学院杨家文教授作为首席专家联合香港大学、宁波大学申报的“中国相对发达地区基本公共服务均等化与可及性的理论与实践”重大项目成功获得国家社科基金立项；城市规划与设计学院和中国联通智慧足迹公司共同建设人类活动与区域治理大数据实验室；新增校级人文社科研究机构（北京大学互联网研究院），目前该研究院正在与市政府讨论围绕集成电路方面新型研究机构的立项工作。

【**教师荣誉**】北京大学深圳研究生院教师在2020年度荣获多项荣誉。环境与能源学院何凌燕、黄晓锋教授作为主要完成人参与的“大气复合污染条件下新粒子生成与二次气溶胶增长机制”项目荣获国家自然科学二等奖，并出席大会领奖。信息工程学院王荣刚教授参与的“超高清视频多态基元编码关键技术”项目获得国家科学技术奖国家技术发明一等奖（第三完成人），与深圳创维-RGB公司合作的超高清视频高效实时编码与重建关键技术项目获得2020年度深圳技术发明一等奖；新材料学院郑家新副教授获得2020年度深圳市青年科技奖；化学生物学与生物技术学院杨世和教授入选2020年“高被引科学家”名单，新材料学院潘锋教授论文入选2019年度“中国百篇最具影响国际学术论文”。

（北京大学深圳研究生院　供）

暨南大学深圳校区

【**概况**】暨南大学深圳校区位于旅游文化城区深圳华侨城，是暨南大学在深圳办学的基地，拥有境内首家通过世界旅游组织旅游教育质量认证的旅游学院，旅游管理专业是广东省高校名牌专业。校区原名中旅学院，1993年经国家教育委员会批准成立，1996年建成并正式开学。2003年1月，更名为暨南大学深圳旅游学院；5月，在深圳登记事业单位法人。2020年1月，实行校区化建设。校区下设旅游管

2020 年 4 月，暨南大学深圳旅游学院学生会获 2019—2020 年度广东省优秀学生会荣誉称号

（暨南大学深圳旅游学院　供）

理系、英语系、电子商务系、酒店管理系和旅游政策与法规研究中心、高尔夫与体育休闲产业研究中心、旅游开发研究中心、文化与创意产业研究中心、中英会展与节事研究中心、旅游语用与翻译研究中心、物流与决策优化研究中心、金融工程与算法研究中心、城市与景观规划设计研究所，开办旅游管理、旅游管理（高尔夫管理方向）、酒店管理、会展经济管理、风景园林、商务英语和电子商务本科专业，并培养旅游管理专业的硕士、博士研究生。校区有教职工 136 人（含实习酒店人员 27 人），专任教师 51 人。其中有博士学位的教师 35 人，有高级职称的教师 27 人。校区一直致力于高层次人才的引进和培养，积极参与深圳市引进人才的各项计划，目前有 2 名鹏城学者在岗，均为国外知名教授，受国际疫情影响，均转为线上开展课程讲授，论文指导等工作。

【学科专业建设】2020 年，校区旅游管理专业入选国家级一流本科专业建设“双万计划”，进入“中央赛道”；酒店管理专业亦入选广东省一流本科专业建设“双万计划”，促使学科专业建设向更高层次目标迈进。同时，“旅游电子商务”课程入选首批国家级一流本科课程，“疫情背景下基于立体交互和学习行为跟踪的‘财务管理’课程‘三开放’教学模式在线教学案例”获评广东省疫情防控阶段在线教学优秀案例二等奖，“国际商务文化”作为校区第一门慕课入选爱课程国际平台首批全球上线课程。2020 年，校区老师公开发表 B 级别以上学术论文 25 篇，其中 SSCI 收录 13 篇，国内权威期刊论文 2 篇；在研国家自科基金项目 7 项，包括 1 个面上项目和 6 个青年基金项目，在研国家社科基金项目 2 项，均为一般项目，其中一项为新立项，9 个国家基金项目经费总额达到了 247.9 万元；在研省部级项目 12 项，其中新立项项目 2 项，经费总额 77 万元；在研横向项目 21 项，合同总经费达 268.37 万元。

【升学就业多元化成才】2020 年，在新冠疫情严重冲击就业市场的状况下，暨南大学深圳校区本科毕业生共 303 人，截至 2020 年 12 月 31 日，本科生已就业人数为 256 人，整体就业率为 84.49%。此外，国内升学（包括国内保研、考研）人数 30 人，比例为 9.90%；出国出境人数为 46 人，比例为 15.18%；直接就业人数 170 人，比例为 56.11%。在深圳、广州就业人数为 118 人，比例为 38.94%。国内升学主要院校：北京大学、南京大学、武汉大学、中山大学、北京师范大学、东南大学、厦门大学、中南大学、暨南大学、西南大学、北京交通大学。出国出境主要院校：谢菲尔德大学、曼彻斯特大学、哥伦比亚大学、利兹大学、杜伦大学、悉尼大学、墨尔本大学。2020 年，暨南大学深圳旅游学院学生会荣获 2019—2020 年度“广东省优秀学生会”称号，为本年度深圳唯一获奖的高校单位，同时还获得“深圳市优秀学生会”称号；共青团暨南大学深圳旅游学院委员会获得 2019—2020 年度“深圳市五四红旗团委”。

【校区化建设】2020 年 1 月，暨南大学深圳校区全面实行校区化建设，紧抓深圳“双区驱动”重大机遇，努力服务大湾区建设。2020 年 11 月 28 日，暨南大学与深圳市前海管理局在前海签署战略合作框架协议，共同打造港澳台侨大学生青年实习实践平台、创新创业平台、交往交流平台、教育研究平台，其中即有关于建设深圳校区相关工作项目。人民日报、中新社、中国侨网、深圳卫视、香港商报等境内外媒体予以宣传报道。

【“旅游电子商务”课程入选首批国家级一流本科课程】2020 年，暨南大学校区“旅游电子商务”课程入选首批国家级一流本科课程。

（暨南大学深圳校区　供）

广东新安职业技术学院

【概述】广东新安职业技术学院占地面积 9.13 万平方米，校舍建筑面积 7.69 万平方米。固定资产总值 3902.64 万元，其中，教学、科研仪器设备资产 2236.6 万元。校内实训基地 30 个。开设有 8 个系（部）、27 个专业，全日制在校生规模达 4462 人，成人教育学生 216 人。教职工 303 人（专任教师 233 人）。其中：具有高级职称的教师 54 人，占专任教师的 23.18%；具有硕士以上学位教师 128 人，占专任教师的 54.94%。截止至 2020 年 12 月 31 日，2020 年高职毕业生 1616 人，就业率达 91.30%，毕业生广受用人单位的青睐和欢迎。

学校在广东省民办高校年度检查中连续三年获评“合格”；创新强校排位从 B 类 28 位跃升至 B 类 16 位，位列全省 25 所民办高职院校第 8；新生报到率达 80.45%，创历年新高；师资队伍大大加强，引进一批硕士研究生和专家教授，并聘请了一批兼职教授和客座教授；专插本上线人数实现历史新突破；三位系主任和一位校领导被聘为全省教指委委员，彰显教育教学在省内的参与权；连续三年上榜“全国民办高职高专 TOP100”，而且排位连年上升；国家教育部、广东省人民政府联合出台的《关于推进深圳职业教育高端发展 争创世界一流的实施意见》中，明确提出“支持广东新安职业技术学院创建民办品牌高职院校”。

【党建工作】2020 年，广东新安职业技术学院以习近平新时代中国特色社会主义思想为指导，继续加强基层党建，不断完善党组织体系，积极开展“双创”工作，用心打造“样板支部”，100% 落实“双带头人”教师党支部书记培育工程，丰富师德师风教育、红色教育，构建课程思政育人体系，力促党的建设全面加强。完成了党委换届工作，党政班子实现了“双向进入、交叉任职”；中国职业技术教育学会党建协同创新研究院和党建工作委员会民办院校秘书处落地我校；信息工程系直属党支部获评“全省党建工作样板支部”建设单位；在广东省高校教师党支部书记素质能力大赛中获三等奖 1 项；在深圳党史馆建立了“现场教学基地”。

【学校管理】2020 年，广东新安职业技术学院进一步捋顺内部管理结构，全面制定、修订了 293 项规章制度，优化了管理职能、提升了管理成效；调整充实了行政领导班子，聘请省内有丰富高校工作经验的专家、教授担任校长、副校长；成立了高职研究所（含科技处）、创新强校办公室，强化了学校的教学科研工作；完成了《广东新安职业技术学院创建民办品牌高职院校规划方案》《广东新安职业技术学院“十四五”事业发展总体规划》的编制工作。

【内涵建设】2020 年，广东新安职业技术学院以高质量发展为引领，以创新强校八大质量工程建设为抓手，借助 1+X 证书试点和产教融合工作推进三教改革，发展内涵，凝练特色，在教学科研方面崭露头角、收获成果。获实用新型专利 1 项，计算机软件著作权 2 项；获广东省教育教学成果职业教育类二等奖 1 项，省职业院校高水平专业群建设立项 1 项，省职业院校教师教学能力大赛三等奖 2 项；获省级教改立项 2 项，市级课题立项 1 项，

2020 年 12 月 27 日，广东新安职业技术学院啦啦操校队获得广东省大学生健美操啦啦操网络赛自选爵士啦啦操冠军　（林筱晴　供）

论文著作30项，出版教材15部；4位教学骨干被选聘为全省教指委委员，实现了新的突破。

【学生工作】2020年，广东新安职业技术学院切实推进学生会改革及团学组织作风建设，通过团市委关于我校学生会改革的验收，成为深圳市首批完成学生会改革的高校之一。以校训精神为引领，学生在各级各类竞赛中获得了好成绩，在2020年第六届中国国际“互联网+”大学生创新创业大赛“青年红色筑梦之旅”赛道广东省分赛中摘得铜奖1项；在2020年广东省大学生健美操啦啦操网络大赛中获高职院校组第一名；获省职业院校技能大赛二等奖1项、三等奖3项；获市、区学生技能大赛奖项20余项，展现出学生良好的专业功底和技能素养。疫情期间，师生或随队驰援国际国内抗疫战场，或主动下沉社区、检疫卡口等防控一线，或坚守在生产、医检等特殊岗位，勇挑责任、扛起担当，服务于疫情防控工作。

【师资建设】2020年，广东新安职业技术学院新引进教授3名、副教授12名、专业硕士18名、博士1名、兼职教授13名、双师型教师11名、客座教授12名，建强了师资队伍，为学校改革发展奠定了人才基础；完成了“名师工程”立项、教师教学创新团队组建，启动了职称评审工作，稳步推进了“双师型”教师队伍建设，建强了师资队伍，为学校改革发展奠定了人才基础。

2020年12月12日，中国职教学会党建工作委员会民办职业院校秘书处、协同创新研究院落户广东新安职业技术学院　　（邓庆宁　摄）

【对外交流】2020年，广东新安职业技术学院紧扣国家发展战略，加快国际化办学步伐，积极开拓与马来西亚等“一带一路”国家的合作项目，深化国际教育交流与合作；19名2020届学生达到英语要求并拿到英国大学本科录取通知书；3名2019届学生以优异的成绩取得英国大学本科学位，其中2名学生取得英国一等荣誉学位；3名学生获得英国排名前十大学的研究生录取通知书。加大校企合作、产教融合力度，主动对接信息产业，与中兴教育联合成立了ICT产业学院；大力引进企业资源，与猛犸基金会、华大智造共建了全国首家高职高专基因组学教学实验室；与深圳市建筑装饰行业协会、广东永辉超市等机构、企业实施了订单班合作，与伍壹叁教育集团等公司建立了校企合作关系，各教学系部大力开拓校外实习基地，为学生下企业做好充分准备。学校积极响应国家扩招政策，超额完成高职扩招任务，主动承担“退役军人”专项提升计划，为退役军人学历提升、实现价值搭建平台；积极与深圳市教育局沟通申办培训学院，为深圳急需的如家政服务、养老康养等行业培训人才，更好地服务区域发展。

【招生就业工作】2020年，广东新安职业技术学院圆满完成招生任务，新生报到率达到80.45%，创学校历史新高；专插本上线人数实现历史新突破，录取率高达43%；成人高考招生工作录取合计1331人，总数同比增加1227人，为学校高等学历继续教育扩容、强服务迈出坚实的一步。2020年毕业生就业率为91.30%，用人单位满意率为98.77%，雇主对毕业生满意度为92.83%，雇主对学校就业服务质量满意度为92.46%，毕业生对学校满意度为 91.87%。毕业生以其适应性强、专业技能高、综合素质好而受到普遍欢迎和充分肯定。

【硬件设施建设】2020 年，广东新安职业技术学院完成了在深汕特别合作区创建中职学校和新校区建设的论证和框架协议签订工作，初步落实了新校区建设用地，进入了新校区规划；完成了现有校区三期工程（科技交流中心及图书馆大楼）建设，增加建筑面积 1.3 万平方米；实习实训场所达到 27 913.26 平方米，比去年增加 28.6%；教学仪器设备总值达 2236.60 万元，比去年增加 15.3%。完成了校园信息化一期工程建设，搭建了办公自动化平台，建立了开放、网络化、高效的行政办公新环境。

【全国首家高职高专基因组学教学实验室】2020 年 1 月 9 日，广东新安职业技术学院与深圳市猛犸公益基金会、华大智造在深圳国家基因库签署基因组学教学实验室共建合作协议，全国首家高职院校基因组学教学实验室正式落户广东新安职业技术学院。（曾瑞清）

【2019 年广东省教育教学成果奖二等奖】2020 年，广东省教育厅公布了 2019 年广东省教育教学成果奖获奖项目名单，广东新安职业技术学院主管教学副校长汪治教授申报的《高职院校学分制制度体系的系统研究》（著作）荣获职业教育类二等奖。此次获奖对于学校深化教育教学综合改革、促进教学水平和教育质量提高、发挥优秀教育教学成果的引领激励作用具有重大意义。激励全校教师进一步加强教学研究工作，努力创造更多具有示范带动作用和推广价值的高水平教育教学成果，为加快推进学校教育现代化做出新贡献。（汤　倩）

【许金招担任学校校长】2020 年 3 月 31 日下午，广东新安职业技术学院召开会议宣布重要人事任命，宣布同意叶卫琴辞去广东新安职业技术学院院长职务，任命许金招为广东新安职业技术学院校长。许金招校长提出“建新校、上规模、强内涵、促发展”的发展设想，希望全校上下齐心协力，同心同德，力争五年内实现“万人校园”的梦想，十年内迈进“专升本”的行列。（汤　倩）

【“GDI 高职高专（民办）TOP100（2020）”】2020 年 4 月底，广州日报数据和数字化研究院（GDI 智库）发布 2020 年度“GDI 高职高专排行 TOP1000 榜（2020）”以及五个子榜单，对国内 1414 所高职高专进行科学评价。广东新安职业技术学院上榜五个子榜单之一的“GDI 高职高专（民办）TOP100（2020）”，这是学校连续第三年上榜全国“民办高职高专 TOP100”。根据榜单显示，学校综合指数为 70.36 分，在全国 317 所民办高职高专院校中排名第 63 位，较去年上升 16 个名次，较前年上升 26 个名次，有力说明学校办学水平和综合实力连年提升，并得到社会各界广泛认可。（汤　倩）

【换届选举】2020 年 7 月 10 日上午，学校召开党员大会，通过投票选举产生第三届党委委员和纪委委员，圆满完成党委、纪委换届选举工作。随后，学校召开新

2020 年 11 月 19 日，广东新安职业技术学院男子足球队在 2020 年广东省“省长杯”青少年校园足球联赛（大学组）总决赛小组赛第一轮比赛获胜

（李其峰　摄）

一届“两委”委员第一次大会，选举党委书记、副书记和纪委书记。（汤　倩）

【1+X 等级证书试点获批】2020 年 5 月，广东新安职业技术学院成功申报并获批 Web 前端开发职业技能等级证书、数字媒体交互设计职业技能等级证书、建筑信息模型（BIM）职业技能等级证书、电子商务数据分析职业技能等级证书、财务共享服务职业技能等级证书等 5 个 1+X 证书试点，参与试点 7 个专业，共申请培训人数 440 人。（曾瑞清）

【新生报到率创新高，秋季迎新呈现“防疫特色”】2020 年 10 月，广东新安职业技术学院 2020 级新生报到率达到 80.45%，创历史新高，报到率排全省民办职业院校前茅，来自广东、广西、江西、山西、福建、河南、安徽、贵州、湖北等地方的 1500 余名新生加入新安大家庭。学校 2020 年秋季迎新呈现“防疫特色”。新生报到前，学校对学生宿舍、食堂等相关场所进行全面防疫消杀。迎新当天，学校严格按照省、市疫情防控工作要求做好迎新管理，新生需先测量体温，实行“一测、二核”后方可放行进入校园，新生家长不能进入校园生活区。学校向每位新生发放包含口罩、迎新须知等内容的“迎新礼包”，并安排 350 多名学生志愿者在学校大门、各系报到处、公寓区等地点帮助新生搬运行李、办理入学手续、指引道路，还设立“绿色通道”，为新生提供学费缓交手续办理、国家助学贷款咨询等一站式服务等。（汤　倩）

【“党课开讲啦”系列专题活动】为巩固拓展“不忘初心、牢记使命”主题教育成果，2020 年 10 月，广东新安职业技术学院党委以“走出去，请进来”为方向组织开展“党课开讲啦”系列专题活动。“请进来”党课活动组织 6 场系列讲座、2 场入党启蒙教育课，“走出去”学习活动组织 2 场实地学习。（彭银河）

【学校董事会顺利完成换届】2020 年 11 月 8 日，广东新安职业技术学院在行政楼 B312 会议室召开第四届董事会第九次会议暨换届大会，经表决产生第五届董事会董事长和董事成员。2020 年 12 月 4 日，经广东省教育厅审核同意，学校第五届董事会由以下七名董事组成：王磊（董事长）、陈剑、许金招、李忠俊、王鑫、邢永健、张铁明。（黄晓仁）

【学校在广东省民办高校年度检查中连续三年获评合格】根据广东省教育厅关于广东省民办高校 2019 年度检查结果公示，广东新安职业技术学院被评定为“合格”。这是我校连续第三年（2017 年、2018 年、2019 年）在省厅民办高校年度检查中获评“合格”。通过全体教职工的不断努力，学校党建和思想政治工作成效显著，新法新政精神落实到位，办学条件不断得到改善，内部治理逐步完善，教学管理和人才培养不断优化。（汤　倩）

【“创新强校工程”】广东省教育厅公布的 2020 年度高等职业教育“创新强校工程”考核结果中，广东新安职业技术学院位列全省 25 所民办高职院校第 8，创学校该项考核的历史最好成绩。在今年参与考核的 85 所职业院校中（含公办、民办），有 35 所 A 类学校、35 所 B 类学校、15 所 C 类学校，广东新安职业技术学院以 61.67 分的成绩在 B 类学校中（含公办、民办）排名第 16，较 2019 年度上升 12 个位次。（汤　倩）

【中国职业技术教育学会党建工作委员会民办院校秘书处、协同创新研究院落户广东新安职业技术学院】2020 年 12 月 12 日至 13 日，广东新安职业技术学院党委书记、董事长王磊，副校长邓庆宁和党委副书记叶卫琴应邀出席在山东济南隆重召开的中国职业技术教育学会党建工作委员会成立大会暨职业院校党委书记论坛。会上，王磊当选党建工作委员会副主任、民办院校秘书处秘书长，邓庆宁当选专家指导委员会委员、协同创新研究院院长，叶卫琴当选民办院校秘书处副秘书长。党建工作委员会设立了高职高专、中职学校、民办院校和应用型本科等四个秘书处和党建协同创新研究院，其中，民办院校秘书处、协同创新研究院落户广东新安职业技术学院。（黄晓仁）

【“全省党建工作样板支部”培育创建单位】2020 年 12 月 7 日，广东省委教育工委公布第三批广东省新时代高校党建示范创建和质量创优工作立项公示名单，经各高校申报、资格审查、专家评审、省委教育工委会议审议，并公示无异议，遴选产生第三批全省党建双创工作培育创建单位“党建示范高校”5所、“党建工作标杆院系”63个、“党建工作样板支部”158个。广东新安职业技术学院信息工程系直属党支部入选“全省党建工作样板支部”培育创建单位名单。这是对学校党建工作的高度认可，将进一步引领学校党建工作质量整体提升，带动全体党员同志凝心聚力、追求卓越。（黄晓仁）

【荣获1+X财务共享服务职业技能等级证书“优秀院校代表”称号】 广东新安职业技术学院财金系在2020年12月12日首次参加财务共享服务职业技能等级证书（初级）考试中成绩优异，收到1+X财务共享服务职业技能等级证书评价组织——北京东大正保科技有限公司发来的贺函，学校被评为“优秀院校代表”。此次考试是对学校参与1+X证书试点的初次成果检验。学校共有59名考生参加，成绩合格学生共58人，考核通过率98.3%，其中，80分及以上共40人，占比达67.8%。（陈　宁）

【副校长汪治教授等四人入选广东省职业院校教学指导委员会委员】 广东省教育厅2020年12月17日下发的《关于成立广东省职业院校教学指导委员会的通知》（粤教职函〔2020〕42号）公布了广东省职业院校教学指导委员会（简称“教指委”）名单。广东新安职业技术学院汪治副校长入选广东省职业院校教学指导委员会委员；陈斌、刘秋华、吴亚丽等3名老师入选为广东省职业院校高职专业（课程）教学指导委员会委员。教指委是协助省教育行政部门对职业教育工作开展调查研究、咨询指导、质量保障和交流服务的专家组织，包括专业（课程）教学指导委员会和专项工作指导委员会两类，其中专业（课程）教学指导委员会分中职和高职两个组别，每届聘期三年。（黄晓仁）

深圳开放大学

【概况】 2020年，深圳开放大学按照“1234”发展战略，围绕打造成人高校思想政治教育示范阵地、“互联网+终身学习”先锋阵地、市民学历素质提升开放阵地、粤港澳开放教育文化交流阵地的“四个主阵地”任务要求，全面推动一流开放大学建设。学校现有由7所分校、10个二级学院、20个教学点（学习中心）和1所中等职业学校组成的覆盖全市的远程教育办学系统，内设7个行政管理部门、8个教学部门（含残疾人教育学院）、4个教辅服务部门。教职工共计210人，其中高级职称58人，硕士以上学历占比8成。全系统在校生46 478人，开放教育招生19 438人，较上年增长79.9%；成人高考招生141人，较上年增长5倍。学校开放教育经费投入18 220万元，教学投入总额2928万元，占全年学费（3666万）收入的79.87%，与去年相比上升24个百分点。共6484位学生通过毕业终审并办理毕业证书，其中本科毕业1846人，专科毕业4638人，与去年相比分别增长33%和27%。同年，市政府同意将占地3万平方米的龙岗区华夏动漫产业园作为下属开放职校过渡校区。

【“继”往“开”来】 2020年，深圳开放大学在建校40周年之际，在全市电大系统范围内举办纪念建校40周年趣味运动会、锦瑟华年歌咏合唱比赛、书法摄影绘画展、校友座谈会以及科研贡献奖、杰出校友奖、教学成果奖评选等系列活

2020年9月29日，面向全校开展更名工作推进会，以更名为契机，加快建设一流开放大学（深圳开放大学　供）

动。出版40周年纪念系列丛书五本，建设“荣耀与未来”展示厅，共同见证深圳成人高等教育40年奋斗历程。8月，教育部印发《国家开放大学综合改革方案》(教职成〔2020〕6号)，12月，广东省人民政府印发《关于同意深圳广播电视大学更名为深圳开放大学的批复》(粤府函〔2020〕382号)，学校取得里程碑式发展。

【党建工作】2020年，深圳开放大学严抓政治学习，发挥校党委理论学习中心组（扩大）学习会的头雁作用，灵活采用“集中学习、个人自学、专家辅导、支部领学、实地参观”等学习方式，深入学习习近平总书记出席深圳经济特区建立40周年庆祝大会和视察广东、深圳的重要指示精神。制定《2020年工作重点》《关于贯彻落实意识形态工作责任制的实施意见》，强化党委对学校工作的全面领导。严格中央、省、市关于基层组织建设的相关标准加强支部建设，推动“两学一做”“三会一课”常态化、制度化开展。制定《党员教育培训工作方案》，组织支部书记、支委委员参加全省党建基础业务集中培训47人次。制定《纪委会议事规则》《纪检监察信访举报及其他问题线索处置办法（试行）》等制度，提升学校执纪监督能力。印发《纪检体制改革实施方案》，实施《2020年全面从严治党工作方案》，推动全面从严治党向纵深发展。依托学校廉政建设网站、廉洁深圳电大微信群等宣传平台，累计发布廉政教育信息100余条，发放廉政刊物600余册。严抓学校维稳安全，认真学习习近平总书记关于总体国家安全观和关于防范化解重大风险的重要论述，制定实施《特别防护期工作方案》，坚持实行“每日一报”和“零报告”制度。

【精准思政】2020年，深圳开放大学坚持党建引领，全面铺开“精准思政工程”建设，推进基于移动端的直播课堂教学和基于混合教学模式的教学改革。校领导带头为全市电大系统师生讲“开学思政第一课”，全力打造思政“金课”。组建思政课教学团队，实施“一人主讲，集体参与”的集体备课制度，建成“思政大课堂”平台。联合南方都市报，正式启动“百位名师名家进思政大课堂”计划，邀请深圳市委原常委、宣传部部长李小甘同志等知名专家学者来校宣讲。联合深圳市史志办党史馆共同建设深圳广播电视大学党史教育现场教学基地。结合深圳特区文化与城市发展，建设“深圳系列”特色思政课程群，完成《深圳特区文化》教材的编写。

2020年7月1日，迎七一祝建党99周年座谈会，深圳开放大学钟志红书记带领大家重温入党誓词
（深圳开放大学　供）

【疫情防控】2020年疫情期间，深圳开放大学第一时间成立疫情防控工作领导小组，下设疫情防控办公室和6个工作组。12名党员响应市委组织部号召，分批次下沉区基层一线，各支部发起“战疫先锋志愿服务”行动，全校145名党员干部共捐款到抗疫基层一线19 890元，师生累计捐物价值10万元。有序实现“停课不停学、停课不停教”，在全市办学体系所有课程全覆盖开展形式多样、内容丰富的在线教学活动，发布疫情防控系列微课。从课程安排、教材配送、学习指引、支持服务、技术培训到教学督导，严把“纪律关”“技术关”“质量关”。2020年共开设课程614门，开考课程770门，网上直播课3498次，平均每周在线听课学生4320人次，顺利完成全年教育教学任务。提供涵盖公民素质教育、职业技能教育、健康生活教育、社区教育等主题的免费在线课程服务等四类在线教学实施方案，支持广大市民居家防护，满足多样化学习需求。

【学历教育】2020年春季，深圳开放大学开设专业42个，其中本科专业16个（384门课程），专科专业26个（572门课程），自主开发共享专业5个；秋季开设专业45个，增设3个专科专业（66门课程）。全年制定82个实施性专业规则，制定与发布366门课的学习资源使用计划，采购教材、教辅资料9.45万册，引进数字图书120万余册，CNKI数据库资源约900万册，博看人文电子期刊约3000多种。自建数字化资源中，录像教材资源35套，IP课件资源444个，CAI课件资源38个，微课资源252个，慕课资源32个，直播视频2500余个（2020年新增2200余个），其他文字及音视频类资源1200余个（2020年新增100余个）。其他各类资源平台中，教学视频应用云平台视频资源累计101集，多媒体互动直播平台视频资源343集，网络课件点播平台视频资源381集，远程课堂平台视频资源322集（2020年新增32集），新增直播平台视频资源2170余集。

【终身教育】2020年，深圳开放大学秉持有教无类理念，面向各类人群提供适需学习资源，确保各类群体受高等教育机会，稳步推进全市社区教育开展。打造“深i学”全民终身学习平台品牌，面向全体市民免费开放，成功申报成为广东省人力资源和社会保障厅推荐的第二批职业技能线上平台机构。截至2020年12月，平台注册量137.1万，访问量1514万余次，学术视频10万集，电子图书100万本，文档资料300万，期刊7000种，有声读物1万集，社区教育资源近11万集。依托《深圳电大学习成果认证管理信息系统》与“机构+制度+标准+系统”的四维建设路径，学分银行进一步发展，已建学历账户8.5万个，非学历账户8.4万个，用于兑换的非学历教育学习成果8.02万条。

【非学历教育】2020年，深圳开放大学与市团委合作实施“圆梦计划”；与市委组织部积极接洽，与各区组织部门继续合作开展“两委”班子成员新一轮学历提升计划。完成罗湖区财政局两期内部员工培训工作，共计815人次4890学时。成功举办佛山市顺德区均安镇2020年领导干部“对标先进、迈向高质”培训班。学校也被正式列入2020年深圳市退役士兵职业技能培训院校目录，为退役士兵提供98项专业的学历教育和会计、厨师等5个专业的非学历教育服务。承担与组织各类等级考试，开办考试培训班9类，培训304人次，在新一轮全国试点高校网络教育公共基础课统一考试评优与表彰活动中，荣获“统考优秀考务管理单位”和“统考优秀考点”称号。通过终身学习平台，为四家企业不同工种岗位共3200名员工，提供量身定制的适岗培训，为我市稳岗抗疫、复工复产贡献力量。与福田区党校合作，采用线上培训模式，为2700多名社区专职工作者开展专业培训。

【老年教育】2020年，深圳开放大学新挂牌运作深圳老年大学，首期聘请深圳诗词学会会长、深圳粤剧粤曲协会国家一级演员等专家名师，开设歌唱、健康与护理、诗词鉴赏、粤剧实验等6个班，招收老年学员260人。积极和周边街道社区互动，联合深圳市诗书礼乐研究会，主办“深圳老年大学—湾畔学堂”系列下基层活动，已开展美食教学、沟通艺术等活动13场。结合深圳文化特点，开展国画、书法、养生、保健等系列讲座15场，线上线下参与人数近38万人次。根据课程特点，有序组织参加深圳市第十一届深圳孔子文化节等各类课外教学实践活动。加入国家开放大学“高校第三年龄大学联盟”，与深圳市长青老龄大学教学互通等，共享和整合优秀老年教育资源。积极配合市教育局，完成2020年民生工程中的老年大学各季度工作，拟定《深圳老年教育2020—2025年规划》，推进建立覆盖全市的老年教育办学网络，探索老年教育新模式。

【产教融合】2020年，深圳开放大学立足服务社会职能，重视实践教学，鼓励学生工学结合、学以致用。带领学生开展南山村城市更新改造项目，参加“首届深圳校园文化节”等实践活动。将学生防疫抗疫志愿服务作为社会实践的补充形式，全年共对389名参与“战疫”学生进行了社会调查学分认定。实现实践教学全程线上操作，以及综合实践环节的精准施教、精细管理，春季完成专科社会调查657份，本科社会调查236份；秋季完成专科社会调查631份，本科社会调查224份。下属开放职校与德国特酷电子（上海）有限公司开展校企合作，探索实践德国双元制教育新模式，申报成为第46届世界技能大赛深圳市商务软件解决方案集训基地，组织学生参赛并荣获广东省选拔赛二等奖。在2020年“第六届深圳教育改革创新大奖”评选中，开放职校荣获“年度产教融合典范学校”奖。

【残疾人教育】2020年度深圳开放大学共招收残疾人学生620名，其中秋季学期学院应届毕业生续读本科比例达到15.64%，列全国电大系统首位。高度重视思政课程管理和课程思政教学，教师作品荣获社会工作专业类课程思政教学设计大赛三等奖。我校提供的“国家开放大学新冠肺炎疫情期间残疾人学习的挑战和解决方案”入选UNESCO（联合国教科文组织）残障学生“停课不停学”教学指南案例。基于残疾学生的生理特点，为盲生等特定残疾学生争取到了学位英语的个性化考试政策，为视障、听障等学生争取到了本科网考中计算机课程的自主命题政策。

【教学科研】2020年，深圳开放大学积极参与国家开放大学网络教学核心团队建设，截至目前，参与国家开放大学核心团队建设15个，网络教学实施团队建设62个，自建课程网络教学团队建设20个。强化教师技能培养，顺利举办全市办学系统第二届青年教师教学技能大赛和教学成果奖评选活动，共评出14个教学成果。组织参加广东省第五届高校青年教师教学大赛，并取得了较好成绩。同时，积极申报2020年国家、省、市及校内科研课题，研究内容重点结合了深圳区域特色、学校办学模式和教育教学特点，开展智慧校园、微课教学、多模态“混合学习模式”等各类研究。

【校园文化】2020年，深圳开放大学结合成人学生特点，做好思想政治教育工作，扎好意识形态防线。宣传参与深圳全国文明城市建设，制定学校《2020年创建全国文明城市任务分工表》，落实《2020年深圳市教育系统创建全国文明城市工作实施方案》。举办“讲抗疫故事、做奋进青年”活动，“云录制、云制作”歌曲《世界为你醒来》，广泛宣传温文裕等51名学生的抗疫先进事迹。积极开展“廉洁校园”手抄报活动、“走向我们的小康生活”和“爱国心、报国情、强国志”征文活动等文化活动。纪念建校40周年之际，组织宣传“我与电大学习故事”杰出校友事迹51例、在校学生事迹63例，评选出40名校友为“深圳广播电视大学杰出校友”。全年评选出82名学生获国家开放大学奖学金，143名学生获深圳电大奖学金和7名学生获特等奖学金，推进乐学好学氛围。

【对外交流】2020年，深圳开放大学主动与澳门城市大学、香港教育大学、岭南大学等交流合作。2020年正式加入“粤港澳大湾区职教联盟”，成为联盟新理事成员单位。下属开放职校联合澳大利亚国际商业科技学院、韩国永进大学，开设“中澳国际班”“韩国合作办学实验班”。与国家开放大学国际部和（国）境外教育机构合作，探索开展“德国双元制大学及1+X证书的制度与实践”的网上学术交流项目、英国开放大学“远程教育模式与在线课程开发”学术交流活动、国家开放大学中德联合培养硕士研究生办学项目等工作。

【精准脱贫】2020年，深圳开放大学在全校范围内组织“广东扶贫济困日”爱心捐款活动；新联村对口扶贫工作顺利通过2020年省、市、县三级扶贫考核。结合学校特点，突出“教育扶贫”理念，将教育扶贫、智力扶贫、技能培训和安排就业结合起来，通过“大学小学手拉手”“定点招生助学圆梦”“授人以渔精准培训”、“订单培养就业致富”等活动，在“改造、招生、资助、培训、就业”等方面精准发力。目前，新联村义务教育阶段建档立卡在校生总人数31人，无学生辍学，农村贫困户子女九年义务教育阶段入学率100%，教育补助发放率100%。帮助14名贫困户子女免费就读下属开放职校，阻断贫困代际传递。（刘梦菲　罗　萍）

人物选介和荣誉名录

Introduction of Selected People and Honor List

人物选介

薛其坤 中国科学院院士。男，汉族，1962年12月生，山东蒙阴人，1984年9月参加工作，中共党员，理学博士，讲席教授。主要研究方向为扫描隧道显微学、表面物理学、自旋电子学、拓扑量子物理和高温超导电性。曾获国家自然科学一等奖1项，获国家自然科学二等奖2项，获第三世界科学院物理奖、陈嘉庚数理科学奖、求是杰出科学家奖、何梁何利基金科学与技术成就奖、未来科学大奖-物质科学奖、菲里兹·伦敦奖、全国创新争先奖章、复旦-中植科学奖等奖励，入选“国家特支计划”杰出人才。2005年11月当选为中国科学院院士；2017年12月起任北京量子信息科学研究院院长。目前为中国物理学会副理事长，美国物理学会会士，是国际著名期刊*Surface Science Reports*、*Nano Lett.* *Applied Physics Letters*、*Journal of Applied Physics*和*AIP Advances*等的编委，*National Science Review*副主编和*Surface Review & Letters*主编。

陈十一 中国科学院院士、发展中国家科学院院士。男，汉族，1956年10月出生，浙江天台人，1987年7月参加工作，理学博士，博士生导师，中国科学院院士，发展中国家科学院院士。曾任北京大学副校长，研究生院院长。1978年1月至1982年1月在浙江大学力学系学习，获得学士学位。1982年至1987年在北京大学力学系学习，获得硕士和博士学位。1987年至1990年在美国Los Alamos国家实验室做博士后研究。1990年至1997年在美国Los Alamos国家实验室湍流与格子气研究研究组工作，1992年起任研究组主任。1994年至1999年任IBM T. J. Watson研究中心研究员。1997年至1999年在美国Los Alamos国家实验室非线性研究中心工作副主任。1999年至2005年在美国约翰·霍普金斯大学机械工程系工作，任系主任、讲席教授。2005年6月至2013年7月任北京大学工学院创院院长。2011年1月至2015年1月任北京大学研究生院院长。2013年9月至2015年1月任北京大学副校长、兼任研究生院院长。2013年11月至2015年1月任北京大学深圳研究生院院长。2015年1月至2020年11月，任南方科技大学校长。于2013年12月当选中科院院士。2011年9月至今，任湍流与复杂系统国家重点实验室主任。曾任美国Los Alamos国家实验室成员；美国物理学会会士，英国物理学会会士，国际工学院院长联合委员会执行委员，美国物理学会流体力学分会国际委员会委员，美国工业与应用数学学会会员委员会委员，北京大学湍流与复杂系统国家重点实验室主任，清华大学周培源数学中心学术委员会委员，中科院力学所非线性力学国家重点实验室学术委员会委员。

方复全 中国科学院院士、发展中国家科学院院士。男，1964 年 10 月出生，第十三届全国人大代表。现任南方科技大学国家应用数学中心主任。1998 年，获香港求是杰出青年学者奖。1999 年，获国家杰出青年基金。2014 年，独立获得国家自然科学奖二等奖。2014 年，获邀在国际数学家大会作 45 分钟报告。先后主持国家自然科学基金创新群体项目并任北京市高精尖创新中心主任。他在微分与拓扑范畴解决了“四维流形到七维欧氏空间中的嵌入问题”，将 Haefliger-Hirsch、吴文俊等人的工作中遗留下来多年悬而未决的重要公开问题画上句号。与人合作，证明了正曲率流形的 π2 有限性定理（同时独立得到的还有 Petrunin-Tuschmann），被美国科学院院士 Cheeger 主编的权威综述报告列为有关领域有史以来九个主要定理之一，并被著名几何学家 Berger 写入历史性综述报告《二十世纪下半叶的黎曼几何》。与人合作，首次发现了 Grove 问题的反例，被国外专家作为牛津大学研究生教材丛书的重要内容，并以“方-戎方法”冠名小节标题。与人合作，首次建立了 Tits 几何与一大类正曲率流形之间的联系，并得到了完整的拓扑分类。在几何拓扑核心课题方面做出了有重要国际影响的工作，科研论文发表于 *Acta Math.*、*Invent. Math.*、*Duke Math. J.*、*J. Differ. Geom.*、*Topology* 等顶尖数学杂志。

顾东风 中国科学院院士。南方科技大学医学院讲席教授，国家心血管病中心原副主任、中国医学科学院阜外医院原副院长。中华预防医学会副会长、世界卫生组织心血管和慢性病防治专家，国家“健康中国行动”专家委员、中国医学科学院学术咨询委员会医学学部执行委员会委员、药学-卫生健康与环境-生物医学工程与信息学部副主任。

预防心脏病学与流行病学家。长期从事心血管等慢性病的流行病学、人群防治和遗传病因研究。先后承担国内外多个重大项目，牵头大型队列研究，揭示我国心血管病流行趋势、创建我国心脑血管病风险预测模型，制定指南提出防治策略和措施。构建高脂血症和冠心病遗传特征谱，创建了冠心病基因组风险评估模型，推进了冠心病精准医学研究。获得国家 16 项发明专利授权、2 项国家科技进步奖二等奖。发表 SCI 论文 320 余篇，研究成果被国内外防治指南和权威教科书及世界卫生组织专著等广泛引用。

杨学明 中国科学院院士，博士，讲席教授。现任国家自然科学基金委化学部主任，第十三届全国人大代表。曾获国家杰出青年科学基金资助，入选国家首批“万人计划”、全国优秀科技工作者，研究成果两次入选中国十大科技进展新闻，曾获国家自然科学二等奖（两次）、国务院政府特殊津贴、何梁何利基金科学与技术进步奖、长江学者成就奖、陈嘉庚科学奖、全国创新争先奖。现任 *Chinese Journal of Chemical Physics* 主编，中国化学会 *CCS Chemistry* 副主编。主持国家自然科学基金科学中心项目、国家重大科研仪器设备专项等 20 余项科技项目。主持建成我国第一台大型自由电子激光科学研究用户装置，这是当今世界上唯一运行在极紫外波段的自由电子激光装置。已经发表包括 14 篇 *Science*、1 篇 *Nature* 等在内的 420 多篇研究论文。培养了一批优秀的博士研究生，其中有 7 人获得中国科学院院长特别奖，1 人获得全国百篇优秀博士论文奖。

张明杰 中国科学院院士。于 2011 年当选为中国科学院生命科学和医学学部院士。现任南方科技大学生命科学学院院长。近 30 年来，张明杰致力于在神经信号传导及神经细胞极性的建立与维持过程中起调控作用的蛋白的结构与功能方面的研究，其工作对于理解如何构建神经后突触密集层中的蛋白质相互作用网络，及蛋白复合体对细胞极性的调控具有重大意义，同时也为相应的神经系统药物的开发提供了理论依据。2011 年获何梁何利基金科学与技术奖，2006 年获国家自然科学奖二等奖，2003 年获香港裘槎基金会优秀学者奖。

俞大鹏 中国科学院院士。1959 年 3 月 16 日出生于宁夏中卫。1993 年毕业于法国南巴黎大学固体物理实验室（博士）。2015 年当选为中国科学院技术学部院士。俞教授长期从事低维纳米结构物理性质与器件效应研究，是半导体量子线等低维量子材料的规模制备和物理性质表征研究方面的国际先驱。近十几年来，其研究重心集中在对单根纳米线、单体量子结构的光电力热磁等物理性质的精确量子调控上，取得了一系列成果，为我国开展量子计算奠定了坚实基础。2016年6月，俞教授全职到南方科技大学工作，致力于量子科研平台的建设。经过4年多的努力，已完成了深圳市十大基础研究机构之一的深圳量子科学与工程研究院的筹建工作。该研究院已在未来信息材料与器件、量子模拟与量子计算、量子精密测和量子工程应用等方向布局开展研究。基于所取得的研究成果，俞大鹏教授共计发表500余篇论文，被同行参考他引三万余次，H-因子为91。2014年至2019年连续进入在Elsevier发布的在全球具有重要学术影响力的中国高被引学者，位列“物理与天文”学科榜单的前列。

陈晓非 中国科学院院士。讲席教授，现任南方科技大学地球与空间科学系系主任、风险分析预测与管控研究院院长。1982年毕业于中国科学技术大学地球和空间科学系地球物理学专业，获学士学位；1985年在中国地震局地球物理研究所获硕士学位；1991年在美国南加州大学地球科学系获理学博士学位。1996年回国工作，曾先后任教于北京大学和中国科学技术大学，2016年9月加盟南方科技大学。一直从事地球物理学的教学与科研工作，发表论文150余篇，已培养60余名博士和硕士，曾主持国家自然科学基金会“杰青”项目、优秀创新群体项目、重点项目、国际（地区）合作项目、重大项目课题以及科技部“973项目”课题等科研项目20余项。2017年带领团队项目“非线性地震模拟”荣获高性能计算应用领域国际最高奖“戈登·贝尔”奖，并被习近平主席在2018年两院院士大会上提及。主要研究方向为理论与计算地球物理学、地球动力学及其在防震减灾和资源勘探领域的应用。

甘晓华 中国工程院院士。男，1957年1月12日生，汉族，江西省进贤县人。1974年7月高中毕业后先后在建筑公司当木工和作为知青上山下乡。1982年2月南京航空航天大学航空发动机专业获学士，1984年6月和1989年7月在北京航空航天大学分别获航空发动机专业硕士和博士学位。历任北京航空航天大学教师，北京航空技术研究中心工程师、高级工程师、研究室主任、副所长，研究总院总工程师。任中国航空学会副理事长、学术委员会主任、动力分会主任，南方科技大学等院校教授。第十、十一、十二届全国政协委员，国务院大飞机重大专项、航空发动机与燃气轮机重大专项专家组成员。长期从事航空发动机技术研究，取得了一批重要理论与工程成果，改进提升了多型飞机发动机关键性能。作为第一完成人，先后获国家科技进步二等奖4项、省部级科技进步一等奖4项。2009年被评为“全国杰出专业技术人才”，2011年当选中国工程院院士，2012年被评为“全国优秀科技工作者”。主要论著有《航空燃气轮机燃油喷嘴技术》《飞艇技术概论》等60篇学术著作和论文。

张继平 中国科学院院士。男，生于1958年7月，北京大学数学科学学院教授。现任北京国际数学研究中心副主任、数学及其应用教育部重点实验室主任、北京数学会理事长，南方科技大学杰曼诺夫数学中心执行主任。现为*Asia-European J.Math*和《数学学报》副主编，*Communications in Algebra*等5种重要期刊编委。主要从事代数学研究。在80年代早期对有限单群分类中心有突出贡献，且在世界上第一个给出了亏零P-块的充要条件。随后在当代模表示论的研究中作出多项重要贡献，对著名Puig猜想的研究为该理论的进一步发展开辟了道路，创立和系统发展了群的算术理论，进而解决了Huppert猜想和共轭类长猜想等长期未解决的难题，并在Zeta-函数和黎曼流形上的Laplace-Beltrami算子等研究领域得到应用，把代数K-理论应用到模表示论的研究中。

汤　涛 中国科学院院士。男，汉族，1963年5月出生，1990年参加工作，理学博士，中国科学院院士，美国工业与应用数学学会会士（SIAM Fellow），美国数学学会会士（AMS Fellow）。汤涛教授1984年取得北京大学数学学士学位；1989年获英国利兹大学数学博士学位；1990年至1998年执教于加拿大西门菲莎大学，取得终身教职；1998年加入香港浸会大学，2003年任数学讲座教授。汤涛教授曾任香港浸会大学数学系系主任、研究生院院长、代理副校长、协理副校长、理学院院长。2015年5月被聘为南方科技大学副校长、数学系讲席教授。

支志明 中国科学院院士。1957年出生于香港，无机化学家。他是中国科学院院士（1995）、世界科学院院士（2007）、英国皇家化学会院士（2009）、美国国家科学院外籍院士（2013）、香港科学院创院院士（2015）、周光召基金教授（自然科学，2016）。他曾获国家自然科学奖一等奖（2006）、香港特区政府铜紫荆星章（2014）、英国皇家化学学会百周年奖（2013）、中国化学会黄耀曾金属有机化学终身成就奖（2016）、Ryoji Noyori ACES奖（2016）、深圳市自然科学一等奖（2019），香港大学合成化学国家重点实验室主任，香港大学化学系主任。支志明教授研究领域甚广，包括无机和有机金属合成、多核金属配合物、高价金属配体多重键配合物、发光无机和金属有机化合物、磷光发光材料、纳米材料、光诱导电子和原子转移反应、过渡金属催化的官能化反应、碳氢键活化、烯烃不对称双羟化反应、生物无机化学/无机药物化学、蛋白组学等方面取得一系列成果。至2020年，支志明教授发表论文1000余篇，他引超过54000余次，H因子为119，引用超过100次的论文有160篇。支志明教授是世界上论文引用率最高的化学家之一。迄今为止，支志明教授已培养近200名研究生，这些学生分布在中国大陆、中国香港、中国台湾、新加坡和美国等地，已经成为化学届新一代的中坚力量。

倪晋仁 中国科学院院士。环境科学与工程学院长期访问杰出教授。本科毕业于武汉大学，清华大学博士，北京大学教授。主要从事水沙科学、环境工程、河流治理相关领域的研究。曾主持国家杰出青年基金项目、国家自然科学基金重大项目、国家自然科学基金重大国际合作项目、国家科技重点专项项目、国家水体污染控制与治理重大专项项目、欧盟第四框架合作项目等30余项科技项目。出版专著5部，发表论文200余篇，获授权发明专利30余项，获国家科技进步二等奖、国家技术发明二等奖。第九届、十届、十一届全国政协委员，中国环境科学学会副理事长、中国水资源战略研究会副理事长。

姚建铨 中国科学院院士。1997年当选为中国科学院院士。现任天津大学精密仪器与光电子工程学院教授、博士生导师、院学位委员会主任、名誉院长、激光与光电子研究所所长。是我国知名科学家、教育家。姚院士的主要研究领域为“全固态激光与非线性光学频率变换技术研究”，在高功率倍频激光器、高功率全固态激光器、可调谐激光器、非线性光学及激光应用技术等方面的研究成果卓著，发明的双轴晶体最佳相位匹配的精确计算理论，被国际学术界称为“姚技术”、“姚方法”并广泛应用。姚院士在太赫兹光子学源，特别是在激光非线性差频（DFG）及光学相位匹配太赫兹源、太赫兹生物成像和雷达散射截面的检测等方面做出了贡献。他发展了高功率倍频激光理论，还在利用多种新型材料及微纳结构材料调控太赫兹方面进行了大量的研究。

黄乃正 中国科学院院士。1973年毕业于香港中文大学，获理学学士（荣誉甲等）学位；1976年毕业于英国伦敦大学学院，获哲学博士学位；1976—1978年在哈佛大学从事博士后研究；1979—1980年获得英国Ramsay纪念研究员称号；1980年从英国回到中科院上海有机化学研究所任副研究员；1982—1983年在香港理工大学任讲师；1983年至今任职香港中文大学，历任讲师、高级讲师、教授和讲座教授，其间历任新亚书院院长（2002—2010，2014—2020），香港中文大学副校长（2009—2013），理学院院长（2012—2018）；1999年获选中国科学院院士。黄乃正院士积极贡献内地的科研发展：1999年至今任中科院上海有机化学研究所沪港化学合成联合实验室管理委员会主任及兼职教授；2018年5月起担任南方科技大学长期访问杰出教授。所获奖项包括：1997年获国家自然科学二等奖；1999—2000年获裘槎基金会杰出研究奖；2004年获选第三世界科学院院士；2015年获选港科院创院院士。其主要研究领域涉及天然和非天然分子的合成和研究，包括：1）具有生物及药理活性的天然产物全合成；2）四苯并环辛四烯化合物的合成和性质研究，并以之作为砌块合成含Pt，Ti及Si等金属中心离子的手性大分子。至今，黄乃正院士担任过多家国际和国内期刊的编辑委员会成员。

刘韵洁 中国工程院院士。中共党员，1943年1月10日出生于山东省烟台市。中国联通科技委主任，通信与信息系统专家，教授级高级工程师。曾任邮电部数据通信研究所所长，邮电部电信总局副局长兼数据通信局局长，邮电部邮政科学规划研究院院长，中国联通总工程师、副总裁。现任中国联合通信有限公司科技委主任。2005年11月当选为中国工程院院士。在任邮电部数据通信局局长期间，负责组织、领导建立起全国范围、技术先进的数据通信网络，它已成为我国信息化发展的重要基础设施。曾主持了中国公用数据网、计算机互联网、高速宽带网的设计、建设与经营工作，为我国信息化发展打下重要基础。主持设计、建设与运营了中国联通“多业务统一网络平台”，解决了IP网络不可控、不可管和QoS无法保证的问题；解决了在一个网络平台上可同时提供语音、数据、视频、移动数据和互联网业务等技术问题，为三网融合提供了一种可行的解决方案，是向下一代网络演进的一次大规模成功的实践。

唐　勇 中国科学院院士。1964年9月12日出生于四川井研县。国家杰出青年基金获得者，现任中国科学院上海有机化学研究所所长。1996年于中国科学院上海有机化学研究所获得博士学位，导师为黄耀曾院士和戴立信院士；1996年至1999年先后在美国科罗拉多州立大学（Colorado State University）和乔治城大学（Georgetown University）从事博士后研究；1999年加入中科院上海有机所开展独立研究。唐勇院士主要从事金属有机化学研究。针对均相催化领域的选择性控制与催化等核心科学问题，发展了在催化剂的活性中心区域装载配位基团以调控其催化行为的方法，提出了边臂策略设计金属有机催化剂的理念。运用该策略，设计了系列新型手性配体并成功应用于十余类重要的不对称催化反应；发展了叶立德反应选择性调控的一些新方法；设计了新型单中心聚烯烃催化剂，为聚乙烯多样性链结构的选择性合成提供了高效的途径。研究并阐明了边臂的作用机制和规律，部分基础研究成果实现了转移转化。在国际重要期刊发表文章140余篇，获得中国、美国、欧洲等发明专利30余项；开发的新型聚烯烃催化剂实现了工业化应用；获得国家自然科学二等奖、中国青年科技奖、全国优秀科技工作者等荣誉。

谭建荣 中国工程院院士。浙江湖州人，南方科技大学机械与能源工程系讲座教授，浙江大学求是特聘教授、博士生导师，担任浙江大学设计工程及自动化系系主任，浙江大学机器人研究院名义院长，中国大数据技术与应用产业联盟理事长，中国机械工程学会副理事长，中国图学学会副理事长，教育部工程图学教学指导委员会主任。先后获“科技部十五863先进个人”“科技部‘十一五’国家科技计划执行突出贡献奖”“全国优秀科技工作者”等荣誉和称号。主要从事数据建模与虚拟现实。数字设计与智能制造方面的研究，获国家科技进步二等奖4项，省部级科技进步一等奖7项，教学成果获国家级优秀教学成果奖3项，其中一等奖1项，二等奖2项。获发明专利和软件著作登记权56项。近年来在国内外重要学术期刊发表的高水平论文185篇，其中SCI/EI检索142篇，引用1600多次，出版学术专著9部。

唐叔贤 中国科学院院士、第三世界科学院院士。1964年毕业于香港大学，1967、1969年分别获加州大学硕士、博士学位。1997年，唐教授获裘槎优秀科研者奖；2001年当选中国科学院院士，同年当选美国物理学会会士。2010年唐叔贤教授当选世界科学院院士，2011年入选深圳市国家级杰出人才。2011年至2014年任南方科技大学领军教授、学术委员会主席、教授会主席、物理系主任和致仁书院院长。2004年至2014年任中国科学技术大学微尺度物质科学国家实验室主任。唐叔贤教授现任香港中文大学（深圳）研究生院主任。是世界著名的材料表面科学与技术专家，长期研究低维度材料的表面和界面结构及性能，发展了固体中电子的多重散射理论体系，在低能电子衍射等技术测量结果的定量分析上做出了创造性的贡献。近期开展了氮化镓材料在其他衬底上的生长研究，并探讨了清洁能源及燃料电池等领域的表面催化机理。唐叔贤教授著书6本，在高水平学术期刊发表文章近300篇。其中包括在国际顶尖杂志：*Science*，*Physics Today*，*Advances in Physics*，*Progress in Surface*

Science, *Proceedings of National Academy of Sciences*, *Physical Review Letters* 等发表 40 余篇。唐叔贤教授在 1979 年出版的专著《表面晶体学的低能电子衍射方法》(*Surface Crystallography by Low-Energy Electron Diffraction*)，成为表面结构领域的权威刊物。

隋森芳 中国科学院院士。生物物理学家，清华大学生命科学学院教授，中国科学院院士。分别于 1970 年和 1981 年在清华大学获得学士和硕士学位。1988 年在德国慕尼黑工业大学（Technical University Munich）获得博士学位。1989 年至今于清华大学生物科学与技术系（2009 年更名为生命科学学院）任副教授、教授（1991 年至今）。曾任清华大学生物科学与技术系系主任（1992 年 12 月—1995 年 12 月）。2009 年当选中国科学院院士。主要利用冷冻电子显微学（cryo-EM），结合生物化学、生物物理学和细胞生物学等技术手段研究：(1) 蛋白质复合体、复杂蛋白质机器及膜蛋白的结构、功能与工作机制；(2) 囊泡运输中的分子机制，蛋白质与膜脂的相互作用，生物膜与重大疾病的关系；(3) 重要细胞器结构。

陶　澍 中国科学院院士。1950 年生，江苏省无锡市人，1977 年毕业于北京大学地质地理系，1981 年、1984 年分别获美国堪萨斯大学硕士、博士学位。2009 年当选为中国科学院地学部院士。1984 年至 2020 年在北京大学工作。现为南方科技大学环境科学与工程学院讲席教授。曾主持国家自然杰出青年基金（1995）、创新研究群体（2000）和包括面上、重点、重大和重大国际合作在内的多项自然科学基金及科技部和生态环境部研究项目。目前兼任国家环境生态咨询委员会委员、国家环境与健康专家咨询委员会委员、*Environmental Science & Technology* 副主编及多个国内外刊物主编、副主编和编委等。主要从事微量有毒污染物排放、行为、归趋和效应等区域尺度环境过程的研究。目前重点包括全球污染物排放清单、污染物迁移和暴露模拟以及农村生活源污染物生成和对室内外空气质量及健康影响等。在国际学术期刊发表第一或通讯作者论文 200 余篇。Web of Science 引用超过两万次，H 指数为 80。

张彦仲 中国工程院院士。男，汉族，1940 年 3 月 4 日出生于陕西三原，航空系统工程专家，中国工程院院士，中国航空工业第二集团公司总经理。1962 年从西北大学毕业后进入三机部三〇四研究所工作；1984 年获得英国剑桥大学三一学院博士学位；1986 年至 1988 年担任航空工业部总工程师；1988 年至 1993 年担任航空航天工业部总工程师；1993 年至 1999 年担任中国航空工业总公司副总经理；1999 年担任中国航空工业第二集团公司总经理；2001 年当选为中国工程院院士；2003 年至 2004 年担任中国航空科技工业股份有限公司董事长。中共十三、十四届中央候补委员；全国政协九、十届委员。张彦仲长期从事机械振动、信号处理与航空系统工程工作，现任“大飞机”“航空发动机及燃气轮机”两个国家重大专项的专家咨询委主任。

李清泉 “973”首席科学家，“863”领域专家，百千万人才国家级人选，教育部科技委委员，欧亚科学院院士，何梁何利基金科学与技术进步奖获得者，国务院特殊津贴获得者。男，安徽天长人，1964 年 12 月生，中共党员，工学博士，教授，博士生导师，第十三届全国人大代表，深圳大学党委书记、校长。中国测绘学会副理事长，中国地理信息产业协会副理事长。长期从事动态精密工程测量的理论与应用研究工作，将测绘理论与信息手段和工程问题结合，开展多学科交叉研究。构建动态精密工程测量理论与方法，创建了道路高精度动态检测、文化遗产数字化复原、城市动态变化规律探测等重大工程应用的技术方法，实现从基础研究（论文）到技术方法（专利）再到装备研制（产品）的系统性创新，在我国精密工程测量领域产生重大影响。主持科研项目 50 余项，获授权发明专利 26 项，受理发明专利 31 项，出版专著 5 部，发表期刊论文 300 余篇（SCI/SSCI 收录 100 余篇），引用超过 6600 次、H 因子为 39（Google Scholar）。获国家技术发明二等奖 1 项（第一），国家科技进步二等奖 1 项（第二），国家科技进步创新团队奖 1 项（前五），省部级科技进步一等奖 6 项（第一），中国青年科技奖。2020 年 5 月，获第二届全国创新争奖。

石红雁 2020年度广东省机械工业科技奖一等奖、广东省机械工程学会科技奖一等奖获得者。女，河北省抚宁县人，1971年7月生，博士，副教授，中国国民党革命委员会会员，现为深圳大学机电与控制工程学院教师。研究领域为精密微细加工及智能制造技术。主持、参加国家省部级科研项目10余项，发表高水平科研论文50余篇。2020年，先后获批国家自然基金面上项目“极低损耗高速电路板超细微孔背钻关键技术研究”、科技部国家重点研发计划课题“智联生产线自主智能协同验证”。石红雁课题组自主研发面向微型钻头加工的精密数控装备，掌握微型钻头的关键制备工艺技术，为夯实产业基础和推动我国高端装备技术进步做出贡献。项目“电子系统关键件微细加工技术与装备”获得2020年度广东省机械工业科技奖一等奖、广东省机械工程学会科技奖一等奖。项目“面向电子系统基础件微孔钻削的关键工艺技术与装备”获2020年度广东省科学技术进步奖二等奖、深圳市科技进步奖二等奖。

罗智泉 最优化领域的杰出贡献者。于1984年在北京大学数学系获学士学位。同年他经美国数学学会以及美国工业与应用数学学会联合选拔（又称陈省身项目），获赴美攻读博士资格，进入美国麻省理工学院电子工程与计算机科学系以及运筹学中心学习，并于1989年获得博士学位。1998年成为加拿大麦克马斯特大学终身教授。2000年至2003年，任加拿大麦克马斯特大学电子与计算机工程系主任以及加拿大国家科研讲席教授。2003年至2014年，任美国明尼苏达大学电子与计算机工程系终身教授以及ADC讲席教授。自2014年5月起，罗智泉教授被聘为香港中文大学（深圳）副校长，主管学术和科研。自2016年3月起，罗智泉教授兼任深圳市大数据研究院院长。自2018年6月起，罗智泉教授兼任香港中文大学（深圳）–腾讯AI LAB机器智能联合实验室主任。罗智泉教授曾荣获2010年美国运筹学和管理学研究协会（INFORMS）颁发的Farkas奖，以表彰他在最优化领域的杰出贡献。2018年，他获得Paul Y. Tseng连续优化纪念奖（Paul Y. Tseng Memorial Lectureship in Continuous Optimization）。他在优化、信号处理及通信等领域的研究成果曾分别获得2004年、2009年、2011年和2015年IEEE信号处理学会，2011年国际通信大会以及2011年欧洲信号处理学会的最佳论文奖。罗教授同时是电子工程师学会（IEEE）会士和美国工业与应用数学学会（SIAM）会士。2014年他当选加拿大皇家科学院院士。罗智泉教授的研究主要集中在优化理论、算法设计以及其在信息科学中的应用。他多次被邀请在国际重要学术会议上做大会特邀报告，他是2003年国际数学规划会议大会以及2011年IEEE决策与控制大会特邀报告人、2006年IEEE SAM Workshop的杰出演讲者、2013年IEEE SPAWC会议以及2014年IEEE通信理论国际研讨会的大会特邀报告人。他曾任IEEE信号处理学会SPCOM技术委员会主席，曾担任IEEE信号处理期刊主编以及《运筹学数学》（*Mathematics of Operations Research*），《管理科学》（*Management Science*）和《数学规划》（*Mathematical Programming*）等国际著名杂志的编委。除了教学科研，罗教授还长期为国内外高科技企业以及政府研究机构提供技术咨询。

马　星 “最小纳米火箭”吉尼斯世界纪录打破者。男，1986年11月出生，四川省成都市邛崃人，哈尔滨工业大学（深圳）教授/博士生导师，材料学院院长助理。在德国马克斯普朗克智能系统研究所工作后于2016年学成归国，破格入选国家青年人才计划，入职哈尔滨工业大学（深圳）材料科学与工程学院，成为学校当时最年轻的教授、博导。主要从事生物医用微纳米机器的国际前沿科学研究，迄今共发表SCI论文80余篇，被引用4800余次，H因子为37，包括ESI高被引论文6篇。其主要科研成果包括开发了生物酶驱动的生物医用微纳米机器，采用人体血液中含有的葡萄糖、尿素等生物燃料作为能量来源，解决了传统微纳米机器驱动燃料的生物毒性和环境依赖性问题，为进一步研发用于人体内自主导航靶向药物递送微纳米机器人等先进精准医疗技术奠定重要技术基础。该研究成果被西班牙生物医学工程研究所，德国马普智能所等多家研究机构报道，获得了国内外多位院士专家的高度评价。研发的酶驱动管状纳米机器首次采用了基于生物酶催化反应的无气泡推进机制，打破了“最小纳米火箭”的吉尼斯世界纪录。作为材料学院的院长助理，负责学院的本科生教学工作，完成了生物材料方向本科生培养方案的制定以及教学实验室的规划与建设。同时作为材料学院2017级本科生班主任，坚持从学习、工作、思想等方面正确引导学生，利用自己的亲身经历帮助学生解决生活学习中遇到的各种困难与问题，指导的本科生在国际知名期刊发表高水平SCI论文，被深圳卫视等多家新闻媒体以“哈工大（深圳）本科生科研成果论文登上国际权威期刊”为标题做新闻报道。

马晓明　国家级领军人才，广东省教学名师，享受市政府特殊津贴，市先进教育工作者。男，1961年10月出生，陕西渭南人，中共党员，博士，享受国务院政府特殊津贴人员。主持完成的“深职院-华为培养信息通信技术技能人才‘课证共生共长’模式研制与实践”获2018年国家级教学成果奖特等奖（唯一高职获此奖，广东省在此奖项上实现“零”的突破）、2017年广东省教育教学成果奖特等奖。主导同华为13年的合作，将华为面向工程师的培训认证融入学校人才培养，学校课程和企业认证在校企合作中“共生共长”。创立“课证共生共长”人才培养模式，破解了产教融合难点，实现“校企生”共赢，学生高质量就业。实现在校生通过华为顶级认证HCIE的突破，175名在校生通过HCIE，占全球HCIE的2%；课程输出保加利亚等国。共建高校首家华为认证合作授权培训中心、华为网院；学校被华为评为“全球优秀合作伙伴”（唯一获评高校），连续四年获评优秀华为ICT学院，并向全球推广。主持专业建设全国领先。主持通信技术、创新创业教育两个国家教学资源库建设，分别应用725、1924所院校，学习者分别为4.35、22万人。国家高水平专业群、国家级实训基地、国家精品课和国家精品资源共享课负责人。多个国家职业技能等级标准的主要起草人之一。主持完成国家“863计划”等科研项目，获部级科技进步奖，专利5件，发表论文30多篇，SCI检索5篇EI检索12篇。教育部信息化教指委委员、省高职教育教管委副主任、信息技术教指委副主任等。应邀作报告300多场。

白　洁　2020年广东省五一劳动奖章获得者。女，1982年5月出生，中共党员，陕西延安市人，中医学硕士，医学技术与护理学院专任教师，德国德累斯顿工业大学访问学者。在执教过程中，始终以“大医精诚”为座右铭，为人师表，身体力行。十二年职教讲台，记录了她在教师岗位上勤恳踏实的工作身影。秉持“授之以渔”的理念，将传统价值塑造、中医知识传授和辨证能力培养三者融为一体打造中医课程，使得课程内容对接老龄化社会需求、养治临床岗位。在教学过程中不断追寻探索教学新形式，遵循学生的认知心理规律，注重行动导向的混合式教学模式，逐步确立了以“问题情景——自主学习——诊断、应用与拓展”为模式的高职中医课程自主探究学习方式，着重培养学生的辩证思维，切实践行国家对中医人才培养的政策要求。先进的教学理念符合高职医学教育的培养导向，也获得了医院、学生、同行的高度认可。在各级各类教学比赛中屡获殊荣，包括广东省青年教师大赛一等奖、广东省职业院校信息化大赛二等奖、广东省卫生职业院校说课比赛特等奖、广东省高职教育医药卫生教指委说课一等奖等。校内多次作为优秀教师代表作校内主题讲座及汇报，获评教书育人标兵，教学质量测评优秀7次，聘期考核优秀2次，校级优秀教师2次。为了引导学生学好中医，传承好中医，积极利用信息化技术突破教学中的重点难点，运用先进的信息化教学手段及理念易化晦涩的中医理论。丰富的信息化资源的运用提升了教学效果，受到了学生们的欢迎。信息化教学成果获省级以上信息化教学奖项十余项。在全国护理职业教育教学会议上，信息化教学专家界定课程作品作为深职院医护标杆性信息化作品进行推广示范。信息化作品也因突出的教学效果和先进的教学理念入选校史馆对外展示。不断总结课程建设中取得的宝贵经验，积极与医学教育同行进行交流学习，为百色卫生职业院校、河源卫生职业院校等兄弟院校做专题培训及课程开发指导。经指导后，12门课程建设成为混合式教学课程，2门课程认定为校级精品在线开放课程，3名被指导教师在省级教育教学大赛中获得奖项，带动效应明显。2020年，白洁老师因其扎实的教学功底、突出的课程辐射带动能力和执着奉献的工作精神获得“广东省五一劳动奖章”。

王新中 2020年11月被中共中央、国务院授予“全国先进工作者”。男，中共党员，深圳信息职业技术学院教授，信息技术研究所副所长（主持工作）。创建了光电技术应用专业新方向，及时为产业输送光电技术技能人才。融“研产学用”为一体，形成自己的教学特色，成为职教新标杆。为了传授新工艺，他深入企业做流水线工人，其精神深深感染了学生，并被《中国教育报》、搜狐网、中国LED网等媒体广泛报道。担任国家教育部第三代半导体应用协同创新中心和广东省高等学校科技创新团队负责人；主持国家自然科学基金、省科技计划、企业横向课题等近20项；在*JMCC*、*Solar Energy*（JCR一区）等杂志上发表论文80余篇；申请发明专利等30件。

李宝华 国家有突出贡献中青年专家。男，汉，中共党员，教授、博士生导师。清华大学深圳国际研究生院材料研究院副院长，国务院特殊津贴享受专家，国家百千万人才工程入选者。主要研究方向包括新型炭材料，锂离子电池和锂硫电池等领域纳米能源材料的物理化学性能及其相关器件系统集成与应用技术。共申请发明专利160多项，在国内外SCI源期刊上接受和发表论文350余篇，其中28篇ESI高被引用论文，SCI引用16 000余次。在新材料、新能源汽车、节能与环保领域取得系列创新性成果，丰富了该领域的科学理论，实现了30多项专利技术的产业化应用，为我国石墨烯、新能源汽车动力电池等储能材料与器件产业发展做出了贡献。2009年，组织成立先进电池与材料产学研技术创新联盟并担任秘书长，大力推动了广东省新能源汽车动力电池产业链发展，所构建的产业智库为政府决策提供有效参考。2009年获深圳市教育系统优秀教师称号，2016年获评深圳市国家级领军人才，2017年被聘为深圳市高等学校鹏城学者计划特聘教授，2017年“高性能锂离子电池用石墨和石墨烯材料”项目获国家技术发明二等奖，2018年入选广东省“珠江人才计划”首批本土科研创新团队，2019年入选国家百千万人才工程国家级人选，2019年“高安全性二次电池关键材料研究”项目荣获广东省科学技术奖（自然科学奖）一等奖。2020年起担任工信部先进电池材料产业集群建设工作负责人。

马　岚 曾获“全国三八红旗手”，广东省科技进步二等奖获得者。女，博士，研究员，清华大学深圳国际研究生院副院长，生物医药与健康工程研究院副院长，深圳市体外诊断试剂战略产业技术联盟专家委员会主任，深圳新型纳米诊断试剂工程实验室主任，中国微米纳米技术学会纳米科学技术分会理事，中国生化与分子生物学会深圳分会副理事长，深圳生命科学与生物技术协会副理事长。

多年来致力于免疫层析快速检测技术研究开发，形成自主创新的超敏定量多指标纳米快速检测技术平台，共主持及参加过相关的国家、部级和省市级科研项目40多项。发表相关学术论文70多篇，获得30多项发明专利授权及6项国家和行业标准，研制获得多项可用于重大疾病检测的产品并实现转化应用，为此曾获得过全国妇联“巾帼杯发明大奖”等奖项和“新世纪巾帼优秀发明者”、“全国三八红旗手”“2003中国经济女性年度人物”和“全国创新能手”等荣誉称号。2006年获中国标准创新贡献奖。研制形成的通用流感（A/B）荧光快速检测试剂与合作企业合作，于2018年10月获国家CFDA第三类医疗器械证书。项目“新发流感病毒诊断体系构建及纳米检测材料的研发应用”获2019年广东省科技进步二等奖。2020年服务国家重大战略，在新冠检测试剂研究中取得了关键技术突破，研制的新型冠状病毒抗原检测试剂盒获批欧盟CE认证。

康飞宇 “广东特支计划”杰出人才和深圳市杰出人才。2020年2月，被授予广东省自然科学一等奖。男，中共党员，教授，博士生导师。主持国家重大科学研究计划和国家自然科学重点基金等项目，担任《新型炭材料》杂志副主编、炭功能材料国家地方联合工程实验室主任、*Carbon*杂志编委。

长期从事储能用碳材料和先进电池研究。建立了石墨的电化学插层和阶结构精确调控方法，发明了快充型石墨负极和石墨烯导电剂，推动了天然石墨在锂离子电池中的规模化应用；发明了高安全性水系锌离子电池，发现并阐明了锌离子可逆电化学反应机理，建立了高价态离子存储理论基础，推进了高安全二次电池的产业化进程；建立了表征多孔碳孔分布的分形理论新函数，构建了微纳超结构碳的理论模型并发展了其精确定制方法，提出了高效率、长寿命和高安全储能器件的实用化构建策略。发表论文426篇，SCI他引24 000余次，51篇入选ESI高被引论文，2018—2020年连续入选科睿唯安高被引科学家，合著《储能用碳基纳米材料》等中英文著作6部。授权发明专利150件，其中32件实现技术转移和应用。以第一完成人获国家技术发明二等奖、教育部自然科学一等奖、广东省自然科学一等奖和中国建材学会技术发明一等奖，并获深圳市长奖。发起并组织17次中日韩碳会议，作为共同主席两次组织碳材料领域最高水平的国际会议（Carbon 2002和Carbon 2011）和3次国际储能材料系列会议，建立了重要国际学术交流平台。为推动我国新型碳材料与先进电池的发展做出了重要贡献，是该领域重要的学科带头人之一。

罗来金 曾获全国优秀教师、中学奥林匹克竞赛学科金牌教练称号。2020年9月获评深圳市教书育人模范。男，深圳外国语学校党委书记、校长，中学高级教师。从教35年来，长期扎根教育教学一线，培养了大批优秀人才，深圳市首批中青年骨干教师、高考先进个人、优秀教育工作者等荣誉称号，享受深圳市政府特殊津贴，是深圳市第七届人大常委会委员，兼任广东省人民政府督学、深圳教育学会副会长。作为化学教师，长期扎根教学一线，26年任教高三，培养出省理科状元张凯等一大批优秀学子。作为竞赛教练，辅导100多名学生在国家级、省级化学竞赛中获奖，其中黄重庆同学获得深圳市建市以来国家级首枚金牌。作为校领导，主动给高三学生和青年教师上课，坚持教育科研，著述甚丰设立创新、外语、国际、文理四大书院，构建差异化的课程体系，因材施教、分类培养，让每个学生都能得到充分和全面的发展。在新冠肺炎疫情期间，带领全校全力抗击新冠疫情，打造高品质“深外云课堂”。学校获评“深圳市在线教学先进学校”，集团党委荣获“深圳市抗击新冠肺炎疫情先进集体”“深圳市先进基层党组织”称号。2020年深圳外国语学校获得“全国文明校园”荣誉称号。

潘　涛 广东省南粤优秀教师。深圳市优秀班主任，深圳市十佳青年教师，高级网络技术工程师，曾获7个全国职业院校技能大赛优秀指导教师奖，创下广东省夺金记录，现为深圳市第一职业技术学校计算机科组科组长。男，2009年7月参加工作，是一名优秀的中共党员，2018年被深圳市教育局选派到德国参加海外培训进修，学习德国职业教育的先进理论以及务实的工匠精神。在2020年的深圳市职工技能大赛中，潘涛与来自企业的技能工匠同台竞技，获得深圳市第四名的优异成绩。担任学校技能竞赛指导工作。为提高学生的技能水平和专业素养，他放弃了节假日和寒暑假，把所有的精力和时间都投入到指导学生专业技能提升中。截至2020年，潘涛指导的学生共获得：全国职业院校技能大赛一等奖7个，二等奖7个，三等奖4个；广东省职业院校技能大赛一等奖3个，二等奖5个，三等奖4个；深圳市一等奖11个，二等奖6个，三等奖3个。其中，有27名全国技能大赛获奖学生被保送到深圳市的高职院校。在2016年、2018年、2020年，指导的“网络搭建及应用”“网络空间安全”和“计算机检测维修与数据恢复”项目共获得国家级一等奖7个，创造了广东省夺金的记录，也突破了学校金牌总数的历史记录，为学校及深圳市代表队赢得了荣誉。

王　治 曾获广东省南粤优秀教师称号。男，会计专业研究生毕业，曾在特大型企业从事财务工作8年，具有深厚的理论功底和丰富的实践经验，2015—2020年担任深圳市第一职业技术学校财经专业科组长。从教12年，在教学过程中善于将教学内容与企业工作经验有机结合，实现专业课教学的“做中学，学中做”。他将德育融入专业教学。2014—2020年，连续7年指导学生获得广东省职业院校技能大赛会计项目8块金牌。2018—2019年连续两年指导学生获得全国中职会计百强邀请赛金牌。2016年带领科组团队成功创建了深圳市品牌专业，2019年顺利通过深圳市《会计原理与实务》精品课程验收。

阳海华 全国优秀教师，全国中小学优秀德育工作者，广东省中小学名班主任，广东省中小学名班主任工作室主持人，广东省中职名班主任工作室联盟副主任兼秘书长，现为深圳市第一职业技术学校2019级电气班班主任。始终坚守一线，创新构建了学生、家长、学校、社会良好互动生态系统，帮助中职学生从根本上蜕变。带领团队用三年时间率先研发了12门职业素养课程，出版的《中职生职业素养能力训练》（上、下册）（高等教育出版社出版），成为众多中职学校选用教材。疫情期间，带领团队创新战“疫”德育，开发系列线上德育课程和活动。讲座吸引了来自湖南、河北、北京等地的中职同行，听课人次达41000多。以省名班主任工作室为平台，构建“新班主任‘四精准’扶持体系”，开发了《班主任的角色与定位》等共25门课程，每周在公众号发布班主任工作指引，组织团队编写了《班主任工作实战——菜鸟班主任如何逆袭》（中国人民大学出版社出版），深受全国中职班主任好评，三次加印均售罄，来自全国各地上万名中职班主任跟随阳海华及其团队指引，减少了“胡为”“错为”。先后主持了7项省市课题，撰写了20余篇教育教学论文，主编、参编8本专著，所在工作室成长了6名市工作室主持人、1名南粤优秀教师、3名班主任基本功国赛一等奖选手、4名省赛一等奖选手，工作室成员均在本校成立校工作室发挥示范引领作用。在广东省教育厅组织的考核中，工作室被评为“优秀”。还先后赴新疆、青海、山西等地支教，为促进地区交流做出了有益的探索。2020年，获评广东省“最美教师”，并作为唯一中职班主任代表在全国首届班主任技能大赛上做报告，她的事迹被《南方教育时报》《南方都市报》以及广东卫视等多家媒体报道，众多中职同行亲切地称她为“最美中职班主任”。

李　楠 深圳市三八红旗手。女，深圳市福田区教育科学研究院德育教研员，特级教师，“初心德育”首倡及践行者。广东第二师范学院特聘专家、广东省首批名班主任工作室主持人、广东省名班主任、广东省名班主任导师、广东省班主任专业能力大赛一等奖第一名获得者，深圳市地方领军人才、深圳市教育科研专家工作室主持人、深圳市名班主任工作室导师、深圳市职业技术能手、深圳市经济技术创新能手、福田英才、福田区优秀园丁。曾主持广东省教育厅立项课题3项，深圳市教育局立项课题2项，发表文章百余篇，著有《决定教学质量的关键策略》等6本专著。是电影《你幸福我快乐》班主任原型，深圳市教育局曾专文对此发出表彰通报。2012至2020年，所主持的广东省名班主任（李楠）工作室，连续四届在广东省教育厅组织的验收考核中获评“优秀”。工作室中，2人获评广东省名班主任、4人获广东省班主任专业能力大赛一等奖第一名、8人获评深圳市名班主任工作室主持人。受黑龙江省哈尔滨市南岗区教育局、揭阳市惠来县教育局、深圳市大鹏新区教育局邀请，于当地设立子工作室，并在全国组织公益活动20余场，工作室获评“全国名班主任工作室”。2019年，策划组织的“深圳青少年邀请全国朋友祝福新中国成立七十周年”活动吸引了国内23个省，4个直辖市，5个少数民族自治区和2个特别行政区，226个城市，958所学校，24 779人次参与。深市都市频道《第一现场》新闻栏目对此项活动进行了专题报道。2020年新冠疫情期间，策划制作的十六集《青少年家庭美德养成指南》视频课程，通过学生、家长、教师三方对话的形式，将日常生活中经历的真实困惑和考验作为铸造美德的原料，将家庭化作磨砺品德的课堂。该课程先后被福田区教育局、深圳市教育局、广东省教育厅官微推送。

李从军 2020年，被新疆维吾尔自治区委员会和政府授予第九批省市优秀援疆干部人才称号，并记功一次。男，福田区竹香学校综合服务中心主任，中级教师，福田区人事考试考官库考官。福田区帮扶支教先进个人，深圳市教育援疆工作先进个人，新疆维吾尔自治区喀什市优秀援疆人才。福田区第一批在编特殊教育教师，深圳市第一批特殊教育管理干部培训班学员。曾任福田区教育局特殊教育专干，负责全区特殊教育工作，见证了福田特教从无到有的过程。建立了福田区第一批普通中小学资源教室，开展了福田区第一批重度残疾儿童送教上门工作，开展了第一次普通中小学随班就读班主任融合教育通用知识培训和第一次教科院为新入职教师培训安排特殊教育课程，组织资源教师编写了福田区第一本随班就读工作指导手册等一系列开创性工作。主持过1项市级课题，在省市级刊物发表专业论文5篇，3篇论文获得市级、省级奖励。2017年9月至2020年8月，在新疆喀什市教育局参加援疆工作，援疆期间累计完成援疆项目17个，组建了喀什市特殊教育指导中心及残疾人教育专家委员会，全链条、全方位帮扶新疆喀什教育的发展，为新疆喀什市全面打赢教育脱贫攻坚战注入了深圳力量。

鲁　江　广东省南粤优秀教师。男，深圳明德实验学校校长、党总支书记，腾讯高级教育顾问，华南师范大学教育硕士导师，深圳市政府督学，深圳市先行示范区专家。荣获深圳市十佳校长，广东省南粤专家型校长，深圳市十佳青年教师，深圳鹏城青年成才勋章、2020年深圳教育改革创新年度人物等荣誉。出版《一位校长的行与思》（吉林出版集团2018年出版）、《青春是怎样炼成的》（光明日报出版社2017年出版）等教育专著，发表学术论文三十余篇。主持《基于现代教育装备的教育教学协同创新应用研究》（全国教育科学“十三五”规划课题子课题，2019年）、《面向未来的新型学校办学模式研究与探索》（广东省教育科研“十三五”规划课题，2018年）、《中学书院制办学模式的探索与研究》（深圳市教育科学“十三五”规划课题，2016年）等多项国家级及省市级科研课题。曾主持深圳市中小学校长职级制改革、深圳市教师职称制度改革、深圳市中小学教师编制制度改革等重大改革项目。曾获第二届中小学教育装备新技术应用创新案例二等奖、第四届广东省中小学校本课程建设成果评展活动一等奖。具有出色的教育教学和科研水平、丰富的教育行政管理经验以及很高的教育理论素养和改革创新精神。

肖绍国　广东省南粤优秀教育工作者。男，国家第十一届特约教育督导员，特级教师，正高级教师，广东省骨干校长，深圳市高层次专业人才，深圳市教育科研专家工作室主持人，福田区党代表，福田区十佳校长，现任深圳市福田区园岭实验小学、文天祥小学校长。2020年被评为“深圳市优秀督学”。倾心追寻语文教学中的诗情与画意，提出“诗画语文”的理想和境界，在全国小学语文界有着广泛的影响。应邀赴全国100多个城市开设观摩课、讲座500余次。《小学语文教师》《语文教学通讯》《小学教学》封面人物。“诗画语文节奏教学法”课题成果获得广东省基础教育教学成果一等奖。在《语文教学通讯》《小学语文教学》《小学语文教师》《小学教学》《福建教育》等杂志发表论文200余篇。出版专著《诗画语文》《诗画语文节奏论》《荡舟英伦》《名作导读》等4部。

邱雪华　广东省南粤优秀教育工作者。女，深圳市第三幼儿园园长，从教37年，中共党员，大学本科，副高级教师，担任幼儿园正副园长28年。广东省学前教育“新课程”幼儿园科学保教项目领衔园负责人，广东省首批幼儿园名园长工作室主持人。深圳市十佳校长，深圳市基础教育系统第三、四批名校长。深圳市先进教育工作者，深圳市优秀督学，深圳市首批学前教育“苗圃工程”名园长工作室主持人，深圳市福田区教育局幼儿绘本阅读特色教师工作室主持人。广东省学前教育评估专家，深圳市政府、福田区政府兼职督学。深圳市国资委党委系统第六次党代会基层优秀党员代表。先后主持过十四项课题的研究。目前主持的课题有：广东省学前教育“新课程”幼儿园科学保教示范项目《幼儿园可持续发展教育课程》，项目编号：2020XQXKCB04；广东省2019年度中小学教师教育科研能力提升计划（强师工程）的重点课题《可持续发展教育理念下幼儿园园本课程的建设研究》，课题编号：2019ZQJK015；深圳市教育科学规划2020年度课题《基于可持续发展教育理念的幼儿绘本阅读教育实践研究》。主持的广东省教育科学“十二五”规划研究项目《幼儿绘本阅读活动的支持性策略研究》获“优秀”等级。共有十五篇论文发表或获奖。主编课程著作三部，即《聚焦儿童、面向未来（幼儿园可持续发展教育实践）》（32.7万字，北京师范大学出版社，2021），《亲阅读、心阅读（深圳市第三幼儿园绘本阅读教学活动实践探索）》（35万字，北京师范大学出版社，2021），《无法隔离的爱（庚子宝宝记忆）》（18.9万字，海天出版社，2021）。

罗　诚　中国数学奥林匹克委员会“一级教练员”，省级模范教师、骨干教师。男，盐田高级中学党总支书记、校长，2020年获得深圳市教书育人模范荣誉称号。1968年7月生，汉族，江西省南昌人，中共党员，正高级教师，广东省数学特级教师，深圳市六届人大代表，广东省、深圳市督学，深圳市十佳校长，广东省校本培训网络研修指导专家，中国NOC创新校长，深圳市高层次领军人才（地方级），盐田区第三届杰出人才奖。深圳市数学学会副理事长，深圳市中学高级教师资格评委会委员，广东省中学数学专业委员会委员，中国数学会会员，深圳市名师、名师工作室主持人，市高考先进个人。获省级优质课比赛一等奖，参编国家规划数学教材，主编参编教辅书籍40余册，论文20余篇发表获奖。主持多个国家级、省市级课题。赴内蒙、新疆等地课改培训20余次。辅导3人获全国说课比赛一等奖，3人获省一等奖。任教过4所国家示范高中，为高校输送了大批优秀新生，直接任教学生考入北大、清华达15人。自2013年8月就任校长以来，盐田高中实现了从地域性高中到现代化寄宿高中的办学转型，实现了从特色型高中向国家优秀综合示范型高中的跨越式发展，学校高考连续五年荣获深圳市高考卓越奖，中招录取分数线稳步提升，社会声誉日益提升。

郑良凯　深圳市五一劳动奖章获得者，2020年深圳市劳动模范称号获得者。男，汉族，1988年2月生，大学本科，中共党员，宝安中学（集团）高中部化学教师，宝安区兼职化学教研员。全国、省、市级大赛中屡夺桂冠，曾在14个月内12次夺得省市区教学比赛初、决赛第一名，被媒体称为“省市区教学比赛大满贯”。所获奖项包括2018年全国高中化学课堂展示全省唯一示范课（一等奖）、2017年首届广东省中小学青年教师教学能力大赛决赛一等奖第一名、2016年广东省中学化学新课程优秀教学案例评选一等奖、2016年深圳市高中青年教师基本功比赛一等奖第一名、2017年深圳市高考模拟命题比赛一等奖第一名、2017年深圳市青年教师教育技能大赛一等奖第一名。获评2018年深圳市高考工作先进个人、2020年深圳市在线教学先进个人等。获得省市区荣誉达30多项。应省教育厅邀请多次赴北京、广州、佛山、珠海、韶关、茂名等地开设示范课、专题讲座，开展县区教研员培训10余场，参与省级、市级课题6项，承担市区命题9次，参与编写专著2部，参与省编教材审定1部。近5年中3年担任高三班主任，教学满意度100%。所带班级学生高考成绩突出，重点本科率达91%。新冠肺炎疫情期间，主动承担本年级60%化学课堂直播任务，发布原创微课30余节，点击量超过7万人次。面向全区教师发布1个月的在线备课资料，让学生真正实现“停课不停学”。

张云鹰　全国优秀校长、全国优秀教育工作者。著名语文特级教师，广东省首个小学语文正高级教师。曾荣获广东省劳动模范、深圳市政府特殊津贴专家、深圳市首批名校长、深圳市教书育人模范、深圳市“八大”教育名家、全国写作教学十大名师等荣誉称号。现任深圳市宝安区海旺学校校长。“开放式教育”创始人，《教育家成长系列》首批著作入选者之一。全国校长领航班培训实践导师，北京师范大学、广东第二师范学院、广东省中小学校长培训中心等客座教授，广东省督学专家。发表教育教学文章200余篇。出版开放式教育等8部专著。应邀到全国34个省自治区和部分东南亚地区讲学，自成一派的“开放式教育”理念与实践在全国广有影响。

李　唯　全国十佳小学校长，深圳市五一劳动奖章获得者。女，从教36年，中共党员，中国教育学会常务理事，中国教育科学研究院访问学者，北京师范大学教育家书院兼职研究员，广东省名师工作室主持人，深圳市首批教育科研专家工作室主持人，深圳市首批教师继续教育入库专家，现为深圳市宝安区红树林外国语小学校长。始终坚持“教天地人事，育生命自觉”的教育情怀和生命关怀教育理念，十二年如一日坚持每周一在升旗台上给学生讲故事，形成了独具特色的“校长主讲—主题班会—家庭讨论—感悟实践”四段式国旗下课程。2012年5月3日《中国教育报》

以“在国旗下种一颗童年的种子”为题以整版报道给予高度评价；2012年8月，广东省教育厅授予“国旗下课程”广东省德育创新一等奖。出版了《国旗下课程》《在国旗下种一颗童年的种子》《国旗下讲话微课程》《国旗下讲话微课程教学设计》《一位校长在国旗下的讲话》《聚焦国旗下课程——看社会主义核心价值观如何进校园入课堂》等著作，总共近130万字。发表多篇论文。主持国家级课题3项、省级课题1项。

王振鑫　广东省劳动模范、广东省五一劳动奖章、深圳市五一劳动奖章、龙华区五一劳动奖章获得者。男，1985年生，教育硕士，现任深圳市观澜第二中学副校长，党总支副书记，龙华区劳模协会副会长。获深圳市十佳青年教师、深圳市王振鑫劳模创新工作室主持人、龙华区王振鑫劳模创新工作室主持人和龙华区初中数学名师工作室主持人以及龙华区年度教师等荣誉称号。2020年9月参加教育部全国第41期初中骨干校长高级研修班学习，2019年5月至2020年5月任深圳市教育局第二期优秀校长培养工程班班长，2019年6月入围全国未来教育家培养工程（中国教育学会），龙华区未来教育家培养工程—航标班学员。个人曾获得全国初中数学教师优质课大赛一等奖（二次）、广东省初中数学教师优质课大赛第一名、深圳市初中数学教师优质课大赛第一名，深圳市班主任专业化能力大赛初中组一等奖最佳口才奖。具有丰富的中考备考教学经验，执教国家级、省级、市级公开课示范课60余场，近10篇论文在《中学数学教学参考》《中学数学》等核心杂志发表。先后到新疆喀什、贵州毕节、广东龙川、河源、紫金汕尾等地支教、送教，带动当地教师专业发展。专注青年教师专业成长培养工作，指导2人获得全国数学教学比赛一等奖，20余人次获得市级和省级教学比赛一等奖，40余人次获得区级教学比赛一等奖。

满小螺　全国青少年文明礼仪教育标兵、广东省三八红旗手、深圳市五一巾帼标兵、深圳市三八红旗手。女，1965年生，硕士，中共党员，正高级教师（思想品德），深圳市龙华区行知学校校长、深圳市第六次党代会代表、中国陶行知研究会理事、深圳市陶行知研究学会副会长，深圳海交会理事。荣获深圳市十佳校长、深圳市优秀教师、深圳市优秀督学、全国真爱梦想基金会首个名校长工作室主持人、贵阳市名校长工作室领衔人等荣誉。自2005年起，在深圳市率先引入“行知”办学理念及其品牌，先后创办龙华区行知小学、行知实验小学、行知学校等一批独具特色的行知系列学校，目前形成了广东省规模最大的基础教育阶段的行知教育集群。她提出“问正行久”“培养一个完整的人”的办学理念，构建了“行知1+1综合素养课程体系”，在她的带领下，学校荣获全国小公民建设成果奖、广东省巾帼文明岗、广东省红旗先进集体、广东省艺术特色学校、教育教学成果获广东省二等奖等多项省部级荣誉，省市领导评价“行知是可以代表深圳拿给全国看的学校”。赴东南亚、南美等地讲学，学校每年接待几十批海内外教育团体参观交流。

温碧华　2020年荣获广东省优秀共青团干部称号。女，1984年12月生于广东，2007年本科毕业，中共党员，小学音乐一级教师。现任坪山区教育团工委副书记、区少工委办公室主任、区少先队总辅导员职务，负责区教育系统精神文明建设、共青团和少先队等工作。曾获广东省优秀少先队辅导员，深圳市优秀共青团干部。任现职五年来，始终以党建引领学校团队建设发展，先后主导多项强化区共青团和少先队建设的项目，激发组织活力，组织参与各项主题教育实践活动、新中国成立70周年活动、抗疫小先锋、百校庆百年红领巾火炬传递等专项活动，参与策划、创作出品社会主义核心价值观歌曲《我是幸福中国娃》，全方位为教育系统的共青团和少先队发展做好引领及服务。参加社会志愿服务时长达195.4小时以上。

王　婷　2020年获评“广东省三八红旗手”。女，中共党员，副高级教师，现任光明区政协委员，光明区玉律学校党支部书记、校长，深圳市十佳校长，深圳市第三批科研专家工作室主持人，深圳市地方后备人才，深圳市优秀督学，深圳市城市学院特聘专家。主持多项国家、省、市、区级重点科研课题，在核心期刊发表多篇教育教学论文，参与编写全国义务教育阶段音乐教材《走进音乐世界》教学用书。曾获深圳市音乐教师基本功大赛一等奖，连续两届被评为光明区音乐学科带头人，获评“深圳市先进教育工作者”“深圳市三八红旗手”“光明区基础教育领军人才”“光明区劳模创新工作室主持人”“光明区优秀校长”“光明区优秀党务工作者”等荣誉。2013年，任深圳市光明区玉律学校校长，短短几年内，将一所教学环境和教育教学成绩均处于本区落后水平的村小打造成一所区域品牌学校，获得诸多国家级、省市级荣誉。她坚持“普及与特长发展相结合，整体与特色发展相结合”的理念，将艺术特色在全校普及。如今，玉律学校的美育教育全省领先，被评为首批广东省艺术教育特色学校。成立“王婷教育专家工作室”，带动一批优秀校长、教师合作共研，推动区域教师快速成长。工作室成员学校研讨课例1500余节，发表论文169篇，著作3本，17人次获得国家级奖项，课题立项35项。2018年，她被省教育厅选为代表（全市仅两人）参加苏粤渝卓越校长研修班，并作为三省唯一代表在结业典礼上发言。

荣誉名录

2020年深圳市教育系统国际及国家级荣誉集体

获奖集体名称	项目名称	获奖等次（名称）
深圳外国语学校初中部、高中部、龙华高中部	中央宣传部、中央文明办组织评选全国文明校园	全国文明校园
黄埔学校	国家教育部组织评选国防教育特色学校	第三批国防教育特色学校
荔外教育集团水围校区		
园岭小学	中央精神文明建设指导委员会组织评选全国文明校园	全国文明校园
新沙小学	中华诗词学会组织评选“最美诵读”实验基地	教育部中华经典诵读工程“最美诵读”实验基地
明德实验学校香蜜校区	《环境教育》杂志、中国环境文化教育专家委员会组织评选生态文化教育特色学校	全国生态文化教育特色学校
福田区外国语学校	中国童话节组织委员会、深圳读书月办公室、深圳市语言文字工作委员会办公室组织评选粤港澳大湾区童话节校园朗诵艺术节优秀组织奖	粤港澳大湾区童话节校园朗诵艺术节优秀组织奖
北环中学		
新莲小学		
福田区教科院附属小学	全国青少年冰心文学活动组委会、深圳新闻网组织评选中华文化创新文学示范校	中华文化创新文学示范校
华新小学		
荔园外国语小学	深圳市关心下一代工作委员会、区文化广电旅游体育局、中国童话节组织委员会组织评选中华诗词永流传英语云朗诵全球大展优秀组织奖	中华诗词永流传英语云朗诵全球大展优秀组织奖
梅华小学		
景秀小学	中国科学院深圳先进技术研究院组织评选粤港澳大湾区青少年创新科学教育基地成员校	粤港澳大湾区青少年创新科学教育基地成员校
红岭教育集团深康学校		
莲花小学	中国高尔夫球协会组织评选校园高尔夫发展计划试点学校	校园高尔夫发展计划试点学校

续表

获奖集体名称	项目名称	获奖等次（名称）
景龙小学	中国象棋协会组织评选象棋特色学校会员	全国象棋特色学校会员
深圳市水库小学	教育部组织评选全国青少年校园足球特色学校、试点县（区）、“满天星”训练营和足球特色幼儿园	青少年校园足球特色学校
深圳市华丽小学	全国啦啦操达标网络比赛第一季	儿童甲组–花球自选动作–（2–6人组）特等奖
文华学校	教育部办公厅组织评选校园冰雪体育传统特色学校	全国青少年校园冰雪体育传统特色学校
香山里小学	教育部学校规划建设发展中心组织评选未来教育创新成果奖	全国未来教育创新成果奖
博伦职业技术学校	中国珠宝玉石首饰行业协会组织评选首饰设计新星大赛	“珠宝有IP”首饰设计新星大赛十大院校
珠光小学	《环境教育》杂志、中国环境文化教育专家委员会组织评选生态文明示范学校、生态环境教育百强学校、全国垃圾分类示范校	全国生态文明示范学校；生态环境教育百强学校；全国垃圾分类示范校
华侨城小学	《环境教育》杂志、中国环境文化教育专家委员会组织评选生态文明教育特色学校	全国生态文明教育特色学校
平山小学		
深圳市盐田区乐群实验小学	《环境教育》杂志、中国环境文化教育专家委员会组织评选生态文明教育特色学校	全国生态文明教育特色学校
前海港湾学校	中国科协青少年科技中心、中国宇航学会组织“少年问天”全国青少年航天科普活动	“优秀活动基地校”
桃源卓雅幼儿园	教育部体育卫生与艺术教育司组织评选校园足球特色学校	全国青少年校园足球特色学校
育才四小	教育部体育卫生与艺术教育司组织评选校园足球特色学校	全国足球特色学校
深圳大学附属教育集团实验小学	教育部组织评选国防教育特色学校	第三批国防教育特色学校
深圳市盐田区教育科学研究院	第五届全国STEM教育与项目式学习学术研讨会暨2020年度项目式学习优秀项目展评活动	年度最佳区域
深圳市盐田区云海学校	芬兰LUMA中心国际Start	第二名
深圳市盐田区田心小学	共青团中央、教育部、全国少工委组织的对2020年度“全国优秀少先队员”“全国优秀少先队辅导员”“全国优秀少先队集体”的评选	2020年度“全国优秀少先队集体”称号
海涛小学乒乓球队	第40届“开拓杯”全国少儿乒乓球比赛（团体比赛）	第一名
林园小学“小海豚”行进打击乐团	马来西亚国际线上管乐大赛“Malaysia International Virtual Band Championships (MIVBC) 2020”（行进管乐组）	三等奖
深圳市盐田区乐群实验小学	国际 LUMA 中心 StarT中国区和中国教育信息化创客教育研究中心组织评选	国际StarT年度最佳实验学校
深圳市盐田区梅沙未来学校	全国科技活动周组委会办公室、中国教育科学研究院和中国科学技术交流中心联合主办全国青少年未来工程师全国决赛	一等奖
深圳市田东中学	教育部体育卫生与艺术教育司组织评选网球特色学校	青少年校园网球特色学校
宝安区教育科学研究院	教育部组织的2019年全国青少年校园足球工作年度评选	全国青少年校园足球工作年度优秀“满天星”训练营称号（2020年12月颁奖）
新安中学（集团）	第四届全国中小学生创·造大赛	学校组织奖

续表

获奖集体名称	项目名称	获奖等次（名称）
深圳市宝安区海旺学校	全国青少年人工智能活动特色单位	一等奖
宝安区黄麻布学校	全国青少年校园篮球特色学校评选	全国青少年校园篮球特色学校
深圳大学师范学院附属坂田学校	全国青少年校园足球特色学校评选	足球特色学校
深圳市龙岗区华中师范大学龙岗附属中学	教育部组织评选全国青少年篮球特色学校	篮球特色学校
光明区光明中学	第七届全国青少年美术书法大赛	一等奖
光明区公明中学	《环境教育》杂志、中国环境文化教育专家委员会组织评选生态文明教育特色学校	生态文明教育特色学校
	《环境教育》杂志、中国环境文化教育专家委员会组织评选生态文明与环境教育发展联盟理事单位	生态文明与环境教育发展联盟理事单位
光明区长圳学校	《环境教育》杂志、中国环境文化教育专家委员会组织评选生态文明与环境教育发展联盟理事单位	生态文明与环境教育发展联盟理事单位
	《环境教育》杂志、中国环境文化教育专家委员会组织评选生态文明教育特色学校	生态文明教育特色学校
光明区实验学校	《中国少年儿童美术书法摄影作品》（第23卷）暨2020华夏儿艺美术书法摄影作品展	一等奖
	《环境教育》杂志、中国环境文化教育专家委员会组织评选“全国生态环境教育百强学校”	全国生态环境教育百强学校
	深圳市生态监测自然学校（国家级）评选	凤凰街道教学实践基地
中山大学深圳附属学校	全国轮滑大联动	U12组团体一等奖
		团体第六名
		轮冰共进奖
		公平竞赛奖
光明区马田小学	中国管理科学研究员素质教育研究所组织评选学校心理危机干预能力建设示范学校（2019—2022）	学校心理危机干预能力建设示范学校
	全国武术套路网络赛事集体项目	一等奖
	全国武术套路网络赛事集体项目	武术传播奖
光明区公明第二小学	教育部组织评选全国青少年校园足球特色学校	校园足球特色学校
光明区光明小学		
光明区玉塘玉成幼儿园	教育部组织评选全国青少年校园足球特色幼儿园	足球特色幼儿园
	教育部组织评选全国足球特色幼儿园示范园	足球特色幼儿园示范园
北京大学深圳研究生院学生项目	第六届中国国际“互联网+”大学生创新创业大赛	银奖
北京大学深圳研究生院国际法学院代表队	“史丹森”国际环境法模拟法庭大赛东亚赛区选拔赛	冠军，获得参加国际赛的资格
北京大学深圳研究生院学生辩论队	第二届“晨星杯”世界大学生辩论巡回赛	总冠军

续表

获奖集体名称	项目名称	获奖等次（名称）
深圳大学建筑与城市规划学院“青春助力脱贫·共奔幸福小康”实践队、深圳大学老区脱贫攻坚实践队	共青团中央组织全国大中专学生志愿者暑期“三下乡”社会实践活动	优秀团队奖
深圳技术大学“Technokrat”队	中国大学生机械工程创新创意大赛——2020智能制造大赛全国总决赛	一等奖
深圳技术大学“聚龙山技工队”		三等奖
深圳职业技术学院建筑与环境工程学院的“绿水卫士”项目	第六届中国国际“互联网+”大学生创新创业大赛总决赛	创业组金奖
深圳职业技术学院应用化学与生物技术学院的“靶向降压肽”项目		创意组金奖
深圳职业技术学院	中央精神文明建设指导委员会组织评选全国文明校园	全国文明校园
	教育部组织第四届全国高校大学生讲思政课公开课展示活动	一等奖

2020年深圳市教育系统国际及国家级荣誉个人

姓名	单位名称	项目名称	获奖等次（名称）
张妙鑫　刘芳洲	深圳市华丽小学	2020年全国啦啦操达标网络比赛（第一季）	优秀教练员
申　思　万美艳　李潇潇　付春媛　吴小朋　鲁　妮　谭桂芬　张少杰　李海兵　周零玲	育才二中	中央电化教育馆组织第十一届基于网络的教师实践社区云端研讨会活动	优秀教学设计奖
尹玲凤	博伦职业技术学校	全国珠宝制作技能竞赛组委会组织全国行业职业技能竞赛—全国珠宝制作职业技能竞赛（建模学生组）	一等奖
王智慧	华侨城小学	中国环境文化教育专家委员会组织评选全国生态文明教育创新人物	年度创新人物
罗峻鑫　戴博璨	深圳市盐田高级中学	第十八届“全国中小学信息技术创新与实践大赛”决赛互动编程（高中组）	二等奖
熊静娟　刘春雷	深圳市盐田区实验学校	第十七届“全国中小学信息技术创新与实践大赛”	优秀指导老师
范迎杰	深圳市盐田区云海学校	第九届全国初中语文教师教学基本功大赛优秀论文评比	一等奖
刘文萍		第十届“名师优课”全国教育教学优秀论文、教学设计、教案、课件、优质课评选活动	一等奖
刘文萍		第十三届全国小学教学特色设计（教研论文）大赛	一等奖
钟丽霞		第十八届全国中小学信息技术创新与实践大赛	优秀指导老师
钟丽霞		2020世界机器人比赛	优秀指导老师
龙西仔		第二十四届全国教师教育教学信息化交流活动	创新作品奖

续表

姓名	单位名称	项目名称	获奖等次（名称）
王若语	深圳市盐田区外国语学校	第“2020年广东省青少年游泳锦标赛”女子C组4×100米混合泳	第一名
王若语		“2020年广东省青少年游泳锦标赛”女子C组100仰泳	第二名
邹　都	深圳市盐田区海涛小学	第40届“开拓杯”全国少儿乒乓球比赛（男子幼儿组单打项目）	第一名
李智姣	深圳市盐田区林园小学	首届“丽声英语阅读”全国优秀教学课例大赛（“英语分级绘本教学类”）	特等奖
张嘉琳		马来西亚国际线上管乐大赛“Malaysia International Virtual Band Championships (MIVBC) 2020”	优秀指导老师
汤雅姝	深圳市盐田区庚子首义中山纪念学校	北京外国语大学、全国基础外语教育研究培训中心、外语教学与研究出版社和《英语学习》（教师版）杂志社联合举办的首届“丽声英语阅读”全国优秀课例大赛“英语自然拼读教学类”课例	一等奖
熊香莲	深圳市盐田区乐群实验小学	中国环境文化教育专家委员会组织评选全国生态文明教育创新人物	年度创新人物
张　宏		教育部、国家语委主办第二届中华经典诵写讲大赛	优秀指导教师
郭天宇		教育部、国家语委主办第二届中华经典诵写讲大赛	优秀指导教师
鄢楚峰　张焕昇　王　涵　熊子轩		全国青少年人工智能编程大赛无人驾驶项目	一等奖
李　好　林俊鑫	深圳市盐田区外国语小学东和分校	第十八届“全国中小学信息技术创新与实践大赛”决赛互助编程赛项小学组（学生）	二等奖
徐帷真		第三届东西南北中—中国少儿版画教育联会作品展（学生）	优秀作品奖
夏菲雨		第三届东西南北中—中国少儿版画教育联会作品展（学生）	优秀作品奖
李沐阳		第三届东西南北中—中国少儿版画教育联会作品展（学生）	优秀作品奖
陈　蕊　李　扬		第三届东西南北中—中国少儿版画教育联会作品展	优秀作品奖
胡瑞雯		第三届东西南北中—中国少儿版画教育联会作品展	优秀辅导教师奖
黄巍恒		第三届东西南北中—中国少儿版画教育联会作品展	优秀辅导教师奖
刘沐恩		全国击剑俱乐部联赛	第二名
陈昱彤		华夏儿艺美术书法摄影作品展	一等奖
董明锐		2020世界机器人大赛青少年机器人设计大赛	二等奖
郭承锦		第二十四届全国中小学生绘画书法作品比赛	二等奖
吴敔宸		第二十六届世界少年奥林匹克思维能力测评全国赛区	二等奖
李芷霖		第二届“宝安杯”全国硬笔书法大赛暨青少年规范汉字书写大赛（小中组）	三等奖
焦若安		2020年参加第十四届中国优秀艺术特长生才艺大赛广东省赛区中，钢琴项目小学A组	一等奖
曾珩晋		第九届全国少年儿童书法硬笔书法大赛暨规范汉字书写大赛	一等奖
梁力文		《中国少年儿童美术书法摄影作品》暨2020华夏儿艺美术书法摄影作品展征稿活动	美术特等奖

续表

姓名	单位名称	项目名称	获奖等次（名称）
曾煦衔　林　涛　郑力玮　潘智谦　陈家源　李怡婷	新安中学（集团）高中部	全国中小学信息技术创新实践大赛	二等奖
陈睿杰　傅霖博　李振威		第四届全国中小学生创·造大赛总决赛AI地球分项全国赛	金奖
张泳豪　朱师轩　喻如菲　邓裕新　杨凯煜　曾祥瑞	新安中学（集团）外国语学校	第四届全国中小学生创·造大赛总决赛AI地球分项全国赛	铜奖
张泳豪　朱师轩　喻如菲　邓裕新		第四届全国中小学生创·造大赛总决赛	优胜奖
杨凯煜　曾祥瑞　李明远　傅霖博		第十八届全国中小学信息技术创新与实践大赛（NOC）总决赛	三等奖
孙凯睿	宝安区海旺学校	全国中小学信息技术创新与实践大赛NOC编程猫决赛	一等奖
陈政宏　曾子嫣	蚝业小学	第二十四届中国少儿戏曲小梅花荟萃	个人金花
涂诗悦	万丰小学	第二十四届中国少儿戏曲小梅花荟萃	个人金花
陈奕霏	荣根学校	第二十四届中国少儿戏曲小梅花荟萃	个人金花
王思莹	新安湖小学	第二十四届中国少儿戏曲小梅花荟萃	个人金花
廖雅熙	宝民小学	第二十四届中国少儿戏曲小梅花荟萃	个人金花
袁铭泽	弘雅小学	第二十四届中国少儿戏曲小梅花荟萃	个人金花
唐子谦	宝城小学	第二十四届中国少儿戏曲小梅花荟萃	个人金花
张嘉琪	中澳实验学校	第二十四届中国少儿戏曲小梅花荟萃	个人金花
王文宸	宝城小学	第二十四届中国少儿戏曲小梅花荟萃	个人金花
高若媛	海旺学校	第二十四届中国少儿戏曲小梅花荟萃	个人金花
舒锦鹏	宝城小学	第二十四届中国少儿戏曲小梅花荟萃	个人金花
范家鸿	西乡小学	第二十四届中国少儿戏曲小梅花荟萃	个人金花
吴亦璇	中澳实验学校	第二十四届中国少儿戏曲小梅花荟萃	个人金花
梁艺僮	深圳市龙岗区平冈中学	全国健美操锦标赛（女单）	第七名
李嘉恒　张静璇		全国健美操锦标赛（混双）	第三名
李嘉恒等五人		全国健美操锦标赛（五人操）	第四名
滕　浩		全国健美操锦标赛（男单）	第十名
柳　笛　马浩宣　刘贻敬	华中师大龙岗附中	第六届中国国际“互联网+”大学生创新创业大赛总决赛萌芽赛道（高中组）	创新潜力奖（等同金奖）
杨胜坚　许鸿舜	上海外国语大学附属龙岗学校	全国中小学信息技术创新与实践大赛	一等奖
贾智博　刘易洋　余银展　钟子翔		全国中小学信息技术创新与实践大赛	二等奖
鄢　凯	光明区高级中学	第18届“全国中小学信息技术创新与实践大赛”	优秀指导教师
施　成　栩　乐　王正焱　王欣妍　江宇铭		第18届“全国中小学信息技术创新与实践大赛”	一等奖
黄嘉炜　舒雍洋		第18届“全国中小学信息技术创新与实践大赛”	二等奖
赖俊宇　黄　勇　杨萧璐		2020世界机器人大赛总决赛——青少年机器人设计大赛	三等奖

续表

姓名	单位名称	项目名称	获奖等次（名称）
曹　琦	光明区光明中学	国家裁判员评选	三级田径裁判员
吴　平		第七届全国青少年美术书法大赛	优秀指导教师
叶菁菁　黄嘉怡　麦　梓		第七届全国青少年美术书法大赛	一等奖
朱达瀚　黄　婷　黄怡嘉 张凯琳　陈科颖　钟仁妘 陈诗澎		第七届全国青少年美术书法大赛	二等奖
曾庆领	光明区实验学校	《中国少年儿童美术书法摄影作品》（第23卷）暨2020华夏儿艺美术书法摄影作品展	一等辅导奖
卢若婉		《中国少年儿童美术书法摄影作品》（第23卷）暨2020华夏儿艺美术书法摄影作品展	二等辅导奖
陈映羲		《中国少年儿童美术书法摄影作品》（第23卷）暨2020华夏儿艺美术书法摄影作品展	三等辅导奖
王品棋		《中国少年儿童美术书法摄影作品》（第23卷）暨2020华夏儿艺美术书法摄影作品展	摄影特等奖
王品森　龙纪妍		《中国少年儿童美术书法摄影作品》（第23卷）暨2020华夏儿艺美术书法摄影作品展	摄影一等奖
朱子依　张晋语　熊　迁		《中国少年儿童美术书法摄影作品》（第23卷）暨2020华夏儿艺美术书法摄影作品展	摄影二等奖
赵筱雅　于嘉轩　陈俊杰 张旭尧		《中国少年儿童美术书法摄影作品》（第23卷）暨2020华夏儿艺美术书法摄影作品展	摄影三等奖
黄慧婷		《中国少年儿童美术书法摄影作品》（第23卷）暨2020华夏儿艺美术书法摄影作品展	美术特等奖
赵晨希　曾彦杰		《中国少年儿童美术书法摄影作品》（第23卷）暨2020华夏儿艺美术书法摄影作品展	美术一等奖
蔡汶希　麦梓珊　黄国媚 张梓恒　章雨霏　黄靖煊 阳郑好		《中国少年儿童美术书法摄影作品》（第23卷）暨2020华夏儿艺美术书法摄影作品展	美术二等奖
王品棋		“最美中华”中小学师生摄影大赛（最美校园学生组）	第三名
阎海量	中山大学深圳附属学校	全国轮滑大联动	优秀教练员
鲜宏俊	光明区长圳学校	第72届德国纽伦堡国际发明展	金奖
邹　鑫		第72届德国纽伦堡国际发明展	银奖
李承浩　陈静茹		全国2020年NANA杯中国 惠州第四届体育舞蹈全国公开赛	14岁以下4支舞第一名
李承浩　陈静茹		全国2020年NANA杯中国 惠州第四届体育舞蹈全国公开赛	少年II组拉丁舞第一名
李承浩　陈静茹		全国2020年NANA杯中国 惠州第四届体育舞蹈全国公开赛	业余少年II组拉丁舞第一名
陈静茹		全国2020年NANA杯中国 惠州第四届体育舞蹈全国公开赛	单人精英A组（奖金组）第三名
曹雨泽　郑嘉琪		全国2020年NANA杯中国 惠州第四届体育舞蹈全国公开赛	业余少年I组拉丁舞第二名

续表

姓名	单位名称	项目名称	获奖等次（名称）
曹雨泽　郑嘉琪	光明区长圳学校	全国2020年NANA杯中国 惠州第四届体育舞蹈全国公开赛	精英B组（奖金组）第三名
郝琪圆　周浩宇		全国2020年NANA杯中国 惠州第四届体育舞蹈全国公开赛	少年I组拉丁舞第二名
郝琪圆　周浩宇		全国2020年NANA杯中国 惠州第四届体育舞蹈全国公开赛	业余少年I组拉丁舞第一名
廖楚琳　谭瑞衡		全国2020年NANA杯中国 惠州第四届体育舞蹈全国公开赛	8岁以下2支舞第一名
廖楚琳　谭瑞衡		全国2020年NANA杯中国 惠州第四届体育舞蹈全国公开赛	10岁以下2支舞第二名
廖楚琳　谭瑞衡		全国2020年NANA杯中国 惠州第四届体育舞蹈全国公开赛	精英C组（奖金组）第六名
沈栏涛　许雨彤		全国2020年NANA杯中国 惠州第四届体育舞蹈全国公开赛	10岁以下2支舞第三名
沈栏涛　许雨彤		全国2020年NANA杯中国 惠州第四届体育舞蹈全国公开赛	精英C组（奖金组）第五名
沈栏涛　许雨彤		全国2020年NANA杯中国 惠州第四届体育舞蹈全国公开赛	10岁以下单项恰恰第五名
曾鑫伟　温灵心		第34届CBDF中国国际标准舞锦标赛	业余14岁精英组拉丁舞前十二名
刘景辰　梁　诚　周明皓	光明区李松蓢学校	世界机器人大赛——青少年机器人设计大赛	三等奖
李文彪　彭清源	光明区马山头学校	全国中小学信息技术创新与实践大赛	二等奖
肖思杰	光明区凤凰学校	第72届德国纽伦堡国际发明展	金奖
吴灏轩		第72届德国纽伦堡国际发明展	银奖
吴祚中	光明区百花实验学校	世界机器人大赛总决赛MakeX机器人挑战赛	少年设计师辅导奖
刘海森　黄鑫愉　张新凯		世界机器人大赛总决赛MakeX机器人挑战赛	少年设计师
汤馨仪　全董璐　温博杰	华中师范大学附属光明勤诚达学校	全国少儿线上体育嘉年华广东站	一等奖
吴象龙		全国少儿线上体育嘉年华广东站	三等奖
张梦晗		第二十一届香港-亚洲钢琴公开比赛	二等奖
彭艺馨		第二十一届香港-亚洲钢琴公开比赛	三等奖
宗子琦　陈诗语		第二十一届香港-亚洲钢琴公开比赛	良好表演奖
郭可悦	深圳实验光明学校	第12届FCAC寻彩全国少儿书画大展赛	优秀指导教师奖
黄志辉		第25届全国中小学绘画书法作品比赛	优秀指导老师奖
邹鑫锐　陈宇豪	光明区玉律学校	全国青少年人工智能编程大赛	一等奖
林永康		全国青少年人工智能编程大赛	三等奖
蒋昊轩　周骏亨　马语翎	光明区公明第一小学	第二届“诗词好声音”全国少儿古诗文诵读评选活动	二等奖
林采露	光明区楼村小学	第十一届“中国移动‘和教育’杯”全国教育技术论文活动	三等奖

续表

姓名	单位名称	项目名称	获奖等次（名称）
陈　智	光明区马田小学	第四届全国小学体育活力校园案例	最佳课外体育活动案例奖
谢小伟	光明区东周小学	中国匹克球推广赛	中国匹克球推广大使
刘　煜	光明区红花山小学	第一届中国跳绳文化节暨“蒸烩煮杯”2020年全国跳绳联赛总决赛	公开儿童乙组男子组1分钟棉纱绳单摇第二名
刘　煜		第一届中国跳绳文化节暨“蒸烩煮杯”2020年全国跳绳联赛总决赛	公开儿童乙组男子组30秒单摇跳第七名
刘　煜		第一届中国跳绳文化节暨“蒸烩煮杯”2020年全国跳绳联赛总决赛	公开儿童乙组男子组30秒双摇跳第八名
彭赛琴　陈丽芬	光明区公明第二幼儿园	第十七届“当代杯”全国幼儿教师职业技能大赛	一等奖
章　丽　李　晶　周玉枝		第十七届“当代杯”全国幼儿教师职业技能大赛	二等奖
谭　凤	深圳市第一职业技术学校	教育部主办全国中职学校班主任业务能力大赛	二等奖
廖　培　黄哲君　张玉婷		教育部主办全国职业院校技能大赛中职教师教学能力比赛	三等奖
潘　涛　徐子谦		全国职业院校技能大赛“计算机检测维修与数据恢复”赛项	优秀指导教师
潘　涛　孙　正		全国职业院校技能大赛“网络安全”赛项	优秀指导教师
李土权　何伟宁		“一带一路”暨金砖国家技能发展与技术创新大赛液压与气动装调与维护技能大赛（中职组）国内赛	优秀指导教师
高雁锐　郑楚莹　蔚方正　黄佳意		2019—2020学年度中等职业教育国家奖学金	职业教育国家奖学金
田子昂　康树炯		全国职业院校技能大赛“计算机检测维修与数据恢复”赛项	一等奖
黄　涛　蔡展辉		全国职业院校技能大赛“网络安全”赛项	一等奖
谢志军		“一带一路”暨金砖国家技能发展与技术创新大赛液压与气动装调与维护技能大赛（中职组）国内赛	一等奖
何家宸		“一带一路”暨金砖国家技能发展与技术创新大赛液压与气动装调与维护技能大赛（中职组）国内赛	二等奖
何凌燕　黄晓锋	北京大学深圳研究生院环境与能源学院	国家自然科学奖	二等奖
王荣刚		国家科学技术奖国家技术发明奖	一等奖（第三完成人）
杨世和	北京大学深圳研究生院化学生物学与生物技术学院	全球专业信息服务提供商科睿唯安发布	“高被引科学家”名单
赵鹿鸣	汇丰商学院财经新闻专业	第八届范敬宜新闻教育奖	学子奖
游向辉	哈尔滨工业大学（深圳）机电工程与自动化学院	共青团中央委员会	“中国大学生自强之星”

续表

姓名	单位名称	项目名称	获奖等次（名称）
季向阳　王贵锦　张永兵★ 刘振宇　杨　艺　李晓波 万鹏飞　张　刚　施陈博 连晓聪 （标★人员为清华大学深圳国际研究生院老师）	清华大学、清华大学深圳研究生院、凌云光技术集团有限责任公司、淘宝（中国）软件有限公司、厦门美图之家科技有限公司、北京数码视讯科技股份有限公司	国家科学技术进步奖	二等奖
叶　星　黄　迪　李宇时	清华大学深圳国际研究生院	第二届中国研究生机器人创新设计大赛	二等奖
王　骁　周茂林　孙万虎		“华为杯”第十七届中国研究生数学建模竞赛	二等奖
谢千山　彭康寿　杨毅远		“华为杯”第十七届中国研究生数学建模竞赛	二等奖
张敖阳　孙王斌　王晶冰		“华为杯”第十七届中国研究生数学建模竞赛	二等奖
张麟睿　李寿杰　颜子琛		“华为杯”第十七届中国研究生数学建模竞赛	三等奖
夏　旸　曾文家　李倚天		“华为杯”第十七届中国研究生数学建模竞赛	三等奖
邵子馨　程贺静　王　铳		“华为杯”第十七届中国研究生数学建模竞赛	三等奖
吴华伟		“华为杯”第十七届中国研究生数学建模竞赛	三等奖
朱永佩　许兴鹏　谭蔚文 刘　雾		第二届中国研究生人工智能创新大赛	三等奖
陈科霖	深圳大学	中共中央组织部年度全国组织工作重点课题调研成果奖	二等奖
李文贤	深圳技术大学	中国大学生机械工程创新创意大赛——2020智能制造大赛全国总决赛	优秀指导教师奖
施明鸿　吴晓鑫等		德国红点品牌与传达设计大赛	大奖
常一萌　陈俊裕　陈天辉 刘洁如　魏凌湘	中山大学（深圳校区）	美国大学生数学建模竞赛(MCM/ICM)	一等奖
黄达宇　朱天昊　王　聪		第三届中青杯全国大学生数学建模竞赛	二等奖
唐漪雯　罗永佳　孙浩宁 莫远辉　周钦全		2020年第十届MathorCup高校数学建模挑战赛	一等奖
曾泓熹　易昊童　林嘉烨 毛端中　岳毅然		全国大学生智能技术应用大赛	一等奖
汪博伟　张咏妍	深圳外国语学校	第29届全国中学生生物学竞赛	金牌
周振华		第34届中国化学奥林匹克决赛	银牌
蔡子熙		中国数学奥林匹克竞赛	银牌
王楷骐　陈俊儒　林轩宇		第37届全国中学生物理竞赛	一等奖
曹馨予　杨　笛　周一帆		全国高中数学联赛	一等奖
张若谷		澳大利亚数学思维挑战赛AMC	一等奖
周振华　尚冰博敏 李镇坤		第34届中国化学奥林匹克初赛	一等奖
曹馨予		第19届中国女子数学奥林匹克竞赛	二等奖

续表

姓名	单位名称	项目名称	获奖等次（名称）
陈玥颖	深圳外国语学校	第二届中法国际绘本小作者创作大赛	一等奖第二名
陈依彤　邓　浩　丁若彤		第24届中国高中生日语作文大赛	特等奖
张若谷　郭小奇　李若铭　骆千帆　张梓宸		美国区域数学联赛ARML	全国银奖
陈　昱		NEC全美经济学挑战赛线上中国站（区域国际经济与时事）	金奖
柯雨含		USAD美国学术十项全能中国站	全国音乐获奖者银牌、全国艺术获奖者铜牌
刘国珈		USAD美国学术十项全能中国站	全国数学获奖者铜牌
张若谷		澳大利亚袋鼠数学思维挑战赛	全球满分成就/全国超级金奖
骆芊帆		中国大智汇	最佳演讲奖
江逸洋		美国生物奥赛BIO	铜奖
黄慧欣　戴楚灵		全国脑科学大赛	三等奖
肖　澄		全国国际象棋“好棋杯”少年网络团体赛深圳代表队	亚军
张芷清		全国USAP	个人总分金牌
张芷清		全国USAP	艺术学科单项金牌
张芷清		全国USAP	科学学科单项金牌
张芷清		全国USAP	队内个人最高分奖；团队总分奖（No.10晋级）
刘　恺		世界机器人大赛——青少年机器人设计大赛	国际二等奖（团队）
杨炘玉		USAP美国学术五项全能中国站	社会科学银牌
杨炘玉		USAP美国学术五项全能中国站	团队总分奖（全国前10强）
杨炘玉		USAP美国学术五项全能中国站	科学第二名
杨炘玉		USAP美国学术五项全能中国站	文学第二名
杨炘玉		USAP美国学术五项全能中国站	个人总分第二名
杨炘玉		USAP美国学术五项全能中国站	团队总分第三名
杨艺诗		“曹灿杯”朗诵网络赛	金星奖、最佳潜质奖
杨艺诗		中国童话节之粤港澳大湾区普通话朗诵大赛初中组	金奖
杨艺诗		中国童话节之粤港澳大湾区“小小外交官”英文朗诵大赛初中组	金奖
易俐达		USAP五项全能中国站全国科学	银牌；华南区域个人总分一等奖
李文嘉　胡科睿　尤博锐		世界机器人大赛	二等奖
赵嘉洛		Brain Bee脑科学大赛	二等奖
李维晓		希望之星英语风采大赛	一等奖

续表

姓名	单位名称	项目名称	获奖等次（名称）
李维晓	深圳外国语学校	USAP（美国学术五项全能）中国站比赛	个人赛华南地区科学第一名、艺术第二名、团队赛全国十强
褚奕宏　王子乐		USAP美国学术五项全能中国站比赛团队赛	全国前十
褚奕宏		USAP美国学术五项全能中国站比赛华南区团队	总分第三名
沈琳淼		“希望之星暨希语盛典”英语风采大会	全国总决选 少年A组特等奖
罗梓升		中国–澳大利亚国际象棋交流赛	冠军
杜昕蕊		USAP美国学术五项全能中国站	区域总分第三名
陈立昊		Kangaroo袋鼠数学思维挑战level 3	超级金奖
陈立昊		Kangaroo袋鼠数学思维挑战level 4	超级金奖
陈立昊		美国数学竞赛AMC 8	全球前1%
黄天瑜		国际StarT项目式学习共同体《疫情期间，学生自主探秘纸桥》	二等奖
黄佳昊		第四届“语文报杯”全国网络书法大赛硬笔	金奖
李书琪		第十届青苗杯艺术大赛	金奖
李书琪		第七届青苗杯艺术大赛	特金奖
张语恒		世界和平书画展	银奖
李嘉隽		USAP美国学术五项全能中国站	数学金奖

2020年深圳市教育系统省级荣誉集体

获奖集体名称	项目名称	获奖等次（名称）
福田中学	广东省教育厅组织评选科技教育特色学校	青少年科技教育特色学校
福田区外国语高级中学	广东省教育厅组织评选校园篮球推广学校	校园篮球推广学校
福田区外国语高级中学	广东省教育厅组织评选教师信息技术应用能力提升工程2.0省级试点校	中小学教师信息技术应用能力提升工程2.0省级试点校
红岭教育集团园岭初中部	广东省教育厅、广东省科学技术厅组织评选青少年科技教育创新团队	青少年科技教育创新团队
福田区外国语高级中学	广东省教育厅组织评选中小学艺术教育特色学校	中小学艺术教育特色学校
福田区实验教育集团		
东海实验小学		
园岭小学		
园岭实验小学		
东海实验小学	团省委、省教育厅、省少工委组织评选红领巾示范校	红领巾示范校
教科院附属小学	广东省教育厅组织评选校园足球特色学校	校园足球特色学校
百花小学 南华小学	广东省教育厅、中共广东省委宣传部、广东省精神文明建设委员会办公室组织评选书香校园	书香校园

续表

获奖集体名称	项目名称	获奖等次（名称）
福田小学	广东省教育厅组织评选中华优秀文化传承学校	中小学中华优秀文化传承学校
科技中学	广东省教育研究院组织评选STEM种子学校	STEM种子学校
科技中学	广东省科协、教育厅组织评选科学教育特色学校	青少年科学教育特色学校（2020-2025）
翠竹外国语实验学校	共青团广东省委员会、广东省教育厅、少先 队广东省工作委员会组织评选红领巾示范学校	红领巾示范学校
翠竹外国语实验学校五（3）中队	广东省教育厅组织评选少先队先进中队	少先队先进中队
深圳市靖轩小学	广东省教育厅组织中小学“书香校园”建设系列活动	书香校园
深圳市东晓小学	广东省教育厅组织评选中小学艺术教育特色学校	艺术教育特色学校
罗湖区滨河实验中学	广东省教育厅组织网络学习空间应用普及活动	优秀学校
深圳市景贝小学	广东省教育厅组织第十三届广东省中小学“暑假读一本好书”活动	先进单位奖
华侨城中学	广东省教育厅组织评选科学教育特色学校、艺术教育特色学校	科学教育特色学校、中小学艺术教育特色学校
南油小学	广东省教育厅组织评选教育教学成果奖	一等奖
南山二外（集团）学府一小	广东省教育厅组织评选示范性教师教育实践基地	示范性教师教育实践基地
育才二中	广东省教育厅组织评选校园排球推广学校	校园排球推广学校
育才中学	广东省体育局组织青少年排球锦标赛	冠军
龙珠学校	广东省体育局组织垒球锦标赛	U15组第二名
学府二小	广东省教育厅组织评选艺术特色学校	第四批艺术特色学校
学府中学	中共广东省省委、广东省人民政府组织评选文明校园	年度文明校园
南海小学	广东省教育厅、广东省排球协会、广东省学生体育艺术联合会举办排球锦标赛	男女队双冠军
阳光小学	广东省教育厅举办的中小学生跳绳锦标赛	最佳明星队伍
育才三小	广东省体育局举办的“中国体育彩票”青少年艺术体操锦标赛	普及推广小学组3级自编套路（球）特等奖第一名
文理二小	广东省少工委组织评选红领巾示范学校	红领巾示范学校
蛇口学校	广东省教育厅、广东省体育局举办的中学生排球锦标赛	女子初中组第二名
南头城小学	广东省教育厅组织评选艺术教育特色学校	艺术教育特色学校
深圳市盐田区教科院	广东省教育技术中心举办的“双融双创”行动暨2020年教育教学信息化交流展示活动	二等奖
深圳市盐田高级中学	广东省教育厅举办的中小学“最美阅读空间”活动	最美阅读空间
	广东省教育厅组织评选“绿色学校”	绿色学校
深圳市盐田区实验学校“毓秀之声”管乐团	广东省首届校际管乐节	银奖，被授予“优秀乐团”称号
深圳市盐田区田心小学	共青团广东省委员会、广东省教育厅、少先队广东省工作委员会组织的对“广东省先进少先队学校”的评选	广东省少先队先进学校称号
	广东省教育厅组织遴选首批“中华优秀传统文化传承学校”	中小学中华优秀传统文化传承学校（书法）

续表

获奖集体名称	项目名称	获奖等次（名称）
深圳市盐田区林园小学	广东省教育厅组织评选“绿色学校”	绿色学校
林园小学“小海燕”啦啦操队	广东省中、小学健美操啦啦操联赛	学生啦啦操爵士规定动作一级套路小学组第3名
	广东省中、小学健美操啦啦操联赛	学生啦啦操小学组自选花球舞蹈啦啦操甲组第4名
深圳市盐田区梅沙未来学校	广东省中小学劳动教育暨学生信息素养提升实践活动“人工智能”比赛项目（小学组）	二等奖
深圳市盐田区外国语小学	广东省教育厅举办民乐团广东省中小学音乐交流展示活动	三等奖
	2020年芬兰LUMA中心国际StarT项目评选	特别认可卓越奖
	中国童话节组织委员会等举办合唱团粤港澳青少年合唱展演	表演金奖
深圳市盐田区外国语小学四（4）中队	团省委、省教育厅和省少工委组织评选广东省优秀红旗中队	优秀红旗中队
深圳市盐田区实验幼儿园	广东省妇联组织评选广东省三八红旗手（集体）候选人（单位）活动	三八红旗集体
深圳市宝安中学（集团）实验学校	广东省科技七巧板创意赛	优秀组织奖
新安中学（集团）外国语学校	2020年广东省中小学跳绳锦标赛小学乙组团体表演赛	第三名
	2020年广东省中小学跳绳锦标赛小学乙组个人绳规定套路二级	第三名
	2020年广东省中小学跳绳锦标赛小学乙组车轮跳基础套路	第七名
宝安区西乡小学	南方日报	深圳人文教育示范学校
宝安区西乡中学	广东省校园篮球推广学校评选	广东省校园篮球推广学校
深圳市石岩公学	广东民办教育四十周年突出贡献机构评选	广东民办教育四十周年突出贡献机构
深圳市宝安区新蕾幼儿园	2020年广东省“书香校园”建设系列活动	广东省“书香校园”
布吉高级中学	广东省中学生田径锦标赛暨全国学运动中学组田径项目选拔赛	乙组团体总分二等奖
华南师范大学附属龙岗雅宝小学	广东省中、小学生健美操啦啦操联赛	第一名
坪地第二小学	美好生活劳动创造·广东省青少年书画活动	金奖
深圳市龙岗区扬美实验学校	广东省中、小学生跳绳锦标赛小学组（团体总分）	第六名
龙岗区横岗街道四联小学	广东省科协、广东省教育厅、广东省科技厅组织评选青少年科学教育特色学校	科学教育特色学校
华中师大龙岗附中语文科组	中国教育科学研究院粤港澳大湾区教育研究中心、广州市教育研究院、广州市中学生文联举办“科学·想象·表达”粤港澳大湾区中学生科幻创意写作征文活动	单位组织奖
深圳市华中师范龙岗附属中学	广东省中小学生健美操啦啦操总决赛综合风格套路大集体	第二名
	广东省中小学生健美操啦啦操总决赛综合风格套路小集体	第三名
深圳市龙岗区坪地兰陵学校	广东省教育厅组织评选第二批广东省中小学中华优秀文化传承学校（书法）	中小学中华优秀文化传承学校
	中国童话节之粤港澳大湾区“童话之声”少儿歌唱汇演（合唱）比赛	金奖

续表

获奖集体名称	项目名称	获奖等次（名称）
坪地第二小学	广东省教育系统关心下一代工作委员会举办的美好生活劳动创造·广东省青少年书画活动	金奖
光明区高级中学	广东省第十五届定向锦标赛（团体总分）	第四名
	广东省中、小学生定向运动联赛（团体总分）	第二名
光明区光明中学	广东省第十五届定向锦标赛百米定向	第一名
	广东省中小学生定向运动联赛（总决赛）积分赛	第一名
光明区实验学校	省级校园生活垃圾分类教育基地评选	教育基地
	第三届广东校园文学大赛	优秀组织奖
光明区外国语学校	广东省教育厅组织评选校园篮球推广学校	篮球推广学校
光明区李松蓢学校	第三届东西南北中——中国少儿版画教育联会作品展	优秀学校奖
	共青团广东省委组织评选广东省五四红旗团支部标兵	五四红旗团支部标兵
光明区凤凰学校	广东省中小学生网球锦标赛（小学组团体总分）	第一名
光明区玉律学校	省教育厅、省司法厅和省普法办组织评选广东省青少年法治教育基地	法治教育基地
光明区马田小学	广东省第十五届定向锦标赛	12岁团体总分第二名
	广东省第十五届定向锦标赛	14岁团体总分第五名
	广东省定向公开赛（团体总分）	第一名
	广东省第一届小学生公益“口算练习”活动	优秀组织奖
光明区东周小学	广东省第十五届定向越野竞标赛	W12A第四名
	广东省第十五届定向越野竞标赛	12A第五名
	广东省第十五届定向越野竞标赛	M12A第八名
光明区红花山小学	广东省中、小学生跳绳锦标赛（团体总分）	二等奖
坪山区教育局	中共深圳市委、深圳市人民政府评选深圳市抗击新冠肺炎疫情先进集体	先进集体
坪山高级中学	广东省教育厅组织评选中小学艺术教育特色学校	艺术教育特色学校
深圳市大鹏新区大鹏第二小学	广东省教育厅组织评选校园篮球推广学校	校园篮球推广学校
深圳职业技术学院	广东省政府组织评选科学进步奖	一等奖
	广东省政府组织评选科学进步奖	二等奖
	中央精神文明建设指导委员会组织评选	全国文明校园
深圳市第一职业技术学校舞蹈队	广东省教育厅举办2019—2020学年广东省中职学校文明风采活动（舞台类作品）	二等奖
	广东省教育厅举办2019—2020学年广东省中职学校文明风采活动（舞台类作品）	三等奖

续表

获奖集体名称	项目名称	获奖等次（名称）
深圳市第一职业技术学校足球队	广东省教育厅等举办“省长杯”青少年校园足球联赛（高中、中职组）全省 总决赛中职（男子组）	第七名
广东新安职业技术学院信息工程系直属党支部	广东省委教育工委公布第三批广东省新时代高校党建示范创建和质量创优工作立项	“全省党建工作样板支部”培育创建单位
暨南大学深圳旅游学院学生会	广东省学生联合会组织评选2019—2020年度“广东省优秀学生会”	优秀学生会
南方科技大学	深圳市委、市政府组织评选2020年度深圳市“人才伯乐奖”	“人才伯乐奖”
深圳大学计算机与软件学院党委	中共广东省委教育工委组织选第三批全省新时代高校党建示范创建和质量创优工作和第二批全省高校“双带头人”教师党支部书记工作室等4项培育创建单位	全省党建工作标杆院系
深圳大学师范学院	中共广东省委教育工委组织选第三批全省新时代高校党建示范创建和质量创优工作和第二批全省高校“双带头人”教师党支部书记工作室等4项培育创建单位	全省党建工作样板支部
深圳大学（教育学部）心理学院心理学专业教工党支部、深圳大学化学与环境工程学院第三教职工党支部、深圳大学生命与海洋科学学院行政与实验中心党支部、深圳大学经济学院本科金融学第二党支部	中共广东省委教育工委组织选第三批全省新时代高校党建示范创建和质量创优工作和第二批全省高校“双带头人”教师党支部书记工作室等4项培育创建单位	全省党建工作样板支部
深圳大学民族办	广东省民族宗教委组织评选民族团结进步集体	民族团结进步模范集体
深圳大学义工联合会助学分会	广东省文明办、省民政厅、团省委指导、省志愿者联合会组织评选第七届“广东志愿服务金银铜奖”	铜奖
中山大学附属第八医院（深圳福田）	中共广东省委办公厅、广东省人民政府办公厅组织评选抗击新冠肺炎疫情先进	先进集体

2020年深圳市教育系统省级荣誉个人

姓名	单位名称	项目名称	获奖等次（名称）
宋远悦	深圳市滨河小学	广东省共青团评选	广东省优秀共青团干部
汤学儒	深圳市碧波小学	中共深圳市委深圳市人民政府评选	深圳市劳动模范
李政锐	深圳市罗湖教科院附属学校	广东省体育局组织第十三届攀岩赛	“优秀裁判员” “优秀教练员”
李红梅	深圳市东晓小学	广东省共青团、教育厅、少工委组织评选优秀少先队辅导员	优秀少先队辅导员
阮小蕾	翠竹外国语实验学校	广东省教育研究院组织评选中小学项目式学习“优秀案例”	三等奖
曾小英	翠竹外国语实验学校	广东省关心下一代工作委员会组织“中国梦·家风美”少年儿童征文活动	优秀指导教师

续表

姓名	单位名称	项目名称	获奖等次（名称）
庄丽情	深圳市水库小学	广东省教育研究院组织中小学综合实践活动课程展示交流活动	优秀作品
苏婉谊		广东省关心下一代工作委员会、广东省作协、广东省教育系统关心下一代工作委员会组织“中国梦·家风美”少年儿童征文活动	优秀指导老师
叶粤丽	深圳市靖轩小学	广东省委宣传部、省文明办、省教育厅组织评选“书香校园”建设系列活动	校园阅读推广人
李红梅	深圳市东晓小学	少先队广东省工作委员会组织评选优秀少先队辅导员	优秀少先队辅导员
何就兰	深圳市华丽小学	广东省委宣传部、省文明办、省教育厅组织评选“书香校园”建设系列活动	优秀指导老师
赵　康　章　璇	罗湖区滨河实验中学	广东省教育技术中心组织网络学习空间应用普及活动	优秀教师空间
黄志红	学府中学	中共新疆维吾尔自治区委员会新疆维吾尔自治区人民政府	第九批省市优秀援疆干部人才
刘广玲	深中南山创新学校	广东省教育厅举办第十一届广东省规范汉字书写大赛（教师组硬笔书法）	一等奖
李文龙	华侨城中学	新疆维吾尔自治区人民政府评选优秀援疆干部	第九批省市优秀援疆干部人才
李鲋瑞		广东省教育厅举办青少年科技创新大赛	一等奖
刘红丽　潘峻茹　蒋　平 黄天骥　张　峰　廖斯雅	机关幼儿园	广东省教育厅组织评选教育教学成果	一等奖
陈　恒	博伦职业技术学校	共青团广东省委员会组织评选优秀共青团员	优秀共青团员
戴桂英　李丹萍　陶红霞 孙海芝	鼎太小学	广东省教育厅组织评选在线优质课	粤课堂在线优质课
梁思嘉　王宇馨　肖湘汝 霍婉雯　王丽媛　余思莉 曾嘉怡　张耀友　黄嘉瑜 徐嘉君　佘晗绮　王　悦 张欣怡　董欣雨　蒋艺霏 鲁　娟　林帼荃　鲁　娟 林帼荃　邱奕齐	博伦职业技术学校	广东省教育厅组织评选文明风采大赛出彩（展演作品）	一等奖
郑东举　曾　婕　张乐乐 马嘉欣　杨美柔　陈志远 洪梓琳　钟佳宜　范炜祺 郑雨果　卢婷婷		广东省教育厅组织文明风采大赛匠心（视频）	一等奖
陈晓芬　张木子		广东省教育厅组织文明风采大赛筑梦（职业生涯规划）活动	一等奖
杨润芝　杨　锐	博伦职业技术学校	广东省教育厅举办职业院校技能大赛工业分析与检验赛项	一等奖
肖　贤　肖　燕　曹桁华 张绵媛		广东省教育厅举办职业院校技能大赛电子商务技术赛项	一等奖
张乐乐　郑东举　李　想 王瑞芳		广东省教育厅组织文明风采大赛匠心（摄影）	一等奖

续表

姓名	单位名称	项目名称	获奖等次（名称）
禹　越	育才三小	广东省体育局举办中国体育彩票青少年花样滑冰锦标赛队列滑	第一名
宋相会	赤湾学校	广东省教育厅举办“文明其精神 野蛮其体魄”主题案例征文活动	一等奖
朱庆春	育才二中	广东省教育厅举办优秀自制教具评选活动初中组	一等奖
高双艳	南外高级中学	广东省教育厅举办中小学实验教学化学说课大赛	高中组二等奖
陈尚宝　姚毅锋　吴彦智	深圳市盐田区教育科学研究院	广东省教育技术中心举办“双融双创”行动暨2020年教育教学信息化交流展示活动	二等奖
张佳铭	深圳市盐田高级中学	广东省教育厅组织评选2019—2020学年度“广东省优秀学生”	省优秀学生
易　婧		广东省教育厅组织评选2020年度广东省宋庆龄奖学金	获宋庆龄奖学金
王聖楠　管燕君　林海薇	深圳市盐田区实验学校	广东省第十四届定向锦标赛接力赛	第四名
吴钰巧		广东省中学生田径锦标赛	第六名
卢俊宇　庄梓涛　林子聪 钟榕城　许佰刚　刘少响		广东省第十四届定向锦标赛接力赛	第七名 第八名
李珈谊　方佳欣　韩家兴 陈小山		2019年“宝体 正道公益基金”广东省青少年跆拳道大赛个人赛	第二名 第三名 第五名
林泽锴　张浩楠　田光友 唐海鹏	深圳市盐田区云海学校	第十八届全国中小学信息技术创新与实践大赛（NOC国赛）机器人越野赛项目	二等奖
龙西仔		“华南师大—普通中小学”协同发展联盟“停课不停学”在线教学案例推选和云分享（信息技术学科）	优秀案例一等奖
龙西仔		广东省教育技术中心举办“双融双创”行动暨2020年教育教学信息化交流展示活动（课件项目）	二等奖
龙西仔		广东省教育技术中心举办“双融双创”行动暨2020年教育教学信息化交流展示活动（跨学科融合创新教学案例）	三等奖
龙西仔		广东省教育研究院组织评选项式学习案例征集评选活动	三等奖
彭丽文　杨　越　朱晓东 赖祎俐　甘翌翯　朱林翔	深圳市盐田区田心小学	广东省教育研究院组织评选中小学项目式学习案例征集评选活动	二等奖
余佳恩	深圳市盐田区海涛小学	广东省“中国体育彩票——浩沙杯”青少年游泳锦标赛	第五名
张　雯	深圳市盐田区林园小学	广东省中、小学健美操啦啦操联赛	优秀教练员
苏一娜	深圳市盐田区庚子首义中山纪念学校	广东省中国体育彩票青少年武术大套路锦标赛女子丙组长拳 剑术 枪术	一等奖

续表

姓名	单位名称	项目名称	获奖等次（名称）
王　锐　韦桂伍　蔡旭华　王瑞瑶　林妙斌	深圳市盐田区乐群实验小学	广东省教育研究院组织评选广东省中小学项目式学习案例	二等奖
鄢楚峰　张焕昇　王　涵　熊子轩		广东省萝卜圈无人驾驶决赛	第一名
张　洁　黄　舫　徐　雯　杨妍琪　郭丹婷　杨　帆	深圳市盐田区外国语小学东和分校	广东省教育研究院组织评选广东省中小学项目式学习案例”	二等奖
陈吉岳		第35届广东省青少年科技创新大赛（学生）	三等奖
五年级全体学生		第35届广东省青少年科技创新大赛	三等奖
王　磊	深圳市盐田区外国语学校	第18届中国日报社“21世纪杯”中学生演讲比赛	优秀指导教师
曾莉莉　陈婷婷　陈慧贞	深圳市盐田区梅沙未来学校	广东省教育研究院组织评选广东省中小学项目式学习案例	三等奖
刘向东		广东省教育教学成果奖（基础教育）	二等奖
刘燕莲　叶利霞　陈　倩	深圳市田东中学	广东省教育技术中心举办“双融双创”行动暨2020年教育教学信息化交流展示活动	三等奖
黄炜杰	深圳市盐田区外国语小学	第六届花样少年全国青少年语言艺术展示赛	银奖
余梓瑶		第五届全民悦读朗诵大会暨青少年朗诵课文大会	金语二等奖
黄紫瑶		第三届全国双语诵读会	金奖
刘米乐		共青团省委、省教育厅和省少工委组织广东省优秀少先队员	优秀少先队员
段雅菁		广东省中小学生冬季游泳锦标赛	女子100米自由泳第一名；50米自由泳第二名
唐昺喆（学生）	深圳市宝安中学（集团）高中部	广东省中学生田径锦标赛（400米）	第三名
邓　智	深圳市宝安中学（集团）初中部	广东省“中国体育彩票”空手道锦标赛	第三名
李大为		“外教社杯”第12届英语能力测评活动	二等奖
许曦文		粤港澳大湾区体育舞蹈大赛14岁以下单人单项组桑巴	第一名
曾卓泓		广东省第十五届定向锦标赛（接力赛）	第一名
邓　淇　熊雨珊		广东省教育系统关心下一代工作委员会举办“美好生活 劳动创造”广东青少年书画活动	金奖
李铭远		第十二届蓝桥杯全国软件和信息技术专业人才大赛青少年组省赛广东赛区	一等奖
郭展强		第十二届蓝桥杯全国软件和信息技术专业人才大赛广东赛区	一等奖
云雅斯		中国文化艺术节中国梦系列大赛	一等奖
李可佳	深圳市宝安中学（集团）初中部	“外教社杯”第12届英语能力测评活动	一等奖

续表

姓名	单位名称	项目名称	获奖等次（名称）
孙可萌　王钧明　张继源 陈晞文　陈思豪	深圳市宝安中学（集团）实验学校	广东省科技七巧板创意赛	二等奖
王竟涵　廖　诺　李恒锐 李孜灏　刘李洋　张宇瞳		广东省科技七巧板创意赛	三等奖
胡家倬　富嘉贺　简江鹏		广东省创意机器人大赛工业机器人	三等奖
吴　进　苏子涵　信宇涛	新安中学（集团）第一实验学校	广东省第二十届青少年机器人大赛（初中组）	金奖
蔡东林	宝安实验学校	广东省“最美南粤少年”评选	提名奖
王珑宇　张睿哲	深圳市宝安区海旺学校	广东省小学电脑制作活动竞赛	一等奖
刘家彤	宝安区西乡中学	广东省教育厅组织评选优秀学生	优秀学生
姚木阳	深圳市石岩公学	广东省第十届体育与健康教学比赛	一等奖
蔡毓炜		广东省教育厅举办中小学“暑假读一本好书”活动（中学组）	一等奖
王琳清		广东省青少年模拟飞行网络大赛（初中组航母起降赛）	一等奖
刘　婷	深圳市龙岗区第二职业技术学校	广东省人力资源和社会保障厅举办的广东省技术能手竞赛	技术能手荣誉称号
刘希言	深圳市龙岗区清林小学	第十三届广东省中小学“暑假读一本好书”活动	三等奖
吴松江		第十三届广东省中小学“暑假读一本好书”活动	优秀指导教师
王　婧		少先队广东省工作委员会办公室组织评选广东省优秀少先队辅导员	优秀少先队辅导员
李雅涵		少先队广东省工作委员会办公室组织评选广东省优秀少先队员	优秀少先队员
卢育华		广东省教育厅组织教师书法作品展（硬笔组）	三等奖
卢育华		广东省教育厅、广东省语委组织的第十二届规范汉字大赛（硬笔组）	二等奖
林晓锋等	深圳市龙岗区平冈中学	广东省中学生篮球锦标赛	第五名
曾思雅等		广东省中学生篮球锦标赛	第六名
梁艺僮		广东省健美操锦标赛（女单）	第一名
张静璇		广东省健美操锦标赛（女单）	第二名
李嘉恒　张静璇		广东省健美操锦标赛（混双）	第一名
李嘉恒　张静璇　梁　一		广东省健美操锦标赛（三人操）	第一名
唐　榛　林靖涵　陈明远		广东省健美操锦标赛（三人操）	第二名
李嘉恒等五人		广东省健美操锦标赛（五人操）	第一名
陈明远		广东省健美操锦标赛（男单）	第三名

续表

姓名	单位名称	项目名称	获奖等次（名称）
梁　一　黄静茹	深圳市龙岗区平冈中学	广东省健美操锦标赛（混双）	第二名
覃嘉怡等五人		广东省中小学生健美操啦啦操总决赛（五人操）	第三名
李嘉恒等五人		广东省中小学生健美操啦啦操总决赛（五人操）	第二名
李嘉恒等		广东省中小学生健美操啦啦操总决赛（高中组团体）	第三名
陈明远　唐　榛　林静涵		广东省中小学生健美操啦啦操总决赛（三人操）	第三名
梁　一		广东省中小学生健美操啦啦操总决赛（男单）	第二名
陈明远		广东省中小学生健美操啦啦操总决赛（男单）	第四名
李嘉恒　张静璇		广东省中小学生健美操啦啦操总决赛（混双）	第一名
梁　一　黄静茹		广东省中小学生健美操啦啦操总决赛（混双）	第二名
李嘉恒　梁　一　张静璇		广东省中小学生健美操啦啦操总决赛（三人操）	第一名
张鸿键　桂仁骏　王　元　彭勇翔　黄韵怡　林珊珊　韩佳欣　陈培宁	深圳市龙岗区扬美实验学校	广东省中、小学生跳绳锦标赛初中组个人绳规定套路二级	第一名
陈永彬　林建沛　周浩熙　邱镜明　陈涵静　孔梓杨　罗芷珊　杜炳媛		广东省中、小学生跳绳锦标赛小学甲组个人绳规定套路二级	第二名
刘子骞　李文淩　刘涵睿　张仕敬　李熙文　陈小涵　王雨梦　吴芸熙　付芸嘉　马荣泽		广东省中、小学生跳绳锦标赛小学乙组个人绳规定套路二级	第一名
张鸿键　桂仁骏　王　元　杨启涛　黄韵怡　林珊珊　黄昕怡　温美珊		广东省中、小学生跳绳锦标赛初中组车轮跳基础套路	第一名
徐振华　徐铭峰　余鑫炎　吕佳怡　潘　睿　罗　敏　林建沛　周浩熙		广东省中、小学生跳绳锦标赛小学甲组车轮跳基础套路	第一名
刘子骞　李文淩　廖宏励　陈小涵　吴芸熙　马荣泽		广东省中、小学生跳绳锦标赛小学乙组车轮跳基础套路	第一名
古凤霞　林楚玲　何旺庆	深圳市龙岗区坪地街道第二小学	广东省教育研究院组织评选广东省中小学生项目式学习案例征集评选活动“优秀案例”	二等奖
李家娴	深圳大学附属坂田学校	团省委组织评选广东省中学团校“百佳微团课”	百佳微团课
刘苑辉　徐　航　谭　震　倪柳青　曾爱玲　张沙溪	深圳市龙岗区布吉街道可园学校	广东省教育研究院组织评选广东省中小学项目式学习优秀学习案例	一等奖

续表

姓名	单位名称	项目名称	获奖等次（名称）
聂昌多	深圳市龙岗区布吉街道德兴小学	广东省教育厅组织的第十三届广东省中小学“暑假读一本好书”活动（小学组）	二等奖
张　莉	深圳市龙岗区吉华街道怡翠实验学校	广东省教育厅组织的第十三届广东省中小学“暑假读一本好书”活动	优秀指导教师奖
王羽阳		广东省教育厅组织的第十三届广东省中小学“暑假读一本好书”活动（小学组）	三等奖
胡泽亚	深圳市龙岗区龙城高级中学	广东省教育厅组织评选优秀学生	优秀学生
沈绮琪	深圳市华中师范龙岗附属中学	广东省中小学生健美操啦啦操总决赛	金奖
古凤霞　林楚玲　何旺庆	深圳市龙岗区坪地街道第二小学	广东省教育研究院组织评选广东省中小学生项目式学习案例征集评选活动	二等奖
魏　琼　姚正芳	深圳市华中师范龙岗附属中学	广东省中小学生健美操啦啦操总决赛	优秀教练员
蒋国昶	深圳市龙岗中学	广东省教育厅组织评选第九届“自觉爱国守法，潜心教书育人”师德主题征文	二等奖
李凤姣	光明区高级中学	广东省精神文明建设委员会办公室文件、广东省教育厅组织评选最美教师	最美教师
陈建国		首届高校手绘大赛	三等奖
吴勇文　赵　咏		广东省第十五届定向锦标赛	优秀教练员
蔡冠军　邓朝阳		广东省第十五届定向锦标赛	第二名
蔡冠军　邓朝阳　李嘉诚		广东省中、小学生定向运动联赛	第一名
杨砚愿		广东省冬季游泳锦标赛	100米自由泳第一名
张典饶　黄　红	光明区光明中学	广东省中小学生定向运动联赛（总决赛）	优秀教练员
邓皓云		第14届新加坡中新国际音乐比赛中国地区	优秀指导教师
邓皓云		第三届CGS国际文化艺术节	优秀指导教师
邓皓云		艺耀中国·国际青少年艺术展演广东总评选	优秀指导教师
赵　焕		广东省教育厅举办的第十三届广东省中小学“暑假读一本好书”活动	优秀指导教师
黄梁顺		广东省教育厅举办的第十三届广东省中小学“暑假读一本好书”活动	中学组二等奖
温剑飞		广东省教育研究院组织评选stem案例	二等奖
温剑飞		广东省教学成果奖	特等奖
李曾妮		团省委组织评选广东省中学团校“百佳微团课”	百佳微团课
叶佳惠		共青团广东省委组织评选优秀共青团员	优秀共青团员
曾美乔		广东省第十五届定向锦标赛	中距离赛第一名、百米定向第三名、短距离赛第三名、接力赛第三名

续表

姓名	单位名称	项目名称	获奖等次（名称）
刁　鹏	光明区光明中学	广东省第十五届定向锦标赛	百米定向第二名、短距离赛第二名、接力赛第二名、中距离赛第二名
高雅琴		广东省第十五届定向锦标赛	接力赛第三名
黄启翔		广东省第十五届定向锦标赛	接力赛第二名、百米定向第三名
劳汇婷		广东省第十五届定向锦标赛	中距离赛第一名
刘　雍		广东省第十五届定向锦标赛	接力赛第二名
王滢楹		广东省第十五届定向锦标赛	百米定向第一名、接力赛第三名
张龙飞		广东省第十五届定向锦标赛	中距离赛第二名
曾美乔　王滢楹　高雅琴		广东省中小学生定向运动联赛（总决赛）	接力赛第三名
杜淇钟		广东省中小学生定向运动联赛（总决赛）	接力赛第五名
刁　鹏		广东省中小学生定向运动联赛（总决赛）	积分赛第三名、团队赛第三名
黄启翔　张铭玮		广东省中小学生定向运动联赛（总决赛）	团队赛第三名
劳汇娴		广东省中小学生定向运动联赛（总决赛）	团队赛第一名
李凌斌　张星辉	光明区公明中学	广东省无线电测向公开赛144MHz短距离测向个人赛W15	一等奖教练员
陈国彬　杜嘉杰　刘沐曦		广东省无线电测向公开赛	144MHZ男子个人赛M15一等奖
刘　曦　钟佳银　林佳婷		广东省无线电测向公开赛	144MHz女子个人赛W15一等奖
叶佳佳		广东省无线电测向公开赛	144MHZ女子个人赛M15三等奖
李誉灿　刘沐曦　杜嘉杰		广东省无线电测向公开赛	144MHz短距离测向接力赛M15一等奖（第三名）
林佳婷　刘　曦　叶佳佳		广东省无线电测向公开赛	144MHz短距离测向接力赛W15一等奖（第二名）
杜嘉杰　李誉灿		广东省无线电测向公开赛	3.5MHz男子个人赛M15二等奖
刘沐曦		广东省无线电测向公开赛	3.5MHZ男子个人赛M15三等奖
刘　曦　林佳婷		广东省无线电测向公开赛	3.5MHz女子个人赛W15二等奖
陈远乐　古惠嘉　林曼丽　吴银洵　郑天奇　庄舒婷	光明区长圳学校	广东省第十八届广东省少年儿童发明奖	优秀园丁奖
钟昊翔　陈俊杰		广东省第十八届广东省少年儿童发明奖	一等奖
鲜宏俊　熊　莉		广东省第十八届广东省少年儿童发明奖	二等奖

续表

姓名	单位名称	项目名称	获奖等次（名称）
邹　鑫　邹立超	光明区长圳学校	广东省第十八届广东省少年儿童发明奖	三等奖
林海银　林靖潍		广东省第十八届广东省少年儿童发明奖	少儿创新奖
王子轩　陈子涵		广东省2020超级舞者体育舞蹈精英赛	L10岁以下双人单项恰恰第一名、L10岁以下双人B组第二名
曾鑫伟　温灵心		广东省2020超级舞者体育舞蹈精英赛	L13岁以上双人A组第二名、L14岁以下双人精英组第三名
陈静茹　李承浩		广东省2020超级舞者体育舞蹈精英赛	L14岁以下双人精英组第二名
曹雨泽　郑嘉琪		广东省2020超级舞者体育舞蹈精英赛	L12岁以下双人A组第一名
曾鑫伟		广东省2020超级舞者体育舞蹈精英赛	L15岁以下单人精英组第二名
罗晓倩　赖文翀　彭　拓	光明区李松蓢学校	第三届“东西南北中——中国少儿版画教育联会作品展”	优秀辅导教师奖
徐志明		广东省中小学广东音乐交流展示活动	三等奖
林祎诺　张新杰　张逸轩　张雁淇　邓镇霖		粤港澳大湾区青少年无人机科创嘉年华活动总决赛程序任务赛	二等奖
刘英武		广东省教育厅举办的第十三届中小学生“暑假读一本好书”活动小学组	优秀指导教师奖
刘娅岚		广东省教育厅举办的第十三届中小学生“暑假读一本好书”活动小学组	三等奖
莫文琪　罗雅彤　罗雅晴　黎聆睿　邓妤涵	光明区马山头学校	广东省青少年艺术体操锦标赛普及推广小学组三级自编徒手	第一名(特等奖）
尹梓瑜		广东省青少年艺术体操锦标赛U8组个人单项球	第一名
杨可昕　黄昕月　刘　艺　曾金玲　郑礼媛　陈雨馨　李烨晴　余雅菲　张希晨　郑乐琪		广东省健美操锦标赛有氧健身操（舞）自选动作徒手健身操舞小学乙组	第二名
谭　谈		健美操锦标赛竞技健美操规定动作	男子单人操预备组第三名
黄湘义		健美操锦标赛竞技健美操规定动作	女子单人操预备组第三名
范　影	光明区凤凰学校	广东省中小学生网球锦标赛（小学组）	优秀教练员
黄宇锴		广东省中小学生网球锦标赛（小学组）	单打第一名
肖舒涵　林琪苑		广东省中小学生网球锦标赛（小学组）	双打第一名
林灏杭　柳淏轩		广东省中小学生网球锦标赛（小学组）	小学组双打第三名
肖舒涵　叶鹏飞		钧泰杯·2020年广东省青少年网球排名赛总决赛暨粤港澳大湾区U系列青少年网球赛	第二名

续表

姓名	单位名称	项目名称	获奖等次（名称）
黄宇锴	光明区凤凰学校	钧泰杯·2020年广东省青少年网球排名赛总决赛暨粤港澳大湾区U系列青少年网球赛	第三名
侯娅旎	光明区百花实验学校	广东省教育系统关心下一代工作委员会举办、广东省少年主题书画活动	优秀指导教师
张雯轩　黄林炜		广东省教育系统关心下一代工作委员会举办美好生活劳动创造·广东省青少年书画活动	银奖
杨钧茹	华中师范大学附属光明勤诚达学校	中小学生电脑制作比赛（趣味编程）	三等奖
王　婷	光明区玉律学校	广东省妇联组织评选广东省三八红旗手	三八红旗手
邹鑫锐　陈宇豪		第八届广东省青少年人工智能机器人编程展示交流活动	二等奖
张睿轩　庞升旭　张　敬 杨炜宸　刘之谦　刘广蔚		第八届广东省青少年人工智能机器人编程展示交流活动	三等奖
刘广蔚		广东省教育厅举办中小学劳动教育暨学生信息素养提升实践活动	三等奖
曾　爱	深圳实验光明学校	广东省南粤古驿道广州从化站	W14组夜跑第三名
曾　爱		广东省南粤古驿道广州从化站	W14组团队赛第二名
陈　湘		广东省第21届体育舞蹈锦标赛暨广东省体育舞蹈俱乐部联赛	一等奖
吴丹瑜		广东省粤港澳大湾区国际体育舞蹈公开赛	女单第一名 精英组第六名
邱启俊	光明区公明第一小学	广东省教育厅举办的“翰墨薪传”广东省教师书法作品展（软笔组）	三等奖
许　良	光明区公明第二小学	广东省教育厅举办的“翰墨薪传”广东省教师书法作品展（软笔组）	二等奖
彭巧辉		广东省教育厅举办第十三届广东省中小学“暑假读一本好书”活动	优秀指导教师奖
陈俊秀	光明区楼村小学	广东省教育教学成果奖（基础教育）	二等奖
林采露		广东省教育技术中心举办的“双融双创”行动暨2020年教育教学信息化交流展示活动	一等奖
李　姝	光明区马田小学	广东省教育厅举办的第十三届广东省中小学暑假读一本好书活动	优秀指导老师
陈佳荣		广东省教育厅举办的第十三届广东省中小学暑假读一本好书活动	一等奖
严淑芳　麦俊杰		第七届广东青少年科技七巧板创意制作竞赛	优秀辅导教师
李厚伊凡　曹琳玲		第七届广东青少年科技七巧板创意制作竞赛	一等奖
翁艺玲　陈雨萌　张新阳 曹嘉康　陈雅雯　麦紫君 巩心语　周龙凰		第七届广东青少年科技七巧板创意制作竞赛	二等奖
敖若茜　许梓豪		第七届广东青少年科技七巧板创意制作竞赛	三等奖
麦志强　黄伟健		广东省第十五届定向锦标赛	优秀教练员

续表

姓名	单位名称	项目名称	获奖等次（名称）
廖一丹　周　笑	光明区马田小学	广东省第十五届定向锦标赛	短距离第一名
邓楚玉		广东省第十五届定向锦标赛	短距离第二名、百米赛第一名
吴诗栎　梁世醒　陈家伟		广东省第十五届定向锦标赛	短距离第四名
廖一丹　陈　瑶		广东省第十五届定向锦标赛	中距离第二名
梁世醒		广东省第十五届定向锦标赛	中距离第三名
周　笑		广东省第十五届定向锦标赛	百米赛第二名
麦骏烯　廖一丹		广东省第十五届定向锦标赛	百米赛第三名
吴诗栎　廖一丹　周　笑		广东省第十五届定向锦标赛	接力赛第一名
梁慧娴　曾　爱　邓楚玉		广东省第十五届定向锦标赛	接力赛第二名
廖一丹		广东省定向公开赛	百米定向第一名
张新阳　周　笑　麦骏烯　陈恺诺　梁慧娴		广东省定向公开赛	百米定向三等奖
麦骏烯　陈恺诺　张新阳　陈锦城　李嘉雯　梁慧娴		广东省定向公开赛	短距离定向三等奖
邓楚玉　廖一丹		广东省定向公开赛	短距离定向第一名
吴诗栎		广东省定向公开赛	短距离定向第二名
陈　瑶　陈家伟		广东省定向公开赛	短距离定向第三名
梁世醒		广东省定向公开赛	短距离定向第四名
麦志强　黄伟健		南粤古驿道定向越野大赛	优秀教练员
赵伟博　曾　凯		南粤古驿道定向越野大赛	团队赛第一名
廖一丹　郭欣怡		南粤古驿道定向越野大赛	团队赛第二名
陈家伟　陈锦城		南粤古驿道定向越野大赛	团队赛第三名
廖一丹　郭欣怡　梁世醒　陈家伟		南粤古驿道定向越野大赛	接力赛第一名
周　笑　梁慧娴		南粤古驿道定向越野大赛	接力赛第二名
邓楚铭　麦骏烯		南粤古驿道定向越野大赛	接力赛第三名
梁世醒　周　笑　吴诗栎　陈家伟　张新阳　邓楚铭　陈恺诺		南粤古驿道定向越野大赛	短距离第一名
廖一丹　陈家伟　李雅晴　梁慧娴　麦骏烯		南粤古驿道定向越野大赛	短距离第二名
廖一丹　陈　瑶　陈恺诺		南粤古驿道定向越野大赛	短距离第三名
麦骏烯　陈　瑶　廖一丹		南粤古驿道定向大赛总决赛	短距离第一名
陈凯诺　梁世醒　李雅晴　吴诗栎		南粤古驿道定向大赛总决赛	短距离第二名
陈锦城　陈家伟　王烨欣　梁慧娴		南粤古驿道定向大赛总决赛	短距离第三名
麦骏烯　邓楚铭　廖一丹		南粤古驿道定向大赛总决赛	超短距离第一名

续表

姓名	单位名称	项目名称	获奖等次（名称）
陈锦城　梁世醒　陈　瑶　李雅晴　吴诗栎	光明区马田小学	南粤古驿道定向大赛总决赛	超短距离第二名
张新阳　周　笑　王烨欣		南粤古驿道定向大赛总决赛	超短距离第三名
牛群龙		广东省武术套路（传统项目）锦标赛男子成年组	传统北派拳一等奖
周才博		广东省武术套路（传统项目）锦标赛	传统形意拳第一名
李语慧		广东省武术套路（传统项目）锦标赛	传统八极拳第二名、初级剑二等奖
朱雅莉		广东省武术套路（传统项目）锦标赛	传统八极拳第三名、初级三路长拳二等奖
周才博　程俊淇　许懿杰　邱一鑫　张子强　刘耀聪　许懿杰　朱雅莉　吴　昱　郭思涵　黄子轩		广东省武术套路（传统项目）锦标赛	一等奖
吴　昱　韦诗妍　黄子轩　何桂鑫　郭思涵　张子强		广东省武术套路（传统项目）锦标赛	二等奖
许楠娜	光明区下村小学	广东省教育技术中心“双融双创”行动暨2020年教育教学信息化交流展示活动	三等奖
梁延希　许志壕	光明区光明小学	广东省青少年航空科普嘉年华活动暨全国青少年无人机大赛广东省选拔赛	一等奖
许志壕　谢静琪　刘　翼　孙　啸		广东省青少年航空科普嘉年华活动暨全国青少年无人机大赛广东省选拔赛	二等奖
郭思敏　黄明俊		广东省教育研究院组织中小学（幼儿园）科创和STEM教育教改实验成果展示交流与教学研讨活动	优秀教学案例
周　烨　甘玉兰　谢泽暖　陈英如　张丽秀　黄　蕾　徐绮婷　严海燕　朱颖蓉　付　娟　张丽敏　陈胜男　陈富荣　叶冬梅　刘诗杰　李　君　黄明俊　冯岸涛　郭思敏　徐　毅　陈　陆　柴　盖		广东省教育厅举办“一师一优课”优秀考研成果评选活动	一等奖
黄明俊		第35届广东省青少年科技创新大赛	三等奖
冯亚清　饶秀芳	光明区东周小学	广东省团省委、省教育厅和省少工委组织评选2019—2020年度优秀少先队辅导员	优秀少先队辅导员
徐文慧　张俊权		广东省武术套路（传统项目）锦标赛	一等奖
郭继冉　郭继凯　王芷妍　李心怡		广东省武术套路（传统项目）锦标赛	二等奖
刘　源		广东省武术套路（传统项目）锦标赛	三等奖
刘培煌		广东省第十五届定向竞标赛	优秀教练员
钟银玲		广东省第十五届定向竞标赛	百米赛第一名
钟银玲		广东省第十五届定向竞标赛	中距离赛第一名

续表

姓名	单位名称	项目名称	获奖等次（名称）
彭东煌	光明区东周小学	广东省第十五届定向竞标赛	中距离赛第三名
方之教　周由泽	光明区红花山小学	广东省中、小学生跳绳锦标赛	优秀教练员
刘　煜	光明区红花山小学	广东省中、小学生跳绳锦标赛	小学乙组男子3分钟单摇跳第二名
吴瑜婷	光明区红花山小学	广东省中、小学生跳绳锦标赛	小学乙组女子30秒单摇跳第二名
陈映娜　胡海婷	光明区红花山小学	第七届广东青少年科技七巧板创意制作竞赛活动	优秀辅导教师
吴冠霖　郭思涵	光明区红花山小学	第七届广东青少年科技七巧板创意制作竞赛活动	团体赛小学高年级组一等奖
徐　健　麦婧妍	光明区红花山小学	第七届广东青少年科技七巧板创意制作竞赛活动	团体赛小学高年级组二等奖
祖松梅	深圳市教育科学研究院实验小学（光明）	广东省教育教学成果奖（基础教育）	一等奖
韩　荣	深圳市教育科学研究院实验小学（光明）	广东省教育厅和广东省美术家协会联合主办第二届广东省美术教师作品展	三等奖
胡焕明	坪山中心小学	广东省教育厅、广东省语言文字工作委员会举办的第十一届广东省规范汉字书写大赛（小学组硬笔字）	特等奖优秀指导教师
陈嘉宝	同心外国语学校	广东省教育厅举办的中小学“书香校园”建设系列活动	最美图书馆馆长
陈永祥	龙翔学校	广东省教育厅举办的第十三届广东省中小学“暑假读一本好书”活动（中学组）	三等奖指导教师
陈小灵	坪山第二外国语学校	广东省教育厅举办的第十三届广东省中小学“暑假读一本好书”活动（中学组）	三等奖指导教师
欧广玮	中山中学	广东省教育厅举办的第十三届广东省中小学“暑假读一本好书”活动（中学组）	三等奖指导教师
黄夏萍	中山中学	广东省教育厅举办的第十三届广东省中小学“暑假读一本好书”活动（中学组）	三等奖指导教师
岑诗敏	中山中学	广东省教育厅举办的第十三届广东省中小学“暑假读一本好书”活动（小学组）	三等奖指导教师
温斯懿	同心外国语学校	广东省教育厅举办的第十三届广东省中小学“暑假读一本好书”活动（教师组）	二等奖
庚添玉　陈　玲　蒋慧芳	坑梓中心小学	广东省教育厅、广东省科学技术协会、中共广东省委宣传部、广东省科学技术厅举办的第五届广东省科普剧大赛剧本创作赛	二等奖
黄昌春	坪山实验学校	广东省教育厅、广东省语言文字工作委员会举办的第十一届广东省规范汉字书写大赛（教师组软笔字）	优秀奖
潘爱华	坪山实验学校	广东省教育厅、广东省语言文字工作委员会举办的第十一届广东省规范汉字书写大赛（教师组硬笔字）	优秀奖
刘禹鸿	星辉实验学校	广东省教育厅、广东省语言文字工作委员会举办的第十一届广东省规范汉字书写大赛（教师组硬笔字）	三等奖

续表

姓名	单位名称	项目名称	获奖等次（名称）
欧阳天送	龙背小学	广东省教育厅、广东省语言文字工作委员会举办的第十一届广东省规范汉字书写大赛（教师组硬笔字）	一等奖
胡小盈	坪山高级中学	广东省教育厅组织优秀自制教具活动	二等奖
袁　虹	坪山区教育科学研究院	广东省教育教学成果奖（基础教育）	二等奖
曾宇宁	中山小学	广东省教育教学成果奖（基础教育）	一等奖
商　曼	同心外国语学校	广东省教育厅举办第十三届广东省中小学“暑假读一本好书”活动（小学组）	三等奖指导教师
张丽醒	龙翔学校	广东省教育厅举办第十三届广东省中小学“暑假读一本好书”活动（小学组）	二等奖指导教师
董玉玲	深圳市大鹏新区大鹏第二小学	广东省教育厅组织评选“书香校园”活动	校园阅读推广人
张　玲	葵涌中心幼儿园	广东省教育厅、广东省教育研究院组织青少年校园足球教学暨广东省第十届中小学体育与健康教学展示活动	一等奖
陆　晓	深圳市大鹏新区葵涌中心小学	团省委、省教育厅和省少工委组织评选广东省优秀少先队辅导员	优秀辅导员
阳海华	深圳市第一职业技术学校	广东省精神文明建设委员会办公室、广东省教育厅组织评选最美教师	最美教师
阳海华　李　慧		广东省教育厅举办2019-2020学年广东省中职学校文明风采活动	优秀指导老师
廖　培　黄哲君　张玉婷		广东省职业院校技能大赛教师教学能力比赛	一等奖
王　悦		广东省教育厅等主办中等职业学校班主任业务能力大赛	一等奖
黄　静		广东省精神文明建设委员会办公室、广东省教育厅组织评选最美班主任	最美班主任提名奖
潘　涛　孙　正		广东省教育厅组织的职业院校技能大赛“网络搭建及应用”赛项	指导学生获一等奖
练俊灏　崔　敏		广东省教育厅组织的职业院校技能大赛“智能家居安装与维护”赛项	指导学生获一等奖
练俊灏　崔　敏　练俊灏		广东省教育厅组织的职业院校技能大赛“物联网技术应用与维护”赛项	指导学生获一等奖
何伟宁　李土权		广东省教育厅组织的职业院校技能大赛“液压与气动系统装调与维护”赛项	指导学生获一等奖
王　治		广东省教育厅组织的职业院校技能大赛“会计技能”赛项	指导学生获一等奖
李土权　练俊灏		广东省教育厅组织的职业院校技能大赛“通信与控制系统（高铁）集成与维护”赛项	指导学生获一等奖
陈薪儒　林龙威		广东省教育厅组织的职业院校技能大赛“AI机器智能综合技术与应用”赛项	指导学生获一等奖
陈　丽　宾文心		广东省教育厅组织的职业院校技能大赛“虚拟现实（VR）制作与应用”赛项	指导学生获二等奖
陈薪儒　林龙威		广东省教育厅组织的职业院校技能大赛“AI机器智能综合技术与应用”赛项	指导学生获二等奖

续表

姓名	单位名称	项目名称	获奖等次（名称）
练俊灏　崔　敏	深圳市第一职业技术学校	广东省教育厅组织的职业院校技能大赛“机电一体化设备组装与调试”赛项	指导学生获二等奖
潘　涛　徐子谦		广东省教育厅组织的职业院校技能大赛“计算机检测与数据恢复”赛项	指导学生获二等奖
潘　涛　孙　正		广东省教育厅组织的职业院校技能大赛“网络安全”赛项	指导学生获二等奖
练俊灏　崔　敏		广东省教育厅组织的职业院校技能大赛“智能家居安装与维护”赛项	指导学生获二等奖
李土权　练俊灏		广东省教育厅组织的职业院校技能大赛“通信与控制系统（高铁）集成与维护”赛项	指导学生获二等奖
陈　丽　宾文心		广东省教育厅组织的职业院校技能大赛“虚拟现实（VR）制作与应用”赛项	指导学生获三等奖
潘　涛　孙　正		广东省教育厅组织的职业院校技能大赛“网络安全”赛项	指导学生获三等奖
程凯文		广东省教育厅组织评选2019—2020学年度优秀学生	优秀学生
张荣锦		广东省宋庆龄基金会、广东省教育厅组织评选第12届宋庆龄奖学金	宋庆龄奖学金
韩嘉旺　蔚方正		广东省教育厅组织2019—2020学年中职学校文明风采活动	一等奖
贺子懿　刘柏霖　刘　峥　卓晓彤		广东省教育厅组织2019—2020学年广东省中职学校文明风采活动	二等奖
黄佳意　贺子懿　刘佳瑶　刘雅嘉　冯沛璇		广东省教育厅组织2019—2020学年广东省中职学校文明风采活动	三等奖
肖轩梓　陈海忠		广东省教育厅组织的职业院校技能大赛“网络搭建及应用”赛项	一等奖
黄智鸿　吴宇飞　朱元毅		广东省教育厅组织的职业院校技能大赛“智能家居安装与维护”赛项	一等奖
谢志军		广东省教育厅组织的职业院校技能大赛“液压与气动系统装调与维护”赛项	一等奖
邵佳阳　李盈莹		广东省教育厅组织的职业院校技能大赛“会计技能”赛项	一等奖
刘　翔　叶鸿浩　张宇浩　曹　帅　徐　帆　萧泽雄		广东省教育厅组织的职业院校技能大赛“物联网技术应用与维护”赛项	一等奖
高雁锐　王　鹏　叶佳晖		广东省教育厅组织的职业院校技能大赛“通信与控制系统（高铁）集成与维护”赛项	一等奖
黄耀祖　张　健		广东省教育厅组织的职业院校技能大赛“AI机器智能综合技术与应用”赛项	一等奖
杨佳豪　林润聪　曹梦婷		广东省教育厅组织的职业院校技能大赛“虚拟现实（VR）制作与应用”赛项	二等奖

续表

姓名	单位名称	项目名称	获奖等次（名称）
黄金海　劳业辉	深圳市第一职业技术学校	广东省教育厅组织的职业院校技能大赛“AI机器智能综合技术与应用”赛项	二等奖
钟明辉　叶昊宸		广东省教育厅组织的职业院校技能大赛“机电一体化设备组装与调试”赛项	二等奖
肖　喆　潘思源		广东省教育厅组织的职业院校技能大赛“计算机检测与数据恢复”赛项	二等奖
黄　涛　蔡展辉		广东省教育厅组织的职业院校技能大赛“网络安全”赛项	二等奖
曾昕怡　吴　凯　黄钲悦		广东省教育厅组织的职业院校技能大赛“智能家居安装与维护”赛项	二等奖
杜林声　杨士枢　吴浩康		广东省教育厅组织的职业院校技能大赛“通信与控制系统（高铁）集成与维护”赛项	二等奖
林灿彬　陈晓燕　陈湘琪		广东省教育厅组织的职业院校技能大赛“虚拟现实（VR）制作与应用”赛项	三等奖
何　阳　郑雄升		广东省教育厅组织的职业院校技能大赛“网络安全”赛项	三等奖
马　星	哈尔滨工业大学（深圳）材料科学与工程学院	共青团广东省委员会广东省青年联合会组织评选第二十二届中国青年五四奖章	五四奖章
张嘉恒		共青团广东省委员会组织评选“争做新时代向上向善好青年”	“争做新时代向上向善好青年”
江　月	哈尔滨工业大学（深圳）土木与环境工程学院	共青团广东省委员会组织评选2019—2020年度“广东省优秀共青团员”	优秀共青团员
武小金　田继微　孟祥伦　马海峰	清华大学深圳研究生院、深圳市农业科技促进中心、深圳市兆农农业科技有限公司、广东现代耕耘种业有限公司	广东省农业技术推广奖	二等奖
康飞宇★　贺艳兵★　杨全红　李宝华★　徐成俊　吕　伟　周　栋　卢青文　韵勤柏　柳　明　王　超　韩翠平　刘如亮　王　栓　秦显营　★（标星人员为清华大学深圳国际研究生院老师）	清华大学深圳研究生院、天津大学、清华大学	广东省自然科学奖	一等奖
吴耀炯　王旭升　王潇潇　蒋宇扬　刘建军　陈海燕　王进美　赵春华　田瑞云　史小军	清华大学深圳研究生院、深圳市疾病预防控制中心、中国医学科学院基础医学研究所	广东省自然科学奖	二等奖
孙　洁　罗宝正　吴　峰　陈　兵　禹思宇　廖立珊　丁　晶　邵建宏　马　岚　秦智锋	深圳海关动植物检验检疫技术中心、清华大学深圳国际研究生院、深圳市三方圆生物科技股份有限公司、深圳市亿立方生物技术有限公司、深圳市检验检疫科学研究院、拱北海关技术中心、长沙海关技术中心	广东省科技进步奖	二等奖

续表

姓名	单位名称	项目名称	获奖等次（名称）
管运涛 蔚 阳 陈 俊 朱红生 杨云安 许光明 朱光宇 栾明强 李思远	清华大学深圳国际研究生院	广东省环境保护科学技术奖	二等奖
王晶（团队负责人） 毛明辉		北京市挑战杯	金奖
杜颖（团队负责人） 孙佳琪 陈丽行 王静茹 马露凡		第十一届“挑战杯”大学生创业计划竞赛	湖北省金奖
罗 叡 胡志伟 刘铭杨 韩美奂 余瑾雁 谭嘉懿 陈佳琦 苏杰华		第六届中国国际“互联网+”大学生创新创业大赛	北京市二等奖
罗 叡 胡志伟 刘铭杨 韩美奂 余瑾雁 谭嘉懿 陈佳琦 苏杰华		“创客广东”疫情防控与大健康中小企业创新创业大赛	优胜奖
陈仕国 苏 勇（外） 桂子凡（外） 邹小芬（外） 黄 鹏 杨欣卉（外） 李建娜 郭玉娟 唐 斌（外） 戈早川 李岩山 田灯友（外） 杨建祥（外） 谢维信 李 霞 董家龙（外） 张 力 莫贵淳（外） 张 丹（外） 石红雁 徐 斌 梁 雄 韩庆红（外） 翟学涛（外） 付连宇（外） 张 飞（外） 朱 建（外） 郭 强（外） 赵 航	深圳大学	广东省科技厅组织评选科学技术奖科技进步奖	二等奖
陈思平 陈 昕		深圳市人民政府组织评选年度科学技术奖	专利奖
吴 松 叶亚金（外） 李 翀（外） 范祖森（外） 蔡志明 杨 昭（外） 黄 毅（外） 欧 铜（外） 张小龙 常玉棋（外） 雷崎方 陶 涛 蔡贤明（外） 王永强（外）		深圳市人民政府组织评选科学技术奖科技进步奖	一等奖

续表

姓名	单位名称	项目名称	获奖等次（名称）
贺震旦　吴序栎　宋　勋 李晨阳　胡小鹏　刘　伟 刘军　邱启文（外） 董志君（外） 王　军　原　林	深圳大学	深圳市人民政府组织评选科学技术奖自然科学奖	二等奖
石红雁　徐　斌　梁　雄 韩庆红（外） 翟学涛（外） 付连宇（外） 李　宁（外） 朱　建（外）	深圳大学	深圳市人民政府组织评选科学技术奖科技进步奖	二等奖
陈小蓉　丁　未　曾新红 邹平学	深圳大学	教育部组织评选第八届高等学校科学研究优秀成果奖（人文社会科学）	二等奖
陶一桃　郁龙余　周建新	深圳大学	教育部组织评选第八届高等学校科学研究优秀成果奖（人文社会科学）	三等奖
徐海波　范　芳	深圳大学	广东省委统战部组织评选统战部理论政策研究创新成果	二等奖
乔　方	深圳职业技术学院	广东省科学技术奖科技进步	一等奖（排名第三）
陈球霞	深圳职业技术学院	广东省科学技术奖科技进步	二等奖（排名第二）
沈慧勇　吴　超　何方平	中山大学附属第八医院（深圳福田）	中共广东省委办公厅、广东省人民政府办公厅组织评选抗击新冠肺炎疫情先进	先进个人
何裕隆	中山大学附属第七医院	中共广东省委办公厅、广东省人民政府办公厅组织评选抗击新冠肺炎疫情先进	先进个人

注：深圳大学人名后（外）是指校外的人员。

2020年深圳市年度教师

姓名	单位名称	项目名称	获奖等次（名称）
高春艳	深圳市宝安区滨海小学	深圳市年度教师评选	市年度教师
邓玉琳	南山区南头小学	深圳市年度教师评选	市年度教师
胡孔明	深圳市龙岗区仙田外国语学校	深圳市年度教师评选	市年度教师
张夏乐	深圳市光明区实验学校	深圳市年度教师评选	市年度教师
徐怡华	深圳实验学校	深圳市年度教师评选	市年度教师

媒体聚“教”

Media Focus

光明日报　深圳全力破解超大城市“入学难”

党的十八大以来，深圳基础教育累计新增公办学位64.1万个，基础教育累计投入财政资金2396亿元，年均增长近21%。但“高供给”依然难以充分满足人口快速增长带来的“高需求”，群众希望扩大学位供给的呼声持续不断。民有所呼，政有所应。近日，深圳召开全市基础教育改革发展大会，深圳市委书记王伟中强调，要把教育摆在优先发展的战略位置，以更大力度切实加快学位建设，推进基础教育优质发展，努力把基础教育的事情办好，把祖国的未来培养好。

公办幼儿园建设大提速

据统计，目前深圳在园儿童总数已有54.5万人。面对紧张的学位，除了深圳户籍的家长担心孩子“没学上”，非深户籍的家长们更是操碎了心，提前半年甚至一年去四处报名“排位”。学前教育，也成为深圳市民呼声最强烈的民生话题之一。

今年8月底，深圳各区的家长们却纷纷收到入园通知短信，而且惊喜地发现大多是公办、普惠性幼儿园。

原来，针对现有幼儿园公办比例偏低、办园质量难以充分满足需求的问题，深圳专门出台政策要求到2020年，每个有条件的社区至少有1到2所公办幼儿园，公办幼儿园和普惠性民办园在园幼儿占比达80%，其中公办园在园幼儿占比达50%。

为了达到这一目标，深圳打出了新建、改造、民办园转型等公办园建设组合拳，全市财政公共预算学前教育投入从2018年年初的20.29亿元增长至2020年年初的72.4亿元，以空前力度保障学前教育学位供给和教育质量。如今，深圳公办园在园儿童的比例已从2018年的不足4%提高到50%，全市47%的幼儿园学位提供给了非深户籍儿童。

增加基础教育学位近百万个

深圳两大主干道深南大道与皇岗路交接处的东北角，一年前还是中心公园的绿化带和田面村对外营业的公共停车场。如今，这里已成为书香浓郁的南华小学田面校区，充满孩子们的欢声笑语。

2019年11月7日，福田区“双十工程”集中开工启动。所谓“双十工程”，一是采用轻钢结构装配模式，快速新建10所预制学校，将新增学位1.5万个以上；二是梳理约14万平方米的地块，建设10所永久校舍，将新增1.6万个学位。作为深圳最中心的行政区，福田区一口气新建20所学校、新增逾3.1万个学位的举措让外界惊叹之余也在好奇，福田区从哪里找到这么多地方建学校。

福田区区长黄伟坦言：“两年来，我们没有出让过一块住宅用地，为满足教育对土地的需求，我们动员全区力量，穷尽资源，想尽办法。”

深圳市副市长聂新平介绍，到2025年全市将新增公办义务教育学位74万个，新增幼儿园学位14.5万个，加上此前规划的新建公办高中阶段学位9.7万个，合计近百万个，预期能有力缓解学位供需矛盾。

高标准谋划“办一所、优一所”

2019年，部分自媒体对深圳由于学位缺口导致的“高中难考”现象的“吐槽”一度引发热议。为了保证长远的教育需求，深圳市政府已于2019年出台相关方案，将高中建设纳入民生重大工程作出了整体布局和安排，规划4座“高中园”，其中3座将于2022年前建成；6年将新增公办普高学位近10万个。

学校和学位增加了，如何保障教育质量也是家长们关注的重点。对此，深圳市教育局局长陈秋明表示，未来深圳要改变目前普高分层建设的模式，向分类发展的模式转变，比如说科学高中、理工高中、人文高中、足球学校、艺术学校，每一所都办出自己的特色。

此前深圳数所中学高薪引进教育人才的消息屡次登上“热搜榜”。据统计，深圳中小学正高级教师、特级教师数量全省第一；2019年深圳新招教师3900多人，硕士学历以上就达81%。优秀师资力量带来的作用相当明显，近年来深圳参加全国义务教育质量监测结果以及高考一本率、本科率连续在广东省领先。

“教育部门不仅要推动深圳基础教育整体规模提升一个新量级，更要推动整体质量水平迈上新台阶，坚持‘办一所、优一所’，更好满足家长和学生对美好教育的期盼。”陈秋明说。

（《光明日报》2020年12月15日01版，记者 严圣禾）

每日经济新闻

学区房要凉凉？北京西城实施“多校划片”，深圳6个区实行“大学区”，教育部今天也表态了……

近年来，学区房的话题屡屡成为社会关注的焦点，而学区房价格的暴涨在引发关注的同时，也让一些家长陷入焦虑。针对这些问题，教育部今天进行了公开回应。

5月19日，针对不久前出现争议的就近入学、北京学区房价格暴涨等问题，教育部教育督导局局长田祖荫表示，关于就近入学的问题，教育部的政策没有改变，始终会强力度地往下推进。

“至于说不同的群体、不同的需求，这是正常的。”他表示，“我们现在正在推的学校标准化建设、义务教育基本均衡以及优质均衡，其实背后的出发点、最后的目的要解决的就是这个问题，如果都均衡了，都优质了，自然就不择校了，那就是家门口有什么学校就上什么学校。”

此前深圳学区房成交火爆！二手老房19万/m^2

据21世纪经济报道消息，福田百花片区是深圳最著名的学区，该地区名校云集，尽管片区很多都是楼龄超过20年的房子，但某中介网站的信息显示，二手房挂牌均价普遍在10万/m^2以上，甚至有挂牌价达到18、19万/m^2的。以其中一套挂牌价超过18万/m^2的房子为例，该网站的成交记录显示，去年3月底成交的同户型、同朝向房子，单价为14.1万。

家长追逐学区房的背后，一个

最大的原因在于优质学位的稀缺。尽管这是各地普遍存在的情况，但对于深圳而言，供需矛盾或许更为突出。

从 2018 年的数据来看，在一线城市中，深圳在校小学生人数仅低于广州，超出北京和上海，但小学数量却远低于北上广；深圳的普通中学在校生人数最少，普通中学数量同样大幅低于北上广。近几年，深圳多个区都曾发布学位缺口预警。

根据深圳贝壳研究院的一项数据，今年 2—3 月，学区购房目的在所有购房行为中占比为 18.8%，对比 1 月的 12.5% 大幅上升，并且超过了改善需求的占比。

据 21 世纪经济报道，深圳合美居地产创始人赖沸新曾表示，基本带点学区的房子，一套涨个 20 万，很容易出手。

深圳 6 个区已实行"大学区"

所谓"大学区"，简而言之，就是教育局为了平衡教育资源和缓解与日俱增的学位短缺压力，实行的多校划片的学位申请办法，即：住房在大学区内，家长可以不受地段限制申请大学区内的任一一所或者多所学校。这就意味着，一个小区对应多所学校，其房产不再直接挂钩某所学校的学位。

原来的学位供应从"一个萝卜一个坑"，变成"一个萝卜 N 个坑"。同一套学区房，可能分到名校，也可能分到普通学校。

值得注意的是，深圳"大学区"政策的基础是入学积分制度，而非电脑随机派位，即按志愿次序和积分高低，依次录取。

在以单校划片、积分制度为基础的招生政策外，深圳市有 6 个行政区推行大学区。深圳各区教育部门对于"大学区"的划分原则趋于一致，充分考虑各校的实际条件，在便利学生就近入学的前提下，按照学校办学水平相近和区域统筹的原则进行划定。

据南方都市报梳理发现，近年来，深圳大学区的范围并没有明显扩大，反而各区教育部门在辖区划出一定范围，推出"共享学区""优享学区""分享学区"的招生政策，与大学区配套适用。

目前，福田、罗湖、南山、坪山等区"大学区"和"共享学区"共存。以福田区为例，从 2017 年开始，在福田南片区（福田小学、福南小学、南华实验学校小学部 3 所学校招生区域）试点共享学区招生制度；2020 年，福田区实验教育集团梅香学校初中部与梅山中学试点共享学区；福田区实验教育集团梅香学校小学部与梅园小学、梅林小学试点分享学区招生制度。

可以说，在全市各行政区内，目前只有福田区的"多校划片"形式最多，在部分地段试行大学区、共享学区和分享学区等三种招生制度。

北京西城实施"多校划片"

在北京西城区，这个全市优质教育资源最集中的地方，一套房锁定一个学区的时代或许已经结束，学区房的价值正面临重估。

西城区日前公布的 2020 年义务教育阶段入学工作的实施意见中提到，西城区将实行多校划片入学，消息一出，引发震动。其中这几点特别值得关注：

（1）自 2020 年 7 月 31 日后，西城区购房并取得房屋产权证书的家庭适龄子女申请入小学时，不再对应登记入学划片学校，全部以多校划片方式在学区或相邻学区内入学。

（2）自 2020 年起，西城区将对适龄儿童入学登记地址及就读学校实施记录，自该房产地址用于登记入学之年起，原则上六年内只提供一个登记入学学位（符合国家生育政策的除外）。

（3）自 2020 年 7 月 31 日后户籍从本市其他区迁入西城区的适龄儿童申请入小学时，将不再对应登记入学划片学校，全部以多校划片方式在学区或相邻学区内入学。

据新华社报道，北京西城区以往都是"单校划片"，顾名思义，一所小学对应固定的片区，小学对应直升的中学。也就是说，只要你拥有一套学区房，就可以锁定学区内的优质教育资源。学区房之所以贵，就贵在这里。

"多校划片"新政实施后，不管你的房子在哪儿，铁定上某所小学和某所中学的事情就不存在了，大家全部打乱，电脑派位。

一个小区可能对应多所小学初中，就算你买了这个小区的房子，也不确定到底能不能上热点学校，很有可能被派位到普通学校去。

对于这一政策，西城区还加上了一个期限：2020 年 7 月 31 日。

一些西城区的二手房中介表示，"消息出来后，很多持有房产的业主，立刻想到价格会跌，第一时间出来挂房，想赶在 7 月 31 日之前卖个好价格，挂牌价比最近成交价低了几十万不止。"

学区房降温，“教育均衡“才是根本

那么“多校划片”真的能为学区房降温吗？新华社报道称，效果的确值得期待。不过只要学区房这个概念仍然存在，“多校划片”只能降低由房子拼学位的概率，并没有从根本上改变学区房的附加值。毕竟，“多校划片”之后，学区房并非价值全无，它至少还代表了抽签摇号的资格。

因此，学区房真要降温，“教育均衡”才是根本。

从全球范围来看，学区房在一些发达国家同样是令人头痛的难题。在美欧等教育和经济发达的国家，很早就实施学区制，“学区房”也因此应运而生。在这些国家，学区越好房价越高，是普遍存在的现象。

在英国，从20世纪六七十年代开始，居民区有相对应的学区划分，英国中产阶层家长热衷到好学区买房。美国大约有1.5万个学区。由此看来，有学校的地方，就有学区房。在这个问题上，全球共此凉热。

（每日经济新闻综合南方都市报、21世纪经济报道、新华网思客等，编辑 王晓波）

中国教育报

深圳大力推进思政课“强师工程”，用好改革开放实践“活”教材——

弘扬特区精神 培育时代新人

■学校思想政治理论课教师座谈会一周年特别报道·经验

地处深圳蛇口的太子湾学校，一年来多次组织学生到蛇口改革开放博物馆等地，寻访发掘深圳从小渔村到大都市的发展故事。校园里还建有“城市博物馆”，记录收藏着鹏城改革开放40多年的光辉历程。

近年来，深圳善用改革开放发展成就等独特资源，弘扬特区精神，用好改革开放实践“活”教材，创新优化思政课内容供给。在奋力冲向中国特色社会主义先行示范区的新征程中，深圳抓准抓实顶层设计、师资队伍、教改课改等思政课建设关键环节，着力推进大中小学思政课一体化建设。

党组织发挥好“火车头”牵引作用

让奥运健儿走进校园现身说法，带学生践行团结战斗的女排精神……为培育和践行社会主义核心价值观，深圳市福田区委、区政府力推思政教育机制改革，区教育局与区文化广电旅游体育局等积极开展文教、体教等协同，为学校办好思政课发挥了重要作用。

做好跨部门协同是办好思政课的难点，如何才能唱响合奏曲？深圳市委教育工委书记、教育局局长陈秋明给出了答案，各级党委要发挥好思政教育“火车头”的牵引作用，整体谋划工作格局。2019年，深圳市委、市政府印发《关于全面落实立德树人根本任务的实施意见》，以党委统一领导、党政齐抓共管、有关部门各负其责、校内外资源协同配合为思路，统筹推进大中小学思政课一体化建设，多方参与、运转高效。

“疫情发生后，奋战在抗疫一线的逆行者，是这个时代最可爱的人。”深圳中学党委书记、校长朱华伟抓住时机对学生进行思想教育。近日，在深圳市组织的“线上第一课”上，深圳中小学校党组织书记带领骨干教师，精心录制近200节“在战疫中讲思政”课程，35所省外学校申请同步使用。

为了让各级党组织把思政课建设工作扛在肩上、放在心上，《实施意见》要求，市、区党委和学校党组织负责人带头进课堂听课、为师生授课，带头推动思政课建设。深圳还将立德树人工作纳入各区党政领导班子教育工作责任考核范围，并作为学校办学水平评估重要内容，强化责任落实。

“强师工程”让思政课教师想教好、能教好

“要让思政课教师也能走上‘星光大道’，我市专门开展年度教师、名优班主任等评选，完善让他们想教好、能教好的工作机制。”在陈秋明看来，思政课教师必须政治素质过硬、业务能力精湛、育人水平高超，才能讲活讲新讲好思政课。深圳大力推进思政课教师“强师工程”，将思想政治和师德师风放在首位，并在人才选拔、培养培训、辐射引领等方面下足功夫。

近年来，深圳通过示范大巡讲等，对思政课教师进行全员培训。深圳面向新入职教师、骨干教师，分层分类实施培英计划、精英计划，并着力培育一批立德树人名师工作室、教书育人示范岗，实施以科组团队建设为核心的群英计划。

深圳还积极开展教学大比武、优质课例竞赛，以赛促培。李宝贤等一批深圳青年思政课教师脱颖而出，走向全国大赛的舞台并获奖。

为带动全体教职工争挑思政担，深圳积极开展教育局、教科院和学校三级领导上思政课、听思政课活动。深圳还将校长、教师立德树人职责考核结果，作为选人用人、职称评定、职务晋升、评优评先等重要依据。

此外，深圳还大力推进以课改为核心的思政课教改，探索“价值体悟”高效课堂等思政课教学新模式。

广大思政课教师从学生生活阅历出发，通过课内外、线上下教学互动，以情景剧体验、微电影导学等多彩教学方式，引导学生自发性觉悟，形成正确的价值观。

在社会大课堂强化学生家国情怀

左炮台、招商局历史博物馆等红色育人基地，如珍珠般散落在南山区。南山区教育局用粤港澳大湾区德育地图课题串联“珍珠”，区内中小学校根据课题指引，为各年级学生量身定制德育研学课程。

近年来，深圳创新思政课程体系建设，通过网络教研合作体、同课异构等形式，建立市级备课、校际协同、学校推进三级备课体系，让名校带动薄弱校思政课共发展。

“为让思政课与‘破五唯’跳好‘双人舞’，深圳加快改革评价机制，以德为先，更注重从增进知识、培养能力、培育情感、践行价值等方面，考查学生的思想政治素养。”陈秋明介绍，深圳摒弃“一考定终身”的传统思政课考查方式，从网络、实践、课堂、行为等多维度，对学生进行全过程考查。

2019 年 6 月，深圳高级中学 1700 余名师生来到井冈山，与当地宁冈中学学生同吃同住同劳动。该校已连续 17 年开展井冈山社会实践，还组织学生到青海等贫困地区支教，当地数千名学生受益。

为让学生在思政社会大课堂中知行合一，深圳着力挖掘校内外育人资源，让科学家、企业家站上讲台，用丰富多彩的思政教育活动强化学生家国情怀。仅 2019 年，深圳就开展 1.3 万场次“祖国发展我成长”等主题思政课，超百万人次中小学生直接参与。

作为深圳这座志愿者之城的未来建设者，深圳中小学生在志愿服务活动中，把爱国情、奋斗志转为报国行。2019 年，深圳在线注册学生志愿者、志愿服务队分别达近 27 万名、1263 支，服务时长近 145 万小时。

（《中国教育报》2020 年 3 月 25 日第 1 版，记者 刘盾）

中国教育报

教育精准扶贫的深圳答卷

■决胜全面小康 决战脱贫攻坚 打赢教育脱贫攻坚战典型报道

“我要努力学习，将来当老师，教更多学生，回报社会。”广西环江毛南族自治县思源实验学校初二学生谭玉姝，来自一个建档立卡贫困家庭。因为到环江思源实验学校就读，她才得以走出大山。

环江思源实验学校由深圳市福田区和环江县高起点规划、高标准建设，为贫困山区学生、留守儿童等群体提供优质的九年一贯制教育。为助力环江县打赢教育脱贫攻坚战，深圳投入8000余万元，援建了毛南家园深圳小学等项目，改善72个毛南族聚居村的教育配套设施，实现毛南族贫困学生零辍学。在多方努力下，毛南族如今已实现整族脱贫。

在哈尔滨工业大学（深圳）对口帮扶和科技支撑下，广东省和平县石井村竹制品加工厂项目落地实施。图为哈工大（深圳）派驻石井村第一书记兼驻村工作队队长穆启旺（左）在现场了解生产。（学校供图）

为让更多欠发达地区师生共享发展红利，近年来，深圳把教育先发优势转化为帮扶责任，帮13个省（自治区）的19个市（自治州、县）实现教育增内涵、提质量。深圳坚持问题、目标、结果导向，有针对性地构建市、区、校三级协同联动，资金投入、人才交流、物力支撑和智力扶持四位一体的教育帮扶保障体系，助推受援地提升办学条件、师资水平和育人质量。

市区共推精准扶贫“一地一方案”

深圳的“帮扶地图”跨越山河，从位于世界屋脊帕米尔高原的新疆塔什库尔干塔吉克自治县到云南西双版纳傣族自治州，从西藏察隅县到广东汕尾市，点多、面广、线长。

“没有全国人民的帮助支持，就没有深圳从小渔村发展成大都市的巨变。深圳有了今天，要开展精准帮扶行动，回报全国人民。”深圳市委教育工委书记，市教育局党组书记、局长陈秋明说，深圳教育系统带着政治责任感和历史使命感，对口支援、帮扶了全国13个省（自治区）的19个市（自治州、县），助力这些地方发展教育事业。

新疆喀什市第十八小学原来只有12个教室，教辅用房、实验室只能设在地下室。学校操场坑洼不平，一到雨天就积水。深圳投入3571万元，以深圳义务教育阶段学校建设标准，为喀什市十八小新建了教学楼、塑胶跑道、足球场等。如今，该校建设面积扩大了9倍，新增1500个优质学位，办学质量跃升至全市前列。

这样的变化只是深圳帮喀什破解教育发展难题的缩影。为摸清喀什教育家底，深圳第六批援疆支教队队长钟莉曾带队用半年时间，深入该市10个乡83所中小学调研。

调研结果显示，办学资源分散、部分中小学校硬件水平不高，是喀什基础教育的突出问题。对此，深圳对症下药，在喀什重点发展的东部新城高规格援建了6所中小学校，参与打造深喀教育园区、廊桥水岸教育园区及特区教育园区，推动当地中小学校集群发展。近3年，深圳投入3.7亿元，帮喀什市完成110所农村幼儿园、乡镇寄宿制学校改扩建等项目。

“扶贫重在扶智，扶智贵在精准。我们找准本地优势和帮扶地需求的结合点，深入开展教育扶贫供给侧改革。”陈秋明介绍，面对接受帮扶地区各不相同的需求，深圳深入调研受援地教育发展需求，做到精准施策。

深圳市教育局先后与喀什市等

8个市（县）教育局签订结对帮扶协议，深圳10个区教育局分别与27个区（县）教育局结对。市、区两级瞄准受援地教育薄弱环节，强化顶层设计，为受援地量身定制“一地一方案”，明确时间表、路线图。

“我们是从巴头乡爱梅屯搬迁过来的，之前还担心孩子到县城后读书难，现在完全放心了。”孩子就近入读南山小学后，广西德保县“老乡家园”安置小区移民搬迁户李花菊特别开心。南山小学由深圳南山区投资近2600万元援建，惠及周边75个贫困村、560名建档立卡贫困家庭学生。

“我们集中优势兵力，把补齐硬件短板、精准控辍保学、关爱留守儿童等作为主攻方向，全力啃下义务教育有保障等教育脱贫攻坚‘硬骨头’。”深圳市委教育工委副书记杨平给出一组数据：2010年到2018年间，深圳先后投入教育帮扶资金近70亿元。

“强师工程”帮受援地“强筋壮骨”

广东省汕尾市林伟华中学办学声誉和学生数一度日渐下滑，该市曾开出40万元年薪、30万元安家费，面向全国招聘林伟华中学校长，两年时间都没招到。

变化从2017年9月开始发生，深圳高级中学校长助理龚卫东出任林伟华中学校长。他引入深圳先进办学理念、机制，强化教师培训，学校很快实现特级教师、正高级教师零的突破。在一系列努力下，林伟华中学硬件、内涵比翼齐飞，转入发展快车道。

“招不来、留不住好校长和好老师，严重制约欠发达地区教育升级，要通过‘输血造血’并重的‘强师工程’，帮受援地打造教育内驱发展‘强引擎’。”陈秋明介绍，深圳根据受援地的师资需求，选派14名教育管理干部前去攻坚克难，力促深圳的先进教育管理理念在受援地生根开花。深圳还派名师支教、送教，引领受援地教师提升专业能力，做到扶上马送一程。

在新疆支教3年，深圳市平冈中学教师黄光检带了50名徒弟，将自己30余年的教学经验倾囊相授。支教任务结束时，他的徒弟中已出现多名市级骨干教师、教学新秀，很多弟子已成为所在学校的教师专业成长“领头雁”。

“支教教师都是精挑细选的，只让他们顶岗有些大材小用。我们和受援地努力构建传帮带机制，充分发挥支教教师的专业引路人作用。”深圳市教育局副局长许建领介绍，深圳相继选派约900名教师深入受援地，他们通过师徒结对、教学引领等举措，努力为受援地培养带不走的高素质教师队伍。

环江县川山镇都川小学是一所村小，原来大部分教师教育信息化能力偏弱，但近年来，该校韦艳媚等教师接连成为当地信息化教学新秀，重要原因是该校教师背靠“大树”。深圳福田区百花小学副校长钟雄在都川小学支教时，带领教师们积极开展“自主学习+合作探究+信息技术应用”课堂教学模式改革。他还助推环江县成立首家名师工作室，设在都川小学，为教师专业成长搭建“青云梯”。

为给受援地培育孵化更多优秀教师，深圳吸纳部分受援学校骨干教师加入各级名师工作室，接收受援地2526名教育管理干部、骨干教师，到深圳优质校跟岗培训、挂职锻炼、挂职研修。更重要的是，深圳授之以渔，引导受援地因地、因校制宜，学习推广合适的教师培育培训机制。

“单兵作战”的带动作用有限，如何多管齐下，打造教育帮扶“联合战队”？深圳教师援助工作从“分散式”升级为“组团式”。深圳与受援地共同精选窗口学校，根据学校转型升级所需的多方面人才，有针对性地选派优秀教育管理、教学人员。支教团成员出任窗口学校的主要领导和管理、教学骨干，他们从早期参与学校基础设施的总体规划、建制，到后期协助受援学校推进制度建设，完善日常管理，以团队协作的方式帮学校破解多方面发展难题。

组合拳助推受援地学校“五育并举”

新疆塔什库尔干塔吉克自治县平均海拔超过4000米，空气稀薄，县内没有高中。为让优质高中教育惠及该县学生，深圳帮塔县在邻近的疏附县援建深塔中学，海拔从4000多米降至1000多米。今年，深塔中学新疆2020年高考单招录取人数同比增长80%。

深圳援疆支教队通过人才互补、共同教研等方式，带动深塔中学、喀什市特区高级中学、喀什市十八小等12所学校共同成长。其中，喀什市特区高中在新疆2020年高考单招中，被录取人数同比增长了64%。

为帮受援地打造更多的“火车头学校”，近年来，深圳遴选约700所优质学校，对口帮扶受援地约700所学校，涵盖高中、初中、小学、幼儿园和职业学校。

陈秋明介绍说，深圳学校通过委托管理办学、学校结对帮扶等方式，助推受援地“种子学校”快速发展。“种子学校”发展成本地的“龙头学校”后，以点带面，点燃受援地学校优质发展的燎原之火。

如何推动更多受援地学校提质升级？实践证明，挂牌督导事半功倍。深圳市宝安区督学队伍明察暗访发现，江西省吉安市吉州区北门小学周边环境杂乱，教师结构性缺编问题突出。在他们的建议下，当地政府整治学校周边环境，补充音体美专业教师，北门小学很快成为当地群众认可的好学校。

作为全国中小学责任督学挂牌督导“领头羊”，近年来，深圳“授之以渔”，向受援地输出挂牌督导方法工具、应用范式、指标体系。在深圳培训指导下，受援地督学队伍会干、能干，积极为学校发展把脉问诊、督学督政。

与此同时，深圳努力推动受援地学校内驱发展、五育并举。深圳指导受援地补齐教研短板，助力被帮扶学校凝练特色，帮受援地强化教研力量、提升教研水平，为受援地教育内涵发展指路导航。在深圳支援教师指导引领下，受援地教师通过课题研究等方式，用教研破解教学难题、总结教学经验。

如今，喀什市十八小古诗词社团深受学生喜爱，学生们通过美文朗诵、古诗新唱等丰富多彩的活动，感受古诗词之美。这得益于朱国红等深圳援疆教师结合喀什十八小校情、生情，通过课题研究，带动师生共创中华优秀传统文化教育特色学校。

出真招，见实效。如何让开办一个专业、培养一批工匠、脱贫一批家庭的精准扶贫模式，在广东省河源市龙川县技校开花结果？深圳宝安职校根据学校专业优势、宝安企业所需，引入企业资源，通过校企合作办学模式，帮龙川县技校办好模具、汽车等专业。该校招生形势由冷转热，累计招收98名贫困家庭学生，已毕业的邹志敏等58名学生学到了真本领，找到了好工作。邹志敏现在深圳市银宝山新科技股份有限公司工作，每月工资5000多元，家里因此实现了脱贫。

深圳充分发挥优质职业教育专业优势，大力实施南疆职业教育对口支援全覆盖、粤桂职业教育东西协作、扶贫扩招等举措，帮受援地打牢产业振兴的技能人才地基。在深圳职业院校结对帮扶下，受援地职校紧密对接当地产业需求，做大做强重点发展专业，形成职教培养人才、人才壮大产业、产业反哺职教的良性循环。

（《中国教育报》2020年8月6日第1版，记者 刘盾，通讯员 杨瑾）

中国教育报

主动推荐毕业生　保障存量找增量

深圳大学努力打赢“就业保卫战”

■关注2020大学生就业

新冠肺炎疫情下，今年的高校应届毕业生面临着更大的求职压力。

很多同龄人忙于找工作时，深圳大学计算机与软件学院2016级学生林键铎却已早早签约。他成功签约腾讯平台与内容事业群技术运营部，年薪近30万元。

“我能顺利求职，很大程度上得益于母校的用心培养，精准推送招聘信息。”林键铎说，学校的职业生涯规划指导帮自己明确了求职方向，教学中提供的实战化项目让他练就了真本领。

面对疫情给就业工作带来的冲击，深圳大学迎难而上，提前谋划，精准出击，努力打赢这场“就业保卫战”。

提前布局下好“先手棋”

2020届毕业生就业工作是场硬仗，学校2019年9月就已作出这样的预判。学校2020届毕业生近9000人，今年预计在深求职的省内外高校毕业生将高达10万，人数创新高。受诸多外部因素影响，很多用人单位缩减招聘计划，毕业生求职竞争更加激烈。

“我校努力下好先手棋，深化政校企合作，提供岗位拓展、职业规划、信息精准推送等服务，助推更多毕业生高质量就业。”深圳大学党委书记刘洪一介绍，自2019年9月起，学校将校园招聘会频率由每两周一次

中国教育报
ZHONGGUO JIAOYU BAO
2020年5月18日 星期一
报头题字：邓小平 国内统一刊号CN11—0035 | 邮发代号1—10 微博：@中国教育报

教育部2019年共承办全国人大代表建议1130件、全国政协委员提案749件——
破解教育难题 回应社会关切
本报记者 王家源

今日聚焦

进一步解决制约教育发展的问题

职业教育改革发展提速升级

中共中央、国务院印发《关于新时代推进西部大开发形成新格局的指导意见》
支持西部教育高质量发展

乡村小学换新颜

新华社播发长篇通讯
风雨无阻向前进
写在全国疫情防控阻击战取得重大战略成果之际

主动推荐毕业生 保障存量找增量
深圳大学努力打赢“就业保卫战”
本报记者 刘盾 通讯员 王若琳 李世卓

提前布局下好“先手棋”

为就业岗位“做加法”

湖南工艺美术职业学院发挥专业优势开展技能扶贫、产业扶贫——
“这个对子结得好！”
本报记者 阳锡叶

脱贫攻坚 教育力量

关注 2020大学生就业

提升为一周一次，增设了分行业专场招聘会。学校还引进测评系统，调研学生在求职上面临的困难，有针对性地开展分层次、分类别地就业指导。

疫情发生以来，学校选派大量干部深入基层，服务复工复产。这些干部从一线传回的大量信息，为综合研判就业工作新形势提供了依据。对此，学校精准出台《稳就业促就业措施二十条》，全校总动员，构建党政齐抓、全员参与的就业工作格局。党委书记、校长向全社会用人单位发出公开信，积极为毕业生寻找“梦想合伙人”。学校层层压实责任，要求各学院（部）主要领导亲自抓就业，主动挖掘就业资源。同时，学校还强调做好就业需求分析，完善智慧招聘平台，广开就业渠道，积极帮扶就业困难学生，形成就业与招生、人才培养联动机制。

为就业岗位“做加法”

今年春季，某国企深圳分公司原本不打算举行招聘。学校领导主动上门拜访，根据该公司业务发展需要，推荐学校优秀应届毕业生。被学校的诚意打动，加之认可深大毕业生多年来的优异表现，该公司最终决定增设多个招聘岗位。

“我们抓住就业岗位难以满足需求这个主要矛盾，积极联系在深央企、骨干企业等往年‘用人大户’，想方设法保存量。”学校校长李清泉介绍，学校多措并举做增量，千方百计拓岗位，发起组织驻深重点企业、在深机关事业单位、高新技术行业等招聘专场。此外，学校还要求院系主任、一线教师运用科研项目、社会服务等资源，主动推荐毕业生就业。

深圳大学80%以上的毕业生扎根深圳。结合这种特殊的优势，学校引导校友会、各二级学院主动挖掘校友企业资源，发起校友推荐就业、定向招聘等活动，争取更多招聘岗位。

近日，深圳宝安区新安街道举办了“助企为民”公益直播招聘活动。在这里帮助开展复工复产工作的深圳大学团委副书记李翔，推荐学校毕业生在线应聘，100多名毕业生与就业单位达成了初步就业意向。

这样的情况并非个例，针对周边企事业单位复工复产招工的刚性需求，深圳大学发动派驻到本地各单位服务复工复产的党员干部，构建点对点推荐毕业生就业工作机制。目前，学校已在罗湖区、宝安区等地点对点帮一批毕业生推荐工作。

内部挖潜引导毕业生多元就业

今年3月，深圳大学高等研究院毕业生谢承融原打算参加日本东北大学研究生入学考试，受疫情影响，暂时未能成行。本科时候的导师李晓光聘他为研究室科研助理，每个月发给一定数额的生活补贴。除了参与科研工作，谢承融也在继续加强学习，为日后深造打基础。

疫情严重影响了国外很多高校的正常招生工作，很多原打算出国深造的毕业生，在录取、签证等方面遇到很多麻烦。

“为帮他们相对充实地度过这段空白期，我们增设了教学助理、科研助理等岗位。”副校长王晖介绍，学校有大量科研项目，在线教学也需要助教答疑，因此决定从原计划出国深造的优秀毕业生中临时选聘教学、科研助理。

在有着浓厚创业氛围的深圳，每年有大量大学毕业生投入创业大潮中去。

深圳大学专门启动了2020年应届毕业生创业虚拟孵化项目专项入园资助工作，对有潜力的毕业生创业项目，从政策、资金、场地等方面进行扶持。

计软学院2017级硕士生冼均健就是学校这些帮扶举措的受益者，凭借“云感英语”创业项目，他获得了学校创业园提供的6万元创业启动资金和免费办公空间。如今，冼均健成立的公司开发的英语口语训练小程序用户量已超过6万。

（《中国教育报》2020年5月18日第1版，记者 刘盾，通讯员 王若琳 李世卓）

中国教育报

深圳职业技术学院与华为等领军企业共办特色产业学院探路双元育人——

跳好校企深度协同育人“双人舞”

近日在华为5GStar超仿真训练系统发布会上，深圳职业技术学院副校长马晓明作为特邀嘉宾，向与会代表讲述了深职院与华为比翼齐飞的故事。从2006年至今，双方建立了全国高校首家华为合作授权培训中心、华为网络技术学院等。

校企深度协同育人“双人舞”更是硕果累累。深职院与华为共同将面向在岗工程师的培训认证，转化为适合零基础在校生学习的课程体系，探索出课证融通的育人模式，助推“电信小白”进阶为“IT高手”。如今，该模式实效凸显。深职院学生多次夺得华为ICT（信息与通信技术）技能大赛全球总冠军。双方还联合在德国、马来西亚、保加利亚、乌克兰等国建立5个职教培训中心，将ICT技术和课程推向全球。

不少包括世界500强在内的企业主动找上门，与深职院商谈进一步合作。仅在今年5月最后一周的3个工作日，就有4家领军企业来校，希望进一步深化校企合作。

近年来，深职院主动回应区域发展、产业变革、技术创新，努力求解校企深度协同育人这一难题。学校推动每个专业群联姻华为等世界500强企业或行业领军企业，共建特色产业学院。特色产业学院通过政校行企四方联动、产学研用立体推进，打造校企命运共同体，探路具有深圳特色的双元育人模式。

校企合作如何找到合适路径？

主动联合行业领军企业，摸清彼此核心需求

深职院汽车与交通学院院长董铸荣2001年硕士毕业后，就到深职院任教。当时很多高职院校的做法是，将50%的教学工作安排在实训上，强化学生动手能力。

如何指导学生实训，提高实训效果呢？校企深度协同育人是深职院提升育人质量的关键，而“校热企冷”曾是“老大难”问题。2006年，马晓明主动找国内某领域顶尖企业，共商深层次校企合作。企业高层一句话就否掉了原来的合作方案，“这跟提升企业关键绩效指标有什么关系？”

“学校重育人，企业重效益，如果合作机制不能让双方都有利可图，合作很难达成。即便合作了，也难以深入、长久。”马晓明就努力探求校企合作“最大公约数”。他发现，选育人才、技术改进是企业参与校企合作的两大内驱力。

选准合作企业也很关键。深职院也曾为此担忧。很多企业人才需求有限，订单班开展两三届后，就难以为继。更重要的是，学校应面向行业而不是单个中小企业的需求培养人，不然学生毕业后就业面相对狭窄。

历经大量实践，深职院将世界500强企业或行业领军企业视作校企合作“如意郎君”。这些企业自身及其上下游产业链用人需求旺盛，企业也最了解产业升级所产生的岗位新需求，它们的用人标准往往也被行业广泛认可。

2006年以来，深职院主动出击，与华为密切联动。双方先用了两年时间，摸清彼此核心需求，探好这条新路。华为构建了一流的信息通信产业人才生态体系，理念、设备、技术、标准等因时而变。华为也需要引入深职院这类优秀高职院校，为产业链培养“来即能战”的高素质技术技能型人才。12年磨一剑，深职院、华为共同探索的信息通信技术技能人才“课证共生共长”模式，荣获2018年国家级教学成果奖特等奖，实现广东在此奖项特等奖上零的突破。

急先锋探明前路，大部队多路出击。2018年以来，深职院11个特色产业学院相继应运而生。深职院党委书记、校长杨欣斌对学校特色产业学院办学路径总结说，专业群与世界500强企业或行业领军企业强强联合，共建特色产业学院，校企通过共同开展党建活动、建设高水平专业、开发课程标准、打造师资团队、设立研发中心、开发高端认证证书、开展创新创业教育、招生、“走出去”等“九个共同”，互利共赢。

为夯实校企深度合作地基，深职院联合行业领军企业，共建高水平专业群。深职院将产业所变、企业所急、学生所需，作为专业设置、人才培养重要指南针，开办新专业、升级老专业。近年来，学校围绕深圳四大支柱产业布局 40 个专业，围绕战略新兴产业、未来产业布局 23 个专业，在 2019 年 77 个招生专业中占比高达 82%。

学校课程如何跟上产业发展变化？

动态调整人才培养方案，引入领军企业用人标准

“云服务课程教学不但要侧重场景，更要注重案例。”在华为云教育架构师夏秀岩建议下，深职院华为 ICT 学院正引入华为云服务实训平台，更注重用更多真实项目案例帮学生强化实操技能。

2018 年，云服务方兴未艾，在华为推动下，当年，该院选派教师到华为参加云服务认证培训、考试，并把云服务相关技术标准纳入通信技术等专业人才培养方案。

数年前，光传输 SDH 制式还是深职院通信技术专业重要课程内容。华为工程师在参与该专业人才培养方案制定时，就一针见血地说，OTN 光传送体系传送容量巨大，正逐渐成为大容量传输的主流制式。该专业便努力动态调整课程内容。

“产业发展日新月异，如果课程体系滞后于产业主流技术标准，那毕业生知识技能也将滞后于企业需求。”在杨欣斌看来，领军企业是技术创新与应用的源头，能敏锐把握产业发展趋势、用人新标准，特色产业学院要搭上行业领军企业的发展快车。因此深职院根据产业发展需求和技术发展趋势，动态调整人才培养方案，一年一小改，三年一大改。学校还将行业企业最认可的用人标准，作为构建课程体系的“锚”。

中国教育报
ZHONGGUO JIAOYU BAO
2020年6月22日 星期一

深圳职业技术学院与华为等领军企业共办特色产业学院探路双元育人——

跳好校企深度协同育人“双人舞”

职教奋进新时代 经验篇

浙江试点培养硕士层次高中教师

全国医学研究生积极参与疫情防控

基层天地广阔 青春大有作为

——聚焦“三支一扶”计划实施十五年

联校教师『走』强弱校

深职院 11 个特色产业学院力推以企业能力为导向的教学改革，将领军企业认证证书等用人标准转化为教学标准，及时将新技术、新工艺等融入课程内容。学校与华为等企业合作，编写 400 余部教材，建设 4 个国家级资源库。毕业生大为受益，他们掌握新技术、新标准后，就像火种把新技术带到产业链中。

在给深职院比亚迪应用技术学院学生讲授汽车电子控制原理时，比亚迪汽车电子设计工程师陈红光根据生产一线真实分工，将学生分成硬件、软件、调试等项目小组。他带学生在实训车上边操作边学习，远离“纸上谈兵”。

陈红光是比亚迪派到深职院企业导师团的一员。以往“点对点”的企业导师对接机制效果不佳，深职院 11 个特色产业学院与合作企业人事部门便大力改革，通过单位对单位的形式，构建企业导师团长效机制。特色产业学院不再与企业一一对接企业导师选聘事宜，而是将要求、薪酬打包给比亚迪等合作企业人事部门。企业人事部门根据授课需求和员工专长，针对性地选派企业导师团队。深职院还将企业导师课酬提高了好几倍。

深职院华为 ICT 学院教师王隆杰到华为培训学习后，成为全国首个通过华为云计算 HCIE 认证的高校教师。他在网络平台上所讲的华为等企业网课，学习人数超 800 万人次。

深职院引育并举，培育双师双能型教师团队。学校大力引导特色产业学院教师通过到企业跟岗培训等方式，强化内功。寒暑假到企业学习新技术、新技能，已从硬性机制成为教师自发行为。近 5 年，深职院从企业引进 111 名专任教师，选派 2563 人次专任教师到企业实践，与企业导师混编 21 个教学团队。

近年来，深职院与深圳天健集团、比亚迪等领军企业强强联合，建立集学生实训、员工培训于一体的校外实训基地。这里的教学设施是与企业同步更新的生产设备，学生的作业就是企业需要解决的现实问题。学生们做中学、学中做，提升了解决复杂产业问题的实操能力。

如何打造高质量创新创业教育体系？

校企深度协同育人、特色产业学院育训并举

礼盒打开后，上面的马车等图案马上动起来了。这套"奉旨进京"文创化妆品礼盒，得到定制企业高度认可，第一批订单金额就高达3000万元。这套礼盒设计者是深职院裕同图文传播学院大三学生周晓晴。在学校专业教师、企业设计总监"双导师"指导下，她把创新创意转化为企业生产力。

时代和企业都对学生的创新能力提出更高要求。为帮学生更好地成长成才，深职院与裕同科技、阿里巴巴等知名企业，共同打造创新创业教育体系，循序渐进地对学生进行教育、实战训练。校企还共建了跨界学习中心，集实训教学、创新研发、创业孵化于一体。这里成为很多学生创新创业能力的"加油站"。

高职生入职华为难上加难，但正是靠着创新能力强，深职院华为ICT学院毕业生辜建星脱颖而出。辜建星到岗后很快上手，综合表现好，部门领导更加认可深职院毕业生，经常主动联系电信学院副院长王永学，让他推荐优秀毕业生。

得益于校企深度协同育人，深职院特色产业学院学生就业水平水涨船高。虽遭遇就业寒潮，但天健建工学院2020届毕业生就业率现已超过70%，高于去年同期。这仅是深职院特色产业学院学生高质量就业的缩影。近年来，学校毕业生初次就业率始终高于96%，10%的学生被中国平安等世界500强企业录用，平均月薪5306元。

"随着智慧建造日趋普及，建筑工越来越不是有力气就能干了，对建筑工的技能等素养要求越来越高。"在天健集团党委书记、董事长韩德宏推动下，天健集团与深职院进一步加强在职员工技能培训。在2019年广东省职业技能大赛中，天健集团受训职工表现突出，测量工、焊工、电工组夺得多项团队、个人奖项。

近年来，深职院特色产业学院育训并举，成果丰硕。学校积极承接企业、行业高端人才培训等服务项目，年均开展12万人次各类培训、职业技能鉴定与资格认证，努力为当地支柱产业、战略新兴产业高质量发展提供更多人才支撑。

深职院坚持"引进来"和"走出去"双向发力，校企共建"一带一路"教育交流"民心桥"。杨欣斌介绍说，学校携手华为等领军企业，努力探索职业教育深圳标准，通过共享中国职业教育新标准、新模式，为"一带一路"沿线国家职业教育发展"授之以渔"。学校现已与30多个国家和地区的160余所院校、机构，建立了交流合作关系，帮"走出去"的中资企业培育本土技术人才、开拓市场。

实践者说

【学生说】

深职院通信技术专业2015届毕业生徐剑波：

我目前在讯方智汇云校担任培训交付部副部长兼网络中心主任，从事认证培训工作，是学校华为信息与网络技术学院受益者之一。大二时，我曾在招聘网站向知名企业海投简历，但多是石沉大海。转折发生在2014年，学校联合华为成立了全国首批华为信息与网络技术学院，将企业内部工程师认证引入学校。当我通过了华为路由交换技术资深工程师认证时，多家公司对我抛出了橄榄枝。我当时投了5份简历，都收到录取通知。

【企业说】

华为EBG副总裁韩晓：

早在2006年，深职院就与华为"喜结良缘"，是华为优秀的合作伙伴。双方在信息通信领域内，就专业建设、人才培养、实训基地建设、实习就业，以及智慧校园、信息化教学和数字化教学资源库建设等方面合作，联合培养了一批高素质技能型人才。随着华为鲲鹏处理器问世，华为将与深职院进一步深化校企合作，开展协同育人，促进产教融合，持续为ICT人才生态提供强有力的能量支撑，助力中国ICT产业实现转型升级。

大族激光集团副总裁王瑾：

深职院具有丰富的办学经验和先进的办学理念，在设备调装、工艺应用、数控加工、智能操控等方面为企业输送了大量优秀人才。深职院与大族激光强强联合，成立深职院大族激光学院。大族激光的全球市场、人力资源，与深职院优质教育资源链接起来。双方联合推动技术标准、人才标准"双标准"的深度融合，促进智能制造教育链、人才链与产业链、创新链有机衔接，一定能够培养出掌握高端装备一线实践能力的优秀人才，为实现中国制造业强国梦添砖加瓦。

（《中国教育报》2020年6月22日第1版，记者　刘盾）

中国教育报

深圳福田区：高质量教研助在线教育出彩

如何现学现用比例等数学知识，用橘子皮等原料在家配制洗洁精？这是深圳市福田区福苑小学在线数学课的有趣场景之一。数学教师带学生做好洗洁精，装进废旧瓶子。美术教师就在下节课，领着孩子设计包装好废旧瓶子，盛放消毒液等清洁用品。

近日，深圳福田区充分发挥区教科院的智库作用，依托教研为线上教育探路领航，推动线上教学改革，寓教于乐，减负增效。调查数据显示，该区学生对教学效果的总满意度为100%。

教研为在线教育导航

2月17日，福田区初中、小学近15万名师生迎来史上最大规模的“线上开学”。福田区委教育工委书记、教育局局长田洪明介绍说，该区提前摸底统计了区内师生在线学习硬件设备情况，不让一个师生因硬件短缺而掉队。福田区精准施策，设计了五育并举、适才普惠的在线教育课程规划，各学校制定出“一主一备”两套方案，并努力做到一级一策、一班一策甚至一生一策。

福田区更将教科研部门作为“智力引擎”，将全体学科教研员分成14个组，对中小学校各校区开展“线上巡课”。他们每天工作时间与学校保持一致，每天在线听课2节以上，全面深入了解学生学习状况等，查漏补缺。

隔着屏幕如何更好地调动学生主动性？线上教学如何与学生线下自主学习有机结合？福田区教科院以问题为导向，将教研重点转向优质高效地开展在线教育，针对难点加强研究和突破。

为把教科研成果迅速转化为在线教育改革行动，福田区专门开展47次在线培训，组织全学段教研员录制学法指导微课。教研员们还带队编制出《腾讯课堂常见问题答疑》等学习材料。

组建协力攻关“联合舰队”

福田区福华小学英语科组从抗击新冠肺炎疫情的感人故事中找素材，为一至六年级量身定制绘本资源包，指导学生开展绘本创作、朗读、趣配音等活动。

课程是在线教育核心资源之一。福田区引导学校依据自身特色，私人定制课程，多方优选课程资源；引导公办学校与民办学校结对子，共享资源，共同推送课程，构建学科群共享机制。

为避免过多的线上学习损害学生身心健康，福田区各中小学校适当减轻文化课任务，提高家务劳动课、亲子创作课、艺术素养课等课程占比，努力确保学生每天进行不少于1小时体育锻炼和2次眼保健操。开展线上教学第一周，福田区学校每节课间活动时长平均10至20分钟，每天总活动时长平均60至80分钟。

起初，深圳明德实验学校碧海初中教师陈艳倩因为线上教学经历少，心怀忐忑。在学校培训和团队带动下，她很快掌握了精选教学内容、直播互动等技巧。

福田区不但让骨干教师通过录制“一师一优课”等方式总结经验、分享心得，更着力引导教师校内结对、分工合作，探索优秀教师做年级直播、班级教师负责小组讨论等方式，组成优势互补、协力攻关的“联合舰队”。

在线课程有趣有料，学生乐学善学

对纯点播、缺互动的在线课程，学生普遍不感兴趣。如何让学生乐学善学？福田区引导中小学校以学习任务为驱动，积极探索游戏化、项目化、主题化等新型教学模式。学生们乐学善学，对上课方式的满意度高达98.8%。

福新小学数学科组针对居家学习的新场景，根据学科和学生年龄特点，在教学中融入七巧板等游戏，学生们边玩边学。明德实验学校专门设计学习计划单，学生根据每日任务和兴趣选择课后作业、课外阅读等，自主分配时间。为让学生学会更自主高效地利用时间，福田区引导教师调整教与学的时间分配，少讲精讲，给学生留出更多时间，提升学生自主学习和自主管理能力。数据显示，教师单节课在线教学时间平均为18.8分钟。

福田区引导教师以方便、高效为原则，用好学习平台各种功能和小程序，布置少而精、个性化的课后作业。据调查反馈，福田区学生完成作业时间平均总时长为45.47分钟，学生对作业的总满意度接近100%。

（《中国教育报》2020年3月12日第11版，记者 刘盾，通讯员 颜慧敏）

南方日报

南山区教育局

对标世界一流，创建公平而有质量的教育

广东省首个“教育强区”走出先行示范路

深圳南山，这个曾打响中国改革开放第一声“开山炮”，喊出“时间就是金钱，效率就是生命”“空谈误国，实干兴邦”的地方，30年来，走出了一条从滩涂蚝田到楼宇林立、从城市边缘到城市中心的蝶变之路。

2019年南山区GDP超6100亿元，广东因此迎来首座六千亿城区，让千万南山人备感自豪。作为深圳的科技强区、创新高地，今年，南山迎来建区30周年，来到三十而立的新阶段，南山正大步迈向世界级创新型滨海中心城区。

教育是民生之首，在城区飞速发展中，南山教育也与这座城区同频共振。从1990年建区之初的农村教育，到1992年正式开启“南山教育现代化工程”，再到2002年被评为广东省首个教育强区，南山用十年左右的时间实现了农村教育向城市教育的转变。此后，教育强区一路高歌猛进，2008年南山荣获“广东省首个推进教育现代化先进区”，2014年获评“全国义务教育发展基本均衡区”，2018年南山区政府履行教育职责评价珠三角第一名……一项项荣耀记录了南山教育跨越成长的足迹。

2013年，刘根平履新南山区教育局局长，创新性地提出了“让每一所学校都优质，让每一位教师都精彩，让每一个孩子都幸福”的教育理想，推动南山教育从追求速度到追求质量、从效率优先到追求公平而有质量的转型升级。五年攻坚，南山教育又攀新高峰，为南山打造世界级创新型滨海中心城区提供了有力支撑，南山教育也因此从先行转变成众多区域教育的示范。

去年，南山教育提出要“创建世界一流教育”的发展新目标，刘根平说，要打造世界级创新型滨海中心城区，南山教育也必须要有融入全球化进程的视野和格局，把教育置于世界坐标系之中，“在南山教育发展30年之际，提出南山教育要创建世界一流教育，这一目标水到渠成、恰如其分、正当其时。”

学位供给

办一所优一所

“近年来，南山经济社会正处于飞速发展期，产业优化升级，高端人才集聚，这些都对教育发展提出了更新的命题和更高的要求。”刘根平自上任之初便意识到，现在的老百姓不仅要求孩子“有书读”，更要求“读好书”。因此，在老百姓对优质教育的渴望之下，南山区在新建学校上下足了功夫，新建学校办一所优一所经验得到全国关注。

5年新改扩建中小学校30所，增加学位约3.5万个，原本仅招收小一的新学校却因热度过高“被迫”招收了全学段的学生……如何深度挖潜学位？如何在新建学校上提速保质？南山在建校探索之路上找出了自己的一套方法。

根据人口增长特别是外来人口增长新情况、城市化发展新要求，加强全区义务教育学校建设的科学规划和布局调整，公办义务教育学校建设计划及年度实施方案，成立学校文体项目建设指挥部，协调解决学校建设项目优先立项、土地整备、用地审批、资金保障等难题，南山形成了布局合理、结构完善、规模适度、质量均衡的义务教育新格局。

创新新校建设机制，利用知名企业优势，探索配建、代建、EPC总承包等模式，让南山新校建设标准在原基础上提高40%，形成了“南标”，远超“国标”“深标”；同时，提前一年下达编制建制，遴选

优秀校长，赋予选人用人自主权，以至于能够迅速组建结构合理、业务精湛的教师队伍。

不仅如此，南山大胆引入外部资源，导入优质品牌、将新建学校纳入教育集团、与科研院所合作办学等都成为南山办一所优一所的“法宝”。坚持公办导向，与基石基金合作开办深圳湾学校，与中科院深圳先进院合作开办实验学校，与深圳大学合作开办后海小学，与深圳中学、大疆公益基金会合作开办深中南山创新学校。多元合作办学在南山兴起，给南山教育吹进了一股新风，激活了一池春水。

作为广东省首个教育强区，南山积极保障非深户籍常住人口子女入学权益，符合在深就读条件适龄学生义务教育入学率和完成率均达100%。开办全市首家区级特殊教育学校龙苑学校，特殊儿童入学率95%以上。

细数南山教育办一所优一所的缘由，“大手笔”的投入显示出南山全力建设教育高地的决心，近几年，南山教育财政投入呈几何级增长，2017年，南山区在教育上投入达55亿元，2018年达到63亿元，2020年更是达到77.52亿元，与1990年相比增长了近614倍。

南山区重点打造了覆盖体育、艺术（音乐、美术）、创新教育、课程改革、传统文化教育、教育信息化等品牌项目，为学生提供个性化课程

优质均衡

拉动北部片区崛起

多年前，南山北部片区经济、社会、教育发展都严重滞后于南山其他地域是老百姓看得见的事实。无论从农村教育到城市教育，还是从城市教育到现代化教育，南山北部片区似乎总是慢人一步。直至2013年，《南山教育质量攻坚五年行动计划》的出台，才明确将北部片区教育发展列为攻坚项目之一。

落差就是不平衡，不平衡就是改革的新方向、新动力，如何解决“南北教育不平衡”这一老大难的问题？2016年《南山区北部片区协调发展三年行动计划》的发布指明了方向。一场南山北部片区教育崛起的浩荡工程正式全面启动，充分利用区域优势与资源，高标准、高起点建设新校，以南北联盟形式实现区域内优质教育资源辐射等行动开始相继步入正轨。

2014年4月，深圳大学城管理办公室和南山区教育局签订“深圳大学城实验学校联盟”战略合作框架协议，南山北部片区三校加挂“深圳大学城南山丽湖实验学校”“深圳大学城南山桃苑实验学校”“深圳大学城南山西丽实验小学”牌子，成为首批联盟校。丽湖实验学校举办“博士进校园”活动，先后邀请14位来自清华、北大、哈工大的博士和硕士研究生开展科技创新教育；桃苑实验学校邀请哈工大博士、硕士研究生开展讲座充实校园文化；西丽实验小学依托大学城联盟，推动课程建设创新和改变，让每一个孩子都有机会从单一的班级学习发展成为班级+院系的双平台学习。校门口的资源日渐成为联盟学校教育发展的“助推器”。

而创办于2014年和2016年的南科大教育集团实验一小、二小诞生之初就背靠深圳本土高校南方科技大学这棵“大树”。原来，南山区积极借助南山高等院校、高新企业智力和资源聚集优势，实施“中小学——大学伙伴计划”，探索更加灵活的办学模式：与中国科学院深圳先进技术研究院联合创办九年一贯制公办学校；与深圳中学、大疆科技合作举办深中南山创新学校等。

与此同时，通过“联盟办学”，南山还让桃源中学、龙珠学校、白芒小学、平山小学北部4校植入了南外、育才、南实、南山二外的名校基因。实施“清凉教室”工程，进行图书馆改造，2019年发放民办学校学位补贴和两免一补近9500万元，进一步拔高教育保障水平线。

齐头并进

强化集团化办学

唯改革者进，唯创新者强，唯改革创新者胜。创新，是南山一次次突破成长制约、一次次创造发展奇迹的动力源。毫无疑问，对于南山教育而言，集团化办学就是其在教育改革创新之路上披荆斩棘的一大壮举。

从2003年，以育才中学为龙头正式成立珠三角地区乃至国内首个公办教育集团“蛇口育才教育集团”，到2018年，南山区第七个基础教育集团“深圳大学附属教育集团”的揭牌，南山集团化办学成为教育优质发展的重要抓手，截至目前，南山全区七大教育集团覆盖公办学校46所，占全区公办学校的54%、学位60%以上。深圳市南山外国语学校（集团）深汕西中心学校于今年9月1日正式开学，更是实现了优质教育品牌“飞地”办学。从起步到成熟，南山集团化办学一步步脚踏实地，可以说经验辐射全国水到渠成。

集团化办学所带来的红利并非只是挂牌更名那么简单，对于老校来说，难得的“历史性机遇”让他们更加珍惜。龙珠学校校长郭湖海曾对媒体表示，纳入集团联盟后的学校要完全按照集团一所分校的定位和标准要求自己，无论是课程设置、教师培养、社团活动等都要实行“看齐”战略。在集团化办学的模式推动下，基础教育的“南山品牌”不断被擦亮，市领导更是以“全区皆名校，个个有特色”称赞。

不仅如此，南山在全省首创“跨区域教育联盟”开展教育精准帮扶，南外、育才、实验、文理学校四大教育集团分别与河源市连平县、百色市德保县、田阳区学校成立跨区域教育联盟，建立“校校合作”机制，开展“1+1”结对帮扶，通过开展教研指导、师资培训、文化共建等一系列活动，向帮扶地区辐射南山优质教育资源。

从组建具有共同基因的“加入型”集团的“1.0时代”；到2013年南山实验教育集团和南山外国语学校集团以品牌辐射为特点、组建母校孵化新校的“内生型”集团的“2.0时代”；再到2014年后以“大学城实验学校联盟”“南北片区中小学校发展联盟”、理事会架构下的南方科技大学实验教育集团、独立法人联合体的南山第二外国语学校集团为代表，进入共生共享的“复合型”集团的“3.0时代”，南山集团化办学全面实现了优质品牌对区域教育水平的整体推动和提升。

在此前，国家教育体制改革领导小组办公室编印的《教育体制改革简报》中，更是以《深圳南山：集团化办学助推区域教育优质均衡发展》为题，面向全国介绍了南山区集团化办学经验。

培养“四有”教师

打造高水平队伍

“我愿像北斗，为孩子的未来导航！我愿以信念、使命和关爱，引领学生求真向善，陪伴他们共同成长，让教育充满爱的阳光。”今年8月，南山实验教育集团南头小学邓玉琳以其感人的教育情怀荣获2020年“深圳市年度教师”，这也是南山教师连续第五年蝉联“深圳市年度教师”的殊荣，可以说，“深圳市年度教师”年年花落南山是对南山打造“高水平教师队伍”最有力的肯定。

事实上，南山教师高水平发展离不开南山区率先在全省成立的区级教师发展中心。该中心培育创建20所教师培训基地学校，成立涵盖了学前至高中的176个区级名师、博士工作室，覆盖全区3000多名教师。目前，南山区教师队伍建设已从“引进人才为主”的1.0版、“引进人才加自主培养”的2.0版，发展到“自主培养为主”的3.0版，打造出一支适应南山区域发展和各级各类教育发展需要的高素质专业化教师队伍。

伴随着新生与新学校的增势，教师队伍自然需要涌入一批新鲜血液。“十三五”期间，南山引进优秀校长9名，选聘（选调）优秀教师208名，赴外定点招聘优秀毕业生1747名，面向社会公开招聘教师1373名。其中，近两年引进的毕业生中，清华、北大、人大等全国A类“双一流”及部属师范院校毕业生占比达78.4%，研究生以上学历占比达80%。

值得关注的是，在南山，教师发展以实施行政导向的“先锋计划”和学术导向的“引领者计划”两条路径进行规划。首批98名“先锋计划”学员一半以上已走上校级领导岗位，而首批“引领者计划”192名骨干教师正在全区各校发挥“引领作用”。此外，在教师的培训发展上，南山不遗余力地先后实施纽扣计划、未来教师计划、区级名师工作室计划、榜样教师计划等，完整设计教师的终身发展路径，并同时系统推进教师阅读，实施阅读同道计划、阅读领航计划、阅读典范学校的培育和创建计划，倡导教师终身学习，推进教师继续教育和全员培训。

用历史的长镜头端详今天，南山教育师资队伍高质量发展已取得阶段性成效，结出累累硕果。未来，南山也将会涌现出更多有理想信念、有道德情操、有扎实学识、有仁爱之心的“四有”好老师。

聚焦核心素养

全面立德树人

日前，中共中央、国务院印发《深化新时代教育评价改革总体方案》，提出要经过5至10年实现学生全面发展的评价办法更加多元，改革学生评价，促进德智体美劳全面发展，为新时期教育教学评价提出了新的要求。南山教育勇于先行示范，早在2018年，就发布《南山区中小学学业质量评价指导意见（试行）》，从试行学期始，南山区中小学学生评价就着手进行全面改革，打破传统一纸试卷“论英雄”的状态。

不得不说，在全省率先实施学业质量评价改革，是一次大胆的尝试，但对于南山教育来说，通过评价改革却是全面推进素质教育不得不迈出的重要一步。南山改革的学业质量评价以期末卷面测试为70%、过程性评价为10%和学科综合展示评价为20%的比例进行计算。过程性评价关注学生学习过程，包括课堂表现、课外学习、作业评价等内容。学科综合展示评价上，则分为学科综合性答辩和学科必选、自选评价。通过评价改革，南山教育切实减轻学生的课业负担和心理压力，在强化学生关键能力的培养上也有了可靠的依据。

为追求卓越质量，有效推进优质均衡发展，南山更加注重育人实效。制定《南山区中小幼德育行动计划》，发挥南山智慧德育服务平台的作用。开展方圆行动、培根行动、红星行动、灯塔行动、地图行动、摇篮行动等六大行动，将立德树人植入每一个学生生命成长历程中。与区博物馆、区档案馆、区法院、区文体馆等单位合作，挂牌成立了12个青少年综合实践基地。

此外，开展高质量课堂建设，制定《南山区高质量课堂观测记录表》，每两年组织一届百花奖课堂教学大赛，全区所有学科学段老师近万人参与，向市教科院提供“一师一优课”录像课1500多节。制定实施“1+7”特色教育建设方案，以体育、艺术为龙头，重点打造覆盖体育、艺术（音乐、美术）、创新教育、课程改革、传统文化教育、教育信息化等品牌项目，为学生提供个性化课程。

南山还提前布局未来教育，已建设113间区级“未来教室”，80间创新实验室，23所市级智慧校园，搭建校园No.1网络竞技平台，为学生提供展示天赋特长的机会；深耕创新教育，在全市首创成立“南山少年创新院”，截至目前，南山已诞生了172位中国少年科学院“小院士”，数量占全市一半以上。加强国际理解教育，推进跨文化交流，常态化开展“龙鹰对话”“留学生文化使者进校园”等活动……

四十载波澜壮阔，新征程催人奋进。在特殊的节点，南山教育从“先行先试”到“先行示范”，可以说水到渠成，伴随着粤港澳大湾区、中国特色社会主义先行示范区“双区叠加”，未来，南山教育也势必释放出更多的先行示范经验。

（《南方日报》2020年10月30日，作者 徐峰 尤业东）

南方日報

盐田区教育局
全力打造幼有善育学有优教先锋示范城区

“努力把家门口的每一所学校都办成老百姓心中的好学校”，这是盐田区委、区政府对教育的期待，也是盐田区教育局奋斗的目标。

站在深圳经济特区建立40周年这个特殊的节点上，盐田区正坚定不移把“产业兴盐”作为首要任务，把创新驱动作为主导战略，深化供给侧结构性改革，加快构建高端高质高新的现代产业体系，走出一条强产业、优经济、兴城区的高质量发展道路。

构筑起与全区经济社会大发展大繁荣相匹配的盐田教育软实力既是必答题，也是抢答题。近年来，盐田区教育局抢抓“双区驱动”战略先机，以“幼有善育、学有优教”为目标，善抓关键、狠抓落实，在学位优质均衡、教育品质提升等方面勤勉奋进、成效显著，为服务盐田经济社会发展作出了巨大贡献。

辖区户籍学生100%入读公办学校，中高考成绩连续四年创历史新高，在2019年国家义务质量教育监测中数学均衡率全省第一，跨学科融合教学实践全国领先……山海之间，最美“教育大片”正在热映。站在“双区”的版图上瞭望，盐田区有信心也有能力打造教育先锋示范城区。

规划先行

“双区驱动”下的盐田教育布局

教育是最大的民生。建区以来，盐田区委、区政府始终坚持教育优先发展的理念，以建设教育强区为目标，加大教育投入，努力改善办学条件，优化教育资源配置，加强师资队伍建设，创新教育教学管理，全区教育事业呈现出蓬勃发展的良好态势。

“盐田未来的发展迫切需要发挥教育的基础性、先导性、全局性作用。”“盐田的发展，希望在教育，关键在创新，基础在人才。”这样的话，盐田区委书记陈清在全区教育系统会议上多次提到。

近年来，盐田区千方百计在政策和资金支持上向教育倾斜，对教育的投入从2014年的5.4亿元增加至2019年的12.45亿元，六年间教育投入增幅近240%，为盐田教育高质量发展奠定了坚实基础。

过去的三年，是盐田教育实现跨越式发展的三年。通过大力实施教育品质提升三年行动计划，深入推进国家新样态实验区项目，全面开展课堂革命，积极探索面向未来的跨学科融合（STEM、创客、项目式学习）智慧教育，盐田教育综合办学水平和实力不断增强。

是大战，也是大考。今年以来，面对疫情防控和复学复课的双重大考，盐田教育人沉着应战、创新作为、转危为机，在全区学位供需矛盾日益突出的形势下，实现了义务教育学位供给的“紧平衡”，高水平地完成学前教育“5080”目标，实现了中考高成绩在高位稳定中有新突破。

如今，盐田教育发展水平在珠三角48个同级行政区中位居第一梯队，为高质量发展奠定了有力基础。

改革没有完成时，发展没有休止符。在深圳“双区驱动”和高质量发展的时代使命下，在“产业兴盐”区域发展的重大战略下，盐田区教育局与教育部教育发展研究中心于今年8月份签署合作协议，双方在盐田区共建“教育现代化区域创新试验区”。

共建“教育现代化区域创新试验区”，是盐田教育进入新时代以来与国家级教育机构开展的最大力度合作项目，双方的合作强化顶层设计，突出质量核心，计划通过三年的努力，推动盐田在粤港澳大湾区率先实现教育现代化，建成粤港澳大湾区教育现代化强区，打造中国特色社会主义先行示范区教育先锋城区。

保障学位

符合条件的申请人100%入读公办学校

家长最关心的学位问题，考验着地方教育行政部门的管理智慧。

近年来，盐田招生工作整体平稳有序。一方面，盐田区通过召开听证会、专家咨询论证会等，广泛征求社会各界意见，在全市率先完成义务教育招生政策调整；另一方面成立盐田区化解学位问题引发涉稳风险工作专责领导小组，通过全面实行学位锁定、加大学位供给、动态调整、片区调剂等举措，实现学位紧平衡，保障了符合条件的申请人100%入读义务教育阶段公办学校。

“我们通过精准摸排幼儿园大班、小学六年级在读人数，积极挖潜扩容，去年以来各中小学校累计扩班23个，增加学位供给994个。”盐田区教育局相关负责人表示。

据了解，2020年至2022年，三年时间盐田教育将新增小学学位6660个，新增初中学位4200个，为辖区提供新增学位10 860个。尤其是2022年，将新增近7000个学位。

目前，庚子首义中山纪念学校扩建、乐群实验小学综合体育馆、盐港小学综合楼及校门、区外国语学校和外国语小学综合楼等改扩建项目正抓紧施工中；田心小学、云海学校等扩建工程前期进展顺利；海心小学、海心幼儿园等新建项目已开工；机关幼儿园、田东中学教学楼拆除重建项目即将进场施工，中英街幼儿园拆除重建完成。

为打造精品校园，盐田区委、区政府大幅提高了海心小学、海心幼儿园建设标准，将每间教室使用面积大幅度提高。据了解，海心小学的建设费用突破 9000 元 / ㎡，远超“深标”的 7000 元 / ㎡。首次采用了“教室 + 非正式活动空间 + 交通”的复合使用方式，将每间教室使用面积从“深标”70 平方米提高到 100 平方米，提高幅度近 50%。

幼有善育

率先完成学前教育“5080”任务

今年 9 月 1 日，盐田区七所公办园的正式揭牌，标志着盐田区在全市率先完成学前教育“5080”目标，打造了“幼有善育”的标杆。

2019 年 5 月，深圳市明确提出，公办园在园儿童占比 2020 年底达到 50%、普惠性幼儿园在园儿童占比 2020 年底达到 80% 的任务目标（下称“5080”任务）。盐田区委、区政府对此高度重视，遵照市委、市政府关于“改革创新，攻坚克难”加大公办园学位建设力度的要求，成立了由区长任组长，分管区领导 5 人和 19 个相关部门单位一把手共同参与的“盐田区幼儿园建设工作领导小组”，先后 8 次召开专题会议，开展专题调研活动 30 多次。

在综合考虑未来两年幼儿园和在园儿童数量动态变化的基础上，盐田区科学测算量化指标，仅用两个月时间在全市范围内率先完成华大幼儿园和盐田幼儿园两个幼儿园的转型。

在盐田区政府的指导下，盐田区教育局协同多部门，周密安排每一个环节，同步启动场地回收、机构设立、资产清算、补偿磋商、教职工安置等系列工作，建设路径突出“新建”“改建”“转型”三种方式，针对每一种方式的园所对象，“一园一策”“一园一组”分别制定配套措施，成立筹备小组，快速高效推进。

来自财政方面的强力保障也为学前教育的转型工作铺平了道路。近年来，盐田区财政性教育经费支出结构不断向学前教育倾斜，公共财政对学前教育的保障力度进一步加强。2020 年，盐田区学前专项经费预算规模达到约 1.8267 亿元，占财政性教育经费 9.87%。据官方统计，盐田区学前教育经费投入三年增长了 2.38 倍，学前教育经费总体增长幅度居全区各项事业之首。

截至目前，盐田区幼儿园共计 30 所，其中，公办幼儿园由 2019 年 5 月的 3 所增加到 14 所，民办普惠园 12 所，民办非普惠园 4 所。全区在园儿童 7000 人。其中，公办幼儿园在园儿童 3880 人，占比由原来 10.8% 提升至 55%；民办普惠园在园儿童 2885 人，公办园和民办普惠园在园儿童占比由原来的 86% 提升至 97%。

亮眼成绩的背后，凝结着盐田教育人攻坚克难的决心和执行力。为破解学位数量的瓶颈问题，盐田区教育局出台《盐田区小区配套幼儿园治理工作实施方案》，通过小区配套园治理突破这一瓶颈。对 4 个应建未建和配建不足的更新项目，通过补建、改建和调整配建规模等方式，力争增加约 870 个配套园学位；对 4 个已规划未建设的项目，加快推动建设立项，力求增加约 1100 个配套学位。

在加大公办幼儿园建设力度的同时，盐田区不断推进公民办幼儿园协同发展，通过常态化的分层教研、联动教研、示范园辐射、观摩交流学习、专家引领等措施，实现优质教育资源共享，同时加强挂牌督导对学前保教质量监测，实行指标化、网络化、动态化管理，全面提升辖区学前教育品质。

学有优教

“三部大片”引领盐田教育驶入发展快车道

小盐田如何办成大教育、名教育？三年前，盐田区教育局确定了一手抓均衡、一手抓特色，走“小而精，美而强”的教育发展道路，并通过顶层设计，打造了三部“教育大片”，即《新样态之春》《盐田教育品质提升》《未来教育》。这三部“大片”全方位展示了盐田作为全国首个新样态教育实验区的发展和变化，凸显义务教育优质均衡和新样态教育以及面向未来的以信息化建设为依托的智慧化教育。

近年来，盐田教育作为区域整体异军突起，得益于新样态教育的战略引领。2017年初，盐田区全部中小学幼儿园参加了中国教科院基础教育研究所倡导的“中国新样态学校联盟”，成为全国首个以实验区名义整体参加实验的区域，把盐田教育品质提升引入了发展快车道。

盐田区“新样态学校”的建构主要从美丽学校、智慧教育、课程再造、魅力课堂、创新管理、家校共育共六个方面进行推进，主要突出“有人性、有温度、有故事、有美感”的“四有”特征。

三年来，“新样态学校”的构建在盐田形成了“群芳竞艳满园春”的喜人局面，各校在新样态学校的探索与实践上迈出了一大步，结出了累累硕果，达到了“一个学校一个样，校校要有自己样”的目标和要求，打造出新样态教育的“盐田范本”。

盐田区STEM教育和项目式学习成绩也很突出，在2019年广东省STEM教育资源征集评选中，盐田区斩获4个一等奖，6个二等奖，6个三等奖，获奖单位和获奖人员覆盖广。在第四届STEM教育与项目式学习国际学术研讨会暨2019年项目式学习优秀项目展评活动中，盐田区项目式学习成果斩获9个一等奖，12个二等奖，区教科院荣获最佳区域奖（全国仅2个）。云海学校、乐群实验小学、区外国语小学、东和分校获评国际StarT项目式学习共同体2019年度最佳实验学校。

2020年盐田区中高考实现新跃升。全区984名学生参加高考，541人达到高分优先投档线，高优率54.98%；935人达到本科线，上线率为95.02%，继续保持本科率95%的深圳教育先进行列，并呈现“两率”“术科成绩”“尖子生”三个跃升。中考高位新突破。全区中考均分实现了360分（总分460分）的好成绩。全区中高分段人数较去年增幅较大，400分以上增加57人，其中430分以上增加5人。

在国家义务教育质量监测中，盐田区德育、数学、科学等科目优秀率远高于全省和全国水平。连续三年，学生学业成绩的校际差异均远低于0.15，保持高位优质均衡。

■链接

从“跟跑”到“领跑”

打造教育现代化区域创新试验区

2019年2月，中共中央、国务院发布《中国教育现代化2035》，这是我国第一个以教育现代化为主题的中长期战略规划，是新时代推进教育现代化、建设教育强国的纲领性文件。

《中国教育现代化2035》提出，要“大力推进教育理念、体系、制度、内容、方法、治理现代化”，同时提出八大基本理念，主要包括：更加注重以德为先，更加注重全面发展，更加注重面向人人，更加注重终身学习，更加注重因材施教，更加注重知行合一，更加注重融合发展，更加注重共建共享。

在新样态教育建设的基础上，今年8月份，盐田区教育局与教育部教育发展研究中心签订共建教育现代化区域创新试验区协议，旨在为教育部教育发展研究中心提供区域教育现代化创新试验的实践基地，凝练区域教育优质发展的共性范本和特色案例，探索总结区域教育改革发展的成功经验。

教育部教育发展研究中心为教育部直属单位，主要为国家教育发展提供决策咨询服务。教育现代化区域创新试验区项目是该中心对标《中国教育现代化2035》，在全国遴选若干有基础、有潜力的地区，合作探索并总结区域教育现代化的成功模式。该项目被喻为“国家教育政策的观察哨”和“教育改革创新的试验田”。

据了解，该项目计划在全国选取8—10个区域，目前已有山东济南、武汉江岸、成都双流等地区与教育发展研究中心签订了战略合作协议。项目在粤港澳大湾区布局的唯一试验区选在盐田，是因为盐田区前期在新样态教育建设中成绩显著。

根据协议，双方将开展三个方面的合作。一是共建大湾区教育现代化创新试验区。教育部教育发展研究中心将指导盐田区研制《盐田区教育现代化 2035》和《盐田区教育事业改革和发展第十四个五年规划》，指导盐田区中小学校编制学校发展规划，并与教育部小学校长培训中心、中学校长培训中心、新加坡南洋理工大学等合作，对盐田区中小学校长、教育行政干部进行定期培训。

二是共建国家教育政策先行先试试验区。教育部教育发展研究中心将引进国内知名大学或名校资源，助推盐田区名校崛起目标的实现，同时指导盐田区开展名校崛起、课程建设、教育信息化等项目实践，培育试点学校，提炼推广试点经验。

三是共建教育改革发展经验模式推广试验区。教育部教育发展研究中心将在盐田区集中开展中小学教育质量综合评价改革、现代学校制度建设等国家教育改革项目，针对区域教育改革项目设立研究课题，对盐田区新样态学校建设、中小学学习方式变革、中小学学业质量评价改革、区域大数据平台构建等项目提供全方位的政策咨询、学术支持和平台推广。

“项目选择落地盐田，有三个方面的考量。”教育部教育发展研究中心副主任陈如平表示，从2017年开始，他和他的团队就与盐田教育合作开展新样态学校建设的项目。从“跟跑”到“领跑”，近几年，凭着一股冲劲和干劲，盐田教育跑出了“加速度”，实现了质的飞跃，这也印证了新样态学校建设的显著成效。

“除了私人感情、盐田教育基础较好、教育改革创新成效突出，盐田教育人‘想干事、能干事、干成事’的氛围也让我尤为感动。方向清晰、路径明确、队伍实干，我相信未来两三年在盐田区委、区政府的大力支持下，通过教育现代化区域创新试验区项目扎扎实实的推进和落地，盐田教育的质量和水平一定能在深圳乃至粤港澳大湾区名列前茅。”陈如平称。

盐田区委教育工委书记、区教育局党组书记、局长余永弘表示，盐田区不会辜负此次建设教育现代化区域创新试验区的机遇，将不断地丰富和拓展试验的内涵和路径，不断地呈现盐田教育的新样态，立足盐田教育实际发展情况，推动教育现代化水平的全面提升，为培养全面发展的人才贡献盐田力量。

（《南方日报》2020年10月30日，作者：叶淑萍、陈尚宝、许洋）

南方都市報

坪山区教育局：

教育履职珠三角第六深圳第四 三年跨越发展以佳绩争先示范

在今年广东省人民政府教育督导室公布的珠三角地区各县（市区）政府履行教育职责评价结果中，坪山区脱颖而出，在珠三角地区9市48个县（区）中名列第六，位居深圳第四！在规定的29项定性定量评价指标中，有20项达到满分！

从教育发展不平衡、不充分，到成立行政区三年后跃居珠三角地区前列，这是坪山区委区政府把教育作为“第一民生工程”，努力实现“幼有善育，学有优教”，向坪山市民交出的优秀答卷，是坪山教育质量综合竞争力跨越发展的重要阶段性成果。

回望坪山教育发展历程，坪山高起点定位、高标准要求，谋定教育发展目标，引名校、增学位、强师资、提质量、求探索，对标教育先进区争先示范，全力打造保公平、高品质、可持续发展的东部教育高地，办坪山人民满意的优质创新教育。

引名校

坪山成为优质教育资源聚集地

近年来，坪山区强势引进市内外名校资源。在市教育局的支持下，引进深圳中学举办深圳中学坪山创新学校、深圳高级中学（集团）举办深高东校区，实现了市直名校首次布局坪山；引进深圳第一职业技术学校举办深圳一职坪山校区，填补了区域中职教育空白；2020年疫情期间，坪山区与东北师范大学“云签约”，合作举办东北师大附属实验学校。目前，坪山区还在和全国知名的学校协商委托办学工作。坪山已成为优质教育资源快速聚集的高地。

坪山区还通过集团化办学模式充分发挥名校（园）聚落优势，扩大优质教育资源覆盖面形成坪山优质教育整体组合。目前，坪山区以第一幼教集团为龙头的学前教育集团化办学正在深入推进，以坪山实验学校、坪山同心外国语学校和坪山中学为龙头的义务教育集团已初具雏形。

此外，坪山区积极争取知名高校落地坪山，为区域发展提供强有力的智慧支撑。2019年，深圳技术大学首届独立招生，投档线即闯进广东理工科高校前十，今年更是跻身全省第九；今年年初，深圳师范大学已明确落地坪山，未来将创新体制机制，探索新时代师范教育新模式。

增学位

坪山公办学位保障率全市领先

实现“幼有善育，学有优教”的前提条件之一，是精准有序进行学校规划建设和布局，加速学位供给，让每一个孩子都能享受公平而有质量的教育。

2017年，坪山区成立时全区仅有2所公办幼儿园，提供960个学位。到2019年，全区公办幼儿园达12所，学位3240个，三年增长238%；同时成立第一幼教集团，集团化办园模式保障每一所新园都是受家长欢迎的优质园。目前，坪山正通过城市更新配建、民办幼儿园转型等方式，全力加速幼儿园学位增量，到今年底，全区公办幼儿园在园儿童数占比将达到50%。

坪山坚持用最好的地、最大的投入建设学校，学校综合造价指数比2017年前翻了一倍，创新采用了EPC、代建制和可装配式建筑等方式加快学校建设。仅2019年，全区新建（扩建）学校6所，新增义务教育公办学位1.42万个，小一初一公办保障率95%以上，全市领先，市民满意率大幅提升。坪山持续优化积分入学政策，在学位紧张片区实行大学区招生，率先探索学位需求侧改革，公平公正保障学位供给。

未来3年，坪山将新建（扩建）义务教育学校14所，新增学位2.6万个；新增7所公办高中学校，加上今年开办的2所优质民办高中，累计新增高中学位近2万个。第十八高、二十高计划在2021年开学招生，第十四高和坪山高中园预计于2022年前投入使用。目前，正在积极引进全国知名学校落户坪山承办高中，全力打造高中教育发展聚集群落。

强师资

让优秀的人培养更优秀的人

百年大计，教育为本，教育大计，教师为本。坪山区创新机制，印发《坪山区“聚龙名师”认定、管理和保障实施办法》，使所有名师都能够享受最优质的待遇和保障，对引进名师形成了较大吸引力。三年来，坪山区引进名校长、名师17名，全方位、立体化引领教育教学改革创新，提升区域学校教育总体质量；招聘优秀应届

专题

2020年8月26日 星期三 A特Ⅲ 07

在今年广东省人民政府教育督导室公布的珠三角地区各县(市区)政府履行教育职责评价结果中，坪山区脱颖而出，在珠三角地区9市48个县(区)中名列第六，位居深圳第四！在规定的29项定性定量评价指标中，有20项达到满分！

从教育发展不平衡、不充分，到成立行政区三年跻身珠三角地区前列，这是坪山区委区政府把教育作为“第一民生工程”，努力实现“幼有善育，学有优教”，向坪山市民交出的优秀答卷，是坪山教育质量综合竞争力跨越发展的重要阶段性成果。

回望坪山教育发展历程，坪山高起点定位、高标准要求，谋定教育发展目标，引名校、增学位、强师资、提质量、求探索，对标教育先进区争先示范，全力打造保公平、高品质、可持续发展的东部教育高地，办坪山人民满意的优质创新教育。

坪山区教育局：

教育履职珠三角第六深圳第四 三年跨越发展以佳绩争先示范

引名校

坪山成为优质教育资源聚集地

增学位

坪山公办学位保障率全市领先

强师资

让优秀的人培养更优秀的人

提质量

中小学教育综合质量形成坪山优势

求探索

面向未来培养创新型人才

8月11日，深圳中学坪山创新学校筹备组挂牌。

统筹/文/图：伍曼娜

制版：柯晓明 邓诗君 刘俊文

毕业生近500名，其中世界名校、国内“双一流”大学和6所部属师范院校毕业生比例达到86%，研究生以上学历占比超过60%，从根本上优化了教师学历结构和年龄层次，跑出了教育人才聚集的“坪山速度”。

引进人才只是强师资的第一步，盘活优秀教师资源，让优秀教师大展身手才是关键。为培养本区卓越教师和未来教育家，坪山成立区教师专业发展中心；首创区级“教育论坛”，带领教师登高望远，拓展思维；强化干部领导力培训，创办“名师走校送课大讲坛”，让区内名师发挥最大效益；出台《坪山区基础教育系统“名师工程”实施方案》，评审认定首批名师及名师培养对象261人。2017年到2020年，全区正高级教师从0人到5人，产生了2名市级“年度教师”，从没有博士到引进了2名博士（其中1名从海外引进），实现区域零的突破。

此外，坪山区还定制成长规划全力培养青年教师，联手高校加强教育英才高端培训。坪山区与市教育局、东北师大签订协议，通过教育硕士、博士协同培养、教师博士工作站和教育硕士实习合作等项目，为培养高端教育人才提供优质资源。

提质量

中小学教育综合质量形成坪山优势

为持续推动教育质量优质均衡发展，坪山区聚焦质量提升实施三年行动计划，加大投入支持民办教育优质发展等方式，提升中小学教育综合质量。

印发《坪山区义务教育质量提升三年行动计划（2018—2020）》，通过“教育质量管理”“学生素养培养”“教师专业发展”“课堂教学改革”“教育科研提升”“家校社区合作”六大行动全力加速区域教育质量提升。至今年初，该行动计划实施过半，取得丰硕成果，坪山学生的学业水平、综合素养显著提高，学生中考成绩连年攀升，高考成绩也在不断进步。仅2019年，全区师生获市级以上奖项2000多项。

此外，坪山在全市创新公民办学校结对帮扶机制。从“教学管理”“师资队伍”“教学质量”等方面进行深入帮扶，有效促进了区内民办学校办学水平提升，这一创新举措荣获“深圳市教育改革质量奖”。通过加大投入支持民办教育优质发展，将民办学校教师纳入一体化培训，组织民办学校校长分批与公办学校校长共同参加校长胜任力高端培训，坪山民办教育朝着优质特色发展方向加速迈进，全区教育进一步实现优质均衡。

求探索

面向未来培养创新型人才

世界处在日新月异的极速变化中，教育必须面向未来培养创新型人才。坪山勇于探索，敢于创新，从教育的基本盘——课程入手，着力课程改革和创新，努力为培养创新型人才开创局面、探索道路、贡献经验。

印发《坪山区“品质课程系列”建设方案》，成为全市第一个从区、校两级统筹推进课程改革的先行区；建立了“引领性课程、普及性课程、个性化课程”三维一体的课程框架。“引领性课程”培养学生自主学习、动手实践、创造性思维、合作沟通等关键能力和责任担当等必备品格。其中，坪山区率先将4科融合的STAM升级为6科融合的STREAM课程，7所实验校逾万名学生参与，极受学生欢迎。“普及性课程”聚焦“五育并举”，培养学生阅读习惯、艺术素养和运动能力，全方位提升家校育人水平。“个性化课程”要求各学校根据特色专长，建设个性鲜明的学校课程，关注个体差异，为学生提供丰富可选择的多元课程，切实满足学生综合素养与个性化发展需求。

课程建设方兴未艾，人才培养历时而新，坪山将深入研判未来社会人才需求，创新培养模式，因材施教，探索培养拔尖创新人才，为高质量可持续发展的创新坪山建设作出更大贡献！

（《南方都市报》2020年8月26日，作者：伍曼娜）

深圳市教育局关于印发《延期开学期间普通高中学校在线教学工作指引》的通知

各区（新区、深汕特别合作区）教育行政部门，市局直属各高中学校，区属各高中学校：

为学习贯彻习近平总书记关于新型冠状病毒感染的肺炎疫情防控工作系列重要指示精神，根据国家、省、市有关工作的部署要求，全市普通高中学校2020年春季延期开学。延期开学期间开展在线教学。为确保在线教学顺利开展，切实做到“停课不停学”，大力推进信息化教学，不断深化我市普通高中学校教育教学改革，特制定本指引。

一、组织领导与责任分工

（一）加强组织领导与统筹协调。成立由市教育局领导牵头，相关处室、教科院、信息中心以及各区教育行政部门共同参与的全市普通高中学校“在线教学工作领导小组”，统筹协调在线教学工作安排，保障资源供给，监督管理实施过程。教育行政部门要加强统筹协调，建立工作群，理顺市、区、校工作机制。教研部门要做好在线教学工作研究和指导，努力提供线上优质教学资源。教育信息技术部门要做好技术服务工作，及时解决各类技术问题，确保平台安全稳定运行。各区教育行政部门要制定本区高中在线教学工作方案，加强本区高中在线教学工作统筹和管理。全市高中学校党员干部和党员教师要积极发挥先锋模范作用。

（二）明确各普通高中学校主体责任。各高中学校是本校延期开学期间在线教学的责任主体，校长是第一责任人。各高中学校要结合学校教育教学实际，制定不少于一个月时间的在线教学工作方案和本校课程安排，明确本校在线教学工作目标、任务、举措与保障；要根据学校信息化基础和水平，自主选择在线教学平台；要根据不同年级、不同学科教学要求，分年级安排在线教学任务，加强在线教学管理，加强家校沟通，切实做好在线教学组织实施工作，确保在线教学效果。

二、课程安排与教学实施

（一）合理安排课程内容。坚持立德树人和五育并举，发展素质教育。要综合考虑在线学习特点和学生认知规律，科学安排在线教学内容。文化课按照国家课程标准要求和学校教学计划，参照常规教学安排教学任务和内容。高度重视德育和美育，要以网络选修课方式统筹安排爱国主义教育、疫情防护专业知识和防护技能、改革开放成就、艺术欣赏等内容。各高中学校校长要亲自主讲在线教学第一课，加强疫情防控专题培训。每周要保证组织召开一次在线班会课。要切实加强体育和劳动教育，每天至少开展 1 次广播体操、2 次眼保健操，并指导学生开展各类室内健身项目，每天整理自己房间并积极参加家务劳动。

（二）优化排课方式。各高中学校要结合在线教学特点，科学安排在线教学课程表。在线教学每节课不超过 40 分钟，文化课根据教学实际可以两节课联排，一节课集中授课，一节课讨论交流和答疑；网络选修课控制在 10—30 分钟内。文化课与网络选修课交错安排，以增加课程丰富性。课程安排建议见附件。

（三）切实转变教学方式。各高中学校要积极探索体现在线教学特点、适应本校实际的教与学方式。集中授课的教学内容，可以任课教师直播为主，也可以采用其他在线方式。其他学习单元可以采取直播、录播、网络资源推送等方式。学生学习要大力倡导自主学习和小组合作学习；积极探索任务式、问题式教学和翻转课堂教学模式，提高学生自主学习能力，确保在线教学要求的落实。

（四）强化小组学习。各班级要根据本班实际情况，组织学生成立学习小组（5—7 人一小组），采取学习小组长负责制，进行网格化学习管理。班主任通过微信、QQ 等途径组建班级学习指导群、家长群，并组织本班任课教师共同落实指导和沟通工作。

（五）精心布置作业。控制作业总量，每天每门文化课作业量不超过 30 分钟，一天作业总量不宜超过 2 个小时。减少机械训练性练习，增加问题讨论、总结归纳、资料收集等作业形式。

（六）多渠道汇聚优质课程资源。各高中学校要根据教学计划，利用国家、省、市各类在线资源平台，积极汇聚并精选适合本校学生实际的优质课程资源。市教科院和信息中心要积极推送各类优质在线教学资源，并为资源缺乏和不足的高中学校提供必要的课程资源支持。

（七）保持身心健康。各高中学校要根据《深圳市教育局关于做好新型冠状病毒肺炎疫情防控期间师生线上心理支持和辅导服务工作的通知》要求，加强对学生心理健康指导，引导学生合理安排作息时间，形成健康生活方式，做到劳逸结合，消除学生紧张和恐惧心理，加强人文关怀，保持积极乐观学习心态。

三、教学组织与管理

（一）科学制定教学管理制度。各高中学校要针对在线教学特点，制定专门的在线教学管理制度。要明确学校领导、教务部门、学生管理部门、信息技术部门、年级组、学科组、班主任和学科教师等对在线教学的管理职责，加强统筹和协调，形成管理合力。学校各级领导要深入教学一线，及时解决在线教学中存在的问题。

（二）加强学科教研和教学合作。学科组要加强在线集体备课和教研活动，分工合作完成教学准备工作。集中教学时，同学科任课教师应同步参与直播听课，做好学生上课的考勤和学习管理，配合主讲教师指导好本班学生本学科的学习，做好线上任务安排、答疑交流、作业批阅、线上反馈评价等工作。

（三）强化教师在线教学管理。各学科教师要以高度的责任心认真做好线上教学的准备、组织与实施工作，精选在线课程资源，优化在线教学流程和方式，加强学生管理，密切学科配合，切实提高在线教学成效。各学校要加强对教师在线教学情况的考勤和管理。

（四）加强学生组织与培训。各高中学校教务部门、学生管理部门以及各班主任等要以班级为单位组织好学生参加在线教学，并做好在线教学软件使用与课堂教学组织等相关培训。要引导学生自觉学习，严格按照课程安排上下课，不迟到，不早退，认真听讲，主动交流。要自觉参加小组学习，积极参加小组讨论，积极完成小组学习任务，加强小组相互检查和督促，不断提高学习效果。

（五）重视发挥家长积极作用。各高中学校要加强对家庭教育的指导工作，班主任、导师和任课教师要加强与家长的及时沟通，增强家长对在线教学的认同，引导家长密切与孩子的交流与沟通，合理安排饮食，保持营养平衡和膳食结构合理，督促孩子阅读优秀书籍，参加体育锻炼及完成家务劳动，防止孩子沉溺网络与游戏，并切实做好家庭防疫工作。

（六）加强总结与反思。学校

要实施在线教学工作日记制度，教学处负责汇总当天出现的在线教学问题并提出解决建议，学生处负责及时处理学生在线学习出现的纪律和管理问题。对在线教学存在的问题，学校要认真研究解决。各学校要通过在线教学简报让校内教师了解在线教学情况，并将每周在线教学的基本情况、问题与困难汇总后报市教育局基教处。市教科院要及时发现、总结、推广在线教学的先进典型和经验。

四、教学支持与保障

（一）做好技术保障工作。市教育信息中心制定全市普通高中学校在线教学技术指引，指导各高中学校选择在线教学平台，指导学科教师和学生应用在线教学平台，并加强与在线平台机构合作，对教师开展各类应用技术培训。各高中学校要实时监控在线教学平台运行情况，及时解答和联络平台服务公司解决各类技术问题。学校要为教师配备必要的在线教学设备设施。学校一律不准向学生收取线上学习费用。

（二）加强专业指导。市区教研部门要把在线教学作为重大教学改革项目，加强研究，大力推进，要通过网上直播课堂讲座、线上问题讨论交流、骨干团队答疑支招等方式开展网上教研活动，加强指导学校的集体备课及教学活动。教研员每天按照正常的上班时间在家网络上岗。

（三）做好薄弱学校帮扶工作。对于教育信息技术基础薄弱和在线教学资源严重不足的民办学校，可以在2月8日前经所在区教育行政部门向市教育局基础教育处提出帮扶申请，将通过定点帮扶或公办带民办结对帮扶等方式，确保全市每一所普通高中都能够按要求在延期开学期间正常开展在线教学。

（四）全力做好疫情防控工作。延期开学期间，教师备课、上课和教研活动原则上以居家在线为主，如确需返校的，要向学校申请并报学校领导批准。学生一律不准返校。作业一律采用线上作业。延期开学期间，各高中学校不准发放或借用纸质教材，纸质教材到正式开学后发放。

（五）明确在线教学时间。高中学校在线教学原则上从2月10日（原定开学时间）开始，结束日期以市教育局公布的正式开学时间为准。

深圳市教育局

2020年2月6日

深圳市教育局关于印发《深圳市民办中小学设置标准》的通知

各区（新区、深汕特别合作区）教育行政部门：

现将新修定的《深圳市民办中小学设置标准》印发你们，请遵照执行。

深圳市教育局

2020年5月19日

深圳市民办中小学设置标准

为了促进深圳市民办中小学优质、特色发展，更好地打造与深圳城市发展相匹配的现代教育，根据国家、省、市民办教育相关法律法规和中小学规划建设标准，结合本市实际，参照公办学校设置标准，制定本标准。

本标准适用于依据《中华人民共和国民办教育促进法》在本市新设立的民办小学、民办九年制学校、民办初级中学、民办完全中学、民办普通高中、民办十二年制学校和现有民办中小学分立、合并及变更层次和名称。

一、举办者

（一）学校举办者为国家机构以外的社会组织或者个人。举办者为社会组织的，应当具有中华人民共和国法人资格，信用状况良好，无不良记录，未被列入企业或者其他社会组织经营异常名录或者严重违法失信名单；其法定代表人有中华人民共和国国籍，在中国境内定居，有政治权利和完全民事行为能力，信用状况良好，无犯罪记录。举办者为个人的，应当具有中华人民共和国国籍，在中国境内定居，有政治权利和完全民事行为能力，信用状况良好，无犯罪记录。

外商投资企业办学，应当符合国家有关外商投资的规定。

（二）已举办了民办学校的举办者，其举办的学校近5年无违法违规办学受到行政处罚的行为。

（三）两个以上社会组织或者个人联合举办民办中小学校，应当签订联合办学协议，明确办学宗旨，培养目标以及各自权利义务和争议解决办法，各自开办资金的出资数额、方式以及相应比例等内容。

二、学校名称

（一）营利性学校的名称应当符合《工商总局 教育部关于营利性民办学校名称登记管理有关工作的通知》（工商企注字〔2017〕156号）的规定，非营利性学校的名称应当符合《民办非企业单位名称管理暂行规定》（民政部民发〔1999〕129号）的规定。

（二）学校名称应当体现学校的办学层次和类别，后缀为高级中学、初级中学、中学、小学、学校，不得含有误导或者引发歧义的内容和文字。

（三）学校名称由“行政区域名、学校字号（字样）、后缀”依次组成。行政区域名统一为“深圳市”（市审批学校）或者“深圳市××区”（区审批学校）。

（四）学校只能使用一个名称。学校的外文名称应当与中文名称语义一致。新设立学校不得使用已登记的学校名称及其简称、特定称谓等作字号。

学校名称使用“外国语”字样的，应当开设不少于3个外语语种课程，使用“实验”字样或者含有体现办学特色字样的，应当有具体的办学实验或特色办学方案。

三、校舍建设

（一）选址、规划设计、建筑标准应当符合现行《中小学校设计规范》《深圳市普通中小学校建设标准指引》等规定，教学区、运动区、生活区应当相对独立。校园内不得设有其他机构。学校周边环境有利于学生的身心健康，应当设立交通安全标志，确保学生和教职工出行安全。

（二）每个年级不少于2个班，小学班额控制在40人以内，中学班额控制在45人以内，总办学规模不超过3000人。

（三）学校生均占地面积小学不低于8平方米，九年制学校不低于9.5平方米，初中不低于10平方米，高中不低于18平方米。学校生均建筑面积，非寄宿制学校小学不低于11.50平方米，九年制学校不低于11.60平方米，初中不低于13.17平方米，高中不低于14.43平方米；寄宿制学校小学不低于19.32平方米，九年制学校不低于19.30平方米，初中不低于22.12平方米，高中不低于24.57平方米。以上生均面积不含教职工宿舍面积。

（四）学校至少有1块4道以上不少于200米的环形跑道运动场；至少有1条4道以上的直跑道，小学60米以上，九年制学校、初中、高中100米以上。每400人设置不少于1个标准球类场地（篮球或者排球），900人以下设置不少于200平方米的体育器械和游戏区，超过900人的设置不少于300平方米的体育器械和游戏区。球类场地、体育器械和游戏区分别独立设置，不得与其他活动场地重合。

（五）学校应当设有升旗台。

（六）办学场地设施应当符合建筑安全、消防、卫生、抗震、环保等安全要求。

配有食堂的，应当按照食品安全相关法律法规以及量化等级A级的标准设计与建设。

（七）校舍具有合法产权，近10年内未被纳入城市更新、改造、用地征收等拆迁计划。属于历史遗留违法建筑的，应当依照《深圳市人民政府关于农村城市化历史遗留产业类和公共配套类违法建筑的处理办法》（深圳市人民政府令第312号）进行处理后方可用于办学。

（八）校舍场地属于租赁的，应当由举办者或者学校直接与产权人签订租赁合同，并经政府房屋租赁管理部门备案，备案期限属国有产权的租赁期不少于10年，属非国有产权的租赁期不少于12年。

四、教育教学设备设施

（一）普通教室、专用教室、劳动实践场所、其他教学及教学辅助用房、办公用房等的建设和学生课桌椅、常规教学仪器、专业器材、信息化教学平台设备等的配备，应当符合《深圳市义务教育学校设备设施配备标准指引》和《深圳市普通高中学校设备设施配备标准指引》相关要求。理化生实验室或探究室建设、使用和管理应当符合国家有关安全标准要求。

学校名称含有体现办学特色字样的，还应当配备能支撑办学特色的场地、各类用房及设备设施。

（二）按照现行《中小学图书馆（室）规程》规定的标准配备图书报刊。

（三）建有信息资源库，有配套教学应用软件。有出口带宽不低于1G接入的校园网，无线网络覆盖率达到100%，并配备相应的网络安全及审核设备。

（四）按照现行深圳市《反恐怖防范管理规范：中小学、幼儿园》规定配置安全保卫设施，建有围墙或其他实体屏障，学校出入口设置防冲撞隔离设施，建有门禁系统、一键式报警装置，覆盖整个校园的安全监控系统并接入公安监管平台。

五、人员条件和配置

（一）校长

1. 具有中华人民共和国国籍。

2. 遵守我国法律、法规，具有较高的思想政治素质和胜任岗位职责所必需的专业知识、职业素养和实践经验，熟悉中小学教育工作和相关政策法规。

3. 具有学校最高办学层次相应的教师资格；大学本科以上文化程度，中级以上教师专业技术职务和三年以上中小学副校长以上任职经历。

4. 年龄在70周岁以下，具有正常履行职责的身体条件。

5. 有政治权利和完全民事行为能力，信用状况良好，无犯罪记录和不良从教记录。

（二）教师

1. 遵守我国法律、法规，具有良好的政治素质和职业道德，热爱教育事业；具备从事教育教学工作的身心条件；品行端正，无违法违纪行为。

2. 具有相应的教师资格；达到本科及以上学历，其中初中专任教师硕士研究生及以上学历不少于15%，高中专任教师硕士研究生及以上学历不少于35%；副高级及以上专业技术职务、市级以上名师、学科带头人、骨干教师须有一定比例。

3. 专任教师与学生比小学不低于1:19，九年制学校不低于1:15，初中不低于1:13.5，高中不低于1:12.5。

学校名称含有体现办学特色字样的，相关特色的专业教师配备相应上浮25%以上。

实行小班化教学的学校（30人以内），专任教师占比上浮20%以上。

4. 聘用外籍教师，应当符合国家有关规定。

（三）教辅人员

1. 遵守我国的法律、法规，品行端正，具有正常履行职责的身体条件，无违法违纪行为。

2. 配备具有从事会计工作所需要的专业能力的会计人员，会计和出纳不得兼任。

3. 按学生人数600∶1的比例配备专职卫生技术人员，专职卫生技术人员应持有卫生专业执业资格证书。

4. 每1000名学生至少配置1名专职心理健康教师（不足1000人按1000人计算），心理健康教师应当符合任职资格条件。

5. 按照深圳市《反恐怖防范管理规范中小学、幼儿园》规定，配齐安全保卫人员。学校出入口、监控中心按全天候值守要求配备。

6. 其他教辅人员按国家相关管理部门的要求配备。

六、办学出资

（一）举办者应当具备与举办学校的层次、类型、规模相适应的经济实力，其净资产或者货币资金能够满足学校建设和发展的需要。

（二）举办学校的经费应当为非国家财政性经费，开办资金在扣除校舍建设、改造、购置教育教学设备设施和一年的租金等支出后，货币资金不少于本市上年度同级同类公办学校公共财政生均教育事业费支出标准（学生人数按照申办的办学总规模计算）。

申请筹设的，出资额须满足校舍建设、改造、购置教育教学设备设施和一年的租金支出要求。

（三）办学出资实行实缴制，并履行法定出资验资程序。其中，以货币出资的，应当提供具有资质的验资机构出具的验资报告；以自有土地使用权以及房屋产权、教育教学设施设备以及图书资料等财物作为办学出资的，还应当提供由具有资质的资产评估机构出具的资产评估报告。

七、组织和机构

（一）设立董事会（理事会）或者其他形式的决策机构，决策机构成员由举办者或其代表、校长、党组织负责人、教职工代表等五人以上组成，其中三分之一以上成员具有五年以上教育教学经验（经历）；非营利性学校的决策机构中至少有一名以上独立社会人士。

（二）设立监事会或者监事，设立监事会的，监事会中教职工代表不得少于1/3。

（三）设有行政管理和教育教学管理机构，配足配齐岗位工作人员。

（四）法定代表人由董事长（理事长）或者校长担任，应当具有中华人民共和国国籍，在中国境内定居，有政治权利和完全民事行为能力，信用状况良好，无犯罪记录。

（五）一个自然人不得同时在同一所学校的董事会（理事会）、监事会任职。有犯罪记录、无民事行为能力或者限制行为能力者不得在学校董事会（理事会）、监事会、行政机构任职。

有回避规定的董事会（理事会）、监事会成员，校长、财务人员等应当按规定实行回避。

八、制度建设和课程

（一）制订符合法律、法规的办学章程。章程应当载明：（1）名称、住所、办学宗旨、性质、层次类型、业务范围、办学规模、举办者、资产数额、资产来源、资产性质及管理使用原则；（2）决策机构及监督机构的产生办法、任期、人员构成及议事规则、举办者变更的规则、组织管理制度；（3）法定代表人的产生及罢免程序、党组织负责人进入决策机构和监督机构的程序和党组织参与重大决策的程序；（4）举办者的权利义务、教职工及学生的权利义务和权益保障机制；（5）党的建设；（6）章程修改程序；（7）学校终止事由、程序及终止后资产的处理办法；（8）法律法规及规章规定的其他事项。营利性民办普通高中的章程，还应当符合《中华人民共和国公司法》关于公司章程的有关规定。

（二）按照相关法律法规和规章要求，党的建设要同步谋划、党的组织要同步设置、党的工作要同步开展。要制定行政管理、教学管理、教师培训、安全管理、员工管理、学生管理、资产和财务管理等制度。

（三）严格按照国家中小学课程方案开设课程，并依照课程标准实施教学，完成规定的学习任务。实施高中教育的，学生须按国家课程方案规定的科目完成合格性考试。实施义务教育的，不得引进境外课程、使用境外教材，严禁用地方课程、校本课程取代国家课程，严禁使用未经审定的教材。

九、其他

（一）民办小学、民办九年制学校、民办初级中学、民办完全中学、民办十二年制学校只可以申请设立非营利性学校，民办普通高中可以申请设立非营利性或营利性学校。

（二）民办完全中学执行民办初级中学和民办高级中学相关标准，民办十二年制学校执行民办九年制学校和民办普通高中相关标准。

（三）本标准所引用的相关文件和标准，如有修订，执行其最新版本。

（四）本标准自2020年6月1日起实施，有效期5年。《深圳市民办中小学设置标准》（深教〔2015〕354号）同时废止。

深圳市教育局关于印发《深圳市普通高中体育与健康等科目学业水平考试实施办法》的通知

各区（新区）教育行政部门，市局直属各单位，各高中学校：

根据《教育部关于普通高中学业水平考试的实施意见》（教基二〔2014〕10号）、《广东省普通高中学业水平考试实施办法》（粤教考〔2019〕18号）、《广东省教育厅关于普通高中体育与健康等科目学业水平考试工作的指导意见》（粤教考〔2019〕19号）精神，为做好深圳市普通高中体育与健康、音乐、美术、信息技术、通用技术科目学业水平考试工作，我局制定了《深圳市普通高中体育与健康等科目学业水平考试实施办法》。现予印发，请遵照执行。

深圳市教育局

2020年11月23日

深圳市普通高中体育与健康等科目学业水平考试实施办法

为贯彻落实《教育部关于普通高中学业水平考试的实施意见》（教基二〔2014〕10号）《广东省普通高中学业水平考试实施办法》（粤教考〔2019〕18号）《广东省教育厅关

于普通高中体育与健康等科目学业水平考试工作的指导意见》（粤教考〔2019〕19号）精神，指导各学校做好普通高中体育与健康、音乐、美术、信息技术、通用技术科目（以下简称体育与健康等科目）学业水平考试工作，结合我市实际，制定本实施办法。

一、目的意义

普通高中学业水平考试主要衡量学生达到国家规定学习要求的程度，是保障教育教学质量的一项重要制度。考试成绩是学生毕业和升学的重要依据，是评价普通高中学校教育教学质量的重要指标之一。完善普通高中学业水平考试制度，有利于促进普通高中学校深化教育教学改革，引导学生认真学习每门课程，避免严重偏科，有利于学生全面而有个性地发展。深圳要以更强烈的使命担当加快推进教育高质量发展，以先行示范区的标准推动新时代深圳教育工作走在前列，对标最高最好最优最强，奋力开创新时代深圳教育工作新局面。普通高中学业水平考试是衡量深圳基础教育和学生综合素质、全面发展的标准，更要遵循上级文件精神，先行先试，为深圳建设中国特色社会主义先行示范区贡献力量。

二、基本原则

（一）育人为本。全面贯彻党的教育方针，落实立德树人根本任务。引导教师转变教育观念，建立以学生为中心的新型教学关系，推动教育教学方式方法的改革，促进学生转变学习方式。坚持面向全体学生，让不同兴趣爱好、不同发展程度的学生都能得到全面而有个性的发展。

（二）全面考核。促进普通高中学校全面落实《普通高中课程方案和语文等学科课程标准（2017年版2020年修订）》，引导学生完成国家规定的普通高中各门课程的学习，准确反映学生整体学业水平，全面提高学生德智体美劳各方面的素质。

（三）自主选择。为学生提供更多自主选择考试项目的机会，促进学生发展学科兴趣与个性特长，促进学生个性化、多样化发展，为学生健康、全面发展创造有利条件。

（四）统筹兼顾。积极发挥普通高中学业水平考试对普通高中学校教育教学质量评价和诊断的功能以及正确的导向作用，减轻学生过重的课业负担和学习压力，提升育人成效。

三、考试安排

（一）考试对象

具有普通高中学籍的在校学生和申请普通高中同等学力的人员均应参加体育与健康等科目学业水平考试。

因病、残等确不能参加或不能按时参加体育与健康等科目技能测试的考生，根据国家和省的有关规定，可视病、残程度申请免考或缓考。申请免考或缓考的考生须持残联颁发的残疾人证明或三甲以上医院的诊断证明（就医病历），经学校同意并加盖公章后，由学校汇总报区（含新区，下同）教育行政部门认定。

（二）考试命题和评卷

市教科院根据《普通高中课程方案和语文等学科课程标准（2017年版2020年修订）》要求及深圳实际，规范开展终结性测试命题和评卷工作。考试命题要体现立德树人根本要求，注重考查学生体育、艺术和技术核心素养、创新精神及实践能力。评卷工作要制定统一评分标准，把握评分尺度，严格评分细则，做到客观、公平、公正。各区教育行政部门、各有关学校要增强全局观念、合理调配教师，认真按照市教科院要求选派教师参加命题及评卷工作。

（三）考试内容和方式

体育与健康等科目的考试内容以《普通高中课程方案和语文等学科课程标准（2017年版2020年修订）》为依据确定（具体见各相应科目的学业水平考试实施方案）。要将过程性评价和终结性测试有机结合，重视技能的考核。过程性评价由学校组织实施，实施细则由学校制定并报区教育行政部门备案；终结性测试由区教育行政部门统一组织实施，测试方式可以采用实操测试、纸笔测试或上机测试。

（四）考试时间

体育与健康等科目考试时间依据《普通高中课程方案和语文等学科课程标准（2017年版2020年修订）》的规定和“学完即考”的原则确定。音乐、美术科目不早于第3学期，不迟于第5学期；信息技术、通用技术科目不早于第2学期，不迟于第4学期；体育与健康科目每学年进行一次《国家学生体质健康标准》测试，在高三年级进行技能测试。过程性评价根据课程的进度确定，一般在平时进行。终结性测试时间见各相应科目学业水平考试实施方案。

（五）成绩呈现

体育与健康等科目学业水平考试为合格性考试。考试成绩由过程性评价和终结性测试成绩组成。所有科目最终得分均以“合格/不合格”呈现，不合格比例不超过当次该科考生总数的2%。免考学生专项技能测试成绩认定为“合格”。

四、考务工作要求

市招考办负责统筹指导各区教育行政部门做好体育与健康等科目学业水平考试组织实施工作。对考试的考务管理等提出规范要求，指导各区教育行政部门、各学校做好考试安全和保密管理工作。协调考试工作中发生的重大问题，维护考试的公平公正。建立监督机制，不定期抽查各学校考试实施情况，设立和公布监督电话，接受社会监督。区教育行政部门具体负责考试组织、协调、考务管理和监督等工作，各考点负责具体的考务实施工作。各考点要建立健全考务管理各项制度，做实做细体育与健康等科目的考务实施和管理工作，做好考点建设，加强考务队伍建设，规范考务管理，强化考试安全。

（一）做好考点建设，完善并配备好考点设施设备

考点要保障考试所用的器材和水电、通风、消防安全等设施符合相关标准，质量合格，数量充足，管理人员配备齐全，管理制度健全，满足体育与健康等科目考试包括技能考查的需要。加强对考试所需器材的管理，做好防火、防爆、防毒、防漏电等工作。

（二）加强考务、命题和评卷等人员队伍建设

严格把关，挑选责任心强、政治和业务素质高、身体健康的教师担任考试考务工作。严格执行回避制度。要督促考务工作人员履职尽责。认真开展考前全员培训，加强相关法律法规、职业道德、安全保密、考务管理、预防作弊和评卷等方面的业务培训，加强纪律教育，确保考务工作人员熟知要求，严格履职。加强命题队伍的专业化建设，建立命题人员资格审查制度和命题专家库，强化命题人员培训。加强考试题（卷）库建设，建立和完善命题审查和组织保障制度，提高考试命题的科学化和专业化水平。

（三）严格考试过程管理

要严密组织，严明纪律，严肃考风考纪。参照国家教育考试考务工作规定，建立健全考试工作责任制，确保责任落实到岗到人。各考点主考是落实考风考纪的第一责任人，严格监督管理，完善监督机制。全面落实“三固定一调整”（考场内每个考试实验台实验题目固定、实验器材固定、监考教师固定，每场考试后由监考人员随机调整实验台台签号）规定。实行校际间交叉监考。各考点要启用监控系统，对考试过程进行全程监控，对考试全程录像并留存至成绩公布后半年以上，以备查。考试期间，建立监督检查机制，加强对各考点的巡视检查，推动各项工作有效运转。

（四）强化考试安全管理，落实考试安全责任制

要强化安全意识，认真制定并落实各项安全防范措施和安全责任制，落实安全保密措施。要制定突发事件应急预案，强化重大事情报告制度，确保发现问题能够第一时间有效处理。

（五）加强考风考纪建设

通过多种渠道、采取多种方式加强考生诚信教育，宣传相关诚信考试法律法规，让考生和考务工作人员全面了解考试纪律，知晓违规违纪行为严重后果，自觉抵制违纪违法行为。建立责任追究制度，加大考试违规查处力度，严打考试违纪舞弊行为。对弄虚作假、徇私舞弊、违纪或作弊者，依法依规严肃处理。

五、保障工作

（一）加强组织领导

各区教育行政部门、各学校要加强领导，强化组织管理，明确职责，分工协作，密切配合，精心组织，科学安排，健全工作机制。要成立考试工作领导小组，切实加强对考试工作的组织领导。

（二）加强教学管理

各学校要严格落实《普通高中课程方案和语文等学科课程标准（2017年版2020年修订）》，合理安排教学进度，严禁压缩课程授课时间，确保开齐开足体育与健康等科目课程。要推进体育与健康等科目的课程教学改革，将学生在校内外开展的有关课外活动纳入教学计划，与课堂教学相互衔接、互为补充，满足学生爱好和特长发展的需要。

（三）加强评价管理

各学校要加强过程性评价管理，指导教师准确把握考试评价标准，切实做到评分尺度统一，坚持客观、公平、公正。要建立健全公示制度，及时在校内公布学生考试结果，并将有关情况向学生家长通报。市、区教育行政部门将开展随机抽查，对违纪违法行为依法依规严肃处理。

各区教育行政部门要在终结性

测试开考前20日汇总好本区考点设置情况、考务工作细则、考生报名数量等信息报市招考办备案；每学年末，要汇总考生过程性评价和终结性测试成绩报市招考办备案。

本办法及各相关科目学业水平考试实施方案自2020年12月15日开始施行，有效期五年。

深圳市教育局关于印发《深圳市初中学生综合素质评价方案（试行）》的通知

各区（大鹏新区、深汕特别合作区）教育行政部门、市局直属各学校：

为落实立德树人根本任务，推进素质教育，促进学生全面发展和个性成长，我局制定了《深圳市初中学生综合素质评价方案（试行）》。现予印发，请遵照执行。

深圳市教育局

2020年11月27日

深圳市初中学生综合素质评价方案（试行）

为推进初中学生综合素质评价，根据教育部《关于进一步推进高中阶段学校考试招生制度改革的指导意见》（教基二〔2016〕4号）和广东省教育厅《关于实施初中学生综合素质评价的指导意见（试行）》（粤教基〔2018〕10号）等文件精神，我市于2018年颁布实施了《深圳市初中学生综合素质表现评价方案（试行）》（深教〔2018〕528号）。现根据《中共中央国务院关于深化教育教学改革全面提高义务教育质量的意见》（中发〔2019〕26号）和《深化新时代教育评价改革总体方案》（中发〔2020〕19号）的精神要求，并结合试行的实际情况，对《深圳市初中学生综合素质表现评价方案（试行）》进行修订，形成本方案。

一、目的意义

综合素质评价是对学生素质发展状况的综合记录和分析，是促进学生全面发展和个性成长的重要抓手，是深入推进素质教育的重要举措，是全面提升义务教育质量的重要保障。做好学生综合素质评价，有利于扭转以考试分数为唯一标准评价学生的片面倾向，并为高中阶段学校招生录取提供更加综合的参照依据；有利于引导学生更全面地认识自我，更合理地规划自我，更主动地发展自我；有利于学校、家庭、社会形成正确育人观，为发展素质教育营造良好社会氛围。

二、实施原则

（一）坚持正确的方向性。引导学生践行社会主义核心价值观，热爱祖国和中国共产党，弘扬爱国主义和中华民族传统美德，落实立德树人根本要求，着力培养德智体美劳全面发展的社会主义建设者和接班人。

（二）坚持综合素质的养成性。从基本素质要求和学生个性特长两个层面评价学生综合素质，注重养成学生良好的日常行为规范和品行，促进学生思想品德、学业水平、身心健康、艺术素养与社会实践等方面的全面发展，尊重学生个体差异，激发每个学生的潜能优势，促进学生个性特长的健康发展。

（三）坚持科学评价和便捷操作。科学设计指标体系，实行教师、学生、家长等多主体评价，综合运用量化评价与质性评价等方式，坚持以事实为依据进行评价，如实记录学生成长过程中的良好品行和突出表现。开发学生综合素质评价信息管理平台，确保便捷操作，为每位初中学生建立伴随终身的成长电子档案。

（四）坚持评价工作的公开透明和公平公正。严格规范评价程序和结果应用，强化监督，建立健全评价结果的公示制度和申诉制度，确保评价工作公开透明。

三、评价内容

根据初中教育的性质和学生年龄特点，结合深圳教育教学实际，初中学生综合素质评价包括两部分：一是综合素质评价的基本指标。主要包括学生良好品行以及日常行为规范，具体包含对学生思想品德、学业水平、身心健康、艺术素养与社会实践等五个方面的评价内容。二是学生的个性特长与突出表现。通过建设“深圳市初中学生综合素质评价信息管理平台”（以下简称“信息平台”），为每一个初中学生建立“深圳市初中学生综合素质评价档案”（以下简称“综评档案”），如实对学生全面发展和个性特长的状况进行记录、分析和评价。

（一）思想品德

主要考察学生践行社会主义核心价值观，在爱党爱国、理想信念、热爱集体、遵纪守法、诚实守信、仁爱友善、团结互助、行为习惯等方面的表现。重点是与学生行为规范、思想品行等密切关联的行为表现。

（二）学业水平

主要考察学生各学科基础知识、基本技能掌握情况，学习能力和运用知识解决问题的能力，培养学生的人文素养和科学精神。重点是学生的学业水平考试成绩、研究性学习的经历与成果，以及学习习惯、学习态度、学习意志力、学习规划能力等。

（三）身心健康

主要考察学生的基本身体机能与运动技能、体育锻炼习惯与健康生活方式，以及心理健康状况、安全素养等。重点是学生的《国家学生体质健康标准》达标情况、体育运动技能掌握情况、每天一小时校园体育活动表现、课余体育训练情况、自我生活管理情况，以及自我认知、人际关系、情绪特点和青春期适应情况，安全知识、安全意识与相关技能情况等。

（四）艺术素养

主要考察学生对艺术的审美感受、理解、鉴赏和表现的能力。重点是学生参加各类艺术活动的经历和水平。

（五）社会实践

主要考察学生在社会生活中动手操作、体验探究和调查研究所形成的创新意识、劳动意识和技能等情况。重点是学生参加社会实践、职业体验活动、创新活动的经历与收获等。

四、评价方式

初中学生综合素质评价主要运用重要观测点定量评价、写实记录与多元定性评价相结合的形式进行，具体包括综合素质基本指标评价、个性特长与突出表现写实记录、评语评价和档案呈现等方式。综合素质基本指标评价基于25个重要观测点是否达标，最终得出达标或不达标两种结果；个性特长与突出表现通过写实记录完成；评语评价由学生、家长及教师等多方主体完成；档案呈现由“信息平台”自动生成。

五、评价程序

综合素质评价程序分为综合素质基本指标评价、个性特长与突出表现写实记录、提交评语、公示确认与档案呈现等五个环节。

（一）综合素质基本指标评价。综合素质基本指标评价由学校和家长在“深圳市初中学生综合素质评价指标表（基本指标）”（见附件1）和“深圳市初中学生综合素质基本指标评价标准”（见附件3）的25个重要观测点中，根据学生的现实表现在“是否达标”栏目勾选“是”或“否”。重要观测点按学期（第六学期不评价）进行评价。最终结果分为达标和不达标两种。学生初中阶段综合素质达标有两种途径：一是学生每学期25个重要观测点中有20个达标，则本学期综合素质基本指标评价达标，如果5个学期皆达标，则该生在初中阶段的综合素质评价达标；二是学生在5个学期累计共有105个指标达标，则该生在初中阶段的综合素质评价达标。评价结果由“信息平台”自动生成，学生与家长对评价结果如有异议，可按程序提出申诉。

（二）个性特长与突出表现写实记录。个性特长与突出表现可由学生在教师和家长的指导下，在“深圳市初中学生综合素质评价指标表（个性特长与突出表现写实记录）”（见附件2）中填写，记录自己在思想品德、学业水平、身心健康、艺术素养与社会实践等方面的表现，并上传竞赛获奖证书、荣誉类证书以及其他值得呈现的相关材料。不要求五个方面全部填写，可有选择地填写，能随时在“信息平台”录入，在档案生成前多次修改更新。

（三）提交评语。评语包括学生自我陈述、学生成长亲子共评与班主任评语，在“信息平台”上录入。初一至初三上学期对学生每个学期的成长情况进行学期评价，初三下学期对学生初中阶段的个人成长情况进行整体评价。

1. 学生自我陈述。每个学期末，学生通过反思本学期的成长经历，用典型事例说明个人遵守日常行为规范、形成良好品行的情况，个人兴趣特长、优势、潜能等认识自我的情况，遇到问题、困难是否主动与他人沟通并寻求解决问题办法的情况，尝试用创新的方法解决问题的情况，以及欣赏他人优点的情况。

2. 学生成长亲子共评。家长留出足够的时间，营造亲子交流的良好氛围，与孩子充分交流讨论后，录入“信息平台”。内容包括亲子关系以及孩子的成长经历、所取得进步、所遇困难、解决过程、存在的不足与努力方向。

3. 班主任评语。班主任要在全面了解学生成长情况的基础上，围绕学生每学期及初中三年成长过程的表现，客观填写评语。

（四）公示确认。学生毕业前，学校对学生综合素质评价结果进行公示。

（五）档案呈现。学生毕业前，“信息平台”合成综合素质基本指标评价结果、个性特长与突出表现写实记录和评语，形成“综评档案”，由学生与家长共同签字确认，确认后不能更改。初中学校对“综评档案”进行存档。

六、评价结果的使用

（一）作为指导学生成长的依据。教师和家长要在教育教学过程及日常生活中，引导学生发现自我，建立自信，指导学生发扬优点，克服不足，明确努力方向，促进学生全面发展和个性发展。

（二）作为学生参加高中阶段学校考试招生录取的依据。初中学校要将学生的“综评档案”提供给高中阶段学校使用。

“综评档案”是高中阶段学校招生录取的重要依据，综合素质评价达标的学生可以参加所有高中阶段学校的招生录取；综合素质评价不达标的学生，不能报考广东省一级高中学校。

“综评档案”不作为高中阶段学校招生考试成绩相同情况下的录取比较条件。2018 年印发的《深圳市教育局关于进一步推进高中阶段学校考试招生制度改革的实施意见》（深教规〔2018〕4 号）中关于综合素质评价的规定，与本方案不一致的，以本方案为准。

（三）作为评价学校办学水平的依据。市、区教育行政部门把学校开展学生综合素质评价工作情况作为评价学校办学水平、管理水平以及考核校长的重要依据。

七、组织保障

（一）加强组织领导。综合素质评价是全面落实素质教育，深化招生考试制度改革的重要举措，各级教育行政部门要高度重视，加强领导，精心组织。市级教育行政部门制定《〈深圳市初中学生综合素质评价方案（试行）〉实施工作指引》（以下简称《工作指引》，见附件 4），明确责任，强化管理和督导，把综合素质评价工作作为评价各区教育行政部门和学校工作的重要内容，每年要在全市抽取一定比例的学校进行核查。

（二）做好宣传培训。市、区教育行政部门与学校要利用媒体进行广泛宣传，营造支持综合素质评价的良好社会氛围。市、区教育行政部门开展综合素质评价工作专题培训，宣讲与培训做到全覆盖，引导教师、家长和学生主动完成综合素质评价任务。市、区教育行政部门及时推广综评工作典型学校的先进经验。

（三）明确主体责任。各区教育行政部门要参考《工作指引》制订本区的实施细则，加强统筹协调，为学校开展校外实践等活动搭建平台，并将学校开展综评工作情况作为考核学校办学水平、管理水平及校长履职的重要依据。学校要履行综合素质评价工作的主体责任，校长是第一责任人，成立工作领导小组，建立健全相关管理制度，安排专人负责具体工作，及时处理申诉、投诉和建议。

（四）强化信息管理。市教育行政部门建立并优化“信息平台”，确保系统安全稳定运行。

（五）形成素质教育强大合力。市、区教育行政部门要加大社会公益资源统筹力度，鼓励和支持各类文化、艺术、体育、科技等公益性机构以及高科技企业免费或优惠为学生开放。学校要充分利用资源，寻求支持，为学生成长提供平台和机会。引导家庭积极配合学校综合素质评价工作，多途径提升学生综合素质，努力形成学校、家庭、社会共同推进素质教育的强大合力。

（六）健全监督机制。各区教育行政部门要完善对学校综合素质评价工作的监督机制，公开举报电话和网站。学校要完善综合素质评价结果公示制度，对涉及综评工作的相关申诉进行核查并及时反馈。学生或家长对学校申诉处理结果仍有异议的，可向教育行政主管部门申诉，教育行政主管部门要依法依规予以处理。建立责任追究制度，对违反规定、弄虚作假等行为，根据有关规定严肃处理，违反法律的要追究法律责任。

本方案自 2020 年 12 月 10 日起从 2020 年秋季入学的初一年级开始实施，有效期为 3 年。《深圳市初中学生综合素质表现评价方案（试行）》（深教〔2018〕528 号）同时废止。

教育统计

Educational Statistics

表1　　2020年深圳市各级各类学校基本情况

学校类别		学校数（所）			毕业生数（人）			招生数（人）			在校学生数（人）						教职工数（人）			专任教师数（人）		
		计	其中：社会力量办学校		计	其中：社会力量办学校		计	其中：社会力量办学校		计	其中：非户籍生		其中：社会力量办学校			计	其中：社会力量办学校		计	其中：社会力量办学校	
			（所）	占比例（%）		（人）	占比例（%）		（人）	占比例（%）		（人）	占比例（%）	（人）	非户籍生	在校生占比例（%）		（人）	占比例（%）		（人）	占比例（%）
各类学校总计		2713	1338	49.32	544134	213540	39.24	662279	218575	33.00	2421574	1241120	51.25	864920	683970	35.72	232841	88010	37.80	156086	53800	34.47
普通教育	普通教育合计	2712	1338	49.34	532809	213525	40.08	651177	218481	33.55	2388424	1241120	51.96	864704	683970	36.20	232501	88010	37.85	155885	53800	34.51
	普通高等学校	14	1	7.14	28033	1616	5.76	52394	2758	5.26	136184			5695		4.18	17276	303	1.75	8047	233	2.90
	中等职业教育	26	11	42.31	19935	5861	29.40	27320	13397	49.04	81860	64320	78.57	33677	28674	41.14	6379	1842	28.88	4488	1181	26.31
	其中：中等职业学校	15	2	13.33	12057	1129	9.36	12504	1878	15.02	39134	28030	71.63	5721	4938	14.62	3767	367	9.74	2888	295	10.21
	技工院校	11	9	81.82	7878	4732	60.07	14816	11519	77.75	42726	36290	84.94	27956	23736	65.43	2612	1475	56.47	1600	886	55.38
	普通高中	88	41	46.59	42286	9973	23.58	56027	15610	27.86	150289	57490	38.25	41275	26226	27.46	32493	13128	40.40	12791	3388	26.49
	义务教育	694	222	31.99	250395	88436	35.32	327956	99125	30.23	1458520	856537	58.73	509127	466126	34.91	88838	28486	32.07	89663	28327	31.59
	其中：普通初中	347	161	46.40	99669	29969	30.07	137214	38751	28.24	367341	208358	56.72	104702	92519	28.50	55265	23837	43.13	28763	7685	26.72
	小学	347	61	17.58	150726	58467	38.79	190742	60374	31.65	1091179	648179	59.40	404425	373607	37.06	33573	4649	13.85	60900	20642	33.89
	工读学校	1			21			2			24	22	91.67			0.00	75			26		
	特殊教育学校	8			132			343			1873	58	3.10			0.00	729			522		
	学前教育	1881	1063	56.51	192007	107639	56.06	187135	87591	46.81	559674	262693	46.94	274930	162944	49.12	86711	44251	51.03	40348	20671	51.23
成人教育	成人教育合计	1			11325	15	0.13	11102	94	0.85	33150			216		0.65	340			201		
	成人高等学校	1			11325	15	0.13	11102	94	0.85	33150			216		0.65	340			201		

说明：1. 在教育事业统计报表中普通高校、成人教育没有非户籍生指标。
2. 中等职业学校15所，另有2所非独立法人的办学机构。
3. 根据全国教育事业统计口径，九年一贯制学校教职工纳入初中阶段学校统计；十二年一贯制学校、完全中学学校教职工纳入普通高中阶段学校统计。
4. 根据全国教育事业统计口径，小学专任教师含九年一贯制学校、十二年一贯制学校小学部的专任教师；初中专任教师含九年一贯制学校、十二年一贯制学校初中部专任教师；高中专任教师含十二年一贯制学校、完全中学学校高中部专任教师。

表2　2019—2020年深圳市各级各类学校数增减变化情况

（单位：所、%）

	2019年			2020年			2020年比2019年		2020年比2019年（公办）		2020年比2019年（民办）	
	小计	公办	民办	小计	公办	民办	增加数	增长率	增加数	增长率	增加数	增长率
各类学校总计	2642	637	2005	2713	1375	1338	71	2.69	738	115.86	−667	−33.27
一、高等教育	14	13	1	15	14	1	1	7.14	1	7.69	0	0.00
1.普通高等学校	13	12	1	14	13	1	1	7.69	1	8.33	0	0.00
2.成人高等学校	1	1		1	1		0	0.00	0	0.00	0	
二、高中阶段教育	109	60	49	114	62	52	5	4.59	2	3.33	3	6.12
1.中等职业教育	26	15	11	26	15	11	0	0.00	0	0.00	0	0.00
中等职业学校	15	13	2	15	13	2	0	0.00	0	0.00	0	0.00
技工院校	11	2	9	11	2	9	0	0.00	0	0.00	0	0.00
2.普通高中	83	45	38	88	47	41	5	6.02	2	4.44	3	7.89
高级中学	23	16	7	23	15	8	0	0.00	−1	−6.25	1	14.29
完全中学	23	18	5	26	20	6	3	13.04	2	11.11	1	20.00
十二年一贯制学校	37	11	26	39	12	27	2	5.41	1	9.09	1	3.85
三、初中	334	172	162	347	186	161	13	3.89	14	8.14	−1	−0.62
初级中学	46	43	3	53	51	2	7	15.22	8	18.60	−1	−33.33
九年一贯制学校	288	129	159	294	135	159	6	2.08	6	4.65	0	0.00
四、小学	340	276	64	347	286	61	7	2.06	10	3.62	−3	−4.69
五、学前教育	1836	107	1729	1881	818	1063	45	2.45	711	664.49	−666	−38.52
六、特殊教育学校	8	8		8	8		0	0.00	0	0.00	0	
七、工读学校	1	1		1	1		0	0.00	0	0.00	0	

说明：中等职业学校15所，另有2所非独立法人的办学机构。

表3　2019—2020年深圳市各级各类学校毕业生数增减变化情况

（单位：人、%）

	2019年			2020年			2020年比2019年		2020年比2019年（公办）		2020年比2019年（民办）	
	小计	公办	民办	小计	公办	民办	增加数	增长率	增加数	增长率	增加数	增长率
各类学校总计	514859	241235	273624	544134	330594	213540	29275	5.69	89359	37.04	−60084	−21.96
一、高等教育	33885	32549	1336	39358	37727	1631	5473	16.15	5178	15.91	295	22.08
1.普通高等学校	25926	24613	1313	28033	26417	1616	2107	8.13	1804	7.33	303	23.08
研究生及以上	4652	4652		5694	5694		1042	22.40	1042	22.40		
本科	8727	8727		9100	9100		373	4.27	373	4.27		
专科	12547	11234	1313	13239	11623	1616	692	5.52	389	3.46	303	23.08
2.成人高等学校	7959	7936	23	11325	11310	15	3366	42.29	3374	42.52	−8	−34.78
本科及以上	3033	3033		2627	2627		−406	−13.39	−406	−13.39		
专科	4926	4903	23	8698	8683	15	3772	76.57	3780	77.10	−8	−34.78

续表

	2019年			2020年			2020年比2019年		2020年比2019年（公办）		2020年比2019年（民办）	
	小计	公办	民办	小计	公办	民办	增加数	增长率	增加数	增长率	增加数	增长率
二、高中阶段教育	63863	46883	16980	62221	46387	15834	−1642	−2.57	−496	−1.06	−1146	−6.75
1.中等职业教育	22124	15215	6909	19935	14074	5861	−2189	−9.89	−1141	−7.50	−1048	−15.17
中等职业学校	12861	11766	1095	12057	10928	1129	−804	−6.25	−838	−7.12	34	3.11
技工院校	9263	3449	5814	7878	3146	4732	−1385	−14.95	−303	−8.79	−1082	−18.61
2.普通高中	41739	31668	10071	42286	32313	9973	547	1.31	645	2.04	−98	−0.97
三、初中	91131	64638	26493	99669	69700	29969	8538	9.37	5062	7.83	3476	13.12
四、小学	139895	84727	55168	150726	92259	58467	10831	7.74	7532	8.89	3299	5.98
五、学前教育	185842	12195	173647	192007	84368	107639	6165	3.32	72173	591.82	−66008	−38.01
六、特殊教育学校	224	224		132	132		−92	−41.07	−92	−41.07		
七、工读学校	19	19		21	21		2	10.53	2	10.53		

表4　2019—2020年深圳市各级各类学校招生数增减变化情况

（单位：人、%）

	2019年			2020年			2020年比2019年		2020年比2019年（公办）		2020年比2019年（民办）	
	小计	公办	民办	小计	公办	民办	增加数	增长率	增加数	增长率	增加数	增长率
各类学校总计	639694	338278	301416	662279	443704	218575	22585	3.53	105426	31.17	−82841	−27.48
一、高等教育	53248	51613	1635	63496	60644	2852	10248	19.25	9031	17.50	1217	74.43
1.普通高等学校	38045	36531	1514	52394	49636	2758	14349	37.72	13105	35.87	1244	82.17
研究生及以上	8090	8090		10789	10789		2699	33.36	2699	33.36	0	
本科	12774	12774		14701	14701		1927	15.09	1927	15.09	0	
专科	17181	15667	1514	26904	24146	2758	9723	56.59	8479	54.12	1244	82.17
2.成人高等学校	15203	15082	121	11102	11008	94	−4101	−26.97	−4074	−27.01	−27	−22.31
本科及以上	5467	5467		5129	5129		−338	−6.18	−338	−6.18	0	
专科	9736	9615	121	5973	5879	94	−3763	−38.65	−3736	−38.86	−27	−22.31
二、高中阶段教育	77370	50199	27171	83347	54340	29007	5977	7.73	4141	8.25	1836	6.76
1.中等职业教育	28164	15862	12302	27320	13923	13397	−844	−3.00	−1939	−12.22	1095	8.90
中等职业学校	13835	11709	2126	12504	10626	1878	−1331	−9.62	−1083	−9.25	−248	−11.67
技工院校	14329	4153	10176	14816	3297	11519	487	3.40	−856	−20.61	1343	13.20
2.普通高中	49206	34337	14869	56027	40417	15610	6821	13.86	6080	17.71	741	4.98
三、初中	124848	88622	36226	137214	98463	38751	12366	9.90	9841	11.10	2525	6.97
四、小学	203957	130296	73661	190742	130368	60374	−13215	−6.48	72	0.06	−13287	−18.04
五、学前教育	179844	17121	162723	187135	99544	87591	7291	4.05	82423	481.41	−75132	−46.17
六、特殊教育学校	424	424		343	343		−81	−19.10	−81	−19.10	0	
七、工读学校	3	3		2	2		−1	−33.33	−1	−33.33	0	

表5

2019—2020年深圳市各级各类学校在校生数增减变化情况

（单位：人、%）

	2019年			2020年			2020年比2019年		2020年比2019年（公办）		2020年比2019年（民办）	
	小计	公办	民办	小计	公办	民办	增加数	增长率	增加数	增长率	增加数	增长率
各类学校总计	2322438	1224417	1098021	2421574	1556654	864920	99136	4.27	332237	27.13	−233101	−21.23
一、高等教育	149530	144770	4760	169334	163423	5911	19804	13.24	18653	12.88	1151	24.18
1.普通高校	113214	108591	4623	136184	130489	5695	22970	20.29	21898	20.17	1072	23.19
研究生及以上	21005	21005		26198	26198		5193	24.72	5193	24.72	0	
本科	46702	46702		51624	51624		4922	10.54	4922	10.54	0	
专科	45507	40884	4623	58362	52667	5695	12855	28.25	11783	28.82	1072	23.19
2.成人高校	36316	36179	137	33150	32934	216	−3166	−8.72	−3245	−8.97	79	57.66
本科及以上	14862	14862		15031	15031		169	1.14	169	1.14	0	
专科	21454	21317	137	18119	17903	216	−3335	−15.54	−3414	−16.02	79	57.66
二、高中阶段教育	217531	149869	67662	232149	157197	74952	14618	6.72	7328	4.89	7290	10.77
1.中等职业教育	79992	49101	30891	81860	48183	33677	1868	2.34	−918	−1.87	2786	9.02
中等职业学校	39442	33863	5579	39134	33413	5721	−308	−0.78	−450	−1.33	142	2.55
技工院校	40550	15238	25312	42726	14770	27956	2176	5.37	−468	−3.07	2644	10.45
2.普通高中	137539	100768	36771	150289	109014	41275	12750	9.27	8246	8.18	4504	12.25
三、初中	339851	237236	102615	367341	262639	104702	27490	8.09	25403	10.71	2087	2.03
四、小学	1068992	648510	420482	1091179	686754	404425	22187	2.08	38244	5.90	−16057	−3.82
五、学前教育	545032	42530	502502	559674	284744	274930	14642	2.69	242214	569.51	−227572	−45.29
六、特殊教育学校	1462	1462		1873	1873		411	28.11	411	28.11	0	
七、工读学校	40	40		24	24		−16	−40.00	−16	−40.00	0	

表6

2019—2020年深圳市各级各类学校教职工数增减变化情况

（单位：人、%）

	2019年			2020年			2020年比2019年		2020年比2019年（公办）		2020年比2019年（民办）	
	小计	公办	民办	小计	公办	民办	增加数	增长率	增加数	增长率	增加数	增长率
各类学校总计	219390	102323	117067	232841	144831	88010	13451	6.13	42508	41.54	−29057	−24.82
一、高等教育	15173	14896	277	17616	17313	303	2443	16.10	2417	16.23	26	9.39
1.普通高等学校	14875	14598	277	17276	16973	303	2401	16.14	2375	16.27	26	9.39
2.成人高等学校	298	298		340	340		42	14.09	42	14.09	0	
二、中学阶段教育	87907	50604	37303	94137	55330	38807	6230	7.09	4726	9.34	1504	4.03
1.中等职业教育	6052	4417	1635	6379	4537	1842	327	5.40	120	2.72	207	12.66

续表

	2019年			2020年			2020年比2019年		2020年比2019年（公办）		2020年比2019年（民办）	
	小计	公办	民办	小计	公办	民办	增加数	增长率	增加数	增长率	增加数	增长率
中等职业学校	3584	3295	289	3767	3400	367	183	5.11	105	3.19	78	26.99
技工院校	2468	1122	1346	2612	1137	1475	144	5.83	15	1.34	129	9.58
2.普通中学	81855	46187	35668	87758	50793	36965	5903	7.21	4606	9.97	1297	3.64
三、小学	33069	28282	4787	33573	28924	4649	504	1.52	642	2.27	−138	−2.88
四、学前教育	82647	7947	74700	86711	42460	44251	4064	4.92	34513	434.29	−30449	−40.76
五、特殊教育学校	565	565		729	729		164	29.03	164	29.03	0	
六、工读学校	29	29		75	75		46	158.62	46	158.62	0	

表7　2019—2020年深圳市各级各类学校专任教师数增减变化情况

（单位：人、%）

	2019年			2020年			2020年比2019年		2020年比2019年（公办）		2020年比2019年（民办）	
	小计	公办	民办	小计	公办	民办	增加数	增长率	增加数	增长率	增加数	增长率
各类学校总计	148622	80555	68067	156086	102286	53800	7464	5.02	21731	26.98	−14267	−20.96
一、高等教育	7187	6989	198	8248	8015	233	1061	14.76	1026	14.68	35	17.68
1.普通高等学校	6999	6801	198	8047	7814	233	1048	14.97	1013	14.89	35	17.68
其中：正高级	1516	1511	5	1806	1793	13	290	19.13	282	18.66	8	160.00
副高级	2570	2533	37	2928	2886	42	358	13.93	353	13.94	5	13.51
2.成人高等学校	188	188		201	201		13	6.91	13	6.91	0	
其中：正高级	4	4		4	4		0	0.00	0	0.00	0	
副高级	39	39		39	39		0	0.00	0	0.00	0	
二、高中阶段教育	16134	12155	3979	17279	12710	4569	1145	7.10	555	4.57	590	14.83
1.中等职业教育	4204	3292	912	4488	3307	1181	284	6.76	15	0.46	269	29.50
中等职业学校	2747	2604	143	2888	2593	295	141	5.13	−11	−0.42	152	106.29
技工院校	1457	688	769	1600	714	886	143	9.81	26	3.78	117	15.21
2.普通高中	11930	8863	3067	12791	9403	3388	861	7.22	540	6.09	321	10.47
三、初中	26431	19021	7410	28763	21078	7685	2332	8.82	2057	10.81	275	3.71
四、小学	58511	37858	20653	60900	40258	20642	2389	4.08	2400	6.34	−11	−0.05
五、学前教育	39912	4085	35827	40348	19677	20671	436	1.09	15592	381.69	−15156	−42.30
六、特殊教育学校	418	418		522	522		104	24.88	104	24.88	0	
七、工读学校	29	29		26	26		−3	−10.34	−3	−10.34	0	

表8　2019—2020年深圳市中小学、幼儿园非户籍生数变化情况

（单位：人、%）

	2019年	2020年	2020年比2019年	
			增加数	增长率
总计	1309203	1241040	−68163	−5.21
幼儿教育	302240	262693	−39547	−13.08
小学	682020	648179	−33841	−4.96
初中	205729	208358	2629	1.28
普通高中	54465	57490	3025	5.55
中等职业学校（包括技工学校）	64749	64320	−429	−0.66

表9　2019—2020年深圳市义务教育阶段进城务工人员随迁子女就读人数情况

（单位：人、%）

	2019年	2020年	2020年比2019年	
			增加数	增长率
义务教育阶段学校总计	673774	667083	−6691	−0.99
小学	522149	508156	−13993	−2.68
初中	151625	158927	7302	4.82

表10　2020年深圳市高等学校基本情况

（单位：所、人、平方米）

学校名称	学校数	毕业生数					招生数					在校学生数						占地面积	建筑面积
		合计	博士	硕士	本科	专科	合计	博士	硕士	本科	专科	合计	女	博士	硕士	本科	专科		
深圳市普通教育合计	14	28033	284	5410	9100	13239	52394	1148	9641	14701	26904	136184	62570	3395	22803	51624	58362	7176243	3636110
深圳大学	1	9129	54	2494	6581		11044	176	4125	6743		38802	17686	420	9990	28392		2719105	1474410
南方科技大学	1	911			911		2345	318	934	1093		6484	1663	602	1572	4310		1231259	546028
深圳技术大学	1	0					1577			1577		2380	706			2380		251499	419833
香港中文大学（深圳）	1	753			753		1351			1351		4683	2499			4683			
深圳北理莫斯科大学	1	0					304			304		716	322			716			
中山大学（深圳校区）	1	362	16	178	168		2769	231	673	1865		8052	3215	545	1433	6074			
哈尔滨工业大学（深圳）	1	1246	75	817	354		2845	222	1238	1385		7838	1911	1000	3136	3702			
深圳职业技术学院	1	6887				6887	15831				15831	32170	17938				32170	2004918	577516
深圳信息职业技术学院	1	4736				4736	8315				8315	20497	10628				20497	924935	584805
清华大学深圳国际研究生院	1	993	75	918			1516	106	1410			3814	1314	495	3319				
北京大学深圳研究生院	1	1028	64	964			1255	95	1160			3483	1603	333	3150				
暨南大学深圳旅游学院	1	358		25	333		414		31	383		1442	906		75	1367		44527	33517
天津大学佐治理工深圳学院	1	14		14			70		70			128	34		128				

续表

学校名称	学校数	毕业生数					招生数					在校学生数						占地面积	建筑面积
		合计	博士	硕士	本科	专科	合计	博士	硕士	本科	专科	合计	女	博士	硕士	本科	专科		
深圳市成人教育合计（非全日制/业余）	1	11325		267	2360	8698	11102	49	101	4979	5973	33150	21091	90	536	14405	18119	6492	19990
深圳广播电视大学	1	33				33	17				17	70	41				70	6492	19990
深圳大学		6824		171	2360	4293	8236			4979	3257	24557	16080		73	14405	10079		
中山大学（深圳校区）		0					1		1			24	12		24				
深圳职业技术学院		2989				2989	1198				1198	3982	2422				3982		
深圳信息职业技术学院		1368				1368	1407				1407	3772	2227				3772		
清华大学深圳国际研究生院		28		28			132	49	83			271	79	90	181				
北京大学深圳研究生院		35		35			0					0							
哈尔滨工业大学（深圳）		8		8			2		2			218	105		218				
暨南大学深圳旅游学院		25		25			15		15			40	23		40				
广东新安职业技术学院	1	1616				1616	2758				2758	5695	2145				5695		

说明：1. 占地面积为学校产权的占地面积，建筑面积为学校产权的建筑面积。
2. 高教数据由各高校根据高等教育基层统计报表填写报送。

表10　2020年高等学校基本情况（续）

（单位：人、万元、万册）

学校名称	教职工数	女教职工	专任教师											固定资产值		学校藏书
			小计	其中：女	学历				职称					合计	其中：教学设备	
					研究生博士	研究生硕士	本科	专科及以下	正高级	副高级	中级	初级	无职称			
深圳市普通教育合计	17276	7582	8047	2973	5572	1810	654	11	1806	2928	2701	128	484	2493175	966370	1015.63
深圳大学	6114	2503	2530	966	2004	405	117	4	594	704	1152	14	66	923321	314410	429.98
南方科技大学	1722	649	985	197	944	34	7		369	508	88	9	11	539561	264281	25.00
深圳技术大学	616	310	315	122	203	90	21	1	58	75	119	39	24	108260	35128	38.04
香港中文大学（深圳）	1072	633	310	101	289	21			80	126	104			60764	15040	14.30
深圳北理莫斯科大学	162	86	64	33	47	16	1		11	40	8	3	2	9499	3570	6.24
中山大学（深圳校区）	656	186	360	62	338	17	5		111	195	43	7	4			30.00
哈尔滨工业大学（深圳）	985	392	536	146	483	45	8		176	168	169	19	4	112553	70559	0.05
深圳职业技术学院	2448	1147	1434	654	448	721	260	5	217	602	427	5	183	248875	103888	275.80
深圳信息职业技术学院	1339	616	770	407	323	333	113	1	53	287	294	6	130	322761	46195	142.50
清华大学深圳国际研究生院	962	455	172	28	168	4			44	90	38			63250	61101	1.10
北京大学深圳研究生院	752	334	262	66	259	3			56	64	142			88245	48846	0.22
暨南大学深圳旅游学院	107	55	53	27	37	15	1		9	19	22	2	1	12183	1115	13.00
天津大学佐治亚理工学院深圳学院	38	15	23	1	23				15	8						
广东新安职业技术学院	303	201	233	163	6	106	121		13	42	95	24	59	3903	2237	39.40
深圳市成人教育合计	340	202	201	137	6	86	109	0	4	39	67	29	62	11522	1826	4.50
深圳广播电视大学	340	202	201	137	6	86	109		4	39	67	29	62	11522	1826	4.50

表11　2020年深圳市教育部门主管的中等职业教育基本情况（分区）

（单位：所、人）

学校类别	学校数		毕业生数	招生数	在校学生数	预计毕业生数	教职工数	
	独立学校	其他机构					计	其中：专任教师
深圳市	15	2	12057	12504	39134	12705	3767	2888
市本级	7	2	5790	6187	19164	5956	1604	1222
福田区	1		1151	1033	3170	1158	233	226
罗湖区	1		181	190	604	197	234	213
南山区	1		861	965	2894	978	256	198
盐田区	1		669	696	2260	751	200	176
宝安区	2		1785	1846	5593	1794	536	406
龙岗区	2		1620	1587	5449	1871	704	447

表12　2020年深圳市教育部门主管的中等职业教育基本情况（分学校）

（单位：人）

学校名称	毕业生数	招生数		在校生数			教职工数		专任教师职称		
		计	应届初中毕业生	计	女生	非户籍生	计	专任教师	副高级及以上	中级	初级
合计	12057	12504	12394	39134	17113	28030	3767	2888	662	977	500
全日制小计	11882	12504	12394	38940	17042	28028	3767	2888	662	977	500
市本级	5615	6187	6077	18970	7743	14868	1604	1222	183	319	230
深圳市第一职业技术学校	788	1001	1001	2883	1296	2060	265	222	54	68	37
深圳市第二职业技术学校	1158	1119	1119	3456	1619	2568	287	206	36	84	53
深圳市新鹏职业高级中学*	154	173	173	538	180	446	127	54	17	15	10
深圳市第三职业技术学校	984	813	813	2663	1278	2190	203	144	12	50	40
深圳市开放职业技术学校*	1060	969	969	2897	1098	2263	109	102	1	30	27
深圳艺术学校	137	63	63	444	314	101	167	138	39	54	44
深圳市体育运动学校	114	171	131	368	136	302	79	61	23	15	14
深圳市电子科技成人中等专业学校*	91	0	0	0	0	0	0	—	—	—	—
深圳市奋达职业技术学校	832	1316	1316	4069	1174	3447	291	225	1	3	4
深圳市中嘉职业技术学校	297	562	492	1652	648	1491	76	70	0	0	1
福田区	1151	1033	1033	3170	1527	2119	233	226	80	100	40
深圳市福田区华强职业技术学校	1151	1033	1033	3170	1527	2119	233	226	80	100	40
罗湖区	181	190	190	604	408	277	234	213	91	59	35
深圳市行知职业技术学校	181	190	190	604	408	277	234	213	91	59	35
南山区	861	965	965	2894	1495	1619	256	198	69	77	26
深圳市博伦职业技术学校	861	965	965	2894	1495	1619	256	198	69	77	26

续表

学校名称	毕业生数	招生数		在校生数			教职工数		专任教师职称		
		计	应届初中毕业生	计	女生	非户籍生	计	专任教师	副高级及以上	中级	初级
盐田区	669	696	696	2260	1002	1454	200	176	46	81	29
深圳市盐港中学	669	696	696	2260	1002	1454	200	176	46	81	29
宝安区	1785	1846	1846	5593	2339	3954	536	406	106	170	65
深圳市宝安职业技术学校	1239	1300	1300	3962	1833	2675	387	281	86	116	26
深圳市沙井职业高级中学	546	546	546	1631	506	1279	149	125	20	54	39
龙岗区	1620	1587	1587	5449	2528	3737	704	447	87	171	75
深圳市龙岗职业技术学校	921	743	743	2718	1193	1873	386	245	58	94	46
深圳市龙岗区第二职业技术学校	699	844	844	2731	1335	1864	318	202	29	77	29
非全日制小计	175	0	0	194	71	2	—	—	—	—	—
深圳市第三职业技术学校★	175	0	0	194	71	2	—	—	—	—	—

说明：1. 全市有职业学校15所，表中所列的带“★”为不计学校数的办学机构。
2. 深圳市奋达职业技术学校、深圳市中嘉职业技术学校为民办中等职业学校。

表12　2020年深圳市教育部门主管的中等职业教育基本情况（分学校）（续）

（单位：人、平方米、台）

学校名称	专任教师学历			校舍情况		计算机
	研究生	本科	专科	占地面积	建筑面积	
合计	651	2122	100	1296348	1131250	29624
全日制小计	651	2122	100	1296348	1131250	29624
市本级	245	890	80	748313	659077	14108
深圳市第一职业技术学校	58	157	7	40538	74989	2494
深圳市第二职业技术学校	60	140	4	117371	109543	3443
深圳市新鹏职业高级中学★	9	42	3	159549	73104	1474
深圳市第三职业技术学校	32	112	0	86832	85441	2421
深圳市开放职业技术学校★	27	75	0	39173	21100	736
深圳艺术学校	43	93	2	62365	37459	305
深圳市体育运动学校	8	51	2	150825	142669	277
深圳市电子科技成人中等专业学校★	—	—	—	—	—	—
深圳市奋达职业技术学校	6	175	44	41500	83527	2514
深圳市中嘉职业技术学校	2	45	18	50160	31245	444
福田区	55	171	0	98696	67683	2868
深圳市福田区华强职业技术学校	55	171	0	98696	67683	2868
罗湖区	45	166	2	26527	27631	1279
深圳市行知职业技术学校	45	166	2	26527	27631	1279
南山区	53	144	1	81606	63626	1798

续表

学校名称	专任教师学历			校舍情况		计算机
	研究生	本科	专科	占地面积	建筑面积	
深圳市博伦职业技术学校	53	144	1	81606	63626	1798
盐田区	59	117	0	41940	27123	720
深圳市盐港中学	59	117	0	41940	27123	720
宝安区	90	312	4	157830	145918	4985
深圳市宝安职业技术学校	61	217	3	128459	122220	3997
深圳市沙井职业高级中学	29	95	1	29371	23698	988
龙岗区	104	322	13	141436	140192	3866
深圳市龙岗职业技术学校	53	173	11	77960	77530	1750
深圳市龙岗区第二职业技术学校	51	149	2	63476	62662	2116
非全日制小计	—	—	—	—	—	—
深圳市第三职业技术学校★	—	—	—	—	—	—

说明：1. 全市有职业学校15所，表中所列的带“★”为不计学校数的办学机构。
2. 深圳市奋达职业技术学校、深圳市中嘉职业技术学校为民办中等职业学校。
3. 该表占地面积及建筑面积含非学校产权面积。

表13　2020年深圳市人社部门主管的技工院校基本情况

（单位：人）

学校名称	毕业生数	招生数		在校生数			教职工数			
		计	应届初中毕业生	计	其中		计	女教职工	专任教师	
					女生	非户籍生			计	女专任教师
深圳市合计	7878	14816	12913	42726	14708	36290	2612	1244	1600	753
公办	3146	3297	2129	14770	4999	12554	1137	535	714	336
深圳技师学院（深圳高级技工学校）	2044	2130	1381	10138	3387	8782	758	351	428	197
深圳第二高级技工学校	1102	1167	748	4632	1612	3772	379	184	286	139
民办	4732	11519	10784	27956	9709	23736	1475	709	886	417
深圳市深德技工学校	424	2045	1869	5620	1742	3939	339	122	147	68
深圳市宝山技工学校	2193	2098	1548	5556	1466	4818	296	139	212	95
深圳市携创技工学校	1042	2476	2467	5655	2046	5154	224	121	170	68
深圳市科迪技工学校	42	598	598	1333	625	1118	73	40	43	22
深圳市宝民技工学校	165	124	124	488	172	456	42	16	28	8
深圳市华夏技工学校	649	746	746	2309	1066	2142	115	62	67	34
深圳市智理技工学校	101	1025	1025	2017	754	1596	111	68	52	28
深圳市深科技工学校	116	2113	2113	4404	1570	3966	218	110	131	75
深圳市中特技工学校	0	294	294	574	268	547	57	31	36	19

表13　2020年深圳市人社部门主管的技工院校基本情况（续）

（单位：人、平方米、台）

学校名称	专任教师职称			专任教师学历			校舍情况		计算机
	副高级及以上	中级	初级	研究生	本科	专科	占地面积	建筑面积	
深圳市合计	237	445	214	341	1026	233	916307	819965	18212
公办	157	255	66	304	361	49	439844	343291	10791
深圳技师学院（深圳高级技工学校）	123	148	32	209	206	13	370522	259264	8576
深圳第二高级技工学校	34	107	34	95	155	36	69322	84027	2215
民办	80	190	148	37	665	184	476463	476674	7421
深圳市深德技工学校	6	41	51	3	122	22	81465	138524	1852
深圳市宝山技工学校	49	47	18	17	163	32	65752	65586	1560
深圳市携创技工学校	18	53	24	1	147	22	71046	54553	1364
深圳市科迪技工学校	0	5	1	1	35	7	35000	20021	220
深圳市宝民技工学校	0	8	20	0	10	18	16000	16000	200
深圳市华夏技工学校	0	14	2	5	40	22	35000	30000	415
深圳市智理技工学校	3	9	15	1	24	27	32000	22000	318
深圳市深科技工学校	4	13	16	8	95	28	122000	99990	1322
深圳市中特技工学校	0	0	1	1	29	6	18200	30000	170

说明：该表占地面积及建筑面积含非学校产权面积。

表14　2020年深圳市普通中学基本情况

（单位：所、班、人）

	学校数						班数			毕业生数			招生数			毕业班学生数		
	计	初级中学	九年一贯制	高级中学	完全中学	十二年一贯制	计	初中	高中	计	初中	高中	计	初中	高中	计	初中	高中
全　市	435	53	294	23	26	39	11477	8091	3386	141955	99669	42286	193241	137214	56027	153751	108769	44982
市本级	12			4	6	2	1119	337	782	14481	4961	9520	18780	4698	14082	15027	4730	10297
福田区	33	10	14	3	1	5	1162	857	305	14460	10187	4273	18794	14238	4556	14974	10734	4240
罗湖区	34	12	16		6		875	644	231	11682	8991	2691	14759	11368	3391	12181	9279	2902
南山区	42	5	30	3	1	3	1183	914	269	13995	10786	3209	19343	15455	3888	14923	11565	3358
盐田区	7	3	1	2	1		234	154	80	2639	1735	904	3307	2221	1086	2662	1737	925
宝安区	80	4	57	1	5	13	2381	1772	609	30971	22150	8821	40124	30293	9831	33398	24634	8764
龙岗区	114	8	91	5	1	9	2353	1752	601	29700	22004	7696	40291	30274	10017	33197	24874	8323
光明区	29	2	24		2	1	555	408	147	6774	4641	2133	9480	6915	2565	7439	5255	2184
坪山区	22	3	15	3		1	394	291	103	4559	3366	1193	6605	4528	2077	5062	3829	1233
龙华区	55	3	43	2	3	4	1042	841	201	11214	9574	1640	19159	15621	3538	12753	10679	2074
大鹏新区	7	3	3			1	179	121	58	1480	1274	206	2599	1603	996	2135	1453	682

说明：按照教育事业统计口径，毕业生数指上学年度具有学籍的学生完成教学计划规定课程，考试合格，取得毕业证书的学生数，下同。

表14　2020年深圳市普通中学基本情况（续）

（单位：人、平方米、万元、台）

	在校学生数			教职工数	专任教师数			校舍建筑面积			固定资产总值	计算机		
	计	初中	高中		计	初中	高中	计	初中	高中		计	初中	高中
全　市	517630	367341	150289	87758	41554	28763	12791	14194295	8100473	6093822	2463968	274877	178462	96415
市本级	49586	14652	34934	5487	4112	1195	2917	1536432		1536432	532967	23137		23137
福田区	50318	37464	12854	6476	4093	2925	1168	1022310	567939	454371	110369	20230	12779	7451
罗湖区	40593	31016	9577	4612	3177	2330	847	524067	377504	146563	102802	16929	12705	4224
南山区	51073	40299	10774	9007	4102	3154	948	1484271	1050873	433398	411216	28300	19324	8976
盐田区	8983	6014	2969	943	755	498	257	263691	122658	141033	16673	2719	1702	1017
宝安区	110209	81903	28306	20225	8506	6123	2383	3001459	1452282	1549177	360102	46109	23669	22440
龙岗区	110234	81749	28485	21570	8787	6431	2356	3039423	2115053	924370	569907	87180	67746	19434
光明区	24987	18095	6892	5143	2127	1571	556	699999	480477	219522	80059	11562	9256	2306
坪山区	17400	12681	4719	3414	1572	1145	427	787802	625199	162603	74068	10193	8837	1356
龙华区	47075	38868	8207	9743	3681	2963	718	1627288	1210484	416804	186387	25927	20752	5175
大鹏新区	7172	4600	2572	1138	642	428	214	207553	98004	109549	19418	2591	1692	899

说明：1. 九年一贯制学校，初级中学的校舍建筑面积和计算机台数纳入初中统计；十二年一贯制学校、完全中学和高级中学的校舍建筑面积和计算机台数纳入高中统计。
2. 九年一贯制学校教职工纳入初中阶段学校统计；十二年一贯制学校、完全中学教职工纳入普通高中阶段学校统计。
3. 初中专任教师含九年一贯制学校、十二年一贯制学校初中部专任教师；高中专任教师含十二年一贯制学校、完全中学高中部专任教师。

表15　2020年深圳市小学基本情况

（单位：所、班、人、平方米、万元、台）

	学校数	班数	毕业生数	招生数	在校学生数	毕业班学生数	教职工数	专任教师数	校舍建筑面积	固定资产总值	计算机
全　市	347	23803	150726	190742	1091179	155856	33573	60900	4457138	710069	137022
市本级	2	194	932	1538	8391	1029	225	518	24815	8814	725
福田区	52	2698	16148	19158	108857	15584	5472	6635	820950	81630	17870
罗湖区	46	1799	13493	13988	84498	13012	4454	4958	480672	83283	18607
南山区	36	2702	15817	20153	110778	15032	3311	6491	550743	134457	12292
盐田区	10	322	2052	2446	14099	2006	730	760	133003	14881	3380
宝安区	60	5417	36435	42833	256760	38115	6208	13788	800261	112534	18608
龙岗区	75	5344	34504	45280	258965	36893	6608	14120	774837	135230	45413
光明区	13	1252	7596	10284	58470	8176	1352	3347	156989	30059	3265
坪山区	18	963	4949	7160	41953	5835	1740	2441	245596	36289	5150
龙华区	29	2875	17349	26247	138466	18653	2933	7143	411278	56171	9874
大鹏新区	6	237	1451	1655	9942	1521	540	699	57994	16721	1838

说明：1. 教职工数不含九年一贯制、十二年一贯制小学部的教职工数，专任教师含九年一贯制学校、十二年一贯制学校小学部的专任教师。
2. 九年一贯制、十二年一贯制学校的校舍建筑面积、固定资产、计算机纳入初中及高中统计。

表16　2020年深圳市幼儿园、特殊教育基本情况

（单位：所、班、人）

	幼儿园							特殊教育（含特教、工读）			
	园数	班数	毕业生数	招生数	在园幼儿数	教职工数	专任教师数	校数	在校学生数	教职工数	
										计	专任教师
全　市	1881	18272	192007	187135	559674	86711	40348	9	3519	804	548
市本级	22	195	1905	2427	6820	1446	801	2	881	390	285
福田区	144	1433	14332	16984	46132	6913	3321	1	385	49	34
罗湖区	141	1215	12251	13055	35557	5897	2958	1	280	21	20
南山区	226	2025	19622	19251	58985	9724	4601	1	253	78	71
盐田区	32	229	2301	2614	7140	1164	518	0	69	0	0
宝安区	388	4214	45412	35780	126686	18845	8878	1	674	154	75
龙岗区	501	4610	50061	51941	143247	22713	9917	1	451	53	30
光明区	88	1048	10647	9566	30661	4629	2194	0	91	0	0
坪山区	79	704	6806	8251	21544	3028	1397	1	69	27	8
龙华区	243	2455	27007	25335	78148	11599	5423	1	347	32	25
大鹏新区	17	144	1663	1931	4754	753	340	0	19	0	0

说明：特殊教育包括在普通学校随班就读及送教上门学生。

表17　2020年深圳市基础教育学生户籍调查情况

（单位：人）

	学前教育					小　学						
	小计	托班	小班	中班	大班	小计	一年级	二年级	三年级	四年级	五年级	六年级
合计：在校学生	559674	476	160486	179714	218998	1091179	190745	203065	201601	174960	164952	155856
1.深圳户籍	296981	333	103022	92933	100693	443000	98544	94585	82080	62321	54905	50565
2.非深圳户籍	262693	143	57464	86781	118305	648179	92201	108480	119521	112639	110047	105291
其中：省外户籍	149862	76	34217	49823	65746	358521	50028	58203	66485	64133	61739	57933
公办：在校学生	284744	76	91451	91072	102145	686754	130371	130781	123529	106708	100582	94783
1.深圳户籍	184995	75	68141	57253	59526	412182	92802	88590	76542	57658	50519	46071
2.非深圳户籍	99749	1	23310	33819	42619	274572	37569	42191	46987	49050	50063	48712
其中：省外户籍	59729	1	14453	20366	24909	145499	19615	21720	25341	26870	26685	25268
民办：在校学生	274930	400	69035	88642	116853	404425	60374	72284	78072	68252	64370	61073
1.深圳户籍	111986	258	34881	35680	41167	30818	5742	5995	5538	4663	4386	4494
2.非深圳户籍	162944	142	34154	52962	75686	373607	54632	66289	72534	63589	59984	56579
其中：省外户籍	90133	75	19764	29457	40837	213022	30413	36483	41144	37263	35054	32665

表17　2020年深圳市基础教育学生户籍调查情况（续）

（单位：人）

	初中				普通高中			
	小计	初一	初二	初三	小计	高一	高二	高三
合计：在校学生	367341	137215	121357	108769	150289	56031	49276	44982
1.深圳户籍	158983	63131	52933	42919	92799	35505	30240	27054
2.非深圳户籍	208358	74084	68424	65850	57490	20526	19036	17928
其中：省外户籍	104712	37341	33993	33378	29339	10697	9870	8772
公办：在校学生	262639	98464	87432	76743	109014	40421	34743	33850
1.深圳户籍	146800	58609	48753	39438	77750	29304	24597	23849
2.非深圳户籍	115839	39855	38679	37305	31264	11117	10146	10001
其中：省外户籍	54903	19226	18329	17348	14761	5331	4893	4537
民办：在校学生	104702	38751	33925	32026	41275	15610	14533	11132
1.深圳户籍	12183	4522	4180	3481	15049	6201	5643	3205
2.非深圳户籍	92519	34229	29745	28545	26226	9409	8890	7927
其中：省外户籍	49809	18115	15664	16030	14578	5366	4977	4235

表18　2020年深圳市公办普通中小学基本情况

（单位：所、人）

	中小学合计					小学					普通中学										
	学校数	在校学生		教职工		学校数	在校学生		教职工		学校数	在校学生						教职工	
												计		初中		高中			
		计	其中：非深户籍	计	专任教师		计	其中：非深户籍	计	专任教师		计	其中：非深户籍	计	其中：非深户籍	计	其中：非深户籍	计	专任教师
深圳市	519	1058407	421675	79717	70739	286	686754	274572	28924	40258	233	371653	147103	262639	115839	109014	31264	50793	30481
市本级	13	56906	12654	5612	4559	1	7320	1571	125	447	12	49586	11083	14652	2203	34934	8880	5487	4112
福田区	71	141708	55526	9835	9152	49	97908	38986	5143	5678	22	43800	16540	34101	14134	9699	2406	4692	3474
罗湖区	57	102314	45799	6866	6554	39	67665	30380	3995	3932	18	34649	15419	27449	12964	7200	2455	2871	2622
南山区	66	147099	46212	10521	9485	32	100380	31955	3106	5814	34	46719	14257	37662	12048	9057	2209	7415	3671
盐田区	15	22514	12202	1481	1412	10	14099	8122	730	760	5	8415	4080	5743	3356	2672	724	751	652
宝安区	77	177682	74368	12906	11836	48	121387	51668	5183	7199	29	56295	22700	42332	17953	13963	4747	7723	4637
龙岗区	110	201997	75420	16638	13690	56	135827	45895	5115	8014	54	66170	29525	50075	24802	16095	4723	11523	5676
光明区	29	53450	34794	4252	3808	12	34155	23204	1256	2150	17	19295	11590	13516	9643	5779	1947	2996	1658
坪山区	20	39063	23016	3397	2734	11	26827	15729	1302	1599	9	12236	7287	9275	6196	2961	1091	2095	1135
龙华区	51	102495	33949	6882	6442	22	73729	22082	2429	4123	29	28766	11867	24684	10506	4082	1361	4453	2319
大鹏新区	10	13179	7735	1327	1067	6	7457	4980	540	542	4	5722	2755	3150	2034	2572	721	787	525

说明：1. 九年一贯制学校教职工纳入初中阶段学校统计；十二年一贯制学校、完全中学学校教职工纳入普通高中阶段学校统计。

2. 小学专任教师含九年一贯制学校、十二年一贯制学校小学部的专任教师；初中专任教师含九年一贯制学校、十二年一贯制学校初中部专任教师；高中专任教师含十二年一贯制学校、完全中学学校高中部专任教师。

表19　2020年深圳市民办普通中小学基本情况

（单位：所、人）

	中小学合计					小学					普通中学								
	学校数	在校学生		教职工		学校数	在校学生		教职工		学校数	在校学生						教职工	
												计		初中		高中			
		计	其中：非深户籍	计	专任教师		计	其中：非深户籍	计	专任教师		计	其中：非深户籍	计	其中：非深户籍	计	其中：非深户籍	计	专任教师
深圳市	263	550402	492352	41614	31715	61	404425	373607	4649	20642	202	145977	118745	104702	92519	41275	26226	36965	11073
市本级	1	1071	303	100	71	1	1071	303	100	71	0	0	0	0	0	0	0	0	0
福田区	14	17467	12627	2113	1576	3	10949	8498	329	957	11	6518	4129	3363	2549	3155	1580	1784	619
罗湖区	23	22777	18743	2200	1581	7	16833	13910	459	1026	16	5944	4833	3567	3192	2377	1641	1741	555
南山区	12	14752	9710	1797	1108	4	10398	7490	205	677	8	4354	2220	2637	1365	1717	855	1592	431
盐田区	2	568	110	192	103	0	0	0			2	568	110	271	68	297	42	192	103
宝安区	63	189287	172411	13527	10458	12	135373	126015	1025	6589	51	53914	46396	39571	35515	14343	10881	12502	3869
龙岗区	79	167202	149749	11540	9217	19	123138	114586	1493	6106	60	44064	35163	31674	27712	12390	7451	10047	3111
光明区	13	30007	28992	2243	1666	1	24315	23823	96	1197	12	5692	5169	4579	4487	1113	682	2147	469
坪山区	20	20290	18906	1757	1279	7	15126	14757	438	842	13	5164	4149	3406	3268	1758	881	1319	437
龙华区	33	83046	78337	5794	4382	7	64737	62385	504	3020	26	18309	15952	14184	13739	4125	2213	5290	1362
大鹏新区	3	3935	2464	351	274	0	2485	1840		157	3	1450	624	1450	624	0	0	351	117

说明：1. 盐田区无社会力量办小学。
2. 九年一贯制学校教职工纳入初中阶段学校统计；十二年一贯制学校、完全中学学校教职工纳入普通高中阶段学校统计。
3. 小学专任教师含九年一贯制学校、十二年一贯制学校小学部的专任教师；初中专任教师含九年一贯制学校、十二年一贯制学校初中部专任教师；高中专任教师含十二年一贯制学校，完全中学学校高中部专任教师。

表20　2020年深圳市中小学学生与教职工、专任教师比

	学生与教职工比（%）		学生与专任教师比（%）			
	中小学	幼儿园	小学	初中	高中	幼儿园
深圳市	13.26	6.45	17.92	12.77	11.75	13.87
市本级	10.15	4.72	16.20	12.26	11.98	8.51
福田区	13.32	6.67	16.41	12.81	11.01	13.89
罗湖区	13.80	6.03	17.04	13.31	11.31	12.02
南山区	13.14	6.07	17.07	12.78	11.36	12.82
盐田区	13.80	6.13	18.55	12.08	11.55	13.78
宝安区	13.88	6.72	18.62	13.38	11.88	14.27
龙岗区	13.10	6.31	18.34	12.71	12.09	14.44
光明区	12.85	6.62	17.47	11.52	12.40	13.97
坪山区	11.52	7.11	17.19	11.08	11.05	15.42
龙华区	14.64	6.74	19.38	13.12	11.43	14.41
大鹏新区	10.20	6.31	14.22	10.75	12.02	13.98

表21　2020年深圳市普通中小学专任教师学历情况

（单位：%）

	专任教师学历合格率				小学教师专科学历达到率	初中教师本科学历达到率	普通高中教师研究生学历达到率
	幼儿园	小学	初中	普通高中			
深圳市	99.80	100.00	99.99	99.60	99.93	97.42	34.63
市本级	100.00	100.00	100.00	99.79	100.00	99.16	52.59
福田区	99.76	100.00	100.00	99.06	99.98	98.77	22.77
罗湖区	99.93	100.00	100.00	99.17	100.00	98.71	26.33
南山区	100.00	100.00	100.00	100.00	99.89	99.68	38.71
盐田区	100.00	100.00	100.00	99.61	100.00	99.20	40.08
宝安区	99.76	100.00	99.97	99.45	99.91	96.52	27.07
龙岗区	99.83	100.00	100.00	99.75	99.96	98.23	26.74
光明区	99.95	100.00	100.00	99.82	99.94	93.13	32.19
坪山区	98.78	100.00	100.00	99.53	99.63	95 .02	21.55
龙华区	99.74	100.00	99.97	99.44	99.92	95.01	34.68
大鹏新区	100.00	100.00	100.00	100.00	99.71	96.96	66.36

说明：高中专任教师学历在本科以上（含本科）为合格；初中专任教师学历在大专以上（含大专）为合格；小学和幼儿园专任教师学历在高中以上（含高中、中专、中师）为合格。

表22　2020年深圳市市本级中、小、职、特、工读学校基本情况

（单位：班、人、%）

学校名称	班数			毕业生数			招生数			在校学生数			教职工数				教师学历合格率	
	合计	初中	高中	计	初中	高中	计	初中	高中	合计	初中	高中	合计	专任教师数				
														计	初中	高中	初中	高中
中　学	1119	337	782	14481	4961	9520	18780	4698	14082	49586	14652	34934	5487	4112	1195	2917	100	99.79
深圳中学	126	45	81	1615	746	869	2703	576	2127	5898	2185	3713	601	476	164	312	100	99.36
深圳实验学校	146	72	74	1808	1092	716	2605	1105	1500	6459	3182	3277	1017	545	266	279	100	99.64
深圳外国语学校	152	36	116	1559	480	1079	2151	452	1699	6005	1350	4655	523	449	119	330	100	100.00
深圳市高级中学	184	74	110	2514	1103	1411	3131	1181	1950	8999	3522	5477	890	733	296	437	100	100.00
深圳市第三高级中学	89	30	59	1164	373	791	1207	306	901	3827	1086	2741	423	327	112	215	100	100.00
深圳大学附属中学	74	35	39	1069	478	591	1141	552	589	3295	1560	1735	382	274	121	153	100	99.35
深圳市第二实验学校	57	24	33	814	414	400	758	308	450	2357	1076	1281	373	306	117	189	100	100.00
深圳市第二高级中学	63		63	957		957	998		998	2861		2861	276	224		224	—	100.00
深圳第二外国语学校	60		60	862		862	892		892	2586		2586	297	250		250	—	100.00
深圳科学高中	65		65	877		877	1191		1191	2914		2914	317	258		258	—	99.22
深圳市第七高级中学	56		56	869		869	991		991	2703		2703	307	201		201	—	100.00
南方科技大学附属中学	14		14	0		0	694		694	694		694	81	69		69	—	100.00
深圳艺术学校（附设班）	11	11		137	137		103	103		330	330		—	—	—	—	—	—
深圳市体育运动学校（附设班）	10	10		138	138		115	115		361	361		—	—	—	—	—	—

续表

学校名称	班数			毕业生数			招生数			在校学生数			教职工数				教师学历合格率	
	合计	初中	高中	计	初中	高中	计	初中	高中	合计	初中	高中	合计	专任教师数			初中	高中
														计	初中	高中		
深圳市第一职业技术学校（附设班）	12		12	98		98	100		100	297		297	—	—	—	—	—	—
小　学	194			932			1538			8391			225	518			100	
深圳小学	42			286			387			2152			125	116			100	
深圳实验学校（小学）	76			454			543			3257			—	231			100	
深圳市高级中学（小学）	38			0			432			1756			—	100			100	
深圳外国语小学	27			143			165			1071			100	71			100	
深圳市体育运动学校（附设班）	8			34			11			120			—	—			—	
深圳艺术学校（附设班）	3			15			0			35			—	—			—	
职业中学	159			2191			2293			6877			679	482			96.13	
深圳市第一职业技术学校	61			879			1001			2883			265	222			96.85	
深圳市第二职业技术学校	83			1158			1119			3456			287	206			97.09	
深圳市新鹏职业高级学校	15			154			173			538			127	54			94.44	
工读特校	90			135			33			871			390	285			100	
深圳市元平特殊教育学校	87			114			31			847			315	259			100	
深圳市育新学校	3			21			2			24			75	26			100	

说明：1. 深圳实验学校（小学）、深圳高级中学（小学）的教职工数包含在初中、高中合计中。
2. 中等职业学校的教师学历合格率为学历本科以上（含本科）教师所占比例；特殊教育学校的教师学历合格率为学历高中阶段以上（含高中、中专、中师）教师所占比例。
3. 第一职业技术学校学生部分数据包含电子科技成人中等专业学校学生数据。
4. 中等职业学校仅列出市教育局直属学校。

表23　2020年深圳市市本级幼儿园基本情况

（单位：班、人、%）

幼儿园名称	学校等级	班数	毕业生数	招生数	在园幼儿数	教职工数		教师学历合格率
						合计	专任教师	
合计		195	1905	2427	6820	1446	801	100
深圳市第一幼儿园	省一级	0	0	0	0	26	19	100
深圳市第二幼儿园	省一级	0	0	0	0	45	28	100
深圳市第三幼儿园	省一级	18	179	231	682	115	74	100
深圳市第四幼儿园	省一级	11	68	139	365	56	29	100
深圳市第五幼儿园	省一级	0	0	0	0	38	25	100
深圳市第六幼儿园	省一级	12	110	124	397	74	37	100
深圳市第七幼儿园	省一级	13	62	139	375	63	33	100

续表

幼儿园名称	学校等级	班数	毕业生数	招生数	在园幼儿数	教职工数		教师学历合格率
						合计	专任教师	
深圳市第八幼儿园	省一级	12	165	133	452	79	44	100
深圳市第九幼儿园	省一级	11	145	159	399	62	37	100
深圳市第十幼儿园	省一级	0	0	0	0	63	35	100
深圳市第十一幼儿园	省一级	9	111	83	289	58	37	100
深圳市第十二幼儿园	省一级	10	0	88	360	66	35	100
深圳幼儿园	省一级	13	166	197	497	69	35	100
深圳实验幼儿园	省一级	26	295	405	982	161	84	100
深圳市梅林一村幼儿园	省一级	15	167	237	594	85	51	100
深圳市莲花二村幼儿园	省一级	0	0	0	0	53	30	100
深圳市彩田幼儿园	省一级	12	167	140	467	82	42	100
深圳市华富幼儿园	省一级	9	40	81	279	52	18	100
深圳市莲花北幼儿园	省一级	10	120	122	332	52	25	100
深圳市教育幼儿园	省一级	14	110	149	350	74	45	100
深圳市滨苑幼儿园	省一级	0	0	0	0	35	18	100
深圳市南华幼儿园	省一级	0	0	0	0	38	20	100

表24　2020年深汕特别合作区各级各类学校基本情况表

学校类别	学校数（所）			毕业生数（人）			招生数（人）			在校学生数（人）						教职工数（人）			专任教师数（人）		
	计	其中：社会力量办学校		计	其中：社会力量办学校		计	其中：社会力量办学校		计	其中：非深汕特别合作区户籍生		其中：社会力量办学校			计	其中：社会力量办学校		计	其中：社会力量办学校	
		（所）	占比例（%）		（人）	占比例（%）		（人）	占比例（%）		（人）	占比例（%）	（人）	非深汕特别合作区户籍生	在校生占比例（%）		（人）	占比例（%）		（人）	占比例（%）
各类学校总计	38	10	26.32	2218	783	35.30	2294	578	25.20	10270	1602	15.60	2631	783	25.62	913	291	31.87	687	152	22.13
义务教育	25	1	4.00	1383	335	24.22	1695	307	18.11	8291	1291	15.57	1627	501	19.62	682	110	16.13	591	75	12.69
其中：普通初中	6	1	16.67	613	175	28.55	690	176	25.51	2133	370	17.35	573	153	26.86	272	50	18.38	236	32	13.56
小学	19	0	0.00	770	160	20.78	1005	131	13.03	6158	921	14.96	1054	348	17.12	410	60	14.63	355	43	12.11
学前教育	13	9	69.23	835	448	53.65	599	271	45.24	1979	311	15.72	1004	282	50.73	231	181	78.35	96	77	80.21

说明：1. 深汕特别合作区无高等教育学校、高中及工读特校。

2. 学校数中初级中学4所，九年一贯制学校2所。

3. 根据全国教育事业统计口径，九年一贯制学校教职工纳入初中阶段学校统计；十二年一贯制学校、完全中学学校教职工纳入普通高中阶段学校统计。

4. 根据全国教育事业统计口径，小学专任教师含九年一贯制学校、十二年一贯制学校小学部的专任教师；初中专任教师含九年一贯制学校、十二年一贯制学校初中部专任教师；高中专任教师含十二年一贯制学校、完全中学学校高中部专任教师。

主题索引

Index

说 明

一、本索引采用主题分类法，款目按汉语拼音字母（同音字按声调）顺序排列。

二、文中的类目题、分目题、子分目题用黑体字标明，其余用宋体字排印。

三、索引款目后的数字表示内容所在的页码，数字后的拉丁字母（a、b、c）表示该页自左至右的栏别。

四、同一主题的内容在文中多处出现的，在其款目后用不同的页码标明。

五、本索引对特载、年度报告、大事记、媒体聚“教”、文件选编、教育统计等不作索引。

A

B

C

D

E

H

J

K

L

P

Q

R

S

T

W

X

Y

Z

图书在版编目(CIP)数据

深圳教育年鉴. 2021 / 深圳市教育局编. — 北京 :
商务印书馆, 2022
ISBN 978-7-100-21028-7

Ⅰ. ①深… Ⅱ. ①深… Ⅲ. ①教育事业—深圳—
2021—年鉴 Ⅳ. ①G527.653-54

中国版本图书馆CIP数据核字(2022)第063480号

深圳教育年鉴2021
深圳市教育局 编

商 务 印 书 馆 出 版
（北京王府井大街36号 邮政编码100710）
商 务 印 书 馆 发 行
艺堂印刷（天津）有限公司印刷
ISBN 978-7-100-21028-7

2022年5月第1版　　开本 889×1194 1/16
2022年5月第1次印刷　　印张 32 3/4

定价：220.00元